Hans-Werner Holub

Eine Einführung in die Geschichte des ökonomischen Denkens

IV/2

EINFÜHRUNGEN
– Wirtschaft –

Band 15

LIT

Hans-Werner Holub

Eine Einführung in die Geschichte des ökonomischen Denkens

Band IV, Teil 2:

Die Ökonomik des 19. Jahrhunderts ohne Sozialisten

LIT

Bibliografische Information der Deutschen Nationalbibliothek
Die Deutsche Nationalbibliothek verzeichnet diese Publikation in der Deutschen Nationalbibliografie; detaillierte bibliografische Daten sind im Internet über http://dnb.d-nb.de abrufbar.

ISBN 978-3-643-50167-7

Krotenthallergasse 10/8
A-1080 Wien
Tel. +43 (0) 1-409 56 61
Fax +43 (0) 1-409 56 97
e-Mail: wien@lit-verlag.at
http://www.lit-verlag.at

LIT VERLAG Dr. W. Hopf
Berlin 2010
Verlagskontakt:
Fresnostr. 2
D-48159 Münster
Tel. +49 (0) 2 51-620 320
Fax +49 (0) 2 51-922 60 99
e-Mail: lit@lit-verlag.de
http://www.lit-verlag.de

Auslieferung:
Deutschland: LIT Verlag Fresnostr. 2, D-48159 Münster
Tel. +49 (0) 2 51-620 32 22, Fax +49 (0) 2 51-922 60 99, e-Mail: vertrieb@lit-verlag.de

Österreich: Medienlogistik Pichler-ÖBZ, e-Mail: mlo@medien-logistik.at

Schweiz: B + M Buch- und Medienvertrieb, e-Mail: order@buch-medien.ch

Inhaltsverzeichnis

10.5 Einige wichtige französische Ökonomen im 19. Jahrhundert (ohne Sozialisten und Utopisten) ... 11
10.5.1 Frédéric Bastiat (1801-1850) ... 11
Vita von Bastiat ... 11
Werke von Bastiat ... 14
10.5.1.1 Thesen von Bastiat ... 15
10.5.1.2 Nachwirkungen von Bastiat ... 19
10.5.2 Antoine Augustin Cournot (1801-1877) ... 23
Vita von Cournot ... 23
Werke von Cournot ... 25
10.5.2.1 Thesen von Cournot ... 28
10.5.2.2 Nachwirkungen von Cournot ... 33
10.6 Einige wichtige Ökonomen des deutschsprachigen Raumes im 19. Jahrhundert (ohne Sozialisten und Sozialutopisten) ... 35
10.6.1 Adam (Heinrich) Müller (1779-1829) und die so genannte „romantische Schule" der Nationalökonomie ... 35
10.6.1.1 Vorbemerkungen zur „Romantik" ... 35
10.6.1.2 Adam Heinrich Müller (1779-1829) ... 39
Vita von Adam Müller ... 39
Werke von Adam Müller ... 41
10.6.1.2.1 Thesen von Adam Müller ... 41
10.6.1.2.2 Die Wirkungen von Adam Müller auf die Nachwelt ... 43
10.6.2 Friedrich List (1789-1846) ... 45
Vita von List ... 45
Werke von List ... 51
10.6.2.1 Thesen von List ... 51
10.6.2.2 Nachwirkungen von List ... 62
10.6.3 Friedrich Benedikt Wilhelm von Hermann (1795-1868) ... 68
Vita von Hermann ... 68
Werke von Hermann ... 74
10.6.3.1 Thesen von Hermann ... 75
10.6.3.2 Nachwirkungen von Hermann ... 81
10.6.4 Karl Heinrich Rau (1792-1870) ... 85
Vita von Rau ... 85
Werke von Rau ... 86
10.6.4.1 Thesen von Rau ... 88
10.6.4.2 Bedeutung von Rau ... 93

10.6.5 Joseph Lang (1775/76-1819/20?) ... 96
Vita von Lang ... 96
Werke von Lang ... 97
10.6.5.1 Thesen von Lang ... 97
10.6.5.2 Wirkungsgeschichte von Lang ... 102
10.6.6 Hermann Heinrich Gossen (1810-1858) ... 104
Vita von Gossen ... 104
Werk von Gossen ... 105
10.6.6.1 Thesen von Gossen ... 106
10.6.6.2 Wirkungsgeschichte des Gossenschen Werkes ... 111
10.6.7 Hans von Mangoldt (1824-1868) ... 116
Vita von Mangoldt ... 116
Werke von Mangoldt ... 118
10.6.7.1 Thesen von Mangoldt ... 119
10.6.7.2 Wirkungsgeschichte von Mangoldts ... 124
10.6.8 Wilhelm Launhardt (1832-1918) ... 127
Vita von Launhardt ... 127
Werke von Launhardt ... 128
10.6.8.1 Thesen von Launhardt ... 129
10.6.8.2 Wirkungsgeschichte von Launhardt ... 134
10.7. Die historische Schule ... 136
10.7.1 Charakteristika der historischen Richtungen ... 136
10.7.2 Einige Vorläufer der historischen Schule ... 144
10.7.3 Die Aufteilung der historischen Schule in „Generationen“ ... 146
10.7.4 Die „ältere historische Schule“ ... 147
10.7.5 Bruno Hildebrand (1812-1878) ... 151
Vita von Hildebrand ... 151
Einige Werke von Hildebrand ... 153
Thesen von Hildebrand ... 154
10.7.6 Carl Knies (1821-1898) ... 164
Vita von Knies ... 164
Werke von Knies (Auswahl) ... 167
Thesen von Knies ... 168
10.7.6.1 Carl Knies als Methodologe: „Die politische Ökonomie vom Standpunkte der geschichtlichen Methode“ (1853) ... 168
10.7.6.2 Carl Knies als Geld- und Währungstheoretiker ... 170
10.7.6.3 Rezeption von Knies ... 171
10.7.7 Wilhelm Roscher (1817-1894) ... 174
Vita von Roscher ... 174

Einige Werke von Roscher (Bücher und Aufsätze) 177
10.7.7.1 Thesen von Roscher 179
10.7.7.2 Die Rezeption von Roscher 191
10.7.8 Die „jüngere historische Schule“ 195
10.7.9 Adolph Wagner (1835-1917) 200
Vita von Wagner 200
Einige Werke von Wagner 203
10.7.9.1 Thesen von Wagner 206
10.7.9.2 Rezeption von Wagner 212
10.7.10 Gustav Schmoller (1838-1917) 215
Vita von Schmoller 215
Einige Werke von Schmoller 218
10.7.10.1 Thesen von Schmoller 220
10.7.10.2 Rezeption von Schmoller 232
10.7.11 Lujo Brentano (1844-1931) 238
Vita von Brentano 238
Auswahl von Werken von Brentano 244
10.7.11.1 Thesen von Brentano 247
10.7.11.2 Rezeption von Brentano 251
10.7.12 Karl (Wilhelm) Bücher (1847-1930) 253
Vita von Bücher 253
Einige Werke von Bücher (Auswahl) 255
10.7.12.1 Thesen von Bücher 256
10.7.13 Georg Friedrich Knapp (1842-1926) 266
Vita von Knapp 266
Werke von Knapp 267
Thesen von Knapp 268
10.7.13.3 Kurze Wirkungsgeschichte von Knapp 270
10.7.14 Der erste (ältere) Methodenstreit 272
Zeitlicher Ablauf 272
10.7.14.1 Inhalte der Auseinandersetzung 275
10.7.14.2 Versuch einer Einschätzung des Methodenstreits 281
10.7.15 Die „jüngste historische Schule“ 285
10.7.16 Werner Sombart (1863-1941) 287
Vita von Sombart 287
Ausgewählte Werke von Sombart 295
10.7.16.1 Thesen von Sombart 298
10.7.16.2 Rezeption von Sombart 304
10.7.17 Arthur Spiethoff (1873-1957); 308

Vita von Spiethoff 308
Einige Werke von Spiethoff 308
10.7.17.1 Thesen von Spiethoff 309
10.7.17.2 Rezeption von Spiethoff 311
10.7.18 Max Weber (1864-1920) 312
Vita von Max Weber 312
Auswahl aus den Schriften (Bücher und Aufsätze) von Max Weber mit ökonomischem Bezug 326
10.7.18.1. Thesen von Max Weber 329
10.7.18.2. Rezeption von Max Weber 341
10.7.19 Adolph Lowe (vormals: Adolf Löwe) (1893-1995) 344
Vita von Lowe (bis 1933 Löwe) 344
Einige ausgewählte Werke von Lowe (bis 1933 Löwe) 349
Thesen von Lowe 353
10.7.20 Friedrich von Gottl-Ottlilienfeld (1868-1958) 359
Vita von Gottl 359
Eine Auswahl aus den Werken von Gottl 360
10.7.20.1 Thesen von Gottl 361
10.7.20.2 Nachwirkungen von Gottl 363
10.7.21 Alfred Weber (1868-1958) 365
Vita von Weber 365
Ausgewählte Werke (auch Aufsätze) von Alfred Weber 369
10.7.21.1 Thesen von Alfred Weber 370
10.7.21.2 Nachwirkungen von Alfred Weber 374
10.7.22 Weitere Ökonomen, die zumindest zeitweise der historischen Schule verbunden waren bzw. Nebenströmungen, die aus ihr hervorge gangen sind 375
10.7.23 Rezeption der historischen Schule insgesamt 376
10.8 Einige wichtige Vertreter der Österreichischen Schule im 19. und 20. Jahrhundert 382
10.8.1 Vorbemerkungen: 6 „Generationen“ der Österreichischen Schule . 382
10.8.1.1 Eine kurze Auflistung der Charakteristika der Österreichi schen Schule 386
10.8.1.2 Unterschiede Neoklassik und Österreichische Schule 389
10.8.1.3 Nachwirkungen der Österreichischen Schule 393
10.8.2 Carl Menger (1840-1921) 399
Vita von Menger 399
Werke von Menger (auch Aufsätze) 402
10.8.2.1 Thesen von Menger 402

10.8.2.2 Rezeption von Menger ... 414
10.8.3 Friedrich von Wieser (1851-1926) ... 415
Vita von Wieser ... 415
Kleine Auswahl aus den Werken von Wieser ... 419
10.8.3.1 Ökonomische Thesen von Wieser ... 420
10.8.3.2 Der „späte" Wieser: „Das Gesetz der „Macht" (1926) ... 427
10.8.3.3 Rezeption von Wieser ... 428
10.8.4 Eugen von Böhm-Bawerk (1851-1914) ... 430
Vita von Böhm-Bawerk ... 430
Ausgewählte Schriften von Böhm-Bawerk ... 436
10.8.4.1 Böhm-Bawerk als Marx-Kritiker ... 437
10.8.4.2 Böhm-Bawerk als Theoriehistoriker ... 438
10.8.4.3 Böhm-Bawerk als Kapital- und Zinstheoretiker ... 441
10.8.4.4 Weitere Überlegungen Böhm-Bawerks ... 446
10.8.4.5 Wirkungen und Nachwirkungen von Böhm-Bawerk ... 448
10.9 Einige ausgewählte englische Autoren: die Cambridge Schule ... 452
10.9.1 William Stanley Jevons (1835-1882) ... 453
Vita von Jevons ... 453
Ausgewählte Schriften von Jevons (auch Aufsätze) ... 458
10.9.1.1 Thesen von Jevons ... 460
10.9.1.2 Rezeption von Jevons ... 464
10.9.2 Alfred marshall (1842-1924) ... 466
Vita von Marshall ... 466
Einige Werke von Marshall ... 472
10.9.2.1 Thesen von Marshall ... 474
10.9.2.2 Rezeption von Marshall ... 483
10.9.3 Francis Ysidro Edgeworth (1845-1926) ... 487
Vita von Edgeworth ... 487
Ausgewählte Werke von Edgeworth ... 491
10.9.3.1 Thesen von Edgeworth ... 493
10.9.3.2 Rezeption von Edgeworth ... 500
10.10.1 Die Lausanner Schule: Léon Walras (1834-1910) ... 502
Vita von Walras ... 502
Ausgewählte Werke von Walras ... 505
10.10.1.1 Thesen von Walras ... 506
10.10.1.2 Rezeption von Walras ... 513
10.10.2 Die Lausanner Schule: Vilfredo Pareto (1848-1923) ... 516
Vita von Pareto ... 516
Ausgewählte Werke von Pareto ... 521

10.10.2.1 Thesen von Pareto 523
10.10.2.2 Rezeption von Pareto 530
10.11 John Bates Clark (1847-1938) 533
Vita von Clark 533
Ausgewählte Werke von John Bates Clark (auch Aufsätze) 535
10.11.1 Thesen von Clark 536
10.11.2 Rezeption von Clark 544
10.12 Einige ausgewählte Autoren aus anderen Ländern im 19. Jahrhundert 546
10.12.1 Johan Gustav Knut Wicksell (1851-1926) 546
Vita von Wicksell 546
Einige Werke von Wicksell (auch Aufsätze) 552
10.12.1.1 Thesen von Wicksell 554
10.12.1.2 Rezeption von Wicksell 561
10.12.2 Ein russischer Ökonom: Heinrich Friedrich von Storch (1766-1835) 565
Vita von Storch 565
Ausgewählte Werke von Storch 567
10.12.2.1 Thesen von Storch 568
10.12.2.2 Rezeption von Storch 571
10.13 Ein Nachtrag zu den nichtsozialistischen Autoren des 19. Jahrhunderts 573

10.5 Einige wichtige französische Ökonomen im 19. Jahrhundert (ohne Sozialisten und Utopisten)

10.5.1 Frédéric Bastiat (1801-1850)

Vita von Bastiat

1801:	Claude Frédéric wurde am 29. Juni als Sohn eines Kaufmannes in Bayonne geboren;
1808:	Im Alter von 7 Jahren zog Bastiat mit seiner Familie nach Mugron um, wo die Familie einen Besitz hatte. Er verlor seine Mutter bereits mit 7 Jahren und seinen Vater mit 9 Jahren. Sein Lebensunterhalt und seine Erziehung wurden danach von seinem Großvater und einer Tante übernommen. Er besuchte mehrere katholische Schulen, bis er schließlich im Benediktiner Kolleg von Sorèze landete. Obwohl Bastiat hier keinen formellen Abschluss erwarb, bekam er doch gute schulische Grundlagen, unter anderem lernte er Englisch und bekam einen Preis für Dichtkunst;
1818:	Frédéric beendete seine Ausbildung bei den Benediktinern. Er selbst wollte zwar Dichter werden, stieg aber für die nächsten Jahre als Kaufmann in die Firma seines Onkels ein. Dort sah er seines Erachtens auf den Protektionismus zurückzuführende Missstände wie geschlossene Warenhäuser und durch Außenhandelsbeschränkungen verursachte Unterbeschäftigung;
1824:	Bastiat kehrte zu seinem Großvater nach Mugron zurück. Innerhalb eines Jahres (1825) verstarb sein Großvater und Frédéric erbte das Anwesen der Bastiats;
1825-1845:	Frédéric Bastiat führte das Leben eines Gentleman-Farmers. Er konnte jetzt ungehindert seinen Studien nachgehen, gründete einen Studienkreis, las viele Werke französischer, angelsächsischer und italienischer Autoren, machte Bekanntschaft mit den Überlegungen von Richard Cobden, dem späteren Hauptvertreter der „Anti-Corn-Law-Liga“ (gegründet 1840), die die protektionistischen englischen Korngesetze mit ihren inländischen Teuerungseffekten abschaffen wollten, war davon begeistert und wurde daraufhin ein kompromissloser Vertreter des Freihandels;
1831:	Nach der Julirevolution 1830 wurde Bastiat zum Friedensrich-

	ter von Mugron ernannt;
1834:	Im April 1834 erschien der erste Artikel von Bastiat, der sich auf eine Petition französischer Kaufleute bezog, die eine Aufhebung der Zölle auf Agrarprodukte erbat, aber gleichzeitig die Aufrechterhaltung der Zölle auf Industriegüter. Bastiat stand hingegen auf dem Standpunkt, dass alle Zölle beseitigt werden sollten;
1840:	Bastiat verließ Frankreich, um in Spanien und Portugal zu studieren. Er versuchte erfolglos eine Versicherungs-Kompanie zu etablieren;
	Bastiat kehrte nach Mugron zurück;
1841:	Publikation des Essays „Le fisc et la vigne“. Ausführliche und langanhaltende Korrespondenz mit Richard Cobden, dem Führer der englischen Freihandelsbewegung (verkürzt Manchesterliberalismus);
1844:	Publikation eines Artikels „L'influence des tarifs français et anglais“ im angesehenen „Journal des Économistes“, der sehr positiv aufgenommen wurde. Dieser Artikel vertrat konsequent die Sache des Freihandels und der Freiheit in allen ökonomischen Belangen. Nun erschienen in kurzen Abständen weitere Schriften von Bastiat, unter anderem 1845 die berühmte Satire „Pétition des marchands de chandelles“ (Petition der Kerzenhändler);
1845:	Reise nach England, wobei er Cobden traf, der bald sein Freund wurde;
1845/1846:	Bastiat publizierte wohl aufgrund des Erfolges seines Artikels im „Journal des Économistes“ sein Werk „Sophismes économiques“, das sich gut verkaufte und kurz darauf in andere Sprachen übersetzt wurde;
1846:	Sir Robert Peel setzte die Abschaffung der „Corn Laws“ durch;
	Bastiat ging nach Paris. Er wurde Mitbegründer einer Vereinigung für den Freihandel („Association pour la Liberté des Échanges“) als Dachverband aller französischen Freihandelsvereine. Er wurde Sekretär des Verwaltungsrates;
	Bastiat wurde zum korrespondierenden Mitglied der französischen Akademie der Wissenschaften gewählt;
1848:	Nach der Februarrevolution wurde Bastiat in die konstituierende Versammlung gewählt, später in die gesetzgebende Ver-

sammlung. Bastiat schloss sich keiner Partei an. In der konstituierenden Versammlung stand er einer wahren Übermacht antiliberaler Interessen gegenüber: Konservativen Protektionisten, die alte Rechte verteidigen wollten, und vor allem Sozialisten, die interventionistische Staatseingriffe als notwendig und fortschrittlich propagierten und deren, oberflächlich betrachtet, menschenfreundliche Aussagen sich rasch in Richtung auf Bevormundung und Tyrannei entwickelten, und die die Menschen in unnatürliche soziale Verhaltensmuster zwängen. Er stritt sich mit dem Wortführer der Sozialisten, Louis Blanc (1813-1882) und korrespondierte heftig und ausgiebig mit Pierre Joseph Proudhon (1809-1865). Dieser Schriftwechsel wurde veröffentlicht und erhöhte die vorhandenen Spannungen;

Bastiat unterstützte bei der Präsidentenwahl General Cavaignac gegen den Neffen des berühmten Napoleon Bonaparte (1796-1821): Louis Napoleon Bonaparte (1808- 1873). Das Volk entschied sich (wie in unruhigen Zeiten oft) für den „starken Mann" und wählte Louis Napoleon Bonaparte mit einer Dreiviertelmehrheit (1849);

1850: Im Frühjahr 1850 brach bei ihm eine schwere Tuberkulose aus. Auf ärztlichen Rat reiste er im September wegen des milderen Klimas nach Italien. Auf der Reise durch Italien las Bastiat in einer Zeitung bereits die Mitteilung seines eigenen Todes (Doering 1997, S. 16). Bis zuletzt arbeitete er an seinen „Harmonies économiques", die posthum erschienen. Am 24. Dezember 1850 starb er in Rom;

1860: Freihandelsabkommen zwischen Frankreich und England, der sogenannte Cobden-Vertrag. Bastiat erlebte diesen Sieg der Freihandelsbewegung aber nicht mehr.

Bei der Beurteilung der Person und des Werkes von Frédéric Bastiat muss man seine äußeren Lebensumstände mitberücksichtigen. Bastiat lebte in (selbst für Frankreich) ungewöhnlich turbulenten politischen Zeiten. Er wurde Zeitzeuge einer ganzen Reihe von Aufständen und Unruhen, die größten und bekanntesten waren sicherlich die Erhebungen, ja Revolutionen, von 1830 und 1848. Man kann ohne Übertreibung feststellen, dass die Zeit zwischen der Enthauptung von Ludwig XVI. (1793) und der Schlacht von Waterloo (1815) für Frankreich eine blutige Zeit war, in der viel Elend herrschte. Wirtschaftlich gesehen wurden in Frankreich immer noch hohe Steuern erhoben, und zwar auch im Inneren auf den Güterverkehr von einer Region zur anderen und natürlich erst recht auf den Verkehr mit dem Ausland. Eine (neue) Regierung nach der anderen versprach den Massen wirtschaftliche und politische Besserstellung. Und eine Regierung nach der anderen scheiterte dabei.

Es fehlte nicht an französischen Ökonomen, die auf diese und ähnliche Missstände hinwiesen, und die vorschlugen, keine Importrestriktionen aufrechtzuerhalten, den Getreideexport freizugeben, das ganze Land einheitlich zu besteuern und die regionalen Zölle aufzuheben. Es hörte aber niemand auf sie! Für den „Mann auf der Straße“ hatte sich gegenüber der Feudalzeit vor der großen Revolution 1789 nicht viel geändert. Nach wie vor gab es Privilegien, große Besitztümer und großen Reichtum, drückende Steuern, ja sogar (nach Napoleon) wieder einen Herrscher (Ludwig XVIII., Karl X., Louis Philippe, den Bürgerkönig).

WERKE VON BASTIAT

Die Produktivität Bastiats als Schriftsteller ist beeindruckend. So schrieb er die meisten seiner Werke in den Jahren zwischen 1844 und 1850, also in seinen letzten sechs Lebensjahren. Nach seinem Tod wurden seine Schriften in einer siebenbändigen (!) Gesamtausgabe zusammengefasst.

Von den Werken Bastiats erschienen zumeist noch im gleichen Jahr deutsche Übersetzungen, was schon zeigt, dass sie weit verbreitet waren und gerne gelesen wurden. Dies nicht zuletzt aufgrund ihres verständlichen Stils und ihrer einprägsamen Formulierungen und Beispiele.

„De l'influence des tarifs français et anglais sur l'avenir des deux peuples“ (Der Einfluss der französischen und englischen Zölle auf die Zukunft der beiden Völker) („Journal des Economistes“ 1844);

„Pétition des marchands de chandelles” (Petition der Kerzenhändler) (1845);

„Cobden et la Ligue“ (Cobden und die Liga) (1845);

Hierin beschrieb Bastiat den Kampf gegen die „Corn Laws“ in England und übersetzte Reden Cobdens ins Französische.

„Sophismes économiques“ (Ökonomische Sophismen) (1846);

„La main droite et la main gauche” (1847);

„L'état“ (Der Staat) (1850);

Hierin wurde ausgeführt, dass ein intervenierender Staat zu einem Instrument von Gruppeninteressen verkomme.

„La loi” (Das Gesetz)(1850);

„Ce qu'on voit et ce qu'on ne voit pas" (Was man sieht und was man nicht sieht) (1850);

Hierin stellte er für den ökonomischen Bereich dar, dass man sich nicht ausschließlich darauf konzentrieren dürfe, was man sähe. Oft sei das, was man nicht sofort und direkt sähe, wichtiger. Eine Erkenntnis, die aufgrund der ökonomischen Verflechtungen und längerfristigen Wirkungen wirtschaftspolitischer Instrumente bis heute gültig ist. So sähe man zwar, dass Protektionismus Industrien fördere. Man sähe aber NICHT, dass er viele andere, vor allem die Konsumenten, schädige.

„Harmonies économiques" (unvollständig erschienen 1850);

Zu seinen Lebzeiten wurden nur die ersten 10 Kapitel veröffentlicht. Die folgenden Kapitel wurden mit Genehmigung Bastiats von der „Société des Amis de Bastiat" nach Manuskripten Bastiats 1851 in einer Gesamtausgabe herausgegeben. Bastiat arbeitete bis zu seinen letzten Lebensstunden eifrig daran (Doering 1997, S. 30). Die „Harmonies économiques" enthalten die Summe dessen, was Bastiat über den Gegenstand der politischen Ökonomie zu sagen hatte. Sie wurden bereits 1850 von Prince-Smith in deutscher Übersetzung herausgegeben.

„Œuvres complètes de Frédéric Bastiat, mises en ordre, revues et annotées d'après les manuscripts de l'auteur" (6 Bände, 1854/1855, in zweiter Auflage 1862-1864 herausgegeben in 7 Bänden);

Bastiat war der Herausgeber einer wöchentlich erscheinenden Zeitschrift der „Association pour la liberté des Échanges" mit dem Namen: „Le libre-Échange".

Vor seinem Tod begann er noch, an einer Schrift über die Harmonie der sozialen Gesetze zu arbeiten, die ein Hauptwerk werden sollte, er starb aber zu frühzeitig mit 49 Jahren.

10.5.1.1 Thesen von Bastiat

Wenn man seine bekanntesten Hauptthesen verkürzt zusammenfassen wollte, könnte man auflisten:

- Erhalt des Privateigentums;
- Freie Märkte;
- Eingeschränkter Staat.

Negativ formuliert waren die Sozialisten und die Interventionisten jeglicher Art (vor allem die Verfechter von Schutzzöllen) seine Hauptgegner, wobei die beiden Strömungen oft von den gleichen Personen vertreten wurden.

Der freie Markt sei eine Quelle der „ökonomischen Harmonie“ zwischen den Menschen. Bastiat hob dabei vor allem die Koordinationsfunktion der Märkte hervor. Die „Harmonie“ stellte bei Bastiat den wichtigsten Grundpfeiler seiner Überlegungen dar. Sie dürfe nur durch die Gerechtigkeit eingeschränkt werden. Leider sei der Mensch auch in der Lage, diese Harmonie zu zerstören, indem er die Freiheit anderer einschränke und sie sogar ausbeute. Aber es existierten Kräfte auch im Inneren der Menschen, die in Richtung auf eine Wiederherstellung der Harmonie wirkten: „In jeden Menschen hat Gott einen unwiderstehlichen Drang nach dem Guten gelegt und hat ihm, um es ihn erkennen zu lassen, ein Licht gegeben, das ihn zurecht weist“ (Bastiat zitiert in: Gide, Rist 1921, S. 359). Diese Harmonie wirke auch darauf hin, dass die Klasseninteressen und -gegensätze verschwinden würden.

Die Überlegungen von Bastiat waren beeinflusst durch Adam Smith und den Physiokraten François Quesnay sowie durch Robert Jacques Turgot, mehr noch aber durch den optimistisch argumentierenden Jean-Baptiste Say. Hinzu kam, dass Bastiat tief religiös war (Katholizismus).

Am besten kann man sich ein Bild von der oft im Gewand der Satire auftretenden Argumentation Bastiats machen, wenn man die „Petition der Kerzenhändler“ betrachtet, die überspitzt das Handeln einer Interessentengruppe darstellt, die den freien Wettbewerb mit Hilfe des Staates vermindern bzw. ganz abschaffen will. Lobbyisten der Kerzenmacher überreichen dem zuständigen Minister eine Petition, in der sie um Schutz gegen die unfaire, ruinöse Konkurrenz eines ausländischen Produzenten nachsuchen: gegen die Konkurrenz der Sonne!

Bastiat begann diese fiktive Petition, indem er den Herrschenden zunächst in höhnischen Worten vorwarf, sie hätten ökonomische Praktiken „ohne Theorie und ohne Prinzipien“. Dann ließ er die Bittsteller argumentieren, die Sonne als Konkurrentin könne um vieles billiger Licht produzieren als die Kerzenmacher und überflute die Inlandsmärkte mit ihrem Produkt, dem Licht. Deshalb müsse man sie vom Markt ausschließen, indem durch einen Regierungserlass befohlen werde, tagsüber die Räume zu verdunkeln, alle Fenster und Ritzen zu verhängen, so dass das Sonnenlicht nicht mehr eindringen könne.

Die Verbandsvertreter der Kerzenmacher versäumen nicht, ausführlich auf die positiven ökonomischen Nebenwirkungen dieser Maßnahme hinzuweisen. Nicht nur der Absatz der Kerzenmacher werde gefördert, auch die Metzger müssten wegen des erhöhten Bedarfes an Talg mehr Vieh schlachten, was wiederum der Viehwirtschaft zugute käme. Es gäbe keinen Zweig der Landwirtschaft, der nicht großartig expandieren könne. Also eine Argumentation im Sinne eines modernen Vorleistungsmultiplikators. Und er schloss genauso höhnisch, die Regierung habe nicht mehr länger das Recht, für die Interessen der Konsumenten einzutreten. Die Regierung habe die Interessen der Konsumenten ja immer geopfert, wenn sie den Interessen der Produzenten entgegenstünden. Und man solle es in diesem Falle genauso machen.

Erschienen ist diese berühmte Petition, die auf die Absurdität von staatlichen Eingriffen in den freien Wettbewerb hinweisen wollte, 1845 in den „Sophismes économiques". Unter anderem wurde daran überspitzt aufgezeigt, dass jede von Sonderinteressen vorgetragene wirtschaftspolitische Forderung immer als Beitrag zum Gemeinwohl dargestellt wird, eine Feststellung, die bis heute nichts von ihrer Aktualität eingebüßt hat.

Ein weiteres Beispiel seiner satirischen Fähigkeiten war sein „Vorschlag" an das Handelsministerium anlässlich von dessen Ankündigung einer Erhöhung des Einfuhrzolles für Stoffe, um den französischen Arbeiter zu schützen: „Verabschieden Sie ein Gesetz mit folgendem Inhalt: Von jetzt ab darf niemand andere Balken oder Dachsparren verwenden als solche, die mit stumpfen Äxten hergestellt und bearbeitet wurden ... Wo wir bis jetzt 100 Axtschläge machten, werden es von nun an 300 sein. Die Arbeit, die wir jetzt in einer Stunde tun, wird dann drei Stunden erfordern. Wie mächtig wird dadurch die Arbeit unterstützt werden! ... Wer in Zukunft ein Dach über dem Kopf haben will, muss sich unseren Forderungen unterwerfen, genau wie sich jetzt jeder den Ihren unterwerfen muss, der Kleider braucht" (Heilbroner 1960, S. 198).

Bastiat vertrat die Idee einer uneingeschränkten Freiheit, und meinte, wenn man die Gesellschaft nur frei agieren ließe, würde man sich der Absicht des Schöpfers am besten nähern. Er ging damit über die enger definierten Ziele der Anti-Corn-Law-Liga hinaus. Die Regierung sollte sich auf die Kernfunktionen eines Staates zurückziehen, nämlich die Freiheiten, das Leben und den Besitz seiner Bürger zu schützen.

Wenn man die Ökonomen samt den dahinterstehenden Schulen (mit aller Vorsicht und ohne „Grautöne") bezüglich ihrer Thesen in Optimisten und Pessimisten einteilen würde, bekäme Bastiat einen herausragenden Platz bei den Optimisten. So wird er auch in dem bekannten dogmenhistorischen Lehrbuch von Charles Gide und Charles Rist im dritten Buch „Der Liberalismus" unter der Überschrift „Die Optimisten" (Kapitel I) behandelt (Gide, Rist 1921, S. 350). Bastiat war der Auffassung, dass die ökonomischen „Pessimisten" (darunter verstand er vor allem seine Gegner Ricardo, Malthus, die Sozialisten, aber auch viele andere Ökonomen seiner Zeit) das Vertrauen in die selbsttätige Organisation der Gesellschaft und in das freie Spiel der Kräfte zerstört hätten, und statt dessen zum Schaden der ganzen Gesellschaft künstliche Institutionen und Verordnungen propagierten. Diese „pessimistischen" englischen Klassiker hatten ja jede reale Steigerung des Wohlstandes der Arbeiter über ihre nackte Subsistenz hinaus für unmöglich erklärt. Bastiat wandte sich explizit gegen das ricardianische „eherne Lohngesetz". Er argumentierte, dass ein wachsendes Kapital sinkende Zinsen nach sich ziehe. Deshalb werde der Kapitalanteil bei Kapitalwachstum zwar absolut steigen, nicht aber relativ. Dadurch steige der Arbeitsanteil relativ stärker, was Wohlstandssteigerungen für die Arbeiter ermögliche.

Wie andere französische Liberale seiner Zeit vertrat er kompromisslos die Idee, mehr Freiheit in allen möglichen gesellschaftlichen Problemzonen würden die Probleme in eben diesen Bereichen beheben: Darlehensfreiheit würde den Wucher zum Verschwinden bringen, Handelsfreiheit würde die Kartelle beseitigen, generell würde eine Konkurrenz unter den Produzenten die Produkte verbilligen und Konkurrenz auf der Verteilungsebene Gerechtigkeit sicherstellen.

Alle Schriften von Bastiat wurden von einer tiefen Skepsis gegenüber dem Staat und dessen wirtschaftspolitischen Eingriffen und Korrekturen durchzogen. In seinem Werk „L'état" (1849) schrieb er den vielzitierten Satz: „Der Staat ist eine große Fiktion, in der jedermann auf Kosten von jedermann zu leben versucht".

Neben diesen bekannten Thesen, die in der Theoriegeschichte untrennbar mit dem Namen Bastiats verbunden sind, hat Bastiat aber noch andere ökonomische Thesen aufgestellt: So versuchte er sich an einer eigenen, nicht überzeugenden (Werturteil von mir!) Wertlehre. Der Wert sei das Verhältnis zweier ausgetauschter Dienste, allerdings mit einer so weiten Definition von „Dienst", dass damit eigentlich nichts Substantielles mehr ausgesagt wurde. Eine These ist ja nur so stark, wie sie andere Thesen ausschließt, und Bastiats Wertgesetz schloss nichts aus.

Um den pessimistischen Theorien Ricardos entgegnen zu können, die dieser bezüglich der Grundrenten aufgestellt hatte, vertrat Bastiat die Auffassung, dass der Boden bzw. die Natur den Menschen nicht gänzlich unentgeltlich zufalle. In diesem Falle hätten nämlich alle Menschen ein Recht darauf und die Bodeneigentümer wären Schädlinge der Gesellschaft. Seiner Ansicht nach gelte es zwei Anteile am Wert der natürlichen Ressourcen zu beachten: Einmal die Arbeit, die der Eigentümer der Ressourcen darauf verwende, diese Ressourcen verfügbar zu machen und diese Arbeit müsse entlohnt werden. Zum anderen die Ressource selbst, die eine Gabe der Natur und deshalb nicht zu entlohnen sei. Der Grundeigentümer erschien bei Bastiat deshalb als Vermittler zwischen der Natur und den Verbrauchern. Zudem werde der kostenpflichtige Anteil am Wert der natürlichen Ressourcen durch die immer produktivere Arbeit immer geringer, der gemeinsame unentgeltliche Anteil aber steige, wieder ein Ausfluss des Harmoniedenkens von Bastiat.

Wie bereits angesprochen, war Bastiat auch der Meinung, dass das Kapital einem „großen bewunderungswürdigen, tröstlichen, notwendigen und unabänderlichen Gesetz" unterliege. Der Kapitalanteil verringere sich bei wachsendem Gesamtkapital wegen der dabei eintretenden Zinssenkung. Was bedeute, dass der verbleibende Arbeitsanteil relativ immer größer werde. Dabei schloss Bastiat in den sinkenden Zins auch die Profite und Dividenden ein. Da die Kapitalakkumulation auch zu billigeren und besseren Konsumgütern führen würde, würden dadurch auch die Reallöhne erhöht. Dieses Argument zusammen mit dem immer größer werdenden Anteil der Arbeit brachte Bastiat zu der Überzeugung, dass die Interessen der Kapitalisten und der Arbeiter letztlich „harmonisch" seien.

Bereits diese Überlegungen Bastiats zu den Konsequenzen einer steigenden Kapitalakkumulation zeigten seinen tiefen Widerspruch zum Sozialismus. Addiert man noch seine gänzlich andere Auffassung zur Rolle des Staates hinzu, die bei den Sozialisten seiner Zeit bis zur Errichtung „Nationaler Werkstätten" führte, dann versteht man seine Aversion gegen den Sozialismus und seine Wortführer.

Bastiat stellte in allen seinen Argumenten das Wohl der Verbraucher (und nicht der Produzenten!) in den Mittelpunkt. Diese Sicht widersprach üblichen (teilweise bis heute gepflegten) Auffassungen, die bei der Begründung von wirtschaftspolitischen Maßnahmen zwar oft das Allgemeinwohl heranzogen, tatsächlich aber mehr das Wohl der Produzenten im Auge hatten. Er soll auf seinem Sterbebett seinen Schülern als letzte Worte die Maxime hinterlassen haben: „Die Nationalökonomie muss vom Gesichtspunkt des Verbrauchers aus behandelt werden".

10.5.1.2 Nachwirkungen von Bastiat

Bastiat wird gewöhnlich dem sogenannten „Manchester-Liberalismus" zugerechnet, einer Bewegung, die heute in einem eher abwertenden Sinne für einen eiskalten, profitorientierten, sozial uninteressierten, brutalen Kapitalismus verwendet wird. Dies traf aber die Intentionen der damaligen Manchester-Liberalen nicht wirklich. Diese sahen den Freihandel als eine Möglichkeit, die Not auch der Arbeitenden zu lindern, verteuerten doch die von ihnen bekämpften Getreidezölle die Lebenshaltungskosten gerade der Arbeiter sehr stark und nutzten letztlich nur den Grundbesitzern. Idealistisch hofften die Manchester-Liberalen sogar, über den Freihandel Kriege verhindern zu können. Denn: Protektionismus sei eine Art Handelskrieg, impliziere Gewalt und ziehe oft militärische Aktionen nach sich. Somit wird es verständlich, dass Bastiat der „französische Cobden" werden wollte und auch als solcher bezeichnet wurde.

Auf den oft gehörten Vorwurf, Bastiat sei zwar ein brillanter Wirtschaftsjournalist gewesen, aber oberflächlich und kein Ökonom im eigentlichen Wortsinne, muss man zunächst bedenken, dass man die zu seiner Zeit aufgehetzten politisierten Menschen in Frankreich (speziell in Paris) nicht mit gelehrten fachökonomischen Beiträgen erreichen konnte. Hierzu waren vielmehr auffallende, aus dem üblichen Rahmen fallende, aufrüttelnde, satirische ja boshafte Schriften in geeigneten Publikationsmedien (wie z.B. Zeitungen) nötig. Und Bastiat lieferte genau solche, übrigens äußerst unterhaltsame, Beiträge. Es ist deshalb verständlich, dass Bastiat in Frankreich rasch bekannt wurde.

Charles Gide und Charles Rist merken zu dem Vorwurf, Bastiat sei nur ein Advokat der geltenden wirtschaftlichen Ordnung gewesen und die Klarheit seines Stils bestünde darin, dass er nichts zu sagen habe, an: „Bastiat verdient jedoch eine bessere Beurteilung". Sie fahren fort: „Allerdings hat er den Optimismus übertrieben, wie ebenso den Liberalismus, den Moralismus ... Sein Unglück wollte, dass er den Höhepunkt dieser Lehre bezeichnete, nach dem unabänderlich die Reaktion einsetzen musste, so dass er den ganzen Gegenstoß erhielt, der sein Werk wie weggeweht hat" (Gide, Rist 1921, S. 357).

Hinzu kommt, dass er aufgrund seiner fehlenden akademischen Ausbildung und seines nicht-akademischen satirischen Stils den Fachökonomen ohnedies suspekt war, die ihn dann nur zu gerne in die Kategorie „Pamphletist und Journalist" abschoben. Erschwerend trat hinzu, dass er keine „technischen" Methoden einsetzte. Und natürlich war auch sein unbedingter Glaube an die Freiheit auf allen ökonomischen Gebieten, der den Einsatz von wirtschaftspolitischen Instrumenten ebenso verwarf wie die Idee einer gezielten Steuerbarkeit ökonomischer Vorgänge (fine-tuning), seiner Anerkennung unter modernen Ökonomen, die oft die Möglichkeit eines solchen fine-tunings vertraten, abträglich. Er übertrieb, wohl um verständlich zu bleiben, seine Vereinfachungen oft extrem, so z.B. wenn er pauschal schrieb, dass die Vorteile für ein Land umso größer seien, je ungünstiger dessen

Handelsbilanz sei (weitere Beispiele solcher Übervereinfachungen bei Gide, Rist 1921, S. 358).

Schumpeter, der eine Geschichte der ökonomischen ANALYSE schrieb, beurteilte ihn unter diesem Aspekt gnadenlos. Nachdem er ihm zunächst Fähigkeiten als brillanter Wirtschaftsjournalist zugebilligt hatte, schrieb er: „Er lässt sich mit einem Badenden vergleichen, der zunächst im seichten Gewässer badet, dann jedoch hinausschwimmt und ertrinkt ... Es soll auch nicht behauptet werden, dass sich in seinem Buche überhaupt keine guten Gedanken finden. Trotzdem sind die Mängel in der theoretischen Argumentation, oder wenigstens seine Unfähigkeit, mit dem analytischen Apparat der Nationalökonomie richtig umzugehen, so groß, dass wir das Werk ablehnen müssen" (Schumpeter 1965, S. 614/615).

Und Gerhard Kolb spricht von einem fachökonomischen Standpunkt aus von der „völlig unhaltbaren ökonomischen Harmonielehre (verbunden mit der These einer steigenden Lohnquote)" (Kolb 1997, S. 72). R.F. Hébert führt aus: „Some scholars say, the frenzy (of Bastiat, d.V.) produced more heat than light", und er fährt fort: „Generally, judgement on Bastiat has been that he made no original contributions to economic analysis. Cairnes, Sidgwick and Böhm-Bawerk discounted his pure economics completely. Marshall said that he understood economics hardly better than the socialists against whom he declaimed" (Hébert 1988, S. 205). Zugestanden wurde ihm aber von seinen Kritikern, dass er in unnachahmlicher Weise ökonomische Fehlschlüsse aufdeckte.

Es gab aber in der Theoriegeschichte auch positive Auffassungen zum Werk Bastiats. So betonte etwa von Mises wie Bastiat, alle ökonomischen Vorgänge müssten immer bezüglich ihrer Vor- und Nachteile evaluiert werden, die sie für die Konsumenten brächten. Überhaupt beurteilten die Mitglieder der Schule der „Austrian Economics" Bastiat wesentlich positiver als die anderen, oben zitierten Ökonomen. Sie lobten seine Wertlehre, weil sie subjektiv sei, und auch seine Sicht, dass Staatseingriffe in die Wirtschaft eine effiziente Ressourcenallokation störten und generell kontraproduktiv seien. Der Staat und seine Beamten seien nicht klüger als die wirtschaftenden Bürger und die Gesetze des Marktes. Staatseingriffe in die Einkommensverteilung seien nichts als eine legale Plünderung, noch schlimmer sei jede Form der Kollektivierung, die das Privateigentum angreife, auch dies eine Einstellung Bastiats, die die Vertreter der „Austrian School" teilten.

Am nächsten kommt einer fairen, ausgeglichenen Beurteilung Bastiats meines Erachtens der von mir sehr geschätzte Robert L. Heilbroner: „Er ist eine sehr kleine Figur in der Versammlung nationalökonomischer Berühmtheiten. Er war kein Fanatiker, kein Reformer, der Kreuzzüge unternahm, und er hat nicht einmal ein größeres System entwickelt. Seine Aufgabe war es anscheinend, die Hohlheit des Pomps seiner Zeit zu zeigen; aber hinter diesem Spott und Witz liegt die beunruhigendere Frage: Ist dieses System immer sinnvoll?“ (Heilbroner 1960, S. 199).

Heilbroner rechnet Bastiat zur „Unterwelt der Nationalökonomie“ des 19. Jahrhunderts, ein sehr viel spannenderer Ort als die akademisch geprägte „nüchterne und geschmackvolle“ Oberwelt. „Diese Unterwelt war ein viel interessanterer Ort als die ruhig-heiteren Reiche über ihr. Es herrschte geradezu ein Überfluss an wunderbaren Persönlichkeiten, und in ihr keimte ein unheimliches und verschwenderisches Gewirr von Ideen“ (Heilbroner 1960, S. 195).

Bevölkert wurde diese „nationalökonomische Unterwelt“ des 19. Jahrhunderts laut Heilbroner unter anderen von Karl Marx (1818-1883), Frédéric Bastiat (1801-1850), Henry George (1839-1897), John Atkinson Hobson (1858-1940), und man könnte noch mühelos anfügen: Charles Fourier (1772-1837), Robert Owen (1771-1858), Simonde de Sismondi (1773-1842).

Bastiat war zu seiner Zeit sehr bekannt. Er galt als der wichtigste Vertreter der Freihandelslehre. Heute ist er in der breiteren Öffentlichkeit und sogar bei Studierenden der Wirtschaftswissenschaften fast völlig vergessen. Als Margaret Thatcher im Zuge einer Reise nach Frankreich Bastiat als ihren Lieblingsökonomen bezeichnete, konnten die französischen Gastgeber mit diesem Namen nichts (mehr) anfangen.

10.5.2 Antoine Augustin Cournot (1801-1877)

Vita von Cournot

1801:	Geboren am 28. August 1801 in der kleinen Stadt Gray (Haute-Saône) als Sohn einer Bauern- und Advokatenfamilie, deren Geschichte sich bis in die Mitte des 16. Jahrhunderts zurückverfolgen ließ. Bereits früh las Cournot trotz seiner Kurzsichtigkeit anspruchsvolle Literatur wie z.B. Voltaire. Sein Großvater war Notar. „Viel größeren Einfluss (als der Vater, d.V.) scheint auf den Knaben der dem Großvater im Amt nachfolgende Onkel, ein strenger Jansenist, ausgeübt zu haben" (Waffenschmidt 1924, S. V). In seinen Erinnerungen schrieb Cournot ausführlich von diesem Onkel, dem er alles verdanke, was an Gutem in ihm stecke;
1809:	Besuch des Gymnasiums „Collège de Gray", das er mit 15 Jahren verließ. Cournot arbeitete danach vier Jahre in der Anwaltskanzlei seines Onkels, beschloss aber nach der Lektüre naturwissenschaftlicher und philosophischer Schriften (Laplace und Leibniz) zu studieren;
1821:	Nach einem Vorbereitungskurs in Mathematik (1820) (Collège Royal in Besançon) 1821 Eintritt in die naturwissenschaftliche Abteilung der „École Normale Supérieure" in Paris, die aber (aus politischen Gründen) 1822 geschlossen wurde. Cournot wechselte zur Sorbonne. Er wurde dann in Paris (zusammen mit seinem Mitstudenten und Freund Lejeune Dirichlet!) an der Sorbonne in Mathematik unterrichtet. Die Zeit an der Sorbonne war laut Cournot die glücklichste seines Lebens: „Ce temps a été le plus heureux de ma vie" (Cournot zitiert in: Moore 1991, S. 23);
1823:	Cournot erwarb einen akademischen Abschluss (Lizentiat in Naturwissenschaften);
	Cournot wurde im Oktober in Paris als literarischer Berater für die Memoiren und Sekretär von Marschall Saint-Cyr und als Tutor für dessen Sohn angestellt: „Gegen Ende Oktober 1823 trat er die neue Stelle an. Der Marschall legte ihm als erstes ein Kapitel zur Beurteilung vor. Dabei bewies Cournot sofort ein gediegenes Urteilsvermögen, das auch weiterhin gleich gut blieb und ihm ständig wachsendes Vertrauen ein-

	brachte, so dass er binnen kurzem der geachtetste Kritiker des Marschalls und im Laufe der Zeit einer seiner engsten Freunde wurde“ (Moore 1991, S. 24). Er hatte bei diesen Beschäftigungen genügend Zeit für eigene Studien und lernte nebenbei viele führende Persönlichkeiten Frankreichs kennen;
1829:	Promotion mit der Arbeit „Le mouvement d'un corps rigide soutenu par un plan fixe“. Seine Dissertation wurde 1830 und 1832 im „Journal des mathématiques pures et appliquées“ publiziert;
1831:	Cournot wurde Inspektor bei der Schulverwaltung von Paris;
1833:	Durch die Unterstützung des Statistikers Poisson, der von Cournot beeindruckt war, erhielt Cournot eine Anstellung an der Akademie der Wissenschaften (Paris). Er übersetzte unter anderem Herschels „Treatise on astronomy“ ins Französische;
1834:	Wiederum mit einer Empfehlung von Poisson Professur für „Analytik und Mechanik“ an der eben errichteten naturwissenschaftlichen Fakultät der Universität Lyon. Diesen Lehrstuhl hatte Cournot aber nur ein Jahr inne;
1835:	Cournot wurde (ebenfalls durch Vermittlung von Poisson) Rektor der Universität Grenoble. Seine Tätigkeit hierbei war vor allem administrativer Art. Cournot erledigte diese Arbeit hervorragend;
1838:	Cournot wurde in Paris zum hauptamtlichen „Inspecteur générale en titre“ ernannt;
	Cournot heiratete;
	Ritter der Ehrenlegion;
	Publikation seines ökonomischen Werkes „Recherches sur les Principes mathématiques de la théorie des richesses“
1839:	Vorsitz (den vorher Poisson innehatte) im „Concours d'Agrégation de Mathématiques“;
1840:	Poisson starb mit nur 59 Jahren. Cournot würdigte den Verstorbenen, vor allem dessen Einstellung zur Naturwissenschaft;
1844:	Reise nach Italien, wobei er hoffte, Ruhe und Muße würden seinen schwachen Augen gut tun;
1845:	Offizier der Ehrenlegion;
1848:	Cournot stimmte bei den Wahlen für General Cavaignac und

	gegen Louis Napoléon; Cournot wurde Mitglied der „Commission des Hautes Études“;
1854:	Aufgabe der Stellung des Generalinspektors. Rektor der Akademie in Dijon;
1862:	Cournots Augenleiden wurde schlimmer, zuletzt war er fast blind. Er ging in den Ruhestand und kehrte nach Paris zurück;
1863:	Publikation der „Principes de la théorie des richesses“;
1877:	Cournot starb am 31. März 1877 fast völlig blind in Paris.

Cournots Leben verlief, wenn man seine oben aufgeführten Lebensstationen betrachtet, von außen gesehen nicht spektakulär oder abenteuerlich, wie das einiger anderer Ökonomen. Er lebte zwar in einer durchaus turbulenten Zeit (Napoleon, Restauration), stieg aber als Staatsdiener stetig in Position und Ansehen auf. Seine „Abenteuer“ waren auf der geistigen Seite angesiedelt: Die Anwendung einer neuen Methode auf ein bereits existierendes Wissensgebiet, die dadurch erfolgte „Störung“ etablierter Wissenschaftskreise. Dies kam zumindest für unser Fach einer kleinen Revolution gleich, auch wenn Cournot selbst es vielleicht gar nicht so empfand.

Das Aussehen Cournots beschreibt Henry Ludwell Moore wie folgt: „Von Statur war Cournot ungewöhnlich groß. Er hatte breite Schultern und ging in späteren Jahren ein wenig gebeugt. Seine Stirn war breit und hoch. Die Augen hielt er infolge eines lebenslangen Leidens gewöhnlich halb geschlossen, als ob er sich bemühe, sie möglichst wenig dem Licht auszusetzen. Die Nase war gerade mit weiten Nasenlöchern, der Mund breit mit vollen Lippen“ und er fügt an: „er scheint nur einen einzigen Luxus gekannt zu haben: die Schnupftabaksdose“ (Moore 1991, S. 30).

Über seine politischen und religiösen Auffassungen kann man aufgrund seiner Zurückhaltung und Verschwiegenheit nur spekulieren. Sicher ist aber, dass er den Utopien St. Simons nicht zustimmte.

Werke von Cournot

Man kann die Werke von Cournot in drei Gruppen einteilen: Mathematische Schriften, ökonomische Schriften, sonstige (vor allem philosophische und historische) Schriften.

Mathematische Schriften:

„Mémoire sur le movement d'un corps rigide soutenu par un plan fixe" (Dissertation 1829, veröffentlicht in: „Journal des mathématiques pures et appliquées" 1830/1832);

„Mémoire sur les applications du calcul des chances à la statistique judiciaire" (1838, Journal des mathématiques pures et appliquées);

„Traité élémentaire de la théorie des fonctions et du calcul infinitésimal" (2 Bände, 1841/1845);

„Exposition de la théorie des chances et des probabilités" (1843);

Hier unterschied Cournot drei Typen von Wahrscheinlichkeit: objektive, subjektive und philosophische Wahrscheinlichkeit.

„De l'origine et des limites de la correspondance entre, l'algèbre et la géométrie" (1847);

Martin Shubik bezeichnet die rein mathematischen Fähigkeiten Cournots von seinem modernen Standpunkt aus als beschränkt. Seine wahrscheinlichkeitstheoretischen Arbeiten hätten keine neuen Erkenntnisse erbracht: „Cournot was well aware of ... his limitations as a mathematician", aber: „Regarding his work as a whole, his dedication and power as the founder of mathematical economics and the promoter of empirical numerical investigations emerges ... He understood the need to wait for a generation to die" (Shubik 1988, S. 712), bevor seine Auffassungen akzeptiert würden.

Ökonomische Schriften:

„Recherches sur les principes mathématiques de la théorie des richesses" (1838);

„Principes de la théorie des richesses" (1863);

Hierbei handelte es sich im Prinzip um eine Wiederholung seiner Thesen aus den „Recherches" (1838), aber ohne die Mathematik und etwas populärer gehalten. Auch dieses Werk wurde nicht beachtet.

„Revue sommaire des doctrines économiques" (1877);

Sonstige Schriften (vor allem auch zur Wissenschaftstheorie und zur Geschichtsphilosophie):

„Essai sur les fondaments de nos connaissances et sur les caractères de la critique philosophique" (2 Bände, 1851);

„Des Institutions d'instruction publique en France" (1864);

„Traité de l'enchaînement des idées fondamentales dans les sciences et dans l'histoire" (2 Bände, 1861);

„Des institutions d'instruction publiques en France" (1864);

„Considérations sur la marche des idées et des événements dans les temps modernes" (2 Bände, 1872);

„Matérialisme, vitalisme, rationalisme" (1875);

„Souvenirs (1760-1860)" (geschrieben 1859, erschienen posthum 1913);

Cournot gab sich keine Mühe, seine ökonomischen Werke attraktiv und interessant zu machen. Er schrieb nüchtern, entnahm seine Beispiele oft der Mechanik und der Astronomie, und schonte den Leser nicht mit seinen mathematischen Ableitungen. Und dies zu einer Zeit, in der die Mathematik (im Gegensatz zu heute) noch keinen Eingang in die Wirtschaftswissenschaften gefunden hatte. Cournot selbst schrieb prophetisch im Vorwort der „Recherches": „Aber der Titel des Werkes zeigt nicht nur theoretische Abhandlungen an, sondern er sagt auch, dass ich die Absicht habe, die Formeln und Zeichen der mathematischen Analysis anzuwenden; und das ist, wie ich gestehen will, ein Unterfangen, das mich von vornherein bei den zünftigen Theoretikern in Misskredit bringen muss. Alle haben sich wie auf Verabredung gegen die Anwendung mathematischer Formeln erhoben und es würde zweifellos schwer sein, heute ein Vorurteil zu überwinden, das Wissenschaftler wie Smith und auch andere neuere Schriftsteller verstärkt haben" (Cournot 1924, S. XX).

Alcouffe und Fraysse finden deshalb sogar: „Zeitgenössische französische Ökonomen, die meist nur wenig Geschmack an der Mathematik fanden, standen ihm feindlich gegenüber" (Alcouffe, Fraysse 1991, S. 35). Guitton führte die Nichtbeachtung seiner Werke auf seinen Charakter und sein Temperament zurück: „Cournots rather melancholic and solitary temperament considerably delayed the influence he was ultimately to have. Modest and self-effacing, he did nothing to make his books attractive. They tend to be austere, crowded with facts and proofs. Even the titles he chose reflect his modesty: Researches, Essay and Considerations" (Guitton 1968, S. 428).

Man muss nochmals erwähnen: Cournot schrieb in politisch aufgewühlten Zeiten und während der Auseinandersetzung anderer Ökonomen mit den Sozialisten nichts Politisches, bezog keine Stellung in Bezug auf eine der sich hart bekämpfenden Parteien: „Ich bin weit entfernt davon, mich für ein bestimmtes Wirtschaftssystem einzusetzen oder mich unter irgendein Parteibanner zu stellen" (Cournot 1924, S. XXIII). Er lieferte vielmehr ein Werk ab, das mit exakten mathematischen Mitteln versuchte, Fragen zu klären, die im allgemeinen Meinungsstreit seiner Zeit der Öffentlichkeit unwichtig, ja irrelevant erschienen. Dass sein Hauptwerk zunächst nicht beachtet wurde, war deshalb nicht überraschend. Erst in seinen letzten Lebensjahren begann man seinem Werk mehr Aufmerksamkeit zu schenken. Wenn man seine bedeutenden Neuerungen bedenkt, stimmte das Urteil Marshalls in Bezug auf sein ökonomisches Werk: „He died a neglected man".

10.5.2.1 Thesen von Cournot

Cournot beschäftigte sich in seinen ökonomischen Schriften mit der Preisbildung von Monopolen, Duopolen und dem perfekten Wettbewerb, sowie Problemen des internationalen Handels. Bekannt ist er den heutigen Studierenden vor allem durch seine Monopollösung, den Cournotschen Punkt, und das Nash-Cournot Gleichgewicht. Viele seiner mikroökonomischen Ideen sind nahezu unverändert Teil der mikroökonomischen Grundausbildung (!) an den Universitäten, wie auch das folgende Inhaltsverzeichnis seiner „Recherches" aus dem Jahre 1838 belegt.

Die „Recherches" waren wie folgt gegliedert:

Kapitel I: Vom Tauschwert oder vom Reichtum im allgemeinen;
Kapitel II: Von der absoluten und relativen Änderung des Wertes;
Kapitel III: Vom Wechsel (gemeint waren Wechselkurse);
Kapitel IV: Vom Gesetz der Nachfrage;
Kapitel V: Vom Monopol;
Kapitel VI: Vom Einfluss der Steuer auf die Waren, für die ein Herstellungsmonopol besteht;
Kapitel VII: Vom Wettbewerb der Produzenten;
Kapitel VIII: Vom unbeschränkten Wettbewerb;
Kapitel IX: Vom Zusammenwirken der Produzenten;
Kapitel X: Von der Verbindung der Märkte;
Kapitel XI: Vom Sozialeinkommen;
Kapitel XII: Von den Veränderungen des Volkseinkommens infolge der Verbindung der Märkte.

Diese Gliederung, sieht man einmal von den Ausdrücken „Wert" und „Wechsel" ab, klingt sehr modern. Tatsächlich hätte ein heutiger Student der Volkswirtschaftslehre keine Schwierigkeiten, sie zu interpretieren bzw. mindestens, sich darunter etwas vorzustellen. Dabei schrieb Cournot in seinem Vorwort ganz klar, dass er keineswegs eine erschöpfende Abhandlung über die politische Ökonomie schreiben wolle. Die Fragen, bei denen die mathematische Analysis nicht anwendbar sei, habe er nicht berührt.

Cournot setzte als Erster konsequent die Differentialrechnung in der Ökonomik ein. Im Vorwort der „Recherches" wurde im Rahmen seiner „theoretischen" Vorgangsweise die Rolle der Mathematik in den Sozialwissenschaften allgemein diskutiert. Dabei wurde Wert darauf gelegt, dem Leser klar zu machen, dass sich die Verwendung der Mathematik in den Wirtschaftswissenschaften nicht auf die Berechnung von und das Rechnen mit Zahlen ökonomischer Größen beschränkt, sondern auf das Auffinden und Darstellen von Relationen zwischen ihnen, wobei konkrete Zahlen durch Buchstaben ersetzt werden. „Wer jedoch die analytische Mathematik kennt, weiß, dass sie sich nicht nur mit der Berechnung von Zahlen beschäftigt, sondern dass sie gerade Beziehungen zwischen den Größen aufzuweisen vermag, die man zahlenmäßig nicht erfassen kann … Die Anwendung mathematischer Zeichen ist überall dort natürlich, wo gegenseitige Beziehungen von Größen zu erörtern sind“ (Cournot 1924, S. XXI). Cournot beruhigte dann zwar: „Da es sich nur um ganz einfache Bedingungen handelt, so genügen die Elemente der Differential- und Integralrechnung zum Verständnis dieser kleinen Abhandlung“ (Cournot 1924, S. XXII). Der mathematisch ungeübte Leser stieß aber dann auf Ausdrücke wie:

$$p' = \frac{1}{2} \cdot \left\{ g + \sqrt[3]{g^3 + 4p_0^3 + 2\sqrt{2p_0^3}\left(g^3 + 2p_0^3\right)} + \sqrt[3]{g^3 + 4p_0^3 - 2\sqrt{2p_0^3}\left(g^3 + 2p_0^3\right)} \right\}$$

die zwar mathematisch tatsächlich nicht schwierig waren, aber beim mathematisch völlig Ungebildeten doch zumindest auf ein leichtes Unverständnis (gepaart mit Ablehnung) stoßen könnten.

In den ersten drei Kapiteln legte Cournot dann die Grundlagen für das folgende. Er definierte ausführlich „Reichtum“ (auch im historischen Kontext), führte absolute und relative Preise ein, beschäftigte sich mit deren Veränderungen und stellte fest, dass für homogene Güter auf einem Markt nur ein einziger Preis gelten könne. Kapitel III brachte die Algebra der Devisenkurse, die die Algebra des Preismechanismus im Allgemeinen enthielt.

Kapitel IV brachte die (im Prinzip bis heute verwendete) Nachfragefunktion, nämlich die Abhängigkeit der nachgefragten Menge vom jeweiligen Preis des Gutes. Dabei verwendete Cournot eine mathematische Formulierung, die Nachfragefunktion war stetig und monoton fallend:

$$D = F(p)$$

wobei D die (bei ihm jährlich) nachgefragte Menge war (bei Cournot Liter Wasser aus einer Mineralquelle) (Cournot 1924, S. 48), F die funktionale Beziehung wiedergab und p der Preis für das Mineralwasser war. Cournot stellte diese Beziehung auch in einem Preis-Mengen-Diagramm vor, den heutigen Studierenden von der Idee her bestens bekannt. Er führte auch, zumindest der Idee nach, die Elastizität ein (Cournot 1924, S. 37), vertiefte diese Vorstellung aber nicht durch eine exakte Formel. Dabei war seine Absatzfunktion nicht ein völlig aus der Luft gegriffenes abstraktes Gebilde. Sie könne grundsätzlich auf der Basis von beobachteten Daten erstellt werden.

Es ist meines Erachtens eine bleibende (vielleicht die größte) Leistung Cournots, dass er FUNKTIONALE Zusammenhänge in der Ökonomik, hier zwischen Mengen und Preisen, postulierte. Dies ist für den heutigen Ökonomen, der ständig solche funktionalen Beziehungen zwischen ökonomischen Größen aufstellt, so selbstverständlich, dass er die damalige Leistung Cournots vermutlich gar nicht mehr richtig zu würdigen weiß. Cournots Credo war: „Die Anwendung mathematischer Zeichen ist überall dort natürlich, wo gegenseitige Beziehungen von Größen zu erörtern sind“ (Cournot 1924, S. XXI).

Er war außerdem davon überzeugt, dass „a science of margins and chances is not only viable but perhaps better suited to the needs of economics than a science of absolute, exact equilibria“ (Guitton 1968, S. 428). Eine erstaunlich moderne Feststellung, die erst in der zeitgenössischen Ökonomik wieder aufgenommen wurde.

Cournot leitete die Gestalt seiner Nachfragefunktion (negativer Zusammenhang zwischen Preisen und Mengen) aus empirischen Beobachtungen (getätigte Verkäufe) ab (und nicht als geplante Nutzenvorstellungen der Käufer wie in modernen Lehrbüchern). Nutzenüberlegungen bei der Ableitung der Nachfragekurve sprach er zwar an, führte sie aber nicht ein. Über die Annahme der Stetigkeit dieser Funktion machte er sich ebenfalls bereits explizit Gedanken: Er hielt die Stetigkeit der Nachfragefunktion dann für gerechtfertigt, wenn die Zahl der Verbraucher groß genug sei. „Es könnte anders sein, wenn die Zahl der Verbraucher sehr beschränkt wäre“ (Cournot 1924, S. 40).

In Kapitel V wurde das Monopol und seine Preisbildung unter der Annahme eines gewinnmaximierenden Produzenten analysiert. Beispiel war zunächst eine Mineralquelle, die KEINE Kosten verursacht, bei der also das Gewinnmaximum gleich dem Umsatzmaximum ist. Dann kam eine Kostenfunktion dazu, bei der er abnehmende, konstante und zunehmende Skalen unterschied. Konsequent kam er im Zuge seiner Ableitung für diesen Fall zu der berühmten Formel für die gewinnmaximale Menge des Anbieters: Grenzertrag = Grenzkosten. Ich möchte hier nochmals explizit anmerken, dass es vor Cournot keine wirkliche (exakte) Theorie des Monopols gab, auch wenn es natürlich bereits Überlegungen (mehr wirtschaftspolitischer Art) zu den Konsequenzen von Monopolsituationen gab.

In Kapitel VI wurden die Folgen verschiedener Steuern auf den gewinnmaximalen Preis und die entsprechende Menge des Monopolisten analysiert.

Die Erweiterung des Modelles von nur einem Anbieter mit einem Gut auf mehrere Anbieter (Mineralquellenbesitzer), die in Konkurrenz zueinander stehen, führte im weiteren zu seiner Oligopol-Theorie, wobei gerade das Duopol, also die Situation mit zwei Anbietern, eingehend behandelt wurde (Kapitel VII). Cournot entwickelte hier ein mathematisches Modell zweier konkurrierender Anbieter (modern: non cooperative optimization where agents mutually influence each other) eines homogenen Produktes (Mineralwasser). Interessant und wirklichkeitsnahe dabei war, dass jeder der beiden Konkurrenten von dem anderen weiß, und dessen Angebot als (gegebene) Größe einkalkuliert, das heißt, dass er seine eigene Angebotsmenge anpasst und damit seinen eigenen Profit maximiert. Daraufhin setze ein wechselseitiger Anpassungsprozess der Mengen ein. Mit Hilfe seiner „Reaktionskurven" zeigte Cournot, dass diese schrittweisen Anpassungen in einem eindeutigen, zudem stabilen Gleichgewicht enden. Allerdings stellt Cournot hier eine deterministische Lösung des Problemes vor, das heißt, die Mengenreaktionen des Konkurrenten stimmten jeweils mit den antizipierten Reaktionen überein und vice verso. Damit konnte Cournot sein Gleichgewicht als den Schnittpunkt der beiden (richtig antizipierten) „Reaktionskurven" darstellen, wobei er je nach Lage der Kurven zwischen einer stabilen und einer instabilen Lösung unterschied.

In Kapitel VIII erfolgte die Erweiterung auf unendlich viele Anbieter, also ein vollständiger Wettbewerb, bei ihm die „unbestimmte Konkurrenz". Diese Erweiterung bedeutete für ihn wegen der großen Zahl der Produzenten, dass der Ein- oder Austritt eines einzelnen Produzenten in bzw. aus dem Markt keinen (bzw. einen vernachlässigbaren) Effekt auf die Gleichgewichtsmenge hat. In dieser Grenzsituation sind die einzelnen Marktteilnehmer als Individuen unerheblich. Hier (Situation der vollständigen Konkurrenz) wandelt sich die Gleichgewichtslösung zu: Preis = Grenzkosten.

Es sei nochmals darauf hingewiesen, dass Cournot (anders als einige moderne Lehrbücher) mit dem Monopol startete, dann sein Modell auf einige wenige Teilnehmer erweiterte (Oligopol) und schließlich durch die Annahme unendlich vieler Teilnehmer zum vollständigen Wettbewerb vorstieß.

„Wir haben bisher untersucht, wie das Gesetz der Nachfrage den Preis für jede einzelne Ware im Zusammenhang mit ihren Produktionsbedingungen bestimmte und das Einkommen der Produzenten regelte. Wir betrachteten die Preise der anderen Waren und das Einkommen der anderen Produzenten als gegebene und unveränderliche Größen. In Wirklichkeit ist das Wirtschaftssystem aber ein Zusammenwirken, bei dem alle Teile voneinander abhängen und in gegenseitiger Wechselwirkung stehen... Es scheint also, dass man bei der vollkommenen und strengen Lösung von Teilproblemen des wirtschaftlichen Systems nicht vermeiden könne, das ganze System zu betrachten. Aber dies würde die Kräfte der analytischen Mathematik und unserer praktischen Rechenmethoden übersteigen“ (Cournot 1924, S. 111).

Kapitel X beschäftigte sich dementsprechend mit der Verbindung der Märkte, Kapitel XI mit dem Volkseinkommen einschließlich dessen Definition (Cournot 1924, S. 112). Zukunftsweisend und eine Herausforderung für spätere Ökonomen war dabei seine Erkenntnis: „Wir betrachteten die Preise der anderen Waren und Einkommen der anderen Produzenten als gegebene und unveränderliche Größen. In Wirklichkeit ist das Wirtschaftssystem aber ein Zusammenwirken, bei dem alle Teile voneinander abhängen und in gegenseitiger Wechselwirkung stehen“ (Cournot 1924, S. 111). Dies enthielt (wie auch das obige Zitat) bereits die Idee, dass man von einer reinen Partialanalyse abgehen müsse, auch wenn Schumpeter diesbezüglich urteilte: „Ich würde es für historisch unzulässig halten, ihm mehr als eine blasse und nichtoperative Idee vom totalen Gleichgewicht zuzuschreiben“ (Schumpeter 1965, S. 1168).

Kapitel XII beinhaltete schließlich „Über die Veränderungen des Volkseinkommens infolge der Verbindung der Märkte“, wobei der internationale Handel einbezogen wurde. Cournot analysierte Nominal- und Realeffekte der exportierenden und importierenden Länder und sprach dabei auch das Problem eines Zollkrieges an. Hier berührte er akute wirtschaftspolitische Fragen, und schwächte gleich wieder ab: „Wir vermögen diese schwierige Frage hier nicht anzuschneiden, welche uns zu weit von den rein abstrakten Erörterungen abführte, die zu entwickeln Aufgabe dieser Schrift war. Wenn wir die Lehre der Smith'schen Schule über den Schutzzoll zu bekämpfen versuchten, so geschah das vom rein theoretischen Gesichtspunkt aus und keineswegs als Verteidiger der Sperr- und Schutzgesetze ... Dadurch, dass sie (die Theorie, d.V.) einen erörterten Punkt schärfer beleuchtet, dämpft sie erregte Leidenschaften. Die Systeme haben ihre Fanatiker, die Wissenschaft, die den Systemen nachgeht, hat sie nie“ (Cournot 1924, S. 151/152).

Cournot kann somit ohne Übertreibung als einer der Pioniere der mathematischen Wirtschaftstheorie und als „Proto-Marginalist“ gelten. Dabei wies Schumpeter erklärend zu Recht darauf hin: „Aber die Verwendung von Zahlen ... oder von Formeln ..., ja selbst die Neuformulierung von Ergebnissen nichtmathematischer Überlegungen in algebraischer Form begründet noch keine mathematische Wirtschaftslehre: Diese zeichnet sich dadurch aus, dass das Denken selbst, das die Resultate hervorbringt, explizite mathematischer

Natur ist“ (Schumpeter 1965, S. 1162). Cournot ist eindeutig der hier skizzierten mathematischen Wirtschaftslehre zuzurechnen.

10.5.2.2 Nachwirkungen von Cournot

Cournot war zwar zu seinen Lebzeiten eine durchaus anerkannte Persönlichkeit als Gelehrter, Rektor und hoher Staatsbeamter. Sein ökonomisches Hauptwerk, die „Recherches sur les principes mathématiques de la théorie des richesses” (1838), blieben zunächst aber weitgehend unbeachtet. Er vereinfachte daraufhin seine Überlegungen, ließ die Formeln weg und publizierte seine Thesen 1863 erneut unter dem Titel „Principes de la théorie des richesses”, die ebenfalls unbeachtet blieben.

Schumpeter kam bezüglich der Wirkung der Nichtbeachtung seines ökonomischen Werkes übrigens zu einem etwas anderen (spekulativen) Schluss: „... weil einige seiner amerikanischen Bewunderer, die die Psychologie des französischem Beamtenstandes missverstehen, geneigt waren, aus ihm wegen des Fehlschlages der Recherches einen Märtyrer zu machen. Er selbst hat diesen Fehlschlag sehr wahrscheinlich als einen kleinen Zwischenfall in einer sonst großartigen Laufbahn empfunden. Überdies hatte er allen Grund, sich zu der Aufnahme der Werke zu gratulieren, die von ihm – wiederum sehr wahrscheinlich – für wirklich wichtig gehalten wurden“ (Schumpeter 1965, S. 1166).

Cournot wird von der heutigen ökonomischen Fachwelt, nicht unerwartet, gänzlich anders beurteilt als die vorher genannten Vertreter der nationalökonomischen „Unterwelt“. Die Geschichte wird von den Siegern geschrieben. Schumpeter bezeichnete ihn als einen „der besten Geister, die sich jemals mit der Disziplin der Wirtschaftswissenschaften beschäftigten“ und führte ihn unter dem Abschnitt „Die Autoren, die über dem Niveau ihrer Zeit standen“ auf (Schumpeter 1965, S. 574). In die moderne Dogmengeschichte ging er als „Vater der mathematischen Wirtschaftstheorie“ ein. Und die Methoden und Modelle von Cournot werden noch heute im mikroökonomischen Unterricht verwendet (man denke z.B. an den Cournotschen Punkt beim Monopol und die Cournotlösung beim Duopol). Cournot wird daher einhellig der ökonomischen „Oberwelt“ zugerechnet, darin sind sich alle dogmenhistorischen Lehrbuchautoren einig, und genauso einhellig positiv beurteilt. Sein Einfluss auf die zeitgenössische Theorie ist tatsächlich sehr groß, ja kann kaum überschätzt werden, man braucht nur ein Standard-Lehrbuch für einen mikroökonomischen Grundkurs aufschlagen, um dies zu sehen.

Auch sein Einfluss auf nachfolgende mathematisch orientierte Ökonomen ist unbestreitbar: Walras (1834-1910), der sich explizit bei ihm bedankte und sein epochemachendes Werk als Verallgemeinerung von Cournots Partialmodell bezeichnete (dabei berücksichtigte Cournot aber in seiner Theorie der unvollkommenen Konkurrenz auch fallende Kosten, was bei Walras nicht der Fall war), Marshall (1842-1924), der ihn als Genius lobte, Edgeworth (1845-1926) und Irving Fisher (1867-1947): „His book is an economic classic and deserves careful study". Stanley Jevons (1835-1882) bezeichnete ihn als Vorgänger.

Der Mathematiker Joseph Bertrand kritisierte ihn zwar 1883, wandte sich ebenfalls der Oligopoltheorie zu und verwendete, während Cournot die Gütermenge als entscheidende Variable wählte, statt dessen den Preis. Anlässlich der Debatte um die unvollkommene Konkurrenz im 20. Jahrhundert bezog sich Edward Chamberlin, einer der wesentlichen Protagonisten dieser Debatte, explizit und ausführlich auf Cournot.

„Ein wesentliches Verdienst bei der so schließlich durchgesetzten Verbreitung von Cournots Werk kommt Irving Fisher zu, der 1897 die englische Übersetzung des Buches kommentierte und mit einer von Jevons begründeten, von ihm erweiterten „Bibligraphy of mathematical economics" versah" (Schefold 1991, S. 9). Bertram Schefold charakterisiert Cournots frühes Werk zu Recht als „Archetypus moderner Theorie", wenn man einräumt, dass die moderne Theorie ihren Anspruch an Strenge erst durch Formalisierung einlöst.

Alcouffe und Fraysse weisen darauf hin, dass Cournots Vorgehensweise bereits auf den „methodologischen Individualismus" vorausweist, der später seinen Siegeszug durch die Theorie antrat. Dass Cournot bei seinen bahnbrechenden Modellen zur Oligopoltheorie nicht auch noch explizit die Bildung von Koalitionen der betreffenden Firmen (er war sich dieser Möglichkeit aber bewusst) und zusätzliche Aktionsparameter berücksichtigte, kann man ihm meines Erachtens nicht negativ anrechnen. Erst die moderne Spieltheorie konnte sich mit solchen Problemen auseinandersetzen. Im Übrigen konnte Nash im Rahmen der Spieltheorie zeigen, dass die Lösung von Cournot nichts anderes war als sein „Nash-Gleichgewicht".

Fazit: Wie so oft (gerade auch bei Künstlern) wurde Cournot ALS ÖKONOM erst nach seinem Tod richtig bekannt und gewürdigt. Als Illustration sei angefügt, dass die „Recherches" erst 1938, also 100 Jahre nach ihrem ersten Erscheinen 1838, in Frankreich als Wiederauflage erschienen.

10.6 Einige wichtige Ökonomen des deutschsprachigen Raumes im 19. Jahrhundert (ohne Sozialisten und Sozialutopisten)

10.6.1 Adam (Heinrich) Müller (1779-1829) und die so genannte „romantische Schule“ der Nationalökonomie

Zunächst darf daran erinnert werden, wie vielgestaltig und in wie viele unterschiedliche „Schulen“ (oft auch mit unterschiedlichen Methoden) zerfallen die Ökonomik im 19. Jahrhundert bereits war: Sozialismus, Romantik, historische Schule, österreichische Schule, Lausanner Schule und viele herausragende Ökonomen aus verschiedenen Ländern, die sich nicht einfach einer der obigen Schulen zurechnen lassen.

10.6.1.1 Vorbemerkungen zur „Romantik“

Unter „Romantik“ versteht man üblicherweise eine Epoche der Kulturgeschichte, die sich auf viele verschiedene Gebiete erstreckte, so auf die Dichtung, die Literatur, die bildende Kunst, die Musik, die Staats- und Gesellschaftsphilosophie und letztlich sogar auch auf die Ökonomik. Für Jakob Baxa, einem Sympathisanten romantischer Strömungen, ist die Romantik nicht bloß eine literarische oder künstlerische Mode, sondern eine tiefgehende Ideenrichtung, die das ganze Leben umfasse, eine Weltanschauung (Baxa 1924, S. 3).

Im Rahmen eines ökonomiegeschichtlichen Buches kann diese umfangreiche, vielschichtige Bewegung und ihre Interpretationen (so z.B. auch die Unterscheidung in Frühromantik, Hochromantik und Spätromantik) nicht in allen ihren interessanten Details dargestellt werden. Es interessiert vielmehr nur deren Ausprägung im Zusammenhang mit der Ökonomik.

Romantische Bewegungen fanden übrigens (in unterschiedlichen Varianten) in einer Reihe von europäischen Ländern (z.B. in England, Frankreich, Italien) statt. Unter dem Aspekt der politisch-ökonomischen Ausprägung war es aber vor allem Deutschland, wo romantische Staatstheorien um die Wende des 18. zum 19. Jahrhundert nicht nur formuliert sondern auch konkret in den politischen Raum gestellt wurden.

Im Brockhaus findet man unter dem Stichwort „Romantik“ die folgenden Ausführungen: „Allgemein eine zum Gefühlvollen, Wunderbaren, Märchenhaften und Phantastischen neigende Weltauffassung und -darstellung; im besonderen eine geistes- und stilgeschichtliche Epoche, die, ... um die Wende zum 19. Jahrhundert Aufklärung, Klassizismus und Klassik ablöste; ihr

Höhepunkt kann in Deutschland gesehen werden“ (Brockhaus 1973, Band 16, S.85). Baxa ist gegenüber einfachen Definitionen der Romantik hingegen skeptisch: „Trotz der Reichhaltigkeit des modernen Schrifttums über „Romantik“ ist es doch äußerst schwer, eine genaue Begriffsbestimmung von dieser Bewegung zu geben“ (Baxa 1924, S. 3).

Sicherlich hat jeder Leser seine persönliche Vorstellung davon, was „Romantik“ bzw. „romantisch“ beinhaltet. Für unsere Zwecke lässt sich „Romantik“ meines Erachtens am besten durch die Wiedergabe einiger ihrer wesentlichen Charakteristika umschreiben:

- Die Romantik lehnte die (von der Antike inspirierte) „strenge“ Klassik, und die Antike bzw. die der Antike (oft zu Unrecht) zugeschriebenen Charakteristika ab;
- Sie lehnte insbesondere die Philosophie der Aufklärung mit ihrem Appell an die Vernunft, ja geradezu mit ihrem Monopol der Vernunft, und die französische Revolution heftig ab. „Wahrheiten“ waren gemäß romantischer Auffassung nicht im Intellekt angesiedelt, sondern spiegelten sich im natürlichen traditionellen Verhalten des einfachen Volkes. Deshalb wurden z.B. Märchen und Sagen gesammelt (Brüder Grimm) und Volkstänze in die Musik eingearbeitet (Franz Schubert). Dass dies in der Literatur auch zu einer „dunklen Seite“ führte (E.T. A. Hoffmann) sei nur am Rande angedeutet.;
- Im Gegensatz zur Aufklärung stellte die Romantik irrationale Gefühle, Sehnsüchte, Mysterien, individuelles Erleben, Phantasie und Antirationalität in den Mittelpunkt. Die romantische Sehnsucht richtete sich dabei auf etwas Unbestimmtes und Unerreichbares. Dadurch konnte sie nie wirklich aufgelöst werden und konnte im Sinne von „Der Weg ist das Ziel“ vielmehr ein erwünschtes Lebensgefühl werden. Die Grenzen zwischen Realität und Traum sollten verschwimmen;
- Der Romantiker unterstellte eine Art Zweiteilung, ja geradezu einen „Bruch“ der Welt: einerseits die Welt der Vernunft, der Zahlen und andererseits die Welt der Gefühle, des Wunderbaren, des Übersinnlichen;
- Die Romantik beschäftigte sich mit der jeweils eigenen nationalen (man könnte auch formulieren: „völkischen“) Geschichte bzw. Kultur, dem Volkstum, und dabei speziell mit dem Mittelalter, das ohne Berücksichtigung der damaligen tatsächlichen Zustände verklärt wurde. Besonders gefiel hier die Einteilung in Stände und die Existenz eines Souveräns. Die „besseren Zeiten“ lagen also in der Vergangenheit;

- Der Staat wurde nicht als „Maschine“ bzw. als „künstliche Schöpfung“ zur Erfüllung politischer Funktionen angesehen, sondern als sozialer „Organismus“;
- Dieser soziale Organismus (die „menschlichen Gemeinschaftsverhältnisse“) wurde fast als eine Art von Lebewesen aufgefasst, das sich gemäß seinen eigenen Regeln entwickelt. Ganz in diesem Sinne schrieb Adam Müller: „... the State is not simply a factory or a farm or an insurance company or an industrial company. It is not an artificial organization; it is not a human invention meant for the utility or pleasure of citizens; outside of the state there exists nothing for the citizen";
- Dabei wurde eine mystische gemeinsame Loyalität zu den Herrschenden, insbesondere einem Monarchen, idealisiert. Gemeinschaftswerte wurden Individualwerten übergeordnet. Man kann von einer Existenz universalistisch-kollektivistischen Ideengutes sprechen. Die Romantiker waren damit Verteidiger der etablierten Ordnungsmächte, wie Kirche, Adel, Monarch etc.;
- Künstler wurden als Genies verklärt. Festliegende Regeln in der Poetik und in Romanen verloren an Bedeutung. Der freigesetzten Phantasie war es erlaubt, tradierte Grenzen zu überschreiten. Es sollte eine Autonomie der Kunst herrschen.

Letztlich war die Romantik nicht nur eine der Gegenbewegungen zur Aufklärung sondern vor allem auch zu den Auswirkungen der industriellen Revolution mit ihrer Mechanisierung, ihrer Verstädterung und ihrem Elend. Boshaft könnte man von einer Flucht aus dieser unbequemen Wirklichkeit in eine unwirkliche idyllische Welt sprechen. Gerhard Kolb bescheinigt der Romantik, sie gehöre „zu den umstrittensten und ja tatsächlich auch widersprüchlichsten Epochen der europäischen Geistesgeschichte“ (Kolb 1977, S. 99) und Schumpeter schrieb bezüglich ihrer Rolle in der Nationalökonomie unter seinem analytischen Aspekt eindeutig: „Insofern sollte man offen zugeben, dass es niemals eine „romantische Schule der Nationalökonomie“ gegeben hat“ und er begründete dieses Urteil vor allem damit, dass Adam Müller keine Beiträge zur technischen Wirtschaftslehre geliefert habe. „W. Roscher setzte, glaube ich, diesen Ausdruck durch seinen Aufsatz „Die romantische Schule der Nationalökonomik in Deutschland“, Zeitschrift für die gesamte Staatswissenschaft, 1870, in Umlauf und überschüttete Müller mit unverdientem Lob“ (Schumpeter 1965, S. 525). Da in dieser Einführung aber neben technischen Beiträgen zur Ökonomik auch geistesgeschichtliche

Überlegungen aufgenommen werden sollen, schien es mir durchaus vertretbar, von einer „romantischen Schule“ zu sprechen.

Vertreter der Romantik in der Philosophie waren Johann Gottlieb Fichte (1762-1814) und Friedrich Wilhelm Joseph Schelling (1775-1854), der Sozialphilosoph Franz von Baader (1765-1841), Thomas Carlyle (1795-1881) und John Ruskin (1819-1900), in der Musik Frédéric Chopin (1810-1849), Franz Liszt (1811-1886), Franz Schubert (1797-1828), Richard Wagner (1813-1883), Gustav Mahler (1860-1911) und Anton Bruckner (1824-1896) (woran man übrigens sieht, dass in der Musik romantische Richtungen wesentlich länger existierten als in der Poesie), in der Literatur Joseph von Eichendorff (1788-1857), Wilhelm Hauff (1802-1827), E.T.A. Hoffmann (1776-1822), Novalis (1772-1801) und viele andere. In der Malerei dürfte wohl am bekanntesten sein: Caspar David Friedrich (1774-1840), aber auch Philipp Otto Runge (1777-1810) zählt dazu. Romantische Strömungen waren aber auch zu finden in der Theologie, der historisch-vergleichenden Sprachwissenschaft und der rechtsgeschichtlich orientierten Jurisprudenz.

10.6.1.2 ADAM HEINRICH MÜLLER (1779-1829)

VITA VON ADAM MÜLLER

1779:	Adam (Heinrich) Müller wurde am 30 Juni 1779 als Sohn eines preußischen Finanzbeamten in Berlin geboren;
1793:	Übersetzung von Edmund Burkes „Betrachtungen über die Französische Revolution". Dieses Werk enthielt bereits deutliche Hinweise auf Antirationalismus und eine universalistische Staatsauffassung;
1798:	Seit 1798 studierte Adam Müller Rechtswissenschaften in Göttingen. Vor allem der Historiker Heeren, dessen Veranstaltungen Adam Müller besuchte, machte auf ihn einen bleibenden Eindruck;
1801:	Rückkehr nach Berlin. Anstellung bei der kurmärkischen Kammer;
1804:	„Die Lehre vom Gegensatz" erschien;
1805:	Nach Reisen in Schweden und Dänemark und einem Aufenthalt in Polen Reise nach Wien;
	Adam Müller trat eine Stelle als Hauslehrer im Hause Haza-Radlitz an; Müller konvertierte in Wien zum Katholizismus;
	Der Landrat von Haza übersiedelte nach Dresden;
1806:	Müllers Freund Gentz traf in Dresden ein. Müller war von 1806-1808 Hauslehrer in der Familie Sachsen-Weimar. Adam Müller lernte nun viele Vertreter des hohen Adels und der Diplomatie kennen;
	Adam Müller hielt als Privatgelehrter erfolgreich Vorlesungen über die deutsche Wissenschaft und Literatur;
	Die Vorlesungen erschienen in gedruckter Form: „Vorlesungen über die deutsche Wissenschaft und Literatur";
1808:	Zusammen mit Heinrich von Kleist Herausgabe der Zeitschrift „Phöbus";
1808/09:	Vorlesungen über das „Ganze der Staatswissenschaft" für Prinz Bernhard von Sachsen-Weimar und Politikern und Diplomaten in Dresden. Hierbei wurden abgehandelt: der Staat, das Recht, der Geist der Gesetzgebung in der Antike und im Mittelalter, Geld, Nationalreichtum, Handel, die Beziehung zwischen Staat und Religion. Daraus wurde dann später in der Buchausgabe „Die Elemente der Staatskunst" (1809);

1808:	Bruch mit Herrn von Haza;
1809:	Adam Müller musste wegen seines Engagements für Österreich Ende Juni Dresden verlassen. Rückkehr nach Berlin; Adam Müller heiratete die Hausfrau des Hauses Haza (6.8.1809), die sich von ihrem Ehemann scheiden ließ;
1810:	Vorlesungen in Berlin „Über König Friedrich II. und die Natur, Würde und Bestimmung der preußischen Monarchie"; Müller veröffentlichte den gegen Hardenberg und das liberale Reformprogramm Preußens gerichteten Aufsatz „Vom Nationalkredit", der ihm den Beifall der feudalen Großgrundbesitzer eintrug;
1811:	Rückkehr nach Wien. Er verkehrte dort in den höchsten diplomatischen Kreisen;
1813:	Kaiserlicher Kommissar und Schützenmajor in Tirol;
1815:	Österreichischer Generalkonsul in Leipzig (in den Diensten Metternichs);
1816-1818:	Herausgabe des „Deutschen Staatsanzeigers";
1826:	Nachdem Adam Müller in Ungnade gefallen war, setzte sich sein Freund Friedrich Gentz für ihn ein. Ende September 1826 reiste Müller mit seiner Familie nach Wien;
1827:	Müller erhielt vom Kaiser eine neue Anstellung und Erhebung in den Adelsstand;
1829:	Adam Müller starb im Januar in Wien an einem Schlaganfall.

Ohne ungerecht zu sein, muss man doch festhalten, dass es Adam Müller immer mit den Mächtigen hielt. Carl Schmitt bezeichnete ihn nicht zu Unrecht als „servilen Funktionär" (Kolb 1997, S. 100). Er war ein ausgezeichneter Redner und schrieb für seine Zeit einen ausdrucksvollen Stil. Seine Thesen, die durch Ablehnung einer exakten Begrifflichkeit und durch ihre bewusste Irrationalität und ihren Mystizismus gekennzeichnet waren, machten sie im späteren Lauf der Geschichte sehr geeignet für Ideologien, die vor allem das Gefühl ansprachen, wie z.B. eine „deutsche" (arische) Wissenschaft, „völkisches" Denken, Blut und Boden-Ideologien.

Adam Müller war neben seinen ökonomischen Überlegungen Philosoph und vor allem Staatstheoretiker. Er war der bedeutendste Vertreter einer romantischen Staats- und Gesellschaftslehre. Gekürzt: Er stritt für das „organisch Gewachsene", den korporativen Ständestaat, das „Gottesgnadentum" und gegen die Philosophie der Aufklärung, den Rationalismus, gegen eine Trennung von Staat und Gesellschaft und zeitbezogen insbesondere gegen die Hardenbergschen Reformen.

Werke von Adam Müller

„Die Lehre vom Gegensatz" (1804);
Hier wurde die Polarität als Weltgesetz hochstilisiert.
„Vorlesungen über die deutsche Wissenschaft und Literatur (1806/1807);
„Adam Smith" (1808);
„Von der Idee der Schönheit" (1809);
„Von der Idee des Staates" (1809);
„Die Elemente der Staatskunst" (1809);
„Die Theorie der Staatshaushaltung und ihre Fortschritte in Deutschland und England seit Adam Smith" (1812);
„Vermischte Schriften über Staat, Philosophie und Kunst" (2 Bände, 1812);
„Versuch einer neuen Theorie des Geldes mit besonderer Rücksicht auf Großbritannien" (1816);
„Etwas das Goethe gesagt hat. Beleuchtet von Adam Müller" (1817);
„Zwölf Reden über die Beredsamkeit und deren Verfall in Deutschland" (1817);
„Die Fortschritte der nationalökonomischen Wissenschaft in England" (1817);
„Von der Notwendigkeit einer theologischen Grundlage der gesamten Staatswissenschaften und der Staatswirtschaft insbesondere" (1820);
„Sie beweist die religiöse Wendung des Verfassers. Grundsätzlich will er jetzt die gesamte Staatswissenschaft auf der Theologie aufbauen. Über seine Staatsauffassung in den „Elementen" geht er insofern hinaus, als er jetzt Gott als den Urheber der Staaten und der Stände bezeichnet. In der Volkswirtschaft erblickt er eine große Haushaltung Gottes" (Bülow 1931, S. XXXIV).
„Die innere Staatshaushaltung, systematisch dargestellt auf theologischer Grundlage" (1820);
„Die Gewerbe-Polizei in Beziehung auf den Landbau" (1824).

10.6.1.2.1 Thesen von Adam Müller

Vehement wandte sich der späte Adam Müller gegen die Thesen von Adam Smith, den er in jungen Jahren noch verehrte. Ihm warf er ein einseitiges individualistisch-rationalistisches, ja materialistisches Denken vor. Müller wurde zum Gegner des Freihandels.

Auch gegen Friedrich List, mit dem er ein gutes persönliches Verhältnis hatte, trat er an. Er wollte keine Förderung der Industrie (wie er ja überhaupt der Industrialisierung kritisch gegenüberstand) und des Verkehrswesens, sondern eine nationale Wirtschaft auf agrarisch-konservativer Grundlage. Es lassen sich – mit einigem guten Willen – Ansätze zu einem ökologischen Wirtschaften finden.

Letztlich ging es Adam Müller bei allen ökonomischen Problemen immer um die Unterordnung des Einzelnen in eine übergeordnete organische Gemeinschaft. Die Wirtschaft wurde als im Dienste dieser Gemeinschaft stehend angesehen, und es wurde von diesem Blickwinkel aus argumentiert, eine Betonung des ethischen Elements und der Verpflichtung des Individuums gegenüber dem Staat. Die abstrahierende Methode der klassischen Schule wurde abgelehnt. „Mit seinem Eintreten für die Aufrechterhaltung traditionaler Strukturen bzw. seiner Rückwendung zu ständischen Formen verkörpert Müller den Prototyp des neuerungsskeptischen und hierarchisch-konservativen Denkers. Hinzu kommt eine geradezu eifernde reli-giös-katholische Haltung, wie sie ja nicht selten bei Konvertiten beobachtet wird" (Kolb 1997, S. 101).

Der Staat war bei ihm kein juristischer Begriff sondern die „Totalität des gesamten Lebens (Bülow 1931, S. XXXVIII), er wurde wie ein lebendiges Wesen aufgefasst. Um einen Eindruck von dem etwas überzogenen Stil Adam Müllers zu bekommen, sei er in diesem Zusammenhang selbst zitiert: „Die Zusammensetzung eines Staates ist etwas so Großes, Mannigfaltiges und Unergründliches, dass die Eilfertigkeit und der Leichtsinn, womit das Studium desselben gegenwärtig, besonders in Deutschland, getrieben wird, billig befremden muss. Käme es bloß darauf an, die äußere Maschinerie, das Gerüst des erhabenen, nie zu vollendeten Baues zu beobachten und zu kennen, so möchte immerhin ein geübtes Auge, eine gewisse leicht zu gewinnende Fähigkeit in Einsammlung von Kenntnissen, auch ein gutes Gedächtnis hinreichen, einen Meister der Staatskunde zustande zu bringen. Aber wer nennt den Staat eine Maschine und seine Glieder ein totes Räderwerk! Wer vergleicht ihn mit einem Bau und seine zarten empfindlichen Bestandteile mit kalten Steinmassen, die das Eisen erst regieren und formen und dann das Winkelmaß ordnen und führen muss?" (Müller 1931, S.3).

Der Kern seiner ökonomischen Auffassungen war antiindividualistisch. Die Wirtschaft sollte sich in einem organischen Zusammenhang zu Staat, Gesellschaft und Kultur entwickeln.

Sein Kapitalbegriff umfasste neben dem physischen Kapital auch das Ideenkapital, das aus den Erfahrungen und den geistigen Werten einer Gesellschaft gebildet wurde. „Ideelle Güter, wie beispielsweise wissenschaftliche und organisatorische Fähigkeiten, sind ebenfalls Kapital. Innerhalb einer Volkswirtschaft sind die ideellen Faktoren sogar wesentlich wichtiger als die materiellen" (Bülow 1931, S. XLI). Hier sprach Adam Müller meines Erachtens einen sehr wichtigen Punkt an, der sich einer rein materialistischen Betrachtung der Produktionsfaktoren und damit von Wachstumsvorgängen, wie sie oft in der modernen Ökonomik vorgenommen wird, entzieht. Fähigkeiten, Ideen und das „Wirtschaftsklima" sind meines Erachtens bedeutende Faktoren für eine Erklärung wirtschaftlicher Entwicklungen.

Es sei noch nachgetragen, dass Adam Müller die Quantitätstheorie des Geldes nicht akzeptierte. Seine geldtheoretischen Überlegungen erscheinen mir nur schwer nachvollziehbar (Werturteil!), etwa wenn er die Inflation auf die Missachtung der lebendigen Wechselwirkung zwischen Wirtschaft und Geld zurückführte (Bülow 1931, S. XLII), dabei aber quantitätstheoretische Zusammenhänge leugnete.

10.6.1.2.2 Die Wirkungen von Adam Müller auf die Nachwelt

Besonders der Wiener Ordinarius Othmar Spann (1878-1950) und seine Schüler (allen voran Jakob Baxa (1895-1979)) haben im 20. Jahrhundert die Ideen Adam Müllers wieder aufgenommen.

Othmar Spann vertrat eine universalistische, neoromantische Auffassung und konnte eine größere Zahl von Anhängern um sich scharen, so dass auch hier der Begriff „Schule" erlaubt ist. Dass die Nationalsozialisten Ideen von Adam Müller verwendeten und in diesem Zusammenhang eine „deutsche Soziologie" vorfanden, ist nach dem bisher Gesagten nicht weiter überraschend.

Wie weit die romantische Schule von der jetzt geübten Ökonomik entfernt war, zeigt am besten das folgende Zitat eines Sympathisanten: „Die romantische Wissenschaft verpönte jegliche Art begrifflicher Eindeutigkeit, der denkende Mensch trat hinter dem empfindenden und ahnenden Subjekt zurück. Die poetisch-anschauliche Erfassung der Dinge wurde der logischen Analyse vorgezogen" (Bülow 1931, S. XVII). Diese Ausführungen erklären, warum diese Richtung in der heutigen Ökonomik, die auf einer exakten formalen Methode aufbaut, keine Rolle mehr spielt.

Tatsächlich wäre es aber meines Erachtens durchaus nützlich, sich auch in der modernen Ökonomik daran zu erinnern (wie es jetzt die experimentelle Wirtschaftsforschung tut), dass neben Rationalität auch andere mentale Einstellungen wie Neid und Tradition bei Entscheidungen eine wesentliche Rolle spielen. Menschliches Verhalten ist zwar nicht unausrechenbar, aber eben doch wesentlich komplexer als der „homo oeconomicus". Und dabei bräuchte man, anders als die Romantiker, die Exaktheit und Operationalität nicht aufzugeben. Auch die anti-mechanistische Einstellung und die historische Orientierung der Romantik könnten in die moderne Ökonomik „herübergerettet“ werden. Antiquiert ist dagegen die Idealisierung des Staates und der Nation, sowie vor allem die Rückwendung zu früheren „besseren“ Epochen. Und es sind wohl auch diese Ideen der Romantik, die sie im Rahmen der ökonomischen Schulen in dauernden Misskredit gebracht haben.

Tatsächlich trat der Einfluss von Adam Müller, sieht man von den genannten Beispielen ab, in der Ökonomik auch immer mehr zurück. Seine Thesen spielten und spielen in der modernen Ökonomik keine Rolle mehr.

10.6.2 FRIEDRICH LIST (1789-1846)

Es ist fast unmöglich und wäre für den Leser auch ermüdend, die SEHR vielen Reisen, Pläne, Konferenzen, Besprechungen, Audienzen, Zeitschriftengründungen Lists hier alle einzeln und in der historisch genauen Reihenfolge aufzuführen. Wenn man sich mit dem Leben von List beschäftigt, wie es etwa in der Biographie Lists des Wirtschaftshistorikers William Henderson (1989) niedergelegt ist, kommt man unwillkürlich zum Ergebnis, dass dieses fiebrige, rastlose, umtriebige und unstete Leben einfach zu viele derartiger Ereignisse enthält, um sie alle einzeln zu nennen. Der daran interessierte Leser sei auf das oben genannte Werk „Friedrich List" von Henderson (1989) verwiesen. Im Folgenden will ich zur Vita von Friedrich List deshalb nur die mir am wichtigsten erscheinenden „Eckdaten" aufführen.

VITA VON LIST

1789:	Im August geboren (in der damaligen Reichsstadt) Reutlingen als achtes Kind des wohlhabenden Weißgerbers und Landwirtes Johannes List, der in Reutlingen verschiedene öffentliche Ämter innehatte, und dessen Ehefrau Maria Barbara;
1804:	Nach Abschluss einer Lateinschule Aufnahme einer Gerberlehre im elterlichen Betrieb;
1805:	Abbruch der Gerberlehre. Beginn einer württembergischen Verwaltungslaufbahn als Schreiber bei Dr. Luz (Jurist) in Blaubeuren;
1808:	Laufbahnprüfung (Substitutenexamen) beim Königlichen Finanzdepartement in Stuttgart, die er bestand;
1810:	List arbeitete in der Stadtschreiberei in Ulm zusammen mit August Schuster an der Aufgabe, ein neues Verwaltungssystem einzurichten;
1811:	Bewerbung auf die Aktuarstelle im Oberamt in Tübingen;
1811/1812:	Gasthörer an der Universität Tübingen (Privatrecht);
1812:	Bewerbung für das Aktuarexamen. Trotz Empfehlung seines Vorgesetzten wurde Lists Antrag aus Altersgründen (List war zu jung) abgelehnt;
1814:	List meldete sich zum Aktuarexamen an, und bestand im September die Prüfung mit Auszeichnung;
1815:	Lists Mutter starb an einem Nervenschlag (wegen ungerechter Behandlung durch Staatsbeamte);

1816:	List wurde nach seiner Ernennung zum Rechnungsrat Aktuar bei der Kommission zur Untersuchung der „Gebrechen des Schreibereiwesens“. Er verfasste zwei äußerst kritische Berichte über die Zustände in der Verwaltung. Er schlug vor, für die Ausbildung der Staatsbeamten einen eigenen Studiengang an der Universität Tübingen einzurichten;
1816-1822:	List gründete und redigierte die Zeitschriften „Das württembergische Archiv“ (1816-1817), „Der Volksfreund aus Schwaben“ und „Das Organ für den Deutschen Handels- und Fabrikantenstand“, wobei letztere Zeitschrift eine überregionale Verbreitung hatte;
1817:	Antrag an König Wilhelm I. auf Einrichtung einer neuen „Staatswirtschaftlichen Fakultät“ an der Universität Tübingen; List wurde zu einer Sonderkommission entsandt. Er sollte über Befragungen herausfinden, warum Auswanderer nach den USA Württemberg verließen; An der Universität Tübingen wurde eine „Staatswirtschaftliche Fakultät“ errichtet. List wurde auf Empfehlung des Ministers Wangenheim, der ihn persönlich kannte, und gegen das Votum des Senats, ohne die entsprechende akademische Ausbildung zum Professor für Staatsverwaltungspraxis berufen;
1818:	Ehe mit der Professorentochter Karoline Neidhardt, Seybold. Aus dieser Ehe stammten drei Töchter und ein Sohn; List hielt Vorlesungen über die württembergische Verfassung und die Verfassung und Verwaltung der Korporationen. Wegen des (angeblich) politisch gefährlichen Inhalts dieser Vorlesungen wurde er mehrmals von seinem Kollegen Professor Fulda denunziert. Generell wurde er von den Professoren und Studenten gehasst und missachtet;
1819:	List gründete zusammen mit einigen Kaufleuten in Frankfurt den „Deutschen Handels- und Gewerbeverein“ und wurde zum Geschäftsführer gewählt. Er war die führende Kraft des Vereins und entfaltete dafür eine rege propagandistische Tätigkeit. List übte eine deutliche Kritik an bürokratischen Missständen und trat für einen Abbau der Binnenzölle zwischen den deutschen Staaten ein. Aufgrund dieser „ausländischen öffentlichen Geschäftsführung ohne Auftrag“ wurde er hart zur Verantwortung gezogen. List reichte seine Entlassung als Professor im Württembergischen Staatsdienst ein, um sich

	voll den Aufgaben des Verein widmen zu können; List verfasste in Frankfurt eine Bittschrift an die Bundesversammlung;
1820:	List beendete aufgrund interner Meinungsverschiedenheiten und finanzieller Schwierigkeiten seine Tätigkeit für den Verein; Wahl in den Württembergischen Landtag. Er vertrat dort als Abgeordneter die Stadt Reutlingen.
1821:	List verfasste die „Reutlinger Petition", in der er in 40 Punkten heftige Kritik an den Missständen in Staat, Verwaltung und Rechtsprechung übte und grundlegende Reformen forderte. Diese Petition, die konfisziert wurde, kostete ihn unter dem Druck des Königs sein Mandat und damit seine politische Immunität. List hatte wohl nicht einkalkuliert, dass viele einflussreiche höhere Beamte und auch Staatsminister ihn schon seit Jahren als gefährlichen Revolutionär betrachteten, den man unbedingt ausschalten müsse;
1821-1822:	List wurde wegen „staatsfeindlicher Aufreizung" und wegen Majestätsbeleidigung zu einer zehnmonatigen Festungsstrafe „mit angemessener Beschäftigung" innerhalb der Festung" verurteilt;
1822:	List entzog sich der Verhaftung und floh nach Frankreich und in die Schweiz;
1824:	List hegte die Hoffnung, durch eine freiwillige Rückkehr nach Stuttgart den König umzustimmen. Er wurde aber sofort verhaftet und auf den Hohenasperg gebracht;
1825:	Gegen das Versprechen, auf sein Württembergisches Bürgerrecht zu verzichten und das Land zu verlassen, wurde er nach 5 statt 10 Monaten (vom Juli 1824 bis Januar 1825) aus seiner Haft entlassen. Er wanderte mit seiner Familie in die USA aus. Er versuchte sich dort als Redakteur, Zeitungsbesitzer, Farmer, Landeigentümer und sogar Miteigentümer eines Steinkohlebergwerkes. Neben Thomas Jefferson und James Monroe traf er unter anderen auch mit dem Marquis de Lafayette zusammen und begleitete diesen auf seinen Reisen. Er besuchte auch die Kolonie („Harmony") von Robert Owen und war davon beeindruckt;
1826-1828:	List gründete zusammen mit Hiester und den Gebrüdern Biddle die Little-Schuylkill Eisenbahngesellschaft (Little Schuyl-

	kill Navigation Rail Road and Coal Compamy);
1826-1830:	Herausgeber des "Reading Adler", einer deutschsprachigen Zeitung in Pennsylvania. In Reading waren etwa 90% der 5000 Einwohner deutsche Aussiedler;
1827:	Die Schrift „Outlines of American Political Economy" erschien, die von der protektionistischen Bewegung in den USA freudig begrüßt wurde;
1828:	List trat für die Wahl Jacksons zum Präsidenten der USA ein;
1830:	List wurde amerikanischer Staatsbürger;
	Ernennung zum Konsul der USA in Hamburg aus Dankbarkeit für die Unterstützung von Jackson bei den Präsidentschaftswahlen. Reise nach Paris. Darlegung eines Eisenbahnprojektes Antwerpen-Köln;
1831:	Der Hamburger Senat lehnte List wegen seiner politischen Vergangenheit als Konsul ab. List reiste in die USA zurück;
1832:	Ernennung durch den Präsidenten Andrew Jackson zum Konsul der USA für Baden und Rückkehr nach Deutschland. Mit diesem Konsulat waren zwar keine Einkünfte verbunden. Es bot aber Schutz gegen weitere Verfolgungen seitens des Königreichs Württemberg;
1833-1837:	List lebte in Leipzig;
1834:	Am 1. Januar trat der Deutsche Zollverein (unter der Führung Preußens und ohne Österreich) in Kraft. Am direkten Zustandekommen dieses Zollvereins war List zwar nicht beteiligt, er trat aber in seinen Publikationen bereits frühzeitig für einen Zollverein ein. Dieser gegründete Zollverein war allerdings eine andere Organisation, als sie List vor Augen gehabt hatte;
	List wurde von Präsident Jackson zum Konsul für das Königreich Sachsen (Sitz in Leipzig) ernannt;
	Zusammen mit anderen Herausgeber der Familienzeitschrift „Das National-Magazin", wobei er dafür viele Artikel schrieb. Das Magazin wurde aber im gleichen Jahr wieder eingestellt;
1835:	Herausgeber des „Eisenbahn Journal", von dem 1835 bis 1937 insgesamt 80 Hefte erschienen;
	Konzession und Genehmigung des Statutenentwurfs der Leipzig-Dresdener Eisenbahn;
1836:	Versuch einer Rehabilitierung (Gnadengesuch) durch den König von Württemberg, die dieser aber ablehnte;
	List sandte an die französische Akademie eine Preisschrift zu

	der (zum zweiten Male) ausgeschriebenen Frage ein: „Welche Auswirkungen haben die Dampfkraft und die Transportmittel, die sich gegenwärtig in der alten und neuen Welt ausbreiten, auf die Wirtschaft, das bürgerliche Leben, das soziale Gefüge und die Macht der Nationen?" Es wurden 27 Arbeiten eingereicht. List erhielt zwar eine lobende Erwähnung, aber keinen Preis. Seine Schrift wurde 1983 wieder entdeckt und unter dem Titel: „Le Monde marche" 1985 veröffentlicht (Lachmann 1989, S. 52);
1837:	Durch den Zusammenbruch des Bankhauses Biddle (Schafmeister (1989) fand dafür aber keine Unterlagen) bzw. die allgemeine Flaute im Kohlenbergbau verlor List sein ganzes amerikanisches Vermögen;
	List verließ Leipzig und damit auch seinen Konsulatsposten;
1837-1840:	List lebte in Paris;
1837:	Nochmalige Ablehnung einer Schrift von ihm für einen Preis der Pariser „Académie des Sciences Morales et Politiques". Das eingereichte Werk Lists erhielt später den Titel (die Preisschrift wurde ohne Titel eingereicht) „Le Système naturel d'Économie Politique". Es wurde erst 1925 wieder aufgefunden und 1927 veröffentlicht (Lachmann 1989, S. 52). Dabei sollte dieses Mal das Thema des Interessenausgleiches zwischen Konsumenten und nationalen Produzenten unter einem System des Freihandels erörtert werden; List beantwortete die beiden Preisfragen zusammen in nur etwa 7 Wochen, „wodurch ihm kaum Zeit für eine ausgereifte Darstellung blieb" (Schafmeister 1989, S. 114);
1840:	Ausarbeitung von Plänen für eine thüringische Eisenbahn;
	Verleihung der Ehrendoktorwürde durch die Universität Jena;
1841:	List zog nach Augsburg um;
	Ernennung zum Ritter des St. Michaels-Ordens durch den König von Bayern, der ihm aber kurze Zeit später wegen verleumderischen Berichten wieder aberkannt wurde;
	Erscheinen von Lists Hauptwerk „Das nationale System der Politischen Ökonomie";
1843:	List wurde zum amerikanischen Konsul für das Königreich Württemberg ernannt. Er trat diese Stelle jedoch nie an;
1846:	Selbstmord (Pistole) in Kufstein auf der Durchreise nach Italien, um seine angegriffene Gesundheit wieder herzustellen.

Sicher waren es seine finanziellen Sorgen, Krankheiten, seine krankheitsbedingte Unfähigkeit zu arbeiten, ein Nervenleiden und ein ohnedies vorhandener Hang zu Depressionen, seine Verzweiflung über seine verfahrene Zukunft die seinen Lebensüberdruss hervorriefen; Lists Leiche wurde von einem Suchtrupp am 3. Dezember gefunden. Er wurde auf dem Kufsteiner Friedhof begraben.

Harald Scherf charakterisiert Lists Leben meines Erachtens zutreffend: „Liest man heute Lists Briefe, Eingaben und Entwürfe, seine publizierten Pamphlete und Aufsätze und verfolgt man seine rastlose Tätigkeit, dies ganze überlastete Leben in dem von der Restauration gefesselten deutschen Vor-März, so drängen sich Bilder grandioser Hilflosigkeit und hilfloser Größe auf" (Scherf 1989, S. 93).

Henderson gibt von dieser hektischen Betriebsamkeit einen Eindruck: „Im August 1843 traf er seinen alten Gegner Metternich in Ischl und versuchte, dessen Unterstützung für seine Eisenbahnpläne in Österreich und Bayern zu gewinnen. Ein Jahr später war er in Brüssel, um die Wirtschaftsverhandlungen zwischen Preußen und Belgien zu beeinflussen. Im Oktober 1844 eilte er nach München, um vor einer Konferenz deutscher Grundbesitzer zu sprechen. Von dort fuhr er nach Österreich und Ungarn, um das Interesse am wirtschaftlichen Aufbau der Habsburger Gebiete zu wecken" (Henderson 1989, S. 101).

Kennzeichnend für sein späteres Leben war, dass er trotz vieler Eingaben, Ratschläge, Pläne und Hilfestellungen nie fest angestellt wurde, was aber sein sehnlicher Wunsch war. Sein rastloser Einsatz für seine Ideen brachte ihm zu keiner Zeit eine angemessene finanzielle Absicherung.

Er fand dadurch auch nirgends einen festen Platz, der es ihm ermöglicht hätte, seine Ideen und Pläne einmal zur vollen Ausreifung und Verwirklichung zu bringen. „Man bediente sich gerne der Kompetenz und Einsatzbereitschaft des Außenseiters, um ihn dann mit einem schmalen Honorar abzuwimmeln. Bis zu seinem Tod haftete ihm die Aussätzigkeit des Radikalen, des politischen Häftlings, des Unruhestifters an, dem man nicht zu nahe kommen wollte" (Kolb 1997, S. 103).

List lebte in einer Zeit politischer und ökonomischer Umbrüche. An einigen Reformen war er sogar selbst beteiligt. Zudem muss man berücksichtigen, dass die akademische deutsche Nationalökonomie seiner Zeit durch die Freihandelslehren der Klassik geprägt war. Lists Medium waren die Publikationen. So wurde er einer der einflussreichsten politischen Journalisten seiner Zeit. In beinahe 30 Periodika hat er geschrieben und immer wieder gründete er selbst neue Zeitungen und Zeitschriften: „Für jede Idee eine neue Zeitung" (Kolb 1997, S. 102).

WERKE VON LIST

„Die Staatskunde und Staatspraxis Württembergs im Grundriss" (1818);
„Outlines of American Political Economy" (1827);
„Mitteilungen aus Nord-Amerika" (3 Teile, 1829);
In dieser Publikation nahm List vehement Stellung für den Eisenbahnbau.
„Report on the Improvement of the Little Schuylkill" (1829);
„The American Economist" (1830);
Laut eigenen Angaben hatte er dieses Buch 1830 bis auf ein Kapitel fertiggestellt. Jedoch sind davon bis heute nur 4 Seiten überliefert (Schafmeister 1989, S. 102).
„Über ein sächsisches Eisenbahnsystem als Grundlage eines allgemeinen deutschen Eisenbahnsystems und insbesondere über die Anlegung einer Eisenbahn von Leipzig nach Dresden" (1833);
„Aufruf an unsere Mitbürger in Sachsen, die Anlage einer Eisenbahn zwischen Dresden und Leipzig betreffend" (Gratisschrift 1834);
„Le Système naturel d'Économie Politique" (1837, ins Deutsche übersetzt 1961);
„13 Beiträge von List im „Staats-Lexikon oder Encyklopädie der Staatswissenschaften";
„Das nationale System der politischen Ökonomie; Der internationale Handel, die Handelspolitik und der deutsche Zollverein" (1841, eigentlich geplant als mehrbändiges Werk, erschienen ist jedoch nur der vorliegende erste Band);
1842 erschien eine zweite, 1844 eine dritte Auflage. Es wurde in sechs Sprachen übersetzt, so 1854 ins Französische, 1927 sogar ins Chinesische. Laut Lachmann ist es „bis in unser Jahrhundert hinein ... eines der umstrittensten Werke der Nationalökonomie geblieben" (Lachmann 1989, S. 49).
„Die Ackerverfassung, die Zwergwirtschaft und die Auswanderung" (Sonderdruck aus: Deutsche Vierteljahresschrift, 1842, 4. Heft);
„Der internationale Handel, die Handelspolitik und der deutsche Zollverein" (1844).

10.6.2.1 THESEN VON LIST

Friedrich List ist in der breiteren Öffentlichkeit eigentlich nur bekannt als Verfechter von Eisenbahnnetzen und als Verfechter von „Schutzzöllen", und wird damit fast automatisch in die Rubrik „Protektionisten" eingeordnet. Solch ein undifferenziertes Urteil wird dem Ökonomen List aber nicht gerecht.

Ich werde im Folgenden die wichtigsten Auffassungen von List im Rahmen einer kleinen, unsystematischen Aufzählung vorstellen, und dabei versuchen, ein differenzierteres Bild von ihm zu skizzieren:

(1) FREIHANDEL, ERZIEHUNGSZOLL UND ZOLLUNION:

List bezog Stellung in der bis heute andauernden „uralten" Debatte um die Frage: „Freihandel versus außenwirtschaftliche Kontrollen", bzw.: „Wirkungen des Freihandels und, wenn überhaupt, wo, wann, und in welchem Umfang sollte Freihandel zugelassen werden". Diese Fragen haben im Zeitalter der Globalisierung mit ihren Auswirkungen neue reichhaltige Nahrung bekommen.

List war der Auffassung, man könne die Freihandelsdoktrin nicht ungeprüft auf jedes Land und jede Situation anwenden: JEDE WIRTSCHAFTSSTUFE ERFORDERE IHRE EIGENE HANDELSPOLITIK. Da seiner Meinung nach bei Agrikultur-Manufaktur-Staaten nur die stärkere Nation vom Freihandel profitiere, müsse sehr genau geprüft werden, ob ein Land für einen Freihandel bereits hinreichend entwickelt sei. Bis eine „junge" Industrie (nicht die Landwirtschaft!) international konkurrenzfähig sei, müsse sie durch einen Erziehungszoll geschützt werden. Für die „innere Manufakturkraft" sei ein mäßiger degressiver Zollschutz angebracht, der den Wettbewerb nicht völlig ausschalte. „Mit Hilfe eines zweckmäßigen Zollsystems, das sich die industrielle Erziehung der Nationen zur Richtschnur nimmt, kann nationaler Wohlstand geschaffen werden" (Lachmann 1989, S. 58).

Für die unteren Entwicklungsstufen einer Nation befürwortete List den Freihandel, denn auf diesen primitiven Stufen ebenso wie im reinen Ackerbaustaat sei die Nation auf den ungestörten Einkauf gewerblicher Güter gegen Agrarprodukte angewiesen. Schutzzölle für die „innere Agrikultur" seien abzulehnen, weil diese nur durch die eigenen inländischen Manufakturen ökonomisch gefördert werden könne und weil der Ausschluss ausländischer Rohstoffe und landwirtschaftlicher Produkte die eigenen inländischen Manufakturen „niederhalte".

Problematisch war dabei die Frage, wann dieser Zollschutz (an dem natürlich die geschützte Industrie und ihre Lobby ein dauerhaftes Interesse hatten) wieder abgebaut werden könne und solle, ja müsse. Zu dieser entscheidenden Frage nach dem Missbrauch des Zollschutzes gab List keine operationalen Kriterien an. So wird der Erziehungszoll rasch zum „Erhaltungszoll", wenn List forderte, dass der Schutzzoll für einen Industriezweig nie so weit fallen dürfe, dass diese Industrie durch fremde Konkurrenz in ihrem Bestand gefährdet werden könne.

Auch war bei ihm (wie noch heute bei jeder staatlichen Förderung) nicht klar, wie man die schutzwürdigen Industrien eindeutig identifizieren könne (was aufgrund der gesamtwirtschaftlichen Kosten eines Zollschutzes eine wichtige Frage ist). Es sollte ja nur ein VORÜBERGEHENDER Zollschutz sein, der die Industrien des betreffenden Landes für den harten internationalen Wettbewerb fähig machen sollte.

Schon hieran sieht man: List war kein uneingeschränkter Verfechter von Zöllen. Sie sollten im Inneren ganz verschwinden und im Außenhandel nur unter ganz bestimmten Umständen vorübergehend erlaubt sein. Dabei glaubte List, dass sich nach der Aufhebung der Erziehungszölle und dem (dadurch möglichen) Aufholen in der industriellen Entwicklung ein freier Handel zwischen den nun voll entwickelten Ländern entfalten würde, und damit der Weg für einen „ewigen Frieden“ eingeschlagen sei. Eine schöne Vision, zu schön um wahr zu sein. Wenn man allerdings die Argumentation von List liest, gewinnt man (jedenfalls ich!) den Eindruck, dass dieser Freihandel zwischen voll entwickelten Industrienationen eher „theoretisch“ skizziert und in eine ferne Zukunft verlagert wird, wohingegen die Argumente zum Schutzzoll sehr konkret dargestellt werden.

Deutschland (bzw. die deutschen Staaten) war zu Lists Zeiten (im ersten Drittel des 19. Jahrhunderts) im Wesentlichen ein Agrarland. Es besaß keinen einheitlichen Zollschutz gegenüber den englischen Waren, die sich wegen der Kontinentalsperre angestaut hatten. Vor allem auch: Die vielen deutschen Kleinstaaten konnten wenig oder keine handelspolitische Macht gegenüber England entwickeln.

List hoffte, die Industrialisierung eines Landes würde eine sich selbst verstärkende Dynamik auslösen. Zudem würde sie die „geistige, moralische und physische Stagnation der Bevölkerung“ beenden. Der Schutzzoll erstrebte zwar Unabhängigkeit und Selbständigkeit der Nation, nicht aber deren Autarkie. Die Nation solle sich durchaus die Vorteile der internationalen Arbeitsteilung durchaus zunutze machen.

Bezüglich der Schädlichkeit von BINNENZÖLLEN schrieb List schon ganz klar in seiner Eingabe an die Bundesversammlung: „Achtunddreißig Mautlinien in Deutschland lähmen den Verkehr im Innern und bringen ungefähr dieselbe Wirkung hervor, wie wenn jedes Glied des menschlichen Körpers unterbunden wird … Je kleiner aber der Staat ist, welcher eine Maut errichtet, desto größer das Übel, desto mehr würgt sie die Regsamkeit des Volkes, desto größer die Erhebungskosten … Daher sind diese 38 Mautlinien dem

Volke Deutschlands ungleich schädlicher als eine Douanenlinie an Deutschlands Grenzen, wenn auch die Zollsätze dort dreimal höher wären" (List zitiert in Häuser 1989, S. 33).

Bedacht werden muss bei diesen Vorschlägen immer auch die wirtschaftliche Situation der deutschen Staaten zu seiner Zeit. Die napoleonischen Kriege waren beendet, die Kontinentalsperre damit aufgehoben. Billige englische Waren überfluteten den Kontinent, der sich von den Kriegsschäden noch nicht erholt hatte. England war im internationalen Handel aufgrund seiner fortgeschrittenen industriellen Entwicklung gegenüber dem Kontinent und den USA deutlich führend.

List sprach von einer „industriellen" Entwicklung. Wo blieb dabei die Landwirtschaft? Für sie waren zwar keine Schutzzölle vorgesehen, sie sollte sich aber im Einklang mit der Entwicklung der Industrie entwickeln, der größere durch die industrielle Entwicklung erzeugte Wohlstand würde auch auf die Landwirtschaft durchschlagen.

Dabei war List nicht naiv: Er erkannte, dass durch den äußeren Zollschutz im Inland für die Konsumenten zumindest KURZFRISTIG Lasten in Form höherer Preise für möglicherweise zunächst qualitativ schlechtere Waren entstehen, also eine Art von kollektivem Zwangssparen. Er hoffte jedoch auf die LANGFRISTIGEN kostensenkenden Effekte und auch auf die Entwicklung der eigenen „produktiven Kräfte" der durch den temporären Zollschutz möglichen Produktionsausdehnung der heimischen Industrie.

Im Zusammenhang mit dem Verschwinden der Binnenzölle stand die Idee eines „Deutschen Zollvereins". Innerhalb Deutschlands forderte er (vorausschauend) eine vollständige nationale Mobilität von Waren und Produktionsfaktoren, was eine totale Beseitigung aller inneren Zollschranken voraussetzte. Es sei hier nur auf die deutliche Ähnlichkeit zwischen den Gedanken zum „Deutschen Zollverein" und dem europäischen Binnenmarkt hingewiesen.

Nochmals: List war also, wie ersichtlich, nicht unter allen Umständen für Schutzzölle. Als flankierendes außenwirtschaftliches Instrument schienen sie ihm sinnvoll, um junge Industrien zu schützen, weil diese für die Erschließung des eigenen Binnenmarktes wichtig seien. Die Luxusgüterproduktion wollte er im Gegensatz dazu nicht durch Schutzzölle absichern. Schutzmaßnahmen waren also nicht in jeder Situation angemessen. Man könnte etwas abgehoben von einer qualifizierten Mischstrategie bei List sprechen, einmal Abkoppelung, einmal Integration. List entwarf dabei aber keine geschlossene Außenhandelstheorie.

(2) BEDEUTUNG DER INSTITUTIONEN UND DES ENTWICKLUNGSSTANDES EINES LANDES:

Wie schon angedeutet, waren für List die vorhandenen Institutionen eines Landes und sein Entwicklungsstand entscheidend für die Beurteilung seiner wirtschaftspolitischen, vor allem außenwirtschaftspolitischen Möglichkeiten. Die Nationen seien ebenso verschieden wie die Individuen. Jede Nation stehe auf einer bestimmten Stufe des Entwicklungsprozesses. Sein Begriff der „Nation" war verschieden von dem Begriff der Romantik, dem das dynamische, expansive Element fehlte. List war der im 19. Jahrhundert durchaus gängigen Auffassung, jeder historisch folgende Entwicklungszustand sei vollkommener als der vorhergehende.

Die moderne Ökonomik machte zeitweise den Fehler, die wichtigen institutionellen Gegebenheiten, die Gesetze, nationale Traditionen usw. als vorgegebene (nicht mehr zu analysierende) Nebenbedingungen in den berüchtigten „Datenkranz" abzuschieben. Hier kann man von List lernen, der diesen Faktoren explizit eine große ökonomische Bedeutung zumaß. Allerdings, dies sei fairerweise nachgetragen, hat sich die moderne Ökonomik mittlerweile dieser Themen eingehend angenommen.

(3) BEDEUTUNG DER INFRASTRUKTUR:

Dass List den Zustand der Infrastruktur eines Landes Ernst genommen hat, wurde schon durch sein Engagement für den Eisenbahnbau klar. Man denke nur an das von ihm 1835 herausgegebene „Eisenbahn-Journal", das Werbung für den Eisenbahnbau betrieb, auch wenn es nur zwei Jahre erschien. Als er auch noch einen kenntnisreichen Artikel im „Staats-Lexikon" über „Eisenbahnen und Canäle, Dampfboote und Dampfwagentransport" schrieb, galt er als Experte in Eisenbahnfragen. Er warb bei verschiedenen Gelegenheiten für den Eisenbahnbau, und tatsächlich kamen auch einige seiner Projekte zum erfolgreichen Abschluss (z.B. 1841 eine Eisenbahn von Halle an der Saale nach Kassel), stets wurde er jedoch unter Gebühr entlohnt und bekam nicht die stets erhoffte feste Anstellung. Es gab wohl eine ganze Reihe von Gründen, warum List immer wieder nicht berücksichtigt wurde. Er hatte im Staatsapparat keine starke Gruppe (keine Hausmacht) hinter sich. Auch sein ständiges Insistieren, seine scharfe Kritik an der damals mächtigen Beamtenschaft, der Verdacht des politischen Radikalismus und seine nicht gerade umgängliche Persönlichkeit spielten hierbei sicher eine Rolle.

Zudem waren und sind Neuerungen bekanntermaßen immer schwer durchzusetzen. Das Neuerungsrisiko wird zumeist höher eingeschätzt als das Beharrungsrisiko, das zudem von den etablierten Kreisen oft gar nicht gesehen wird.

Es sei nochmals darauf hingewiesen, dass „Deutschland" damals aus vielen Teilstaaten bestand, größere und kleinere bis hin zu sehr kleinen. Wenn ein umfassendes Eisenbahnnetz etabliert worden wäre, hätte dies wohl tatsächlich entscheidend zu der gewünschten deutschen Einheit beigetragen. Auch versprach sich List nicht zu Unrecht, dass dies für alle beteiligten Regionen einen wirtschaftlichen Aufschwung nach sich gezogen hätte.

„List hat die außergewöhnlichen Impulse für Wachstum und Wohlfahrt vorausschauend richtig erkannt, die von der verbesserten Infrastruktur eines Landes ausgehen können" (Recktenwald 1989b, S. 11).

(4) GLEICHGEWICHTIGE ENTWICKLUNG:

List erkannte die Bedeutung und Notwendigkeit einer gleichgewichtigen Entwicklung von Manufaktur, Handel und auch der Landwirtschaft. Eine leistungsfähige Landwirtschaft konnte eine wachsende städtische Bevölkerung ernähren und die Industrie mit agrarischen Rohstoffen versorgen. Zudem wäre eine gut entwickelte Landwirtschaft auch ein wichtiger Markt für Industriegüter. Dabei war es List klar, dass eine Nation in der Frühphase ihrer Industrialisierung durch Ressourcentransfer diese Industrialisierung letztlich auf Kosten der Landwirtschaft durchführen muss.

Diese Idee einer gleichgewichtigen Entwicklung der Sektoren eines Landes feierte im Rahmen der modernen Entwicklungstheorie mit Hilfe formaler Methoden ihre Auferstehung. Wieder hatte List fast prophetisch eine wichtige ökonomische Frage (hier für die Entwicklungstheorie) angesprochen. Man kann ohne Übertreibung konstatieren, dass List ein systematisches Strategiemodell einer nachholenden Entwicklung formulierte, durch das (zu seiner Zeit) vor allem der Entwicklungsvorsprung Englands aufgeholt werden sollte.

(5) KOLONIALREICH:

List erkannte auch bereits frühzeitig die Bedeutung des Aufbaues eines Kolonialreiches (für das 19. Jahrhundert bis zum 1. Weltkrieg). Dabei hielt er allerdings eine Industrialisierung dieser Kolonialvölker nicht für möglich – bedeutete für ihn doch ein agrarisches Land ein armes Land, ohne Fachwissen und Kultur.

(6) WELTWIRTSCHAFTSORDNUNG:

Lists Vision der über Schutzzölle sich entwickelnden Nationen fand ihr positives Ende in der Vorstellung, dass sich die aufholenden Staaten in Wirtschaftsunionen verbinden sollten. Für seine Zeit betraf das vor allem die zersplitterten deutschen Staaten und auch den ganzen Kontinent in Bezug auf das industriell übermächtige England. Dabei dachte List bereits außerhalb der engen Grenzen eines deutschen Patriotismus: Es ging um das Aufholen gegenüber England, und zwar für ALLE kontinentaleuropäischen Staaten und die USA.

(7) ENTWICKLUNGSSTUFEN:

List unterschied gemäß dem jeweiligen Stand der Produktion die folgenden Entwicklungsstufen von Nationen: Wilder Zustand, Hirtenstand, Agrikulturstand, Agrikultur- und Manufakturstand, Agrikultur-, Manufaktur- und Handelsstand. Nur auf dieser letzten Stufe könne eine Nation wirtschaftlich und kulturell gedeihen, nur auf dieser Stufe könne eine große Bevölkerung ausreichend ernährt werden und der Außenhandel blühen. Ein Agrarstaat sei immer von anderen Nationen abhängig. Er sei auf deren gewerbliche und industrielle Erzeugnisse angewiesen. Zudem sei ein Agrarstaat auch kulturell rückständig. Erst durch die industrielle Entwicklung würden die produktiven Kräfte auch in kultureller Hinsicht entwickelt werden.

Allerdings muss dabei kritisch darauf hingewiesen werden, was seine Kritiker auch hinlänglich getan haben, dass die „soziale Frage", die sich im Gefolge der Industrialisierung einstellte, bei List kaum beachtet wurde.

Die vier einzelnen Entwicklungsstufen sind theoretisch nicht voll ausgearbeitet. List stellte dabei auch auf das zeitliche und räumliche Nebeneinander von auf verschiedenen Stufen stehenden Nationen und die sich daraus ergebenden Beziehungen ab.

Es scheint naheliegend, List aufgrund seiner Wirtschaftsstufentheorie zur historischen Schule zu rechnen. Da aber einige der sonstigen Charakteristika dieser Schule bei ihm fehlten, halte ich eine eindeutige Zuordnung zu dieser Schule nicht für passend. Ob man in ihm allerdings einen Vorläufer dieser Schule sehen will, bleibt dem Urteil des Lesers überlassen. Bruno Hildebrand, ein wesentlicher Vertreter der älteren historischen Schule, vermerkte zwar positiv, dass List die Ökonomik „zum historischen Studium hingedrängt" habe, stufte aber letztlich die Listsche Lehre der Entwicklungsstufen als „nur dem praktischen Thema zuliebe aufgestellt" ein.

Schumpeter brachte es meines Erachtens auf den Punkt: „Wir sollten dieses Schema tatsächlich als völlig wertlos abtun, wenn man es nicht als einfaches und anschauliches Beispiel gebrauchen könnte (so wie List es gebrauchte), um den Studenten (oder der Öffentlichkeit) klarzumachen, dass die Wirtschaftspolitik die Probleme sich ändernder ökonomischer Strukturen lösen muss … (Schumpeter 1965, S. 549).

(8) ZAHLUNGSBILANZ, EXTERNE VERSCHULDUNG, GELD:

List wies explizit auf die Probleme einer externen Verschuldung einer Nation hin.

Zudem: „Die Handelsverhältnisse zwischen England und Nordamerika … lehren nach List unter anderem:

- Die Dominanz der stärker industrialisierten Nationen (hier England),
- ihre Möglichkeit, durch geldpolitische Maßnahmen die Preise der sich entwickelnden Länder zu beeinflussen,
- die Möglichkeit der sich industrialisierenden Länder, kurzfristig über ihre Verhältnisse zu leben (Exporte sind dann geringer als Importe),
- die Schädlichkeit von geld- und kreditpolitischen Fluktuationen für den Entwicklungsprozess der aufholenden Länder,
- die Unmöglichkeit, im Industriegüterbereich bei Freihandel ein außenwirtschaftliches Gleichgewicht für unterschiedlich entwickelte Nationen zu erreichen (für den Agrarbereich forderte List Freihandel) und deshalb die Notwendigkeit von Schutzmaßnahmen,
- die Wichtigkeit der Dispositionskraft über edle Metalle im internationalen Verkehr“ (Lachmann 1989, S. 64/65).

(9) PRODUKTIVE KRÄFTE, HUMANKAPITAL:

Fundamental im Werke Lists war die Verbesserung der „produktiven Kräfte“ eines Landes. Dies ist in meinen Augen eine seiner wichtigsten Erkenntnisse, die aber in der populären Literatur über ihn gegenüber den Schutzzöllen und Eisenbahnen (leider) zurückgetreten ist. Angesprochen wurde damit das geistige Kapital der Menschen, modern: das Humankapital. Im Rahmen seiner Entwicklungsthesen bedeutete dies, dass Bildung, Fachkenntnisse, geistige und kulturelle Leistungen, für Produktion und Entwicklungsprozesse eine überragende Bedeutung haben. Eine Erkenntnis, die für die moderne Theorie wegweisend sein sollte, die aber in den formalisierten frühen Wachstumsmodellen der 50iger und 60iger Jahre unglücklicherweise keinen Eingang fand, was viel dazu beitrug, dass diese Wachstumstheorie wirklichkeitsfremd, steril und letztlich unanwendbar für die Erklärung tatsächlicher Wachstumsvorgänge war.

List kritisierte in diesem Zusammenhang auch vehement die Produktivitätsauffassung der Klassiker, von ihm nur die „Schule“ genannt: „Wer Schweine erzieht ist nach ihr ein produktives, wer Menschen erzieht, ein unproduktives Mitglied der Gesellschaft. Wer Dudelsäcke oder Maultrommeln zum Verkauf fertigt, produziert, die großen Virtuosen, da man das von ihnen Gespielte nicht zu Markte bringen kann, sind nicht produktiv. Der Arzt, welcher seine Patienten rettet, gehört nicht in die produktive Klasse, aber der Apothekerjunge, obgleich die Tauschwerte oder die Pillen, die er produziert, nur wenige Minuten existieren mögen, bevor sie ins Wertlose übergehen. Ein Newton, ein Watt, ein Kepler sind nicht so produktiv als ein

Esel, ein Pferd oder ein Pflugstier, welche Arbeiter in neuerer Zeit von Herrn McCulloch in die Reihe der produktiven Mitglieder der menschlichen Gesellschaft eingeführt worden sind“ (List 1982, s. 158).

Dieses Zitat sollte unter anderem zeigen, dass die Formulierungen Lists sehr anschaulich waren, teilweise deftig und polemisch. „Produktiv“ waren bei List also auch die geistigen Leistungen der „immateriellen Produzenten“, ja diese sogar in einem höheren Grade. Allerdings war dieser Begriff der „produktiven Kräfte“ bei List nicht klar umrissen und eindeutig. Auch die Idee des Gleichgewichts war, anders als in der klassischen Theorie, auf das ökonomisch-politische Gleichgewicht der produktiven Kräfte einer Nation bezogen.

Quer durch das Werk von List lassen sich viele ähnliche Überlegungen finden. Das 12. Kapitel seines Hauptwerkes „Das nationale System“ lautete nicht umsonst: „Die Theorie der produktiven Kräfte und die Theorie der Werte“.

Weitere Kostproben: „Der jetzige Zustand der Nationen ist eine Folge der Anhäufung aller Entdeckungen, Erfindungen, Verbesserungen, Vervollkommnungen und Anstrengungen aller Generationen, die vor uns gelebt haben. Sie bilden das geistige Kapital der lebenden Menschheit, und jede einzelne Nation ist nur produktiv in dem Verhältnis, in welchem sie diese Errungenschaften früherer Generationen in sich aufzunehmen und sie durch eigene Erwerbungen zu vermehren gewusst hat ...“ (List 1982, S. 156).

„Die Kraft, Reichtümer zu schaffen, ist demnach unendlich wichtiger, als der Reichtum selbst“ (List 1982, S. 149). Die Theorie der produktiven Kräfte versucht die Quellen der Produktionskraft aufzudecken.

Adam Smith warf er vor, die bei ihm durchaus anklingende Idee der produktiven Kräfte nicht konsequent weiterverfolgt zu haben: „Hätte er die Idee „produktive Kraft“ verfolgt, ohne sich von der Idee „Wert, Tauschwert“ beherrschen zu lassen, so hätte er zur Einsicht gelangen müssen, dass einer Theorie der Werte eine selbständige Theorie der produktiven Kräfte zur Seite stehen muss, um die ökonomischen Erscheinungen zu erklären. So aber geriet er auf den Abweg, die geistigen Kräfte aus den materiellen Verhältnissen zu erklären ...“ (List 1982, S. 153).

In diesem Zusammenhang finden sich viele, gerade auch heute noch nachdenkenswerte Sätze: „Um den Einfluss der Gedanken- und Gewissensfreiheit auf die produktiven Kräfte der Nationen kennen zu lernen, braucht man nur die Geschichte von England und dann die von Spanien zu lesen“ (List 1982, S. 155).

Schafmeister charakterisiert die Theorie der produktiven Kräfte von List in modernen Termini wie folgt: „So könnte seine „Theorie der produktiven Kräfte“ modern interpretiert werden, in dem positive externe Effekte durch Umwelt-Schutzinvestitionen oder Qualifizierungsmaßnahmen für Arbeitskräfte längerfristig einen größeren Nutzen stiften als eine kurz- oder mittelfristige monetäre Bewertung zeigen würde“ (Schafmeister 1989, S. 116).

Johannes Burkhardt und Birger P. Priddat befinden: „List unterscheidet hier systematisch zwischen privater Kapitalinvestition mit kurzfristig hohem und zwischen gesellschaftlicher Investition mit kurzfristig geringem, aber langfristig hohem Gewinnrückfluss“ (Burkhardt, Priddat 2000, S. 882).

Meine Einschätzung bezüglich der allgemeineren, hinter Lists Thesen stehenden philosophischen, politischen und methodischen Auffassungen ist wie folgt.

(10) LIST UND DAS NATIONALE:

List war kein „Hurra-Patriot“ im üblichen Sinne, der ausschließlich nationale Scheuklappen trug. Dass er gegenüber Frankreich später Vorbehalte hatte, war wohl auf dessen ungeschminktes Vormachtstreben und persönlicher auf den Tod seines Sohnes in der französischen Fremdenlegion zurückzuführen.

Werner Lachmann bringt es sehr schön auf den Punkt: „List dachte global und war gleichzeitig ein deutscher Patriot. Er war vor allem an der Gleichheit der deutschen Nation mit den anderen, an ihrem Aufholen gegenüber England interessiert“ (Lachmann 1989, S. 73).

Seine entwicklungspolitischen Überlegungen sollten nicht nur Deutschland (bzw. den deutschen Staaten), sondern grundsätzlich auch den USA und Frankreich zugute kommen. Er träumte ja als krönenden Abschluss seiner Vorschläge sogar von einem friedvollen Gleichgewicht zwischen den Industriestaaten.

(11) BEDEUTUNG DER FREIHEIT:

List propagierte in all seinen Schriften (wohl aufgrund seiner eigenen schmerzlichen Erfahrungen) die Bedeutung der bürgerlichen Freiheit, der Gedanken- und Gewissensfreiheit und der Demokratie als notwendiger Voraussetzung der Entwicklung der produktiven Kräfte einer Nation. Schon als Abgeordneter im Landtag von Württemberg setzte er sich für die Demokratie ein, mit den bekannten, bedauerlichen Folgen.

(12) AUSEINANDERSETZUNG MIT DEN KLASSIKERN:

Seine Kritik an Adam Smith (Ricardo ließ er fast gänzlich unberücksichtigt) bezüglich der Bevorzugung der Wertproblematik gegenüber den „produktiven Kräften“ einer Nation wurde bereits unter Punkt (9) abgehandelt.

Er betrachtete nicht die Anhäufung von Geldkapital sondern von menschlichem Vermögen (Humankapital) als langfristig ausschlaggebend für die Entwicklung einer Nation.

Kritisiert wurde von List daneben auch der statische Charakter der Smithschen Freihandelslehre. Einer seiner Hauptvorwürfe zielte darauf ab, dass Adam Smith im Kern nur die Interessen Englands fördern wollte, auch wenn seine Formulierungen in kosmopolitischer Verkleidung aufträten. Um hier aber kein Missverständnis aufkommen zu lassen: List kannte und verstand die Idee der absoluten und komparativen Kostenvorteile beim internationalen Handel.

Sein diesbezüglicher Hauptvorwurf gegen die „Schule" (so nannte der die Lehren der Klassik) war: Es sei eine unzulässige Verallgemeinerung, dass jede Nation UNTER ALLEN UMSTÄNDEN vom Freihandel profitiere. Entscheidend hierfür seien der wirtschaftliche Entwicklungszustand der jeweiligen Nation und damit einhergehend der Zustand seiner Institutionen.

Nur die stärkere Nation profitiere vom Freihandel. Die Anwendung des Freihandelsprinzips führe unter der gegebenen internationalen Konstellation zwangsläufig zur Abhängigkeit der weniger entwickelten Nationen von der Industriemacht England. Die Idee einer wohltätigen „unsichtbaren Hand" verwarf er. Auch von einem uneingeschränkten Laissez-Faire hielt er nicht viel. Staatliche Interventionen im richtigen Ausmaß und zur richtigen Zeit seien unerlässlich für eine gesunde nachholende Entwicklung. Dies war eine explizite Ablehnung der Allgemeingültigkeit der klassischen Aussagen, wobei List die „Schule" auch noch heftig verbal attackierte. Ihr System sei letztlich ein System der „Privatökonomie aller Individuen eines Landes", eine Theorie der Werte, eine „Kaufmannstheorie". Die Schule leide an „bodenlosem Kosmopolitismus", an einem „toten Materialismus" und an „desorganisierendem Partikularismus und Individualismus". Erst wenn alle beteiligten Nationen auf dem gleichen Entwicklungsstand seien, wenn der etwas nebulöse ideale Zustand einer friedlichen Weltgesellschaft existiere, sei das Smithsche System anwendbar. List theoretisierte dabei vor allem über den Weg zu diesem erstrebenswerten Endzustand. Die klassische Theorie untersuche die Vorteile des Handels unter gleich Starken. Dies sei in der Realität aber nicht gegeben. Die Einbeziehung von Machtaspekten im internationalen Zusammenhang fehle und deshalb sei die Lehre der „Schule" für die deutschen Staaten und auch für die USA schädlich.

List fand in den USA eine breite Unterstützung für seine Haltung gegenüber der Klassik seitens der Unternehmer, der Bevölkerung und der Politiker. „Die öffentliche Akzeptanz seiner Briefe und viele Gratulationen von führenden Persönlichkeiten veranlassten die Pennsylvania Society, zu Ehren Lists ein Dinner zu geben, auf dem dieser in seinem „Account for the Dinner" von dem „Amerikanischen System" als einer „Declaration of Economic Independence" sprach (Schafmeister 1989, S. 101).

(13) METHODEN BEI LIST:

Was Lists Thesen in meinen Augen besonders attraktiv macht, sind die dynamischen Aspekte seiner Theorien, die Analyse des Weges zu erwünschten Endzuständen. Recktenwald schreibt in diesem Zusammenhang lobend: „so bietet Lists evolutorische Sicht zentraler Phänomene, analytisch wie historisch, Elemente für ein tragendes Fundament einer noch ausstehenden Theorie der Entwicklung" (Recktenwald 1989b, S. 17).

List war kein mathematischer Ökonom. Er legte kein kompliziertes ausgefeiltes Theoriegebäude vor. Er war vor allem interessiert am Praxisbezug seiner Thesen, er lieferte zumeist Handlungsanweisungen. In seiner Argumentation verwendete er, gestützt auf seine reiche eigene Erfahrung und historische Beispiele, eher eine „induktive" Vorgehensweise. Die Geschichte war ihm dabei besonders wichtig: Sie lieferte für ihn einen eindrucksvollen Anschauungsunterricht, so z.B. für das Wirken der „produktiven Kräfte" (Spanien und England).

10.6.2.2 NACHWIRKUNGEN VON LIST

Wie so oft galt auch für List: Der Prophet gilt im eigenen Lande nichts, auch wenn auf seiner Grabplatte in Kufstein „Deutschlands Friedrich List" steht. Anders hingegen im Ausland: dort wurde ihm Zustimmung, ja oft sogar Bewunderung entgegengebracht. So genoss er in den USA auch als Nationalökonom ein hohes Ansehen.

Deutschland folgte erst nach seinem Tod. Er dürfte wohl der volkstümlichste, bekannteste deutsche Ökonom sein, der auch in vielen Schulbüchern präsent ist und über den einige Biographien und Romane existieren. 1863 wurde ein List-Denkmal vor der Tübinger Universität errichtet, 1906 ein Denkmal in Kufstein. 1936 wurde sogar eine Büste von ihm in Reading, Pennsylvania, aufgestellt. Auch in Leipzig (1927) steht ein Denkmal und natürlich in Reutlingen vor dem Bahnhof.

Zudem wurden nach Friedrich List eine ganze Reihe von Straßen und Plätzen in Deutschland benannt, was darauf schließen lässt, dass er, wenn auch verspätet, zumindest als Person stark in Erinnerung geblieben ist: z.B. in Berlin die Friedrich-List-Brücke, das Friedrich List-Ufer, die Friedrich-List-Straße, in Leipzig eine Friedrich-List-Straße (1889, 2001 umbenannt), ein Friedrich-List-Platz (1921). Ich bin bei oberflächlicher Recherche zudem auf 19 Schulen bzw. Gymnasien gestoßen, die den Namen „Friedrich List" tragen, und dabei habe ich sicherlich einige Denkmäler und Schulen vergessen.

Nicht vergessen darf man auch die zahlreichen Romane, die über Friedrich List und sein dramatisches Leben geschrieben wurden. Was noch fehlt (aber vielleicht noch kommen wird) ist ein Film über List. Genügend „Action" enthält sein Leben ja.

Als Anekdote ist vielleicht von Interesse, dass seine Tochter Elise Pacher von Theinburg, geborene List (1822-1893) 1844 im Auftrag von König Ludwig I. von Bayern, der von ihrer Schönheit betroffen war, für dessen berühmte Schönheitengalerie gemalt wurde. Sie trägt auf dem Bild ein tiefausgeschnittenes Kleid mit venezianischen Spitzen und um die Schultern ein rotes Samtcape (von Oertzen, Augusta, Die Schönheitengalerie König Ludwig I. in der Münchner Residenz, München 1923, Abbildung auf S. 84/85).

Große Ökonomen haben später das Werk Friedrich Lists gewürdigt: Edgar Salin (1892-1974) schrieb in seinem Nachwort zur List-Ausgabe: „Denn List ist aktuell, noch immer oder sogar verstärkt aktuell. Außer Tocqueville und Marx hat kein Staatslehrer und kein Ökonom solch aufregende, hellsichtige Blicke in die Zukunft, das heißt: in unsere Gegenwart getan. Und es sollte niemand über die Entwicklung unterentwickelter Länder schreiben, ohne bei dem großen Ahn der Wachstumstheorie und der Entwicklungspolitik in die Lehre zu gehen" (Salin, zitiert nach dem Kommentarband „Vademecum zu einem initiativen Klassiker", Düsseldorf 1989, S. 24).

Und Samuelson befand lobend: „Thus to the array of important American economists I would add the name of Friedrich List".

Aber es gab nicht nur lobende Stimmen. Der frühe Schumpeter (1924), kam zu einem eher negativen Urteil über List: „Hier kommt vor allem sein Beitrag zur ökonomischen Soziologie in Betracht, die Auffassung der nationalen Volkswirtschaft in ihrer historischen Bedingtheit und in ihrer historisch einzigartigen Verumständung, die er durch seine genial-leichtsinnige und überaus wirksame Lehre von den Entwicklungsstufen weiten Kreisen zugänglich machte. Die Verdienste dieses glänzenden Schriftstellers und sein Erfolg waren sehr groß ... Nur dürfen wir nicht vergessen, dass die praktische Seite seiner Lehre ihn vor allem auf dieses Piedestal stellt ... er hat kaum etwas Originelles geschaffen. Es hat ihn ferner seine nähere Bekanntschaft mit der ökonomischen Theorie oder doch ihren leichteren Autoren und mit den Verhältnissen fremder Volkswirtschaften vor manchen Fehlern, Missverständnissen und Engherzigkeiten bewahrt, aber seine rein ökonomischen Leistungen sind nicht sehr tief ... Und seiner Methode nach war er vor allem Schriftsteller wirtschaftspolitischer Zeitfragen“ (Schumpeter 1924, S. 70/71).

Der späte Schumpeter modifizierte dieses Urteil etwas, indem er abschließend schrieb: „Er war ein großer Patriot, ein brillianter Journalist und ein fähiger Wirtschaftswissenschaftler, der alles richtig zu koordinieren verstand, was der Verwirklichung seiner Vision diente“ bzw.: „List leistete selbst keine originellen Beiträge zum analytischen Apparat der Wirtschaftswissenschaft. Aber den vorhandenen Apparat hat er klug und richtig angewandt“ (Schumpeter 1965, S. 620 und S. 633).

Meine private Meinung: Friedrich List stellte die RICHTIGEN FRAGEN und warf WEITERFÜHRENDE PROBLEME auf. Und oft ist es wichtiger, die richtigen Fragen zu stellen, als kurzfristig Antworten zu geben, die sich wegen des weiterentwickelten analytischen Apparates ohnedies oft ändern. Dass ein Autor ein Autodidakt ist und für ein breites Publikum schreibt, erscheint mir nicht „strafwürdig“. Gerade das „breite Publikum“ sollte damals wie heute mehr als bisher mit wirtschaftlichen Zusammenhängen konfrontiert und dadurch „Stammtischparolen“ ausgeräumt werden. Redundanz, die bei ihm vorkommt, scheint mir, wie ich leidgeprüft aus dem akademischen Unterricht ableiten darf, in einem erträglichen Umfang notwendig und sinnvoll.

Insgesamt fand ich nach der Lektüre seines Hauptwerkes: „Das nationale System“ durchaus theoretische Argumentationsketten, auch wenn diese nicht exakt formal vorgebracht wurden. Den pauschalen Vorwurf einer Theorielosigkeit Lists würde ich zurückweisen. List entwickelte, methodologisch betrachtet, eine „Theorie des Werdens“, die auf die Bewegung von einer Entwicklungsstufe zur nächsthöheren abzielte. Zudem interessiert in der vorliegenden Einführung auch der Einfluss populärer ökonomischer Thesen, und dieser Einfluss kann im Falle Lists nach seinem Tod nicht bestritten werden.

Friedrich Engels warf List vor, er vernachlässige die soziale Frage. „Wesentlich schärfer urteilt Karl Marx über List. Seine zwanzigseitige Auseinandersetzung mit dem „Nationalen System“, erst 1972 veröffentlicht, ist so beißend, wie er nur offene oder versteckte Rivalen zu attackieren pflegte“ (Scherf 1989, S. 95). List sei ein Plagiator, zudem habe er die Klassiker verfälscht. „Lists Unternehmen ist für Marx nicht nur reaktionär, sondern auch verlogen: „Der ganze theoretische Teil des Listschen Systems ist nichts als eine Verkleidung des industriellen Materialismus der aufrichtigen Ökonomie in ideale Phrasen“ (Scherf 1989, S. 96). Marx stellte in seiner Polemik fest: List verwende idealisierende, phrasenklaubende, bombastische Formulierungen. Sein Schutzzoll sei im Kern nur eine Interessensicherung der Industrie, diene zur Verbreitung der Herrschaft der großen industriellen Kapitalisten (und nicht zum Schutze der kleinen Handwerker) dies auf Kosten der Konsumenten, vornehmlich der Arbeiterschaft. Dieses Urteil wird verständlich, arbeitete List doch auf eine Stärkung der nationalen (staatlichen) Souveränität hin, Marx hingegen auf eine Abschaffung des Staates in der Endphase einer idealen, internationalen kommunistischen Gesellschaft.

Allerdings relativiert Günter Fabiunke, ein hervorragender Marx-Kenner: „In späteren Jahren wurde Friedrich List von Marx und Engels milder beurteilt ... In der Tat: Nachdem Karl Marx und Friedrich Engels die ideologischen, theoretischen und methodologischen Grenzen des politökonomischen Systems Friedrich Lists genau so scharf wie grundsätzlich aufgedeckt hatten, zögerten sie nicht mehr, den von List im Interesse der beschleunigten Entwicklung des Industriekapitalismus im Rahmen der „politisch-ökonomischen Nationaleinheit" Deutschlands auf vielfältigste Weise glänzend unter Beweis gestellten „praktischen Verstand" anzuerkennen und zu würdigen" (Fabiunke 1982, S. 509/510).

Auch Adam Müller zählte, wenngleich unter anderem Vorzeichen, zu Lists Gegnern, auch wenn sich einige Parallelen zwischen List und Müller finden lassen: Die Kritik an der klassischen Schule, die Betonung der Einheit von Volk, Staat und Wirtschaft, und im Grundsätzlichen auch der Gedanke der produktiven Kräfte. Aber der Romantiker Müller blickte zurück ins Mittelalter, List blickte vorwärts in die Zukunft, er wollte die deutsche Volkswirtschaft auf eine höhere Stufe bringen. Müllers Ideal war eine ständische, hierarchische Gesellschaft, Lists Ideal eine moderne industrielle Gesellschaft. Auch der religiöse Mystizismus Müllers war List fremd.

Friedrich List hat keine Schule gegründet und auch keine unmittelbaren Nachfolger bzw. Schüler gehabt. „In Lists Position aber werden die Spannungen virulent, welche die deutsche Nationalökonomie des 19. Jahrhunderts bestimmten. Nicht List, sondern der „Historischen Schule" Roschers, Knies' und Hildebrands war es vorbehalten, Einfluss auf die Politik zu nehmen, und zwar in der sozialen Frage ... Im Gegensatz zu vielen Ökonomen der „Historischen Schule" meinte List ohne besondere theoretische Berücksichtigung von Verteilungsproblemen auskommen zu können ..." (Burkhardt, Priddat 2000, S. 886).

Zurück zur Wirkungsgeschichte: Lists Vorstellung einer großen, geeinten, alle Entwicklungsdefizite aufgeholt habenden Nation wurde von Nationalisten aller Couleur, vom Kaiserreich bis zu den Nationalsozialisten, reichlich strapaziert. Dabei war er selbst zwar durchaus Patriot, aber mit einem weiten Horizont (siehe Punkt 10) und einem deutlichen Plädoyer für die Freiheit.

Entwicklungsländer, die eine nationale Selbständigkeit durch wirtschaftliche Entwicklung zu erreichen suchten, griffen seine Idee der „nachholenden Entwicklung“ bei Existenz starker Konkurrenz bereits entwickelter Industrienationen auf. Nicht immer wurden dabei aber seine dafür notwendigen politischen und sozialen Bedingungen erfüllt: eine freiheitliche politische Ordnung (kein wie immer geartetes Feudalsystem), ein effizientes Bildungssystem, Rechtssicherheit, Glaubens- und Meinungsfreiheit, eine moderne Infrastruktur mit einem gut entwickelten Kommunikationsnetz, eine effizient arbeitende Verwaltung.

Hieran sieht man nochmals, dass Freiheit und Freizügigkeit, eine Entfeudalisierung, für List unabdingbare Voraussetzungen eines nachholenden Entwicklungsprozesses nach seinem Muster waren. Seine entwicklungspolitischen Vorschläge wurden aber oft einseitig in Richtung auf protektionistische Maßnahmen interpretiert. Auch seine Empfehlungen bezüglich einer gleichgewichtigen Entwicklung der Landwirtschaft wurden dabei gerne (oft bewusst) übersehen, man denke nur an die Industrialisierungsdebatte in den sozialistischen Ländern.

Friedrich List war meines Erachtens zwar ein wichtiger Wegbereiter der deutschen historischen Schule. Als direktes Mitglied der historischen Schule würde ich ihn aber nicht bezeichnen. Er stellte die zu seiner Zeit richtigen Fragen, auch wenn nicht alle modernen Ökonomen seine diesbezüglichen Antworten akzeptieren.

List war auch sicherlich kein Merkantilist. Im Gegenteil, er warf dem Merkantilismus vor, dass dieser den Grundsatz der industriellen Erziehung nicht klar erkenne, dass er die Schutzzölle auch auf die Landwirtschaft ausdehne, dass er die (von List so hochgehaltene) Freiheit zugunsten bürokratischer Bevormundung einschränke.

Lists Fragestellungen und Werke waren eng mit der politischen und wirtschaftlichen Umwelt seiner Zeit verknüpft. Sein geistiges Werk stand ganz im Dienste der politischen Idee. Anschauliche zeitbezogene Überlegungen waren dem wirtschaftspolitischen Praktiker wichtiger als rational-abstrakte Ideen. Er bezog kulturelle, geistige und politische Faktoren in seine Analyse ein, ging also unter diesen Aspekten über die Klassik hinaus. Andererseits bot er kein geschlossenes theoretisches System und war unter diesem Aspekt enger als die Klassik. Ja solche Systeme waren ihm sogar verdächtig.

Henderson urteilt über List abschließend: „Die Spannweite seiner Tätigkeit war bemerkenswert. Zu verschiedenen Zeiten war er Beamter, Politiker,

Professor, Unternehmer, Konsul, Eisenbahnpionier und Journalist gewesen. Er hatte erkannt, dass Deutschland eines Tages ein großes Industrieland werden würde, und er hatte versucht, das Industriewachstum durch sein Eintreten für eine Zollunion, höhere Zölle und ein Eisenbahnnetz zu fördern. Er sah die Möglichkeit einer wirtschaftlichen Expansion im Donautal und versuchte, deutsches Kapital und deutsche Auswanderer in die unterentwickelten Gebiete Südosteuropas zu lenken. Viele seiner Landsleute dachten voller Scham daran, dass ein solcher Mann aus Furcht vor der Armut offensichtlich dazu getrieben war, sich das Leben zu nehmen" (Henderson 1989, S. 193).

10.6.3 Friedrich Benedikt Wilhelm von Hermann (1795-1868)

Vita von Hermann

(Die Daten dieser Vita wurden dem sorgfältig recherchierten Ausstellungskatalog der Hermann Ausstellung 1999 in München entnommen)

1795:	geboren im Dezember als zweites von neun Kindern in Dinkelsbühl. Seine Vorfahren genossen in dieser zunächst noch freien Reichsstadt großes Ansehen und waren in wichtigen Ämtern tätig. Sein Vater, Christian Wilhelm Hermann (1768-1824), war Registrator der Stadt und Ratsvokat;
1801:	Besuch einer evangelisch deutschen Schule. Hermann ist in den ersten drei nach 1800 erhaltenen Schülerverzeichnissen nachgewiesen (Ausstellungskatalog 1999, S. 15);
1803-1808:	Hermann trat in die evangelische Lateinschule über, wo Hieronymus Friedrich Rau (1768-1843) Rektor war, dem Hermann nach eigenen Angaben viel verdankte;
1804:	Daneben Besuch der französischen Schule von F.A. Passaquay, in der neben Sprachen auch kaufmännische Fächer unterrichtet wurden. Hermann wollte zwar in einer höheren Lehranstalt weitere Bildung erwerben, dies war aber aus finanziellen Gründen („Vermögenslosigkeit seiner Eltern") nicht möglich (Ausstellungskatalog 1999, S. 15); Das Königreich Preußen nahm die Stadt Dinkelsbühl in seinen Besitz;
1806:	Am 24. Mai 1806 kam die Stadt Dinkelsbühl als Teil der Provinz Franken endgültig zum Königreich Bayern;
1809-1812:	Arbeit (vermutlich als Schreiber) im Büro der königlichen Stiftungsadministration in Dinkelsbühl;
1812:	Der Vater von Hermann wurde nach Erlangen versetzt. Hermann folgte im September 1812 seiner Familie nach Erlangen;
1812-1813:	Privatunterricht vom Oktober 1812 bis August 1813 in Latein, Griechisch und Mathematik;
1813:	Aufnahme des Studiums der Kameralwissenschaften im Sommersemester 1813 ohne Befähigungsnachweis. Hermann hörte auch Vorlesungen in Experimentalphysik, Optik und Logik. Daneben bereitete er sich weiter auf das Abitur vor;

	Sonderabitur als Externer im Herbst 1813 an der königlichen Realstudienanstalt in Nürnberg;
	Hermann immatrikulierte sich am 11. September 1813 als ordentlicher Hörer an der Universität Erlangen und studierte dort Kameralwissenschaften, daneben zudem vor allem auch Mathematik;
1816/17:	Für dieses Wintersemester wechselte Hermann an die Universität Würzburg. Ein Grund dafür dürften Auseinandersetzungen mit Erlanger „Landsmannschaftlern" gewesen sein. In Würzburg lernte er im Rahmen einer von Freunden gegründeten Privatschule die Ideen von Johann Heinrich Pestalozzi (1746-1827) kennen und begeisterte sich dafür;
1817:	Ostern 1817 Rückkehr an die Universität Erlangen. Im Mai 1817 erfolgreiche Abschlussprüfung, die sogenannte „kameralistische Abiturientenprüfung";
	Gemeinsam mit dem Freund Dittmar errichtete Hermann in Nürnberg „Dittmars und Hermanns Erziehungs- und Unterrichtsanstalt für Knaben". Eröffnung: 1. Juli 1817. Die Anstalt entwickelte sich bald zu einer modernen Musterschule;
	Promotion zum Doktor der Philosophie an der Universität Erlangen;
1819:	Zusammen mit Dittmar Gründung des „Vereins für Erziehung" in Nürnberg;
1821:	Lehramt für Mathematik an der königlichen Studienanstalt (Gymnasium) in Erlangen;
1822:	Einleitung des Habilitationsverfahrens und Vorlage der 1817 für die Doktorwürde vorgesehenen Dissertation;
1823:	Veröffentlichung seiner Dissertation „Dissertatio exhibens sententias Romanorum ad oeconomiam universam sive nationalem pertinentes" (Erörterung darstellend Gedanken der Römer zur allgemeinen oder nationalen Ökonomie) bei Kunstmann in Erlangen;
	Am 22. März 1823 Verteidigung seiner Dissertation und Habilitation als Dozent für Kameralwissenschaften;
	Für das Sommersemester 1823 kündigte Hermann bereits zwei Vorlesungen an: „Enzyklopädie der Kameralwissenschaften" und Handlungswissenschaft" (= Handelswissenschaft). Hermann trat aber sein Amt als Privatdozent der „Cameralia" nicht an. Stattdessen begann er am 21. April

	1823 seinen Unterricht als Professor am Melanchthon-Gymnasium in Nürnberg. Zusätzlich Mathematik-Unterricht an der Polytechnischen Schule in Nürnberg;
1824:	Tod seines Vaters;
1827:	Reisen unter anderem zur 7. französischen Nationalausstellung in Paris;
	Am 27. September 1827 Ernennung zum Lehrer für Technologie, Waren- und Handlungskunde an der am 1. November zu eröffnenden Polytechnischen Zentralschule in München;
	Ernennung zum außerordentlichen Professor für „Technologie, politische Rechenkunst und Staatswirtschaft" an der Staatswirtschaftlichen Fakultät der Universität München;
1828:	Hermann heiratete die aus Ansbach stammende Maria Wilhelmine Rochholz (1807-1898). Aus der Ehe entstammten 10 Kinder;
1832:	Veröffentlichung seines Hauptwerkes „Staatswirtschaftliche Untersuchungen";
	Am 29. Juni 1832 Ernennung zum Ordinarius an der Staatswirtschaftlichen Fakultät der Universität München. Er lehrte hier Nationalökonomie, Polizeiwissenschaft, Finanzwissenschaft, Geschichte und Literatur dieser Disziplinen, Technologie und Handelswissenschaft;
	Mitwirkung in Kommissionen für die Einführung von Gewerbeschulen und polytechnischen Schulen;
1834:	Berufung in das Ministerialkomitee für die erste staatliche Landesindustrieausstellung in München;
1835:	Berufung in das Ministerialkomitee für die zweite bayerische Landesindustrieausstellung;
	Außerordentliches Mitglied der Bayerischen Akademie der Wissenschaften in der historischen Klasse;
1837-1845:	Mitglied im Beratungsgremium des Obersten Kirchen- und Schulrats, betraut mit der Inspektion der technischen Lehranstalten;
1837:	Mitglied einer Anfang 1837 vom Innenminister gegründeten Sparkassen-Kommission;
1839:	Leiter des „Bayerischen Statistischen Bureaus" im Ministerium des Inneren. Hermann reformierte dabei die amtliche Statistik;
	Reise zur internationalen Industrieausstellung in Paris; „Er

	verfasste daraufhin eine umfassende Darstellung der dort gesehenen Neuerungen, kommentierte sie und unterbreitete konkrete Vorschläge. Er gewann damals bereits wichtige Erfahrungen für die Vorbereitung und Durchführung der Industrieausstellungen in Nürnberg (1840) und München (1854)" (Ausstellungskatalog 1999, S. 69/70);
1840:	Ruf an die Universität Berlin, den Hermann jedoch ablehnte; Ernennung zum Ministerialreferenten im Ministerium des Inneren. Im gleichen Jahr erhielt er den Titel „Hofrat";
1842:	Ordentliches Mitglied der Bayerischen Akademie der Wissenschaften in der mathematisch-physikalischen Klasse;
1844:	Zivildienstorden der bayerischen Krone, womit der persönliche Adel verbunden war. Hermann trat zwar dafür ein, den Adel abzuschaffen. Dies hinderte ihn allerdings nicht, den Adelstitel anzunehmen;
1847:	Statusmäßiger Ministerialrat;
1848/1849:	Abgeordneter der Frankfurter Nationalversammlung für den Wahlkreis München I. Hier vertrat er die Idee einer großdeutschen Lösung. Hermann wurde zweimal zum Vizepräsidenten der Nationalversammlung gewählt;
1849:	Hermann kehrte nach dem Scheitern seiner parlamentarischen Bemühungen nach München zurück. Im Herbst 1849 zog Hermann für den Wahlkreis Lindau in die Abgeordnetenkammer des neuen bayerischen Landtags ein;
	Hermann wurde im Juni 1849 in den temporären Ruhestand versetzt, behielt aber die Leitung des Statistischen Bureaus;
1850:	Reaktivierung im Finanzministerium; Durch den vollendeten Ausbau des Statistischen Bureaus zu einer weitgehend selbständigen Behörde verschaffte Hermann diesem die Bedeutung, die es seiner Auffassung nach haben sollte;
1850/1851:	Wahl zum Rektor der Ludwig-Maximilians-Universität in München;
	Hermann verzichtete auf das Rektorat und wurde von Maximilian II. zum Ministerialrat der Finanzen ernannt. Daneben hielt er seine Vorlesungen an der Universität München. Er galt schon den Zeitgenossen als „Glanzpunkt der Staatswirtschaftlichen Fakultät". Ihm verdankte die Staatswirtschaftliche Fakultät, deren Existenzberechtigung zeitweise in Frage gestellt worden war, ihr Bestehen und ihre Akzeptanz ... Die

	Neuordnung der Staatswirtschaftlichen Fakultät, die sich besonders in den Studienordnungen niederschlug, war schließlich sein Werk (Ausstellungskatalog 1999, S. 60).
1852:	Leiter der von König Maximilian II. (König 1848-1864) eingesetzten naturwissenschaftlich-technischen Kommission der Bayerischen Akademie der Wissenschaften;
1853:	Maximilians-Orden für Wissenschaft und Kunst;
1854:	Vorstand der Beurteilungskommission der zweiten allgemeinen deutschen Industrieausstellung in München;
1855	Berufung in den Bayerischen Staatsrat (20. Februar 1855), die Krönung von Hermanns Beamtenlaufbahn, und Vorstand der Generalbergwerks- und Salinenadministration; Verdienstorden des Heiligen Michael;
1856:	Mitbegründer der Bayerischen Ostbahn-Aktiengesellschaft;
1858:	Studienreisen nach Frankreich und England;
1860:	Gutachten für den Witwen- und Waisenverein;
1862:	Teilnahme an einer internationalen Wohltätigkeitskonferenz in London;
1868:	Verstorben am 23. November in München nach einer Lungenentzündung. Er war zum Zeitpunkt seines Todes noch als Universitätsprofessor, Staatsrat und Vorstand des Statistischen Bureaus im Dienst.

Vergleicht man diese Vita etwa mit dem Leben von Friedrich List, so fällt sofort die große offizielle Anerkennung und Absicherung der Lebenssituation von Hermann auf. Auch bei ihm findet man zwar viele Reformvorschläge, unterschiedliche Tätigkeiten in verschiedenen Gesellschaften, Reisen und eine Bejahung des „deutschen Zollvereins", aber anders als bei List waren all diese Tätigkeiten von der Obrigkeit abgesegnet, ja er genoss als Berater des Kronprinzen und späteren Königs Maximilian II. dessen uneingeschränktes Vertrauen, wirkte an der bayerischen Zoll-, Handels- und Geldpolitik mit. Wie seine Mitgliedschaft in der Bayerischen Akademie der Wissenschaften zeigte, war er auch in der Gelehrtenwelt angesehen.

Er verkehrte in der Münchner Gesellschaft, pflegte mit Künstlern (z.B. Wilhelm von Kaulbach 1805-1874) und Wissenschaftlern anderer Disziplinen regen Kontakt, ja er nahm 1847 sogar an den Abendgesellschaften um die Tänzerin Lola Montez (1818-1861) und an den Symposien Maximilian II. teil.

Auch im Ausland wurde Hermann geehrt: Königlich preußischer Orden „pour le mérite" für Wissenschaft und Kunst, kaiserlich russischer Stanislausorden II. Klasse mit dem Stern, k. und k. österreichischer Leopoldsorden, k. und k. Orden der eisernen Krone II. Klasse, königlich preußischer roter Adlerorden II. Klasse, königlich sächsischer Albrechtsorden II. Klasse, königlich württembergischer Friedrichsorden I. Klasse, königlich italienischer St. Maurizius- und Lazarus-Orden, kaiserlich französischer Orden der Ehrenlegion, königlich belgischer Leopoldsorden, königlich sächsischer Zivilverdienstorden, kaiserlich russischer Wladimirorden IV. Klasse, königlich portugiesischer Christusorden.

Felix Dahn schrieb in seinen Erinnerungen (1891) über seinen Lehrer Hermann: „Der Mann war ein Genie und einer der unwiderstehlichsten Redner, die ich je gehört. Zwar sprach er viel zu rasch für den Lehrzweck: sein Vortrag, mit I II III, 1 2 3, a b c, streng eingeteilt, war darauf berechnet, nachgeschrieben zu werden: allein er sprach so rasch – ohne je ein einzig Mal sich zu versprechen oder zu verbessern oder aus dem Satzbau zu fallen – dass es nur bei der alleräußersten geistigen und leiblichen Anstrengung durchführbar war, ihm zu folgen ... Der ganz hervorragende Mann war also vor allem ein Redner ersten Ranges: ... geistsprühend (wirklichen Geist, nicht geistreiche Unrichtigkeiten), voll von Humor und auch von scharf ätzendem Witz" (Felix Dahn, zitiert in: Vademecum zu einem unterbewerteten Klassiker der ökonomischen Wissenschaft, Düsseldorf 1987, S. 10).

Georg Friedrich Knapp (1842-1926) bezeichnete ihn als einen „erfahrenen und empörend gescheiten Mann" (Ausstellungskatalog 1999, S. 62). Schüler von Hermann waren neben Knapp und Felix Dahn noch Johann Helferich (1817-1892) und Lujo Brentano (1844-1931). Hermann erteilte daneben noch Privatunterricht für Mitglieder des bayerischen Königshauses, so dem späteren König Maximilian II (König 1848-1864), dem Prinzen Luitpold (Prinzregent 1886-1912). Auch Ludwig III. (König 1913-1918) gehörte zu seinen Hörern an der Universität.

Über seine Tätigkeit als Parlamentarier ist im Katalog der Hermann-Ausstellung zu lesen: „Immer wieder lässt sich in Hermanns Handeln die Verschränkung politischer Überzeugungen mit Aspekten der sozialen und wirtschaftlichen Entwicklung erkennen. Auf diesem Gebiet fühlte er sich kompetent ...Kommunistischem und genossenschaftlichem Gedankengut weitgehend abhold, war Hermann andererseits kein Verfechter einer bedingungslosen Marktwirtschaftslehre. Vielmehr lässt er sich am besten als gemäßigter Liberaler mit konservativen Standpunkten beschreiben. Wesentliche Grundüberzeugungen seines politischen Handelns waren der Schutz des Eigentums und die Betonung bürgerlicher Eigenverantwortlichkeit" (Ausstellungskatalog 1999, S. 85).

Werke von Hermann

„Über polytechnische Institute“, 2 Hefte, (1826 und 1828);

„Lehrbuch der Arithmetik und Algebra zum Gebrauche in Schulen und beim Selbstunterricht“ (1826);

„Über Zucht und Erziehung in Schulen“ (Beitrag im Schulprogramm 1826/1827);

„Staatswirthschaftliche Untersuchungen über Vermögen, Wirthschaft, Productivität der Arbeiten, Kapital, Preis, Gewinn, Einkommen und Verbrauch (1832, 2. Auflage 1870);

„Über Sparanstalten im Allgemeinen, insbesondere über Sparkassen mit Rücksicht auf die in Bayern bestehenden Anstalten der Art“ (1835);

„Die Industrieausstellung zu Paris im Jahre 1839“ (1840);

„Die Reichsverfassung und die Grundrechte“ (1849);

„Beiträge zur Statistik des Königreichs Bayern (1850-1864);

„Über die Bewegung der Bevölkerung im Königreiche Bayern“ (Festrede in der k. Akademie der Wissenschaften 1853);

„Katalog der allgemeinen deutschen Industrieausstellung“ (1854);

„Über die Gliederung der Bevölkerung im Königreiche Bayern“ (Festrede in der k. Akademie der Wissenschaften 1855);

„Über den Anbau und Ertrag des Bodens im Königreiche Bayern“ (Festrede in der k. Akademie der Wissenschaften 1857);

Aufsätze im „Archiv der politischen Ökonomie und Polizeiwissenschaft“ sowie in der „Augsburger Allgemeinen Zeitung“;

Dazu kamen Rezensionen zu vielen verschiedenen Themen (siehe unten) in den „Berliner Jahrbüchern für wissenschaftliche Kritik“ und in den „Münchner Gelehrten Anzeigen“.

Rezensiert wurden von Hermann deutsche, französische und englische Werke, die Bandbreite der rezensierten Schriften war enorm: Landwirtschaftliche Themen, christliche politische Ökonomie, kameralistische Enzyklopädie, Zinsen bei öffentlichen Schulden, Statistik, Lehrbücher der Ökonomik, Verteilungsfragen des Grundeigentums, Witwen- und Waisenpensionsanstalten, Theorie der Armut, Gewerkschaften und Streiks, völkerkundliche Abhandlungen, Sparkassen in Europa, Geschichte der Preise, Gesetze der Lebensdauer, Vorbereitung zum Dienst in der Staatsverwaltung, Hamburgs Handel, Schutzzölle und deutscher Zollverein, usw.

10.6.3.1 THESEN VON HERMANN

Ich muss hier fairerweise voranstellen, dass es mir im Rahmen dieser Einführung nicht möglich (und auch nicht sinnvoll) war, die theoretischen Überlegungen Hermanns mit der dafür eigentlich notwendigen Tiefe zu analysieren. Dafür wäre ein eigenes Werk angemessen. Da eine genauere Diskussion der Hermannschen Überlegungen, z.B. zu seiner Kapital- und Verteilungstheorie, rasch zu rein fachökonomischen Überlegungen und zu einem detaillierten Vergleich mit anderen derartigen Theorien führen müsste, habe ich hier darauf verzichtet. Es gilt aber fast noch mehr als bei den bisher vorgestellten Autoren: Die Originallektüre und die Lektüre einschlägiger Sekundärliteratur ist unverzichtbar, wenn man sich ein genaueres Bild seiner Leistungen und weiterführenden Überlegungen machen will. Der Leser wird, je weiter wir im 19. Jahrhundert fortschreiten, auf dieses Problem in zunehmendem Maße stoßen. Die Ökonomik ist nun längst eine anerkannte Disziplin, deren Problemzonen von den Autoren immer besser erkannt und detaillierter bearbeitet werden. Die dadurch erreichte „Tiefe" der Argumentationen macht es für eine Einführung zunehmend schwerer, den Autoren gerecht zu werden. Ich hoffe, im Folgenden einen tragfähigen Kompromiss zwischen der eigentlich notwendigen Fachökonomik und der „Vogelperspektive" einer Einführung zu finden, ohne dass die dadurch notwendigen Vereinfachungen und Verkürzungen zu fehlerhaften Übervereinfachungen führen.

In seiner Vorrede zu den „Untersuchungen" stellte Hermann fest, dass die Nationalökonomie keineswegs eine abgeschlossene Disziplin mit sicheren Erkenntnissen sei. Vielmehr gebe es noch immer viele Problembereiche, gerade auch in ihren Grundlagen, die noch ungeklärt seien. Hermann verstand demnach sein Buch trotz der Systematik seiner Darstellung nicht als ein Werk über ein abgeschlossenes Gebiet, das die Studierenden nunmehr umfassend über die Disziplin informieren will.

Um einen Überblick über die von ihm in seinem Hauptwerk abgehandelten Themen zu geben, sei das Inhaltsverzeichnis der mir vorliegenden 2. Auflage seiner „Staatswirtschaftlichen Untersuchungen" aufgeführt:

I. Grundlegung (S. 1-77);
II. Die Bedürfnisse (S. 778-103);
III. Die Güter (S. 103-123);
IV. Die Wirtschaft (S. 124-142);
V. Die Produktion (S. 143-389);
   1. Die freien Güter als Elemente der wirtschaftlichen Produktion;
   2. Die Arbeit als Produktionselement;

3. Das Kapital als Produktionselement;
4. Das Resultat und Interesse bei der wirtschaftlichen Produktion;

VI. Der Preis (S. 390-459);
1. Die Preisbestimmung im Einzelnen;
2. Die Vergleichung der Preise und der Tauschwert;

VII. Der Lohn (S. 460-487);
1. Das Bedürfnis der Arbeitsleistung;
2. Die Zahlungsfähigkeit der Begehrer;
3. Konkurrenz der Arbeiter;

VIII. Der Gewinn (S. 488-581);
1. Gesetze der Bildung und Angleichung des Gewinns bei den verschiedenen Arten des Kapitals;
2. Vom Zins und Unternehmergewinn;
3. Von den Ursachen, welche die Höhe des Gewinns bestimmen;

IX. Das Einkommen (S. 582-598);

X. Der Verbrauch der Güter (S. 599-637);

Karl Brandt sieht die Schwerpunkte der „Staatswirtschaftlichen Untersuchungen“ in folgenden Punkten (Brandt 1992, S. 200):

(1) Aufnahme der Ideen der Gebrauchswertschule unter Einschluss ethischer Aspekte;

(2) Widerlegung der Lohnfondstheorie durch eine kreislaufendogene Erklärung der Lohnbildung;

(3) Bestimmung der Preisbildung durch Angebot und Nachfrage unter Aufgabe der Produktionskostentheorie;

(4) Entwicklung der Theorie des Unternehmergewinnes in Verbindung mit besonderen Unternehmeraufgaben.

Ich werde diese vier Schwerpunkte zunächst kurz vorstellen und sie dann noch etwas ergänzen.

Zu (1) Aufnahme der Ideen der Gebrauchswertschule unter Einschluss ethischer Aspekte:

Hermann erkannte, neben der generellen Bedeutung der Bedürfnisse für die Wirtschaft, auch die Sinnhaftigkeit, diese Bedürfnisse in eine Rangordnung zu bringen. In seinen „Untersuchungen“, Kapitel II, unterschied er die folgenden Bedürfnistypen: Absolute und relative Bedürfnisse, höhere und niedrigere Bedürfnisse, dringende und aufschiebbare Bedürfnisse, positive und negative Bedürfnisse, unmittelbare und mittelbare Bedürfnisse, allgemeine und besondere Bedürfnisse, stetige und unterbrochene Bedürfnisse, dauernde und temporäre Bedürfnisse, gegenwärtige und zukünftige Bedürfnisse, individuelle und Kollektivbedürfnisse, Privat- und öffentliche Bedürfnisse.

Recktenwald schreibt dazu lobend: „Hermann hat in der Tat die terminologischen Grundlagen zur modernen Bedürfnis- oder Nutzentheorie und zur Güterlehre gelegt“ (Recktenwald 1987b, S. 31).

Hermann stellte die Idee der „Knappheit“, die in der modernen Theorie zentral für ökonomische Entscheidungen ist, unabhängig von Ort und Zeit, in den Mittelpunkt seiner Analyse, auch dies eine Vorwegnahme späterer Ansätze.

Die Güter wurden bei Hermann unterschieden in private, öffentliche und privat-kollektive (modern: Club-)Güter.

Dabei waren für ihn auch ethische Aspekte, wie Liebe und Religion, von Bedeutung. Eine bloße Konzentration auf den Eigennutz könne zwar die Antriebe zum Tausch erklären, sei aber für das allgemeine Wohl nicht immer vorteilhaft. Es gebe viele Fälle, wo der Eigennutz einzelner Individuen im Interesse der Gemeinschaft beschränkt werden müsse. Dies beinhaltete eine Verpflichtung für den Staat, in den Markt regelnd einzugreifen, wo ein übertriebener Eigennutz störe. Je eigennütziger die Bürger, umso mehr müsse der Staat in die private Wirtschaft eingreifen. Konkret: Gewerbeaufsicht und außenwirtschaftliche Instrumente, wie z.B. Schutzzölle, seien gerechtfertigt.

Die von den Liberalen oft verteufelten Zünfte sah er positiver: Sie beinhalteten neben einer Altersvorsorge für ihre Mitglieder auch sinnvolle Verteilungsregelungen (zeitliche Nivellierung der Einkommen der Handwerker).

Man kann Hermann ohne Übertreibung als einen der „geistigen Väter“ der österreichischen Schule der Nationalökonomie bezeichnen.

ZU (2) WIDERLEGUNG DER LOHNFONDSTHEORIE DURCH EINE KREISLAUFENDOGENE ERKLÄRUNG DER LOHNBILDUNG:

Der Lohn wurde nach Hermann aus den Umsätzen der Unternehmer gezahlt und nicht aus einem fiktiven Lohnfonds. Die Unternehmer würden den Lohn während der Produktionsphase vorschießen, endgültig aufgebracht würde er durch den Verbrauch der Konsumenten. Für die Bestimmung der Lohnhöhe seien eine ganze Anzahl von Faktoren zu berücksichtigen, wie etwa die Zahl der Arbeiter usw.

Die Lohnsumme war damit kein fixer Kostenbestandteil der Produktion mehr, sondern ein variabler Bestandteil, der mit zunehmendem Absatz und Gewinn variieren konnte. Hermann bestritt in diesem Zusammenhang auch, dass Lohn- und Gewinnhöhe sich immer umgekehrt verhalten müssten.

ZU (3) BESTIMMUNG DER PREISBILDUNG DURCH ANGEBOT UND NACHFRAGE UNTER AUFGABE DER PRODUKTIONSKOSTENTHEORIE:

Besser sollte diese Überschrift lauten: „unter Einbeziehung der Produktionskosten" bzw.: „unter Aufgabe einer reinen, einseitigen Produktionskostentheorie". Hermann berücksichtigte, wie in der modernen Theorie, mehrere Determinanten für das Zustandekommen eines Preises. Auf der Nachfrageseite neben dem Gebrauchswert des in Frage kommenden Gutes für den Käufer und dem Rang dieses Bedürfnisses in seiner Bedürfnishierarchie, der Zahlungsfähigkeit der Käufer (ein klarer Hinweis auf eine effektive Nachfrage) und institutionellen Wettbewerbsbeschränkungen auf der Angebotsseite AUCH die Produktionskosten der Verkäufer, wiederum Einflüsse von Wettbewerbsbeschränkungen und sogar die Kaufkraft des Geldes. Er zeigte, wie die Veränderung der Kosten auf den Preis und die Veränderung des Preises auf die Kosten wirkt.

Auch wenn Hermann keine exakte Theorie der Preisbestimmung vorlegte, zeigte er doch die Bestimmungsgründe der Preisgestaltung auf. „Mit der Abhängigkeit des Preises von Angebot und Nachfrage und der gleichzeitigen Abhängigkeit von Angebot und Nachfrage vom Preis, wird von Hermann bereits ein funktionaler Erklärungsansatz verfolgt" (Brandt 1992, S. 202). Hermann wich damit klar von der klassischen Vorstellung einer Determination der Preise allein von der Angebotsseite aus ab. Inbegriffen war damit auch seine Ablehnung der Vorstellung, die Arbeit sei der alleinige Maßstab für den Tauschwert einer Ware.

Ob man ihn zu den Begründern der subjektiven Wertlehre zählen will, soll hier nicht entschieden werden. Sicher erkannte er aber die Rolle des Gebrauchswertes (und dies ist eine Umschreibung des Nutzens) für die Preisfindung der in Frage kommenden Güter.

Weiterführend war in jedem Fall sein Konzept eines dynamischen, ja man kann modern sagen: evolutorischen, Wettbewerbs. Dazu die Einschätzung des ausgewiesenen Dogmenhistorikers Recktenwald: „Es gibt kaum ein Werk im 19. und sogar 20. Jahrhundert, das Natur und Aufgabe der Konkurrenz für das wirtschaftliche Verhalten des einzelnen und einer Volkswirtschaft so gründlich und umfassend analysiert und wirklichkeitsnah erklärt, wie Hermanns Staatswirtschaftliche Untersuchungen. Man ist überrascht, wie bahnbrechend und weit vorausschauend – bis hin in unsere technologische Epoche – seine Analyse des Wettbewerbs und der Marktstruktur ist ... Bedenkt man, dass er zu Beginn der Industrialisierung in Deutschland über dieses Phänomen nachgedacht hat, so erkennt man erst die eminente Weitsicht eines Mannes, der Ökonomie und Technik zu verbinden wusste" (Recktenwald 1987b, S. 40).

Hermann schloss übrigens aus seinen Überlegungen zu einem dynamischen Wettbewerb, der Staat müsse für seine Aufrechterhaltung sorgen, auch dies eine Forderung, die erst später von der ordoliberalen Schule erhoben wurde.

ZU (4) ENTWICKLUNG DER THEORIE DES UNTERNEHMERGEWINNES IN VERBINDUNG MIT BESONDEREN UNTERNEHMERAUFGABEN:

Neu war bei von Hermann gegenüber der Klassik vor allem auch die Anerkennung des Unternehmergewinnes als einer eigenständigen Kategorie, als Entgelt für die Unternehmerleistungen, bei ihm genauer aufgeführt als: Abstimmung des Faktoreinsatzes auf die zu produzierenden Güter, also Koordinierung der Produktionsfaktoren, Aufstellung des Produktionsplanes, Leitungsaufgaben, sowie Finanzierung und Übernahme einer Zinsgarantie an die Kreditgeber. Der Unternehmergewinn in diesem Sinne war also eine Entlohnung des Unternehmers für dessen obige Dienste und auch die damit verbundenen Risiken und war strikt von Zins auf das eingesetzte Kapital zu trennen.

Hermann sprach auch die Frage nach einem Ausgleich der Gewinne in einer Volkswirtschaft an. Hierfür unterschied er ein umlaufendes und ein fixes Kapital. Für das fixe Kapital könne man einen solchen Ausgleich nicht ohne weiteres annehmen, sei es doch nicht leicht von einer Einsatzmöglichkeit in eine andere übertragbar.

Hermann bot also einzel- und gesamtwirtschaftliche Themen, und dies in einer systematischen, übersichtlichen, ja lehrhaften Darstellung (hierfür war vielleicht der frühere Lehrer verantwortlich). Er erfasste bereits die Allokation der Ressourcen gemäß den Bedürfnissen der Konsumenten.

Auch wenn er grundsätzlich Anhänger der liberalen Wirtschaftslehre, insbesondere von Adam Smith, war, so wich er doch in vielen wichtigen Punkten von den Klassikern ab. So waren für ihn die „sittlichen Momente" ökonomisch relevant. In den „Untersuchungen" (2. Auflage 1870) finden sich in der ausführlichen Gliederung die folgenden Zusammenfassungen: „Außer dem Trieb nach Selbsterhaltung wirken noch andere Motive unterstützend und modifizierend auf die wirtschaftliche Tätigkeit, nämlich Familienliebe, religiöse und sittliche Bindung, freie Geistestätigkeit und Gemeinsinn" (S.44) und „Weitere sittliche Motive, welche in der Wirtschaft wirksam sind" (S. 45). Seine mehr organisch geprägte Staatslehre unterschied sich von den Klassikern. Für ihn war der Staat nicht nur die „Summe von mehr oder weniger zusammenhängenden Einzelwirtschaften [an], sondern er umschließt zusätzlich immaterielle Werte, die in der Summe der Einzelwirtschaften zahlenmäßig nicht fassbar, in ihrer Existenz aber für jeden Einzelnen spürbar werden. Von Hermann dürfte damit erstmals auf jene Werte hingewiesen haben, die dann später ... als „external economies“ beschrieben worden sind“ (Winkel 1977, S. 23).

Neben den vier genannten, sicher bedeutenden, Forschungsgebieten verfolgte Hermann auch einen (modern gesprochen) Property-rights-Ansatz (Eigentums- und Verfügungsrechteansatz) und beobachtete die anfallenden Transaktionskosten. Er erkannte bereits den ökonomisch selbständigen Wert dieser Rechte: Der Handel mit Eigentumsrechten erhöhe die Produktivität unter Unsicherheit, er fördere „die allokative Effizienz“ (Recktenwald 1987b, S. 37).

Eine Unterscheidung in „produktive“ und „unproduktive“ Arbeit, die von vielen Autoren im Anschluss an Smith getroffen wurde, lehnte er (auch hier ganz modern) ab. Auch Dienstleistungen und Handel seien „produktiv“, auch sie befriedigten Bedürfnisse. Hermann zählte auch die immateriellen Dinge, wenn sie Tauschwert haben, d.h. marktfähig seien, zu den wirtschaftlichen Gütern. Es wurde zwischen wirtschaftlicher und technischer Produktivität unterschieden. „Die Technik ist gerichtet auf eine dem menschlichen Bedürfnis entsprechende Qualität der äußeren Güter; ihr Ziel die vollkommene Ausführung eines Gedankens ohne Rücksicht auf die Größe der dazu erforderlichen Mittel. Unter Wirtschaft hingegen versteht Hermann „die quantitative Überwachung der Herstellung und Verwendung der nicht ohne Opfer zu erlangenden Güter in einem gesonderten Kreise von Bedürfnissen“ (Roscher 1874, S. 863).

Entscheidend war: Die enge klassische Definition des Begriffes „produktiv“ wurde zugunsten einer wegweisenden, weiter gefassten, Definition verlassen, die auch Dienste und Verfügungsrechte einschloss.

Hinzu traten noch Gedanken zur Geld- und Währungspolitik. Auch wenn seine diesbezüglichen Überlegungen später wenig Beachtung fanden, galt er doch zu Lebzeiten als bedeutender Fachmann auf diesen Gebieten.

Hermann war daneben eng mit den bayerischen Bemühungen 1834 um eine Erweiterung des Zollvereins verbunden. Er war an fast allen Zollvereinskonferenzen der 40iger und 50iger Jahre beteiligt. Allerdings scheiterte sein Anliegen, auch Österreich in den Zollverein zu integrieren.

Hermann war ein Autor des Überganges. Sein theoretisches Denken stand zwischen Klassik und Neoklassik mit vielen eigenen Ideen. Er schöpfte aus der wirtschaftstheoretischen Literatur der Klassik, durchdachte deren Modelle erneut, verallgemeinerte Smith und Ricardo und widerlegte bzw. erweiterte sie dadurch gleichzeitig. Letztlich ging es ihm darum, die Kräfte hinter Angebot und Nachfrage besser analytisch zu fundieren. Insbesondere den Bedürfnissen der Konsumenten schenkte er ein größeres Augenmerk. Er wandte das Prinzip der Knappheit auf alle Einkommensarten an, versuchte also auch die Einkommensverteilung aus diesem einzigen, universell geltenden Prinzip der Knappheit heraus zu bestimmen. Seine Ideen wurden später von der Grenzproduktivitätstheorie der Neoklassik aufgenommen. Fruchtbar war seine Verknüpfung von Geistes- und Naturwissenschaften, ein Ansatz, der mittlerweile als „interdisziplinär" gefordert und gefördert wird. Er erkannte klar, dass das noch immer geübte kameralistische Rechnungswesen zu Ineffizienzen gerade bei den staatlichen Instanzen führt.

10.6.3.2 Nachwirkungen von Hermann

„Hermann galt zu seiner Zeit als vielgelesener Nationalökonom. Seine Beliebtheit mag bis zu einem gewissen Grade sicherlich in der sehr systematischen und zugleich anschaulichen mit vielen Beispielen unterlegten Darstellungsweise begründet sein ... Dabei haben uns Hermanns Ausführungen bis heute noch etwas zu sagen. So bricht er beispielsweise eine Lanze für die Herabsetzung der Arbeitszeit. Er vertritt die Meinung, dass auch nach Verkürzung der Arbeitszeit nicht weniger geleistet würde als vorher ... Gleichzeitig setzt sich Hermann energisch für das Recht des Arbeiters auf freie Selbstbestimmung ein ... Auch wenn das Werk Hermanns nicht besonders umfangreich ist, hat es doch ganz erheblich auf nachfolgende Generationen gewirkt" (Ausstellungskatalog 1999, S. 66).

Alfred Marshall nannte Hermanns Werk eine „brillante Leistung". Der frühe Schumpeter äußerte sich eher kritisch über Hermann: „Sein Werk ist der Höhepunkt der Heerstraße deutscher Ökonomen dieser Zeit. Über diese ist wenig zu berichten. Nicht als ob wenig geschrieben worden wäre, nicht als ob darin nicht manches Gute gewesen wäre. Aber es weht kein Geist in diesen Büchern und wir müssen es verstehen, wenn einerseits das breite Publikum und andererseits gerade die lebhaftesten Köpfe von dieser Art von Wissenschaft abgestoßen werden mussten" (Schumpeter 1924, S. 55/56).

Der späte Schumpeter urteilte über Hermann differenzierter und positiver: „Trotzdem aber verdienen seine „Staatswirtschaftlichen Untersuchungen" (1832, erweitert 1870, Neudruck 1924), auch wenn sie nicht wissenschaftliche Geschichte gemacht haben, die weite Anerkennung, die ihnen sogar von A. Marshall gezollt wurde ... Sein scharfer und ausgeglichener Verstand arbeitete ungehindert an den Grundlagen der ökonomischen Theorie. Seine Methode war einfach, stellt aber in Anbetracht des frühen Erscheinungsjahres seines Werkes eine Leistung dar: Er ging von „Angebot und Nachfrage" aus und erforschte im Weiteren die ihnen zugrunde liegenden Faktoren. Seine saubere Begriffsbildung tat das übrige, und der Erfolg war beträchtlich: Es wird nicht allgemein anerkannt, dass sein Werk weit über Ricardo hinausging. Dies charakterisiert zur Genüge sein Verdienst als Theoretiker. Es wird jedoch seiner Tatsachenforschung ebenso wenig gerecht (statistischer und anderer) wie dem Menschen selbst, der als Politiker, Beamter und Lehrer den Jahren, in denen das heutige Deutschland entstand, seinen Stempel aufgedrückt hat" (Schumpeter 1965, S. 618).

Roscher bescheinigte ihm: „Hermanns Stärke liegt in der musterhaft klaren, scharfen, meist erschöpfenden Sondierung der verschiedenen Teile eines zusammengesetzten Begriffes und der verschiedenen Akte einer zusammengesetzten Handlung" (Roscher 1874, S. 862).

Üblicherweise wird von Hermann in der dogmenhistorischen Literatur als Vertreter eines auf eine eigenständige Weiterentwicklung bedachten Spätklassikers eingestuft (siehe z.B. Brandt 1992, S. 185).

Obwohl er Mathematiklehrer war und durchaus abstrakt argumentierte, hat er keine komplizierten, ausgefeilten mathematischen Modelle konstruiert und kaum mathematische Formeln verwandt. Ihm ging es mehr um eine saubere Ordnung und Systematisierung der von ihm behandelten Themen. Er untersuchte die von ihm angeschnittenen Themenbereiche zumeist vor dem Hintergrund der bereits existierenden Auffassungen, die er kritisierte und denen er dann seine eigene Sicht gegenüberstellte. Dabei bezog er sich auch auf ausländische Autoren, vor allem auf Adam Smith: „Wer irgend etwas von Staatswirtschaft versteht, muss sich in den Hauptsätzen dieser Wissenschaft als Schüler Adam Smith's ansehen" (Hermann zitiert in Roscher 1874, S. 861). Dieses Zitat zeugt von einer bescheidenen Haltung Hermanns, der die Leistungen seiner Vorgänger nicht verkleinerte, um dadurch selbst umso besser dazustehen. Auch wenn er sich aber, wie zitiert, was die „Hauptlehrsätze" der Ökonomik betreffe, als Schüler von Adam Smith bezeichnete, setzte er sich doch kritisch mit dessen Thesen (und denen von Ricardo) auseinander. Für einen modernen Ökonomen erstaunlich und bewundernswert ist, wie viele Erkenntnisse der modernen Ökonomik Hermann im Kern schon vorweg nahm, auch wenn er diese nicht in der heute geübten formalen Form präsentierte.

Hermann kann unter ökonomischem Aspekt zwar nicht direkt als „Revolutionär" bezeichnet werden. Trotzdem gingen meines Erachtens genügend revolutionäre Impulse bezüglich der Verbesserung bzw. Veränderung von

Teilaspekten der klassischen Schule aus, dass man ihn zu den (wegen Sprachbarrieren im angelsächsischen Raum leider unterschätzten, weil unbekannten) Wegbereitern der modernen Wirtschaftstheorie rechnen muss.

Er war, wie aus seiner Vita ersichtlich, nicht nur ein bedeutender Nationalökonom, sondern als hoher Staatsbeamter auch maßgeblich am Ausbau und der Entwicklung des Königreiches Bayern zu einem modernen Staat beteiligt, auch wenn er mehr im Hintergrund wirkte und damit oft mehr bewirken konnte, als die im Rampenlicht stehenden Persönlichkeiten. Er betrieb den Ausbau einer modernen Statistik. Dabei erkannte er die wichtige Rolle statistischer Daten für die Volkswirtschaftslehre: „Nur das Studium einer großen Menge statistischer Tatsachen vermag es, die großen Fragen der politischen Ökonomie zu beantworten ... In den Kreis der statistischen Erhebungen fallen alle Zustände und Vorgänge des sozialen Lebens und des Staates, die sich auf Quantitäten reduzieren lassen" (Ausstellungskatalog 1999, S. 70/71). Er war eng mit dem technischen und gewerblichen Unterrichtswesen befasst. Er wirkte wesentlich an der Münchner Industrieausstellung 1854 mit, nachdem er vorher die Industrieausstellungen in Berlin (1844), Wien (1845), London (1851) besucht hatte. Zählt man noch seinen Einsatz für das Armen- und Sparkassenwesen sowie seine ausgedehnte Gutachter- und Rezensententätigkeit dazu, gewinnt man den Eindruck eines umfassend gebildeten, interessierten kreativen Ökonomen und vor allem auch Praktikers, der auf vielen wichtigen Gebieten positive Einflüsse ausübte.

Eine ausgezeichnet recherchierte Ausstellung in München präsentierte 1999 das Leben und Wirken von Hermann. Schon der Untertitel zeigte die Wertschätzung, die Hermann genoss: „Ein Genie im Dienste der bayerischen Könige".

Dass das offizielle „Ökonomenlexikon" der DDR Hermann nichts abgewinnen konnte, ist nach dem Bisherigen klar. Er wird als „Vertreter der älteren deutschen Vulgärökonomie" eingestuft, der „in Wirklichkeit ein Vulgarisator der Smithschen Lehre sei". „Bedeutungsvoll ist, dass er die Auffassung der klassischen bürgerlichen Ökonomen eliminierte, wonach der Wert durch die Quantität menschlicher Arbeit bestimmt ist. Wie andere Vulgärökonomen unternahm auch er den Versuch, die Arbeitswerttheorie durch die These zu ersetzen, dass der Wert von der Vorstellung des Konsumenten über Gebrauchswert und Nützlichkeit eines Gutes abhängig sei ... Er bettete die Gleichsetzung von Wert und Gebrauchswert in seine vulgäre Preislehre ein. Von theoriegeschichtlicher Bedeutung ist ... seine Vorleistung für die spätere Ausgestaltung der subjektiven Wertlehre“ (Ökonomenlexikon 1989, S. 208/209).

Und gerade diese letztere Vorleistung führte zu der negativen Beurteilung Hermanns aus marxistischer Sicht.

10.6.4 Karl Heinrich Rau (1792-1870)

Vita von Rau

1792:	Geboren im November 1792 in Erlangen als Sohn des Theologieprofessors Johann Wilhelm Rau. Er war der Jüngste von 8 Geschwistern; „Bereits mit vier Jahren soll er innerhalb von sechs Wochen an der Stadtschule lesen gelernt haben und als Siebenjähriger mit dem Lateinischen begonnen haben" (Baloglou 1995, S. 131); ab 1801 Aufnahme in einen Kreis von Professorenkindern, in dem die Väter die Kinder unterrichteten:
1807:	Tod seines Vaters;
1808:	Absolvierung des Gymnasiums, wobei er besonders in Mathematik und Französisch hervorstach;
1808-1812:	Studium (Schwerpunkt Staatswissenschaften) an der Universität Erlangen;
1812:	Venia legendi an der Universität Erlangen. Seine Doktorarbeit war: „Primae linae historiae politices". Rau hielt Veranstaltungen als Privatdozent und unterrichtete am Gymnasium, unter anderem Mathematik und Französisch;
1814:	Preis der Akademie Göttingen für die Behandlung der Frage, wie man die Nachteile der Abschaffung der Zünfte am besten beseitigen könne;
1816:	Außerordentliche Professur an der Universität Erlangen;
1818:	Ordentliche Professur an der Universität Erlangen;
1822:	Ordentlicher Professor für Nationalökonomie an der Universität Heidelberg, nachdem er einen Ruf nach Gießen abgelehnt hatte. Rau hielt in Heidelberg Vorlesungen über Nationalökonomie, Technologie und Landwirtschaftslehre; „Die Stelle in Heidelberg brachte ihm eine wesentliche finanzielle Besserstellung und den Hofratstitel ... Für 12 Jahre war er Baukommissar der Universität. Wegen seiner erfolgreichen Leistung wurde ihm im Jahre 1831 das Prorektorat übertragen. Noch ein zweites Mal wird er für ein weiteres Jahr mit dem Prorektorat betraut" (Baloglou 1995, S. 132);
1834:	Rau gründete das „Archiv der politischen Ökonomie und Polizeiwissenschaft". Er publizierte darin eine Reihe von Arti-

	keln zu verschiedenen Themen. Die Zeitschrift erschien 1835 bis 1852, dann verschmolz sie mit der von R. von Mohl gegründeten „Zeitschrift für die gesamte Staatswissenschaft“;
1839:	Berufung in die erste badische Kammer;
1848:	Delegierter im Frankfurter Vorparlament;
1851:	Reise in staatlichem Auftrag zur Weltausstellung in London. Er publizierte über die dort ausgestellten landwirtschaftlichen Geräte einen ausführlichen Bericht;
1870:	Gestorben am 18. März in Heidelberg an einem Herzleiden.

Rau erfuhr in seinem Leben viele offizielle Ehrungen. So bekam er mehrfach die Ehrendoktorwürde, war Ehrenbürger der Stadt Heidelberg und Mitglied mehrerer wissenschaftlicher Akademien (Wien, Paris, Brüssel). Seit 1822 führte er den Titel „Geheimer Hofrat“, 1845 Geheimrat.

Werke von Rau

„Über das Zunftwesen und die Folgen seiner Aufhebung“ (1816, erweiterte Fassung der Göttinger Preisschrift);

„Über den Luxus“ (1816);

Rau definierte Luxus als den Gebrauch und Verbrauch äußerer Güter, der ein gewisses Maß übersteige. Er stellte die Rolle des Luxus bei der Stimulierung des Wirtschaftswachstums heraus. Ausführungen zu einem mathematischen Ausdruck zur Darstellung des Luxus, den er ebenfalls versuchte, finden sich bei (Baloglou 1995, S. 63).

„Über die Ursachen der Armut“ (1817);

„Handbuch der Nationalwirtschaftslehre“ (2 Bände, 1819, es handelt sich hier um die Übersetzung des 1815 erschienenen Werkes „Cours d'économie politique, ou exposition des principes qui determinent la prospérité des nations“ von Heinrich Storch (1766-1835);

„Anhang: Prüfung und Ergänzung“ (3. Band zu der Übersetzung von Storch, 1820);

Hier argumentierte Rau zugunsten des Zunftzwanges gegen Storch.

„Ansichten der Volkswirtschaft mit besonderer Beziehung auf Deutschland“ (1821);

Dieses Werk stellte „einen entscheidenden Wendepunkt in seinem Denken dar, denn man erkennt eine Verwandlung eines Kameralisten zu einem Vertreter der „neuen Richtung“ der „Nationalökonomie“ … Rau unternimmt den Versuch, den kameralistischen Polizei-Gedanken mit der englischen Nationalökonomie oder Verkehrslehre zu vereinbaren … Rau wendet auch die mathematische Methode zur besseren Verdeutlichung der internationalen Beziehungen einer geschlossenen Wirtschaft an … Es wird weiterhin die internationale Handelsbilanz in einer algebraischen und deutlichen Form dargestellt“ (Baloglou 1995, S. 64, 67).

Addiert man noch seine mathematischen Formulierungen zur agrarischen Betriebsgröße und seinen Optimierungsansatz dazu, laut Baloglou die erste graphische Abbildung in einem deutschsprachigen ökonomischen Werk, so kommt man nicht umhin, Rau als einen der wichtigen Wegbereiter der mathematischen Wirtschaftstheorie in Deutschland zu würdigen.

„Malthus und Say: Über die Ursachen der jetzigen Handelsstockung“ (Übersetzung, 1821);

Hier übersetzte Rau den Briefwechsel von Malthus und Say und wies damit ausgewogen auf deren unterschiedliche Thesen bezüglich Wirtschaftskrisen hin, wobei er letztlich Malthus Recht gab.

„Grundriss der Kameralwissenschaft oder Wirtschaftslehre für enzyklopädische Vorlesungen“ (1823);

„Über die Kameralwissenschaft; Entwicklung ihres Wesens und ihrer Teile“ (1825);

„Lehrbuch der politischen Ökonomie“ (3 Bände, 1826-1832);

Dieses Lehrbuch erschien in drei Bänden, die die Bereiche: Volkswirtschaftstheorie, Volkswirtschaftspolitik und Finanzwissenschaft umfassten. Rau verglich darin unter anderem auch die deutschsprachigen und ausländischen Autoren miteinander. Teile dieses einflussreichen Lehrbuches wurden in mehrere andere Sprachen übersetzt.

„Über die Landwirtschaft der Rheinpfalz und insbesondere in der Heidelberger Gegend“ (1830);

„Über den Nutzen, den gegenwärtigen Zustand und die neueste Literatur der Nationalökonomie“, in: Archiv der politischen Ökonomie und Polizeiwissenschaft (1835);

„Zur Kritik über Friedrich List's nationales System der politischen Ökonomie“ (1843);

„Geschichte des Pfluges“ (1845);

„Über die Krisis des Zollvereins im Sommer 1852“ (1852);

„Die ländliche Urproduktion und der Real-Kredit“ (1857);

„Die landwirtschaftlichen Geräte der Londoner Ausstellung im Jahre 1851“ (1853).

10.6.4.1 THESEN VON RAU

Bekannt wurde Rau vor allem durch sein Lehrbuch der politischen Ökonomie, das in mehreren Auflagen erschien. Dieses Werk bot eine Zusammenfassung des ökonomischen Wissens seiner Zeit, dabei insbesondere auch ausgerichtet auf die Bedürfnisse der Praktiker.

Rau war zunächst noch in den Lehren der Merkantilisten/Kameralisten verwurzelt. Schon einige Jahre danach (zu Beginn seiner Heidelberger Zeit seit 1822) glich er seine Lehre aber immer mehr liberalen Vorbildern (vor allem Adam Smith) an und wurde damit zu einem der bekanntesten „deutschen Klassiker“. Er versuchte, die englische liberale Klassik mit den Maximen der Kameralisten zusammenzubringen. Dies passte im übrigen zur Wirtschaftspolitik der deutschen Mittelstaaten, die sich auch immer liberaler orientierte, ohne aber ihre kameralistischen Strukturen ganz aufzugeben. Rau half mit seinem weit verbreiteten Lehrbuch mit, das Gedankengut der englischen Klassiker in Deutschland zu verbreiten.

Er wich in seinen theoretischen Ideen aber durchaus auch teilweise von der klassischen Theorie ab. So versuchte er den Wert der Güter aus ihrem Gebrauchswert abzuleiten: „Der Genusswert eines Gutes insbesondere wird von folgenden Umständen bestimmt:

(a) von der Stelle, die der nächste Gebrauchszweck desselben in der Gesamtheit menschlicher Zwecke einnimmt. Diese stehen in einer Rangfolge …

(b) von dem Verhältnis des einzelnen Gutes zu anderen, welche zu dem nämlichen Zweck anwendbar sind“ (Rau 1860, S. 72/73).

Er stellte den „entbehrlichen Genuss“ (=Luxus) den „wesentlichen Bedürfnissen“ gegenüber, also eine Einteilung im Sinne einer Dringlichkeit und Notwendigkeit des jeweiligen Güterkonsums. Verknüpft man diese Erkenntnis noch mit der Idee, dass für die gesamte Volkswirtschaft der Konsum vernünftige Zwecke befördern solle und dass dabei wichtige Güter vor den unbedeutenderen Vorrang haben sollten, dann gerät man leicht auf eine Schiene, die den liberalen Vorstellungen einer Konsumentensouveränität Schranken setzt.

Bezüglich des Preises eines Gutes unterschied Rau (ähnlich wie Hermann) mehrere Bestimmungsfaktoren: den Wert, die Kosten und die Konkurrenzverhältnisse. Aber diese Zusammenhänge wurden nicht systematisch behandelt, sondern genannt. Es war aber fraglos bereits eine Art von subjektivem Wertansatz vorhanden.

Rau sprach auch die Unterscheidung zwischen „produktiver" und „unproduktiver" Arbeit an. Seine Meinung dazu war, dass eine eindeutige Trennung zwischen produktiver und unproduktiver Arbeit schwierig, ja letztlich fast nicht möglich sei: „Zufolge der bisherigen Erörterungen ist die den Begriffen nach vollkommen begründete Unterscheidung der produktiven und unproduktiven Arbeiten schwer so durchzuführen, dass eine bestimmte Grenzlinie beider Gattungen durch die Gesamtheit menschlicher Beschäftigungen gezogen würde" (Rau 1860, S. 125). So gab es bei ihm eine direkte „unmittelbare" Produktivität, wie z.B. in der Gütererzeugung, aber auch eine indirekte „mittelbare" Produktivität, wie z.B. beim Handel mit neu geschaffenen Gütern. Dabei wurde der Handel als durchaus nützlich für die Volkswirtschaft als Ganzes angesehen. „... dann aber, im Gebiete der persönlichen Dienste, sind mit undeutlichem Übergange die mittelbar und die nicht hervorbringenden Tätigkeiten vermischt" (Rau 1860, S. 125). Winkel moniert bezüglich dieses Themenkreises zu Recht: „Dagegen zählt nicht so sehr, dass er manche unklare Formulierung Ricardos oder Smiths einfach übernimmt, dass er die Produktivität der persönlichen Dienste wieder in Frage stellt, obwohl andere deutsche Nationalökonomen bereits auf die Unhaltbarkeit des Smithschen Produktivitätsbegriffs hingewiesen hatten" (Winkel 1977, S. 21). Der Leser muss sich dabei vergegenwärtigen: Die Frage der Unterscheidung in produktive und unproduktive Tätigkeiten ist wichtig, sie ist keine rein „akademische" Angelegenheit. Daraus kann vielmehr (zumindest implizit) die wirtschaftspolitisch nicht unbedeutende Vorstellung einer unterschiedlichen Förderungswürdigkeit verschiedener Tätigkeiten resultieren.

Rau gliederte sein Lehrbuch in die bis heute im ganzen deutschsprachigen Raum verwendete Dreiteilung: Wirtschaftstheorie, Wirtschaftspolitik, Finanzwissenschaft (Kolb weist darauf hin, dass Ernst Ludwig Carl (1682-1743) eine solche Dreiteilung bereits angedacht habe: Kolb 1997, S. 33), eine Einteilung, die abgewandelt, auf kameralistische Vorbilder (Ökonomie, Polizei, Finanz) zurückging. Dabei sah Rau die THEORIE als allgemein, d.h. länderübergreifend an, den exakten Wissenschaften näher stehend, wobei die Verwendung der Mathematik grundsätzlich möglich, ja in geeignetem Rahmen sogar wertvoll sei, zumindest als Illustration bzw. Verdeutlichung auftretender Theoreme. Rau hatte ja bereits als Gymnasiast (!!) Universitätsvorlesungen über Mathematik gehört. WIRTSCHAFTSPOLITIK und FINANZWISSENSCHAFT stellten dagegen wesentlich mehr auf die speziellen Gegebenheiten der verschiedenen Länder und Völker ab. Die beiden letzteren Disziplinen seien aber auf die gewonnenen Erkenntnisse in Band 1 (Theorie) angewiesen.

Seine Einstellung zur Verwendung der Mathematik in der Nationalökonomie zeigte sich besonders deutlich im Rahmen der Zusätze zur Übersetzung des Werkes von Karl Heinrich Storch (1766-1835): „Der Gebrauch algebraischer Formeln, den der Verfasser [Storch] hier tadelt, ist neuerlich zuerst von Canard gemacht worden, der, ein Mathematiker von Handwerk, sich leicht dazu aufgefordert fand. Es ist allerdings fehlerhaft, wenn man daran denkt, Wirkungen auszurechnen, die wegen unendlich vieler Nebensachen bloß erwartet und höchstens dürftig erklärt werden können. Betrachtet man aber algebraische Ausdrücke lediglich als Begriffszeichen, als eine Sprache, welche unsere Wortsprache an Kürze und Bequemlichkeit weit übertrifft, so kann man sich mit Nutzen ihrer bedienen, um einzelne Sätze deutlicher darzustellen; nur darf man sich nicht verbergen, wo die Verhältnisse aufhören, rein mathematisch zu sein" (Rau zitiert in Baloglou 1995, S. 61). Rau äußerte allerdings an anderer Stelle auch die weitergehende Auffassung, dass man einfache Ursache-Wirkungs-Zusammenhänge in mathematischer Form verdeutlichen könne. Er kannte die mathematischen Beiträge europäischer Ökonomen seiner Zeit und stellte sogar ein Literaturverzeichnis der mathematischen Ökonomik zusammen.

In den mir vorliegenden Auflagen seines „Lehrbuches der politischen Ökonomie" ist der erste Band: „Grundsätze der Volkswirtschaftslehre" betitelt, der zweite Band (in zwei Teilbänden) „Grundsätze der Volkswirtschaftspolitik" und der dritte Band (in zwei Teilbänden) „Finanzwissenschaft".

Roscher vermutete zu Recht, dass diese an die Kameralistik erinnernde Einteilung den Staatsbeamten, Landtagsmitgliedern etc. den Weg zur Ökonomik erleichterte (Roscher 1874, S. 848).

Eine Folge dieser von Rau populär gemachten Dreiteilung war übrigens, dass die Finanzwissenschaft, anders als im angelsächsischen Raum, im deutschsprachigen universitären Unterricht eine relative Eigenständigkeit beibehalten hat.

Rau diskutierte im Rahmen seiner wirtschaftspolitischen Erörterungen die (bis heute heikle) Frage nach Umfang und Art staatlicher Interventionen. Er ging zwar grundsätzlich von einem liberalen Standpunkt aus, war in seinen wirtschaftspolitischen Überlegungen stärker als in der Theorie von Adam Smith beeinflusst, begründete aber mit ökonomischen Argumenten die seiner Ansicht nach gerechtfertigten Staatseingriffe. Damit sprach er die bis heute kontroverse Frage nach dem Umfang der Staatstätigkeit an.

Es finden sich bei ihm sowohl Argumente, die die Vorteile marktlicher Lösungen betonen: „Daher haben die in der Volkswirtschaft wirkenden

Kräfte auf die sorgfältigste Schonung von Seite der Regierung Anspruch ..." (Rau 1860, S. 12). Der Markt sei ohnehin nicht zu unterdrücken, man solle deshalb viele Sachverhalte dem Eigeninteresse der Bürger überlassen: z.B. Bewirtschaftung der Wälder, Verkauf landwirtschaftlicher Produkte, Abschluss von Versicherungen, Bestimmung der Größe landwirtschaftlicher Güter.

Monopole, Privilegien, Lohnfixierungen, eine Festlegung der Anzahl von Gewerbebetrieben seien in diesen Fällen von Nachteil. Der Außenhandel solle von Zöllen und Regulierungen befreit werden. Auf politischem Gebiet beinhalteten diese Liberalisierungstendenzen: keine Heiratsbeschränkungen, freie Arbeiterzusammenschlüsse, freie Ein- und Auswanderung.

Staatliche Eingriffe könnten manchmal das zu lösende Problem sogar verschärfen. Eine Erkenntnis, die später von Milton Friedman und den Monetaristen stark betont wurde.

Aber auch die Nachteile eines unbeschränkten Liberalismus auf den Märkten wurden angesprochen, Nachteile, die ein staatliches Eingreifen sinnvoll und notwendig machten. Rau hat wirtschaftspolitische Eingriffe des Staates also keinesfalls generell verurteilt, auch wenn sie Ausnahmen vom Freihandelsaxiom waren. So solle der Staat dem Markt zum Durchbruch verhelfen, indem er Kontrollen und Regulierungen beseitige, ein adäquates Rechtssystem aufbaue und hemmende Eigentumsrechte (z.B. Weiderechte, Fronen) abbaue.

Der Staat müsse für eine ausreichende Bildung und Ausbildung sorgen, Informations- und Kommunikationssysteme verbessern. Aber er dürfe auch direkt dort eingreifen, wo der augenblickliche Vorteil, den die Bürger im Auge haben, mit vermuteten Nachteilen für die Zukunft verknüpft sei. Dabei wurde sogar das Problem erschöpfbarer Ressourcen angesprochen (z.B. Raubbau in Bergwerken, übertriebene Waldrodung). Markteintrittsbeschränkungen für Produzenten seien dann zulässig, wenn die Konsumenten vor mangelnder Qualität der Produkte geschützt werden müssten. Generell müsse aber nicht das freie Wirtschaften begründet werden, sondern die Ausnahmen davon, eben die Staatseingriffe.

Rau setzte zwar zu Beginn seiner Laufbahn durchaus auch historische Methoden ein, war aber nie ein wirkliches Mitglied der später zu behandelnden deutschen historischen Schule. Dies wurde auch von den Autoren der historischen Schule so gesehen. Roscher etwa befand lakonisch: „Gleichwohl ist Rau kein eigentlich historischer Kopf ... Wirklich trat bei ihm selbst das historische Interesse früh schon zurück hinter dem rein praktischen" (Roscher 1874, S. 853). So spielten im Gegensatz zu vielen späteren deutschsprachigen Autoren bei ihm sittlich-ethische Argumente kaum eine Rolle. Als VORLÄUFER der historischen Schule kann man ihn aufgrund seiner immer wieder aufscheinenden „historischen Auffassung“ (wie übrigens auch bei anderen deutschen Ökonomen der 1. Hälfte des 19. Jahrhunderts) aber durchaus einstufen. So entwickelte er z.B. eine Stufentheorie, ohne dieser aber die Bedeutung zuzumessen, die solche Stufentheorien später für die eigentliche historische Schule hatten.

Auch wenn das Werk Raus mittlerweile theoretisch veraltet ist, kommen die darin vorhandenen Strukturen und auch einige Darstellungsweisen dem modernen Leser bekannt vor. So brachte Rau ab der 4. Auflage seines Lehrbuches eine mittlerweile aus ökonomischen Lehrbüchern nicht mehr wegzudenkende graphische Darstellung der Angebots- und Nachfragekurven. Rau stellte als erster deutschsprachiger Ökonom das Preisbildungsproblem mit geometrischen Mitteln dar (Rau 1860, S. 583). Wie aus der Graphik im Anhang ersichtlich (auf der übrigens auf der Abszisse die Mengen und auf der Ordinate die Preise abgetragen wurden), unterschied Rau dabei zwei verschiedene Kurvenelastizitäten (auch wenn er diesen Namen nicht verwendete) der Angebotskurve: Eine positiv geneigte Angebotskurve, bei der das Angebot mit steigenden Preisen ebenfalls steigt und eine vertikale Angebotskurve, bei der die Angebotsmengen unabhängig von Preissteigerungen sind. Der Preis ergibt sich im Schnittpunkt von Angebots- und Nachfragekurve.

Die Nachfrage wurde dabei determiniert von der Dringlichkeit der Bedürfnisse der Käufer, ihrer Einschätzung von der Nützlichkeit des Gutes und ihrer verfügbaren Mittel. Die Preisuntergrenze wurde durch die Produktionskosten der Angebotsseite bestimmt. Zusammenfassend: Die Preise wurden bei Rau also durch den Nutzwert, die Kosten und die Konkurrenz bestimmt, eine Auffassung, die bereits sehr modern klingt.

Bei Rau findet sich auch ein formaler Ausdruck zur Quantitätstheorie (Rau 1860, S. 327). Dabei wurde vor allem die Umlaufgeschwindigkeit des Geldes berücksichtigt: „Je öfter ein einzelnes Geldstück aus einer Hand in die andere geht, desto mehr Güter und Leistungen können mit ihm im Verkehr vergütet werden und mit desto geringerer Geldmenge kann der ganze Güterumlauf in einem Lande unterhalten werden“ (Rau 1860, S.323). Dabei betonte Rau, dass diese Umlaufgeschwindigkeit schwer zu ermitteln sei, wobei er unter anderem auf die unterschiedlichen Umlaufgeschwindigkeiten zwischen Stadt und Land hinwies.

Es folgte die bekannte Ex-post Quantitätsgleichung: $u \cdot g = w \cdot p$, wobei u die mittlere Umlaufgeschwindigkeit, g die Geldmenge, w·p der Betrag der jährlichen Geldgeschäfte war.

Rau kam aufgrund seiner Gleichung zu dem Ergebnis, dass sich bei konstanter Umlaufgeschwindigkeit und konstanter Warenmenge das Preisniveau bzw. sein Kehrwert, der Geldwert, proportional zur Geldmenge verhalten: das Preisniveau direkt proportional, der Geldwert umgekehrt proportional.

Baloglou geht ausführlich auf eine weitere Anwendung der mathematischen Methode durch Rau ein: die Raumwirtschaftslehre. Ich empfehle dem interessierten Leser die diesbezügliche Lektüre (Baloglou 1995, S. 167-176), kann aber im Rahmen dieser Einführung nicht weiter darauf eingehen.

10.6.4.2 Bedeutung von Rau

Rau war vor allem ein exzellenter Lehrer. Sein Lehrbuch war klar gegliedert, gründlich, ausgewogen, mit zahlreichen geographischen und statistischen Anmerkungen und mit aktuellem Praxisbezug. Es war außerordentlich einflussreich, erschien in acht Auflagen und wurde ein wichtiges Lehrbuch für den ökonomischen Unterricht an deutschen Universitäten. „Im allgemeinen lässt sich seine geschichtliche Stellung am kürzesten so bezeichnen, dass er der Volkswirtschaftslehrer der gut regierten deutschen Mittelstaaten von 1815 bis 1848 gewesen“ (Roscher 1874, S. 855). Johannes Burkhardt und Birger P. Priddat bezeichnen Rau sogar als „Vater der neuen Volkswirtschaftslehre“ (Burkhardt, Priddat 2000, S. 856), dessen Lehrbücher Methode wie Inhalt der akademischen Ökonomie nicht nur in der ersten Hälfte des 19. Jahrhunderts bestimmten.

Rau war sicher keine der ganz großen Figuren der Geschichte der Ökonomik. Im Rahmen einer Geschichte der DEUTSCHSPRACHIGEN Ökonomik ist er aber schon allein wegen seines einflussreichen Lehrbuches und seines Umganges mit den liberalen Ideen der Klassiker eine nicht zu vernachlässigende Figur. Wie so oft bei den deutschen Ökonomen des 19. Jahrhunderts finden sich auch bei ihm eine ganze Reihe weiterführender Ideen, ohne dass er selbst die Theorie in diese Richtungen wesentlich weiterentwickelt hätte. Er argumentierte nicht mit der strengen logischen Schärfe eines Ricardo. An einigen Stellen schleicht sich der Eindruck ein, dass er den besprochenen Sachverhalt selbst nicht ganz im Griff hatte.

Schumpeter kennzeichnete Rau wie folgt: „Smithianismus, in zunehmendem Maße von (oft missverstandenen) ricardianischen Lehren durchsetzt und befreit von dem älteren Stoff über das Verwaltungswesen des achtzehnten Jahrhunderts – dies ist die Formel, die die allgemeine Richtung der deutschen Wirtschaftslehre bis zum Ende der zur Diskussion stehenden Periode – und noch einige Zeit darüber hinaus – kennzeichnet. Dieses Material wurde im Lehrbuch von Rau zusammengestellt, das sich über Jahrzehnte hinweg als ausreichend erwies" (Schumpeter 1965, S. 617). In der zugehörigen Fußnote bescheinigte Schumpeter Rau: „er verfügte über einen klaren Verstand, über Gelehrsamkeit und Mittelmäßigkeit ... Wenn jedoch zur Zusammenstellung eines erfolgreichen Lehrbuches noch andere Qualitäten erforderlich sind, so muss er diese ebenfalls besessen haben" (Schumpeter 1965, S. 617, Fußnote 70).

Ich kann mich diesem doch eher negativen Urteil Schumpeters nicht ganz anschließen: Rau sprach einige fundamental wichtige Themen (Produktivitätsbegriff, Markt versus Staat) zumindest an. Meines Erachtens ist das Aufwerfen der richtigen Fragen oft wichtiger als das Präsentieren von fertigen Antworten, die (je nach Ausrichtung des Beurteilenden) ohnedies nie uneingeschränkt akzeptiert werden und oft zeitgebunden sind. Er schuf bis heute existierende Einteilungen, verwendete bereits zu seiner Zeit mathematische Ausdrücke, führte die Geometrie als Methode bei der Preisbildungsfindung ein, und tat viel für die Durchsetzung der Ökonomik als akademischer Disziplin. Zudem schrieb er ein viel verwendetes Lehrbuch, das in mehreren Auflagen erschien. Mir scheinen diese Leistungen, trotz der oben aufgeführten, zweifellos vorhandenen, argumentativen Defizite, nicht gering. Schumpeter verwendete allerdings eine andere „Brille" für seine Beurteilungen: die „Fortschritte" in den ökonomischen Analysetechniken. In diesem Buch sollen in das Urteil über die behandelten Ökonomen aber die gesamten ökonomischen und vor allem auch gesellschaftlichen Wirkungen so weit wie möglich miteinbezogen werden.

Karl Marx ging in seinem Werk „Zur Kritik der politischen Ökonomie" nicht gerade sanft mit Rau um: „Endlich unter den Schulmeistern und Bürokraten, die die theoretische Seite der Disziplin zu behandeln hatten, gab es diese Herbariensammler ohne Kritik, wie Herr Rau, ... was dabei dann schließlich herauskam, war die Kameralistik, ein von einer eklektisch-ökonomischen Sauce angespielter Brei von allerhand Allotriis, wie sie einem Regierungsreferendarius zum Staatsexamen nützlich zu wissen sind" (Marx 1972, S. 202).

Damit war für das marxistische Lager der Tenor vorgegeben: „Er verflachte und verwässerte damit die über Say bereits vulgär importierte bürgerliche politische Ökonomie weiter (Ökonomenlexikon der DDR 1989, S. 449). Nicht überraschend wurde von Marxisten vor allem Raus Verständnis der Wertlehre besonders negativ hervorgehoben: „Rau verstand jedoch nicht die klassische Theorie vom Wert und Mehrwert“ (Autorenkollektiv 1977, S. 438).

Dann aber erhält Rau von marxistischer Seite doch noch ein eher dezentes Lob: „Trotz dieser Einschränkungen gestattet jedoch der hier gegebene historische Überblick die Feststellung, dass der Versuch eines Neubeginns im ökonomischen Lehrfach den deutschen Theoretikern ermöglichte, sich bestimmte Erkenntnisse der im Ausland entwickelten politischen Ökonomie anzueignen und das Niveau der ökonomischen Diskussion im Vergleich zu den vulgärökonomischen Ausfallen gegen die klassische politische Ökonomie zu Beginn des 19. Jahrhunderts zu erhöhen (Autorenkollektiv 1977, S. 451).

10.6.5 Joseph Lang (1775/76-1819/20?)

Vita von Lang

(Bei den Angaben über Joseph Lang, dessen Lebensdaten äußerst spärlich dokumentiert sind, hielt ich mich im wesentlichen an die von Götz Uebe in verschiedenen Veröffentlichungen gegebenen Daten);

1775/76(?):	Geburt von Joseph Lang, entweder in Bayern oder in Baden-Württemberg;
1794-95:	Studium an der (damals österreichischen) Universität Freiburg im Breisgau. Lang studierte Philosophie, Recht, Ökonomik und Mathematik;
1795:	Studienabschluss an der Universität Freiburg im Breisgau; Lang vertrat zusammen mit einem Kollegen seinen erkrankten Mathematikprofessor Rinderle;
1796-98:	Amtsaktuar (Verwaltungsbeamter) in Waldkirch im Breisgau;
1803:	Lang ging wie viele andere Westeuropäer wohl wegen der napoleonischen Kriege und Umgestaltungen nach Russland. Nach Prüfung durch die St. Petersburger Akademie der Wissenschaften wurde Lang an der Universität Charkow in die Abteilung „Philosophie und Mathematik" als Adjunctus (Assistent) aufgenommen;
1806:	Wechsel der Zuordnung innerhalb der Universität zur Abteilung „Politische Ökonomie";
1807:	Publikation des Buches: „Über den obersten Grundsatz der politischen Ökonomie"
1810:	Publikation des Buches: „Grundlinien der politischen Arithmetik"; Bestellung zum außerordentlichen Professor der Universität Charkow;
1812:	Bestellung zum ordentlichen Professor im Fachbereich „Diplomatie und Politische Wissenschaften";
1815:	Publikation des Buches: „Was ist das Geld?", das bereits die Kreislauf-Darstellungsform: Matrizen enthielt;
1819:	Am 26. August Entlassung wegen Unbotmäßigkeit aus seiner Tätigkeit an der Universität Charkow. Lang ging unerlaubt auf Reisen und „nahm an jedem Streit teil";
1820:	Tod von Joseph Lang in Serpuchow am 19. März 1820 (Todesursache unbekannt).

WERKE VON LANG

„Über den obersten Grundsatz der politischen Ökonomie" (1807);
„Grundlinien der politischen Arithmetik" (1810);
„Über das Studium der juridischen und politischen Wissenschaften" (Rede 1810);
„Grundlinien der politischen Arithmetik" (2. Auflage, 1811);
„De principiis oeconomicae" (1813);
„Was ist das Geld?" (1815);
„Über politische Arithmetik" (1816).

10.6.5.1 THESEN VON LANG

Lang legte bereits in der Vorrede zu den „Grundlinien" ein eindeutiges Bekenntnis zur mathematischen Methode in der Ökonomik ab: „Bei einem ernsthafteren und tieferen Studium der National-Ökonomie, wie sie bis jetzt bearbeitet wurde, sieht man sehr bald ein, dass die mehresten Gegenstände von denen sie handelt, als Quantitäten anzusehen sind, und eine quantitative Bestimmung zulassen ... Eine solche Wissenschaft wäre der mathematische Teil der National-Ökonomie, sie wäre politische Arithmetik. Es kann keinem Zweifel unterliegen, dass diese Wissenschaft möglich sei, dass es dem Forschungsgeist gelingen müsse, ihre Prinzipien aufzufinden, dass eine solche Anwendung mathematischer Grundsätze auf die Gegenstände der National-Ökonomie stattfinden könne ... Mehrere berühmte Schriftsteller haben sich gegen die Anwendung algebraischer Formeln auf Gegenstände der National-Ökonomie erklärt, ... ich kann mit diesen schätzbaren Gelehrten darin nicht übereinstimmen, dass überhaupt eine Anwendung der Algebra auf die Gegenstände der National-Ökonomie nicht stattfinden könne; denn sie bestreiten die Möglichkeit der politischen Arithmetik" (Lang 1988, S. IX,X).

10.6.5.1.1 LANG ALS KREISLAUFTHEORETIKER

Seine erste Kreislaufdarstellung entwickelte Lang bereits in seinem 1807 geschriebenen Buch: „Über den obersten Grundsatz der politischen Ökonomie". Er führte dabei die drei Sektoren: „Landbau", „Manufaktur" und „Geld" ein und bewertete die Ströme numerisch, was auf eine frühe Volkseinkommensrechnung hinauslief. Konsequent folgten daraus auch drei „Nationalbalanzen" (siehe die Darstellungen in Uebe 1988, S. 8-11), die die Interdependenzen des Wirtschaftens aufzeigten.

Ausgeprägter erschien die Kreislaufidee dann in Langs „Grundlinien der politischen Arithmetik" (1811). Auch hier lag ein Dreisektorenmodell zu

Grunde, allerdings mit leicht geänderten Sektoren: „Landbau“ (Landwirtschaft), „industriöse“ Klasse (Industrie und gewerbliche Wirtschaft), die Klasse der „Diensttuer“, die durch ihre Tätigkeit kein industrielles Produkt in seinem Sinne hervorbringen (Staat: Beamte, Militärs); (siehe die Darstellungen in Uebe 1988, S. 12-14). Lang arbeitete dabei, wie in seinem ersten Buch, mit einem statischen linearen Gleichungssystem. Wie es sich für einen Wirtschaftskreislauf typisch ist, lieferte jede Klasse an jede andere Klasse Güter bzw. Dienste. Auch Salden wurden gebildet, d.h. bei Lang die produzierte Menge abzüglich des Eigenverbrauches. Diese getauschten Mengen wurden als „Balanzen“ bezeichnet.

Lang stellte mit Hilfe seiner Kreisläufe sogar einen (komparativ-statischen) Vergleich zwischen Russland (zu seiner Zeit) und einem nicht näher spezifizierten westeuropäischen Staat an.

Baloglou nennt übersichtlich die dem Kreislaufmodell von Lang zugrunde liegenden Voraussetzungen:

(a) „Die zwischen den drei Klassen zirkulierende Geldmenge ist gegeben und wird nicht verändert.

(b) Die Anzahl der Individuen in jeder Klasse und die Bevölkerung der ganzen Nation bleibt dieselbe.

(c) Es gibt kein Sparen des Geldes.

(d) Keine Klasse kann mehr Geld geben, als sie erwirbt.

(e) Es gibt keine Schulden zwischen den Klassen.

(f) Die Geldpreise der ausgetauschten Dinge verändern sich nicht“ (Baloglou 1995, S. 47).

Auffallend ist die Ähnlichkeit des Kreislaufschemas von Lang mit dem (frühern) von François Quesnay (1694-1774). Götz Uebe schreibt dazu: „Merkwürdigerweise wird Quesnay von Lang nicht zitiert“ (Uebe 1988, S. 7). Er fährt fort: „Angesichts der auch im 18. und 19. Jahrhundert bestehenden Kultureinheit Europas muss man sich fragen, wieweit Lang das Quesnaysche Werk kannte, nicht zu erwähnen für nötig befand, oder aber ob das Langsche Werk in der Grundidee eine eigenständige Entwicklung ist“ (Uebe 1988, S.7). Uebe diskutiert dann mehrere „Kanäle“, über die Lang Kenntnis von Quesnays Werk gehabt haben könnte. Aber alle diese Argumente bleiben letztlich im spekulativen Bereich.

Baloglou ist der dezidierten Meinung, dass Lang Quesnays Werk zumindest gekannt hätte. So nannte Lang den Namen „Quesnay“ expressis verbis in seinem Werk: „Was ist das Geld?“ (nach Baloglou 1995, S. 54, siehe auch Uebe 1992b, S. 438).

Allerdings darf man die zweifellos vorhandene Ähnlichkeit zwischen den Kreisläufen nicht zu weit treiben. So war die „classe stérile“ bei Quesnay nicht gleich der „induströsen“ Klasse bei Lang. Lang billigte den Gewerbetreibenden und den Händlern eine Produktivität zu. Und auch die Art der Darstellung war verschieden. Quesnay verwendete eine graphische Darstellung (sein Zig-Zag-Schema), Lang ein lineares Gleichungssystem und später sogar (modern gesprochen) Social-Accounting-Matrizen (SAMs). Lang präsentierte in seiner diesbezüglichen Schrift drei Sätze derartiger Matrizen. „More than 150 years prior to their modern introduction, Lang presented his concepts precisely in this format; that is to say, by a matrix representation of a four sector economic table“ (Uebe 1992b, S. 438).

Die Sektoren dieser Viersektorenwirtschaft (1815) waren:

(1) Primäre Produzenten;
(2) Technische Produzenten;
(3) Kommerzielle Produzenten;
(4) Politische Klasse (sie produziert keine Güter, konsumiert aber Güter).

(Zur genauen Darstellung dieses Langschen Kreislaufes in Matrixform und seiner Ströme siehe Uebe 1992b, S. 440).

Ein weiterer Unterschied lag in der Betrachtungsweise: Quesnay argumentierte dynamisch und beschrieb den WEG von einem Gleichgewicht zum nächsten, Lang verwendete eine komparativ-statische Betrachtungsweise.

Meines Erachtens ist die Frage nach der Kenntnis des Quesnayschen Werkes durch Joseph Lang angesichts von Langs wesentlichen Weiterentwicklungen, die klar über Quesnay hinausgingen, eher eine Spezialfrage für Historiker über den Entstehungszusammenhang der Theorie von Lang. Trotzdem wurde diese Frage auch unter Ökonomen kontrovers diskutiert. Wie gesagt, egal wie man diese Frage beantwortet, meiner Meinung nach bleibt dadurch die große Leistung von Lang unangefochten.

10.6.5.1.2 LANG ALS QUANTITÄTSTHEORETIKER

Lang entwickelte seine Überlegungen zur Geldtheorie im 5. Kapitel „Vom Gelde, und der Geld-Zirkulation“ (Lang 1988, S. 109) seiner „Grundlinien“. Zum hier interessierenden quantitätstheoretischen Zusammenhang schrieb er, nachdem er mittels einer Reihe von Gleichungen (ich zählte 33 Gleichungen) die entsprechenden Zusammenhänge hergestellt hatte: „Die Summe des zirkulierenden Geldes ist nun der Masse von Gegenständen entgegen zu stellen, die durch die Geldzirkulation während eines Jahres unter die Individuen der Nation verteilt wird“ (Lang 1988, S. 113). Lang unterschied „bei der Masse von Gegenständen" noch korrekt eine Zirkulation zwischen den Klassen und eine Zirkulation innerhalb der Klassen, verwendete bei seinen Überlegungen also sein Kreislaufschema.

Ohne hier genauer auf die diesbezüglichen vielen mathematischen Ausdrücke und damit formulierten Zusammenhänge einzugehen (Lang 1988, S. 114-125), sei doch festgehalten, dass Lang den Geldwert aller Gegenstände, die während eines Jahres durch eine Geldsumme verteilt wurden, ausformulierte und dann das Verhältnis dieses Geldwertes aller Gegenstände zur Geldmenge feststellte.

Lang kam im §245 (S. 185) zu dem Ergebnis: „Die zirkulierende Geldsumme kann vermehrt oder vermindert werden. Hierdurch wird die Zirkulationsgeschwindigkeit nicht verändert, wohl aber der Geldpreis ... und der verglichene Wert der durch die Zirkulation zu verteilenden Gegenstände" (Lang 1988, S. 185). Dieses Ergebnis, erhalten durch seine mathematischen Überlegungen, spiegelte klar quantitätstheoretische Zusammenhänge.

10.6.5.1.3 Lang als Wachstumstheoretiker

Götz Uebe fand anlässlich einer Literaturrecherche in Moskau ein bislang unbekanntes Werk von Joseph Lang aus dem Jahr 1816: „Über politische Arithmetik". Es handelte sich um den zwanzigseitigen Text einer Rede anlässlich des Geburtstages des Universitätsgründers, des Zaren Alexander I., mit einem hinterher angefügten mathematischen Anhang.

Thema dieser Abhandlung war die Frage, wie sich im Zuge der Entwicklung einer Volkswirtschaft deren sektorale Zusammensetzung ändert. Dabei wurden von Lang drei Sektorenblöcke unterschieden: Landwirtschaft, Industrie und restliche Sektoren. Lang postulierte dabei, gestützt durch mathematische Berechnungen, dass sich die Anteile dieser drei Wirtschaftsbereiche gesetzmäßig und systematisch verschieben, quasi in der Führung ablösen. Dabei verwendete Lang nicht-lineare Funktionen. Um dem Leser einen Eindruck davon zu vermitteln, sei unkommentiert die Gleichung für den Anteil der politischen Klasse: χ vorgeführt (Uebe 1999, S. 694):

$$\chi = \frac{\left[\left(\sqrt{1+12x}\right)-\left(1+2x\right)\right]\cdot\left(2+3x-2x^2\right)}{6+37x+22x^2-12x^3}$$

Wiederum kann man über die prognostischen Fähigkeiten Langs nur staunen und sie bewundern. Im Jahre 1816 bereits die Erkenntnisse der „Drei-Sektoren-Hypothese" von Fourastié um 150 Jahre vorweg genommen zu haben, war in meinen Augen eine großartige Leistung.

Mittlerweile ist die systematische Verschiebung der Anteile der drei Sektorblöcke: Urproduktion (primärer Sektor), Industrie (sekundärer Sektor) und Dienstleistungssektor (tertiärer Sektor) allgemein akzeptiert und vielfach statistisch nachgewiesen. Aber 1816!!

10.6.5.1.4 Lang als Ersteller einer nationalen Buchführung

Lang ging es hierbei um die Übertragung der kaufmännischen doppelten Buchführung auf eine nationale Buchführung. Auch dies eine weitblickende Sichtweise, man denke an die mittlerweile für Volkswirte unverzichtbare VGR (Volkswirtschaftliche Gesamtrechnung).

Für die Berechnung des nationalen Vermögens forderte er 1816:

(1) Die wechselseitigen Forderungen und Verbindlichkeiten müssen durch Aggregation herausgerechnet werden;

(2) Umverteilungen von Ressourcen von einem Individuum zu einem anderen dürfen nicht als Vermögenszuwachs der Gesamtressourcen verbucht werden.

Diese zwei Forderungen folgten notwendig aus der Voraussetzung einer geschlossenen Volkswirtschaft.

Auch in seiner Publikation aus dem Jahre 1816 setzte sich Lang vehement für die Verwendung der Mathematik (hier im Rahmen der Bestimmung des Nationalvermögens) ein: „Die Einwendungen, die man gegen politische Arithmetik, gegen die mathematische Bestimmung des National-Vermögens und die Einführung algebraischer Formeln in der National-Ökonomie vorbringt, haben große Ähnlichkeit mit den Einwürfen, womit man die Möglichkeit der genauen Bestimmung des Laufes der Himmelskörper bestreiten wollte; sie sind beantwortet und fallen hinweg, sobald man das wahre System des Universums kennt“ (Lang 1816, zitiert in Uebe 1999, S. 691).

Joseph Lang stellte im Zusammenhang mit der Ermittlung der Größe des Nationalvermögens fest, dass dieses durch zwei Faktoren bestimmt würde: einmal durch die Zahl der Personen innerhalb der Sektoren und zum andern durch die Zusammensetzung der sektoralen Anteile zu einem Ganzen (der Volkswirtschaft). Und hieraus ließ sich ein Vergleich zwischen verschiedenen Nationen unter Berücksichtigung ihres Entwicklungsstandes anstellen: Es gebe typische (mathematisch berechenbare) zeitlich ablaufende unterschiedliche Anteile seiner drei Sektoren während des Entwicklungsprozesses von Nationen. „Arme Nationen haben relativ viele Urproduzenten (Landwirtschaft), während reichere Nationen durch einen wachsenden Anteil der technischen und kommerziellen Klasse charakterisiert sind“ (Uebe 1999, S. 692).

10.6.5.2 Wirkungsgeschichte von Lang

Lang gehört (leider) zu den unbekannteren mathematischen Ökonomen, wofür wohl vor allem seine Tätigkeit in Russland verantwortlich war. Uebe ist hier der gleichen Meinung: „Ein Grund war sicher Ort und Zeit der Veröffentlichung: an einer neuen Universität am Rande des entwickelten Europas, in einer katastrophalen Umbruchzeit in ganz Europa. Wer las da die Bücher eines unbekannten Lang aus dem fernen Russland?“ (Uebe 1988, S. 26). Zudem blieb Lang nachweislich ein unbeliebter Außenseiter in Charkow, der keine Schüler um sich scharte und keine Schule gründete, und damit fehlte eine wesentliche Voraussetzung für einen späteren größeren Bekanntheitsgrad.

Fazit: Lang blieb bis fast in die Gegenwart unbekannt, obwohl seine Werke nachweislich in den Bibliotheken von William Stanley Jevons (1835-1882) und Irving Fisher (1867-1947) vorhanden waren. Rau (1792-1870) erwähnte Joseph Lang zumindest. Roscher nannte Lang in seinen „Die Grundlagen der Nationalökonomie“ (1866) auf S. 40 in Fußnote 4 einmal kurz. (In dieser Fußnote wurden die Schriftsteller genannt, die „die volkswirtschaftlichen Gesetze in algebraische Formeln einzukleiden versucht haben“ (Roscher 1866, S. 39)). In seiner einflussreichen „Geschichte der National-Ökonomik in Deutschland“ (1874) wurde Lang hingegen nicht genannt.

Auch in Schumpeters dogmenhistorischem Werk findet sich nichts über Lang. „Essentially there is no thorough evaluation of Lang's complete works, and according to Leontief, there is no history of his work in Russian economics“ (Uebe 1992b, S. 442/443). Götz Uebe berichtet sogar, dass die Ausgabe von Langs Hauptwerk: „Grundlinien”, die er in der früheren königlichen Bibliothek in Hannover fand, nicht einmal aufgeschnitten war. Andere Werke von Lang waren in deutschen Bibliotheken überhaupt nicht vorhanden. Karl Marx und darauf folgend die marxistischen Ökonomen (siehe Ökonomenlexikon 1989) wussten scheinbar nichts von Langs Existenz. Er wird dort nicht erwähnt.

Nach Kenntnis des Werkes von Joseph Lang muss übrigens zumindest eine in der Theoriegeschichte geläufige, beliebte „Folklore“ berichtigt werden, nämlich: „Quesnay erstellte das erste Kreislaufschema der Ökonomik, dann herrschte auf diesem Gebiet 100 Jahre Funkstille, und erst Karl Marx entwickelte wieder ein eigenständiges Kreislaufschema". Nun muss man diese oft gelesene Aussage korrigieren und Langs Arbeiten zeitlich dazwischen schieben: Joseph Lang bot im ersten Jahrzehnt des 19. Jahrhunderts (also vor Karl Marx) ein voll ausformuliertes Kreislaufschema. Er stellte den Wirtschaftskreislauf zwischen 3 Sektoren sogar mit Hilfe eines linearen Gleichungssystemes vor, eine Darstellungsart, die eigentlich erst in der modernen Theorie wieder aufgenommen wurde und jetzt zum selbstverständlichen Werkzeug jedes Ökonomen gehört.

Wirklich bekannt wurde Lang in Deutschland eigentlich erst durch Götz Uebe, der die Biographie von Joseph Lang erforschte und neben seinem Hauptwerk „Grundlinien der politischen Arithmetik" auch weitgehend unbekannte Werke von Lang herausgab: „Über das Studium der juridischen und politischen Wissenschaften (1810), „Was ist das Geld?" (1815) und „Über politische Arithmetik" (1816).

10.6.6 Hermann Heinrich Gossen (1810-1858)

Vita von Gossen

1810:	Geboren am 7. September in Düren (nahe Aachen). Düren war zu dieser Zeit noch von den Franzosen besetzt. Sein Vater Joseph Gossen war Steuereinnehmer der französischen und dann der preußischen Regierung, später Domänenverwalter. Seine Mutter Mechthildis war eine überzeugte Katholikin; „Im Jahre 1824 entsagte Joseph Gossen dem Staatsdienst, siedelte zunächst nach Köln und 1825 nach Muffendorf bei Bonn über, um sich dort als Landwirt zu betätigen. Seine Jugendjahre hat Hermann Heinrich in diesen Orten unter dem starken Einfluss einer tief katholischen Umgebung verbracht. In diesen Jahren soll der junge Hermann auch erste Begabung für Mathematik gezeigt haben“ (Baloglou 1995, S. 240);
1829:	Abitur und Studium der Rechte und Kameralwissenschaften (mit Neigung zur Mathematik) an der Universität Bonn;
1831:	Gossen ging an die Universität Berlin;
1834:	Examen zum Regierungsreferendar in Bonn unter anderem mit einer Arbeit „Der Wertvergleich zwischen den direkten und indirekten Steuern unter dem Gesichtspunkt des Staatskredites“. Ernennung zum Referendar in Köln;
1842:	Ablegung der zweiten Staatsprüfung;
1844:	Ernennung zum Regierungsassessor in Magdeburg;
1845:	Versetzung nach Erfurt;
1847:	Tod des Vaters;
	Nachdem Gossen erbte, zog er sich aus dem ungeliebten Staatsdienst zurück und zog nach Berlin. Er durchlebte dort eine geistige Krise. So zog er sich, unter anderem, trotz seiner Religiosität vom Katholizismus zurück;
1848:	Leitende Stelle in einer Anstalt für Hagel- und Großviehversicherung in Köln, die Gossen zusammen mit einem Belgier gründete;
1850:	Gossen zog sich (vermutlich nach hohen finanziellen Verlusten) aus diesem Unternehmen zurück. Er lebte bei seinen Schwestern in Köln;
1853:	Gossen erkrankte schwer (Typhus und Lungentuberkulose);

„Es gelang ihm nicht, sich eine Existenz zu gründen, und so lebte Gossen abgesondert in seiner Zurückgezogenheit. Er spielte Geige und fand etwas Zerstreuung in der Musik, deren mathematische Theorie er ernsthaft untersuchte“ (Walras 1965, S. 274).

1854: Veröffentlichung seines Werkes „Gesetze des menschlichen Verkehrs“. „In der Zeit seiner Krankheit, die immer schlimmer wurde, – und nach dem Erscheinen des Buches – schrieb Gossen noch zwei Arbeiten volkswirtschaftlichen Inhalts, die nie veröffentlicht worden sind“ (Baloglou 1995, S. 242);

1858: Tod am 13. Februar in Köln im Alter von 47 Jahren, gepflegt von seinen Schwestern.

Es existiert leider kein Bildnis von Gossen, nicht einmal seine Grabstätte ist bekannt. „Vor allem haben wir nur ungenügend Kenntnis von den geistigen Quellen (z.B. den Autoren), die Gossen beeinflusst haben“ (Baloglou 1995, S. 239). Gossen kannte allerdings das Lehrbuch von Rau. Da Rau ab der 4. Auflage im Anhang ein Diagramm für die Darstellung von Angebot und Nachfrage verwendete, könnte Gossen möglicherweise durch diese Darstellungsart inspiriert worden sein. Genauere Informationen haben wir aber leider nicht.

Walras charakterisierte Gossen wie folgt: „ein Mann mit idealistischen und optimistischen Neigungen, der wenig Sinn für praktische Dinge und persönliche Interessen besaß, herzensgut und liebenswert, voller Offenheit, Aufrichtigkeit und Redlichkeit, etwas naiv im Umgang und von kindlicher Natur, die ihm, in seiner Art, überall Sympathie einbrachte“ (Walras 1965, S. 274).

Zur Abrundung der Persönlichkeit: Recktenwald wies auf die künstlerischen Interessen Gossens hin. Gossen spielte Violine und malte (Recktenwald 1987c, S. 48).

Werk von Gossen

„Entwickelung der Gesetze des menschlichen Verkehrs und der daraus fließenden Regeln für menschliches Handeln“ (1854);

2. Auflage: Nur mit neuer Titelei, neuem Impressum und auf anderem Papier: Berlin 1889;

„Der Verlag Prager erwarb von Prof. Kortum in Bonn, einem Neffen Gossens, die Restbestände der vom Verfasser zurückgezogenen Ausgabe, und brachte sie als zweite Auflage, Berlin 1889, heraus" (Brandt 1993, Band 2, S. 286, Fußnote 1).

3. Auflage: Vorwort Friedrich A. von Hayek, Berlin 1927.

10.6.6.1 THESEN VON GOSSEN

Gossen bot in seinem Werk eine menschliche Handlungstheorie auf hedonistischer Basis. In der „Vorrede" zu seinem Buch beschrieb er seine Absicht: „so glaube ich mich durch meine Entdeckungen in den Stand gesetzt, dem Menschen mit untrüglicher Sicherheit die Bahn zu bezeichnen, die er zu wandeln hat, um seinen Lebenszweck in vollkommenster Weise zu erreichen" (Gossen 1854, S. V).

Dabei verwendete er als mathematischer Autodidakt die mathematische Methode, ohne sich Illusionen über die Akzeptanz einer mathematischen Ökonomik zu machen: „In Rücksicht auf die Form der Ausführungen wird nun bei den meisten, welche sich mit nationalökonomischen Fragen zu befassen geneigt finden, die mathematische Grundlage unzweifelhaft Anstoß erregen, da mathematische Kenntnisse leider bis jetzt noch keineswegs als ein notwendiger Teil menschlicher Ausbildung betrachtet zu werden pflegen. Zur Rechtfertigung dieser Form wird aber die Bemerkung genügen, dass es sich bei der Nationalökonomie um das Zusammenwirken verschiedener Kräfte handelt, dass es aber unmöglich ist, das Resultat der Wirksamkeit von Kräften zu bestimmen, ohne zu rechnen. Darum ist es denn eben so unmöglich, die wahre Nationalökonomie ohne Hilfe der Mathematik vorzutragen" (Gossen 1854, S. VI).

Der oben angesprochene menschliche „Lebenszweck" war für ihn: „Der Mensch wünscht sein Leben zu genießen und setzt seinen Lebenszweck darin, seinen Lebensgenuss auf die möglichste Höhe zu steigern ... Es muss das Genießen so eingerichtet werden, dass die Summe des Genusses des ganzen Lebens ein Größtes werde" (Gossen 1854, S.1). Dabei müssten Nutzen (der modernere Ausdruck für „Genuss") und der Aufwand durch die Mühen, diesen Nutzen zu erreichen, gegeneinander abgewogen werden. Dies führte zwangsläufig zu seiner subjektiven Sicht, wobei im Mittelpunkt der Nutzen der einzelnen Güter, also deren Nutzenfunktionen, standen. Materielle und immaterielle Güter waren bei Gossen grundsätzlich gleichgestellt.

Brandt (Brandt, Band 2, 1993, S. 287) stellte die Grundgedanken Gossens in folgender einfacher Form vor:

(1) Güter sind Mittel zur Bedürfnisbefriedigung, sie stiften Nutzen;

(2) Der Nutzen ist eine subjektive Empfindung, eine psycho-physische Relation;

(3) Für jedes Gut lässt sich eine Nutzenfunktion aufstellen, die unabhängig von anderen Gütern und deren Einsatzmengen ist;

(4) Bei fortgesetzter ununterbrochener Bedürfnisbefriedigung nimmt die Größe des Genusses im Zeitablauf ab, bis schließlich Sättigung eintritt (Sättigungsgesetz oder später ERSTES Gossensches Gesetz genannt). In den Worten Gossens: „Die Größe eines und desselben Genusses nimmt, wenn wir mit Bereitung des Genusses ununterbrochen fortfahren, fortwährend ab, bis zuletzt Sättigung eintritt“ (Gossen 1854, S. 4/5);

Dabei stellte Gossen in seinen Abbildungen 2 bis 5 (nicht in seinen mathematischen Formulierungen) verschiedene Verläufe (linear, konvex, konkav etc.) dieser Nutzenabnahme vor. Er wählte, weil „die unmittelbare Beobachtung keinen Aufschluss“ (Gossen 1854, S. 9/10) gebe, als einfachste Form eine Gerade. Unterstellt wurde ein kardinal messbarer Nutzen. Noch wichtig dabei war: aus der Nutzenabnahme des 1. Gossenschen Gesetzes geht parallel eine Abnahme des WERTES des betreffenden Gutes einher.

Gossen schloss eine Güterlehre an, in der er in Genussmittel (einmaliger (Lebensmittel) oder dauerhafter Genuss (Gebrauchsgüter)), also modern: substitutive Konsumgüter, Gegenstände der zweiten Klasse (modern: komplementäre Güter) und Gegenstände der dritten Klasse (Produktivgüter, sie dienen der Erzeugung von Genussmitteln) unterschied.

(5) Wiederholte Bedürfnisbefriedigung bei zeitlicher Unterbrechung hat die gleichen Wirkungen wie die Einsatzmengensteigerung bei ununterbrochener Befriedigung;

(6) Das erreichte Nutzenmaximum lässt sich durch Entdeckung neuer Genüsse, durch Vertiefung eines bekannten Genusses und durch Übung der Genusssinne anheben;

(7) Beschränkungen der Konsumzeit oder der Mittel zur Befriedigung drängen auf einen Ausgleich, bei dem in der Grenzverwendung kein Gut nützlicher als ein anderes ist („Genussausgleichsgesetz“ oder zweites Gossensches Gesetz). Wiederum in Gossens Formulierung: „Der Mensch, dem die Wahl zwischen mehreren Genüssen frei steht, dessen Zeit aber nicht ausreicht, alle vollaus sich zu bereiten, muss, wie verschieden auch die absolute Größe der einzelnen Genüsse sein mag, um die Summe seines Genusses zum Größten zu bringen, bevor

er auch nur den größten sich vollaus bereitet, sie alle teilweise bereiten, und zwar in einem solchen Verhältnis, dass die Größe eines jeden Genusses in dem Augenblick, in welchem seine Bereitung abgebrochen wird, bei allen noch die gleiche bleibt" (Gossen 1854, S. 12). Von der modernen Theorie aus gesehen: Dieser Ausgleich der gewogenen Grenznutzen ist heutzutage als Basis der Theorie des Haushaltsoptimums nicht mehr wegzudenken.

Hinzufügen muss man zu diesen von Brandt genannten Grundgedanken meines Erachtens als 8. Punkt noch die Vorstellung eines allgemeinen Gleichgewichts, also der Interdependenz aller Größen. Bei Gossen tauchte diese Vorstellung immer wieder an verschiedenen Stellen seines Buches auf, auch wenn er sie nicht komplett mathematisch formulieren konnte.

Gossen setzte an die Stelle des Einkommens das Arbeitsleid, und verband damit die Vorlieben und das „Leid", diese Vorlieben verwirklichen zu können. Auch wenn das Arbeitsleid Null wäre, wie bei einem absoluten Herrscher (Ludwig XV.), muss (und wird) die Zeit des Genießens der einzelnen Güter doch so eingeteilt werden, dass schließlich die Intensität für alle Nutzungen oder befriedigten Bedürfnisse gleich ist. Dabei wurde Additivität der Nutzen unterstellt.

Deutlich wird, dass Gossen hier einen Ansatz vorlegte, der sämtliche menschlichen Handlungen begründen wollte. Die dabei getroffenen Annahmen, vor allem ihre Gültigkeit für alle Güter und die Unabhängigkeit der Nutzenfunktionen, werden von einigen modernen Ökonomen in dieser Allgemeinheit aber bezweifelt. Auch ihr Charakter als empirische Gesetze wird vielfach angezweifelt.

Gossen nahm zur Messung der Verläufe der Grenznutzenfunktionen (den Ausdruck „Grenznutzen" verwendete Gossen übrigens nicht) wie folgt Stellung: „Zur wirklichen Darstellung eines solchen Bildes für irgend einen wirklichen Genuss wäre nun offenbar ein Messen der Größe des Genusses in jedem Zeitmomente erforderlich, eine Aufgabe, deren Lösung bis jetzt noch nicht gelungen, ja mit klar bewusstem Zweck vielleicht kaum einmal versucht worden ist … Aber wie in der Geometrie … so ist auch hier ein wirkliches Messen der Größe der Genüsse nicht nötig, um die Lehrsätze zu entwickeln, welche zu dem Genießen in Beziehung stehen … so werden uns auch hier die also gefundenen Sätze später in den Stand setzen, Messungen beim Genießen vorzunehmen, die, direkt zu vollführen, noch kein Mittel gefunden ist" (Gossen 1854, S. 9).

Gossen bezog, wie erwähnt, im weiteren auch die Anstrengungen (Arbeit) zum Gütererwerb mit ein. Dabei kam er gemäß seinem Genussausgleichsgesetz im Optimum zu der Bedingung, dass das Grenzleid der Arbeit gleich dem Grenznutzen aller Güterverwendungen sein solle, also die beschränkte Zeit des Menschen richtig verteilt werden müsse. In Gossens Worten: „und es folgt dann hieraus, dass wir durch Arbeit die Summe unseres Lebensgenusses so lange zu erhöhen im Stande sind, als der Genuss des durch Arbeit Geschaffenen höher zu schätzen ist als die durch die Arbeit verursachte Beschwerde… und es folgt dann daraus, dass der Wert ein Größtes erreicht, wenn die Quantität ad [in seiner Zeichnung] geschafft wird, d.h. wenn das Schaffen so lange fortgesetzt wird, dass die Beschwerde dem Werte gleich wird“ (Gossen 1854, S. 38/39).

Gossen argumentierte zunächst für ein Individuum, für das die Grenznutzenentscheidungen isoliert vorgeführt wurden. Wenn andere Individuen hinzukämen, würde getauscht, wobei auch hier auf subjektive Wertungen abgestellt wurde und der Tausch eine „außerordentliche Wertvermehrung“ bewirken könne. Gossen beschränkte seine diesbezüglichen Überlegungen auf zwei Tauschpartner und zwei Güterarten. „Er geht nicht über die subjektiven Bestimmungsgründe der Tauschhandlung hinaus in die objektive Sphäre des Marktes, wo die Preise sich als Resultate ergeben sollten“ (Baloglou 1995, S. 268). Gossen hatte zwar bereits eine Vorstellung von Preiselastizitäten, führte diese jedoch weder dem Begriff nach ein noch erarbeitete er eine exakte Formulierung.

Die oben angesprochene subjektive Wertbestimmung war ein eindeutiger Bruch mit der Produktionskostentheorie der Klassiker. Dies war für Gossen die im Vorwort reklamierte „kopernikanische Wende“: Ableitung des Wertes aus subjektiven Nutzenüberlegungen statt aus den objektiven Produktionskosten.

Gossen baute sein Modell im Verlaufe seines Buches dann noch weiter aus, darauf sei hier aber nur hingewiesen. Er führte einen zweiten Produktionsfaktor, den Boden, ein. Schließlich wurde noch eine Ersparnis der Haushalte zugelassen, was dann letztlich zu einer Kapitalrente für die Ersparnisse führte.

Zusammenfassend: Man kann und muss Gossen als einen Begründer der Nutzentheorie auf marginalanalytischer Grundlage und mit mathematischen Methoden bis hin zu den heute gebräuchlichen Optimierungsüberlegungen bezeichnen.

Gossen machte in den hinteren Teilen seines Buches noch Vorschläge wirtschaftspolitischer und politischer Art, von denen es „ganz allein abhängt, die Erde zu einem Paradies umzugestalten“ (Gossen 1854, S. 191). Da war zunächst die Erziehung. Gossen ging mit den Pädagogen hart ins Gericht:

„Anstatt der Schöpfung haben nun bekanntlich unsere Pädagogen in diesem Bildungsmittel ein menschliches Machwerk mit all seinen Inkonsequenzen und Unvollkommenheiten gewählt, die menschliche Sprache ... und es erscheint unseren Pädagogen denn neben diesem Bildungsmittel das Studium der Naturwissenschaften, das einzige unbedingt notwendige Studium, als etwas höchst Überflüssiges" (Gossen 1854, S. 189). Das Erziehungswesen müsse umgestaltet werden: Im Mittelpunkt sollten die Naturwissenschaften und die Mathematik (und nicht die alten Sprachen) stehen.

Ein weiterer Reformvorschlag betraf die umlaufenden Geldmittel, „Veränderungen in der Schätzung des zu Geld gebrauchten Gegenstandes" (Gossen 1854, S. 198). Gossen entschied sich für die Edelmetalle: „so besitzt denn Gold und Silber die unbedingt notwendigen Eigenschaften, um als Geld zu dienen, in ausgezeichnetem Grade" (Gossen 1854, S. 205). Dagegen sprach er sich explizit gegen die Ausgabe von Papiergeld aus: „Darum ist es dringend nötig, um dem Geldwesen die naturgemäße Einrichtung zu geben, alles Papiergeld, und es gehört dazu alles keine Zinsen tragende geldwerte Papier, mag dieses von der Regierung, einer Bank oder einer Privatgesellschaft ausgegeben sein, und nicht bloß im eigenen Lande, sondern auch in allen fremden Ländern, aus der Welt zu schaffen" (Gossen 1854, S. 208).

Das Privateigentum wurde im Zuge von Gossens Vorschlägen für absolut schutzwürdig erachtet: „Unbegreiflich ist es, wie in neuerer Zeit die Spekulation sich so hat verirren können, dass sie dahin führte, zu glauben, durch gänzliche oder teilweise Vernichtung des Privateigentums könne der Wohlstand der Menschheit gefördert werden, wie dieses im Kommunismus und den verschiedenen Abstufungen des Sozialismus beabsichtigt wird" (Gossen 1854, S. 228/229).

Im weiteren wandte sich Gossen gegen Zunftbeschränkungen, Berufsbeschränkungen, Einschränkungen des Privateigentums und Subventionierungen bzw. staatlich organisierte Arbeitslosenunterstützungen. Es solle keine Einschränkung der Konkurrenz der Arbeit stattfinden, da jede Einschränkung der Mobilität die Marktmechanismen außer Kraft setze. Für Notfälle wurde allerdings eine „Privatwohltätigkeit" zugelassen.

Umstritten waren Gossens Vorschläge einer Verstaatlichung von Grund und Boden und Verpachtung an den Höchstbietenden. Der Grund für Gossen: Ein Hindernis für den Menschen, sich gemäß den Naturgesetzen zu verhalten, sei „dass der Mensch sich nicht nach Gutdünken die günstigste Stelle auf der ganzen Erdoberfläche zum Betreiben seiner Produktion aussuchen kann" (Gossen 1854, S. 250). „Diesem Übelstande könnte dann in wünschenswerter Weise abgeholfen werden, wenn das Eigentum allen

Grund und Bodens der Allgemeinheit gehörte, und von der jeder Fleck demjenigen zur Produktion überlassen würde, der die höchste Rente davon zu zahlen sich geneigt findet" (Gossen 1854, S. 250). Die Grundrente würde zwangsläufig ständig steigen. Dafür sorgten die höhere Umlaufgeschwindigkeit des Geldes, der wachsende Wohlstand, die größere Anzahl von Menschen, der Übergang zur Produktion mit höheren Kosten. Der Staat könne deshalb von Privaten Grundeigentum zum jetzigen Zeitpunkt günstiger als später kaufen, die steigenden Renten für einen Fonds verwenden, und damit die Ankaufsummen tilgen. „Er (Gossen, d.V.) versucht unter Verwendung einer besonderen Formel und mit Aufstellung besonderer Tabellen zu zeigen, dass die Tilgung der Ankaufsumme im 47. Jahre vollendet werde und der Regierung von da ab die ganze Rente zur freien Verfügung bliebe" (Baloglou 1995, S. 279). Die dahinter stehende Staatsgläubigkeit ist nach unseren heutigen Erfahrungen allerdings kaum mehr nachvollziehbar.

Hinzuzufügen ist noch, dass Gossen eine Geldvermehrung nicht mit einer Wohlstandsvermehrung gleichsetzte, der Regierung keine Arbeitsbeschaffungsprogramme aufbürden wollte, die Kinderarbeit verbieten wollte, nicht jedoch das Zinsnehmen.

Der Staat sollte Darlehenskassen schaffen.

Zu den philosophischen Grundlagen Gossens schrieb Krelle in seinem informativen lesenswerten Beitrag: „Was die philosophischen Grundlagen angeht, so geht Gossen davon aus, dass ein Schöpfer irgendwann einmal diese Welt und ihre Gesetze geschaffen hat, und zwar gut und vollkommen, und dass sie nun nach diesen Gesetzen sich entwickeln soll. Der Mensch ist dabei, wenn er sich an diese Gesetze und die Erfahrungen der Vergangenheit hält, auf dem richtigen Wege. Er darf nur nicht mit seinen ungeschickten Fingern eingreifen und meinen, es besser machen zu können als der Schöpfer. Wenn man aber die natürlichen Gesetze sich auswirken lässt, wird die Menschheit ihren bestmöglichen Zustand („das Paradies") erreichen" (Krelle 1987b, S. 41). Damit ist die deistische Grundhaltung Gossens hinlänglich beschrieben.

10.6.6.2 Wirkungsgeschichte des Gossenschen Werkes

Gossens Buch fand zur Zeit seines Erscheinens (1854) zunächst überhaupt keine Beachtung. Das mag damit zusammenhängen, dass Gossen nicht aus der akademischen Welt stammte, keine Korrespondenz mit anderen Ökonomen pflegte, keine Schüler hatte, und dass zu seiner Zeit eine mathematische Analyse ökonomischer Zusammenhänge, vor allem in der von ihm vorgeführten Komplexität, noch nicht allgemein üblich war. Zur bloßen Demonstration für den Leser sei eine beliebig herausgegriffene Formel angeführt, ohne dass deren Bedeutung im Zusammenhang der Argumentation hier näher ausgeführt werden soll:

$$\Delta R = p\left(\sqrt{\frac{\alpha+\beta^{t}+\frac{p^{2}}{g}}{\alpha+\beta+\frac{p^{2}}{g}}}-1\right)-(P-\pi)\left(\sqrt{\frac{\alpha+\beta^{t}}{\alpha+\beta}}-\sqrt{\frac{\alpha+\beta^{t}=\frac{p^{2}}{g}}{\alpha+\beta+\frac{p^{2}}{g}}}\right)$$

(Gossen 1854, S. 107). Die „Entwickelung der Gesetze" enthielt viele solche Formeln, oft nur als Skizzen, geometrische Abbildungen, (auf den 277 Seiten (ohne Vorrede) des mir vorliegenden Reprints der Ausgabe von 1854 waren es 24 Abbildungen) auch Integrale und Abschätzungen), die zwar nicht wirklich schwierig, aber für den mathematisch völlig unbedarften Leser sicher abschreckend wirkten. Dabei hatte Gossen seine geometrischen Abbildungen zur Erleichterung des Verständnisses eingebaut: „Die unberechenbare Wichtigkeit dieses Gesetzes macht es wünschenswert, von demselben eine möglichst klare Anschauung zu erhalten. Hierzu kann im vorliegenden Falle ein geometrisches Bild behilflich sein. Wo es gelingt, irgendeine Wahrheit in einem solchen Bilde getreu darzustellen, wird ein doppelter Vorteil dadurch erreicht: einmal, dass die Wahrheit nicht bloß durch unsere Denkkraft, sondern auch noch durch einen andern Sinn, das Auge, zur Anschauung gebracht werden kann, dass man darum im eigentlichen Sinne des Wortes eine Vorstellung von derselben erhält; dann aber auch, dass, wenn das Bild richtig ist, alsdann auf dieselbe die Rechnung leichter Anwendung findet, und dann für die gewonnenen Resultate die Gewähr für ihre Richtigkeit erlangt wird, wie sie die Mathematik zu leisten imstande ist. Physiker wissen bekanntlich diese Vorteile sehr wohl zu schätzen" (Gossen 1854, S. 7/8).

Abschreckend für den Leser war aber wohl auch die (nicht vorhandene) Struktur des Buches: keine Gliederung in Kapitel oder Abschnitte, kein Inhaltsverzeichnis, keine Überschriften, keine Bezugnahme auf andere Autoren, dazu eher schwerfällige Formulierungen. Nicht gerade ein Leckerbissen zu lesen!

Zeitlich kam hinzu, dass Gossens mathematische Methode bei den Anhängern der historischen Schule, die bald führend in Deutschland wurde, fast natürlich auf Unverständnis und damit auch Ablehnung stieß.

Gossen hatte, wie aus seiner Vorrede ersichtlich, eine hohe, ja fast übersteigerte (gerade auch in seiner Wortwahl und der Wahl seiner Vergleiche)

Einschätzung der Bedeutung seines Werkes und seiner Vorschläge: So war auf der Rückseite des Titelblattes Schillers „Freude schöner Götterfunken" abgedruckt. Bekannt wurde vor allem sein Vergleich mit Kopernikus: „Was einem Kopernikus zur Erklärung des Zusammenseins der Welten im Raum zu leisten gelang, das glaube ich für die Erklärung des Zusammenseins der Menschen auf der Erdoberfläche zu leisten. Ich glaube, dass es mir gelungen ist, die Kraft, und in großen Umrissen das Gesetz ihrer Wirksamkeit zu entdecken, welche das Zusammensein der Menschen möglich macht, und die Fortbildung des Menschengeschlechts unaufhaltsam bewirkt" (Gossen 1854, S. V). Gossen fuhr fort: „Möge es dann, wenn sie sich hierdurch bewahrt haben, bald einem Kepler, einem Newton gelingen, die Gesetze der Wirksamkeit jener die Menschheit bewegenden Kraft näher zu präzisieren" (Gossen 1854, S. V). Er wies auch darauf hin, „dass jedes einzelne in dem Buch Gesagte vor dem Niederschreiben möglichst vielseitig durchdacht wurde" (Gossen 1854, S. VI).

Umso enttäuschender ja kränkender musste für ihn die Nichtbeachtung der zu seinen Lebzeiten erschienenen 1. Auflage gewirkt haben. Er zog daraufhin (am 1. Januar 1858) alle noch beim Verlag Vieweg vorhandenen Exemplare zurück.

Im Todesjahr Gossens (1858) wurde sein Buch zwar im dogmenhistorischen Werk „Theorie und Geschichte der Nationalökonomik" von Julius Kautz in dem Abschnitt über Bedürfnisse zumindest erwähnt, aber nur in einer Fußnote. Auch in der ersten russischen Dogmengeschichte von I.V. Vernadskir (1821-1884) (St. Petersburg 1858) findet sich der Name „Gossen" (Information bei Baloglou 1995, S. 358). Und 1870 wies Albert Lange in seinem Buch „Die Arbeiterfrage" kurz aber lobend auf Gossens mathematische Behandlung des Problembereiches Genuss und Arbeit hin. Diese knappen, sporadischen Hinweise führten aber nicht zu einer wirklichen Wiederentdeckung Gossens. Roscher (1817-1894) z.B. erwähnte das Buch Gossens in seiner ansonsten akribisch recherchierten, einflussreichen „Geschichte der National-Ökonomik" in Deutschland" nicht.

Wichtig für die spätere positive Einschätzung der Leistungen Gossens war William Stanley Jevons (1835-1882), der, ohne seine Lehre gekannt zu haben (und der deutschen Sprache mächtig gewesen zu sein), eigene nutzentheoretische Überlegungen entwickelte. Im Vorwort zur 2. Auflage der „Theory of political economy" schrieb Jevons, dass ihn Robert Adamson (1852-1902) in Manchester auf Gossens Buch aufmerksam gemacht habe, er es aber noch nicht kenne.

Daraufhin suchte man nach dem nahezu unbekannten Buch von Gossen. L. Walras (1834-1910) fand es als erster und übersetzte es 1879: „doch mit eigenen Augen ein großes Werk zu sehen und es in meinen Händen zu halten, das seinen Autor Jahre des Nachdenkens und Forschens gekostet hat und das fast in ewige Vergessenheit geraten ist, damit hatte ich nicht gerechnet. So entschloss ich mich, Näheres über Gossens Leben zu erfahren und seinen Namen in der ganzen Welt bekannt zu machen“ (Walras 1965, S. 272). „Seine Würdigung „Un économiste inconnue: H.H. Gossen“ (Journal des Économistes, Vol. 30, 1885) trug wesentlich zur Verbreitung der Ansichten Gossens bei“ (Brandt, Band 2, 1993, S. 286). Dieser Aufsatz enthielt eine (wohl ziemlich authentische) Biographie Gossens, da Walras den Neffen Gossens ausfindig gemacht hatte und befragen konnte.

Jevons (1835-1882) schrieb nun 1879 ganz fair: „... es ist ganz offensichtlich, dass Gossen mich vorweggenommen hat, was die allgemeinen Grundsätze und die Wirtschaftstheorie anlangt. Soweit ich übersehen kann, ist seine Behandlung der grundlegenden Theorie sogar weit allgemeiner und gründlicher als ich sie entwickeln konnte“ (Jevons zitiert in: Kolb 1997, S. 120).

Der Aufsatz von Léon Walras und die positiven Worte von Jevons riefen das Werk Gossens in das allgemeine Bewusstsein zurück. Daraufhin erwarb der Verlag R.L. Prager 1888 die restlichen Exemplare des Buches von Prof. Hermann Kortum und gab sie in einer neuen Auflage 1889 heraus. Nun gehörte Gossen endgültig zu den wichtigen Wegbereitern der modernen Ökonomik. Nach der 3. Auflage im Jahre 1927 erschienen weitere Nachdrucke, unter anderen ein mir vorliegender Reprint der Originalausgabe (1854) aus dem Jahre 1967 (LIBERAC publishers, Amsterdam). Das Buch wurde in mehrere europäische Sprachen übersetzt und ist heute aus der Dogmengeschichte unseres Faches nicht mehr wegzudenken.

Nachdem nun das Buch allgemein zugänglich war, blieben auch lobende Bemerkungen dazu nicht aus. Der schon genannte Walras bezeichnete das Werk Gossens als eines der „schönsten Bücher der politischen Ökonomie, die je geschrieben wurden“ (Walras 1896 zitiert in Baloglou 1995, S. 281). Der einflussreiche italienische Ökonom Pantaleoni (1857-1924) schätzte Gossen, Edgeworth (1845-1926) bezeichnete ihn als „man of one idea, but that was an immortal one“, Hayek (1899-1992) sah in ihm einen der „größten deutschen Nationalökonomen vor Aufkommen der modernen Schule“, der bedeutende Ökonom Nicholas Georgescu-Roegen (1906-1994) schrieb: „... haben wir oft über Gossen gelächelt und sogar gelacht, aber im Lichte des außerordentlichen Wertes seiner Leistung wendet sich die Persiflage gegen die Lacher" (Georgescu-Roegen zitiert in: Vademecum zu einem verkannten Klassiker der ökonomischen Wissenschaft, Düsseldorf 1987, S.11) und der kritische Schumpeter (1883-1950) schrieb nicht zu Unrecht: „Wir sind versucht, über Gossens Prahlerei, eine Kopernikus-Tat vollbracht zu haben, zu lächeln. Aber diese Prahlerei war berechtigter, als sie auf den ersten Blick scheinen mag. Der Ersatz des geozentrischen Systems durch das heliozentrische und der Ersatz des „klassischen" Systems durch das Grenznutzen-System waren gleichartige Leistungen" (Schumpeter 1965, S. 1119).

Wilhelm Krelle gab dem Leser den Tip, „sich nicht an zeit- und persönlichkeitsbedingten Äußerlichkeiten wie dem Fehlen einer strengen Gliederung, der utilitaristischen Philosophie, der Überhöhung der Ergebnisse zu einer Art Welterlösungslehre und Ähnlichem zu stoßen und die Mühe nicht zu scheuen, in die zugrunde liegende Theorie einzudringen. Er wird die Klarheit und (im Verhältnis zum damaligen Stand der Nationalökonomie) umwälzende Neuheit der Ideen dieses genialen Außenseiters bewundern" (Krelle 1987b, S. 13).

Es gab aber auch Gegenstimmen, wohl vor allem wegen eines Unverständnisses der von Gossen verwendeten Methoden. Werner Sombart (1863-1941) bezeichnete ihn abwertend als „genialen Idioten". George-Henri Bousquet urteilte zwiespältig. Einerseits: „Doch stehen seine Vorschläge, realistisch betrachtet, in keinerlei Verhältnis zu den Zielen, die er zu erreichen trachtet, denn sie sind ungenügend durchdacht und undurchführbar" (Bousquet 1965, S. 279). Er verglich Gossen, wenig schmeichelhaft, mit einem Mann, der eine Ziege vor einen schweren Güterzug spannen möchte. Andererseits räumte er ein, dass Gossen doch viel Originelles und Weiterführendes geleistet habe: „Schon jetzt kann man indes vorwegnehmen, dass Gossens Werk unter dem Gesichtspunkt einer Synthese ... äußerst originell und wichtig ist" (Bousquet 1965, S. 281). Also kein kompletter Verriss, sondern eher eine Ablehnung von Gossens wirtschafts- und sozialpolitischen Vorschlägen. Kritisiert wurde auch, dass in Gossens Werk eine umfassende Kapital- und Zinstheorie, sowie eine Bevölkerungslehre fehlten. Letztere sei für Überlegungen zur Wohlfahrt der Menschen aber unerlässlich.

Man muss allerdings ohne Einschränkung feststellen, dass die wirkliche Bedeutung und Reichweite des theoretischen Werkes von Gossen eigentlich erst in unserer Zeit richtig gewürdigt wurde. Mittlerweile finden sich die beiden Gossenschen Gesetze in fast jedem einführenden Lehrbuch zur Mikroökonomik. Auch wenn der Name: „Gossen" in der Öffentlichkeit nicht so bekannt ist, wie etwa „Friedrich List", kennt doch zumindest jeder Ökonom heutzutage den Namen Gossen.

10.6.7 Hans von Mangoldt (1824-1868)

Vita von Mangoldt

„Eine neuere, aus den Quellen gearbeitete Biographie Mangoldts fehlt" (Kaufhold 1995, S. 26). Die hier aufgeführten Daten seiner Vita sind verschiedenen Sekundärquellen entnommen.

1824:	Hans Karl Emil von Mangoldt wurde am 9. Juni 1824 in Dresden geboren. Er wurde zunächst einige Jahre außerhalb seines Elternhauses erzogen. Nachdem der Vater Karl Georg Julius von Mangoldt (1795-1870) als Präsident des königlich sächsischen Appellationsgerichts nach Zwickau versetzt wurde, besuchte Hans das dortige Gymnasium. Er beendete seine humanistische Ausbildung an der Kreuzschule in Dresden;
1842:	Studium an der Universität Leipzig (juristische und staatswissenschaftliche Vorlesungen);
1843:	Von Mangoldt wurde an der Universität Leipzig relegiert (wegen seiner Mitwirkung an einer damals verbotenen, weil als staatsfeindlich angesehenen, burschenschaftlichen Studentenvereinigung). Er setzte daraufhin seine Studien im liberaleren Genf fort und wechselte von dort an die Universität Tübingen (1845), wo er sich ganz auf das Studium der Nationalökonomie konzentrierte;
1847:	Promotion (mit Auszeichnung) an der Universität Tübingen mit der Arbeit: „Über die Aufgabe, Stellung und Einrichtung der Sparkassen";
	Von Mangoldt ging im Herbst 1847 nach Dresden zurück;
1848:	Im Gefolge der Märzrevolution 1848 erhielt von Mangoldt Stellung beim „Statistischen Verein des Königreiches Sachsen". Er übernahm dort die Redaktion des halbamtlichen „Dresdner Journal";
1850:	Von Mangoldt bat am 4. Juni 1850 um seine Entlassung aus dem Staatsdienst (weil die Regierung die Verfassung von 1848 durch einen Staatsstreich außer Kraft gesetzt hatte). „Er erhielt ihn (den Abschied, d.V.) ... mit einem kurzen, herabsetzend formulierten Erlass des Außen- und

	Kulturministers Friedrich von Beust (1809-1886), der seither sein Gegner blieb, bereits am 6. Juni" (Kaufhold 1995, S. 28);
	Von Mangoldt widmete sich in Leipzig nationalökonomischen Studien;
1852:	Redaktion der amtlichen „Weimarer Zeitung";
1853:	Heirat von Louise von Lengerke (1834-1920), der Tochter eines Großkaufmanns. Dieser Ehe entsprossen 6 Kinder;
1854:	Von Mangoldt legte (aufgrund seiner politischen Überzeugungen) sein Amt nieder, um ganz eine akademische Laufbahn einzuschlagen;
1855:	Auf Anraten Roschers Vorlage einer Habilitationsschrift (Philosophische Fakultät): „Die Lehre vom Unternehmergewinn" bei Prof. Georg Hanssen. Mangoldt wurde daraufhin Privatdozent für Nationalökonomie an der Universität Göttingen;
1858:	Ernennung zum (unbesoldeten) außerordentlichen Professor. Eine ordentliche Professur in Göttingen blieb Hans von Mangoldt wegen seiner politischen Auffassungen versagt;
1862:	Besuch (zusammen mit A. Wagner) der Industrieausstellung in London;
	Ordentliche Professur (4. Oktober 1862) für Staats- und Kameralwissenschaften an der (liberaleren) Universität Freiburg im Breisgau (auf Empfehlung von Carl Knies (1821-1898) dessen Nachfolger);
	„Treitschke nennt diese Freiburger „seine frohesten Jahre", ausgefüllt von einem glücklichen Familienleben, engagierter Arbeit an der Universität und lebhafter Anteilnahme am politischen Leben" (Kaufhold 1995, S. 30);
1863:	Erscheinen seines Werkes „Grundriss der Volkswirtschaftslehre";
1867:	Besuch der Pariser Weltausstellung;
1868:	Am 19. April 1868 verstarb Hans von Mangoldt in Wiesbaden anlässlich eines Genesungsaufenthalts im Alter von nur 44 Jahren an Herzversagen (Beisetzung in Freiburg). Er war bereits seit 1862 an den verschiedensten Leiden erkrankt. Von seinen 6 Kindern wurden Hans (1854-

1925) als Mathematiker und Karl (1868-1945) als Sozialpolitiker bekannt.

Hans von Mangoldt vertrat sein ganzes Leben einen maßvollen Liberalismus, was er auch, trotz ihm dadurch entstandener Nachteile, offen bekundete. Unter anderem war er für eine Einigung Deutschlands unter Führung Preußens.

WERKE VON MANGOLDT

„Über die Aufgabe, Stellung und Einrichtung der Sparkassen" (1847);

Diese Arbeit über die Sparkassen war Mangoldts einzige mehr praktisch orientierte Schrift. Er forderte darin, die Sparkassen als öffentliche Anstalten einzurichten.

„Die Lehre vom Unternehmergewinn" (1855);

„Grundriss der Volkswirtschaftslehre. Ein Leitfaden für Vorlesungen an Hochschulen und für das Privatstudium" (1863);

Die ERSTE Auflage 1863 muss klar unterschieden werden von der ZWEITEN Auflage 1871, die posthum von Friedrich Kleinwächter (1838-1927) in einer popularisierten Version (ohne die innovativen mathematischen Formulierungen und die zugehörigen Graphiken zur Preistheorie) herausgegeben wurde. Diese Vorgangsweise Kleinwächters zeigte sehr schön den Einfluss der seit dem Tod Mangoldts eingetretenen Veränderung der akademisch-ökonomischen Landschaft: das Aufkommen der historischen Schule. Kleinwächter bemerkte dazu in der „Vorrede" (S.VI): „Die §§ 62 bis 67 (die Lehre vom Preise) mussten vollständig umgearbeitet werden, da es mir geradezu unmöglich ist, mich mit dem Gedanken vertraut zu machen, dass graphische Darstellungen und mathematische Formeln das Verständnis der volkswirtschaftlichen Gesetze erleichtern sollen" (Kleinwächter zitiert in Schumann 1995, S. 53). Schumann schließt zu Recht an, dass diese Umarbeitungen „nicht gerade von Gespür für zukunftsträchtige Methoden" zeugen.

„Volkswirtschaftslehre; Die Lehre von der Gütererzeugung, von der Vermögenserhaltung und der Verteilung der Güter" (1868);

Hierbei handelte es sich um eine noch von Mangoldt selbst gestaltete verständlichere und ausführlichere Fassung seines „Grundriss" (1863). Die „Volkswirtschaftslehre" wurde posthum noch im Todesjahr von Mangoldts veröffentlicht und darf nicht mit der oben aufgeführten zweiten Auflage des „Grundriss" (1871) verwechselt werden;

Von Mangoldt verfasste zudem eine ganze Reihe von wichtigen Beiträgen für das „Deutsche Staatswörterbuch" (1857-1870).

10.6.7.1 Thesen von Mangoldt

„Die deutschen, an der englischen Klassik orientierten Nationalökonomen der ersten beiden Drittel des 19. Jahrhunderts spielten in der internationalen theoriegeschichtlichen Literatur bisher eine bescheidene Rolle" (Schumann 1995, S. 51).

Dagegen gilt für das vorliegende Buch quasi als Leitmotiv: „Die deutsche Nationalökonomie war im 19. Jahrhundert vielgestaltiger und ergebnisreicher, als sie in den älteren Dogmengeschichten dargestellt wird" (Kaufhold 1995, S. 42). Sie vereinte eben nicht nur kameralistische Ideen und Verwaltungspraxis mit der Rezeption der englischen Klassik, speziell von Adam Smith.

Hans von Mangoldt gilt gemeinhin als „deutscher Klassiker", der einerseits das Ende dieser Richtung markiere, andererseits aber bereits den Beginn der historischen Schule andeute, von der er einige Anregungen empfing, auch wenn er kein Mitglied war.

Für eine Zuweisung als „deutscher Klassiker" sollte zunächst auf einige Unterschiede zwischen der „englischen Klassik" und der „deutschen Klassik" hingewiesen werden. Generell: Die deutschen Klassiker waren keine bloßen Epigonen der englischen Klassiker. Im Gegenteil, in den Werken von Karl Heinrich Rau (1792-1870), Friedrich Benedikt von Hermann (1795-1868), Hans von Mangoldt (1824-1868), ganz zu schweigen von Heinrich von Thünen (1783-1850), fällt eine eminente Eigenständigkeit auf, auch wenn die Grundgedanken von Smith und Ricardo immer wieder durchschimmern.

Zudem muss man die in Deutschland in den 1860er Jahren geführten „tiefgehenden wirtschaftspolitischen Debatten" in Rechnung stellen, „in denen schrankenloser Liberalismus (Manchestertum) und die Forderung nach (modern gesprochen) staatlicher Ordnungs- und Sozialpolitik miteinander rangen" (Kaufhold 1995, S. 45). Von Mangoldt stimmte dabei, auch wenn er Grundgedanken von Adam Smith übernahm, nicht mit einem schrankenlosen Manchester-Liberalismus überein.

Einige Charakteristika der genannten „deutschen Klassik" waren grob:

- Es wurden bereits Grundgedanken der Neoklassik angesprochen, (die ohnedies vor 1870 immer wieder kursierten);
- Die theoretischen Überlegungen wurden mit Hilfe der Mathematik (zum Teil stark) formalisiert;
- Spätmerkantilistische Einsichten wurden nicht ersatzlos aufgegeben;
- Dem Staat wurde eine relativ hohe Bedeutung zugesprochen;

- Historische und geographische Zusammenhänge wurden in die Überlegungen eingebaut;
- Kein extrem individualistisches Gesellschaftsverständnis (Kolb 1997, S. 74);
- Wegen der von Rau (1792-1870) eingeführten Dreiteilung der Ökonomik in Wirtschaftstheorie, Wirtschaftspolitik und Finanzwissenschaft existierte eine gewisse Eigenständigkeit der Finanzwissenschaft;
- Graphische Darstellungen der Angebots- und Nachfragekurven wurden verwendet;
- Besonders wichtig: Die englische Klassik kann als objektive Wertlehre bezeichnet werden, die deutsche Klassik mit ihrer Gebrauchswertschule stand einer subjektiven Wertlehre wesentlich näher. Subjektive Ansätze waren weit häufiger zu finden als in der englischen Klassik.

Unter diesen Aspekten bot der „Grundriss" von Mangoldts alte und neue Gedanken nebeneinander. „Klassisch" waren bei ihm der Versuch, die Gesetze der wirtschaftlichen Entwicklung aufzuzeigen, Selbstliebe und Gemeinsinn als Motoren des Fortschritts, die Rolle der Kapitalbildung im Mittelpunkt des Wachstumsprozesses, die Bedeutung der Arbeitsteilung.

Die Existenz von Wirtschaftskrisen wurde anerkannt, erklärt wurden sie monetär über Abweichungen des aktuellen Zinses vom Gleichgewichtszins.

Hans von Mangoldt vertrat keine uneingeschränkte Anwendung der Mathematik auf ökonomische Probleme. Die Mathematik sei nur zur Behandlung eines bestimmten Teiles der volkswirtschaftlichen Fragen sinnvoll. Also auch hierbei eine maßvolle Einschätzung!

Seine bedeutendsten Leistungen (und nur auf diese kann ich in dieser Einführung hinweisen) waren (gemäß der Literatur) seine PREISTHEORIE, seine RENTENTHEORIE, seine Lehre vom UNTERNEHMERGEWINN und seine AUSSENHANDELSTHEORIE.

In der englischen Klassik wurde der Unternehmer zumeist mit dem Kapitalgeber und seinen Funktionen gleichgesetzt: Er musste das Kapital bereitstellen und übernahm damit auch das Risiko eines Kapitalverlustes. Diese Leistungen wurden durch den Profit vergütet. Dabei wurde eine allgemeine Profitrate unterstellt, die die Allokation der eingesetzten Kapitalien steuerte. War die individuelle Profitrate in einer Branche höher als die allgemeine Profitrate, lockte dies zusätzliches Kapital an, was letztlich wiederum zu einer Senkung der Profitrate führte. War sie zu niedrig, wurde Kapital abgezogen, was wiederum zu einer Erhöhung der Profitrate in Richtung auf die allgemeine Profitrate führte. Der Unternehmer lässt sich in diesem Zusammenhang am besten als „Kapitalist-Unternehmer" (also Kapitalgeber-Unternehmer) kennzeichnen. In der französischen Ökonomik wurde hingegen mehr die persönliche Tätigkeit des Unternehmers betont. Von Mangoldt stellte zu Beginn seiner diesbezüglichen eigenen Überlegungen diese beiden Auffassungen vor.

Er ging dann aber weiter (auch weiter als Hermann). Er unterschied bereits in seiner Habilitationsschrift (1855) drei Bestandteile des Unternehmergewinnes: Neben einer GEFAHRENPRÄMIE (Risikoprämie) und dem UNTERNEHMERLOHN (für den Arbeitseinsatz der Unternehmer) bzw. UNTERNEHMERZINS (für das eingesetzte Eigenkapital) eine KNAPPHEITSRENTE, also eine Art UNTERNEHMERRENTE, die sich aus der Seltenheit von unternehmerischen Fähigkeiten in der Bevölkerung ergäbe (Fähigkeitsrententheorie). Diese Unternehmerrente im engeren Sinne war also eine Marktbelohnung für die Fähigkeit zur Bewältigung von Managementaufgaben und zu unterscheiden von der Dividende eines Aktionärs und von Lohn und Zins. Das eigentliche Unternehmereinkommen ließe sich auch nicht ex ante festlegen: der „Erfolg" eines Unternehmens könne ja in verschiedener Höhe positiv oder negativ sein. „Es ist bemerkenswert, welche Bedeutung hier der unternehmerischen Tätigkeit für die Wahl der Produktionstechnik, die Lenkung der Produktionsfaktoren und die Vermarktung der Produktion in einer unsicheren Welt des Wettbewerbs beigemessen wird" (Schumann 1995, S. 71). Von Mangoldt verknüpfte Unternehmergewinne als Anreize mit dem Fortschritt einer Wirtschaft, Verluste (bei ihm „Unternehmereinbußen") als „Strafe für Kurzsichtigkeit".

„Die Analyse der Unternehmerfunktion entwickelte sich zwar langsam, aber sicher und erreichte ihren Höhepunkt im Werk von Mangoldt" (Schumpeter 1965, S. 679). Eine Ähnlichkeit dieses Konzepts mit Schumpeters „dynamischem Unternehmer" ist nicht von der Hand zu weisen.

In seiner partialanalytischen Preistheorie unterstellte von Mangoldt unter anderen folgende Prämissen: Freiheit der wirtschaftlichen Bewegung und ausschließliche Verfolgung des eigenen Interesses von Seiten der beim Tausch Beteiligten (nach Baloglou 1995, S. 296). Er verwendete Angebots- und Nachfragefunktionen in Diagrammen (Preise auf der Ordinate, Mengen auf der Abszisse). Angebot und Nachfrage wurden als „quantitative Begriffe" bezeichnet und waren implizit Funktionen des Preises. Von Mangoldt bestimmte den Schnittpunkt der Nachfragefunktion, die Nutzenüberlegungen beinhaltete, mit der Abszisse (also einem Preis gleich Null) als eine hohe, aber endliche Menge des Gutes, und mit der Ordinate (also einer Menge gleich Null), wenn der Preis gleich/größer dem erwarteten Nutzen sei. Die

Nachfrage gehe mit steigendem Preis zurück. Allerdings, und hier war von Mangoldt ganz modern, könne die Nachfrage bei steigendem Preis auch steigen: Eitelkeit (ein Vorgriff auf Veblen !) und Preiserwartungen könnten dazu führen.

Auch die Konsequenzen verschiedener Elastizitäten der Nachfrage (und des Angebots), bei von Mangoldt „Ausdehnungen" genannt, wurden analysiert, wobei die Dringlichkeit des Bedürfnisses nach einem Gut und die Zahl seiner Konsumenten für die Nachfragelastizität im Mittelpunkt standen. In einer Wirtschaft, in der der Wohlstand gleichmäßig verteilt ist, sei die Nachfragekurve konvex, in einer Wirtschaft, in der der Wohlstand ungleich verteilt ist (nämlich bei einigen wenigen Personen/Haushalten konzentriert), sei die Nachfragekurve konkav.

Das Jevonsche „Gesetz der Unterschiedslosigkeit der Preise" klang an, wenn von Mangoldt schrieb: „Gleichartige Güter können in ein und demselben Markt nur einen Preis haben" (von Mangoldt zitiert in Groenewegen 1995, S. 86).

Schumann spricht von „einer ausführlichen und variantenreichen Beschreibung und Anwendung von Angebots- und Nachfragekurven" (Schumann 1995, S. 60), auch Peter Groenewegen bestätigt von Mangoldt eine „abwechslungsreiche Analyse", die aber „nicht immer überzeugend oder vollkommen ausgereift" sei (Groenewegen 1995, S. 88).

Allerdings stellt Schumann auch fest, dass von Mangoldt mit seinen geometrisch untermauerten Analysen die englisch-klassische Konzeption des natürlichen Preises als Gravitationszentrum des Marktpreises, abhängig von den Herstellkosten, eine langfristige Betrachtungsweise, nicht wirklich erfasste (Schumann 1995, S. 61). Zudem unterschiede von Mangoldt (noch) nicht klar „Bewegungen auf der Kurve" und „Verschiebungen der Kurve". Dafür war er aber meines Erachtens auf anderen Gebieten der Preistheorie außerordentlich schöpferisch: Er unterschied Bereiche der Angebotskurve mit verschiedenen Steigungen (da Angebotskurven von den Kosten abhingen: konstante Kosten (horizontale Angebotskurve), steigende Kosten und fallende Kosten, bei Erreichen der möglichen Höchstmenge der Produktion eine vertikale Angebotskurve. Bei technischem Fortschritt würde die Angebotskurve insgesamt gesenkt und der Punkt, von dem an die Kurve senkrecht verläuft, nach rechts hinausgeschoben). In diesem Zusammenhang wurde festgestellt, dass eine erhöhte Nachfrage bei horizontaler Angebotskurve nur Mengensteigerungen bewirke, wohingegen sie bei vertikaler Angebotskurve nur Preissteigerungen verursache. Weiters wurden multiple Gleichgewichte (bei von Mangoldt: „Preisschwerpunkte") diskutiert und die Verbundenheit der Nachfrage (Preisbildung untereinander nachfrageabhängiger Güter, wobei (modern gesprochen) noch komplementäre und substitutive Güter unterschieden wurden) bzw. des Angebots (Preisbildung untereinander produktionsmäßig abhängiger Güter), (modern: Kuppelprodukte oder Alternativprodukte, wobei sogar das Problem der Kostenzurechnung bei Kuppelproduktion angesprochen wurde) auf zwei Märkten.

Abschließend befindet Jochen Schumann, dass von Mangoldts partialanalytische Preistheorie bereits der Marginalanalyse näher stand als der klassischen Tradition.

Peter Groenewegen zieht das (zitierenswerte) Fazit: „Schließlich diskutiert Mangoldt einige andere beachtenswerte Spezialfälle der Angebots/Nachfrage-Analyse. Dazu zählen: multiple natürliche Preise ... ferner Probleme der Überproduktion, Preisänderungen und wirtschaftliche Entwicklung sowie Preisvariationen auf unterschiedlichen Märkten und Standorten. Diese kurzen nicht-mathematischen Abschnitte enthalten viele interessante Einsichten. So gibt es Verweise auf vorbeugenden und vorausschauenden Wettbewerb von Verkäufern durch Preissenkungen, auf die Notwendigkeit allgemeiner Preisstabilität, um einen geregelten, gut geplanten Produktionsablauf zu gewährleisten; auf den Informationsmangel als einen hemmenden Faktor für eine rasche Anpassung des Marktes an natürliche Preise; auf den Zeitfaktor, der eine Anpassung des Angebots einschließt, um Nachfrageschwankungen zu begegnen ... und schließlich werden Gründe dafür genannt, warum Spekulation den Annäherungsprozess an den natürlichen Preis verzögern könnte“ (Groenewegen 1995, S. 88/89).

Von Mangoldts Beitrag zur Außenwirtschaftstheorie war im „Grundriss“ in der Anmerkung II im Anhang (ca. 40 Seiten) zu lesen. Dabei wurden die Fälle: internationale Faktormobilität und Faktorimmobilität unterschieden, eine Unterscheidung, die auch für die moderne Außenwirtschaftstheorie fundamental ist. Im Anschluss wurde die Theorie komparativer Kostenvorteile diskutiert und das Außenhandelsgleichgewicht für den Fall 2 Länder und 3 Güter verallgemeinert (allerdings führte er den 3-Länder-Fall anhand von Zahlenbeispielen und nicht in allgemeiner Formulierung durch). Besonders beachtenswert war meines Erachtens, dass von Mangoldt sich bei der Analyse seiner außenwirtschaftlichen Tauschverhältnisse nicht nur auf die Kostenseite beschränkte, sondern dabei auch die Rolle der Nachfrage berücksichtigte. Von Mangoldt ging dann och weiter: „Als nächstes beschäftigte sich v. Mangoldt dann mit der Aufhebung der Voraussetzungen, und zwar stellt er sich die Frage, welchen Einfluss auf die Gestaltung der internationalen Tauschverhältnisse (a) eine Änderung der Elastizität der Nachfrage, (b) die variablen Kosten und (c) die Transportkosten haben werden“ (Baloglou 1995, S. 327). Gerade mit den Auswirkungen der Transportkosten auf die internationalen Tauschverhältnisse beschäftigte sich von Mangoldt ausführlich, und zwar mit Hilfe algebraischer Formulierungen. „In der Tat war die Leistung v. Mangoldts für die Außenhandelstheorie sehr groß“ (Baloglou 1995, S. 354).

Die Rententheorie von Mangoldts charakterisiert Gerhard Kolb nicht zu Unrecht als „eine von gewissen Spitzfindigkeiten nicht ganz freie Rententheorie“ (Kolb 1997, S. 79). Von Mangoldt versuchte das Rentenprinzip zu verallgemeinern („Seltenheitsprämien“), er unterschied eine Grundrente als Sonderform einer Zinsrente (für im Boden gebundenes Kapital), sowie eine Lohn- und eine Gewinnrente.

Von Mangoldt vertrat trotz seiner Affinität zur historischen Betrachtungsweise die induktive UND die deduktive Methode. Er stellte auf das „unter den veränderlichen Erscheinungen“ liegende „Dauernde“ ab. Dabei sollte die solcherart entstandene Theorie empirisch überprüft (Schumpeter sprach sogar von einer „erstaunlichen Tatsachenforschung“, Schumpeter 1965, S. 636) und historisch belegt werden. Die induktive Methode sei geeignet bei der Analyse derjenigen Probleme, bei denen praktische Erfahrung im Vordergrund stehe, wie etwa bei der Produktion oder der Konsumtion. Bei der Analyse der Güterverteilung sei jedoch die deduktive Methode einzuschlagen, da man hier nicht von einfachen Ursachen ausgehen könne. Im Ganzen benötige die Ökonomik sowohl die Induktion als auch die Deduktion.

Angefügt sei noch, dass Hans von Mangoldt statt der Dreiteilung von Rau eine Zweiteilung der Ökonomik vorschlug: „Allgemeine Volkswirtschaftslehre“ und „Spezielle Volkswirtschaftslehre“.

10.6.7.2 Wirkungsgeschichte von Mangoldts

Zu Beginn eine Warnung: Der hier behandelte Ökonom HANS_KARL Emil von Mangoldt (1824-1868) darf nicht mit seinem Sohn, dem fast gleichnamigen Mathematiker HANS KARL Friedrich von Mangoldt (1854-1925) verwechselt werden, der ein bekanntes vierbändiges Werk „Einführung in die höhere Mathematik“ vorlegte, welches nach seinem Tod von Konrad Knopp weitergeführt wurde und noch heute aufgelegt wird.

Von Mangoldts Werk geriet nach seinem Tode in Deutschland unter dem Einfluss der jetzt herrschenden historischen Schule (und vielleicht wegen der „Gründung“ der Grenznutzenschule) zunächst in Vergessenheit, auch wenn er von Wilhelm Roscher in seiner „Geschichte der National-Ökonomik in

Deutschland" durchaus positiv charakterisiert wurde: „ein etwas trockener, aber feiner und scharfsinniger Kopf. Seine Hauptstärke liegt in der Systematik der gesamten Volkswirtschaftslehre und in der Analyse einzelner volkswirtschaftlicher Vorgänge ... Nicht selten freilich artet dies Verfahren zu einer wenig fruchtbaren Begriffsspalterei aus. Dass Mangoldt übrigens, bei aller Abstraktion, von der geschichtlichen Methode seines Faches berührt worden ist, kann seine schöne Definition der Nationalökonomik als „Philosophie der Wirtschaftsgeschichte" beweisen" (Roscher 1874, S. 1039).

In England hingegen erkannte Francis Ysidro Edgeworth (1845-1926) schon früh seine Bedeutung. Er würdigte von Mangoldts außenwirtschaftstheoretische Leistungen in seinem Aufsatz: „The Pure Theory of International Values" (Economic Journal 1894), „wo er eine eigene originelle Darstellung der Mangoldtschen Analyse der „Gleichung der internationalen Nachfrage" gibt" (Schneider 1962, S. 128). Alfred Marshall (1842-1924) zitierte von Mangoldt in seinen „Principles" allerdings nur einmal. Knut Wicksell (1851-1926) dagegen lobte Hans von Mangoldt.

Richtig wiederentdeckt wurde von Mangoldt eigentlich erst nach dem 2. Weltkrieg. Jetzt war, unter angelsächsischem Einfluss, der Boden für die Rezeption einer mathematisch fundierten Ökonomik bereitet. Von Mangoldts Werk wurde nun national und international beachtet und gelobt. Schumpeter schrieb: „Hans von Mangoldt (1824-68) ist weniger bekannt. Trotzdem gehört dieser Beamte und Professor (in Göttingen und Freiburg) auf unserem Gebiet zu den hervorragenden Gelehrten des Jahrhunderts" (Schumpeter 1965, S. 618). Klaus H. Hennings sah in ihm „einen der bedeutendsten Wirtschaftstheoretiker des 19. Jahrhunderts" (Hennings 1990 zitiert im Kommentarband zu Hans von Mangoldt, Düsseldorf 1995, S. 15). Horst Claus Recktenwald befand: „He was, no doubt, one of the eminent theorists and rare pioneers in the 19th century whose achievements are still underrated and whose use of mathematics seems to be rather overrated. Though an abstract thinker, he seldom lost the binding ties to reality" (Recktenwald zitiert im Kommentarband zu Hans von Mangoldt, Düsseldorf 1995, S. 11).

„His theoretical achievements were much better appreciated in Britain than in Germany during his own lifetime. His theory of international values was discussed by Edgeworth, and Marshall approved of his theory of entrepreneurial profit. His price theory is probably his greatest contribution, going beyond the determination of an equilibrium price to show that there could be several equilibrium prices" (Blaug, Sturges (1983) zitiert im Kommentarband zu Hans von Mangoldt, Düsseldorf 1995, S. 13).

Gerhard Kolb rechnet den „für einen Liberalismus nach Maß angetretenen und deshalb mit der sächsischen Obrigkeit in Konflikt geratenen gebürtigen Dresdner zu den großen Nationalökonomen des 19. Jahrhunderts" (Kolb 1997, S. 79). Karl Brandt sieht in ihm den bedeutendsten deutschen Spätklassiker, „dessen Lehre auch neoklassischen Anforderungen standhält" (Brandt, Band 1, 1992, S. 202).

Nicht unerwähnt bleiben darf, dass Erich Schneider (1900-1970), einer der Hauptvertreter und Propagandist der mathematischen Wirtschaftstheorie in Deutschland nach dem 2. Weltkrieg, die Leistungen Hans von Mangoldts in seinem Band IV.1 des an allen deutschen Universitäten zu dieser Zeit wohl berühmtesten deutschen Lehrbuchs, dem „Schneider", in einem ganzen Abschnitt „H.v. Mangoldts Beitrag zur Preistheorie" (Schneider 1962, S. 127-144) eingehend darstellte und würdigte: „Man kann ruhig sagen, dass dieses bedeutende Werk auch heute noch viel zu wenig bekannt ist und in der Geschichte unseres Faches noch nicht den Platz gefunden hat, den es als eine der großen deutschen Beiträge zur Wirtschaftstheorie im 19. Jahrhundert verdient" (Schneider 1962, S. 127/128).

Mittlerweile wurde in der Geschichtsschreibung unseres Faches die Einstellung gegenüber den „deutschen Klassikern" aber fundamental zu deren Gunsten revidiert. Man sieht in ihnen nicht mehr nur bloße Vermittler zwischen der englischen Klassik und der deutschen Kameralwissenschaft, sondern erkennt zunehmend ihre eigenständigen Leistungen.

Im „Ökonomenlexikon" der DDR (1989) taucht der Name „Mangoldt" übrigens nicht auf.

Dass von Mangoldt nicht zu einer Behandlung der Interdependenz der Märkte im Sinne eines allgemeinen Gleichgewichts vorgedrungen ist (Schefold 1995c, S. 9), was auch Walras kritisch anmerkte, fällt gegenüber seinen sonstigen Leistungen meines Erachtens nicht ins Gewicht.

10.6.8 Wilhelm Launhardt (1832-1918)

Vita von Launhardt

1832:	Carl Friedrich Wilhelm Launhardt wurde am 7. April als Sohn des Gastwirtes Johann Jakob Launhardt (vormals Lauenhard) in Hannover als erstes von acht Kindern geboren;
1848:	Nach dem Besuch der höheren Bergschule und einer Realschule studierte Launhardt ab Oktober 1848 an der Polytechnischen Schule Maschinenbau, später Straßenbau;
1854:	Ablegung der ersten technischen Staatsprüfung;
	Nach seiner Vereidigung als Wegbauführer war Launhardt mit der Ausführung von Straßen- und Brückenbauten in den Elbmarschen befasst;
1859:	Launhardt bestand die zweite Staatsprüfung und war damit Bauingenieur. Er wurde zum Wegbau-Kondukteur ernannt;
1866:	Nach Diensten in der Staatsbauverwaltung in Hildesheim und Hannover wurde ihm die Wegbauinspektion Geestemünde übertragen;
	Heirat von Anna Gösling aus Osnabrück. Der Ehe entstammten ein Sohn und drei Töchter;
1869:	Launhardt ließ sich beurlauben und arbeitete für die Kölner-Mindener Eisenbahn, wo er verantwortlich am Bau der Strecke Venlo-Hamburg mitwirkte;
	Im Herbst 1869 Berufung als Lehrer für Straßen-, Eisenbahn- und Brückenbau an die Polytechnische Schule Hannover;
1871:	Ernennung zum Professor (bis 1887 Eisenbahnbau, bis 1889 Brückenbau, bis 1914 Erd- und Straßenbau, von 1878 bis 1918 Trassieren, von 1889 bis 1907 Grundzüge des Ingenieurbauwesens);
1872:	Launhardt lehnte Rufe nach Stuttgart und Dresden ab;
1875:	Launhardt wurde am 1. August zum Direktor der Polytechnischen Schule ernannt, wobei er an einer neuen Schulverfassung mitwirkte;
1877:	Im November Ernennung zum „Geheimen Regierungsrat“;
1879:	Verleihung des „Rote-Adler-Ordens“ Vierter Klasse;
1880:	Ab Juli erster Rektor der zur „Technischen Hochschule Hannover“ umgestalteten Polytechnischen Schule (sechsjährige

	Amtsdauer bis 1886); Ernennung zum einzigen außerordentlichen Mitglied der Akademie des Bauwesens in Berlin;
1885:	Erscheinen des Werkes „Mathematische Begründung der Volkswirtschaftslehre“
1898:	Als Vertreter seiner Hochschule Mitglied des Preußischen Herrenhauses auf Lebenszeit;
1903:	Verleihung der Ehrendoktorwürde der Technischen Hochschule Dresden;
1913:	Goldene Münze für verdienstvolle Leistungen im Bau- und Verkehrswesen;
1918:	Am 14. Mai Tod in Hannover.

Launhardt soll ein liebenswürdiger und (trotz seiner Ehrungen) bescheidener Mensch gewesen sein. Die Studenten schätzten seinen Humor. Es wurde berichtet, dass er auch gedichtet haben soll.

Werke von Launhardt

Wilhelm Launhardt war als Autor auf mehreren Gebieten erfolgreich tätig. Zunächst beschäftigte er sich mit technischen Fragen, später wandte er sich immer mehr den damit verbundenen wirtschaftlichen Problemen zu, beim Verkehrswesen und bei Standortfragen. Schließlich ging es ihm in seinem Werk: „Mathematische Begründung der Volkswirtschaftslehre“ um ökonomische Fragen, er nahm sogar zu Geld- und Währungsfragen Stellung.

Reghinos D. Theocharis weist in seinem gut recherchierten Aufsatz „Die Ökonomen aus dem Ingenieurwesen ...“ (Theocharis 1994) mit vielen Beispielen darauf hin, dass im 19. Jahrhundert eine ganze Reihe von Ingenieuren eine große Bedeutung für die Entwicklung der mathematischen Ökonomik hatten. Es handelte sich dabei vor allem um französische Ingenieure, aber auch englische, amerikanische und deutsche Ingenieure werden von ihm genannt, die vor Launhardt bereits zur mathematischen Ökonomik beitrugen. Der Ingenieur Launhardt war unter diesem Aspekt also keine Ausnahme.

Im Folgenden sollen nur einige Werke Launhardts genannt werden (in moderner Schreibweise und ohne eine Unterscheidung in Bücher und Aufsätze).

„Über Rentabilität und Richtungsfeststellung der Straßen“ (1869);

„Kommerzielle Trassierung der Verkehrswege“ (1872);

Hierin entwickelte Launhardt seinen berühmten „Satz des Knotenpunkts“. Damit konnte man die Kosten der Verkehrswege im Rahmen eines sternförmigen Verbindungsnetzes zwischen drei Orten minimieren.

„Das Massen-Nivellement“ (1876);

„Die Betriebskosten der Eisenbahnen in ihrer Abhängigkeit von den Steigungs- und Krümmungsverhältnissen der Bahn“ (1879);

Hierbei ging es um die Frage möglichst kostengünstiger Routenplanungen für Straße und Eisenbahnlinien.

„Virtuelle Länge und virtuelle Steigung“ (1879);

„Die Steigungsverhältnisse der Straßen“ (1880);

„Die Bestimmung des zweckmäßigsten Standortes einer gewerblichen Anlage“ (1882);

Launhardt entwickelte zum „Satz des Knotenpunkts“ mit seinem „Polprinzip“ ein graphisches Lösungsverfahren. „Der Satz wurde in der Folge zum Angelpunkt der ersten mathematischen Theorie des Industriestandortes (Launhardt 1882). Damit wurde Launhardt zum Vater der „geometrischen Standorttheorie“ (Niehans, Hofmann 1994, S. 26).

„Wirtschaftliche Fragen des Eisenbahnwesens“ (1883);

„Mathematische Begründung der Volkswirtschaftslehre“ (1885);

„Das Wesen des Geldes und die Währungsfrage“ (1885);

„Theorie des Trassierens“ (2 Teile, 1887-1888);

„Die Quantitätstheorie“ (1888/89);

„Theorie der Tarifbildung der Eisenbahnen“ (1890);

„Mark, Rubel und Rupie – Erläuterungen zur Währungsfrage und Erörterungen über das Wesen des Geldes“ (1894);

„Am sausenden Webstuhl der Zeit – Übersicht über die Wirkungen der Entwicklung der Naturwissenschaften und der Technik auf das gesamte Kulturleben“ (1900).

10.6.8.1 Thesen von Launhardt

Im Rahmen dieses Buches interessieren nur die ökonomischen Beiträge Launhardts.

Wie auch aus seinen Schriften und seiner Vita ersichtlich, begann Launhardt seine Karriere mit technischen Studien, wobei allerdings die wirtschaftliche Seite immer eine Rolle spielte. Die Bücher von Jevons und Walras, die er las, weckten dann sein Interesse an rein ökonomischen Fragestellungen. Auch Thünen (für einen Standorttheoretiker nicht unerwartet) und Cournots Hauptwerk „Recherches“ (1838) beeinflussten ihn. Allerdings entwickelte er seine Thesen wohl selbständig: „Als ich nach diesen Vorstudien die Aufgabe in ihrer ganzen Allgemeinheit erfasst hatte, lernte ich die Arbeiten zweier Schriftsteller kennen, welche einen ähnlichen Weg schon vor mir eingeschlagen hatten. Es waren dies die Bücher: „Mathematische Theorie der Preisbestimmung der wirtschaftlichen Güter“ von Leon Walras ... und „The Theory of Political Economy“ by Stanley Jevons“ (Launhardt 1885, S. X), was wohl auch zu seiner subjektivistischen Ausrichtung beitrug. Das Buch von Gossen hingegen, bei dem er sogar das Erscheinungsdatum (richtig: 1854) falsch angab, lag ihm nicht vor: „Ein noch um einige Jahre früher, 1834 von H.H. Gossen in Braunschweig unter dem Titel: „Die Gesetze des menschlichen Verkehrs“ herausgegebenes Buch, welches die mathematische Begründung der Volkswirtschaftslehre in vorzüglicher Weise behandeln soll, scheint vollständig verschollen zu sein, da ich es trotz aller Anstrengungen bis jetzt nicht erhalten konnte“ (Launhardt 1885, S. XI).

Vorab: Launhardts Leistungen werden heute auf den Gebieten Wohlfahrtsökonomik, Preispolitik bezüglich öffentlicher Güter, Transportökonomik, Marktabgrenzungen, und natürlich vor allem Standorttheorie gesehen. Daneben hat Launhardt aber auch wichtige Überlegungen zur Arbeitsangebotsfunktion (rückwärts gebogene Arbeitsangebotsfunktion) (Launhardt 1885, S. 88-97) angestellt. Im Rahmen der Wohlfahrtsökonomik muss besonders auf die §9 „Wiederholter Tausch“ (S. 35-39) und §10 „Tausch bei stetig sich änderndem Preise“ (S. 39-44) hingewiesen werden, die zukunftsweisend waren.

Launhardts „Mathematische Begründung“ war in drei Abschnitte aufgeteilt: Der 1. Abschnitt, überschrieben „Der Tausch“ (S. 1-87) war ähnlich den Überlegungen von Jevons und Walras. „Die historische Bedeutung dieses Abschnittes liegt hauptsächlich darin, dass er zum ersten Mal die mathematische Grenznutzentheorie in deutscher Sprache darbot“ (Niehans, Hofmann 1994, S. 28). Allerdings kam Launhardt zu einem von Walras abweichenden Ergebnis: Walras stellte fest, „dass durch die natürlichen Wirkungen des Waltens des freien Wettbewerbes, durch das „laissez faire, laissez passer“ oder das „gehen und geschehen lassen“ das allgemeine Beste am sichersten erreicht werde. In diesem Schlusse, zu welchem auch Walras in seiner sonst so geistreichen Darstellung gelangte, liegt aber ein schwerer Irrtum, wie durch die folgenden Untersuchungen nachgewiesen werden wird“ (Launhardt 1885, S. 30). Und zwar versuchte Launhardt zu zeigen, dass dadurch weder die Forderungen der Gerechtigkeit noch des allgemeinen Wohles erfüllt werden: „Diese Rechnungen zeigen, dass die volkswirtschaftlich günstigsten Gleichgewichtspreise durchaus nicht den für die einzelnen

Besitzer vorteilhaftesten Preisen gleich sind“ (Launhardt 1885,S. 34), also ein wohlfahrtstheoretisches Argument. Er zeigte (S.32), dass der Tausch zu Gleichgewichtspreisen für beide (von zwei) Besitzer von Gütern nicht immer am vorteilhaftesten sein muss, ein Argument, das in der modernen Wohlfahrtstheorie (etwas modifiziert) eine Rolle spielt. Modern formuliert: Man kann hier bei additiven Nutzen durch Umverteilung einen Wohlstandsgewinn erzielen.

Launhardt unterstellte (für seine Ergebnisse wichtig!) kardinal messbare Nutzen. Er nahm weiter an, dass der Gesamtnutzen eines Individuums additiv aus den Einzelnutzen der Güter errechnet werden kann und dass sich alle Individualnutzen zu einem Kollektivnutzen addieren. Allerdings errechnete er Ergebnisse numerisch mit Hilfe quadratischer individueller Nutzenfunktionen. Zudem unterstellte er zumeist, dass alle Individuen die gleichen Nutzenfunktionen haben.

Vor allem die Annahme quadratischer Individualnutzenfunktionen wurde später kritisiert. Der Vorwurf lautete: Eine vorschnelle Generalisierung von Ergebnissen vorgenommen zu haben, die auf speziellen Annahmen beruhten.

Allerdings leitete Launhardt als erster aus einer algebraischen Nutzenfunktion algebraische Angebots- und Nachfragefunktionen ab. „Überdies stellte Launhardt fest, dass eine Kette aufeinanderfolgender, zu verschiedenen Preisen abgeschlossener Tauschgeschäfte ihr Ende stets beim selben Gleichgewichtspreis findet, welchen Pfad sie im übrigen auch immer verfolgt“ (Niehans, Hofmann 1994, S. 31). Im Rahmen seiner Marktanalyse bei vielen nacheinander erfolgenden kleinen Tauschgeschäfte zu stets wechselnden Preisen stellte er Überlegungen zur (modern gesprochen) Preisdifferenzierung an. Auch zur Frage von Optimalzöllen nahm er im Rahmen mathematischer Überlegungen Stellung.

Abschnitt 2 „Die Gütererzeugung“ (S. 88-148) behandelte, angelehnt an Thünen und Jevons, partialanalytisch die Preisbildung der Produktionsfaktoren, und nicht die erwartete Produktionstheorie, und bot im Großen und Ganzen keine theoriegeschichtlich bestehen bleibende Leistung. Auch wurden bereits bekannte Zusammenhänge mit Hilfe spezieller numerischer Funktionen präsentiert. „Die Analyse der individuellen Arbeitszeit stellt Launhardts ausdrücklichsten Beitrag zur Lohntheorie dar (S. 88-92). In einem mittleren Lohnbereich, so argumentierte er, nimmt die Arbeitszeit mit steigendem Lohn zu. Bei weiter steigenden Löhnen wird jedoch ein kritischer Punkt erreicht, bei dem die Arbeitszeit wieder zurückzugehen beginnt: die Arbeiter können sich mehr Freizeit leisten. Das Ergebnis ist die erste mathematische Ableitung der berühmten „zurückgebogenen“ Angebotskurve … Außerdem gibt es einen unteren kritischen Punkt, von dem an die gewünschte Arbeitszeit bei einer weiteren Lohnsenkung nicht mehr zurückgeht, sondern wieder zunimmt“ (Niehans, Hofmann 1994, S. 35/36).

Launhardts Zinstheorie war wenig spektakulär. Allerdings rechnete er die Ausbildungskosten zum Humankapital, das zum Kapitalbestand addiert werden müsse. Beim Kapitalangebot setzte er bereits auf die Zeitpräferenz als entscheidende Größe.

Sein geldtheoretischer Teilabschnitt §26 „Das Geld und die Preisbildung“ (S. 140-148), in dem sich Launhardt mit der Beziehung zwischen Geldmenge und Güterpreisen beschäftigte, und die Quantitätstheorie ablehnte, bleibt von heute aus gesehen unbefriedigend. Auch seine diesbezüglichen späteren Schriften (1885, 1888/89, 1894) boten nur unbefriedigende Einsichten in monetäre Zusammenhänge.

Ganz anders muss das Urteil dagegen bezüglich des 3. Abschnittes: „Die Güterversendung“ (S. 149-214) ausfallen, einem Gebiet, das nicht zum üblichen Kanon volkswirtschaftlicher Lehren gehörte. Erich Schneider sprach hier zu Recht von einer „kraftvollen und in höchstem Maße fruchtbaren Originalität ... Fast jede Seite dieses Abschnittes enthält Gedanken und Konstruktionen, die heute in der Theorie ihren festen Platz haben“ (Schneider 1963, S. V/VI). Hier wurde das Absatzgebiet eines bzw. mehrerer konkurrierender Anbieter festgelegt und das Bezugsgebiet eines bzw. mehrerer Verbrauchsorte. Die Überschriften der entsprechenden Paragraphen sprechen für sich: §27 „Das Marktgebiet für den Güterabsatz“, §28 „Das Absatzgebiet beim Wettkampf mit auswärtigen Gütern“, §29 „Das Absatzgebiet beim Wettkampf mit heimischen Gütern“, §30 „ Das Marktgebiet für den Güterbezug“, §31 „Die Versorgung benachbarter Verbrauchsorte“, §32 „Die Frachtsätze“, §33 „Die Wirkung der Verbesserung der Verkehrsmittel“. Seine diesbezüglichen Überlegungen enthielten bereits die Ideen, die später von anderen Raumwirtschaftstheoretikern, wie z.B. Tord Palander (1902-1972) und Alfred Weber (1868-1958), weiter ausgebaut wurden.

Bekannt ist Launhardt heute bei einem breiteren Publikum durch das in diesem dritten Abschnitt vorgestellte „Trichtermodell“ (der Name stammte von Erich Schneiders dreidimensionaler Darstellung), mit dem er die Konkurrenzgrenze zwischen mehreren Anbietern abgrenzen konnte. Er zeigte, dass die Größe des Absatzgebietes eine Funktion des Preises (ab Werk) und der Frachtsätze ist.

Nachdem Erich Schneider die diesbezüglichen Überlegungen Launhardts zunächst lobte, so behandle dieser, ohne es beim Namen zu nennen, bereits das Problem eines Angebotsduopols auf einem unvollkommenen Markt (in einem weiteren Schritt wurde nämlich ein zweiter Anbieter an einem anderen Standort eingeführt), kritisierte er: „Der einzige Nachteil der Launhardtschen Analyse liegt auch hier in der Verwendung einer Parabel zweiten Grades als Nutzenfunktion und der zu schnellen Verallgemeinerung der für einen speziellen Fall gewonnenen Ergebnisse“ (Schneider 1963, S. VI, VII). Launhardt behandelte (im Gegensatz zu Cournots Duopol für HOMOGENE Produkte mit MENGENPOLITIK) ein Duopol für HETEROGENE Produkte mit PREISPOLITIK.

Interessant war eine generelle raumwirtschaftliche Folgerung Launhardts, eine Verbesserung der Verkehrswege begünstige stets die billigeren Güter: „Der Vorteil der Verkehrsverbesserung fällt aber stets dem billigeren Gut zu“ (Launhardt 1885, S. 160), umgekehrt für das teurere Gut: „Die Verbesserung der Verkehrsmittel ist dem teureren Gute gefährlich, es verliert den wirksamsten aller Schutzzölle“ (Launhardt 1885, S. 160).

Geläufig ist zudem (vor Aufkommen des elektronischen Handels) seine Erkenntnis, dass die Konkurrenz durch eine räumliche Entfernung zwischen Kunden und Anbieter unvollkommen wird.

Andere Ideen von ihm müssen teilweise vor dem Hintergrund der Zeit, in der er lebte, gesehen werden. So war er gegen private Eisenbahnen. Wegen der fehlenden Konkurrenz könnten private Kapitaleigner ihre Verzinsung über den Marktzins heben, indem sie ihre Investitionen unter dem sozialen Optimum hielten. Letztlich also ein Nutzenvergleich zwischen privaten und öffentlichen Eigentümern von Bahnen. Deshalb plädierte Launhardt für eine Verstaatlichung der Eisenbahnen.

„Er zeigte unter seinen Voraussetzungen, dass Bauern bei geringer Bevölkerungsdichte durch eine Missernte, bei höherer Dichte durch reichliche Ernten besser gestellt werden. Auch bei der Diskussion des Arbeitslohnes klingen die damals aktuellen Debatten an“ (Schefold 1994b, S. 10).

Launhardt kann mit Fug und Recht zu den wichtigen frühen mathematischen Ökonomen gerechnet werden. Er selbst schrieb im Vorwort zu seiner „Mathematischen Begründung“: „Die wiederholt hervorgetretenen Versuche einer mathematischen Begründung der Volkswirtschaftslehre haben bis jetzt wenig Anerkennung gefunden. Die ablehnende Haltung der volkswirtschaftlichen Schriftsteller gegen mathematische Untersuchungen ist wohl meistens auf äußere Umstände zurück zu führen, lässt sich aber auch sachlich durch den Hinweis auf einzelne Fälle begründen, in welchen in Folge einseitiger oder gar falscher Voraussetzungen die mathematische Behandlung volkswirtschaftlicher Fragen zu offenbar unrichtigen Ergebnissen geführt hat“ (Launhardt 1885, S. VIII). Nachdem er als warnendes Beispiel für unrichtige

Ergebnisse Thünens Lohnformel nannte, fuhr er fort: „Es ist aber die Abneigung gegen eine mathematische Behandlung der Volkswirtschaftslehre sehr zu beklagen, weil die Untersuchungen dieser Wissenschaft … sich ohne die Anwendung der Mathematik in genügender Schärfe nicht durchführen lassen“ (Launhardt 1885, S. VIII). Er fügte dann einschränkend (und meiner Auffassung nach weitblickend) hinzu: „Dass die Mathematik nicht alle Seiten volkswirtschaftlicher Aufgaben … in erschöpfender Weise aufklären kann, darf wahrlich kein Grund sein, ihre Anwendung zu verwerfen oder auf ihre Hilfe da zu verzichten, wo sie allein helfen kann“ (Launhardt 1885, S. IX).

10.6.8.2 Wirkungsgeschichte von Launhardt

Launhardts ökonomisches Hauptwerk „Mathematische Begründung der Volkswirtschaftslehre“ (1885) fand (man ist fast geneigt zu sagen: natürlich) unter seinen Zeitgenossen keine Aufmerksamkeit. Die Gründe dafür waren vielfältig: Launhardt war Professor an einer technischen Hochschule (und nicht an einer „normalen“ Universität), er publizierte in Fachorganen für Ingenieure, er verwendete viele numerische Spezifikationen von Funktionen, zu seiner Zeit begann die Herrschaft der historischen Schule in Deutschland, und international gesehen: er publizierte in deutscher Sprache.

Und auch in der Theoriegeschichte unseres Faches wurde ihm nicht die ihm gebührende Aufmerksamkeit geschenkt: „Launhardt ist von der Theoriegeschichte stiefmütterlich behandelt worden. Wicksell hat ihn … zwar verschiedentlich zitiert, aber er ging fast ausschließlich auf Mängel in Launhardts Behandlung des isolierten Tausches ein und verfehlte, der Neuheit seiner Ideen, namentlich in der Behandlung der Raumwirtschaftslehre, gerecht zu werden“ (Schefold 1994b, S. 7/8).

Launhardt gilt demgegenüber heute als Pionier der mathematischen Ökonomik, der „Germany's most important and in fact only significant contribution to the „marginal revolution“ in the last three decades of the 19th century“ (Niehans 1987b, S. 140) abgeliefert hat. Erich Schneider, der ihn in seinem theoriegeschichtlichen Band IV.1 ausführlich behandelte, sah in seinem Werk einen „den Werken von Cournot und Jevons durchaus ebenbürtigen Meilenstein in der Geschichte der ökonomischen Theorie“ (Schneider 1963, S. III). Vor allem (moderne) Werke zur Entwicklung der Standorttheorie kommen ohne die Darstellung seines berühmten „Trichters“ nicht aus.

Der kritische Schumpeter schrieb über Launhardt: „Seine Abhandlung enthält viele originelle Punkte, die ihm alle zum Ruhm gereichen. Seine fast rücksichtslose Verwendung besonderer Funktionsformen – die ihn zu Resultaten von bestürzender Endgültigkeit gelangen lassen – sollte untersucht und verbessert, aber nicht in Bausch und Bogen verworfen werden“ (Schumpeter 1965, S. 1154/1155, Fußnote 158).

Im „Ökonomenlexikon“ der DDR (1989) wird Launhardt nicht erwähnt.

Abschließend seien nochmals die theoretischen Neuerungen Launhardts genannt, wie Jörg Niehans und Anton Hofmann sie sehen:

(1) Bei der Untersuchung des Tauschgewinnes dringt Launhardt, unabhängig von Edgeworth, zum Konzept der Indifferenzkurven vor;
(2) Zum ersten Mal wird der Optimalzoll, von John Stuart Mill allgemein erörtert, analytisch bestimmt;
(3) Aus der Nutzentheorie wird das Zurückbiegen der Angebotskurve für Arbeitskraft und Sparkapital abgeleitet;
(4) Der Zins wird durch eine modern anmutende Zeitpräferenztheorie erklärt;
(5) Für konkurrierende Monopolisten bei offenen Märkten nimmt Launhardt den „Chamberlin-Fall“ vorweg;
(6) Launhardt begründet, ohne Rau zu kennen, die Theorie des Marktgebietes und findet für die Abhängigkeit des Verkehrsaufkommens von der Transportfähigkeit der Güter und den Frachtsätzen exponentielle Beziehungen, die Elastizitäten entsprechen;
(7) Für den Fall des heterogenen Duopols wird jene Lösung entwickelt, die später von Hotelling wiederentdeckt wurde und seither klassisch geworden ist;
(8) Für monopolistische Verkehrsunternehmungen werden Regeln für die gewinnmaximierende Preisdifferenzierung aufgestellt;
(9) Für natürliche Monopole wird das Grenzkostenpreisprinzip begründet;
(10) Zur Kostendeckung solcher Monopole wird, in moderner Terminologie, eine „zweitbeste Lösung“ vorgeschlagen;

(Niehans, Hofmann 1994, S. 51/52).

Wenn das noch nicht genügt: Ein weiterer Beweis für die Reputation, die Launhardt heutzutage genießt, ist, dass an der wirtschaftswissenschaftlichen Fakultät der Universität Hannover Diplomanden mit herausragenden Ergebnissen mit dem „Wilhelm-Launhardt-Preis“ ausgezeichnet werden.

10.7. Die historische Schule

Ich muss zum wiederholten Male (hoffentlich geht es dem Leser nicht auf die Nerven) betonen, dass es sich bei der vorliegenden Schrift um eine EINFÜHRUNG in die Geschichte des ökonomischen Denkens handelt, die zu eigener Beschäftigung mit den besprochenen Ökonomen motivieren soll. Diese Bemerkung ist gerade im Zusammenhang mit der historischen Schule angebracht, denn die vielen geistesgeschichtlichen und philosophischen in- und ausländischen Wurzeln des Historismus können im Folgenden nur angedeutet werden. Und auch eine ganze Reihe durchaus einflussreicher Autoren dieser Schule können nicht behandelt werden. Es wird also hier nur eine Heranführung an die historische Schule mit all ihren Widersprüchlichkeiten geleistet.

10.7.1 Charakteristika der historischen Richtungen

Die historische Schule (auch) in der Ökonomik basierte auf einer Weltanschauung, die in der europäischen Geistesgeschichte zu dieser Zeit tief verwurzelt war, und zwar fachübergreifend, nämlich auf dem so genannten „Historismus“, der die Geschichte als „umfassenden Zusammenhang geistigen Lebens in den Mittelpunkt jeglicher wissenschaftlicher Erörterung“ (Winkel 1977, S. 82) stellen wollte. Dies beinhaltete wenigstens im Prinzip (und nicht bei allen einschlägigen Autoren) eigentlich weit mehr als einen bloßen Einbau der Geschichte als Illustration von Theorien bzw. als Maßstab gegenwärtiger Zustände. Die Bezeichnung „Geschichte“ muss in diesem Zusammenhang übrigens breit aufgefasst werden: neben allen Epochen der Menschheitsgeschichte einschließlich der Sozial- und Kulturgeschichte auch die Ethnologie.

Rieter (1994) charakterisiert den Begriff „Historismus“: „Der Begriff selbst kommt erst Ende des 19. Jahrhunderts auf. Sein Inhalt war und ist schillernd“ (Rieter 1994, S. 128).

Er verknüpft dann mit dem Begriff „Historismus“ im Einklang mit der Literatur drei sich mehr oder weniger überlappende Inhalte:

(1) Einen geisteswissenschaftlichen Positivismus, der durch wertfreie Stoffsammlungen objektive Erkenntnis zu erlangen glaubt;

(2) Einen historischen Relativismus, der absolute Geltungsansprüche unter Hinweis auf das historische Bedingtsein aller kulturellen Phänomene zurückweist;

(3) Eine Sozial- und Kulturwissenschaft, die sich dem Naturalismus entgegenstellt, weil alle kulturellen Phänomene als historisch zu sehen, zu verstehen und zu erklären seien;

(nach Rieter 1994, S. 128)

Eine andere Facette des Begriffsinhaltes des „Historismus" liefert Brandt, der ihn auf folgenden Nenner bringt: „Im Historismus äußert sich eine besondere Geisteshaltung: das Begreifen aller Lebensvorgänge als geschichtliche Ereignisse, die sich in Raum und Zeit abspielen, ihre spezifischen Eigenheiten haben und sich deshalb nicht in ewig gültigen Gesetzen niederschlagen" (Brandt 1993, Band 2, S. 46). Schmölders stellte heraus: „Diese Geschichtsphilosophie versuchte der Erforschung allen „Werdens" einen tieferen Sinn zu verleihen" (Schmölders 1988, S. 111).

Insgesamt kann man feststellen, dass der Historismus ohne Zweifel seine größte Blüte in Deutschland erlebt hat, ohne dass er sich aber auf alle Wissenschaftler erstreckte. Zudem bedeutet dies nicht, dass nicht auch andere europäische Nationen „ihren" Historismus hatten, der allerdings mit dem deutschen Historismus nicht in einen Topf geworfen werden darf und der im Vergleich zu Deutschland eher abgeschwächt war.

Für England wären nach diesem Vorbehalt etwa zu nennen: Thomas Tooke (1774-1858), der eine sechsbändige Preisgeschichte mitverfasste („History of Prices and of the State of the Circulation from 1792 to 1856", London 1838-1857) und Walter Bagehot (1826-1877), der Begründer des „Economist", sowie Edmund Burke (1729-1797), Thomas Carlyle (1795-1881, John Ruskin (1819-1900), John Kells Ingram (1825-1907) und Richard Jones (1790-1855), für Frankreich etwa der Konjunkturforscher Clément Juglar (1819-1905), Pierre Émile Levasseur (1828-1911) sowie Charles Gide (1847-1932).

Dass die historischen Schulen der Ökonomik in Deutschland ihre größte Verbreitung und Akzeptanz fanden ist nicht zufällig. Es herrschte hier ein besonders geeignetes „allgemeines Klima": „Das hohe Niveau der Historiographie; die weitverbreitete Achtung vor den historischen Fakten; das niedrige Niveau der theoretischen Volkswirtschaftslehre und die mangelnde Achtung vor ihrem Wert; die überragende Bedeutung des Staates; die geringe Bedeutung alles anderen. Diese Elemente charakterisieren die Schule; sie waren alle typisch deutsch – in ihren starken und in ihren schwachen Seiten" (Schumpeter 1965, S. 992).

Nach einer Phase der Rezeption einer allerdings modifizierten englischen Klassik traten in Deutschland einige Ökonomen bereits frühzeitig in Opposition zum klassischen Gedankengut, das oft in Form einer überzogenen Auslegung eines kritiklosen Liberalismus auftrat. Die sozialen Missstände im Gefolge der Industrialisierung wurden von vielen Ökonomen als Aufruf begriffen, die Lebensumstände der Betroffenen zu verbessern, wozu sich die Ökonomik umorientieren musste, hatte es doch die klassische Ökonomik ersichtlich nicht vermocht, dies zu leisten (ja für einige war sie sogar dafür verantwortlich!).

Zudem war in Deutschland die Ausbreitung der klassischen Theorie Hand in Hand verbunden mit der Ausbreitung der Philosophie der Aufklärung. Daraus resultierte, dass nach den in der Spätphase der französischen Revolution aufgetretenen Gräueln auch die Aufklärung in Misskredit kam und mit ihr die klassische Theorie, die als einseitig individualistisch und rationalistisch diffamiert wurde. Außerdem waren im Verhältnis zu England die deutschen Staaten noch unterentwickelt und damit nach Meinung vieler Ökonomen die Klassik nicht direkt anwendbar. So war z.B. die in der Klassik unterstellte Mobilität der Produktionsfaktoren in „Deutschland“ nicht ausreichend gegeben.

Die Romantik in der Ökonomik kann so als Auflehnung gegen eine rationale Sichtweise des Wirtschaftens und als Protest gegen das Auseinanderklaffen von (klassischer) Theorie und Wirklichkeit interpretiert werden. Und die Romantik stützte sich bei ihren Überlegungen ebenfalls auf die Geschichte. Und diesem Aspekt schloss sich später die historische Schule an. Allerdings sah die historische Schule, auch wenn sie wie die Romantik die Klassik kritisierte, das Heilmittel nicht in einer Flucht zurück in früheres, besseres (z.B. mittelalterliches) Wirtschaften, sondern wollte die jetzt vorfindbare Wirtschaft historisch ausleuchten, verstehen und dann mit zeitgenössischen Mitteln verbessern.

Am Rande muss man zumindest darauf hinweisen, dass historische Schulen um diese Zeit nicht nur in der Ökonomik entstanden, sondern auch in anderen geisteswissenschaftlichen Disziplinen. Es seien nur beispielhaft angemerkt:

BEI DEN SOZIALPHILOSOPHEN Johann Gottlieb Fichte (1762-1814) mit seinem Werk „Der geschlossene Handelsstaat“ (1900) und der Romantiker Adam Müller (1779-1829). Fichte entwickelte im „Geschlossenen Handelsstaat“ die Idee eines wirtschaftlich völlig autarken Staates, gegliedert in Berufsstände und auch von diesen regiert. Statt Konkurrenz wurde das Miteinander der Gemeinschaft postuliert. Wie auch der Romantiker Adam Müller schätzte Fichte den Staat hoch ein und vertrat einen ausgeprägten Nationalismus.

In den RECHTSWISSENSCHAFTEN waren es Friedrich Karl von Savigny (1779-1861), Carl Friedrich Eichhorn (1781-1854), Otto von Gierke (1841-1921). Diese „historische Rechtsschule" lehnte das Naturrecht ab. Sie vertrat die Auffassung, dass der „unteilbare Volksgeist" das jeweilige Recht der Nationen setze. Das Recht sei nichts willkürlich Geschaffenes, sondern würde aus dem Rechtsbewusstsein des Volkes geschaffen, sei das Ergebnis einer historischen Entwicklung, wobei auch die Begriffe „Volksseele" und „Volkscharakter" verwendet wurden. Diese Art, Rechtswissenschaft zu betreiben, wurde zum nachahmenswerten Beispiel für die Ökonomie. So schrieb Wilhelm Roscher in seinem „Grundriss": „Diese Methode will für die Staatswirtschaft etwas Ähnliches erreichen, was die Savigny-Eichhornsche Methode für die Jurisprudenz erreicht hat" (Wilhelm Roscher zitiert in: Schneider 1962, S. 284, Fußnote 2).

Für die SPRACHWISSENSCHAFTEN kann man als Beispiel Jacob Grimm (1785-1863) nennen. Auch bei dieser Richtung stand die Aufnahme des historisch Gewachsenen im Mittelpunkt, die Sprache wurde als historisches Kulturgut gepflegt.

Auch in der GESCHICHTSWISSENSCHAFT selbst war eine solche Strömung nachweisbar. Die Romantik hatte das Interesse für eine Geschichtsschreibung in der Öffentlichkeit nachhaltig belebt. Der Geschichte fiel hierbei auch noch die Aufgabe zu, eine nationale Identität zu vermitteln.

Einige der bekannteren Autoren, die eine Vertiefung der historischen Forschungsprinzipien in der GESCHICHTSWISSENSCHAFT selbst vertraten, waren:

Leopold von Ranke (1795-1886);
Christian Gottlob Heyne (1729-1812);
Johann Gustav Droysen (1808-1884);
Theodor Mommsen (1817-1903).

Charakteristisch für diese „neue" intensivere Geschichtsschreibung war, dass man begann, systematisch Quellenmaterial zu studieren: Originaldokumente, Inschriften auf Münzen etc. Die KRITISCHE Auswertung dieses Quellenmaterials wurde nun wichtig: Neue Maßstäbe der Kritik wurden gesetzt. ÖKONOMISCHE und soziologische Sachverhalte wurden in die Historie der jeweiligen Epochen eingebaut. Die Kulturgeschichte (man denke an Jakob Burckhardt 1818-1897) begann an Einfluss zu gewinnen.

Daneben darf man als Vorläufer der historischen Schule auch Friedrich List (1789-1846) nicht vergessen. Seine auf NATIONALE Entwicklung gerichtete Wirtschaftspolitik und seine Idee der Bedeutung der produktiven Kräfte übten einen nachhaltigen Einfluss auf die historische Schule aus.

Diese Auflistung zeigt wieder einmal, dass es sinnvoll und notwendig ist, eine Theoriegeschichte der Ökonomik nicht allein auf die Ökonomik und auf ökonomische Autoren zu beschränken.

Um gleich zu Beginn ein mögliches Missverständnis auszuräumen: Natürlich war die Beschäftigung der Ökonomen mit der Geschichte kein neues Phänomen. Im Gegensatz zu früher zeichnete sich die historische Schule aber dadurch aus, dass sie der historischen Betrachtung einen extrem hohen Stellenwert bei der Untersuchung ökonomischer Entwicklungen beimaß, ja bei einigen Epigonen sollte die Geschichte sogar das einzige legitime Werkzeug der Ökonomik sein.

Charakteristika der historischen Schulen in der Ökonomik waren, GROB VEREINFACHT und OHNE RÜCKSICHT AUF INDIVIDUELLE ABWEICHUNGEN DER ANSICHTEN EINZELNER AUTOREN zu nehmen (bitte diese beiden Einschränkungen immer mitdenken!):

- Eine relativistische Sicht, weil die ökonomische Realität im raumzeitlichen (historischen) Zusammenhang betrachtet wurde, der sich beständig ändere. Auch die Erkenntnisse der Klassik seien unter diesem Aspekt zeit- und umfeldbedingt und daher nur relative Wahrheiten;
- Es könnten keine allgemeingültigen abstrakten Theorien aufgestellt werden. Denn: alle wirtschaftlichen Erscheinungen seien raum- und zeitabhängig. Eine für alle Völker gültige Theorie sei wirklichkeitsfremd. Jede Epoche sollte an ihren eigenen Maßstäben gemessen werden. Allerdings sollte aus der Zufälligkeit des historischen Geschehens das „Regelmäßige“ herausgelesen werden. Wirtschaftspolitische Maximen müssten aus dem jeweiligen Entwicklungsstand eines Staates abgeleitet werden;
- Eine Abkehr vom naturwissenschaftlichen Gesetzesbegriff der Physiokraten und der Klassiker. Wirtschaftliche Gesetzmäßigkeiten, die für jede Zeit absolut gälten, seien unmöglich. Wirtschaftliche Erscheinungen seien stets aus der jeweiligen historischen und gesellschaftlichen Entwicklung zu erklären;
- Generell eine mehr oder weniger ausgeprägte Modellfeindlichkeit: Vorschnell verallgemeinernde Modelle wurden abgelehnt. Es wurde nicht mit dem Homo Oeconomicus oder anderen abstrakten Menschenbildern bzw. formalen Modellen gearbeitet;
- Eine holistische Sicht: Institutionen wie Staat, Volk, Nation, wurden als selbständige und übergeordnete Ganzheiten wahrgenommen, die auch die wirtschaftlichen Abläufe beeinflussten. Diese Sicht des We-

sens von Staat und Gesellschaft widersprach direkt der individualistischen Sicht der Klassik. Die Nationalökonomie wurde nicht individualistisch, d.h. als Ökonomie des Einzelindividuums, angesehen, sondern als Ökonomie der Nation. Die Gesellschaft wurde nicht als Summe von Individuen aufgefasst, sondern als „Gemeinschaft", in die das Individuum eingebunden ist, wobei die Gemeinschaft ein dem Einzelnen übergeordnetes organisches Ganzes sei;

- Das gesamte gesellschaftliche Leben, einschließlich der Wirtschaft, wurde als organische Einheit angesehen, bei der sämtliche sozialen Aspekte miteinander verknüpft seien;
- Ökonomische Vorgänge konnten somit nicht isoliert betrachtet werden;
- Der Staat wurde nicht als Institution betrachtet, deren Einfluss möglichst klein gehalten werden sollte. Im Gegenteil: Dem Staat wurden zusätzliche Aufgaben, zum Beispiel der Schutz ökonomisch schwacher Schichten, zugewiesen.

Diese Auffassung richtete sich weniger gegen die Klassiker selbst, dabei vor allem nicht gegen Adam Smith, sondern gegen einen uneingeschränkten Liberalismus, wie er von verschiedenen Freihandelsschulen vertreten wurde und gegen einen auf Nutzenmaximierung gerichteten Individualismus;

- Eine antimechanistische Einstellung: Ökonomische Erscheinungen wurden eher in Analogie zu biologischen Lebensvorgängen gedeutet, und nicht in Analogie zur klassischen Mechanik;
- Eine Ablehnung zu abstrakter Theorien: Historisch einmalige Umstände müssten berücksichtigt werden;
- Ein Interesse an evolutorischen Vorgängen: Es wurde die Entwicklung, speziell der Fortschritt, von Gesellschaft und Wirtschaft untersucht. Dabei ging man davon aus, dass die Gesellschaft, der Staat, die Kultur im Zeitablauf einem ständigen Wandel unterworfen sind;

Um auch hier einem Missverständnis vorzubeugen: Stufentheorien gab es bereits vor dem Auftreten der historischen Schule. Dabei wurde zumeist implizit unterstellt, dass jede nachfolgende Stufe die Kenntnisse und Erfahrungen der vorhergegangenen Stufe kenne und für sich verwende, um damit einen „höheren" (im Sinne von besseren) Zustand zu erreichen. Beispiele für solche früheren Stufenbildungen, die versuchten, die wirtschaftliche Entwicklung zu gliedern und überschaubar zu machen, fanden sich bei Antoine de Condorcet (1743-1794), François Quesnay (1694-1774), Adam Smith (1723-1790). Und auch Karl Heinrich Rau (1792-1870) entwickelte eine Stufenfolge. Zu nennen ist in diesem Zusammenhang vor allem auch Friedrich List (1789-1846), der fünf Stufen unterschied und daran die Wirksamkeit wirtschaftspolitischer Maßnahmen festmachte. Im Rahmen der historischen Schule wurden solche Stufenlehren allerdings besonders ausgebaut und aufgewertet. „Der Gedanke einer schrittweisen, nach bestimmten Kriterien verlaufenden Evolution, die in ihren einzelnen Stufen sichtbar gemacht werden kann, die Vorstellung einer geradlinigen Entwicklung von der Urzeit bis zur Gegenwart, beherrscht fast alle Vertreter der historischen Schule. So ist bis heute mit dieser Richtung der Nationalökonomie eng die Lehre von den Wirtschaftsstufen verbunden" (Winkel 1977, S. 175).

- Stark ethisch-normative Züge (ausgelöst durch die nun deutlich sichtbar gewordene „soziale Frage"): Die wirtschaftlichen Entwicklungen wurden nicht nur beschrieben, sondern auch bewertet und es wurden wünschenswerte Wege aufgezeigt bis hin zum Versuch, auf sozialem Gebiet wirtschaftspolitisch mitzuwirken. Wenn dabei von „Sittlichkeit" die Rede war, war damit nicht speziell das moralische Verhalten der Einzelnen im modernen Wortsinne gemeint. Der egoistische Erwerbstrieb müsse kanalisiert und geregelt werden, wobei informelle Regeln (z.B. Traditionen, Bräuche, Tabus) und formelle Regeln (z.B. Gesetze) existierten;
- Empiristisch: Eine induktive, aus detaillierten Beobachtungen abgeleitete (historische und statistische) Forschung sollte einer erst dann möglichen deduktiven Theoriebildung vorausgehen;
- Eine Ablehnung zu intensiver Verwendung mathematischer Methoden bei der Modellbildung, wohl aber eine Bejahung der Statistik, da diese eine wirklichkeitsgetreue Darstellung der jeweiligen historischen Situation erlaube;
- Statt abstrakter Gesetzmöglichkeiten eine Affinität zu Entwicklungsschemata. Dabei wurde als „Entwicklung" nicht allein ein Wachstum des Sozialprodukts angesehen, sondern auch die Entwicklung des geistigen und qualifikatorischen Potentials einbezogen. Stufentheorien dienten auch als Vergleichsmaßstab, um den Entwicklungsstand von Nationen zu beurteilen. Ein oft gehörter (moderner) Vorwurf bezieht sich auf den statischen Charakter solcher Entwicklungsschemata, der die Übergänge zwischen den einzelnen Stadien vernachlässige und damit keine echte Entwicklungstheorie sei;

- Eine kultur- und geisteswissenschaftliche Ausrichtung: Die Wirtschaftswissenschaften wurden den Kultur- bzw. Geisteswissenschaften und nicht den Naturwissenschaften zugeordnet. Der Wissensschatz aller mit den Menschen und ihrem Zusammenleben befassten Disziplinen sollte in den ökonomischen Erkenntnisprozess einbezogen werden;
- Eine Ablehnung automatisch ablaufender wirtschaftlicher Vorgänge in festgeschriebenen Kreisläufen. Insbesondere wurde auch die Vorstellung abgelehnt, dass eine vollkommene Freiheit (Freizügigkeit) im Wirtschaftsleben eine ideale Gesellschaftsordnung mit idealen Verteilungsergebnissen nach sich ziehen würde. Eine idealere Wirtschaftsordnung müsse bewusst herbeigeführt werden;
- Eine Einbeziehung außerökonomischer Faktoren: So sollten auch andere Komponenten menschlichen Verhaltens, wie etwa Eitelkeit, ein Beharren auf Zuständen, Pflichtgefühl, Ruhmsucht usw. eingebaut werden. Ein reiner Utilitarismus, der menschliches Verhalten allein aus Nützlichkeitsüberlegungen bestimmen wollte, wurde vehement abgelehnt. Und für die Gesellschaft als Ganzes waren bestimmende Faktoren des Verhaltens auch Sitte, Brauchtum, das herrschende Rechtssystem;
- Eine Einbeziehung anderer Disziplinen, man würde heute von einer interdisziplinären Sicht sprechen. Besonders intensiv erörtert wurden die Wechselbeziehungen zwischen Wirtschaft und Rechtssystem, wobei Wert darauf gelegt wurde, auch die jeweilige Rechtsordnung als etwas historisch Gewachsenes zu begreifen.

Die historische Schule in der Ökonomik, die sich wohl erstmals als „Schule" anlässlich des ersten Methodenstreits empfand, stand damals GRUNDSÄTZLICH in Opposition zur:

- Spätklassik;
- Neoklassik;
- Grenznutzenschule;
- Marxistischen Ökonomik.

Diese oppositionelle Haltung gegenüber den aufgeführten Richtungen bezog sich dabei nicht auf ALLE einzelnen Mitglieder der historischen Schule gleichermaßen. Zuweilen gab es Annäherungen zwischen den genannten Schulen und den Auffassungen einzelner Autoren. Darauf komme ich dann bei der Vorstellung der einzelnen Ökonomen jeweils genauer zu sprechen.

Nach den bisher aufgeführten Charakteristika könnte man zu dem (übrigens populären) Schluss kommen, die historische Schule sei insgesamt „theoriefeindlich“ gewesen. Dieser Vorwurf ist in dieser Allgemeinheit aber nicht zutreffend. Grundsätzlich ging es den (vor allem späteren) Mitgliedern der historischen Schule darum, empirisch-historische Vorarbeiten zu leisten (bei denen einige Autoren allerdings stehen blieben!), um daraus dann schließlich eine realitätsnahe Theorie zu formen. Die Gefahr war allerdings nicht von der Hand zu weisen, dass die Disziplin dabei zur Deskription verkümmerte. Trotz aller Einzelleistungen der historischen Schule kann man bereits hier im Überblick festhalten, dass ihre Mitglieder ihren eigenen Erwartungen zumeist nicht wirklich gerecht wurden oder aufgrund ihrer hohen Ansprüche auch nicht konnten.

Es sei zum Schluss dieses Abschnittes nochmals explizit darauf hingewiesen, dass die hier aufgeführten Charakteristika der historischen Schulen grob vereinfacht und verallgemeinernd sind und dass keine Rücksicht auf individuelle Abweichungen einzelner Autoren, die teilweise erheblich waren, genommen wurde.

10.7.2 Einige Vorläufer der historischen Schule

Der Historismus lässt sich bei genauerer Analyse in Ansätzen bereits bis in das frühe 18. Jahrhundert zurückverfolgen. So lassen sich Wurzeln der historischen Schule z.B. in der Geschichtsphilosophie Hegels (1277-1831) finden: „Hegels Philosophie der Weltgeschichte verstand die entstehenden und vergehenden Staaten als Manifestationen eines „Volksgeistes“, der sich in Kunst, Recht, Religion usw. entfalte, deren gesamte Abfolge letztlich den „Fortschritt im Bewusstsein des Geistes von seiner Freiheit“ darstelle (Schmölders 1978, S. 69). Auch Justus von Möser (1720-1794), der romantische Ökonom Adam Müller (1779-1829) mit seiner Ablehnung abstrakter Formeln, starrer Automatismen und rein quantitativer Messungen der Wohlfahrt, und Friedrich List (1789-1846) sowie eine ganze Reihe weiterer deutscher Ökonomen, sogar unter den „deutschen Klassikern“, so weit sie nicht vorbehaltslos der englischen Klassik anhingen, können im weiteren Sinne zu Vorläufern der historischen Schule gerechnet werden. Wie erwähnt: Gerade die Romantik, zwar kurzlebig aber einflussreich, diente als „Nährboden“ (Rieter 1994, S. 130) für die historischen Schulen aller Disziplinen. List, der den Entwicklungsprozess in fünf historische Wirtschaftsstufen einteilte, und Adam Müller äußerten sich beide kritisch gegenüber der Klassik. Harald Winkel weist in seinem Buch „Die deutsche Nationalökonomie im 19. Jahrhundert“ noch auf eine ganze Reihe weiterer Vorläufer hin, die alle den einen oder anderen Punkt der historischen Schule vorweg genommen haben:

„Bei fast allen nationalökonomischen Schriftstellern der ersten Hälfte des 19. Jahrhunderts finden sich gelegentliche Hinweise oder Ansätze, die im Sinne der historischen Schule interpretiert werden können“ (Winkel 1977, S. 91).

Rieter nennt als Vorläufer zusätzlich:

- Giovanni Battista Vico (1668-1744), ein neapolitanischer Rechtsgelehrter und Geschichtsphilosoph. Er entwickelte in seinem Werk: „Principi di una scienza nuova d'intorno alla commune natura della nazione“, Neapel 1725, eine „Scienza Nuova“, in der er den an Mathematik und Physik orientierten cartesianischen Rationalismus entschieden ablehnte. Er stellte hierin auch ein Drei-Stadien-Gesetz vor, nach dem die historischen Etappen als Kreislauf durchlaufen werden. Er wollte alle Institutionen historisch in ihren Wechselwirkungen untersuchen und damit schließlich zu allgemeinen (historischen) Entwicklungsgesetzen vorstoßen;
- Johann Gottfried Herder (1744-1803) versuchte den „Geist der Zeit“ zu erkennen, der jede Nation und jede Epoche präge. „Sein empirischer Relativismus ist stets ganzheitlich und organismisch ausgerichtet“ (Rieter 1994, S. 130);
- Die idealistische Philosophie, dabei insbesondere Johann Gottlieb Fichte (1762-1814) mit seinem Werk „Der geschlossene Handelsstaat“ (1800) und Georg Wilhelm Friedrich Hegel (1770-1831). Sie stellten den Staat über das Individuum und begriffen ihn in seiner jeweiligen historischen Gestalt als Manifestation des Zeitgeistes.

Betrachtet man die Situation in den deutschen Staaten, muss man konstatieren, dass die Smith-Rezeption zwar zunächst nur sehr zögernd voranging. Trotzdem wurde das Gedankengut des Liberalismus bald weitgehend vorherrschend, mit seinem Höhepunkt in der Freihandelsschule. Die Smithsche Botschaft mit ihren wirtschaftspolitischen Implikationen war aber offensichtlich in ihrer naiven Form unvereinbar mit den realen wirtschaftlichen Entwicklungen in den deutschen Staaten. Dafür wurde vor allem die Übersteigerung der Idee eines souveränen Individuums und damit eine Minderschätzung von Staat und Gesellschaft verantwortlich gemacht. Und hier setzte als rückwärtsgewandte Reaktion auch die Romantik ein. Und auch für die historische Schule war die oben angesprochene Unvereinbarkeit von realer Entwicklung und freihändlerischen Versprechungen von gesteigertem Volkswohlstand ein wichtiger, zum Widerspruch anregender, Ausgangspunkt.

10.7.3 Die Aufteilung der historischen Schule in „Generationen“

Die in der Literatur vorgenommenen Aufteilungen der historischen Schule sind NICHT eindeutig, sowohl was die Zuordnung der Personen, als auch was die behandelten Themen und Methoden angeht. Die historische Schule war zudem bezüglich der Meinungen ihrer einzelnen Mitglieder, soweit sie überhaupt zur historischen Schule gerechnet werden, alles andere als homogen. DIES KANN GAR NICHT OFT GENUG BETONT WERDEN.

Es existierte genau genommen keine einheitliche Methode zur Erforschung ökonomischer Phänomene, mit der ALLE ihre Mitglieder übereingestimmt hätten. Schlimmer noch, vor allem in den jüngeren Zweigen der historischen Schule existierten Forscher, die zwar von ihrer Ausbildung her von der historischen Schule kamen bzw. auf Teilgebieten dem Historismus zustimmten, aber sowohl die Erkenntnisse der Klassik als auch der Grenznutzenschule akzeptierten, und dabei ihre eigenen Wege gingen. Einige Gemeinsamkeiten lassen sich aber dennoch finden, die neben organisatorischen Zuordnungen ihre Zusammenfassung zu einer „Schule“ (vielleicht) rechtfertigen.

Ein Beispiel für eine solche umstrittene Zuordnung: Man findet Werner Sombart (1863-1941) zuweilen als (spätes) Mitglied dieser Schule angegeben, zuweilen wird diese Zuweisung vehement abgelehnt. Gleiches trifft auf Max Weber (1864-1920) zu. Werner Stark sieht in Karl Marx (1818-1883) einen „Meister des Historismus“, in dessen Werk schon deutlich sei, dass „um die Mitte des Jahrhunderts die klassische Doktrin der Vergangenheit und die Doktrin des Historismus der Zukunft angehörten“ (Stark 1960, S. 46). Er rechnet Marx damit zu den direkten Vorläufern der historischen Schule. Dies wird von einer Reihe anderer Autoren wiederum abgelehnt. Ich bitte also, die von mir vorgenommene Aufgliederung der historischen Schule und die Zuordnung von Mitgliedern zu meinen Gruppierungen nicht als allgemeingültig, sondern nur als persönliche Vorgehensweise, allerdings unter Berücksichtigung der vorhandenen Literatur, zu betrachten.

Zumeist findet man in dieser Literatur eine Zweiteilung in eine „ältere“ und eine „jüngere“ historische Schule (siehe z.B. Schmölders 1978, S. 70). Diese Zweiteilung ging auf Adolph Wagner (1835-1917) zurück: Wagner trennte die Gruppe wohl deshalb, weil er sich von der „jüngeren“ historischen Schule abgrenzen wollte und weil er ein Bekenntnis zu den Ökonomen der „älteren“ historischen Schule ablegen wollte (Brandt 1993, Band 2, S. 46).

Aber auch eine Dreiteilung, der ich mich letztlich anschließe, wird zuweilen vorgenommen, wobei dann zu der „älteren“ und „jüngeren“ historischen Schule noch eine „jüngste“ historische Schule bzw. „Nachfahren“ der historischen Schule hinzukommen.

Um die Sache weiter zu komplizieren: Einige Autoren lehnen die Existenz einer „älteren“ historischen Schule rundweg ab, und identifizieren die sogenannte „jüngere“ historische Schule um Schmoller als DIE (einzige) historische Schule, bestreiten also jeglichen Sinn einer Unterteilung in „Generationen“. So schreibt z.B. Joseph Schumpeter: „Dies impliziert, dass es unvorteilhaft ist, von einer Älteren Historischen Schule zu sprechen; der Begriff wurde hauptsächlich in der Polemik gegen Schmollers „Historismus“ verwendet, um eine Gruppe von Autoren zu kennzeichnen, die, während sie die Notwendigkeit historischer Forschung anerkannten, gegen die „Theorie“ keine Feindschaft zeigten. Ich bin der Meinung, ... dass die Wirtschaftswissenschaftler, die üblicherweise in diesem Zusammenhang genannt werden, keine eigene Gruppe, geschweige denn eine Schule bilden. Es handelt sich um Hildebrand, Knies und Roscher“ (Schumpeter 1965, S. 622).

Ich habe mich in dieser Einführung, wie erwähnt, für eine auch an den jeweiligen Schaffenszeiten der betreffenden Ökonomen orientierte Dreiteilung entschieden, und dies vor allem, weil eine solche Dreiteilung die Menge der vorhandenen Autoren pädagogisch einprägsam strukturiert und damit eine bessere Merkfähigkeit gewährleistet. Und ich bin zuversichtlich: Der Leser, der sich genauer mit der historischen Schule beschäftigt, wird seine eigene Einteilung schaffen.

10.7.4 DIE „ÄLTERE HISTORISCHE SCHULE“

Wendet man sich im Rahmen der (üblichen) Zweiteilung zunächst der „älteren“ historischen Schule und damit dem Zeitraum von ca. 1840 bis 1870 zu (man kann als exakten Beginn auch die Publikation von Wilhelm Roschers „Grundriss zu Vorlesungen über die Staatswirtschaft nach geschichtlicher Methode“ ansetzen), so wird sie gemeinhin mit drei Ökonomen identifiziert:

- Bruno Hildebrand (1812-1878);
- Wilhelm (Georg Friedrich) Roscher (1817-1894);
- Karl (Gustav Adolf) Knies (1821-1898);

Heinz Rieter rechnet noch einen weiteren Gelehrten hinzu:

- Julius Kautz (1829-1909),

einen österreich-ungarischen Professor, der (Nationalbank)-Gouverneur war und eine einflussreiche Theoriegeschichte „Die geschichtliche Entwicklung der National-Ökonomik und ihrer Literatur“ (1860) schrieb.

Von dem genannten Dreigestirn gilt in der dogmenhistorischen Literatur zumeist Wilhelm Roscher als der wichtigste der drei Ökonomen, er gilt als DER Hauptvertreter und eigentliche Begründer der älteren historischen Schule.

Bei der Betrachtung der Werke der oben genannten Ökonomen der älteren historischen Schule kristallisieren sich bei allen Unterschieden aber doch einige Gemeinsamkeiten heraus:

- Sie waren zugleich Anhänger und Kritiker der klassischen Ökonomik. So kritisierten sie z.B. das Saysche Theorem und die objektive Wertlehre. An Stelle der deduktiven Methode sollte die Induktion treten. Insgesamt wollten sie aber die englische Lehre mit der deutschen wirtschaftswissenschaftlichen Tradition verbinden. Harald Winkel charakterisiert ihre Einstellung gegenüber der Klassik folgendermaßen: „Im Prinzip bleibt dabei die klassische Theorie erhalten, eine eigene „historische Methode“ wird zwar deklamiert, ist aber nur „historischer Standpunkt“, erschöpft sich im Kampf gegen den Absolutheitsanspruch für alle Zeiten gültiger theoretischer Lösungen. Auch die induktive Begründung von Entwicklungsgesetzen der Volkswirtschaft kann nicht zu einer wirtschaftswissenschaftlichen Theorie ausgebaut werden, sie bleibt vielfach nur ein mit historischem Material belegter Versuch, den Nachweis der historischen Transformationsmöglichkeiten der klassisch-liberalen Theorie zu erbringen“ (Winkel 1977, S. 93). Wilhelm Roscher z.B. bejahte explizit einige Lehren der Klassiker.
- Sie hegten Vorbehalte gegenüber einem einseitigen, durch den Utilitarismus geprägten Menschenbild. Es gebe viele wichtige andere, das menschliche Handeln bestimmende, Motive, wie z.B. Gewohnheiten, Eitelkeiten, Pflichtbewusstsein, Sitte, Moral;
- Statt der Einzelbetrachtung von Individuen stand das jeweilige nationale System als Ganzes im Mittelpunkt der Analyse. Wirtschaftliche Phänomene könnten letztlich nur durch die Analyse dieses Systems erklärt werden;
- Es gebe nur relative, auf eine bestimmte historische Situation bezogene Wahrheiten;
- Sie lehnten naturgesetzliche, von Raum und Zeit unabhängige „Gesetze“ ab. Man könne aber Entwicklungsstufen von Ökonomien heraus-

arbeiten, die sich zumindest ähnelten, auch wenn sie abhängig von Raum und Zeit seien;
- Sie wollten (mit der obigen Einschränkung) geschichtliche Stufenfolgen der Wirtschaftsentwicklung aufdecken (solche Entwicklungsideen waren bereits im Merkantilismus anzutreffen). Bei einigen Autoren (insbesondere Roscher und Oncken) fand auch eine kulturelle Zyklentheorie Unterstützung (Brandt 1993, Band 2, S. 53);
- Die Nationalökonomie wurde nicht als Naturwissenschaft, sondern als eine Sozialwissenschaft begriffen;
- Alle Lebensvorgänge seien als historische Ereignisse zu begreifen;
- Historische Daten sollten systematisiert werden, um zu empirisch haltbaren Aussagen zu kommen.

Brandt charakterisiert die ältere historische Schule wie folgt:

(1) Anerkennung organisch-universalistischer Betrachtungsweisen;
(2) Forderung der Anwendung historischer Methoden in der Nationalökonomie;
(3) Frontstellung gegen Individualismus, Utilitarismus und Determiniertheit ökonomischen Geschehens;
(4) Sozial-ethische Beurteilung der sozialen Frage und der Wirtschaftskrisen;

(Brandt 1993, Band 2, S. 52)

Die Ökonomen der älteren historischen Schule haben sich in Deutschland zudem erstmals systematisch mit der Geschichte des eigenen Faches beschäftigt. Ein Beleg dafür sind zwei auch heute noch lesenswerte, sorgfältig recherchierte Werke zur Geschichte der Ökonomik:
- Kautz, Julius, Die geschichtliche Entwicklung der National-Oekonomik und ihrer Literatur (1860);
- Roscher, Wilhelm, Geschichte der National-Oekonomik in Deutschland (1874).

Die von der älteren historischen Schule erhobene Forderung nach einer induktiv geleiteten historischen Forschung, die letztlich zu Erklärungsansätzen führen sollte, blieb im Großen und Ganzen aber bloßes Programm, das nicht wirklich eingelöst wurde.

Zudem existierte ein logisches Problem: Es ist de facto nicht möglich, historische Fakten ohne ein vorher vorhandenes theoretisches Gedankengebäude, also eine Theorie, zu interpretieren und einzuordnen. Empirisches Vorgehen verlangt a priori eine Klassifizierung bzw. eine Theorie, sonst kommt es zu einem orientierungslosen (modern ausgedrückt) „measurement without theory“. Roscher und Hildebrand vertraten im Gegensatz zu einer rein objektiven Wertlehre bereits subjektive Wertansätze.

Wie bereits in Abschnitt 10.7.3 ausgeführt wurde, waren und sind sich die Ökonomen keineswegs über eine adäquate Aufteilung der Mitglieder der historischen Schule einig. Schumpeter z.B. wollte in seiner mit großem Sachwissen geschriebenen Dogmengeschichte „Geschichte der ökonomischen Analyse“ ja die historische Schule in der Ökonomik sogar ausschließlich auf die Zeit und die Gruppe um Gustav Schmoller beschränken.

10.7.5 Bruno Hildebrand (1812-1878)

Vita von Hildebrand

1812:	Geboren am 6. März 1812 im thüringischen Naumburg/Saale als Sohn eines Gerichtskanzlisten, also eines Beamten. Besuch der berühmten Eliteschule zu Schulpforta, nachdem er sich ohne Wissen der Eltern beworben hatte und eine erfolgreiche Aufnahmeprüfung ablegte. Hier erwarb er eine umfassende humanistische Bildung, die für seine weitere geistige Entwicklung wichtig wurde;
1832:	Auf Wunsch der Eltern Studium der Theologie an der Universität Leipzig. Bereits im 2. Semester belegte er aber historische, philosophische und philologische Kurse. Er schloss sich an eine Burschenschaft an. Die Burschenschaften vertraten einen liberal-nationalen Einheitsgedanken, was eine systematische und oft willkürliche Verfolgung seitens der staatlichen Stellen nach sich zog;
1833:	Im 3. Semester Wechsel an die Universität Breslau; Hildebrand wurde wegen seiner Aktivitäten in der Leipziger Burschenschaftsbewegung kurzzeitig inhaftiert;
1836:	Promotion zum Dr. phil. an der Universität Breslau mit dem ersten Teil der historischen Studie „De veterum Saxonum republica“; Kurz darauf Habilitation mit dem zweiten Teil obiger Arbeit an der Universität Breslau und Privatdozent für Geschichte. Aus finanziellen Gründen arbeitete er gleichzeitig am Realgymnasium in Breslau als Lehrer, ja er war sogar zeitweilig Angestellter der Universitätsbibliothek;
1839:	Ernennung zum a.o. Professor für Geschichte in Breslau. Seine Interessen verlagerten sich aber mehr und mehr in Richtung auf die Nationalökonomie;
1841:	Ordinarius für Staatswissenschaften an der Universität Marburg;
1844/1845:	Prorektor an der Universität Marburg. Es kam aufgrund seiner politischen Haltung neuerlich zu Zusammenstößen mit der Obrigkeit;
1845:	Hausdurchsuchung bei Hildebrand wegen des Besitzes einer

	verbotenen englischen Zeitung, der „Deutschen Londoner Zeitung“;
1846:	Reise nach England. Dabei Besuch einer Sitzung des „Deutschen Kommunisten Clubs“ am 14. April 1846;
1847:	Hildebrand wurde bald nach seiner Rückkehr aus London vom Rektorenamt entfernt und geriet wiederum in Konflikt mit der Obrigkeit. Er wurde sogar verhaftet und vom Lehramt suspendiert;
1848:	Sein Hauptwerk „Die Nationalökonomie der Gegenwart und Zukunft“ erschien. Es blieb aber unvollendet (der 2. Band erschien nie);
	Hildebrand wurde im Gefolge der bürgerlichen Märzrevolution durch die nun liberale Regierung in Kurhessen rehabilitiert. Die Anschuldigungen gegen ihn wurden aufgehoben;
1848/1849:	Abgeordneter (Vertreter der Stadt Marburg) in der deutschen Nationalversammlung in der Frankfurter Paulskirche (auf Seiten der demokratischen Linken) und Vorsitzender eines Komitees des Volkswirtschaftlichen Ausschusses dieses Parlaments;
1849:	Mitglied im kurhessischen Landtag als Vertreter der Stadt Bockenheim, bis dieser im Juli 1850 aufgelöst wurde;
1851:	Hochverratsprozess wegen seines Verhaltens während der Revolution. Emigration in die Schweiz (er wurde in Abwesenheit 1854 zu einer zweijährigen Haft verurteilt). In der Schweiz lehrte er an den Universitäten Zürich (1851-1856), wo er sogar das Ehrenbürgerrecht erhielt, und Bern (1856-1861) und gründete das erste kantonale statistische Büro der Schweiz in Bern;
1861:	Rückkehr nach Deutschland, nachdem sich das politische Klima beruhigt hatte. Lehrstuhl für Staatswissenschaften an der Universität Jena;
1862/1863:	Gründer und Herausgeber der „Jahrbücher für Nationalökonomie und Statistik“. Diese Zeitschrift war für längere Zeit das Sprachrohr der historischen Schule;
1864:	Direktor des von ihm initiierten „Statistischen Büros vereinigter thüringischer Staaten“. Zudem unterstützte er die Anbindung Jenas an das Eisenbahnnetz;
1872:	Mitbegründer des „Verein für Socialpolitik“;
1878:	Gestorben am 29. Januar 1878 in Jena:

Joseph Schumpeter attestierte Hildebrand eine „unermüdliche Aktivität". Man muss hinzufügen, auch einen ungebrochenen Mut, zu seinen politischen Überzeugungen zu stehen, auch wenn es ihm gravierende persönliche Nachteile einbrachte.
Bertram Schefold charakterisiert ihn wie folgt: „Hildebrand war politisch liberal im Sinne der Befürwortung liberaler politischer Institutionen und eines Verfassungsstaates. Liberal war er auch in seiner Ablehnung kommunistischer, sozialistischer und utopischer genossenschaftlicher Tendenzen, mit denen er sich vorurteilsfrei und mit persönlichem Mut auseinandersetzte" (Schefold 1998c, S. 6). Hinzufügen muss man, dass er auch immer wieder als Organisator im Wirtschaftsleben tätig wurde: Witwenkassen (Marburg und Jena), eine Spar- und Leihbank in Bern, Eisenbahngründungen in Zürich, Bern und Jena.

Einige Werke von Hildebrand

„De veterum Saxonum republica" (1836);

„Xenophontis et Aristotelis de oeconomia publica doctrinae illustratae" (1845);

„Die Nationalökonomie der Gegenwart und Zukunft" (1848);

Dieses Werk sollte ursprünglich aus 2 Bänden bestehen. Der zweite Band, mit dem er seinen eigenen „historischen Ansatz" vorstellen wollte, ist allerdings (leider) nie erschienen.

Im ersten Band wurden anhand von (1) Adam Smith und seiner Schule, (2) Adam Müller und der Romantik, (3) Friedrich List, (4) Sozialisten dabei insbesondere Friedrich Engels, (5) Proudhon, deren Einseitigkeiten herausgearbeitet. „Sie bilden alle – so Hildebrand – richtige Facetten eines von ihnen jeweils im Ganzen verfehlten Zusammenhanges, den erst die historische Methode der Ökonomie sinnreich entfalten könne" (Burkhardt, Priddat 2000, S. 920).

1848 erschienen übrigens noch zwei andere bedeutende ökonomische Werke, von denen das eine versuchte, die klassische Theorie weiter auszuarbeiten (John Stuart Mill „Principles of Political Economy") und das andere, sie zu widerlegen („Kommunistisches Manifest" von Karl Marx und Friedrich Engels).

„Statistische Mitteilungen über die volkswirtschaftlichen Zustände Kurhessens" (1853);

„Die Kurhessische Finanzverwaltung" (1860);

„Untersuchungen über die Bevölkerung des alten Italiens" (1861);

„Beiträge zur Statistik des Kantons Bern“ (1863);

„Die gegenwärtige Aufgabe der Wissenschaft der Nationalökonomie“ (1863);

„Natural-, Geld- und Kredit-Wirtschaft (1864);

„Die wissenschaftliche Aufgabe der Statistik“ (1866);

„Statistik Thüringens“ (2 Bände, 1866-1878);

„Zur Geschichte der deutschen Wollindustrie“ (1866);

„Die soziale Frage der Verteilung des Grundeigentums im klassischen Altertum“ (1869);

„Beiträge zur Geschichte der Preise und des Tagelohns in Hessen“ (1872);

„Die Entwicklungsstufen der Geldwirtschaft“ (1876);

Hildebrand „soll hohe Ansprüche an Publikationen gestellt und den Schülern geraten haben, nichts der Presse zu übergeben, womit sie nicht völlig zufrieden sein könnten, oder wovon man befürchten müsse, dass man es später ... wieder zurückzunehmen wünschen werde“ (Schefold 1998c, S. 14).

Während ich dies niederschreibe, fällt mir auf, dass ich mich jedenfalls nicht an diesen Wunsch Hildebrands gehalten habe. Mir scheint aber, dass jeder einigermaßen selbstkritische Autor nach einigen Jahren ohnedies (fast) immer das Bedürfnis empfindet, seine früheren Arbeiten neu (und besser) zu schreiben. Auch Autoren entwickeln sich weiter.

Thesen von Hildebrand

Bruno Hildebrand war gelernter Historiker. Er vertrat konsequent die relativistische Einstellung des Historismus und ging dabei weiter als Wilhelm Roscher. „Trotz der Verdienste und wahrhaft weltgeschichtlichen Stellung hat Adam Smith und seine ganze Schule mit seinen Vorgängern, den Merkantilisten und Physiokraten, gemein, dass er eine nationalökonomische Theorie aufzubauen suchte, deren Gesetze für alle Zeiten und Völker absolute Gültigkeit haben sollten ... Sie gehen von der Ansicht aus, dass alle Gesetze der Volkswirtschaft, weil sie in dem Verhältnis des Menschen zu den Sachgütern begründet seien, über Zeit und Raum erhaben, bei allem Wechsel der Erscheinungen fest bleiben, und vergessen dabei gänzlich, dass der Mensch als soziales Wesen stets ein Kind der Zivilisation und ein Produkt der Geschichte ist, und dass seine Bedürfnisse, seine Bildung, seine Beziehungen zu den Sachgütern wie zu den Menschen niemals dieselben bleiben, sondern sowohl geographisch verschieden sind, als auch historisch sich immer verändern und mit der gesamten Kultur des Menschengeschlechts fortschreiten" (Hildebrand 1848 zitiert in: Schneider 1962, S. 289).

Max Weber bescheinigte ihm, dass „gerade er, in gewissem Sinne sogar nur er, mit der heute als „historisch" bezeichneten Methode wirklich gearbeitet hat" (Max Weber zitiert in: Kolb 1997, S. 107).

Im Vorwort seines Hauptwerkes „Die Nationalökonomie der Gegenwart und Zukunft" (1848) betonte Hildebrand, dass er „auf dem Gebiete der Nationalökonomie einer gründlichen historischen Richtung und Methode Bahn brechen, und diese Wissenschaft zu einer Lehre von den ökonomischen Entwicklungsgesetzen der Völker" (Hildebrand 1848 zitiert in: Schneider 1962, S. 288) ausbauen wolle. „Viele Sätze, die man im Studierzimmer für unzweifelhaft hielt, haben sich in der freien Luft als unhaltbar erwiesen ... Statistische Angaben, welche man als Beweise wissenschaftlicher Ansichten benutzt hatte, erscheinen ungenügend ... Wenn daher irgendeiner Wissenschaft eine neue Prüfung ihrer bisherigen Grundlagen und Prinzipien Not tut, so ist dies gewiss in der Volkswirtschaftslehre der Fall" (Hildebrand 1848 zitiert in: Schneider 1962, S. 288).

Die Ökonomik war bei Hildebrand Teil einer umfassenderen Sozialwissenschaft, sie war in Kooperation mit den anderen Sozialwissenschaften zu entwickeln (die Soziologie war damals noch kein eigenes Fach). „Derartige sozialwissenschaftliche Gedankengänge waren damals neu und fügten sich zwischen den methodologischen Individualismus der englischen Klassiker und den naiven Universalismus der deutschen Romantiker" (Pierenkemper 1998, S. 207). Die Ökonomik sollte sogar eine Vorstufe zu einer allgemeinen Kulturtheorie sein, sogar quasi die Keimzelle einer allgemeinen Kulturtheorie. „Als Kulturwissenschaft hat die Nationalökonomie den Entwicklungsgang der Völker zu erforschen. Sie muss zeigen, wie die Menschheit von Stufe zu Stufe fortschreitet und wie im Bewusstsein des Vergangenen aus der gegenwärtigen Kultur die Aufgaben formuliert werden, die der lebenden Generation zu lösen vorbehalten sind" (Brandt, Band 2, 1993, S. 57). Also bezüglich seiner methodologischen Grundsätze: Keine gleichsam „ewig unveränderlichen" naturwissenschaftlich determinierten Gesetzmäßigkeiten in der Ökonomik. „Die Suche nach Naturgesetzen in der Volkswirtschaftslehre habe die Aufmerksamkeit ausschließlich auf solche Bereiche gelenkt, die eine unverkennbare Kontiguität mit der natürlichen Dimension menschlichen Handelns aufwiesen. Dies habe zu dem Versuch geführt, sowohl das Verhalten der Menschen als auch die wirtschaftliche Entwicklung mit Dynamiken zu erklären, die den in der Natur herrschenden ähneln. Doch wolle man den Zusammenhang zwischen menschlichem Handeln und gesellschaftlicher Entwicklung vollständig erfassen, müsse man nicht nur das Verhältnis zwischen Mensch und Natur in Betracht ziehen, sondern auch die sozialen Beziehungen" (Gioia 1998, S. 222/223). Aus dieser Auffassung resultierte auch seine Ablehnung der Ricardianer mit ihren Naturgesetze implizierenden logischen Folgerungen. Hildebrand wandte sich auch gegen ausschließlich naturrechtlich dominierte Vorstellungen.

Vertreten wurde hingegen ein induktives Vorgehen mit Hilfe der Statistik, die die Sozialwissenschaften von der Herrschaft der abstrakt-spekulativen Methode befreien könne und eine unparteiische Erfassung der Realität ermögliche. Diese Auffassung erscheint dem heutigen Statistiker mit seiner Vielzahl von Methoden und unterschiedlichen Ausprägungen dieser Methoden, zudem teilweise modellmäßig erzeugten Datensätzen, etwas naiv. (Hildebrand konnte aber damals nicht ahnen, welche Entwicklung die von ihm favorisierte Statistik nehmen würde, und dies darf man ihm auch nicht ankreiden).

Joseph Schumpeter charakterisierte Hildebrand wie folgt: „Hildebrand war sehr aktiv und seine Arbeit verdienstvoll; er betonte in seinem Programm und Werk den evolutionären Charakter der ökonomischen Zivilisation ... und die grundsätzliche Bedeutung historischen Materials stärker als die meisten seiner Zeitgenossen" (Schumpeter 1965, S. 988).

Bekannt ist Bruno Hildebrand heute im akademischen Unterricht vor allem durch seine Stufenlehre: Naturalwirtschaft, Geldwirtschaft, Kreditwirtschaft, die er nach der jeweils existierenden Art der Tauschmittel unterschied, dem Entwicklungsstand des Tauschverkehrs, dem Kriterium der „drei möglichen Umsatzarten". „Die drei Wirtschaftsstufen sind nun allerdings nicht chronologisch voneinander geschieden, sondern entwickeln sich durch allmähliche Übergänge chronologisch auseinander. Es geht ihnen wie mit allen großen historischen Ideen. Während die eine im Absterben begriffen ist, beginnt die folgende bereits in immer größeren Kreisen Macht zu gewinnen. Jede bildet einen Gegensatz zur vorhergehenden und die vollständige Verwirklichung derselben ist das Resultat eines geschichtlichen Kampfes, in welchem das Alte allmählich von dem Neuen besiegt wird" (Hildebrand zitiert in: Eisermann 1998, S. 99).

Stufenlehren waren bereits im 18. Jahrhundert eine beliebte Argumentationsform. Nun wurden sie allerdings nicht mehr als Wille Gottes bzw. als mechanisch durch Naturgesetze bestimmt angesehen, sondern nun „werden die die gesellschaftliche Entwicklung bestimmenden Gesetzmäßigkeiten (nun) in dem komplexen wirtschaftlichen, politischen und institutionellen Beziehungsgefüge gesucht" (Gioia 1998, S. 212).

Jede (abendländische) Nation beginne laut Hildebrand „ihre ökonomische Laufbahn" mit dem Stadium der Naturalwirtschaft, wobei es zwei mögliche Ausprägungen gebe: Selbständiges Bauerntum oder die zwei Klassen: Grundbesitzer und arbeitende Bauern. Die wirtschaftliche Dynamik sei auf dieser naturalwirtschaftlichen Stufe gering, vorherrschend sei der „langsame, einförmige Gang aller Produktionszweige". Überschüsse der Produktion könnten nur bedingt aufbewahrt werden: „Der Mensch kann deshalb nicht für die Zukunft sparen; er kann Überfluss und Mangel weder in der Zeit noch im Raume ausgleichen, er lebt nur für den Moment ... Er hängt mit seinem Erwerbe ganz von der Gunst oder Ungunst des Himmels ab, er ist noch ein Sklave der Natur". Die nächste Stufe, die Geldwirtschaft, hebe diese Abhängigkeiten auf. Jetzt gebe es das Geld, ein aufbewahrungsfähiges Gut. Dies gestalte die Gesellschaft in nachhaltiger Weise um. Nun tritt eine neue Schicht hinzu: Die Kapitalisten als Besitzer beweglichen Eigentums. Das Kapital tritt als dritter Produktionsfaktor auf, es wird immer einflussreicher. Die traditionelle Gesellschaftsstruktur beginne sich zu verändern. Der Unternehmer wird zu einer Schlüsselfigur. Die Arbeiter seien nicht mehr ausschließlich an die Grundherren gebunden, sie könnten auch für die Kapitalisten für Geld arbeiten.

Kapital kenne zudem keine Grenzen für seine Expansion. Nun träten erkennbar Dynamisierungseffekte ein: Beschleunigung der Arbeitsteilung, technischer Fortschritt, Intensivierung des Güteraustausches. Die Wissenschaft trete in enge Verbindung mit der Technik. Auch das politische System sei betroffen, der „moderne" Staat löse die Lehensgesellschaft ab, das Geld dringe auf alle Gebiete vor: besoldete Staatsdiener, allgemeine Steuerpflicht, Söldnerheere, Zentralisierung der Gesetzgebung.

Die Geldwirtschaft bringe aber auch deutliche Schattenseiten mit sich: Gesellschaftliche Entsolidarisierung, eine Ellenbogengesellschaft, in der der größere Kapitalist den kleineren unterdrücke, ein Kampf aller sozialen Kräfte gegeneinander, Elend, eine Niederlage der (geldwirtschaftlich) Schwächeren: „Es entwickelt sich ein Kampf aller sozialen Kräfte, der zu einer Geld- und Kapitalherrschaft führt, welche die neue Beweglichkeit des Lebens zu ihren Gunsten ausbeute, ein Kampf der, soweit er nicht in der öffentlichen Moralität des Volkes Schranken findet, mit der Niederlage des Schwächeren, mit dem Proletariat endigt" (Hildebrand 1864 zitiert in: Gioia 1998, S. 235).

Die Kreditwirtschaft, die dritte Stufe, sah Hildebrand hingegen außerordentlich positiv: Der Kredit erhöhe „die produktive Kraft aller gewerblichen Klassen". Nun gebe es Kredit nicht nur für die Besitzenden, sondern auch für den, der etwas IST, also einen Kredit auf die Person. Die weitere Ausbildung dieses persönlichen Kredits („moralischen Kredits") beende das Monopol der Kapitalisten, verringere die Kluft zwischen Eigentümern und Nichteigentümern. Der befähigte Arbeiter könne nun ebenfalls Unternehmer werden.

Wie man sah, habe zwar die Naturalwirtschaft die Menschen mehr durch „äußerliche, sinnliche Bande" zusammengehalten, aber dadurch auch die wirtschaftliche Entwicklung gehemmt. Hier herrsche der feudale Zwang vor. Die Geldwirtschaft sprengte zwar diese Fesseln und rief durch ihren bewussten Individualismus eine große wirtschaftliche Dynamik hervor, aber leider auch eine „selbstsüchtige Interessenökonomie". Dadurch brächen soziale Kämpfe aus, die Hildebrand als unsittlich geißelte. Erst die Kreditwirtschaft erzeuge dann wiederum einen geistigen und sittlichen Zusammenhang zwischen den Menschen. Sie verbände, quasi als Synthese der beiden vorhergehenden Systeme, die Vorzüge der beiden vorangegangenen Entwicklungsstufen: „Der Kredit verbindet ... Käufer und Verkäufer so lange miteinander, als das Schuldverhältnis dauert. Während das Metallgeld nach vollzogenem Umsatz die Menschen sofort wieder voneinander löst, knüpft das Zahlungsmittel des Kredits die Menschen aneinander, verpflichtet sie gegenseitig, und erzeugt eine Reihe von Assoziationen, die einerseits in dem gegenseitigen Vertrauen wurzeln, andererseits wieder ein gegenseitiges Interesse aneinander hervorrufen" (Hildebrand zitiert in Burkhardt, Priddat 2000, S. 922). „Wird dieser persönliche oder vielmehr moralische Kredit ausgebildet und durch Bank- oder Kreditinstitute ... realisiert, so hört das Monopol der Kapitalisten, die Kluft zwischen Eigentümern und Nichteigentümern auf. Der moralische Wert des Menschen erhält die Kraft des Kapitals" (Hildebrand zitiert in: Schefold 1998c, S. 29).

Hildebrand verband mit seinem Fortschreiten zur nächsten Stufe also immer auch einen qualitativen Wandel. Die jeweilige Stufe hat „weitgreifende Wirkungen auf das ganze soziale Leben der Völker" und begründet damit „eine eigene ökonomische Welt mit selbständiger Organisation und selbständigen Lebensbedingungen" (Hildebrand zitiert in: Schefold 1998c, S. 28).

Dies war ersichtlich ein Gegenentwurf zu Engels, der den Verlauf der Geschichte als zunehmende Verelendung der Proletarier interpretierte. Bei Hildebrand waren hingegen die Missstände der Geldwirtschaft nur von kurzer Dauer, die mit der Verwirklichung der Kreditwirtschaft verschwänden. Somit war Hildebrands Stufenlehre in ihrem Kern eigentlich eine soziale Heilslehre, die Kreditwirtschaft das „Heilmittel" für die soziale Frage. Hinter der Stufentheorie von Hildebrand stand deutlich die Vorstellung einer Vervollkommnung der Menschheit, die sich in immer höherwertigeren Stufen manifestiere.

Gegen eine derartige Stufenlehre als Abbild der historischen abendländischen Realität wurden zu Recht eine ganze Reihe von historischen Einwänden vorgebracht: Hildebrand habe bei seiner Stufeneinteilung wesentliche historische Daten vernachlässigt, die von ihm unterschiedenen Stufen seien nicht charakteristisch für bestimmte Entwicklungsepochen, sie schlössen sich gegenseitig nicht hinreichend aus, die letzte Stufe (Kreditwirtschaft) stünde nicht im Gegensatz zur Geldwirtschaft, Geldwirtschaft sei immer auch bereits Kreditwirtschaft, seine Stufenlehre sei historisch gesehen also recht oberflächlich.

Seine Stufenlehre hatte denn auch tatsächlich wenig Einfluss auf nachfolgende Ökonomen.

Bezeichnend war seine explizit geäußerte Abneigung gegen sozialistische Strömungen, dabei insbesondere gegen Friedrich Engels „Die Lage der arbeitenden Klasse in England" („Deutsch-Französische Jahrbücher 1844), mit dem er sich sogar im Rahmen einer ausführlichen Passage seines Hauptwerkes auseinandersetzte. Genauer im 4. Abschnitt seines ersten und einzigen Bandes „Die Nationalökonomie" unter der Überschrift „Die sozialen Wirtschaftstheorien". Dieser Abschnitt war doppelt so umfangreich wie die übrigen vier Abschnitte zusammen. Die Diskussion des (zeitgenössisch so bezeichneten) Pauperismus war Hildebrand sehr wichtig. Zunächst bestritt er die in der Arbeit von Engels dargelegten Fakten. Engels ginge von „falschen allgemeinen historischen und statistischen Voraussetzungen aus". Das dargestellte Elend der arbeitenden Klasse sei in den Regionen, in denen noch kein Fabriksystem eingeführt worden sei, noch größer gewesen. „Das Fabriksystem habe die Armut der Menschen nicht geschaffen, sondern im Gegenteil, dieses als Problem bewusst gemacht und die arbeitenden Klassen aus Trägheit und Unwissenheit herausgerissen" (Pierenkemper 1998, S. 188). Die momentanen Leiden seien nur ein notwendiges vorübergehendes Phänomen. Die von Hildebrand „formulierte Konsequenz, dass entgegen der Engelschen Anschauung das Fabriksystem nicht die Ursache des Pauperismus darstellte, sondern weit eher die Lösung für dieses Problem in sich trug, wird heute von allen namhaften Forschern geteilt" (Pierenkemper 1998, S. 206). Hildebrand wollte, wie angedeutet, die dabei aufgezeigten Probleme gänzlich anders als Engels und die Sozialisten lösen. Eine sozialistisch organisierte Gesellschaft war für ihn das „Grab des Individualismus und der Zivilisation". Gottfried Eisermann sieht in den diesbezüglichen handfesten Formulierungen von Hildebrand in seinem Hauptwerk „Die Nationalökonomie" direkt ein „Bürgerliches Manifest“ als Replik auf das „Kommunistische Manifest“ (Eisermann 1998, S. 110).

„Rascher wird Hildebrand mit Engels' Aufsatz „Umrisse zu einer Kritik der Nationalökonomie“ fertig. Engels früher Versuch, begrifflich innere Widersprüche des Konkurrenzsystems aus angeblichen inneren Widersprüchen der Werttheorie abzuleiten, weist Hildebrand, der sich hier durchaus in klassischer Werttheorie beschlagen zeigt, zurück; vor allem hebt er hervor, dass der „Widerspruch“ sich durch die Aufhebung des Privateigentums nicht lösen ließe“ (Schefold 1998c, S. 37).

Der ethischen Einstellung Hildebrands gemäß sollte der Staat Sozialreformen beschließen, denn die sozialen Probleme würden sich nicht von selbst lösen, könnten aber im Rahmen einer kapitalistischen Wirtschaftsordnung grundsätzlich gelöst werden. Diese von einer normativen Ökonomik her diktierten Forderungen waren Hildebrand sehr wichtig.

Hinter seiner Stufenlehre standen letztlich sozialpolitische Überlegungen, man kann sogar, wie oben angedeutet, schlussfolgern, „his stage theory of economic progress was surely intended as a polemic against Marxist socialism ... Hildebrands vision of society... was meant as an anticommunist manifesto“ (Kisch 1968, S. 357). Hildebrand charakterisierte die Stufe: „Geldwirtschaft“ als eine „selbstsüchtige Interessenökonomie“, die aber auf der (fortgeschritteneren) Stufe: „Kreditwirtschaft“ einer neuen und besseren Ordnung, zum sozialen Ausgleich, gebracht würde. Die Arbeiterklasse, das Proletariat, würde hier verschwinden. Der Kredit wurde geradezu zu einer sittlichen Institution. Der moralische Wert eines Menschen, das Vertrauen auf seine zukünftigen Leistungen, erhielt den Charakter von Kapital. Diese Thesen und auch seine Stufentheorie standen in deutlicher Opposition zu Marx und Engels, was es verständlich macht, dass er (naturgemäß) von Marxisten nicht geschätzt wurde und wird.

Interessant ist, dass Hildebrand in seinen späteren größeren Aufsätzen seine Stufenlehre nicht mehr verwendet, ja nicht einmal mehr nennt. „Man wird also zu der Folgerung gezwungen, dass Hildebrand seine Stufenlehre inzwischen entweder stillschweigend fallengelassen oder dass er sie als begrifflich-kategoriale Basis für seine konkrete wirtschaftshistorische Arbeit als unzulänglich, untauglich – oder völlig irrelevant angesehen hat“ (Eisermann 1998, S. 111).

Aber auch gegen den klassischen Liberalismus äußerte Hildebrand kritische Vorbehalte. So beurteilte Hildebrand die Konkurrenz durchaus zwiespältig: Sie hätte zwar einerseits ersichtlich die Produktivität gesteigert, aber auch „den Kampf dieser Kräfte in einen gesellschaftlichen Krieg verwandelt", was die sittliche Basis zerstöre. Hier schwang eine der Hauptfragen und Sorgen Hildebrands mit: Würden die materiellen Vorzüge der industriellen Entwicklung auch gleichermaßen moralisch/sittliche Vorzüge bringen oder zerstöre die industrielle Entwicklung gerade solche sittlichen Tugenden? „Obwohl Hildebrand die spontane Besserung der Moral durch die Ausbreitung des Marktsystems in Zweifel zog, war er ... von der Möglichkeit der Verbindung des moralischen und kulturellen mit dem technischen und wirtschaftlichen Fortschritt überzeugt" (Schefold 1998c, S. 10).

Vitantonio Gioia zieht das Fazit: „Hildebrand hält die rein „ökonomische" Analyse der Klassiker nicht für hinreichend, vermag sie aber nicht durch eine zufrieden stellende Analyse des „sozialen Elementes" in der wirtschaftlichen Entwicklung zu ersetzen oder zu vervollständigen" (Gioia 1998, S. 246).

Der dem Volkswohl verpflichteten Wirtschaftspolitik falle in jedem Falle die Aufgabe zu, „die nachteiligen Wirkungen selbstsüchtiger Privatwirtschaft durch die Organe der Staatsgewalt" aufzuheben (Brandt, Band 2, 1993, S. 58).

Für Hildebrand war eine ethisch begründete Ökonomik besonders bedeutsam. Selbst List wurde aus diesem Grund von ihm abgelehnt: „Bei List erscheint jede Unterordnung des Privatinteresses unter den öffentlichen Zweck nur als Forderung der Klugheit und des wohlverstandenen Eigennutzes, nicht als sittliche Pflicht, welche aus der Natur des Gemeinwesens hervorgeht" (Hildebrand 1848 zitiert in: Winkel 1977, S. 97).

Nochmals: Im ersten Kapitel seiner „Nationalökonomie" beschäftigte Hildebrand sich mit Adam Smith. Er gestand Smith zwar zu, dass sein Beitrag großartig gewesen sei, kritisierte aber die naturrechtliche Philosophie und die universelle Rolle des Selbstinteresses bei Smith: Die Nationalökonomie könne „keine Naturlehre der menschlichen Selbstsucht ..., sondern (müsse) eine ethische Wissenschaft sein" (Hildebrand 1848 zitiert in: Burkhardt, Priddat 2000, S. 920). „Die Lehren der Smithschen Schule hätten zu einer „Vergötterung des Privat-Egoismus" geführt" (Rotschild 1998, S. 146). Smiths Grundannahmen seien ahistorisch: Sie seien aus den damaligen englischen Verhältnissen abgeleitet, als ewige und absolute Form des Wirtschaftens betrachtet, und deshalb für das Verstehen der Probleme anderer Länder nicht relevant, vor allem nicht für die deutschen Staaten.

Letztlich umfasste Hildebrands Anklage gegen Smith und das Smithsche Denken drei Hauptpunkte: „Die Einseitigkeit des Smithschen Systems beruhte nach Hildebrand auf dessen Kosmopolitismus, Atomismus und Materialismus" (Rothschild 1998, S. 141). Dabei verwendete Hildebrand das Wort

„Kosmopolitismus“ allerdings nicht in seiner jetzigen Bedeutung als Gegensatz zum Nationalismus, sondern im Sinne „einer Ableitung allgemeiner oder universeller Schlussfolgerungen aus speziellen Zusammenhängen“ (Rothschild 1998, S. 152).

Hildebrand gab zwar zu, dass seine Sicht der Klassik von dem Romantiker Adam Müller beeinflusst worden sei. Aber er fügte hinzu, dass er weder die Hinwendung zum Mittelalter noch die reaktionären Schlussfolgerungen der Romantiker akzeptieren könne.

Zudem muss man bedenken, dass Hildebrand eine wirtschafts- und entwicklungsgeschichtliche Fragestellung aufwarf, ganz anders als die Problemstellungen von Smith, Ricardo und den anderen klassischen Ökonomen. Hildebrand will wissen, wie „die Fundamente und der Bau der gegenwärtigen wirtschaftlichen Kultur“ historisch geworden sind. Die Klassiker dagegen wollten wissen, wie die Wirtschaft in einem bestimmten historischen Zustand funktioniert, d.h. wie das wirtschaftliche Grundproblem, das Problem der Allokation der Ressourcen, gelöst wird … In dieser Einseitigkeit, nicht in der Fragestellung, lag Hildebrands Fehler“ (Schneider 1962, S. 291).

Hildebrands Thesen zur Wertlehre beinhalteten bereits subjektive Elemente. So sah er keinen Dualismus zwischen Nutz- und Tauschwert. Während sich der Nutzwert auf die Brauchbarkeit eines Gutes für die eigenen Verwendungszwecke beziehe, behandle der Tauschwert „das Regulativ der Nutzeneinschätzungen verschiedener Tauschpartner“ (Brandt, Band 2, 1993, S. 58).

Herbert Kisch kommt in seinem Artikel in der „Encyclopedia of the Social Sciences“ meines Erachtens zu Recht zu dem ernüchternden Urteil: „Hildebrand failed to develop a coherent system of economics“ (Kisch 1968, S. 357) und auch Erich Schneider schloss sich diesem Urteil an (Schneider 1962, S. 291). Gottfried Eisermann zieht das folgende Fazit, dem man aufgrund des fehlenden zweiten Bandes von „Die Nationalökonomie“ wohl zustimmen muss: „Die Reform der nationalökonomischen Theorie als einheitliches Lehrgebäude bleibt indes auf halbem Wege stecken. Wohl finden sich über das ganze Werk hin verstreute Bemerkungen über die neue postulierte Methode, aber allen diesen Elementen fehlt der gemeinsame Mittelpunkt, von dem aus sie als Folgerungen eines einheitlichen Prinzips erscheinen könnten“ (Eisermann 1998, S. 94/95).

Bertram Schefold fand etwas versöhnlichere Worte, die zum Abschluss der Thesen von Hildebrand zitiert werden sollen: Der Einfluss Hildebrands als einer der Begründer der historischen Schule „war groß, brach aber irgendwann ab. Ihn zu studieren, scheint gleichwohl aus den verschiedensten

Gründen besonders lohnend. An ihm lassen sich die Fragestellungen und Beweggründe, die zur Herausbildung der Schule führten, ihre Visionen, ihre methodischen Probleme, ihre politischen und institutionellen Erfolge und deren Grenzen studieren" (Schefold 1998c, S. 53).

Mein subjektiver Eindruck ist, dass Hildebrand sehr kritisch gegenüber anderen ökonomisches Strömungen war, und dass sich im Rahmen dieser Kritik auch viel Nachdenkenswertes befindet. Vor allem seine Auseinandersetzungen mit dem Sozialismus sind hier zu erwähnen. Konkrete eigene theoretische Ansätze sind aber nicht viele vorhanden, es sind eher die Postulate und Versprechungen, sowie seine ethische Haltung, die auffallen. Aber dies ist eine sehr subjektive Einschätzung, der viele Kollegen sicher nicht zustimmen werden.

Gottfried Franz schließlich gibt das ausgewogene Urteil ab: „Über Bruno Hildebrand sind die widersprechendsten Kritiken vorhanden, anerkennende und ablehnende. Die Mehrzahl der bedeutenderen Nationalökonomen ... ist nicht mit seinen Ansichten einverstanden. Schon zu seinen Lebzeiten wurde er stark getadelt, nicht nur von den Gegnern seiner Richtung, sondern nicht minder scharf von den Gelehrten, die wie er historisch gerichtet waren. Mit Roscher hat er wiederholt Auseinandersetzungen gehabt. Knies deckt zahlreiche Mängel in Hildebrands Lehre auf ... Die Hauptbedeutung Hildebrands ist aber wohl seine vermittelnde Stellung zwischen Individualismus und Universalismus, zwischen Liberalismus und sozialistischer Zwangswirtschaft, zwischen der Beförderung des Fortschrittes und der Berücksichtigung der Arbeiterklasse, kurz seine eklektische Unabhängigkeit gegenüber sämtlichen nationalökonomischen Systemen, die es damals gab" (Gottfried Franz 1928, zitiert in: Vademecum zu einem Klassiker der Stufenlehren, 1998, S. 62).

10.7.6 Carl Knies (1821-1898)

Vita von Knies

(Die Lebensdaten wurden vor allem dem Kommentarband „Vademecum zu einem deutschen Klassiker der Geldtheorie“, Düsseldorf 1996, entnommen)

1821:	Carl (Gustav Adolf) Knies wurde in Marburg am 29. März als Sohn eines Polizeiexpedienten geboren. Er besuchte das Gymnasium in Marburg. Seine Jugendzeit war von bitterer Armut geprägt: ein „Mangel an Vermögen und Reichtum an Kindern“;
1835:	Versetzung seines Vaters nach Fulda. Carl ging in das dortige Gymnasium;
1841:	Abitur;
	Studium an der Universität Marburg vom Sommersemester 1841 an. Er studierte Geschichte und klassische Philologie, hörte bei Bruno Hildebrand aber auch staatswissenschaftliche Vorlesungen;
1846:	Promotion mit der historischen Arbeit „Historia Praenestis oppidi“, die gleichzeitig als Habilitationsschrift anerkannt wurde. Knies erhielt damit die Lehrbefugnis für Geschichte und Staatswissenschaften;
	Die Beziehung zu Bruno Hildebrand wurde bald eine Freundschaft. Knies trat wie Hildebrand für die liberale Einheitsbewegung ein. Es entstanden Flugblätter und Brockhaus-Artikel. Knies sollte im Auftrag des liberalen Ministers Eberhard einen Plan für die Gründung eines Polytechnikums in Kassel ausarbeiten;
1848:	Knies beteiligte sich an dem vom Verlag Brockhaus im Revolutionsjahr 1848 herausgegebenen Sammelwerk: „Die Gegenwart“ mit dem Beitrag „Der Deutsche Bund bis zur Epoche von 1830“;
1849:	Knies wurde zum 1.10.1849 von der liberalen Regierung in Kassel mit dem Unterricht in Geschichte, deutscher Sprache, Statistik und Handelsgeographie an der Höheren Gewerbeschule (Polytechnische Schule) in Kassel beauftragt;
1850:	Publikation von „Die Statistik als selbständige Wissenschaft“. Knies unterschied hierbei zwei Schulen der Statistik. Er ver-

	trat eine mathematisch fundierte Statistik, die sich rein auf Zahlen und die Erfassung und Bearbeitung quantifizierbarer Größen beschränkte und nicht eine schildernde deskriptive Statistik, eine „Staatsarithmetik"; Knies schrieb in „Die Statistik als selbständige Wissenschaft" (1850) diesbezüglich: „Nachdem die unerlässliche Scheidung der bisher unter dem gemeinsamen Namen der Statistik hervorgetretenen zwei Disziplinen ausgesprochen ist, empfiehlt es sich am meisten, die zuletzt geschilderte auch fernerhin mit dem Namen der Statistik zu belegen und die historische Achenwall-Schlözersche Richtung als Gegenwartskunde oder Staatenkunde der Gegenwart oder Staatszustandskunde zu bezeichnen".
1851:	Knies wurde aufgrund der jetzt restaurativen Politik der Regierung die Lehrbefugnis in Kassel entzogen. Er kehrte auf seine Privatdozentur in Marburg zurück, wo er ein breit gefächertes Angebot an historischen, statistischen und ökonomischen Vorlesungen anbot;
1852:	Im Herbst 1852 wurde Knies auch die Lehrtätigkeit in Marburg untersagt. Er musste daraufhin aus finanziellen Gründen die folgenden Jahre als Lehrer für Geschichte, Geographie und eidgenössisches Staatsrecht an der Kantonsschule Schaffhausen verbringen;
1853:	Sein Werk „Die politische Ökonomie vom Standpunkt der geschichtlichen Methode" erschien;
1855:	Rückkehr nach Deutschland auf eine ordentliche Professur der Kameralwissenschaften an der Universität Freiburg i. Br.;
1860:	Mitwirkung an: „Prememoria der protestantischen Professoren der badischen Landesuniversität Freiburg", das das badische Konkordat mit dem Vatikan verhindern sollte;
1861:	Seit Herbst 1861 war Knies Mitglied der Vierten Kammer der Badischen Landstände;
1862:	Direktor des neu gegründeten Badischen Oberschulrats für Mittel- und Volksschulen;
1864:	Mitwirkung am Gesetz über die Aufsichtsbehörden für die Volksschulen, das die Bildung von Ortsschulräten unter Teilnahme von Geistlichen beider Konfessionen und der Elternschaft vorsah. Wegen eines Kompromisses im Schulstreit zwischen der Badischen Regierung und der katholischen

	Geistlichkeit trat Knies von seinem Amt zurück;
1865:	Annahme eines Rufes als Ordinarius der Staatswissenschaften an der Universität Heidelberg;
1871-1879:	Erscheinen der Werke von Knies zu monetären Problemen;
1877:	Ehrendoktorwürde der juristischen Fakultät der Universität Tübingen;
	Ernennung zum Badischen Geheimen Hofrat und zum Geheimen Rat II. Klasse;
1881:	Mitglied der Ersten Kammer der Ständeversammlung;
1896:	Im April 1896 begab sich Knies in den Ruhestand;
	Festschrift zum 75. Geburtstag von Carl Knies. Neben Arbeiten von J.B. Clark und E.R.A. Seligman erschien darin auch der berühmte Aufsatz Böhm-Bawerks: „Zum Abschluss des Marxschen Systems";
1898:	Am 3. August starb Knies in Heidelberg an einem Schlaganfall.

Nachtragen zur Vita von Knies muss man noch, dass er ein großartiger akademischer Lehrer war und dass sein Seminar an der Universität Heidelberg (1865-1896) rasch zu einem der Mittelpunkte der ökonomischen Studien in Deutschland wurde. So studierten hier z.B. John Bates Clark (1847-1938), Edwin Robert Anderson Seligman (1861-1939), und für eine kurze Zeit auch Friedrich Wieser (1851-1926) und Eugen von Böhm-Bawerk (1851-1914). Ein wichtiger Schüler, späterer Kritiker und Nachfolger von Knies auf dessen Heidelberger Lehrstuhl war Max Weber (1864-1920).

Bezüglich Böhm-Bawerk schreibt Karl Häuser: „Für sein späteres Lebenswerk Kapital und Kapitalzins dürfte die Zeit des jungen Böhm in Heidelberg besonders anregend und bedeutsam gewesen sein" (Häuser 1996, S. 34).

Gustav Schmoller charakterisierte Carl Knies wie folgt: „Dabei zeichnet ihn eine seltene Vorsicht, Ruhe und Besonnenheit aus; er ist nicht so geistreich wie Hildebrand und nicht so vielseitig, so leistungsfähig und gewandt wie Roscher; ... Es ist vielleicht seine größte Stärke, dass er auf Grund seines Sinnes für die Wirklichkeit und seiner sorgfältigen Untersuchungen einerseits, der abstrakten, langsamen Durchdenkung der komplizierten Zusammenhänge andererseits, eine seltene Weite der wissenschaftlichen Gegensätze umspannt" (Gustav Schmoller 1888, in: „Vademecum zu einem deutschen Klassiker der Geldtheorie", Düsseldorf 1996, S. 16).

Werke von Knies (Auswahl)

„Die Statistik als selbständige Wissenschaft; Zur Lösung des Wirrsals in der Theorie und Praxis dieser Wissenschaft“ (1850);

„Die katholische Hierarchie in den großen deutschen Staaten seit 1848 und der gegenwärtige Konflikt in der oberrheinischen Kirchenprovinz“ (1852);

„Die politische Ökonomie vom Standpunkte der geschichtlichen Methode“ (1853);

„Die Eisenbahnen und ihre Wirkungen“ (1854);

Knies beschäftigte sich hier ausführlich mit den Wirkungen eines vergrößerten Eisenbahnnetzes: Vergrößerung des Absatzgebietes, Verdrängung des Handwerks, „wertgeringere“ Güter profitierten mehr als „werthöhere“ Güter, Abbau von temporären Preisunterschieden durch Senkung der Transportkosten.

„Die nationalökonomische Lehre vom Wert“ (1855);

Knies war Anhänger der Gebrauchswertschule: „Der Tauschwert eines Gutes ist um so höher, je größer die subjektiven Gebrauchswerte sind und je leichter die interpersonelle Wertübertragung ist“ (Brandt, Band 2, 1993, S. 62). Auch wenn der Wertbegriff der Gebrauchswertschule ähnlich klingt wie der Wertbegriff der Grenznutzenschule, muss doch betont werden, dass es Knies „an dem rein individuellen Subjektivismus (fehlte), da er die Brauchbarkeit immer von der Seite der Güter betrachtete“ (Yagi 1996, S. 100).

Knies sah keinen Widerspruch zwischen Tauschwert und Gebrauchswert: „Der Tauschwert der Güter im Allgemeinen ist um so größer, je größer ihr Gebrauchswert ist und je leichter sich eine Übertragung derselben – das Geschäft des Tauschens – vollzieht“ (Hildebrand 1855 zitiert in: Yagi 1996, S. 100).

„Der Telegraph als Verkehrsmittel, mit Erörterungen über den Nachrichtenverkehr überhaupt“ (1857);

„Ethische und religiöse Gesichtspunkte zur Beurteilung der Volkswirtschaft und Volkswirtschaftslehre in der Gegenwart“ (1859);

„Zur Lehre vom wirtschaftlichen Güterverkehr, vom Geld und vom Kredit“ (1862);

„Finanzpolitische Erörterungen“ (1871);

„Geld und Kredit“ (3 Bände, 1873, 1876, 1879);

„Weltgeld und Weltmünzen“ (1874);

„Carl Friedrich von Badens brieflicher Verkehr mit Mirabeau und Du Pont“ (2 Bände, 1892).

Thesen von Knies

10.7.6.1 Carl Knies als Methodologe: „Die politische Ökonomie vom Standpunkte der geschichtlichen Methode“ (1853)

Knies vertrat in dieser methodologischen Schrift:

- eine Bevorzugung der induktiven Methode,
- dass ökonomische Theorien keinen Absolutheitsanspruch hätten, sondern historisch relativiert werden müssten: „Sie können nur unter Bedingungen und Einschränkungen Geltung haben, welche aus den konkreten Lebensverhältnissen hervorgehen. Es kann dieselbe Wahrheit, dieselbe Maxime in der einen Zeit, bei dem einen Volke segenbringend sein, und in einer anderen Zeit, für ein anderes Volk eine verderbliche Anwendung finden“ (Knies 1853 zitiert in: Eisermann 1996, S. 73).
- dass der Mensch neben seinem Selbstinteresse noch viele andere Motive für ökonomisches Handeln habe;
- dass die Lösungen, zu denen man gelange, nie abgeschlossen seien, sondern einem ständigen Evolutionsprozess unterlägen;
- es gebe keinen ökonomischen Kreislauf, in dem sich die Ströme gleichbleibend wiederholten;
- es gebe zwar gewisse Gleichartigkeiten in der Entwicklung (Evolution) von Nationen, die gewisse Analogieschlüsse erlaubten. Eine allgemeine, starr eingehaltene Stufenlehre für alle Nationen („Geschichtsgesetze“) berücksichtige die nationalen Eigenheiten nicht. Die ökonomischen Gesetze seien nur „Gesetze der Analogie“.

Knies hob (wie Friedrich List) die Rolle der „produktiven Kräfte“ besonders hervor. Selbstsucht sei als alleinige Motivation ökonomischen Handelns abzulehnen, nicht hingegen Selbstliebe aus Selbsterhaltung. Insbesondere dürfe man dem Egoismus in der freien Konkurrenz nicht die Rolle als Regulator ökonomischer Vorgänge zubilligen, der dann zu harmonischen Ergebnissen führe.

„Aber auch Knies ... verzichtete keineswegs auf die „Smithsche Lehre“, sondern verwandte die klassische Theorie, ... indem er sie mit allen historischen Wenn und Aber vortrug, im praktischen Unterricht weiter ... Auch er streifte dabei vorwegnehmend bereits Konzepte, die später von der Grenznutzenschule gewonnen werden sollten, so wenn er den Grad des Wertes eines Gutes abhängig sein ließ von dem Maß, indem es der Befriedigung menschlicher Bedürfnisse zu dienen geeignet ist“ (Eisermann 1996, S. 80).

Er schrieb auch eindeutig zur Abgrenzung zwischen ökonomischer Theorie und Geschichte: „Möchten wir jedoch auch wohlerwogenermaßen mit größtem Nachdruck und in stärkstem Umfang uns auf die Geschichte verweisen und stützen wollen, so darf doch deshalb niemals der Unterschied zwischen Wirtschaftsgeschichte und politischer Ökonomik, oder zwischen der fachmäßigen Aufgabe des Historikers und der des Nationalökonomen verkannt werden“ (Knies 1853 zitiert in: Eisermann 1996, S. 90).

Die Ökonomik soll also trotz des Einsatzes historischer Methoden eine eigenständige Wissenschaft bleiben. „Die politische Ökonomie richtet sich auf die „Erscheinungen des Gemeinschaftslebens“ der Menschen, auf der „Grundlage sozialer und politischer Bindungen innerhalb einer rechtlichen Ordnung“ ... Form und Gestalt der wirtschaftlichen Erscheinungen sind stets das Ergebnis historischer Entwicklung. Der Ökonom muss die Geschichte befragen, wenn er Einblicke in soziale Zusammenhänge gewinnen will ... Jeder Absolutheitsanspruch im Sinne von Gesetzeswissen ist abzulehnen. Es gibt keine ewigen Wahrheiten, denn die Ökonomik ist selbst das Ergebnis der Geschichte, sie ändert sich, weil sie an die Bedingungen von Zeit und Raum, wie der Nationalität, gebunden ist“ (Brandt, Band 2, 1993, S. 60).

Historische Methode war für Knies „nur ein Synonym für historischen Standpunkt ... Worauf es Knies ankam, war lediglich, ein für alle Mal nachgewiesen zu haben, dass keine Theorie „für alle Zeiten und Völker“ ihre Gültigkeit bewahren kann“ (Eisermann 1996, S. 94/95). Knies akzeptierte also keine absoluten und ewigen „Geschichtsgesetze“, es könne nur um die Auffindung von Analogien in der geschichtlichen Entwicklung wirtschaftlicher Gegebenheiten gehen. „Die ökonomischen Gesetze seien daher lediglich Gesetze der Analogie“ (Eisermann 1996, S. 71). Ökonomische Erkenntnisse hätten nur einen relativen Wert.

Mathematischen Methoden in der Ökonomik konnte Knies in all ihren Ausformungen nichts abgewinnen. Sie waren für ihn schlicht ein Irrweg, ein ungeeigneter methodischer Ansatz: „Nachdrücklich ist auch vor der irrigen Ansicht zu warnen, als ob durch mathematische Analysen und Umbildungen algebraischer Gleichungen neue Substanzen für Begriffe, die in den Ausgangsgleichungen noch nicht repräsentiert waren, und neue ökonomisch-politische Lehren herausgerechnet werden könnten“ (Knies 1853).

Knies wandte sich auch explizit gegen den Sozialismus. Er setzte sich kritisch und gründlich als einer der wenigen „bürgerlichen“ Ökonomen seiner Zeit mit Marx und dessen Werttheorie auseinander, ohne indessen den Scharfsinn von Marx und die Verwandtschaft einiger seiner Auffassungen mit dem Historismus zu leugnen.

10.7.6.2 Carl Knies als Geld- und Währungstheoretiker

Carl Knies war von den Gründern der älteren historischen Schule der einzige, der sich ausführlich mit den Themen: Geld, Kredit und Währung auseinandersetzte. Sein umfangreiches Werk dazu, das größte und ausführlichste, das zu diesem Themenkreis bis dahin in deutscher Sprache erschienen war, bestand aus drei Bänden, gliederte den Stoff aber in zwei „Abteilungen", nämlich in „Das Geld" und „Der Kredit". Im Zusammenhang mit seinen monetären Überlegungen muss auch noch das eigenständige Buch „Weltgeld und Weltmünzen" (1874) genannt werden. Hierin schlug Knies vor, ein Weltgeld in Gestalt einer international einheitlichen Münze zu schaffen. Ein Vorschlag, der auf dem Hintergrund der damals entstandenen Münzunionen (lateinische Münzunion 1865, skandinavische Münzvereinbarung 1873, deutsche Münzvereinheitlichung ab 1871) und einem vollwertigen Münzgeld keineswegs absurd war.

Der kenntnisreiche Dogmenhistoriker Bertram Schefold rechnet Band 1 des Werkes „Geld und Kredit" zu den besten theoretischen Leistungen der deutschen Nationalökonomie im 19. Jahrhundert, auch wenn es meines Erachtens kein revolutionäres Werk war. „Dieses Werk wäre genug, die Behauptung zu widerlegen, die Historische Schule sei theorielos gewesen" (Bertram Schefold, Einleitung zum „Vademecum zu einem deutschen Klassiker der Geldtheorie", Düsseldorf 1996, S. 5).

Knies warf in seiner geldtheoretischen Schrift „Geld und Kredit" folgende Fragen auf:

- Warum gibt es Geld?
- Was ist Geld?
- Welches sind seine Funktionen?
- Welche Geld- bzw. Währungsordnung ist anzustreben?
- Sind Banknoten Geld und müssen sie reguliert werden?

Bei der Frage „Was ist Geld" blieb Knies nicht bei den Geldfunktionen stehen, sondern versuchte, ontologisch das Wesen des Geldes zu ergründen. Knies akzeptierte zwar die Normierung des Geldes durch den Staat, aber anders als bei Knapp musste dieser Normierung die Werthaltigkeit des Geldes vorausgehen, das Geld konnte bei ihm materiell kein beliebiger Stoff sein.

Eindrucksvoll waren bei Knies die Überlegungen zu den (drei) Geldfunktionen, die er durch historische Beispiele ausführte. „Unseres Wissens gibt es kein anderes Werk über Geld, in dem bereits vor über einhundertzwanzig Jahren die Geldfunktionen auf so eindeutige, minutiöse und immer noch gültige Weise dargestellt worden sind" (Häuser 1996, S. 39/40). Trotz seiner historischen Bezüge hat Knies hier aber keine Geldgeschichte, sondern eine Geldtheorie geschrieben. „Allerdings ist der Begriff Theorie dabei nicht im Sinne analytischer Theorie, sondern in einem ontologischen Sinne zu verstehen: Sie ist nicht Geldwerttheorie, sondern Geldwesentheorie" (Häuser 1996, S. 35).

Die Antwort auf die Frage: „Sind Banknoten Geld und müssen sie reguliert werden?" mag einem heutigen ökonomischen Praktiker selbstverständlich erscheinen. Damit waren aber damals die Probleme der Metalldeckung der Banknoten und der entsprechenden Zentralbankpolitik angesprochen. Knies erkannte den Banknoten zwar den Charakter eines Zahlungsmittels, aber nicht die Qualität des Geldes zu (siehe dazu Häuser 1996, S. 41). Knies trat für eine Deckung und strenge Regulierung der Notenausgabe ein, die zudem ausschließlich die Zentralbank durchführen dürfe.

Karl Brandt (Band 2, 1993, S. 62) und auch Kiichiro Yagi (1996, S. 99) charakterisieren Knies als Metallisten. „Aber seine Begründung hatte mit den englischen klassischen Nationalökonomen nichts gemein, da Knies das Geld ausschließlich vom Gesichtspunkt des Gebrauchswertes betrachtete ... Im Gegensatz zu den englischen Klassikern, die das regelnde Prinzip der Preisbildung in den Produktionskosten suchten, suchte die Gebrauchswertschule die ökonomische Werterscheinung im Güter-Bedürfnis-Verhältnis" (Yagi 1996, S. 99/100).

Bertram Schefold findet hingegen, dass das Werk von Knies sowohl metallistische als auch nominalistische Züge enthalte. „Er erkannte die Macht des Staates an, den Umlauf edler Metalle (er sprach sich für einen Goldstandard aus) durch einen Notenumlauf zu ergänzen, und forderte eine staatliche Kontrolle der Emission. Dabei sah er keine Ablösung des Papiergeldes vom Golde vor" (Bertram Schefold, Einleitung zum „Vademecum zu einem deutschen Klassiker der Geldtheorie", Düsseldorf 1996, S. 11).

Meine (natürlich subjektive) Meinung dazu ist, dass Knies zwar im Kern Metallist war, aber einige Auffassungen nominalistischer Natur ebenfalls aufnahm.

10.7.6.3 Rezeption von Knies

Sein methodologisches Werk aus dem Jahre 1853 stieß in den ersten Jahren nach seiner Publikation in den deutschen Staaten nur auf ein mäßiges Interesse. Erst im Rahmen der jüngeren historischen Schule wurde es neben

Roschers „System der Volkswirtschaft" als eine Art „Programmschrift" der älteren historischen Schule betrachtet.

Nimmt man moderne deutsche Lehrbücher zur Geldtheorie zur Hand, fällt auf, dass der Name: „Knies" dort überhaupt nicht genannt wird, nicht einmal in Fußnoten.

Aufgeführt wird Knies heute noch in den Lehrbüchern zur Dogmengeschichte als einer der drei „Gründer" der älteren historischen Schule und dabei wird immer auf sein Werk „Die politische Ökonomie vom Standpunkte der geschichtlichen Methode" Bezug genommen. Seine Geldtheorie wird, wie angedeutet, auch in diesem Rahmen kaum mehr genannt.

Häuser (1996) unterscheidet bezüglich der Rezeption der GELDTHEORIE von Knies eine frühe wirkungsträchtige Wirkungsgeschichte und dann nach dem ersten Weltkrieg als Zäsur eine ersterbende Wirkungsgeschichte. Für die Phase vor dem ersten Weltkrieg nennt er als Zeugen Böhm-Bawerk, der in seinen kapitaltheoretischen Schriften Knies häufig zitierte, und Alfred Marshall, der in seinen „Principles" Knies nannte. In der damaligen zeitgenössischen Literatur wurde „Das Geld" von Knies oft erwähnt bzw. zitiert. Nach dem ersten Weltkrieg trat dann die erwähnte Phase des Vergessens ein, die bis heute anhält.

Häuser nennt als Gründe für dieses Vergessen:

(1) Knies hätte es mit seinem Stil den Lesern nicht gerade leicht gemacht (eine Aussage, die ich nur bestätigen kann!);
(2) Knies enthielt sich der Teilnahme an allen publikumswirksamen Debatten;
(3) Es drängten sich konkurrierende Theorien vor;
(4) Das Ende der historischen Schule und ihre Abwertung bedeutete auch das Ende der Geldtheorie und aller übrigen Schriften von Knies, der ja als bedeutender Vertreter dieser „überholten" Schule galt.

Hinzu kam meines Erachtens, dass die nach dem ersten Weltkrieg auftretenden ökonomischen Probleme, wie Reparationen und Inflation, im Werk von Knies nicht angesprochen wurden. „Der Zusammenbruch des alten Reiches hatte nicht nur dessen politische, wirtschaftliche, militärische und soziale Fundamente erschüttert, sondern auch tiefgreifende Wirkungen für die Geistesgeschichte und die ihrem Umfeld zuzurechnenden Wissenschaften erzeugt. Der Bruch mit der Vergangenheit ging tief und erreichte auch die Nationalökonomie ... Die Historische Schule insgesamt gehörte von nun an zum Gestrigen, Überwundenen, Falschen" (Häuser 1996, S. 50).

Im Ausland ging das monetäre Werk von Knies letztlich fast völlig unter, d.h. wurde nicht beachtet. Ein Beispiel: Der einflussreiche amerikanische

Ökonom Francis Amasa Walker (1840-1897), der sich theoriegeschichtlich mit den Geldfunktionen auseinandersetzte, hat in seinen beiden diesbezüglichen Werken „Money" (1878) und „Money in its Relations to Trade and Industry" (1879) Knies nicht einmal erwähnt. Und dies, obwohl die von Knies aufgeführten und diskutierten Geldfunktionen heute als Selbstverständlichkeit in jedem Lehrbuch zur Geldtheorie stehen.

Joseph Schumpeter nannte in seiner „Geschichte der ökonomischen Analyse" Knies einen „der hervorragendsten Gelehrten der deutschen Wirtschaftswissenschaft" (Schumpeter 1965, S. 622), ein Lob, das von einem so belesenen, gebildeten aber auch skeptischen Autor wie Schumpeter doppelt klingt. Dabei rechnete Schumpeter Knies zu den ökonomischen THEORETIKERN. Seine Nennung im Zusammenhang mit der historischen Schule sei ausschließlich auf sein methodologisches Werk „Die politische Ökonomie vom Standpunkte der geschichtlichen Methode" (1853) zurückzuführen. Auch wenn dieses Buch interessant sei, bedeute es in Anbetracht der eigenen Arbeitsweise von Knies nicht viel.

Karl Marx war vor allem von Knies werttheoretischen Überlegungen alles andere als angetan. „Knies lehnte den Marxschen Schluss ab, die soziale Substanz des Wertes der Waren in den in ihnen verkörperten Arbeitsquanten zu suchen, weil er davon überzeugt war, dass man aus der Wertgleichung zweier verschiedener Güter den „Gebrauchswert in genere" ableiten könne" (Yagi 1996, S. 101). Dies brachte ihm einen bösen Spott von Marx ein, den dieser in einem Brief an Friedrich Engels äußerte.

10.7.7 WILHELM ROSCHER (1817-1894)

VITA VON ROSCHER

1817:	Wilhelm (Georg Friedrich) Roscher wurde als jüngstes von fünf Kindern am 21. Oktober in Hannover geboren. Seine Eltern entstammten Offiziers- und Beamtenfamilien. Sein Vater Conrad August Albrecht Roscher (1774-1827) war Oberjustizrat im Justizministerium Hannover. Wilhelm besuchte das Lyzeum in Hannover;
1827:	Sein Vater verstarb. Dadurch verstärkte sich seine Bindung an seine Mutter, mit der er bis zu deren Tod 1857 in einem Haushalt zusammenlebte;
1834:	Roscher hielt die Festrede zur Feier des Königs-Geburtstages im Lyzeum;
1835:	Ablegung des Abiturs, nachdem Roscher die Schule verlassen hatte, um zu Hause vermehrt die Klassiker studieren zu können, mit der Beurteilung „ehrenvoll“ noch vor seinem 18. Geburtstag;
1836:	Beginn eines Studiums der Altertums- und Geschichtswissenschaft an der Universität Göttingen;
1838:	Promotion am 10.9.1838 an der Universität Göttingen und Fortsetzung seiner Studien in Berlin, unter anderem bei Leopold von Ranke und Niebuhr;
1840:	Habilitation zum Privatdozenten für Geschichte und Staatswissenschaften an der Universität Göttingen;
1843:	Erscheinen seines Werkes: „Grundriss zu Vorlesungen über die Staatswirtschaft; Nach geschichtlicher Methode“; Außerordentlicher Professor an der Universität Göttingen;
1844:	Zum 1.1.1844 ordentlicher Professor an der Universität Göttingen;
	Am 23. April 1844 heiratete Wilhelm Roscher. Der glücklichen Ehe entsprossen 23 (!) Kinder;
1848:	Nach Ablehnung eines Rufes an die Universität Erlangen Annahme eines Rufes an die Universität Leipzig, wo er den Rest seines Lebens (bis 1894) blieb. Er lehnte (auch auf Bitten des sächsischen Königs hin) Rufe an die Universitäten Wien, München und Berlin ab;

1855-1871: Roscher gehörte dem Vorstand des Evangelischen Missionsvereines zu Leipzig an, davon 15 Jahre als Vorsitzender;
1857: Tod der Mutter, zu der er nach dem frühen Tod des Vaters eine besonders enge Bindung hatte und die ihn religiös (protestantisch) stark beeinflusste;
1874: Roscher veröffentlichte sein Werk „Geschichte der National-Ökonomik in Deutschland". Auslöser war ein vom bayerischen König Maximilian II. angeregtes Sammelwerk „Geschichte der Wissenschaften in Deutschland", das die Historische Kommission der Münchner Akademie verwirklichen sollte;
1889: Roscher wurde von der Lehrverpflichtung entbunden und stellte im Frühjahr 1894 seine akademische Tätigkeit ganz ein;
1894: Roscher starb nach nur zehntägiger Krankheit am 4. Juni 1894 in Leipzig.

Erich Streissler nennt Roscher „die Zentralfigur der deutschsprachigen Nationalökonomie im dritten Viertel des 19. Jahrhunderts" (Streissler 1994, S. 37). Carl Menger, der Gründer der „Österreichischen Schule", widmete ihm sein Hauptwerk „Grundsätze der Volkswirtschaftslehre" (1871). Im weiteren fährt Erich Streissler, ein eminent belesener, vielseitiger und kreativer Ökonom, sogar mit folgendem hohen Lob fort: „Und wenn man einem Studienanfänger der Wirtschaftswissenschaft Roschers „Grundlagen der Nationalökonomie" in die Hand drückt, so kann man ihm getrost versichern: Wenn Du das, was in diesem Buch steht, verstanden hast, so hast Du die gesamte theoretische Nationalökonomie begriffen, und gerade auch, bis auf einige geringfügige Ergänzungen und einige Modifikationen der Fachterminologie, die moderne Nationalökonomie" (Streissler 1994, S. 40).

Bertram Schefold charakterisiert den Menschen Wilhelm Roscher: „Roscher verfügte über ein sicheres Urteil, das er maßvoll vorzutragen wusste. Er war im Kern liberal und von den religiösen Vorstellungen und den sittlichen Normen des 19. Jahrhunderts geprägt" (Schefold 1994c, S. 7).

Gerade diese starke religiöse Prägung Roschers, die auch in sein Werk ausstrahlte, darf man nicht vernachlässigen. Dass er regelmäßig vor seinen Vorlesungen betete, war dabei nur ein äußeres Indiz dafür. In seinem Werk fand diese stets präsente religiöse Grundhaltung unter anderem in folgendem ihren Niederschlag:

- Letztlich sei es unmöglich, den Sinn der welthistorischen Entwicklungen verstehen zu wollen, denn dies hieße, die Pläne Gottes selber verstehen

zu wollen;
- Menschen seien nicht bloße Einzelwesen, sondern „gliedhaft" eingefügt in eine „übergeordnete Gemeinschaft" religiös transzendenter Struktur und Färbung (siehe Eisermann 1992, S. 29);
- Bezüglich Reformen: „Sowie eine echte und allgemeine Religiosität uns vor jeder unerträglichen Ausartung der bestehenden Wirtschaftsverhältnisse bewahrt haben würde, so ist auch unter allen bisher vorgeschlagenen Reformen keine einzige, die nicht zu ihrer gedeihlichen, ja überhaupt nur haltbaren Durchführung eine wesentliche Steigerung und Verallgemeinerung echter Religiosität im Volke voraussetzte" (Roscher 1874, S. 1025).

Hinzufügen zu der Darstellung von Roschers Charakteristika muss man noch seine immense humanistische Bildung und seine daraus resultierende Zuneigung zum klassischen Altertum, sowie seine generelle anti-revolutionäre Einstellung. Eisermann führt hierzu näher aus: „Es bedarf keiner näheren Erläuterung, dass damit jede Revolution – und das will in unserem Zusammenhang heißen: vor allem jene von 1848 – von vorneherein verurteilt wird, dass Roscher unzweideutig Partei ergreift für jene sozialen Gruppen, die sich im Besitz der sozialen und politischen Machtpositionen befinden ..." (Eisermann 1992, S. 56). Auch wenn Roscher Revolutionen und Gewalt ablehnte, war er aber doch kein bloßer Reaktionär, sondern eher ein zwischen den verschiedenen (auch politischen) Auffassungen seiner Zeit auf Ausgleich bedachter Mensch.

Diese auf Ausgleich bzw. Vergleich bedachte Haltung Roschers zusammen mit der Forderung der Entwicklung einer eigenen Urteilsfähigkeit spiegelt sich sehr schön in einem Zitat aus § 29 seiner „Die Grundlagen der Nationalökonomie": „Wir machen aufmerksam auf die zahllosen verschiedenen Gesichtspunkte, aus denen jede wirtschaftliche Tatsache betrachtet werden muss, um allen Ansprüchen gerecht zu sein ... Überhaupt wollen wir denjenigen, welche sich unserer Führung anvertrauen, nicht etwa eine Masse Verhaltensregeln einprägen, von deren Vortrefflichkeit wir sie zuvor überredet hätten, sondern unser höchster Wunsch geht dahin, dass sie in Stand gesetzt werden, frei von jeder irdischen Autorität, aber nach gewissenhafter Abwägung aller Umstände, sich selbst Verhaltensregeln für die Praxis zu schaffen" (Roscher 1866, S. 48/49). Es erübrigt sich fast, hinzuzufügen, dass Roscher demgemäß auch bei allen Erscheinungen des modernen Lebens Licht- und Schattenseiten sah.

EINIGE WERKE VON ROSCHER (BÜCHER UND AUFSÄTZE)

„De historicae doctrinae apud sophistas majores vestigiis" (Dissertation 1838);

Es handelte sich hierbei um eine Abhandlung über den historischen Relativismus der Sophisten.

„Leben, Werk und Zeitalter des Thukydides; Mit einer Einleitung zur Ästhetik der historischen Kunst überhaupt" (1842, gewidmet Ranke);

„Grundriss zu Vorlesungen über die Staatswirtschaft; Nach geschichtlicher Methode" (1843);

Dieses Werk wurde gewissermaßen die Programmschrift der älteren historischen Schule.

„Über den Luxus" (1843);

„Betrachtungen über den Sozialismus und Kommunismus" (1845);

Schefold charakterisiert diesen Aufsatz: „eine brillante Analyse der unvermeidlichen Funktionsmängel in größeren kommunistischen Staatsgebilden, die Roscher mit einer unerwarteten Vielzahl historischer Analogien zu belegen weiß" (Schefold 1994c, S. 10).

„Über Kornhandel und Teuerungspolitik" (1847);

„Umrisse zur Naturlehre der drei Staatsformen" (1847/1848);

„Nationalökonomische Ansichten über die deutsche Auswanderung" (1848);

„Der gegenwärtige Zustand der wissenschaftlichen Nationalökonomie und die notwendige Reform desselben" (1849);

„Über das Verhältnis der Nationalökonomie zum klassischen Altertume" (1849);

„Zur Lehre von den Absatzkrisen" (1849);

„Zur Geschichte der Englischen Volkswirtschaftslehre" (1851/1852);

„Über Kornhandel und Teuerungspolitik" (3. erweiterte Ausgabe, 1852);

„Über die Stellung der Nationalökonomik im Kreise der verwandten Wissenschaften" (1852);

„System der Volkswirtschaft; Ein Hand- und Lesebuch für Geschäftsmänner und Studierende" (5 Bände, 1854-1894);

Band I: „Grundlagen der Nationalökonomie" (1854);

Band II: „Nationalökonomik des Ackerbaues und der verwandten Urproduktionen" (1859);

Band III: „Nationalökonomik des Handels und Gewerbefleißes" (1881);

Band IV: „System der Finanzwissenschaft" (1886);

Band V: „System der Armenpflege und Armenpolitik" (1894);

Diese Bände stellten bis zur Jahrhundertwende im deutschsprachigen Raum ein maßgebliches ökonomisches Werk dar. Das Werk erlebte sehr viele Auflagen (der erste Band z.B. 26 Auflagen), wurde in viele Fremdsprachen übersetzt, und war in den USA sogar ein beliebtes Lehrbuch. (Im folgenden zitiere ich nach der in meinem Besitz befindlichen 6. Auflage: Roscher, Wilhelm, Die Grundlagen der Nationalökonomie; Ein Hand- und Lesebuch für Geschäftsmänner und Studierende, 6. Aufl., Stuttgart 1866);

„Kolonien, Kolonialpolitik und Auswanderung" (2. erweiterte Auflage, 1856);

„Ansichten der Volkswirtschaft aus dem geschichtlichen Standpunkte" (1861);

Das Buch enthält eine Sammlung (sieben) großer Aufsätze von Roscher, von denen einige in dieser Auflistung extra genannt wurden und die Roscher im wesentlichen VOR den „Grundlagen der Nationalökonomie" schrieb und 1861 in überarbeiteter Form herausgab.

„Die deutsche Nationalökonomik an der Grenzscheide des 16. und 17. Jahrhunderts" (1862);

„Studien der Naturgesetze, welche den zweckmäßigen Standort der Industriezweige bestimmen" (1865);

„Die volkswirtschaftlichen Ansichten Friedrichs des Großen" (1866);

„Der sächsische Nationalökonom Johann Heinrich Georg Justi" (1868);

„Zur Gründungsgeschichte des Zollvereins" (1870);

„Betrachtungen über die geographische Lage der großen Städte" (1871);

„Betrachtungen über die Währungsfrage der deutschen Münzreform" (1872);

„Geschichte der National-Ökonomik in Deutschland" (1874);

„Die Stellung der Juden im Mittelalter, betrachtet vom Standpunkte der allgemeinen Handelspolitik" (1875);

„Die Beteiligung evangelischer Geistlicher an der sozialen Bewegung unserer Zeit" (1878);

„Versuch einer Theorie der Finanz-Regalien" (1884);

„Kolonien, Kolonialpolitik und Auswanderung" (3. neu bearbeitete Auflage des Buches von (1856), 1885);

„Umrisse zur Naturlehre des Cäsarismus" (1888);

„Umrisse zu einer Naturlehre der absoluten Monarchie" (1890);

„Umrisse zur Naturlehre der Demokratie" (1888);

„Politik; Geschichtliche Naturlehre der Monarchie, Aristokratie und Demokratie" (1892);

In diesem Werk untersuchte Roscher viele politische Verfassungen der europäischen Geschichte und versuchte die Kräfte zu analysieren, die diese Staatsformen hervorbrachten und auch auf deren Ablösung drängten. Roscher zeigte hierbei einen beeindruckenden Überblick über derartige Verfassungen und ihre Entwicklungen im Verlauf der Geschichte.

„Geistliche Gedanken eines National-Ökonomen" (posthum 1895);

Streissler spricht bezüglich der wissenschaftlichen Bescheidenheit Roschers auch in der Wortwahl treffend von einer „nahezu gewollten Unoriginalität": „Roscher gibt sich immer als der zusammenfassende Lehrbuchschreiber, als der alles abwägende politische Ratgeber ... nie aber als der wissenschaftliche Erfinder und Neuerer" (Streissler 1994, S. 49/50). Tatsächlich bot Wilhelm Roscher aber viele originelle, eigenständige Leistungen und war damit oft seiner Zeit voraus.

10.7.7.1 Thesen von Roscher

Roscher schrieb zur Volkswirtschaftslehre in seinem Band „Die Grundlagen der Nationalökonomie" folgendes: „Dagegen verstehen wir unter Nationalökonomik, Volkswirtschaftslehre, die Lehre von den Entwicklungsgesetzen der Volkswirtschaft, des wirtschaftlichen Volkslebens ... Wie jedes Leben, so ist auch das Volksleben ein Ganzes, dessen verschiedenartige Äußerungen im Innersten zusammenhängen. Wer daher eine Seite desselben wissenschaftlich verstehen will, der muss alle Seiten kennen. Und zwar sind es vornehmlich folgende sieben Seiten, die hier in Betracht kommen: Sprache, Religion, Kunst, Wissenschaft, Recht, Staat und Wirtschaft ... Inmitten dieser allgemeinen Verwandtschaft ist jedoch leicht zu sehen, dass Recht, Staat und Wirtschaft eine besondere gleichsam engere Familie bilden" (Roscher 1866, S. 27/28).

Über sein wissenschaftliches Ziel schrieb er weiter im „Grundriss zu Vorlesungen über die Staatswirtschaft; Nach geschichtlicher Methode": „Die Staatswirtschaft ist nicht bloß eine Chrematistik, eine Kunst, reich zu werden, sondern eine politische Wissenschaft, wo es darauf ankommt, Menschen zu beurteilen, zu beherrschen. Unser Ziel ist die Darstellung dessen, was die Völker in wirtschaftlicher Hinsicht gedacht, gewollt und empfunden, was sie erstrebt und erreicht, warum sie es erstrebt und warum sie es erreicht haben. Eine solche Darstellung ist nur möglich im engsten Bunde mit den anderen Wissenschaften vom Volksleben" (Roscher zitiert in: Burkhardt, Priddat 2000, S. 902).

Roscher war übrigens der Auffassung, dass jede Kultur, analog zu Individuen, eine natürliche Entwicklung durchlaufe: Jugend, Reife, Alter. Hierin spiegelte sich deutlich eine organische Auffassung kultureller Entwicklungen.

Themen von Roscher, auch wenn sie zum Teil nur angedacht und nicht in voller Konsequenz erfasst wurden, waren unter anderem (hier im Anschluss an Streisslers (1994) unbedingt lesenswerten gehaltvollen Artikel aufgelistet):

DIE GRENZPRODUKTIVITÄTSTHEORIE: Bei ihm wurde (bereits) die Entlohnung aller Faktoren mit Hilfe der Grenzproduktivitätstheorie erklärt. Die Grenzproduktivitätstheorie wurde in die allgemeine Preistheorie integriert. „Für die drei Faktoren wird (also) durch Roschers Grenzproduktivitätsargument jeweils in subtiler Weise variiert, während er gleichzeitig die logische Einheitlichkeit der Aussagen betont … Zusätzlich zu dieser zusammenführenden Arbeit bereichert Roscher die Analyse noch um zwei weitere wichtige Schritte. Erstens streicht er durchwegs die makroökonomischen Konsequenzen der Grenzproduktivitätstheorie heraus. Zweitens hat Roscher ein klares Verständnis von Produktionsfunktionen, z.B. in seiner regelmäßigen Betonung zunehmender Grenzerträge im Zuge der Betriebsvergrößerung …“ (Streissler 1994, S. 54 und 63).

Roscher argumentierte hier bereits in der Denktradition der neoklassischen Theorie, die ja erst nach ihm „entstand“ bzw. bekannt wurde. Er sei der „Kulminationspunkt der deutschen Protoneoklassik“ (Streissler 1994, 39);

ANNÄHERUNGEN AN DAS KONZEPT DER ELASTIZITÄT: Roscher analysierte ausführlich die Konsequenzen verschiedener Steigungen der Angebots- und Nachfragekurven;

DIE INSTITUTIONENÖKONOMIK UND DIE ANREIZPROBLEMATIK: Roscher untersuchte die wirtschaftlichen Gründe und Effekte gesellschaftlicher Institutionen und der ökonomischen Verfügungsrechte;

ÜBERLEGUNGEN ZU PRÄFERENZEN: Sie waren bei ihm „Ausdruck des Volkscharakters“ und damit nicht (wie später) rein individuell entstanden und unabhängig von anderen Wirtschaftenden einfach gegeben;

DAS SUBSISTENZNIVEAU: war bei ihm nicht unveränderlich vorgegeben, sondern konnte sich im Zeitablauf auch ändern;

DER KREDIT: wurde analog den Wirkungen der Arbeitsteilung als produktivitätssteigernd angesehen;

DER RECHTSSICHERHEIT: wurde eine zentrale Rolle für das effiziente Funktionieren von Marktwirtschaften zugesprochen. Roscher sah in ihr zu Recht ein Element der Produktionsverbilligung;

SEINE SOZIALISMUSKRITIK: und zwar ohne das heute zur Verfügung stehende Wissen über den „real existierenden Sozialismus", war außerordentlich treffsicher. So sah er klar die Vorzüge des Privateigentums an den Produktionsmitteln und die Gefahren des im Sozialismus üblicherweise unterstellten idealen Menschenbildes. Auch die mangelhafte Anreizstruktur bei Großgruppen, hier großer sozialistischer Wirtschaften, wurde klar gesehen und dabei die Trittbrettfahrerproblematik herausgearbeitet. Roscher sagte sogar voraus, dass kommunistische Staaten schließlich zu Polizeistaaten mutieren würden. „Roschers Sozialismuskritik ist eine der großartigsten Prophetien, die die Wirtschaftswissenschaft je hervorbrachte. Es wird einem geradezu angst und bange, wie treffend er, mehr als hundert Jahre davor, den stalinistischen Terror oder vielleicht eher die bürokratische Erstarrung zur Zeit Breschnews – vorherwusste" (Streissler 1994, S. 86/87);

DIE STANDORTLEHRE: Roscher beschäftigte sich in zwei Aufsätzen (1865 und 1871) mit Fragestellungen zur Standortwahl. Dabei sah Roscher den Städtebau vor allem als Problem der sozialen Optimierung der Verkehrskosten;

DIE MASSENPRODUKTIONSVORTEILE DER INDUSTRIE: Roscher diskutierte hier die langfristig fallende Grenzkostenkurve industrieller Großunternehmen. Die Fabrik verfüge über größeres Kapital, arbeite für einen größeren Markt und könne somit die Vorzüge der Arbeitsteilung besser nutzen. Durch ihre größere Kreditwürdigkeit könne sie zudem ihr Betriebskapital noch weiter vergrößern. Bei Großbetrieben trete eine langfristige Stückkostendegression auf. Dies war im Kern das sogenannte „Büchersche Gesetz" der Massenproduktion, das 60 Jahre später von Karl Bücher (1847-1930) aufgestellt wurde;

Einige weitere Erkenntnisse Wilhelm Roschers gemäß Erich Streissler (1994) seien nur kurz aufgelistet:

- Roscher nahm keine vollständige Verdrängung des Handwerks durch die Industrie an (Gründe: Komplementaritäten zwischen Industrie und Handwerk, Spezialisierung des Handwerks auf individuelle Gestaltung in kleiner Serie);
- Er erkannte, dass die weitere wirtschaftliche Entwicklung nicht in Richtung der von Marx behaupteten bipolaren Berufsstruktur von Proletariern und Kapitalisten geht;

- Er stellte als ein Problem der (partiellen) Arbeitslosigkeit die ENTWERTUNG DES HUMANKAPITALS heraus;
- In seinen KONJUNKTUR- UND KRISENÜBERLEGUNGEN (zunächst dargelegt in seinem Aufsatz „Zur Lehre von den Absatzkrisen" 1849, dann umgeschrieben 1861, schließlich eine kondensierte Fassung in der 3. Auflage der „Nationalökonomie des Handels und Gewerbefleißes (Kap. 11) 1882) nahm Roscher zu einem erheblichen Teil bereits die Erkenntnisse von Keynes vorweg. So waren auch bei Roscher Absatzkrisen im wesentlichen durch einen Mangel der gesamtwirtschaftlichen Nachfrage bedingt. Dabei beachtete er aber auch das Verhältnis zwischen gesamtwirtschaftlichem Angebot und gesamtwirtschaftlicher zahlungsfähiger Nachfrage. „Es ist kaum zu sagen, ob ein zeitweiliges Überwiegen der Konsumtion oder der Produktion schlimmere Folgen hat" (Roscher 1849 zitiert in: Priddat 1993, S. 89). Später (1882) fügte er die vielfältigen Ursachen von Krisen betreffend hinzu: „So kann jeder Umstand, welcher plötzlich und stark die Konsumtion vermindert, die Produktion vermehrt, oder auch nur die gewohnte Ordnung des Verkehrs erschüttert, eine Absatzkrise nach sich ziehen" (Roscher 1882 zitiert in: Priddat 1993, S. 93).

Bezüglich der Rolle der Nachfrage warf er den Klassikern vor, sie hätten zu sehr auf die Produktion, sprich das Angebot, abgestellt. Für die Angebotsseite nahm er ganz modern an: „Nur wo die Bedürfnisse wachsen, nimmt auch die Produktion zu" (Roscher zitiert in: Streissler 1994b, S. 113), also eine Umkehrung des Sayschen Gesetzes. Investieren würden Unternehmer nur bei günstigen Erwartungen. Dabei sah er einen Ausbreitungseffekt, der in präziserer Formulierung dem Multiplikator nahe kommt. Fügt man noch hinzu, dass er konsumwirksame Umverteilungseffekte von Krisen konstatierte, ergänzte sich seine Sicht von Absatzkrisen zu einer bereits sehr modernen Sichtweise derartiger Krisen. Birger P. Priddat stellt fest: „Krisentheorien sind in der deutschen Nationalökonomie des 19. Jahrhunderts rar ... Marx' und Lists Versuche stehen in völlig anderen Zusammenhängen ... Roschers Konzeption ist ... „the state of the art" um die Jahrhundertmitte" (Priddat 1993, S. 90). Der Begriff „Konjunktur" wurde von Roscher allerdings nur für den „Aufschwung" verwendet. Die Krise wurde von ihm nicht als integrierender Bestandteil eines kompletten Zyklus, also als Depressionsphase, als „Tal" des Zyklus, aufgefasst. Maßnahmen gegen Krisen waren laut Roscher zunächst eine informative Statistik, die Nachfrageeinschätzungen für die Unternehmer ermöglichte. „Die „Heilung“ läuft im wesentlichen von selbst, „obwohl unter heftigen, sittlich wie politisch gleich gefahrdrohenden Schmerzen“. Dem „natürlichen Heilsplane“ darf nun die künstliche Hilfe des Staates in keinem Punkte zuwiderlaufen“, aber sie darf „lindern“ (Priddat 1993, S. 97).

- Roscher argumentierte mit der KONSUMFUNKTION, wobei er sogar ein Nachhinken des Konsums hinter den Einkommensänderungen konstatierte;
- Die DAUER, bis auslösende Faktoren andere Größen beeinflussen, wie z.B. einer Geldmengenänderung auf die Preise, wurden berücksichtigt. Dabei sah er, dass Geldmengenänderungen nur dann reale Wirkungen haben, wenn sie nicht neutral sind;
- INFORMATIONSMÄNGEL bezüglich der richtigen Preise wurden berücksichtigt;
- Das SAYSCHE GESETZ wurde aufgrund dieser Informationsmängel kritisiert. Roscher sah in der Existenz einer Geldwirtschaft einen zweiten wichtigen Einwand gegen das Saysche Gesetz: „So ist unter anderem schon durch die bloße Einführung des Geldverkehrs der strengen Sayschen Theorie gleichsam ein Strich durch die Rechnung gemacht. Als noch der ursprüngliche rohe Tauschhandel vorherrschte, traten sich Angebot und Nachfrage auf der Stelle gegenüber. Durch die Vermittlung des Geldes aber wird der Verkäufer in den Stand gesetzt, erst nach einiger Zeit zu kaufen, also die andere Hälfte des Tauschgeschäftes beliebig zu verzögern“ (Roscher zitiert in: Streissler 1994b, S. 115);
- Ökonomische Argumente zur EHESCHLIEßUNG und KINDERZEUGUNG im Stile von Gary S. Becker (geb. 1930) wurden genannt;
- Die heute aktuelle These einer weitgehenden Ohnmacht nationaler Konjunkturpolitiken wurde angesprochen: „Namentlich je mehr sich der Weltmarkt entwickelt, um so weniger kann die einzelne Staatsgewalt positiv gegen Krisen tun“ (Roscher zitiert in: Streissler 1994b, S. 118);
- Auch die „Gleichmäßigkeit“ der Wirtschaftspolitik wäre ein sinnvolles Mittel gegen Krisen. Die Wirtschaftenden könnten sich auf eine konstante und stabile Wirtschaftspolitik verlassen. Roscher nahm hier eine der zentralen Auffassungen der Monetaristen vorweg.

Und es lassen sich noch weitere Konzepte bzw. Anregungen Roschers finden, die in modernerem Gewande heutige Erkenntnisse vorwegnehmen. Ich persönlich finde, allein die vorliegende Aufzählung Roscherscher Leistungen rechtfertigt die Einstufung von Wilhelm Roscher als einen der großen Ökonomen des 19. Jahrhunderts und verdeutlicht, wie weit das beliebte Argument einer Theorielosigkeit ALLER Vertreter der historischen Schule an den Tatsachen vorbeigeht. Dies ist schlicht ein Mythos, beruhend auf einer unerlaubten pauschalen „Kurzfassung" der Leistungen der historischen Schule, aber Mythen gerade auch in der Ökonomik sind zählebig und werden gerne wieder und wieder bemüht.

Allerdings muss man konstatieren: „Durch das andauernde Aufsuchen von neuem Material sowie Nebeneinanderstellen und Vergleichen in der historischen Nationalökonomie wird die Beschränkung im Modell und das bewusste Studieren von wenigen Variablen in ihrem Verhalten zueinander unmöglich. Solange Geschichte oder „geschichtliche Methode" im Mittelpunkt stehen oder zum Mittelpunkt erklärt werden, gibt es eine starke Blockade für die theoretische Zuspitzung und Generalisierung auf hohem Niveau" (Baltzarek 1994, S. 158).

10.7.7.1.1 ROSCHERS METHODOLOGISCHE EINSTELLUNG

Um das Erkenntnisinteresse der Ökonomik umsetzen zu können, muss man laut Roscher zusätzlich zum Ökonomischen auch die Rechts-, Staats- und Kulturgeschichte einbeziehen.

Roscher unterschied zwischen einer „realistischen", „physiologischen oder geschichtlichen" und „idealistischen" Vorgehensweise in der Ökonomik. Die idealistische Methode lehnte er ab: „Wir verzichten deshalb in der Theorie auf die Ausarbeitung solcher Ideale gänzlich. Was wir statt dessen versuchen, ist die einfache Schilderung, zuerst der wirtschaftlichen Natur und Bedürfnisse des Volkes, zweitens der Gesetze und Anstalten, welche zur Befriedigung der letzteren bestimmt sind; endlich des größeren oder geringeren Erfolges, den sie gehabt haben. Also gleichsam die Anatomie und Physiologie der Volkswirtschaft!" (Roscher 1866, S. 45). Die historische Methode war für Roscher somit „Anatomie und Physiologie der Volkswirtschaft" gleichermaßen. Er verglich immer wieder mit dem Vorgehen des Naturforschers. Die Aussagen der Ökonomen beruhten auf Beobachtung und Vergleich. „Dass die Vergleichung nicht im Stande ist, die Beobachtung zu ersetzen, versteht sich von selbst; nur vielseitiger, an Gesichtspunkten reicher und tiefer soll die Beobachtung dadurch werden" (Roscher 1866, S. 45), und weiter: „und das Auge kann durch Vergleichung möglichst vieler Völker, zumal solcher, die bereits abgestorben sind, für ihre Beantwortung sehr geschärft werden" (Roscher 1866, S. 47).

Wilhelm Roscher wollte die ökonomischen Gegebenheiten einzelner historischer Epochen und geographischer Räume erforschen.

Man könne in der Ökonomik trotz länder- und zeitspezifisch bedingter Unterschiede mit Hilfe empirischer Untersuchungen doch Ähnlichkeiten, durch induktive Vergleiche Regelmäßigkeiten, ja Gemeinsamkeiten, in der Entwicklung der Wirtschaften festhalten: Entwicklungsgesetze, also Analogieschlüsse ziehen. Laut Roscher müsse man die gesamte Menschheitsgeschichte zu Rate ziehen, um eine geeignete Basis für das Erkennen von Regelmäßigkeiten zu erlangen. Dabei seien aber die einzelnen Entwicklungsstufen nicht bei allen Völkern gleichermaßen ausgeprägt. Dies habe der historisch arbeitende Ökonom entsprechend zu berücksichtigen, also eine Art von vorgeschaltetem historischen Filter zu verwenden. Allerdings: Für Prognosen seien diese Entwicklungsgesetze nicht geeignet, man könne aber mit ihrer Hilfe aktuelle Entwicklungen besser verstehen.

Wie obigem Zitat zu entnehmen ist, liefere insbesondere die Geschichte der alten europäischen Völker, deren Entwicklung in der Antike ja bereits abgeschlossen war, für den Ökonomen ein ergiebiges Vergleichsmaterial. „Marx und die Sozialisten meinten, dass mit dem industriellen Kapitalismus etwas Neues begonnen habe, das nur als Vorspiel einer radikal anderen Zukunft anzusehen sei. Roscher glaubte, in dem Neuen ganz Altes wieder zu erkennen“ (Schefold 1994c, S. 13).

Roschers historische Sicht war, wie die aufgelisteten Themen seiner Arbeiten zeigen, keineswegs anti-theoretisch. „Vielmehr betont er vor allem, wie wir heute sagen würden, die historisch unterschiedlichen, möglichen Parameterwerte gleicher theoretischer Zusammenhänge“ (Streissler 1994, S. 47/48). Schließlich diente ihm seine historische Sicht auch dazu, die vielen anderen ökonomischen Beweggründe neben einem rein individuellen Eigeninteresse herauszukristallisieren.

Zwar war bei Roscher grundsätzlich die Induktion die zu bevorzugende Methode, aber auch die Deduktion sei heranzuziehen, allerdings müssten deren Ergebnisse dann induktiv bestätigt werden. Generell gälte: Derart gewonnene Erkenntnisse könnten immer nur vorläufig sein, seien also unter dem Aspekt der Weiterentwicklung des Faches unabgeschlossen. Roscher schrieb diesbezüglich: „Ich kann den Gegensatz des induktiven und deduktiven Verfahrens in der Nationalökonomik nicht für so durchschlagend halten, wie die Meisten, obwohl ich darin v. Mangoldt beipflichte, dass eine volkswirtschaftliche Tatsache dann erst für wissenschaftlich erklärt gelten darf, wenn ihre induktive und deduktive Erklärung zusammentreffen. Übrigens kann jede Erklärung, d.h. befriedigende Verknüpfung der zu erklärenden

Tatsache mit anderen, die bereits klar sind, nur provisorisch genügen. In demselben Maße, wie sich unser Gesichtskreis erweitert, müssen auch unsere Erklärungen tiefer greifen“ (Roscher 1874, S. 1036).

Roschers Sicht war vor allem (modern gesprochen) dynamisch geprägt: Ihn interessierten Prozessabläufe und nicht nur eine statische Gleichgewichtstheorie. Die dynamische Entwicklung einer Volkswirtschaft sah er als einen gewaltigen Substitutionsprozess der vielfältigsten Art an. Im Übrigen sei die Nationalökonomie im geschichtlichen Kontext sowohl eine Methodenlehre des Gemeinsinns als auch des Eigennutzes.

Roscher machte im Übrigen keine (eindeutig) ablehnenden Aussagen zur Verwendung der Mathematik in der Ökonomik. Er gestand der Mathematik sogar zu, dass verschiedene Gesetze der Ökonomik mathematisch dargestellt werden könnten, ja dass die Mathematik oft sogar eine Vereinfachung der Problematik ermögliche. „Viel eher könnte eine mathematische Behandlungsweise der Nationalökonomik zeitgemäß erscheinen … Der allgemeine Teil der Nationalökonomik hat unverkennbar manche Ähnlichkeiten mit der Mathematik. Er wimmelt, sowie diese, von Abstraktionen“ (Roscher 1866, S. 39). Dann schränkte er allerdings (meines Erachtens sinnvoll) ein: „Aber freilich, der Vorteil der mathematischen Ausdrucksweise verschwindet immer mehr, je komplizierter die Tatsachen werden, auf die man sie anwendet. Dies ist schon in der gewöhnlichen Individualpsychologie bemerkbar; wie viel mehr in jeder Schilderung des Volkslebens! Da müssten die algebraischen Formeln bald so verwickelt werden, dass sie das Weiterarbeiten unmöglich machten“ (Roscher 1866, S. 39).

Bezüglich der mathematischen Statistik schrieb er: „Nun ist freilich die mathematische Ausdrucksweise für alle diejenigen Tatsachen, welche ihrer fähig sind, ohne Zweifel die vollkommenste; und wir müssen deshalb immer streben, die mathematische Seite der Statistik möglichst umfassend zu machen“ (Roscher 1866, S. 32).

Auch die Wahl geeigneter wirtschaftspolitischer Maßnahmen konnte gemäß Roschers historischer Sichtweise nicht einfach eine Schlussfolgerung aus einer abstrakten, deduktiv gewonnenen Theorie sein. Wirtschaftspolitische Maßnahmen müssten vielmehr dem Entwicklungsstand des jeweiligen Volkes entsprechen. Hinzu käme: „Insbesondere sind wir der Meinung, dass nur derjenige recht beurteilen und sein Urteil gegen Einwürfe aller Art verteidigen kann, wo wann und warum z.B. die aliquoten Reallasten, die Naturaldienste, Zunftrechte, Kompanieprivilegien etc. abgeschafft werden müssen, der vollständig erkannt hat, weshalb sie zu ihrer Zeit eingeführt werden mussten“ (Roscher 1866, S. 48).

Um keine Missverständnisse aufkommen zu lassen: Bei Roscher finden sich neben allgemeineren ordnungspolitischen Ideen wie der Bedeutung der Rechtssicherheit, auch immer wieder konkrete wirtschaftspolitische Vorstellungen, so etwa eine Vorausplanung staatlicher Investitionen für einen Krisenfall. Der Staat sollte vor allem bestehende Einschränkungen des wirtschaftlichen Verkehrs und der Konkurrenz, deren generelle Nützlichkeit Roscher sah, beseitigen, auch wenn sie für eine frühere Wirtschaftsstufe angemessen gewesen sein mochten. Die höheren Wirtschaftsstufen benötigten dabei nicht mehr so zahlreiche staatliche Regelungen wie die früheren Wirtschaftsstufen. Generell sollte sich der Staat aber zurückhalten, bei Bedarf nur „lindern".

Peter Rosner stellt zusammenfassend fest: „Für theoretische Wirtschaftspolitik ... bietet Roscher wenig. Zentrale Aufgabe ist für ihn, einen Rechtsstaat mit ordentlicher Verwaltung einzurichten, der einen sicheren Rahmen für das Handeln der Wirtschaftssubjekte auf Märkten und in Kontrakten gibt. Ablaufpolitik hat im Falle einer Krise nur geringe Bedeutung. Kontinuität der Politik zur Stabilisierung der Erwartungen kommt auch dabei eine überragende Bedeutung zu" (Rosner 1994, S. 145).

Gottfried Eisermann, der sich intensiv mit dem Werk von Wilhelm Roscher auseinandergesetzt hat, kommt zu dem Schluss, dass sich Roschers Versuch, eine spezielle historische Methode der Nationalökonomik zu erstellen, summierend folgendermaßen zusammenfassen und beurteilen lässt: „Nämlich einmal auf die Kombination mit der Rechts-, Staats- und Kulturgeschichte, sodann auf die Betonung der Wirtschaftsgeschichte vornehmlich zum Beweis theoretisch demonstrierbarer „Ausnahmen", drittens auf den Vergleich der Wirtschaftslehren verschiedener Völker und Zeiten und schließlich viertens auf den Relativismus in der Wirtschaftspolitik" (Eisermann 1992, S. 68).

Überblickt man den methodologischen Standpunkt Roschers, kann man durchaus berechtigt festhalten, dass er als „der eigentliche Antipode Carl Mengers im sogenannten „Methodenstreit" betrachtet werden muss" (Eisermann 1992, S. 27).

10.7.7.1.2 Das Verhältnis Roschers zur klassischen Ökonomik

Bezüglich des Verhältnisses Roschers zur klassischen Ökonomik schreibt Brandt: „Man hat Roscher vorgeworfen, sein Eintreten für den Historismus sei Auftrag und Programm geblieben, im Grunde habe er nur die klassische Lehre um historische Beispiele ergänzt. Das ist so nicht richtig. Zwar hat er sich nicht vollständig von der klassischen Lehrmeinung lossagen wollen, aber seine Ausführungen über das klassische Altertum, über die Standortwahl, Agrarfragen, Wohnungswesen, Absatzkrisen usw., in den „Ansichten der Volkswirtschaft“ zusammengestellt, sind mehr als Erläuterungen zur klassischen Nationalökonomie“ (Brandt 1993, Band 2, S. 54).

Man lese nur seine Arbeiten zum Kornhandel, zur Kolonialpolitik, zu Währungsfragen oder zu Absatzkrisen. Hier zeigte Roscher meines Erachtens bedeutende und originelle eigenständige Leistungen.

Roscher selbst schrieb in diesem Zusammenhang: „Der Schule Ricardos liegt sie (die Savigny-Eichhornsche Methode, d.V.) fern, wenn sie auch an sich derselben keineswegs opponiert, und ihre Resultate dankbar zu nutzen sucht. Desto näher steht sie den Methoden von Malthus und Rau. So weit ich entfernt bin, diesen Weg zur Wahrheit für den einzigen, oder auch nur für den absolut kürzesten zu halten, so zweifle ich doch ebenso wenig, dass er durch eigentümlich schöne und fruchtbare Gegenden führt, und einmal gehörig ausgebaut, niemals ganz wird verlassen werden“ (Roscher, Grundriss zitiert in: Schneider 1962, S. 285).

Roscher bewahrte also noch den Anschluss an den klassischen Liberalismus. Für ihn waren Smith, Malthus und Rau im weiteren Sinne letztlich auch Anwender einer historischen Methode. Obwohl sich Roscher bemühte, die Vorgänge des sozialen Lebens in vollem Umfange zu betrachten, „übernahm er doch den gesamten Begriffs- und „Gesetzes“-Apparat der klassischen Nationalökonomie“ (Schmölders 1988, S. 113).

„Gerade dieser mit Beispielen und historischen Bezügen erschlossenen und gleichzeitig relativierten klassischen Lehre, den in ein historisch und national empfindendes Zeitalter passenden Ergänzungen und der dadurch ermöglichten größeren Anwendungsbreite nationalökonomischer wissenschaftlicher Aussagen ist es zuzuschreiben, dass Roschers Publikationen bis zum Beginn des 20. Jahrhunderts zu den am meisten verbreiteten Standardwerken der deutschen Nationalökonomie gehörten“ (Winkel 1977, S. 95).

In seinem Aufsatz „Der gegenwärtige Zustand der wissenschaftlichen Nationalökonomie und die notwendige Reform desselben“ (1849) schrieb Roscher: „In gar manchen Punkten könnte man sagen, dass Adam Smith und seine unmittelbaren Nachfolger die Regel festgestellt, dass aber die Neueren durch eine Menge von Ausnahmen sie wiederum erschüttert haben. Da würde es nun vor allem notwendig sein, die Regel selbst in dem Grade zu erweitern, dass jene Ausnahmen völlig darin Platz finden ... ich selbst habe sie (diese Aufgabe, d.V.) ... auf dem Wege der geschichtlichen oder um Missverständnissen vorzubeugen, physiologischen Methode versucht“ (Roscher 1849 zitiert in: Eisermann 1992, S. 65).

Roscher baute übrigens in seine Theorien auch merkantilistische Überlegungen ein, soweit sie ihm richtig erschienen. Beim modernen Leser wird an diesen Stellen oft der Eindruck erweckt, hier würden Erkenntnisse von Keynes vorweggenommen, so z.B. wenn er vorschlägt, bereits beschlossene Investitionen in einer Rezession vorzuziehen.

In seiner Wertlehre bestimmte Roscher die Nachfrage über die Gebrauchswerte und das Angebot über die Produktionskosten. Hier war der Einfluss der deutschen Gebrauchswertschule deutlich. Dabei war der Gebrauchswert eines Gutes umso größer, je mehr Bedürfnisse durch das Gut befriedigt werden könnten und je dringender diese Bedürfnisse seien.

Als ein Fazit dieses Abschnittes kann man konstatieren, dass Roscher „an der Schwelle der Klassik zum Historismus“ stand: „Theoretisch folgt er weitgehend der Gliederung und den Begriffen der klassischen Lehre, methodisch weist er sich jedoch eindeutig als der historischen Schule zugehörig aus. Tatsächlich hält er weitgehend an der klassischen Lehre fest“ (Winkel 1977, S. 93), und es sei hinzugefügt, diese allerdings erweitert und teilweise modifiziert, nicht aber völlig umbaut. Um die „mechanischen Gesichtspunkte“ der Klassiker zu vermeiden, baute er das physische, soziale, politische und religiöse Milieu ein, in dem die ökonomischen Entscheidungen und ihre Auswirkungen stattfinden.

Zum Eigennutz als ökonomisches Handlungsmotiv befand Roscher: „Eigennütziges wirtschaftliches Streben … ist immer dann berechtigt, wenn es anderen nicht zum Nachteil gereicht und das einzelne Wirtschaftssubjekt die Postulate christlicher Nächstenliebe nicht aus den Augen verliert“ (Schinzinger 1992, S. 88).

10.7.7.1.3 Roscher als Dogmenhistoriker

Legt man das in Band 1, Kapitel 3 „Die Geschichte der Geschichtsschreibung der Ökonomik“ vorgestellte Schema von Ewald Schams zugrunde (Holub 2005, S. 76/77), so gehört das dogmenhistorische Werk von Roscher zur wissenschaftlichen Epoche der Theoriegeschichtsschreibung. Roscher teilte sein Buch wie folgt ein: „Erste Periode: Das theologisch-humanistische Zeitalter der deutschen Nationalökonomik“, die von den älteren Humanisten über die Reformatoren bis zu den letzten Zeiten des dreißigjährigen Krieges reichte (Roscher 1874, S. 32-218), dann eine „Zweite Periode: Das polizeilich-kameralistische Zeitalter der deutschen Nationalökonomik“ (Roscher

1874, S. 219-472) und schließlich eine „Dritte Periode: Das wissenschaftliche Zeitalter der deutschen Nationalökonomik" (Roscher 1874, S. 473-1048), die von den deutschen Physiokraten über die Aufnahme von Adam Smith in Deutschland, die romantische Schule, die russisch-deutsche Schule (ausführlich anhand der drei Gelehrten: Ludwig Heinrich von Jakob, Christian von Schlözer und Heinrich von Storch) bis hin zur historischen Schule und der Gründung des „Verein für Socialpolitik" reichte.

Bertram Schefold charakterisiert Roschers „Geschichte der National-Ökonomik in Deutschland" wie folgt: „Das Werk erhält seinen monumentalen Charakter nicht nur durch den schieren Umfang... Viele wenig bekannte Einzelcharaktere treten auf, ohne dass die Umrisse des Ganzen verloren gingen. Die Konzentration auf eine nationale Entwicklung schließt einen kosmopolitischen Standpunkt am Ende nicht aus... Dank seiner Begabung für das Anschauliche weiß Roscher überall hervorzuheben, welche Gedanken für Nationen, Epochen, Denkschulen charakteristisch sind... Schließlich sei darauf hingewiesen, dass Roscher eine bemerkenswerte Übersicht über die „neuesten Entwicklungen" seines Faches besaß, wie sich etwa an seiner Beurteilung der Jüngeren, wie Schmoller, Wagner oder Menger, erweist" (Schefold 1992e, S. 8,12,13). Interessant ist, dass Roscher Gossen nicht erwähnte.

Dabei beschränkte sich Roscher nicht eng auf die deutschen Grenzen: „Wir müssen deshalb, um unseren Gegenstand wirklich zu verstehen, immer auch die Literatur desjenigen fremden Volkes berücksichtigen, in welchem zeitweilig der Schwerpunkt liegt: also bald die italienische, bald die französische, ganz besonders aber die englische" (Roscher 1874, S. VI).

Roscher war, was die Lektüre seines diesbezüglichen Werkes bezeugt, ein hervorragender Kenner der Geschichte der Ökonomik. Seine „Geschichte der Nationalökonomik in Deutschland" (1874) ist meines Erachtens auch heute noch lesenswert.

Konsequent einem relativistischen Geschichtsbild anhängend, war für Roscher dabei auch die Dogmengeschichtsschreibung veränderlich, also ebenfalls dem historischen Wandel unterworfen. „So wird die Wirtschaftstheorie in ihrer Aussagekraft und Entwicklung in vierfacher Weise relativiert, durch die Geschichte des Landes, durch die gewählte Methode, durch die wirtschaftliche Praxis und die Institutionen eines Landes und durch den Entwicklungsstand der Sprache, in der sie ihren Ausdruck hat finden können" (Backhaus 1992, S. 115).

Eine wichtige Erkenntnis, die in Band 1 dieser Theoriegeschichte umfassender (nicht nur auf vier Faktoren zurückgeführt) unter dem Stichwort „Rezeption" quantitativ und statistisch signifikant am Beispiel der Darstellung der Physiokratie im Zeitablauf gezeigt werden konnte. Eine Erkenntnis, die meines Erachtens gerade auch für die Gegenwart gilt, und, man muss kritisch hinzufügen, die immer noch nicht hinreichend verbreitet scheint.

10.7.7.2 DIE REZEPTION VON ROSCHER

Wilhelm Roschers Einfluss in der deutschen ökonomischen Szene war, wie die ungewöhnlich vielen Auflagen seiner Lehrbücher zeigen, zunächst (zumindest bis zur Etablierung der jüngeren historischen Schule) sehr groß. Gustav Schmoller (1838-1917) charakterisierte Roscher wie folgt: „Roscher ist … der Kulturhistoriker unter den Nationalökonomen. Seine Kraft liegt in einer ganz seltenen Breite der Bildung, der Lektüre, in einem realistischen Sinn für alle Kleinigkeiten des wirtschaftlichen Lebens … Sein Innerstes ist erfüllt von dem reinsten Idealismus, von dem Glauben an die großen sittlichen Mächte der Geschichte. Er kennt zuletzt keinen anderen Fortschritt, als die moralische Hebung und Verbesserung der Menschen … Es war ihm stets eigen, auch gänzlich anders geartete Geister anzuerkennen, das Gute an ihnen mehr zu sehen als das Unvollkommene" (Schmoller zitiert im Kommentarband zu Roschers „Die Geschichte der National-Ökonomik in Deutschland").

Knapp und treffend formuliert Erich Streissler: „Er war der deutsche Samuelson seiner Zeit". Er fährt dann fort: „Er kannte genau die Ökonomen vor ihm und brachte eine ungemein treffsichere Sammlung all ihrer besten Argumente. Er ist ein hervorragender Sichter aller „relevanten" Ökonomie vor ihm und bis zu ihm, ein Spiegel besten ökonomischen Denkens gerade auf dem Gebiet der Makroökonomie" (Streissler 1994b, S. 112).

Auch das Ausland nahm von Roschers Werken Notiz: Alfred Marshall (1842-1924) war z.B. von Roscher beeinflusst, empfahl ihn wärmstens, wenn man etwas über die deutsche Ökonomik lernen wolle, und nannte ihn auch explizit in seinen Werken. Überhaupt brachte man Roscher in der englischsprachigen Welt eine hohe Achtung entgegen. Peter Groenewegen nennt hierfür als Zeugen die Ökonomen Alfred Marshall, John Neville Keynes, den Vater von John Maynard Keynes, J.S. Nicholson, William Ashley und James Bonar. „Auf der anderen Seite des Atlantiks schätzten Walker, Taussig, Clark und Seligman Roschers … Nationalökonomie, während Goodwin angemerkt hat, dass Roschers Bücher auf den Literaturlisten der Kurse in Ökonomie an den neuen englischsprachigen Universitäten in Kanada und Australien aufgeführt waren" (Groenewegen 1992, S. 133/134).

Groenewegen fasst zusammen: „Allgemeines Lob, doch ein Mangel an aktueller Zitation scheint das Schicksal von Roschers Werk in der englischsprachigen Welt gewesen zu sein" (Groenewegen 1992, S. 139). Insgesamt wurde die deutsche Ökonomik im 19. Jahrhundert am stärksten in den Vereinigten Staaten akzeptiert, „wodurch sich der starke Hang früher Generationen amerikanischer Ökonomen erklärt, in Deutschland akademischen Studien nachzugehen" (Groenewegen 1992, S. 141).

Über Karl Marx schrieb Roscher: „Die unzweifelhafte Stärke von K. Marx liegt in der eingehenden Kenntnis englischer Literatur, Gesetzgebung und Praxis, welche sein Hauptwerk „Das Kapital" (1867), wenn man sich durch die schwerfällig abstrakte und doch unpräzise Ausdrucksweise durchgearbeitet hat, zu einem tatsächlich höchst lehrreichen macht. Theoretisch freilich ist dieser geistreiche, aber nicht scharfsinnige Mann wenig geeignet, komplizierte Erscheinungen auf ihre einfachen Elemente zurückzuführen ... Der sozialistische Grundgedanke ist bei Marx ein Rückfall in die alte Irrlehre von der Unproduktivität der Kapitalien ... Aus dem missverstandenen Ricardo hat er wie einen feststehenden Glaubenssatz die Lehre angenommen, dass aller Wert der Güter bloß von der zu ihrer Produktion erforderlichen Durchschnittsarbeit, genauer gesagt, Arbeitszeit herrührt" (Roscher 1874, S. 1021/1022).

Karl Marx seinerseits lehnte Wilhelm Roscher nicht nur kategorisch ab, er machte sich im „Kapital", Band I, höhnisch über ihn lustig. Allerdings nur in (neun) Fußnoten, für eine Erwähnung im Text war ihm Roscher wohl zu unbedeutend. So lästerte er: „schmaler deutscher Nachkläffer", „Professorenfaselei", „Kinderbegriffe", Herr Wilhelm „Thukydides" Roscher etc. Ich vermute dabei auch persönliche Gründe: Roschers Religiosität und vor allem seine gesicherte, angesehene Stellung als etablierter Professor, die Marx zeitlebens verwehrt blieb. Hinzu kam noch inhaltlich, dass Roscher, wie zitiert, die Arbeitswertlehre von Karl Marx vehement ablehnte.

Erich Streissler nennt für die „Verdunkelung von Roschers Bedeutung in der ökonomischen Theoriegeschichte" die folgenden Gründe (Streissler 1994, S. 41-50):

(1) Roscher war ein Deutscher. Nach dem ersten Weltkrieg wurden deutsche Wirtschaftswissenschaftler von den Ökonomen zumindest der europäischen Siegermächte vielfach totgeschwiegen. Und nach dem zweiten Weltkrieg lasen die die Ökonomik jetzt dominierenden Engländer und Amerikaner nicht mehr deutsch;

(2) Das preußisch dominierte zweite deutsche Kaiserreich bevorzugte aus ideologisch-nationalistischen Gründen die jüngere historische Schule

um Gustav Schmoller in Berlin. Und für diese Schule war Roscher zu stark an der klassischen englischen Nationalökonomik orientiert und zu theoretisch. Zudem bot Roscher nicht viel zu den die jüngere historische Schule bewegenden Fragen der Sozialpolitik;

(3) Die rasch Weltgeltung erlangende „Österreichische Schule der Nationalökonomie“, die ja unter anderem auch eine Fortführung der deutschen ökonomischen Tradition von Rau, Hermann und Roscher war, verleugnete aufgrund des heftigen emotional geführten ersten Methodenstreites zwischen Carl Menger und Gustav Schmoller ihre deutschen Wurzeln;

(4) Die Antipathie von Joseph Schumpeter gegen jeden deutschen Einfluss in der Ökonomik. Diese Aussage gilt zumindest für Joseph Schumpeter bis zu seinen mittleren Jahren. Schumpeter war zu dieser Zeit ein Verehrer alles Englischen. So urteilte Schumpeter über die deutschen Ökonomen des 19. Jahrhunderts pauschal (und ungerecht): „Über diese ist wenig zu berichten. Nicht als ob wenig geschrieben worden wäre; ... Aber es weht kein Geist in diesen Büchern“ (Schumpeter 1924, S. 55/56). Allerdings urteilte er über Roscher selbst später positiver: „Roscher ... schrieb viele Bücher, die sich alle durch ein höchst beachtliches Niveau auszeichnen; Redliche Gelehrsamkeit und gesunder Menschenverstand sowie wohlwollende Aufgeschlossenheit, die sein edler und kultivierter Geist allen wissenschaftlichen Bemühungen entgegenbrachte, ließen seine Schriften für viele Studentengenerationen fruchtbarer werden, als es originellere Erzeugnisse möglicherweise hätten sein können ... Im großen und ganzen gab es kaum einen Wirtschaftswissenschaftler der Periode, der sich innerhalb und außerhalb der Grenzen Deutschlands so allgemeiner Anerkennung erfreuen konnte wie er ... Dazu trug er auch selbst bei, da er häufig von seiner historischen Methode oder seinem historischen Standpunkt sprach. Später aber werden wir zeigen, dass diese Ansicht nicht haltbar ist und dass er auf Grund seines analytischen Apparates als äußerst verdienstvoller Nachfolger der englischen „Klassiker“ bezeichnet werden sollte; allerdings als ein Nachfolger, der eine besonders starke Neigung zur historischen Illustration hatte“ (Schumpeter 1965, S. 622/623);

(5) Der Historismus in der Ökonomik kam im 20. Jahrhundert mehr und mehr aus der Mode. Roschers Werk ging nach dem zweiten Weltkrieg mit der herrschenden pauschalen negativen Einschätzung der historischen Schule ebenfalls mit unter. Es wurde nicht mehr zwischen deren

einzelnen, sehr unterschiedlichen Vertretern differenziert. Roscher wurde damit nicht mehr gelesen.

10.7.8 DIE „JÜNGERE HISTORISCHE SCHULE“

Die „jüngere“ historische Schule, die etwa ab 1870 datiert, eine schärfere zeitliche Trennlinie ist nicht sinnvoll, wird ÜBLICHERWEISE (allerdings: nicht alle Autoren folgen dieser Mitgliederzuteilung) mit den folgenden Ökonomen identifiziert:

- Gustav Schmoller (1838-1917);
- Lujo Brentano (1844-1931);
- Karl Bücher (1847-1930);
- Georg Friedrich Knapp (1842-1926);
- Georg von Schanz (1853-1921);
- Adolph Wagner (1835-1917).

In den siebziger Jahren des 19. Jahrhunderts vollzog sich in der Ökonomik ein Generationswechsel. Heinz Rieter weist (ähnlich wie Schumpeter) erst dieser jüngeren historischen Schule überhaupt den Status einer „Schule“ zu: „Im Gegensatz zur älteren Generation historischer Nationalökonomen bildet die jüngere durchaus eine Schule. Sie besitzt die nötigen Attribute: ein grundlegendes Lehrbuch, ein gemeinsames Arbeitsprogramm und eine organisierte Forschung, eigene Zeitschriften und Schriftenreihen, eine wissenschaftliche Vereinigung, viele Schüler, eine gezielte Förderung des wissenschaftlichen Nachwuchses aus den eigenen Reihen und nicht zuletzt einen Schulleiter, der die Zügel fest in der Hand hält und respektiert wird. Die Rede ist von Gustav von Schmoller (1838-1917), der in dieser Rolle nach 1870 zum führenden Volkswirt in Deutschland aufsteigt“ (Rieter 1994, S. 140). Tatsächlich gab der Methodenstreit Schmoller die Gelegenheit einer Selbstdefinition der historischen Schule, die allerdings letztlich mehr auf die akademischen Berufungen und organisatorischen Zugehörigkeiten als auf die inhaltlichen Thesen abstellte.

Karl Brandt charakterisiert: „Die ältere und die jüngere historische Schule haben vieles gemeinsam. Beide gehen von der historischen Gebundenheit und der gesellschaftlichen Bedingtheit der ökonomischen Erscheinungen aus. Die Vertreter der jüngeren historischen Schule betonen aber stärker die Relativität wissenschaftlicher Aussagen. Sie lassen darum Generalisierungen in den Hintergrund treten, ohne auf eine Kausalerklärung zu verzichten“ (Brandt, Band 2, 1993, S. 205).

Die Mitglieder der jüngeren historischen Schule vertraten generell den Standpunkt, dass eine abstrakte deduktive Methode à la Ricardo abzulehnen sei. Die Theorie wurde zwar nach wie vor als ENDZIEL allen Forschens propagiert, dürfe aber nicht AM ANFANG der jeweiligen Forschung stehen. Das

Bestreben der jüngeren historischen Schule war es auch, die historische Methode jetzt endlich konsequent anzuwenden. Die Existenz allgemeiner wirtschaftlicher Gesetzmäßigkeiten (allerdings nicht im Sinne strenger naturwissenschaftlicher Gesetze) wurde nicht generell bestritten, bestritten wurde aber, dass man diese mit Hilfe der klassischen Theorien herausfinden könne und dass man ohne genaue Kenntnis der historischen und gesellschaftlichen Zusammenhänge theoretische Sätze mit Wahrheitsgehalt einfach rein deduktiv ableiten könne. Gegenüber der älteren historischen Schule, deren Thesen oft keine scharfe Abgrenzung gegenüber älteren (auch theoretischen) Ansätzen der deutschen Ökonomik der 1820er und 1830er Jahre aufwiesen, wurde argumentiert, man habe auf der Basis zu weniger historischer Zusammenhänge zu schnell verallgemeinert und dabei allzu schematische Geschichtskonstruktionen geschaffen. Es sei aber nicht möglich, zu verallgemeinern, ohne zuvor gründlichere historische Recherchen durchzuführen. Eine umfassende Theorie benötige viele detaillierte Vorarbeiten, die empirische Basis müsse vergrößert werden. Die partielle historische Forschung der älteren historischen Schule sei nicht hinreichend für eine seriöse Theoriefindung gewesen. „Damit wird zunächst die Theorie ganz zurückgedrängt; erst wenn das geschichtliche Material voll erfasst sei, könne man an eine Verallgemeinerung denken“ (Winkel 1977, S. 102). Die damit geforderten wirtschaftshistorischen Spezialarbeiten sollten sich auf alle Zeitepochen erstrecken und dabei die Entwicklung von Gewerbezweigen und Institutionen minutiös erfassen.

Allerdings waren die Gemeinsamkeiten zwischen älterer und jüngerer historischer Schule letztlich doch größer, als zweitere zugeben wollte. Solche Gemeinsamkeiten waren z.B.:

(1) Alle ökonomische Erkenntnis sei relativ. Allgemeine ökonomische Gesetze von absoluter Geltung könne es nicht geben;

(2) Das menschliche Handeln sei nicht nur vom Eigennutz geleitet, sondern auch von Tradition, Pflichtgefühl, Affekt usw.;

(3) Die Deduktion führe oft zu allzu abstrakten Modellen, und sei damit nicht im Stande, die Mannigfaltigkeiten des ökonomischen Lebens zu erfassen.

Tatsächlich publizierten die Anhänger der jüngeren historischen Schule eine kaum mehr überschaubare Zahl von Monographien über Regionen, Orte, Institutionen, Berufe, Steuern, gesetzliche und ökonomische Maßnahmen, und zwar sowohl als Zustandsschilderungen, als auch als Beschreibungen von deren historischer Entwicklung. Diese Aufzählung wirkt auf den Leser vielleicht etwas zu negativ. Denn: Neben vielen verzichtbaren Arbeiten wurden dabei auch historische Arbeiten angefertigt, die es eigentlich verdienten, dem Vergessen entrissen zu werden.

Am Ende dieser vielen historischen Spezialuntersuchungen sollte dann wieder eine (historisch gestützte) Theorie stehen. Dieser Endzustand wurde jedoch nicht, ja man könnte sogar sagen, nicht einmal annähernd erreicht. Man erschöpfte sich vielmehr in einer Vielzahl deskriptiv-statistischer historischer Monographien. Der Vorwurf einer Theorielosigkeit dieser Arbeiten war oft nicht von der Hand zu weisen, auch wenn, worauf Winkel hinweist, die jüngsten Vertreter dieser Schule wieder zu einem theoretischen Denken zurück fanden (Winkel 1977, S. 103). Nachvollziehbar ist nach diesen Bemerkungen, dass die jüngere historische Schule die Verwendung abstrakter Begriffe im Rahmen ökonomischer Analyseinstrumente ablehnte. Und auch der Verwendung der deduktiven Methode stand man eher kritisch gegenüber.

Kennzeichnend (im Gegensatz zu einigen Vertretern der älteren historischen Schule) war ihre Ablehnung der englischen Klassik. Ihre Kritik daran bezog sich:

- auf deren individualistischen Ansatz. Im Vordergrund solle (siehe Schmoller) die Gemeinschaft stehen, deren historische Erfahrungen sich in gesellschaftlichen Institutionen und Organen manifestiere, ein organischer Ansatz. Auch die Ethik einer Gesellschaft sei von den historischen Erfahrungen des Gemeinschaftslebens geprägt und stamme nicht aus Nutzenüberlegungen einzelner Individuen;
- Dem Staat wurde eine größere Verantwortung zugesprochen als im Liberalismus der Klassik. Er solle gesamtwirtschaftliche Ziele verfolgen und die Privatwirtschaft zu sittlichem Handeln anhalten. Dazu müsse man Gruppeninteressen berücksichtigen und die Zusammenhänge zwischen Recht und Wirtschaft ausloten;
- Die Marktwirtschaft versage, wenn es darum ginge, alle dazu bereiten Bürger mit Arbeit und einem daraus resultierenden Einkommen zu versorgen. Auch seien alle Personen ausgeschlossen, die keiner eigenen Leistung fähig seien. Deshalb brauche man Sozialversicherungen, die insbesondere die Unsicherheit bei unverschuldeten Notlagen über die Solidargemeinschaft reduzierten. „Die „ethisch-historische“ Nationalökonomie versteht die neu zu schaffenden „sozialen“ Institutionen als Ausbildung eines neuen Ethos, das die mit der vorindustriellen Wirtschaftform verschwundenen gesellschaftlichen Tugenden durchaus ersetzt“ (Priddat 1993, S. 71).

„Die Spannung zwischen Wohlfahrtspaternalismus und freier Marktwirtschaftsentwicklung blieb das 19. Jahrhundert hindurch erhalten und vermischte normative mit deskriptiven Tendenzen. Die Idee der Gestaltung der Wirtschaft dominierte die Idee des „Laissez-faire“. Doch so sehr uns diese Differenzen aus der Perspektive unseres Jahrhunderts als „ideologisch“ erscheinen mögen, so sehr war für die staatswirtschaftlich orientierten Ökonomen des 19. Jahrhunderts der Staat ein Faktum, dessen Devaluation in Fragen der wirtschaftlichen Gestaltung einer Verfassungsopposition gleichgekommen wäre. Da der Staat als empirische Gegebenheit höchster Macht angesehen wurde, war eine staatswirtschaftlich ausgerichtete Ökonomie in diesem Falle nicht von vornherein normative Ökonomik, sondern selbstverständlich positive Theorie“ (Burkhardt, Priddat 2000, S. 669).

Am Rande: Für eine faire Beurteilung der zweifellos überzogenen, detailverliebten Ausrichtung der jüngeren historischen Schule muss man sich vergegenwärtigen, dass für uns heute empirische Tests selbstverständlich und nicht mehr erwähnenswert erscheinen. Damals war es aber nicht selbstverständlich, die Bedeutung empirischer Forschung herauszustellen.

Die Arbeiten der Mitglieder der jüngeren historischen Schule waren zudem durch eine stark ethische Ausrichtung geprägt. Man könnte etwas verallgemeinert sagen, die ältere historische Schule nahm eine liberal-ethische Haltung ein, die jüngere historische Schule eine sozial-ethische. Dies führte sie dazu, immer wieder in die Wirtschaftspolitik, speziell die Sozialpolitik, eingreifen zu wollen und einzugreifen. Der Staat müsse zu große Ungleichheiten in den Vermögen korrigieren und industrielle Konzentrationsprozesse steuern. Die Mitglieder der jüngeren historischen Schule waren viel mehr als die der älteren historischen Schule danach bestrebt, die Wirtschaftspolitik, vor allem die Sozialpolitik, mit ihren wissenschaftlichen Kenntnissen zu beeinflussen. Symptomatisch für dieses wirtschafts- und sozialpolitische Interesse war 1872 die Gründung des „Vereins für Socialpolitik“ (siehe dazu Abschnitt 10.7.9) als Werkzeug wirtschaftspolitischer Aktivitäten. Mit diesen Bestrebungen sollte daneben auch gegen einen revolutionären Sozialismus vorgegangen werden. Bürgerliche Kreise sollten von der Notwendigkeit sozialpolitischer Maßnahmen überzeugt werden. Gustav Schmoller und seine Kollegen wurden daraufhin ironisch als „Kathedersozialisten“ bezeichnet.

Der Begriff „Kathedersozialismus“ entstand in den siebziger Jahren des 19. Jahrhunderts. Geprägt wurde er von Heinrich B. Oppenheim (1819-1880) im Zuge eines heftigen Pressestreits in der „Nationalzeitung“ 1871 im Rahmen seines Beitrags „Manchesterschule und Kathedersozialismus“ für die Gruppe von Professoren, die sich gegen die liberale englische Nationalökonomie mit ihren Freihandelsidealen wandte, die Oppenheim verteidigen wollte. Gustav Schmoller griff dann diesen zunächst negativ gemeinten Begriff auf, und wendete ihn ins Positive, um sich damit explizit gegen die englischen Nationalökonomen und deren abstrakte Theorien zu stellen. Der Begriff wurde dann später allerdings zusammen mit der negativen Beurteilung der historischen Schule insgesamt ebenfalls negativ besetzt.

Die „Kathedersozialisten“ versuchten zu ihrer Zeit zwischen wirtschaftlicher Entwicklung einerseits und einer stark verarmenden Arbeiterschicht andererseits zu vermitteln. Eine soziale Revolution sollte durch einen Mittelweg zwischen Sozialismus und Laissez-faire-Kapitalismus mit Hilfe einer bürgerlichen Sozialreform verhindert werden. Diese bürgerliche Sozialreform sollte positive materielle aber auch sittliche Auswirkungen auf die Arbeiterschaft haben.

Der Einfluss der jüngeren historischen Schule auf die Nationalökonomie in Deutschland kann kaum überschätzt werden. Eine ganze Generation von Volkswirten wurde von ihr geprägt. Zudem: Wenn der Student der Ökonomik heute von der historischen Schule (und ihren vielen historischen Spezialuntersuchungen) spricht, meint er dabei fast immer die jüngere historische Schule.

Übrigens sei zur Durchführung des ökonomischen Unterrichts vermerkt: „Pädagogische Reformen bewirkten die Professoren der historischen Schule mit der Einrichtung volkswirtschaftlicher Seminare, mit angeschlossenen Handbibliotheken ... In den anberaumten Seminarsitzungen mussten erstmals Studierende über ausgewählte Fragen des Faches referieren“ (Brandt, Band 2, 1993, S. 220).

10.7.9 Adolph Wagner (1835-1917)

Vita von Wagner

1835:	Am 25. März 1835 wurde Adolph (Heinrich Gotthilf) Wagner in Erlangen als erstes von vier Kindern des ordentlichen Universitätsprofessors der Physiologie Rudolf Wagner (1805-1864) und seiner Frau Rosa geboren;
1840:	Wagners Vater ging an die Universität Göttingen. Adolph verbrachte hier zusammen mit seinen drei Geschwistern (ein Bruder, zwei Schwestern) seine Kindheit. Er besuchte das dortige Gymnasium;
1851-1853:	Adolph verließ Göttingen und machte sein Abitur am Humanistischen Gymnasium in Bayreuth;
1853-1857:	Adolph studierte zunächst Jura, dann politische Ökonomie in Heidelberg (wo er Vorlesungen bei Rau hörte) und Göttingen;
1857:	Promotion zum Dr. phil. in Göttingen (bei Georg Hanssen) mit einer Arbeit über Bankwirtschaft;
1858-1863:	Professur für Nationalökonomie und Finanzwissenschaft an der Handelsakademie Wien. Wagner hatte dort nur eine wöchentliche dreistündige Lehrverpflichtung, was ihm genügend Zeit für Forschungen und Publikationen ließ;
1864:	Professur an der Höheren Kaufmännischen Lehranstalt in Hamburg;
1865-1868:	Ordinariat für Statistik, Ethnographie und Geographie an der Kaiserlich Russischen Universität in Dorpat (Estland). Wagner lehrte aber vorwiegend Nationalökonomie und Statistik;
1868:	Ruf an die Universität Freiburg (Nachfolge von Hans von Mangoldt);
1870:	Ordentliche Professor der Staatswissenschaften in Berlin;
1871/1872:	Wagner überarbeitete auf Bitte von Karl Heinrich Rau dessen „Lehrbuch der Finanzwissenschaft“ für die sechste Auflage;
1872:	Zusammen mit gleichgesinnten Kollegen (unter anderem Brentano und Schmoller) in Eisenach Mitgründer des „Verein für Socialpolitik“;
1877:	Mitwirkung an einer Probenummer des „Staats-Socialist“, eines Organs des „Central-Vereins für Social-Reform aus religiöser und konstitutionell-monarchischer Grundlage“.

	Wagner trennte sich wegen seiner staatssozialistischen Einstellung vom „Verein für Socialpolitik“;
1881:	Beitritt zu der von Adolf Stoecker (1835-1909) gegründeten „Christlich-Sozialen Partei“ (CSP). Wagner war bis 1896 ihr zweiter Vorsitzender; Wagner kandidierte bei der Reichstagswahl für die Christlich-soziale Partei (CSP). Er verlor diese Wahl aber;
	Gustav Schmoller wurde Kollege von Wagner an der Fakultät;
1882:	Abgeordneter für das Osthavelland im preußischen Landtag;
1885:	Wagner fühlte sich von Bismarck zurückgesetzt (Schmoller wurde zum Mitglied des Staatsrates ernannt) und legte sein Mandat im Landtag nieder;
1890:	Präsident des ersten „Evangelisch-sozialen Kongresses“;
1894:	Wagners Tochter Marie starb. Schmoller zeigte eine tiefe Anteilnahme. Das Verhältnis der beiden Berliner Professoren verbesserte sich daraufhin wieder;
1895:	Wagner wurde zum Rektor der Friedrich-Wilhelms-Universität (heute Humboldt-Universität) Berlin gewählt;
1896:	Wegen Differenzen mit Adolf Stoecker, dem preußischen Hofprediger, über den Evangelisch-Sozialen Kongress trat Wagner aus der CSP aus;
1902:	Engagement beim 1902 gegründeten „Deutschen Kolonialkongress“;
1907:	Engagement beim „Kolonialpolitischen Aktionskomittee“;
1910:	Wagner gehörte seit 1910 dem preußischen Herrenhaus an;
1916:	Wagner hielt seine Abschiedsvorlesung am 26. Januar 1916, in der er sich nochmals explizit zum „Staatssozialismus“ bekannte;
1917:	Wagner starb am 8. November in Berlin.

Wagner war dreimal verheiratet. Seine erste und seine zweite Frau verstarben. Aus diesen beiden ersten Ehen entstammten fünf Kinder. Wagner heiratete 1873 nochmals (Martha Schöneberg 1848-1918). Aus dieser dritten Ehe entstammten drei weitere Kinder.

Wagner liebte die Geselligkeit und nahm gerne an gesellschaftlichen Veranstaltungen teil. Zudem pflegte er einen häufigen Umgang mit seinen Kollegen. Er war aber streitsüchtig, provozierte mit seinen „Bekenntnissen“, die er mit „Erkenntnissen“ vermengte und war polemisch. „Er verwechselte gelegentlich auch bei nationalen Wertungen den Lehrstuhl mit der Lehrkanzel und predigt, anstatt Einsichten analytisch zu erklären“ (Recktenwald 1980,

S. 566). So blieb es nicht aus, dass ihm „trotz anfänglicher Sympathie und Gesinnungsnachbarschaft“ „sein streitbares Naturell z.B. später eine erbitterte Gegnerschaft zu seinem Fakultätskollegen Treitschke und eine latente Gereiztheit gegenüber Gustav Schmoller“ (Häuser 1991, S. 46) eingetragen haben. „Auch die Forderung auf ein Duell durch einen politischen Gegner, den mit Kaiser Wilhelm II. befreundeten Freiherrn von Stumm, das Wagner freilich zurückgewiesen, das aber eine Beleidigungsklage nach sich gezogen hat, fügt sich nicht zu dem vertrauten Bild vom Professor im Elfenbeinturm“ (Häuser 1991, S. 46/47).

Adolph Wagner war eine außerordentlich widersprüchliche Persönlichkeit. „Die persönlichen Briefe zeichnen ein Charakterbild Wagners, das in manchen Zügen wenig sympathisch ist und das das Widersprüchliche in seinem Wesen verstehen lässt. Sein Bruder Hermann, selbst Professor der Geographie in Göttingen, betont das leicht erregbare Temperament, die „Ausbrüche seiner Leidenschaft“ und seine Herrennatur, verbunden mit einem Geltungsbedürfnis, das auffallend im Gegensatz stand zur Kehrseite seines Wesens, „einer seltenen Weichheit des Gemüts“ und einer „Befangenheit des Auftretens“ ... Dieses Zwiespältige und zum Extrem Neigende in Wagners Wesen kommt auch in seinen Urteilen über Kollegen zum Ausdruck. Gustav Schmoller, sein engster Fachkollege in Berlin, Mitstreiter und Antipode zugleich, ist für ihn ein „intriganter Schwabe“, Lujo Brentano gar die „kleine Straßburger Giftkröte“ und ein „kleiner eitler Fant“, der wiederum Wagner „reif für ein Irrenhaus“ hält; ferner ist Georg Mayr „der Oberstreber aus München“ ... Doch im Alter wird unser Nationalökonom toleranter, sein Urteil milder“ (Recktenwald 1980, S. 567/568). Berücksichtigt man noch, dass er sich mit seinen Meinungen nicht zurückhielt und auch zu polarisierenden Zeitfragen Stellung bezog, dann ist es nicht weiter erstaunlich, dass er – trotz der Anerkennung seiner wissenschaftlichen Leistungen – viel angefeindet wurde.

Das Zwiespältige in Wagners Persönlichkeit setzte sich auch in den Beurteilungen über ihn als akademischer Lehrer fort. So urteilten Heinrich Herkner (1863-1932) und Robert Liefmann (1874-1941) deutlich negativ über Wagners Vorlesungen: sie seien zu „prinzipiell“ gewesen, ohne auf Einzelheiten einzugehen, andere Gelehrte seien nur genannt worden, um sie dann abzulehnen, die Systematik sei zu künstlich, zu verschachtelt gewesen, so dass man den Überblick verloren habe (nachzulesen in Meiner, Felix, Die Volkswirtschaftslehre der Gegenwart in Selbstdarstellungen, Leipzig 1924 und dabei in den Abschnitten: Heinrich Herkner und Robert Liefmann). Sogar die Studierenden zerfielen, will man Carl Diehl (im gleichen Band) folgen,

in zwei Lager: „Es war die Zeit, in der die beiden Richtungen, die theoretische und die historische Richtung, im schärfsten Kampfe miteinander lagen. Die Studierenden der Nationalökonomie trennten sich in die beiden Lager: Schmollerianer und Wagnerianer. Ich gehörte zur Gruppe der letzteren, die auf die Schmollerianer, die sich meist in Zunftakten vertieft hatten, mit ähnlicher Geringschätzung herabblickten, wie diese uns wegen unserer abstrakten Denkungsart gering einschätzten" (Diehl a.a.O.).
Joseph A. Schumpeter charakterisierte das Auftreten Adolph Wagners als Universitätslehrer wie folgt: „Adolf Wagner schrie und stampfte mit den Füßen auf das Kathederpodest und drohte imaginären Gegnern mit den Fäusten, bis die Lethargie des Greisenalters ihn besänftigte" (Schumpeter 1965, S. 980).
Es wird immer wieder der Vorwurf laut, Wagner sei ein Antisemit gewesen. Zunächst war eine solche antisemitische Strömung, wie auch ein Patriotismus, zu jener Zeit in der Gesellschaft latent vorhanden, insbesondere in der CSP. Wagner selbst hatte aber mehrfach jüdische Gelehrte ihren nichtjüdischen Kollegen vorgezogen. So empfahl er Gustav Cohn auf das Ordinariat in Göttingen. Und sein wichtigster, von ihm sehr geschätzter, Schüler, Franz Oppenheimer (1864-1943), der 1916 auch die Rede bei Wagners Abschiedsvorlesung hielt, war Jude. Man kann also zumindest nicht von einem persönlichen Antisemitismus Wagners ausgehen.
Bertram Schefold charakterisiert Wagners Antisemitismus als „zeitlich begrenzt und sehr verschieden von seinen späteren und auch zeitgenössischen Manifestationen – er widersetzte sich Pogromhetzen und antijüdischem Radau energisch" (Schefold 1991b, S. 31).

Einige Werke von Wagner

(mit Hilfe des Werksverzeichnisses des Kommentarbandes: Vademecum zu einem Klassiker der Finanzwissenschaft, Düsseldorf 1991)

Wagners Werk war außerordentlich umfangreich und umfasste viele Themenbereiche. Er schrieb neben seinen Büchern noch eine Vielzahl von (hier nicht aufgeführten) Zeitungsartikeln, Gutachten, Beiträgen in Sammelwerken und trat auch als Wahlredner auf. Als seine Hauptwerke kann man aber wohl die „Theoretische Sozialökonomik" und die „Finanzwissenschaft" ansehen.

„Beiträge zur Lehre von den Banken, mit besonderer Rücksicht auf England" (1857, umgearbeitete Dissertation);

„Die Geld- und Kredittheorie der Peelschen Bankakte" (1862);

„Die österreichische Valuta“ (1862);

„Die Ordnung des österreichischen Staatshaushalts, mit besonderer Rücksicht auf den Ausgabeetat und die Staatsschuld“ (1863);

„Die Gesetzmäßigkeit in den scheinbar willkürlichen menschlichen Handlungen vom Standpunkte der Statistik“ (1864, 2 Teile);

„Die russische Papierwährung; Eine volkswirtschaftliche und finanzpolitische Studie nebst Vorschlägen zur Herstellung von Valuta“ (1868);

„Die Abschaffung des privaten Grundeigentums“ (1870);

„Rede über die soziale Frage“ (1872);

Hier führte Wagner aus, dass die sozialen Spannungen auch aus dem selbstherrlichen Vermögensgebrauch der oberen Klassen resultierten. Diese sollten, um eine Revolution zu verhindern, freiwillig zurückstecken und sich der Staatsraison unterstellen.

„System der deutschen Zettelbankgesetzgebung unter Vergleichung mit der ausländischen“ (2 Teile, 1870 und 1873, 2. Auflage unter dem Titel: „System der Zettelbankpolitik“, 1873);

„Finanzwissenschaft“ (4 Bände):

Band I: Einleitung, Ordnung der Finanzwirtschaft, Finanzbedarf, Privaterwerb;

1. Auflage erschienen als Rau, Karl Heinrich, Lehrbuch der politischen Ökonomie, 6. Auflage, Band III, 1871;

2. Auflage erschienen als Band V (1877);

3. Auflage erschienen als Wagner, Adolph, Nasse, Erwin, Lehrbuch der politischen Ökonomie, Band VI (1883);

Neudruck erschienen als Wagner, Adolph, Lehr- und Handbuch der politischen Ökonomie, 4. Hauptabteilung, Teil I (1925);

Band II: Gebühren und allgemeine Steuerlehre;

1. Auflage erschienen als Wagner, Adolph, Nasse, Erwin, Lehrbuch der politischen Ökonomie, Band VI (1880);

2. Auflage erschienen als Band VI: Finanzwissenschaft, Teil II: Theorie der Besteuerung, Gebührenlehre und allgemeine Steuerlehre (1880);

Band III: Spezielle Steuerlehre;

1. Auflage erschienen als Wagner, Adolph, Nasse, Erwin, Lehrbuch der politischen Ökonomie, Band VII, 1-4 (1889);

2. Auflage übernommen als Wagner, Adolph, Delte, Hermann, Lehr- und Handbuch der politischen Ökonomie, 3. Teil (nach 1892);

In der Auflage von 1912 übernommen als 4. Hauptabteilung, 3. Teil (I und II);

Band IV: Spezielle Steuerlehre: Deutsche Besteuerung des 19. Jahrhunderts (1901);

„Staatspapiergeld, Reichskassenscheine und Banknoten" (1874);

„Die Zettelbankreform im Deutschen Reiche" (1875);

„Allgemeine oder theoretische Volkswirtschaftslehre; Erster Teil: Grundlegung"

1. Auflage erschienen als Rau; Karl Heinrich, Lehrbuch der politischen Ökonomie, Band I, 9. Auflage (1876);

2. Auflage erschienen als Wagner, Adolph, Nasse, Erwin, Lehrbuch der politischen Ökonomie I (1879);

3. Auflage, stark erweitert und neu bearbeitet, erschienen als Wagner, Adolph, Lehr- und Handbuch der politischen Ökonomie, 1. Hauptabteilung: Grundlegung der politischen Ökonomie, 2 Teile, 1. Teil: Grundlagen der Volkswirtschaft I und II (1892), 2. Teil: Volkswirtschaft und Recht, besonders Vermögensrecht (1894);

„Die Kommunalsteuerfrage" (1878);

„Unsere Münzreform" (1878);

„Für bimetallistische Münzpolitik Deutschlands" (1881);

„Über Verstaatlichung der Eisenbahnen und über soziale Steuerreform" (Landtagsreden 1883);

„Finanzwissenschaft und Staatssozialismus" (Aufsatz 1887);

„Die akademische Nationalökonomie und der Sozialismus" (1895);

„Sozialismus, Sozialdemokratie, Katheder- und Staatssozialismus" (1895);

„Unternehmergewinn und Arbeitslohn" (1897);

„Vom Territorialstaat zur Weltmacht" (1900);

„Agrar- und Industriestaat" (1901);

„Allgemeine und theoretische Volkswirtschaftslehre oder Sozialökonomik" (1901);

4. Auflage erschienen als „Theoretische Sozialökonomik oder Allgemeine und theoretische Volkswirtschaftslehre, 3 Bände (1907-1909);

„Wohnungsnot und städtische Bodenfrage" (1901);

„Die finanzielle Mitbeteiligung der Gemeinden an kulturellen Staatseinrichtungen und die Entwicklung der Gemeindeeinnahmen" (1904);

„Die Reichsfinanznot und die Pflichten des deutschen Volkes wie seiner politischen Parteien" (1908);

„Die Strömungen in der Sozialpolitik und der Katheder- und Staatssozialismus" (1912).

10.7.9.1 THESEN VON WAGNER

Eine Beurteilung von Wagners Thesen wird dadurch erschwert, dass er seine Positionen im Laufe seines langen Lebens teilweise erheblich änderte und oft bis zur Unkenntlichkeit relativierte, um dadurch zuweilen einen Mittelweg zwischen einander widersprechenden Auffassungen zu finden. Sein Hang, immer wieder Kompromisse zwischen Extremen zu suchen, führte dazu, dass er sich oft nach mehreren Seiten gleichzeitig verteidigen musste. Gleichwohl soll im Folgenden jedenfalls versucht werden, einige für ihn charakteristische Grundpositionen abzustecken.

So lässt sich in seinem Denken zwar durchaus eine Nähe zur klassischen Tradition im Stile Mills orten, er strebte eine Korrektur der klassischen Schule an und wollte die Deduktion nicht ausschließen. „In zahlreichen soziologischen Elementen, verschiedenen Aspekten des privaten und öffentlichen Eigentums, in der Rolle des Staates, den psychologischen Motiven der Individuen, der Bevölkerungsentwicklung und den Beziehungen zum Rechtssystem erkennt man die Modifikationen der klassischen Tradition" (Grüske, v. Weizsäcker 1991, S. 62).

Damit entfernte er sich aber so weit von den klassischen Positionen, auch wenn er nur an deren Ergänzung bzw. Korrektur dachte, dass man ihn nicht zu Unrecht als einen der historischen Schule nahe stehenden Ökonomen einordnen kann. Interessanterweise wies er selbst eine solche Zuordnung explizit zurück, vor allem eine Zuordnung zur jüngeren historischen Schule mit ihrem Anführer Gustav Schmoller. Wagner insistierte darauf, „dass die aus der bloßen Detailforschung" abgeleiteten Spezialforderungen ohne prinzipielle und zusammenfassende Behandlung der allgemeinen Probleme (z.B. in Bezug auf die Berechtigung eines staatlichen Eingreifens in der Verteilung) der sicheren Begründung entbehren" (Wagner zitiert in: Burkhardt, Priddat 2000, S. 947).

Ein Beleg für seine Kompromisshaltung und auch seine Abgrenzung gegenüber Schmoller war seine Position im ersten Methodenstreit zwischen Schmoller und Menger. So teilte er Wilhelm Stieda (1852-1933) diesbezüglich lakonisch mit: „Ich unterschätze Induktion, statistische und historische Forschung nicht, aber ich überschätze sie auch nicht, und unterschätze andererseits die Deduktion nicht. Eines schickt sich nicht für alle – dies ist das Fazit" (Wagner zitiert in: Häuser 1991, S. 49). Diese Einschätzung mag auch daher stammen, dass Wagner an Wissenschaftstheorie und Philosophie nicht interessiert war. Er wählte einen Kompromiss zwischen Induktion und Deduktion und damit auch im Methodenstreit.

Adolph Wagner grenzte sich somit von Gustav Schmoller ab und erklärte gleichzeitig seine Verbundenheit mit den Vertretern der älteren historischen Schule. Seither wird zwischen einer älteren und jüngeren historischen Schule unterschieden.

„Stärker noch als Schmoller will Wagner dem Staat die Wohlfahrtsaufgaben zuweisen: über die Reformation des Steuersystems soll die Redistribution der Einkommen notfalls zwangsweise geschehen" (Burkhardt, Priddat 2000, S. 666). Bei ihm liest sich dies folgendermaßen: „Eben deshalb lege ich doch noch etwas mehr Gewicht auf die Durchführung des Prinzips der „verteilenden Gerechtigkeit" ... und dabei dazu auch auf einschneidende Reformen des Rechts, des Eigentumsrechts, des Erbrechts, des Steuerrechts durch die Gesetzgebung, sowie überhaupt auf die Ausbildung des zwangsgemeinwirtschaftlichen Systems neben und z.T. statt des privatwirtschaftlichen, caritativen und frei-gemeinwirtschaftlichen" (Wagner zitiert in: Winkel 1977, S. 132).

„Seine pragmatische Forschungsmethode entspricht der von Eucken: Er will ganz allgemein durch Verknüpfen von historisch-empirischen und systematisch-analytischen Erkenntnissen zu wesentlichen Gesetzmäßigkeiten übergeordneter Natur gelangen. In dieser Verbindung von praktischen Erfahrungen und theoretischen Überlegungen liegt Wagners Stärke" (Grüske, v. Weizsäcker 1991, S. 58/59).

Karl Häuser zieht allerdings das bedenkenswerte Fazit: „Er betonte zwar stets die Notwendigkeit einer mehr theoretischen Orientierung der Nationalökonomie und rügte als Prediger in der Wüste – die Vernachlässigung der theoretischen Grundstudien, aber seine „Theoretische Sozialökonomik" und fast alle seine Schriften muten heute wie Exponate der Historischen Schule an" (Häuser 1991, S. 49).

Wagner war der Auffassung, das ökonomische Selbstinteresse sei als alleiniges Motiv des ökonomischen Handelns zu eng. Es gäbe als Auslöser menschlichen Handelns zahlreiche weitere Motive. Hierbei unterschied er individuelle und Gemeinbedürfnisse, wobei er letztere ausführlich diskutierte. Bei ihm existierten grundsätzlich drei Wirtschaftssysteme nebeneinander: das privatwirtschaftliche, das gemeinwirtschaftliche und das caritative, wobei letzterem allerdings nur eine Korrektivfunktion zugestanden wurde.

Der Verwendung der Mathematik in der Ökonomik stand Wagner ablehnend gegenüber. Bei der Besprechung des sonst von ihm gelobten Hans von Mangoldt schrieb er: „In manchen Abschnitten des Grundrisses braucht der Verfasser die mathematische Entwicklung und nimmt die graphische Darstellung und algebraische Formeln zu Hilfe ... Ich kann mich nicht davon überzeugen, dass diese Behandlungsweise ... hier wirklich Vorteile bietet" (Wagner zitiert in: Baloglou 1995, S. 360). Ganz anders hingegen war seine Einstellung zur Statistik, die ihm sehr wichtig war, und zwar für die Wissenschaft und als unverzichtbares Instrument der Verwaltung.

Auch in der geldpolitischen Auseinandersetzung zwischen Currencytheorie und Bankingtheorie änderte sich der Standpunkt Wagners. Vertrat er in jungen Jahren vehement die Thesen der Bankingtheorie, und führte sie weiter, so argumentierte er später konservativer: Er schlug eine Monopolisierung der Notenbank durch den Staat vor. 1862 stellte er die geldtheoretisch fundamentale Frage: Wann ist ein zusätzlicher Kredit indifferent, wann führt er zu Störungen? „Zur genaueren Betrachtung, wie auch die Produktionssphäre hiervon ergriffen wird, kam es nicht ... Wagner war für seine Zeit bemüht, die richtigen Gedanken der Currency- und der Banking-School zu verbinden" (Schefold 1991b, S. 21 und S. 22).

Und bezüglich der verwendeten Münzmetalle wandelte er sich vom Monometallisten zum Bimetallisten.

Zu seinen Leistungen auf dem Gebiet der Finanzwissenschaft gehörte, dass er bei den Steuerwirkungen neben ihrem eigentlichen fiskalischen Effekt auch einen Effekt für die soziale Wohlfahrt herausstellte. Der Staat solle über Steuern und Staatsausgaben für eine Umverteilung der Einkommen sorgen. „Zu den Steuerzwecken gehört auch die Förderung der Sozialpolitik durch Einwirkung auf die Verteilung ... Er betont auch die historische Relativität der Besteuerungsprinzipien ... Ihm scheint es an der Zeit, Steuerprogression, Vermögensbesteuerung und Erbschaftssteuern zu fordern – Postulate, deren Einlösung aufgrund klarer Erhebungsgrundsätze, wie sie heute noch mit Bezug auf ihn erörtert werden, erst erkämpft werden mussten" (Schefold 1991b, S. 20).

Um einen Eindruck von Wagners Formulierungen zu bekommen, sei eine Stelle aus der „Rede über die soziale Frage" (1871) zitiert: „Bei den direkten Steuern ist eine Verschiedenheit der Steuersätze festzusetzen. Einmal soll das fundierte Einkommen, welches aus Grund und Boden und Kapitalien fließt, höher als das unfundierte aus persönlicher Arbeit, das Grundrenteneinkommen, namentlich dasjenige aus städtischen Grundstücken, noch besonders höher besteuert werden. Ferner ist das Einkommen nach seinem absoluten Betrage mit mäßig steigenden Sätzen zu treffen – d.h. der viel besprochene Grundsatz der Progressivbesteuerung des höheren Einkommens ist maßvoll durchzuführen, – ein sicher berechtigtes Mittel, u.a. um der Tendenz steigender Vermögensungleichheiten, welche in unserem heutigen Wirtschaftssystem obwaltet, entgegenzuwirken, und auch ein sehr wohl ausführbares Mittel" (Wagner 1871 zitiert im Kommentarband 1991, S. 12/13). Adolph Wagner appellierte zudem an das Pflichtbewusstsein der höheren Klassen, sich der Staatsraison zu unterstellen und Verzicht zu üben.

Adolph Wagners Thesen können meines Erachtens besser eingeordnet werden, wenn man den bekennenden politischen Menschen Wagner mit berücksichtigt. Wissenschaft und Politik waren bei Wagner aufs engste miteinander verknüpft, nicht immer zum Vorteil der Wissenschaft. Wagner neigte zu Beginn seiner Laufbahn eher zu einem gemäßigten Liberalismus im Stile von Rau oder Mill, später präferierte er im Rahmen seines Staatssozialismus mehr und mehr eine vom Staat interventionistisch beeinflusste Wirtschaft. „Mit einer Formel, die später Max Weber aufgreift, ging er so weit, den Kapitalismus als „herrenlose Sklaverei" zu bezeichnen" (Schefold 1991b, S. 23). Zu seinem Lebensende war er deutlich mehr konservativ, mit sozialistischem Einschlag, als liberal im Sinne der englischen Klassik. Die ethische Qualität staatlichen Handelns stand für ihn dabei im Vordergrund.

Dazu muss man immer auch die ökonomische und politische Situation mit bedenken, die Wagner zu seinen Lebzeiten vorfand: Die Zeit der deutschen Reichsgründung, den Übergang Deutschlands von einem Agrar- zu einem Industriestaat, die „Gründerzeit", die sich positiv auf den Gesamtwohlstand und negativ auf die Einkommens- und Vermögensverteilung auswirkte, im Gefolge des Wiener Börsenkraches 1873 eine Krise, ein durch starkes Bevölkerungswachstum überfüllter Arbeitsmarkt, zunehmende soziale Probleme und große soziale Spannungen. Und im Wirtschaftspolitischen die Auseinandersetzung zwischen Liberalismus und Interventionismus.

Wagner lehnte einen radikalen Sozialismus marxistischer Prägung ab. Er warf ihm ein falsches Menschenbild (!) und eine unhistorische Gesellschaftsauffassung vor. Zudem war Wagners Ansatz moralisch und national geprägt. Allein die aufgeklärte Monarchie könne eine die Klassen befriedende Wohlfahrtspolitik betreiben. Er akzeptierte die vom radikalen Sozialismus betonten Schäden und „üblen Seiten" des Kapitalismus in dieser Schärfe nicht und versuchte, einen Mittelweg zwischen Sozialismus und Konkurrenzwirtschaft, deren Probleme er durchaus sah, einzuschlagen. Er wollte eine evolutionäre Entwicklung, die die negativen Erscheinungen verschwinden ließe, die positiven Aspekte aber bewahren würde. Revolutionäre Umbrüche lehnte er ab. Übrigens akzeptierte er die Bezeichnung „Kathedersozialist" für seine Person nicht. Birger P. Priddat kommt hier zu dem zusammenfassenden Urteil: „Wagners Staatswirtschaftslehre ist die konsequente Synthese der in der deutschen Nationalökonomie des 19. Jahrhunderts angelegten staatswirtschaftlichen Tendenz, die den allgemeinen oder öffentlichen

Rechtsanspruch, die Wohlfahrt für alle Staatsbürger zu garantieren, gegen die wohlfahrtsökonomischen Kontingenzen der Marktsphäre der Gesellschaft meint durchsetzen zu müssen" (Priddat 1993, S. 83).

Im „Ökonomenlexikon" (1989) der DDR wurde Wagner nicht aufgeführt. Von Karl Marx selbst aber existieren „Randglossen zu A. Wagners Lehrbuch der politischen Ökonomie".

Wagner bezeichnete sich selbst als „Staatssozialist" (ein Ausdruck, der von der christlich sozialen Reformbewegung geprägt wurde). „Der Staatssozialismus war sozusagen der Schnittpunkt, in dem sich die Richtungen des christlichen Sozialismus, des aufgeklärten Konservatismus, der fortschrittlichen Demokratie und des opportunistischen Sozialismus kreuzten" (Gide, Rist zitiert in: Winkel 1977, S. 132). Wagner ging mit seinen sozialen Vorschlägen weiter als die sozialen Reformvorschläge der jüngeren historischen Schule Schmollers. So dürfe auch das Privateigentum, allerdings erst nach sorgfältiger (staatlicher) Prüfung aller Vorzüge und Nachteile, vom Staat beschränkt oder sogar aufgehoben werden. Das Privatkapital sollte wie das Erbrecht unangetastet bleiben. Auch das bäuerliche Grundeigentum sollte im Privateigentum bleiben, das großstädtische Grundeigentum wollte er allerdings reformieren, die Eisenbahn und bestimmte Schlüsselindustrien (z.B. Post, Geld- und Münzwesen, Versicherungen, Bergwerke) verstaatlichen. Das Ziel der Verteilungsgerechtigkeit hatte für ihn Vorrang gegenüber dem Ziel einer Maximierung des Volkseinkommens. Die private Konkurrenzwirtschaft führe zu einer Einkommensverteilung, die korrekturbedürftig sei. Auch hier war der für ihn omnipotente Staat gefordert: Er solle über seine Steuerpolitik für eine ausgeglichenere (nicht gleiche!) Einkommensverteilung sorgen und als Regulator für die Armen- und Gesundheitsvorsorge agieren.

„Stärker als die meisten Kathedersozialisten hebt Wagner die Bedeutung der steigenden Produktivität und des Wachstums für den sozialen Fortschritt hervor: „durch steigende Produktivität der ganzen Volkswirtschaft" könne den Arbeitern „sehr ausgiebig und nachhaltiger und umfangreicher geholfen werden" als durch andere Formen sozialpolitischer Redistribution, die „bei gleicher Ergiebigkeit die Quote der unteren Klassen am Gesamtertrag größer" werden lassen" (Burkhardt, Priddat 2000, S. 949).

Wagner wies dem Staat ohne jede weitere theoretische Begründung eine gegenüber den Privaten größere ökonomische und auch moralische Kompetenz, eine höhere Einsicht, zu. Er setzte sein Vertrauen nahezu ohne Einschränkungen in einen starken Staat in Form einer konstitutionellen Monarchie. Der Staat habe das Recht und die Pflicht, ordnungspolitische Maßnahmen im Rahmen einer Umverteilungspolitik, aber auch einer Familien- und Bevölkerungspolitik, Maßnahmen zur Behebung sozialer Not, durchzuführen. Solche Maßnahmen waren unter anderem: Lohngarantien, Arbeitszeitvorschriften, Arbeitsschutz, Einschränkung der Kinder- und Frauenarbeit, staatliche Monopolkontrolle, Fabrikinspektionen, kollektive Bedürfnisbefriedigung in den Bereichen, in denen der Verbrauch nicht individuell zugemessen werden kann: „Daher ist der Staat auch der geborene Vertreter aller derjenigen, welche sich nicht selbst zu schützen, ihre Interessen nicht wahrzunehmen vermögen: der unerwachsenen und der greisen Generation, der zukünftigen Geschlechter, der abseits vom großen Verkehr, in unentwickelten privatwirtschaftlichen Verhältnis Lebenden, der im Konkurrenzkampf Schwächeren – ein wichtiger Punkt im Großstaat, wo mit vollem Recht öfters mit Staatsmitteln, d.h. mit den Mitteln der Gesamtheit und daher mit einem verhältnismäßig bedeutenderen Beitrag der reicheren, steuerfähigen Landesteile die Hebung von ärmeren, in der Entwicklung zurückgebliebenen Teilen des Gebiets erfolgt“ (Wagner zitiert in: Priddat 1993, S. 82).

Die aus Institutionen, Sprache, Sitten etc. hervorgegangene Solidargemeinschaft wurde bei Wagner schlussendlich zur Zwangsgemeinschaft, in der der Staat die Abgrenzung der Interessen vornehmen muss. Letztlich stellte er einem unvollkommenen Marktmechanismus einen vollkommen gedachten Staat, bei dem kein Staatsversagen angenommen und untersucht wurde, gegenüber. Das Ergebnis dieser Gegenüberstellung war somit von Anfang an klar. Auch von daher wird sein „Gesetz der wachsenden Staatstätigkeit“ begreiflich. Die Nachfrage nach staatlichen Leistungen zum Nulltarif wird bis zur Sättigungsmenge ausgedehnt.

Wagner idealisierte also den Staat und seine Organe. Einflüsse von Interessengruppen, Selbstinteresse von Politikern an einer Wiederwahl, unvollkommene Information und die Schwächen staatlicher Rechnungslegung und Kontrolle wurden nicht gesehen und blieben damit ausgeklammert.

Man kann Wagner durchaus als Sympathisanten Bismarcks bezeichnen. Es wäre zwar übertrieben, von einem direkten Einfluss Wagners auf die Bismarcksche Sozialpolitik zu sprechen. In jedem Falle ist jedoch die Sozialversicherungspolitik Bismarcks durch Wagners Schriften und durch den „Verein für Socialpolitik“ begünstigt worden. Allerdings vertrat Wagner eine von den Bismarckschen Ideen stark abweichende Steuerpolitik.

Bei ihm finden sich zudem „zahlreiche Beobachtungen, die der theoretischen Erfassung teilweise noch harren und die von der modernen Theorie der Institutionen, der Eigentumsverhältnisse, ja von der wirtschaftstheoretischen Erfassung des Rechts überhaupt her, aktuell sind“ (Schefold 1991b, S.

38). Hierbei sind vor allem die Beziehungen zwischen rechtlichen und ökonomischen Prozessen hervorzuheben, die er zusammenhängend analysierte. „Da die relevanten Institutionen des Rechts – etwa das Eigentum – zudem mit den sozialen Bedingungen in der Gesellschaft korrespondieren, bestimmt die Rechtsordnung auch die Verteilung des Einkommens in der Volkswirtschaft. Man müsse deshalb die Effekte verschiedener Formen der Rechtsordnung studieren, die zu einer „befriedigenden“ Einkommensverteilung beitragen können“ (Grüske, v. Weizsäcker 1991, S. 83).

10.7.9.2 Rezeption von Wagner

Wagner ist heute fast nur noch durch sein „Gesetz der wachsenden Ausdehnung der Staatstätigkeiten“, das er als unabänderliche historische Entwicklungsregel auffasste, bekannt. Es wird auch als „Wagnersches Gesetz“ bezeichnet. Zu dieser eingeengten Sicht auf Wagners Werk und zu seinem „Gesetz“ ist anzumerken:

(1) Zunächst war sein Werk, wie angedeutet, wesentlich umfangreicher und beschränkte sich nicht auf die Finanzwissenschaft;

(2) Nicht unterschlagen darf man auch seine vielen Vorschläge bezüglich der Gestaltung des Wirtschaftslebens, die uns heute ganz selbstverständlich anmuten, damals aber keineswegs selbstverständlich waren;

(3) Wichtig war auch sein ständiger Hinweis auf die Bedeutung von Institutionen und des Rechtssystems auf ökonomische Überlegungen sowie auf die psychologischen Motive der Individuen;

(4) „Sein“ Gesetz, das er auf 12 Seiten in der „Grundlegung“ darlegte, war für „fortschreitende Kulturvölker“ formuliert. „Wagners „Gesetz“ untersteht einer Theorie des kulturellen Fortschritts, die das historische Faktum bestimmter Vergesellschaftungsformen als Ausweitung der Gemeinbedürfnisse interpretiert“ (Burkhardt, Priddat 2000, S. 952). Es wurde mit induktiven und deduktiven Argumenten gestützt: neue Gemeinbedürfnisse, Folgen des Fortschritts im privatwirtschaftlichen Bereich: „Dies offenbart sich in extensiver und intensiver Hinsicht: der Staat und diese Körper übernehmen immer mehr Tätigkeiten und sie führen die alten und neuen Tätigkeiten immer reichlicher und vollkommener aus. Es werden auf diese Weise immer mehr wirtschaftliche Bedürfnisse der Bevölkerung, namentlich Gemeinbedürfnisse, zugleich stets besser durch den Staat und jene Körper befriedigt. Der deutliche Beweis dafür liegt ziffermäßig in der Steigerung des fi-

nanziellen Staats- und Kommunalbedarfs vor“ (Wagner zitiert in: Burkhardt, Priddat 2000, S. 951).
„Auch wenn Wagner die angeführten Ursachen weitgehend vernachlässigt hat, seine Formulierungen eher verschwommen waren und eine theoretische Fundierung seines „Gesetzes“ fehlte, so hat er doch über mehr als ein Jahrhundert die Forschung über wachsende Staatsausgaben maßgeblich beeinflusst. Da sein „Gesetz“ eher philosophisch-ideologisch begründet war, lässt es sich auch empirisch kaum widerlegen oder gar als Grundlage für Prognosen heranziehen. Dennoch – oder gerade deshalb – haben seine Behauptungen bis heute die wissenschaftliche Phantasie angeregt und fruchtvolle Diskussionen ausgelöst“ (Grüske, v. Weizsäcker 1991, S. 82).

(5) Die Ausdehnung der Staatstätigkeiten erfolgte bei ihm nicht kontinuierlich, sondern in Schüben;

(6) Wagner bezog sein „Gesetz“ nicht, wie später oft interpretiert, als Beziehung zwischen Sozialprodukt und Staatsausgaben.

Wagner war zu seiner Zeit eine sehr bekannte Persönlichkeit, er gehörte zweifellos zu den bedeutendsten und meistbeachteten Ökonomen der Bismarck-Ära. Er nahm in der akademischen Welt Deutschlands eine wichtige Stellung ein. Wilhelm Roscher schrieb über ihn in seiner einflussreichen „Geschichte der National-Ökonomik in Deutschland“, erschienen 1874, Wagner war damals 49 Jahre alt: „Schon früh hat sich A. Wagner als Meister auf denjenigen Gebieten der Volkswirtschaft gezeigt, welche zunächst an die Zahlenstatistik angrenzen: einer der gründlichsten Kenner des Bank-, Papiergeld und Finanzwesens“ (Roscher 1874, S. 1044). Und dabei waren seine Hauptwerke, die „Finanzwissenschaft“, Band I, 3. Auflage (1883), und die Bände II (1880), III (1889) und IV (1901) sowie die „Allgemeine oder theoretische Volkswirtschaftslehre; Erster Teil: Grundlegung“ (1876) zu diesem Zeitpunkt noch nicht erschienen.

Wagner bildete keine „Schule“ im üblichen Sinne des Wortes, obwohl er viele Studenten beeinflusste.

Sein wissenschaftlicher Ruf erstreckte sich auch auf das Ausland. So erschienen schon um die Jahrhundertwende Ausgaben einiger Hauptwerke Wagners in Italienisch. Seine „Grundlagen“ und die „Finanzwissenschaft“ wurden ins Französische übersetzt. „Alfred Marshall sandte seine „Principles“, die von Wagner rezensiert worden sind, und A.C. Pigou erinnert sich in seinen „Memorials of Alfred Marshall“, Wagner etwa im Sommer 1892 bei Marshall getroffen zu haben, während Knut Wicksell in Berlin an Wagners Seminar und Vorlesungen teilgenommen hat, sie allerdings „extremely elementary“ fand und ihn als einen Lobhudler alles Preußischen tadelte“ (Häuser 1991, S. 46).

Alfred Marshall schrieb: „A splendid instance is to be found in Wagner's contribution to economics“ (Alfred Marshall zitiert in: Schefold 1991b, S. 18).

Wagner wurden als Zeichen seiner internationalen Anerkennung eine ganze Reihe ausländischer Ehrungen zuteil: Korrespondierendes Mitglied der italienischen Akademie der Wissenschaften in Mailand (1893), korrespondierendes Mitglied der Wiener Akademie der Wissenschaften (1904), Ehrenmitglied der Wiener Akademie der Wissenschaften (1915), Ehrendoktorwürde der Universitäten Cambridge und Dublin, und noch während des ersten Weltkrieges Aufnahme in die Schwedische Akademie der Wissenschaften.

Dass Adolph Wagner aufgrund einiger seiner Auffassungen vom Nationalsozialismus vereinnahmt wurde, ist nach dem bisher Gesagten nicht überraschend. „In der Tat wurde Wagner 1935 in Schmollers Jahrbuch aus Anlass der 100. Wiederkehr seines Geburtstags als Vorläufer der Nationalsozialisten gefeiert“ (Schefold 1991b, S. 26). Als Belege aus seinem Werk konnte man diesbezüglich herausgreifen: die Bejahung der Annexion von Elsass-Lothringen (im Krieg 1870/71) und die Integration kleiner Randvölker, wie der Niederlande, seine nationale Gesinnung, seine Bewunderung des Preußentums, seine Mitgliedschaft in der christlich-sozialen Arbeiterpartei, die einen Antisemitismus vertrat, seine Bejahung einer deutschen Kolonialexpansion. Bertram Schefold weist aber zu Recht darauf hin, dass viele der obengenannten Punkte zu Wagners Lebzeiten quasi in der (deutschen) Luft lagen.

Wer Wagners „Die Entwicklung der europäischen Staatsterritorien und das Nationalitätsprinzip“ liest, „wird überrascht sein, weil bei allem Patriotismus und offener Parteinahme das Nationalitätenprinzip, d.h. das Recht zur Nationenbildung, allen zugestanden wird, wo die Bevölkerungsverhältnisse irgend sinnvolle nationale Territorien zu bilden erlauben“ (Schefold 1991b, S. 28).

Auch dies aber eine schwammige und auslegungsbedürftige Aussage, die ja nach Interpretation sehr unterschiedliche Konsequenzen nach sich ziehen kann. Insgesamt bleibt bei Wagners militaristischem Nationalismus heute aber doch ein unerfreulicher Beigeschmack, der bei allen seinen Verdiensten nicht weggeleugnet werden kann.

10.7.10 Gustav Schmoller (1838-1917)

Vita von Schmoller

1838:	Geboren am 24. Juni in Heilbronn als Sohn einer kinderreichen Familie eines württembergischen Kameralverwalters. Die Mutter starb früh. Zunächst wurde seine Erziehung von seinem Vater geleitet. Dann Besuch eines Gymnasiums in Heilbronn. Vor seinem Universitätsstudium beschäftigte ihn der Vater noch ein Jahr lang in seiner Amtskanzlei; „Er galt in seiner Jugend als Schwindsuchtskandidat und ist dadurch zu hygienischer Lebensführung und planvoller Arbeitsökonomie erzogen worden“ (Hintze 1971, S. 366);
1857:	Studium der Staatswissenschaften von 1857 bis 1861 an der Universität Tübingen. Er hörte Vorlesungen in Geschichte und Philosophie, aber auch in Physik, Chemie und Maschinenlehre. „Die nationalökonomischen Professoren Schütz und Helferich haben keinen bedeutenden Einfluss auf ihn ausgeübt, ebenso wenig die Juristen. Stärkere Eindrücke empfing er von den historischen Vorlesungen Max Dunckers“ (Hintze 1971, S. 367);
1860/61:	Anfertigung einer Preisschrift, gestellt von Professor Schütz, über die volkswirtschaftlichen Anschauungen der Reformationszeit. Er gewann den Preis und wurde mit der Arbeit „Zur Geschichte der nationalökonomischen Ansichten in Deutschland während der Reformations-Periode“, die in der „Zeitschrift für die gesamte Staatswissenschaft“ (1860) erschien, 1861 zum Doktor der Staatswissenschaften promoviert;
1861:	Schmoller bestand das erste kameralistische Examen. Als Finanzreferendar arbeitete er im Rahmen seiner Vorbereitungszeit bei seinem Vater in Heilbronn;
1862:	Schmoller verbrachte das zweite Stadium seiner Vorbereitungszeit im Statistischen Büro in Stuttgart und übernahm die Bearbeitung der damals durchgeführten württembergischen Gewerbezählung; Erscheinen einer statistischen Arbeit von ihm im „Württembergischen Jahrbuch“;
1864:	Berufung im Frühjahr 1864 (ohne Habilitation) als Extraordi-

	narius an die Universität Halle. Hier begann eine lebenslange Freundschaft mit seinem Kollegen Georg Friedrich Knapp (1842-1926);
1865:	Heirat von Lucie Rathgen (1850-1928), der Tochter eines weimarischen Geheimen Rates. Der (übrigens glücklichen) Ehe entstammten ein Sohn und eine Tochter;
	Schmoller wurde Stadtverordneter in Halle, um die städtische Verwaltung aus eigener Anschauung kennen zu lernen und arbeitete in den Ferien im Berliner Archiv, wobei er die Verwaltungsgeschichte der Epoche Friedrich Wilhelm I. zum Hauptgegenstand seiner Studien machte. „Preußen wurde ihm mehr und mehr das Paradigma, an dem er die Verknüpfung von Staats- und Wirtschaftsleben studierte" (Hintze 1971, S. 368);
1872:	Am 5. und 6. Oktober 1872 wurde in Eisenach der „Verein für Socialpolitik" gegründet. Schmoller hielt dabei die einleitende Ansprache über die soziale Frage (abgedruckt in: Boese 1939, S. 6-11). Dabei formulierte er geschickt so allgemein, dass die Gegner der „Manchesterpartei" trotz Differenzen in ihren Auffassungen zu gemeinsamem Handeln bewegt werden konnten;
	Berufung als ordentlicher Professor an die neu gegründete Universität Straßburg. Hier leitete er zusammen mit Georg Friedrich Knapp (1842-1926) und Wilhelm Lexis (1837-1914) das staatswissenschaftliche Seminar;
1878:	Schmoller gründete die Reihe „Staats- und sozialwissenschaftliche Forschungen", die seit 1878 im Verlag Duncker & Humblot erschien. Sie war „eine Sammelstelle für die konkret-realistische Tatsachenforschung, mit der er die Theorie des Wirtschaftslebens zu fundamentieren bestrebt war" (Hintze 1971, S. 369);
1881:	Herausgabe des „Jahrbuch für Gesetzgebung, Verwaltung und Volkswirtschaft" (später: „Schmollers Jahrbuch");
1882:	Ruf (nachdem er vorher bereits zweimal (1870 und 1879) vergeblich zum Ordinarius vorgeschlagen worden war, erst jetzt fielen die ministeriellen Bedenken gegen seine sozialpolitische Richtung weg) auf einen Lehrstuhl an der (renommierten) Universität Berlin. Hier traf er mit Adolph Wagner (1835-1917) zusammen;

1884:	Mitglied des preußischen Staatsrats;
1887:	Ordentliches Mitglied der Preußischen Akademie der Wissenschaften;
1890:	Nach dem Tod des (ersten) Vorsitzenden, Professor Erwin Nasse aus Bonn, wurde Schmoller Vorsitzender des „Verein für Socialpolitik" (1890-1917);
1895:	Ausschussmitglied der Zentralgenossenschaftskasse (bis 1902);
1897:	Mitbegründer der „Internationalen Vereinigung für gewerblichen Arbeiterschutz";
1897/98:	Rektor der Berliner Universität;
1899:	Als Vertreter der Berliner Universität Mitglied des preußischen Herrenhauses;
	Mitglied der Friedensklasse des Ordens „Pour le mérite";
	Vorsitz des „Verein für Geschichte der Mark Brandenburg";
1908:	Gustav Schmoller erhielt am 22. Oktober den preußischen erblichen Adelstitel. Ich verzichte in diesem Abschnitt aber, weil er den größten Teil seines Lebens keinen Adelstitel hatte, auf eine durchgehende Bezeichnung als Gustav VON Schmoller;
	Ritter des Bayerischen Maximilianordens für Wissenschaft;
1910:	Ernennung zum königlich preußischen Wirklichen Geheimrat;
1912/13:	Emeritierung;
1917:	Gestorben am 27. Juni 1917 (Aneurisma) auf einer Erholungsreise in Bad Harzburg.

Arthur Spiethoff, Schmollers langjähriger Assistent, charakterisierte den Menschen Gustav Schmoller wie folgt: „Gustav von Schmoller gehört zu jenen Zierden der Berliner Universität, die gleich groß als Gelehrte und als Lehrer waren. Schmoller schätzte die Bedeutung des Lehrberufes hoch ein und widmete ihr deshalb jede erforderliche Zeit ...Viele seiner Hörer hat er mit jener Begeisterung für die Wissenschaft und seine Person erfüllt, die das Studium zum idealen Lebensinhalt und die Begegnung mit dem Lehrer zum Lebensereignis macht ... Den Höhepunkt seiner Lehrtätigkeit bildete das Seminar ... Sein Kreis umfasst alle methodologischen Richtungen, alle Sachgebiete, alle politischen Auffassungen. Jedem hat er anderes geben können, jeden hat er auf dessen eigenem Wege gefördert" (Spiethoff 1971, S. 371).

Dieses Charakterbild klingt so ganz anders als das eines engstirnigen Dogmatikers, der starr auf seinen methodologischen Anschauungen beharrt. Trotz seines großen Engagements als Sozialpolitiker war Schmoller nie Mit-

glied einer politischen Partei und trat auch nicht als volkstümlicher Redner auf. Er sah die fortschreitende Demokratisierung als heilsame Entwicklung an, und „deshalb war er ebenso ein Gegner des Sozialistengesetzes wie patriarchalischer Sozialpolitik“ (Spiethoff 1971, S. 373).
Spiethoff beschrieb die wissenschaftliche Vorgehens- und Denkweise Schmollers dann weiter: „Sein Urteil war abgewogen und berücksichtigte alle Seiten eines Gegenstandes. Nichts lag ihm ferner, als von einem Gesichtspunkt aus eine restlose Erklärung finden oder ein abschließendes Urteil fällen zu wollen. Er war das Gegenteil eines Doktrinärs: Verstand und Gefühl verbanden sich und hoben sich gegenseitig in ihrer Eigenart. Und doch fehlte es ihm nicht an Festigkeit. So gern er ausgleichend wirkte, war ihm Entschiedenheit, unter Umständen Schroffheit nicht fremd ... Deshalb strahlte von ihm Vertrauen und Sicherheit aus ... Schmollers Arbeitsenergie war für den bloßen Zuschauer atemberaubend. Arbeit war die Leidenschaft seines Lebens ... Schmoller las oder schrieb den ganzen Tag ... Lesen ohne Feder in der Hand bezeichnete er als Spielerei“ (Spiethoff 1971, S. 373 und 375).

Einige Werke von Schmoller

„Die nationalökonomischen Ansichten in Deutschland während der Reformation“ (Dissertation 1860);

„Der französische Handelsvertrag und seine Gegner“ (1862);

„Die Arbeiterfrage“ (Preußische Jahrbücher 1864 und 1865);

„Ethische und ästhetische Kultur“ (Preußische Jahrbücher 1865);

„Zur Geschichte der deutschen Kleingewerbe im 19. Jahrhundert“ (1870);
Dieses Werk, dessen Titel heute so harmlos klingt, erregte damals beträchtliches Aufsehen, weil es explizit die Notwendigkeit aufzeigte, nicht alles dem freien ungehemmten Spiel der Konkurrenz zu überlassen, sondern im Interesse des Gemeinwohls von staatlicher Seite aus regulierend einzugreifen. Diese These erregte das Missfallen der damals einflussreichen Liberalen und führte dementsprechend auch zu negativen Reaktionen. „Gegen dies Buch von Schmoller ... schrieb einer der einflussreichsten Publizisten jener Richtung, Heinrich Bernhard Oppenheim, einen berühmt gewordenen Artikel in der „Nationalzeitung“, in dem die neue Schule von Sozialpolitikern als „Kathedersozialisten“ vor der Öffentlichkeit angeklagt wurde“ (Hintze 1971, S. 368/69).

„Über die Resultate der Bevölkerungs- und Moralstatistik“ (1871);

„Die Entwicklung und die Krisis der deutschen Weberei im 19. Jahrhundert“ (1873);

„Der moderne Verkehr im Verhältnis zum wirtschaftlichen, sozialen und sittlichen Fortschritt“ (1873);

„Die Natur des Arbeitsvertrages und der Kontraktbruch“ (1874);

„Straßburgs Blüte und die volkswirtschaftliche Revolution im 13. Jahrhundert“ (1875);

„Über einige Grundfragen des Rechts und der Volkswirtschaft“ (1875);

„Straßburg zur Zeit der Zunftkämpfe und die Reform seiner Verfassung und Verwaltung im 15. Jahrhundert“ (1875);

„Die Reform der Gewerbeordnung“ (1877);

„Die Straßburger Tucher- und Weberzunft; Ein Beitrag zur Geschichte der deutschen Weberei und des deutschen Gewerberechts vom 13. bis 17. Jahrhundert“ (1879);

„Der Übergang Deutschlands zum Schutzzollsystem“ (1879);

„Zur Methodologie der Staats- und Sozialwissenschaften“ (1883);

„Die preußische Kolonisation des 17. und 18. Jahrhunderts“ (1886);

„Zur Literaturgeschichte der Staats- und Sozialwissenschaften“ (eine Sammlung von Zeitungsartikeln, 1888);

„Über Wesen und Verfassung der großen Unternehmungen“ (1889);

„Zur Sozial- und Gewerbepolitik der Gegenwart“ (Reden und Aufsätze 1890);

„Die Volkswirtschaft, die Volkswirtschaftslehre und ihre Methoden“ (1893, Handwörterbuch der Staatswissenschaften);

(Dieses Werk liegt mir als Neudruck 1949 vor).

„Wechselnde Theorien und feststehende Wahrheiten im Gebiete der Staats- und Sozialwissenschaften und die heutige Volkswirtschaftslehre“ (Rede beim Antritt seines Berliner Rektorats, 1897);

„Was verstehen wir unter dem Mittelstande? Hat er im 19. Jahrhundert zu- oder abgenommen?“ (1897);

„Über einige Grundfragen der Sozialpolitik und Volkswirtschaftslehre“ (1898);

„Umrisse und Untersuchungen zur Verfassungs-, Verwaltungs- und Wirtschaftsgeschichte, besonders des preußischen Staates im 17. und 18. Jahrhundert“ (1898);

„Grundriss der allgemeinen Volkswirtschaftslehre“ (2 Bände, 1. Band: 1900 und 2. Band: 1904, 1923 erschien eine zweite, neu bearbeitete und umfangreichere Auflage);

„Von der französischen Ausgabe konnte Schmoller befriedigt bereits 1908 mitteilen, dass innerhalb von sechs Jahren bereits sechstausend Exemplare „in die Welt gegangen“ waren“ (Backhaus 1989, S. 33).

Dieses zweibändige Werk wurde nicht zuletzt aufgrund der Stellung Schmollers in Deutschland zum Klassiker für mehrere deutschsprachige Studentengenerationen. (Ich zitiere nach den mir vorliegenden Ausgaben aus dem Jahre 1920).

„Politiker und Nationalökonomen; Eine Sammlung biographischer System- und Charakterdarstellungen“ (2 Bände, zusammen mit Otto Hintze, 1900 und 1904);

„Über das Maschinenzeitalter in seinem Zusammenhang mit dem Volkswohlstand und der sozialen Verfassung der Volkswirtschaft“ (1903);

„Friedrich List als praktischer Volkswirt“ (1909);

„Charakterbilder“ (Eine Sammlung biographischer Aufsätze, 2 Bände, 1913);

„Die soziale Frage; Klassenbildung, Arbeiterfrage, Klassenkampf“ (1918);

Viele seiner Monographien, Aufsätze und Rezensionen erschienen gesammelt als „Kleine Schriften zur Wirtschaftsgeschichte, Wirtschaftstheorie und Wirtschaftspolitik“ (1985/89) in sechs (!) Bänden mit insgesamt über 5000 (!) Seiten. Schmoller war also ein äußerst produktiver Schriftsteller. Sein Werk war breit gefächert, „aber im Mittelpunkt seiner Arbeit steht die Untersuchung der sozialen Frage in all ihren rechtlichen, sittlichen und ökonomischen Aspekten der sich in der Industrialisierung wandelnden modernen Gesellschaft“ (Burkhardt, Priddat 2000, S. 928).

10.7.10.1 Thesen von Schmoller

10.7.10.1.1 Schmoller als Methodologe

Trotz seiner eminenten historischen Kenntnisse und seiner vielen historischen Arbeiten war für ihn die Geschichte nie das Ziel, sondern immer nur eine Methode. Schmoller sah sich selbst als ökonomischen Theoretiker und nicht als Historiker.

Im Gegensatz zur älteren historischen Schule betonte Schmoller stark den normativen und praktischen Charakter der Ökonomik.

Die Mathematik lehnte er nicht grundsätzlich ab, sie sei für einige Fragestellungen durchaus sinnvoll, für andere nicht. Statistische Daten und Methoden sollten genutzt werden, allerdings mit Vorsicht und dem nötigen Sachverstand: „So glänzend die Fortschritte der Statistik ..., so verfeinert und kompliziert die Methoden der Fragestellung und Sammlung der Antworten …, so ist doch klar, dass es sich bei aller Statistik um die Messung von Größenverhältnissen … handelt, die über die Natur dieser Dinge sonst nichts aussagt; diese Natur muss möglichst vorher bei der Fragestellung bekannt, muss durch anderweitige Mittel wissenschaftlicher Untersuchung festgestellt sein oder werden. Vor allem auch die gesamten Ursachen werden nicht durch die Statistik aufgedeckt, sondern nur in ihrer Wirkung gemessen und kontrolliert; die Statistik weist an bestimmter Stelle auf mögliche Ursachen hin, sie erlaubt Hypothesen, bestätigt oder beseitigt sie. Aber nicht mehr" (Schmoller 1920/I, S. 116). Eine Charakterisierung, der der moderne Statistiker durchaus zustimmen kann.

Daneben sollten aber auch philologische Methoden zur Anwendung gelangen. Neben die quantitative Analyse müsse stets auch eine qualitative treten. Die Physik sei (im Gegensatz zu einigen modernen Bestrebungen im 20. Jahrhundert) nicht die Referenzwissenschaft der Ökonomik, auch wenn deren Ergebnisse durchaus zu berücksichtigen seien.

Im „Grundriss" bekräftigte er seine methodologischen Auffassungen: Ökonomische Phänomene seien durch viele biologische, physische und moralische Fakten bedingt, die noch dazu eng miteinander verwoben seien. Er fasste die Volkswirtschaftslehre als eine dynamische Disziplin auf, bei der Abläufe zu analysieren seien.

Entgegen dem tradierten Schmoller-Bild, oder soll man besser sagen Schmoller-Unbild, trat Schmoller explizit für eine Methodenvielfalt ein: „Eine einzige Methode nationalökonomischer Beobachtung kann es entsprechend der Kompliziertheit des Stoffes natürlich nicht geben. Auf jeden Teil des Stoffes sind die Mittel zu verwenden, die uns am weitesten führen, die uns das zutreffendste, wahrste, vollständigste Bild der Wirklichkeit, der volkswirtschaftlichen Tatsachen geben" (Schmoller 1920/I S. 104). Dies klingt ganz anders als die Aussage eines fanatischen methodischen Doktrinärs.

Schmoller war ein Gegner der klassischen Nationalökonomie im Stile von David Ricardo und insbesondere von dessen Epigonen des Manchesterliberalismus, eine Lehre die er in Halle vorfand, als er als 26jähriger Extraordinarius dort antrat. Seine Haltung dazu spiegelt sich klar in folgendem Zitat: „Die Zunahme teils an Scharfsinn teils an spekulierendem Gedankenreichtum konnte diese Epigonen nicht davor bewahren, immer mehr den Boden der Wirklichkeit unter den Füßen zu verlieren, immer mehr zu gänzlich anschauungs- und farblosen, spintisierenden, abstrakten, einteilenden definierenden Stubengelehrten, zu phantastischen Sozialisten, zu kalkulierenden Mathematikern, zu doktrinären, breitspurigen Theoretikern naturrechtlicher Robinsonaden zu werden. Es trat die geistige Schwindsucht eines von der Empirie gänzlich losgelösten Rationalismus ein“ (Schmoller zitiert in: Skalweit 1949, S. 3). Auch die klassische Theorie des internationalen Handels lehnte er ab. Die klassische Nationalökonomie im Ricardianischen Stil hätte ihre deduktiv abgeleiteten Ergebnisse übereilt auf die Realität übertragen und verallgemeinert. Zudem hätten vor allem die Epigonen von Adam Smith, die Smith hier klar vulgarisierten, nach Schmollers Verständnis das menschliche Handeln zu einseitig aus dem Eigeninteresse abgeleitet. Stattdessen bestand Schmoller auf einem akribischen induktiven Vorgehen: Erst sollten die Grundlagen wirtschaftlicher Aktivitäten anhand von historischen Detailstudien deskriptiv erhoben werden, und dann auf dieser Basis eine historisch fundierte, realitätsnahe Theorie erstellt werden. Theoretische Aussagen über die wirtschaftlichen Motive und Handlungen könnten nur in Abhängigkeit von konkreten historischen Bedingungen gemacht werden. Er wollte dabei viel weniger rasch generalisieren als die Vertreter der älteren historischen Schule.

Statt „aus einigen voreilig formulierten Prämissen die Erscheinungen erklären und zutreffende Ideale für alle Zeiten und Völker“ aufstellen zu wollen, gilt es „methodische Einzelforschung und realistische Detailarbeit in der Wirtschaftsgeschichte, in der Wirtschaftspsychologie, in den Untersuchungen der Markt-, Geld-, Kredit- und der sozialen Verhältnisse“ durchzuführen. „Zu wissenschaftlichen Gesetzen und sicheren angemessenen Urteilen über Bewegungstendenzen (kann man) nur kommen ... wenn vorher eine große brauchbare deskriptive staatswissenschaftliche Literatur hergestellt“ (ist) (Schmoller aus der Antrittsrede zum Rektorat 1897, zitiert in: Schneider 1962, S. 296).

In der „Vorrede zum ersten bis dritten Tausend“ in Band Eins des „Grundriss“ schrieb Schmoller: „Ich weiß wohl, dass es auch eine andere Methode gibt, dass sie teilweise für den Anfänger vorzuziehen ist. Auch in der Nationalökonomie, und gerade auch in der historischen, wird eine konstruierende Methode von mehreren meiner geschätztesten Kollegen mit Virtuosität gehandhabt: man geht von wenigen, klaren Sätzen und Formeln, von präzisen Definitionen aus und bringt damit Einfachheit und Klarheit in alles, ich möchte sagen, zu viel Einfachheit und oft nur eine scheinbare Klarheit. Ich fand im Leben immer, dass der Hauptfehler in der praktischen Anwendung staatswissenschaftlichen Wissens der sei, dass die der Universität Entwachsenen die gesellschaftlichen Erscheinungen für viel zu einfach halten; sie glauben, dieselben mit wenigen Definitionen und Formeln bemeistern zu können. Meiner Auffassung und Anlage entspricht es, den Anfänger stets auf die Kompliziertheit und Schwierigkeit der Erscheinungen und Probleme aufmerksam zu machen, ihm die verschiedenen Seiten des Gegenstandes zu zeigen" (Schmoller 1920/I, S. VII).

Schmoller wollte die mannigfaltigen Erscheinungen des wirtschaftlichen Lebens also bewusst nicht ausklammern. Allerdings wollte auch er (entgegen der landläufigen Meinung) von den vielen beobachteten Ursachen wirtschaftlicher Vorgänge zu wenigen und einfachen Ursachen gelangen und dabei sogar hypothesengestützte Datenergänzungen zulassen: „Alle Beobachtung isoliert aus dem Chaos der Erscheinungen einen einzelnen Vorgang, um ihn für sich zu betrachten. Sie beruht stets auf Abstraktion; sie analysiert einen Teilinhalt ... Die Möglichkeit von Fehlern liegt um so näher, je größer, verzweigter, komplizierter die einzelne Erscheinung ist. Die an sich berechtigte Vorschrift, einen zu untersuchenden Vorgang in seine kleinsten Teile aufzulösen, jeden für sich zu beobachten und aus diesen Beobachtungen erst ein Gesamtergebnis zusammenzusetzen, ist nur unter besonders günstigen Umständen restlos durchzuführen. In der Regel handelt es sich darum, aus gewissen, an einem Vorgang festgestellten sicheren Daten die übrigen nicht oder nicht genügend beobachteten schließend zu ergänzen und so sich ein Bild von dem Ganzen desselben zu machen ..." (Schmoller 1920/I, S. 102/103). Bereits dieses Zitat belegt, dass Schmoller keinesfalls auf deduktive Schlüsse verzichten wollte. Er wollte nur auf diejenigen deduktiven Schlüsse verzichten, die voreilig und bezüglich des empirischen Materials unzureichend gemacht würden.

Ihn störte auch die von den Liberalen zuweilen postulierte Interessenharmonie, die in deutlichem Widerspruch zur sozialen Realität mit ihren krassen Interessengegensätzen stehe. Die soziale Frage war nicht wegzuleugnen und sie würde sich nicht einfach ohne Zutun durch den „natürlichen Lauf" der Dinge lösen.

Zudem warf Schmoller der liberalen klassischen Ökonomik in seiner Rektoratsrede Materialismus und Unterstützung einer bloßen Geschäftemacherei vor: „Die heutige Volkswirtschaftslehre ist zu einer historischen und ethischen Staats- und Gesellschaftsauffassung im Gegensatz zum Rationalismus und Materialismus gekommen. Sie ist aus einer bloßen Markt- und Tauschlehre, einer Art Geschäftsnationalökonomie, welche zur Klassenwaffe der Besitzenden zu werden drohte, wieder eine große moralisch-politische Wissenschaft geworden, welche neben der Produktion die Verteilung der Güter, neben den Werterscheinungen die volkswirtschaftlichen Institutionen untersucht, welche statt der Güter- und Kapitalwelt wieder den Menschen in den Mittelpunkt der Wissenschaft stellt“ (Schmoller, Rektoratsrede 1897, zitiert in: Burkhardt, Priddat 2000, S. 930/931). Meine (wertende) Auffassung dazu: Sympathische Aussagen, die auf den ständigen (und heute wieder aktuellen) Gegensatz zwischen der Effizienz der Erstellung und der Verteilung der Güter und Einkommen hinweisen.

Zeitlos gültige Gesetze, übereilte Gesetzesformulierungen, wie auch „den Aufbau abstrakter Theorien auf empirisch fragwürdigen Axiomen ..., die jede Beziehung zur Realität des Wirtschaftslebens verloren haben“ (Schefold 1989, S. 78), lehnte er, wie angedeutet, ab. Er bestand auf einer zeitlichen Bedingtheit wirtschaftlicher Sachverhalte, die auch die kulturellen und gesellschaftlichen Fakten zu berücksichtigen habe. „Sein Induktivismus enthält nicht die Naivität, es könne eine nicht von Vorbegriffen geleitete wissenschaftliche Beobachtung geben“ (Schefold 1989, S. 80). Gesetzmäßigkeiten des Wirtschaftslebens gälten nur für bestimmte „gesellschaftliche Konfigurationen“. Zum oft gehörten Vorwurf einer generellen „Theoriefeindlichkeit“ Schmollers schrieb Erwin von Beckerath: „In dieser Form gehört er ins Reich der Fabel. Schmoller hat das Denken unter vereinfachten Annahmen, im „gedachten Bilde“, die Begriffsbildung und begriffliche Zergliederung: „das Deduzieren aus zugegebenen Wahrheiten, aus feststehenden Sätzen“ – wie man damals sagte – stets für unerlässlich gehalten ... Etwas anderes ist es, ob er selbst das Zeug zu einem Theoretiker dieser Art hatte ... so gelangt man zu dem Schluss, dass er die begriffsanalytischen Möglichkeiten, wie die Wiener sie gezeigt hatten, keineswegs ausschöpfte“ (Beckerath 1971, S. 376/377).

Schmoller selbst schrieb im Vorwort zur ersten Auflage von Band 2 (1904), dass er es stets als einen „falschen Vorwurf empfunden hat, er strebe nur nach Schilderung, nicht nach allgemeiner Erkenntnis der Gesetzmäßigkeit des wirtschaftlichen Lebens“ (Schmoller 1904, S. VI, zitiert in: Schefold 1989, S. 77). So hat auch Carl Menger, der Gegner Schmollers im ersten Methodenstreit, nie daran gerüttelt, dass es Schmoller letztlich um die Theorie ging. Streitpunkt war die der Theorie zugrunde liegende Methode.

Schmoller betrachtete Geschichtsphilosophien, die zumeist verallgemeinernd seien, argwöhnisch: „Er war aber weit davon entfernt, den ganzen Ablauf der Geschichte auf einen oder zwei Faktoren zurückzuführen ... schon die Vorstellung einer einfachen Theorie der historischen Evolution als solche erschien ihm als falsch, ja sogar als unwissenschaftlich“ (Schumpeter 1965, S. 991).

Schumpeter, der ja bezüglich des Theoriegehaltes von Werken eher kritisch urteilte, schrieb zu den historischen Monographien im Stile Schmollers:

„Dabei dürfen wir jedoch nicht übersehen, dass eine derartige Forschung plus ihrer Koordination zwar niemals ausdrückliche Theoreme hervorbringen, wohl aber in einem entsprechend befähigten Verstand etwas anderes erzeugen kann, das viel wertvoller ist: Sie kann zu einer sinnvollen Botschaft führen, ein tiefgründiges Verständnis sozialer oder spezifisch ökonomischer Vorgänge oder organischer Zusammenhänge vermitteln, die sich außerordentlich schwer, oder vielleicht sogar gar nicht formulieren lassen" (Schumpeter 1965, S. 993).

„Die Bedeutung von Einzelproblemen der ökonomischen Theorie wie das der Preisbildung tritt freilich zurück hinter der auch theoretischen Frage, wie das Ineinandergreifen der Subsysteme von Wirtschaft, Gesellschaft, Kultur analysiert werden soll" (Schefold 1989, S. 80).

Schmollers Preistheorie war meines Erachtens tatsächlich recht traditionell und fiel nicht aus dem Rahmen der üblichen Theorie seiner Zeit heraus. So diskutierte er z.B. im zweiten Band seines „Grundriss" unter Ziffer 172 „Der Marktwert auf Grund von Angebot und Nachfrage", unter den Ziffern 176, 177 und 178 „Die Analyse der Nachfrage", unter Ziffer 179 „Die Analyse des Angebots", unter Ziffer 180 „Die Analyse der Produktionskosten". Diese Auflistung sollte nur ein Hinweis darauf sein, dass die Marktanalyse Schmollers thematisch durchaus den üblichen Pfaden folgte. Gleichungen und graphische Darstellungen sucht man vergebens, wohl aber sind im Text VIELE (teilweise auch noch heute historisch sehr interessante) deskriptive statistische Angaben enthalten.

Dabei legte Schmoller kein geschlossenes System vor. Schefold bescheinigt ihm: „So beschritt er zwischen der reinen Theorie, die ein Allgemeines schon in den Voraussetzungen ausspricht, und der historischen Methode, die es am Individuellen verdeutlicht, einen eigentümlichen Mittelweg" (Schefold 1989, S. 81).

Auch bezüglich der GeldTHEORIE ist bei Schmoller wenig Neues zu lesen. Zur Gültigkeit der Quantitätstheorie nahm er nicht dezidiert Stellung. Er warnte zwar eindringlich vor Inflationsgefahren und brachte dazu Beispiele historischer Inflationen. Aber er bot keine in sich geschlossene Theorie dazu an. Papiergeldwährungen lehnte er wegen deren inhärenten Inflationsgefahr ab. Der renommierte Dogmenhistoriker Bertram Schefold kommt bezüglich Schmollers theoretischen Leistungen zu folgendem ausgewogenen Urteil: „Seine Wert- und Geldtheorie machen deutlich, dass Schmoller eine theoretische Analyse ökonomischer Probleme liefert, die nicht eben durch ihre Brillanz besticht, die aber doch gehaltvoller ist, als man es aufgrund des in der wissenschaftlichen Öffentlichkeit verbreiteten Schmollerbildes vermutet hätte. Er ist geschickt nicht in der Konstruktion, noch nicht einmal in der Auswahl von Theorien, aber in ihrer Kombination in einprägsamer Anwendung auf ein reiches historisches Anschauungsmaterial" (Schefold 1989, S. 99).

Schmoller stellte, nach seiner Sicht der Gemeinschaft nicht unerwartet, eine organische Sichtweise der Volkswirtschaft in den Mittelpunkt. Alle ökonomischen Größen könnten nur in diesem Zusammenhang wirklich verstanden werden. So zog er auch oft den menschlichen Körper als Analogie heran, um zu zeigen, dass die Wirtschaft als Ganzes mehr als die Summe der miteinander verflochtenen Einzelwirtschaften sei. Die Institutionen seien das „Knochengerüst", der Staat hingegen die „Herzkammer aller Institutionen". „Schmoller betrachtet die Volkswirtschaft in ihrer Wechselwirkung nicht nur mit Natur, Technik und Gesellschaft, sondern auch mit der Kultur, insbesondere mit Sitte und Recht, die sich in entsprechenden Institutionen verwirklichen. Am „Zentralorgan" Staat interessiert ihn ganz besonders dessen Verwaltung bzw. Bürokratie, weil sie direkt in die sozialen und ökonomischen Prozesse eingreift" (Rieter 1994, S. 142). Schmoller war von einem Primat der Gemeinschaft gegenüber dem Individuum überzeugt. Daher glaubte er auch an eine diesem Gemeinwohl verpflichtete Wissenschaft.

Zu seinen nicht wegzuleugnenden Leistungen gehörte, dass er den Staat und die Verwaltung in ökonomische Zusammenhänge einband, den Zusammenhang zwischen Rechtsordnung und Ökonomie herausstellte und immer wieder auf die Bedeutung der Institutionen hinwies, die er im historischen Ablauf analysierte. Wirtschaftlicher Fortschritt setze institutionellen Wandel voraus.

Heute würde man von Interdisziplinarität sprechen, wenn er der Psychologie einen wichtigen Stellenwert für die verschiedenen menschlichen Motive im Vergleich zu den bloß wirtschaftlichen Interessen einräumte und die Volkswirtschaftslehre als „Kulturwissenschaft" zwischen Natur- und Geisteswissenschaften ansiedelte. Es komme insbesondere darauf an, das „Werden" der Volkswirtschaft zu erklären.

Wenn heute der Name Schmoller fällt, denkt man zumeist an den berühmt-berüchtigten Methodenstreit mit Carl Menger (1840-1921). Aus heutiger Sicht erscheint diese Auseinandersetzung inhaltlich eindeutig völlig überzogen und nicht mehr nachvollziehbar. Schmoller schloss ja, wie angedeutet, die Deduktion keineswegs generell aus. Er wandte sich nur gegen eine ausschließliche Verwendung der axiomatisch deduktiven Methode (zu diesem ersten Methodenstreit siehe Abschnitt 10.7.15).

Er wollte zwar zu objektiven wissenschaftlichen Erkenntnissen gelangen, wollte diese aber auch als Basis für normatives Handeln nutzen. Die Ökonomik war seiner Auffassung nach moralischen Idealen verpflichtet. Er betonte nicht nur die Unmöglichkeit, Wertungen in der Ökonomik zu vermeiden, und machte selbst viele wertende Aussagen, sondern betonte sogar die Notwendigkeit, letztlich zu wertenden Aussagen zu gelangen. Erst die Ethik gebe der historischen Richtung in der Ökonomik ihren Sinn.

Zudem könne man ökonomisches Handeln nicht ohne die Kenntnis der historischen Entwicklung und der drei Normen „Tradition", „Gesetze" und „Ethik" verstehen (siehe Shionoya 1989, S. 57). Die Kenntnis der ethischen Vorstellungen eines Volkes oder einer Berufsgruppe sei notwendig, um dessen bzw. deren Verhalten zu verstehen. Die Kraft von Konventionen dürfe nicht unterschätzt werden, sie habe volkswirtschaftliche Konsequenzen. Allerdings lehnte Schmoller einseitige Wertvorstellungen politischer und gesellschaftlicher Gruppierungen ab. Ihn interessierten die allgemeingültigen Werte, die alle Mitglieder der Gesellschaft im Sinne eines Gesamtinteresses teilten.

Um dem Leser eine Vorstellung von der wertenden Sprache Gustav Schmollers zu vermitteln, sei eine längere Passage aus seinen Überlegungen zur „Geldwirtschaft" wörtlich wiedergegeben: „Die Überlegenheit des Geldes über alle andere Ware erzeugt die großen Gewinne der Geldbesitzer. Die Geldleute sind die, welche immer gewinnen, bei ihnen wächst der Reichtum oft lawinenhaft; die Geldwirtschaft erzeugt, wo sie eindringt, eine stärkere Differenzierung des Besitzes und Reichtums als je zuvor. Und da „in Geldsachen die Gemütlichkeit" aufhört, da mit der Geldwirtschaft die persönlichen Rücksichten zurücktreten, so wird die Härte, die Rücksichtslosigkeit, die Macht der Geldleute leicht zum Krebsschaden der Gesellschaft. Sie kaufen alles, die öffentliche Meinung, oft sogar die Regierung, und die Parlamente. Bestechlichkeit, Korruption, Prostitution (die geistige und die körperliche), das Überwuchern der Geldheiraten, der grenzenlose Materialismus, die zynische Blasiertheit, die frivole Lieblosigkeit, die ausbeutende harte Klassenherrschaft, das sind die Züge einer entarteten Geldwirtschaft" (Schmoller 1920/II, S. 104/105).

Dieses Zitat klingt eher nach den polemischen Ausführungen eines überzeugten Sozialisten als eines Vertreters der historischen Schule, auch wenn dieser als Kathedersozialist betitelt wurde.

Die Position Schmollers bezüglich Wertungen wurde übrigens nicht von allen Vertretern der historischen Schule geteilt. Über den Werturteilsstreit, der diese Problematik kritisch durchleuchtete, wird in Abschnitt 10.7.22 gesondert berichtet.

Nachzutragen ist noch, dass auch Gustav Schmoller ein eigenes historisches Stufenschema für die Entwicklung der abendländischen Staaten, beginnend mit dem klassischen Altertum, vorlegte, das auf die jeweilige gesellschaftliche Organisationsform und Wirtschaftsverfassung aufbaute (Schmoller 1920/II, S. 760: „Die historische Stufenfolge der wirtschaftlichen Verfassungsformen“):

- Hauswirtschaft (Agrarische Eigenwirtschaft und Stammesleben);
- Stadtwirtschaft;
- Territorialwirtschaft;
- Staatswirtschaft (mit vordringenden weltwirtschaftlichen Beziehungen).

Liest man die diesbezüglichen Ausführungen Schmollers, stellt man in den zugrunde liegenden Thesen eine gewisse Ähnlichkeit mit Karl Marx fest, obwohl Schmoller die materialistische Geschichtsauffassung kritisierte. Aber auch Schmoller sah die Bedeutung wirtschaftlicher Faktoren für die politische Entwicklung der Staaten und die mentale Verfassung ihrer Bürger (siehe auch seine Auseinandersetzung mit dem Historiker Georg von Below) und beschränkte sich nicht auf die traditionelle individualisierende Sichtweise der Geschichte.

10.7.10.1.2 Schmoller als Sozialpolitiker

Zentral für sein Werk war die „Gerechtigkeit“, insbesondere die Verteilungsgerechtigkeit. Das Gerechtigkeitsempfinden einer Gemeinschaft entwickele sich laut Schmoller dynamisch in Form sich verändernder sittlicher Werturteile innerhalb dieser Gemeinschaft. Dabei kristallisierten sich diejenigen Werturteile heraus, die die Gemeinschaft im Blick haben und die sich nicht auf das Individuum beschränkten. Schließlich fänden diese Werturteile ihren Niederschlag im Sittenkodex und im Rechtssystem. Dies führe fast zwangsläufig zu einer Diskrepanz mit den wirtschaftlichen Wertungen. Die beiden Wertesysteme näherten sich aber mit einer Vervollkommnung der Menschen und ihrer Gemeinschaft immer mehr an.

Für Schmoller war die Entwicklung der Gesellschaft, ihr Wandlungsprozess, in Richtung eines Fortschreitens zu höheren Formen der Kultur gerichtet. Entscheidend hierfür waren die „sittlichen Kräfte“. „Der Fortschritt, der sich im übrigen unstet, mit Brüchen – Krankheiten vergleichbar – vollziehe, drücke sich in „besseren“ Institutionen aus, die wiederum die Menschen

„bessern" werden, so dass am Ende dieser wechselseitigen Beeinflussung menschlicher Eigenschaften und gesellschaftlicher Institutionen ein Idealzustand erreicht werden könne ... Kurzum: Schmoller formt aus der Nationalökonomie eine Kulturwissenschaft, die von einer „ethisch-biologischen Fortschrittsidee" (Eucken 1940) beseelt ist" (Rieter 1994, S. 143). Dazu seien Schmollers Schlusssätze des zweiten Bandes seines „Grundriss" zitiert: „Es wird die Zeit kommen, da alle guten und normal entwickelten Menschen einen anständigen Erwerbstrieb und das Streben nach Individualität, Selbstbehauptung, Ichbejahung verstehen werden zu verbinden mit vollendeter Gerechtigkeit und höchstem Gemeinsinn. Hoffentlich ist der Weg dazu nicht so lang wie der war, der von den Brutalitäten der körperlichen Kraftmenschen zum heutigen Kulturmenschen führte" (Schmoller 1920/II, S. 775). So waren z.B. die Steuern für Schmoller neben einer direkten Abgeltung von Leistungen, die der Einzelne vom Staat erhält, immer auch eine sittlich fundierte Bürgerpflicht.

Schmoller befasste sich in seinem Werk vor allem mit sozialen Fragen und trat hierbei für Sozialreformen ein. Wie viele andere Kollegen sah er einerseits die enormen sozialen Konflikte seiner Zeit, die durch einen ungehemmten Kapitalismus ausgelöst worden seien. Hier müsse Abhilfe geschaffen werden. Andererseits fürchtete er eine gewaltsame sozialistisch-kommunistische Revolution, ein Sachverhalt, den man bei der Beurteilung seiner sozialpolitischen Vorschläge nicht vergessen darf. Der Staat, der bei ihm den Vorzug vor dem von den Gewerkschaften geprägten englischen Weg hatte, habe die Aufgabe, die gesellschaftlichen Gruppen durch Reformen und eine gezielte Sozialpolitik zu versöhnen, also durch eine bürgerliche Reformpolitik.

Schmoller räumte den zu seiner Zeit zunehmenden Auseinandersetzungen zwischen Arbeitern und Unternehmern in seinem Denken eine zentrale Rolle ein, ja er sah darin eine Hauptgefahr für eine gedeihliche Entwicklung der Volkswirtschaft. Der Staat solle – anders als in den Entwürfen der liberalen Ökonomik – auch ein Garant für soziale Sicherheit sein. Allerdings müssten zuvor die Möglichkeiten zur Selbsthilfe ausgeschöpft werden. Erst dann dürfe der Staat eingreifen, so jedenfalls der frühe Schmoller. Ohne Selbsthilfe würde eine staatliche Armenpolitik nur das Verantwortungsgefühl der Betroffenen untergraben und die Armen demoralisieren.

Die verschiedenen sozialen Schichten reagierten mit unterschiedlichen Anpassungsgeschwindigkeiten auf die wachsende Industrialisierung, und auch hier sei der Staat gefordert, die unteren Schichten, besonders die Industriearbeiter, materiell und vor allem geistig zu heben. Der Arbeiterstand solle an der ökonomischen und kulturellen Entwicklung teilhaben. Kernpunkt der materiellen Situation der Arbeiter war für ihn die Lohnfrage. Hierbei war er der Auffassung, dass die „abstrakte“ Ökonomik die Entwicklung des Lohnes nicht hinreichend erklärt habe. „Die Ursachen für die Veränderungen von Angebot und Nachfrage lägen vielmehr in dem ganzen sittlich-psychologischen Kulturleben, in den Sitten, Gefühlen, Ideen, Anschauungen und in der wissenschaftlichen und geistigen Entwicklung der Menschen und Völker“ (Schmidt 1997, S. 61).

Hier setzte auch sein Unbehagen an der mathematischen Exaktheit der Grenznutzenschule ein, „mit ihrer Ersetzung von fiktiven Größen für psychische Ursachen und unmessbare Marktverhältnisse“ für einen bloßen „Schein der Exaktheit, die nicht besteht“, mit der fatalen Konsequenz, „dass ausschließlich mathematisch-naturwissenschaftliche Studien in der Regel zum politisch-volkswirtschaftlichen Urteil verunfähigen“ (Burkhardt, Priddat 2000, S. 932). Volkswirtschaftliche Institutionen, wie z.B. der Markt, seien nicht naturgegeben sondern menschliche Übereinkünfte, die historischen Gegebenheiten unterlägen und auch geändert werden könnten und würden. Dabei sollte die Wissenschaft dem Staat entsprechende Daten und Erkenntnisse zur Verfügung stellen. Der partikularistisch-kämpferische Gerechtigkeitsbegriff der Arbeiterbewegung sollte durch einen universell-ethischen überflüssig werden (siehe Reheis 1991, S. 437).

Karl Marx lobte Schmoller zunächst, „weil er den Freihandelsoptimismus überwunden, sich nicht auf die klassischen Marktmechanismen verlassen, sondern den inneren Zusammenhang zwischen Recht, Staat und Volkswirtschaft betont habe. So sei Marx zu neuen Fragestellungen vorgedrungen und habe frühzeitig vor den Folgen der Sozialen Frage gewarnt ... Auf der anderen Seite kritisiert Schmoller Marx recht fundamental und leidenschaftlich. Seine Schriften trügen einen „pamphletartigen agitatorischen Charakter“. Marx sei ein „Fanatiker des Hasses“ gewesen. Zusammen mit anderen Sozialisten verkenne er das „wahre Wesen der menschlichen Natur“, wenn er den Menschen auf seinen Besitzegoismus reduziere ... Marx sei unfähig zu einer psychologischen Analyse des wirtschaftlichen Menschen und seiner Institutionen“ (Reheis 1991, S. 440/441).

Schmoller setzte dem Marxschen Historischen Materialismus einen „Historischen Psychologismus“ entgegen. Psychologische Überlegungen durchziehen den ganzen „Grundriss“. „Nur als Gruppenwesen, das sich der psychischen Basis seiner Gruppe bewusst ist, das den Vorrang des Gemeinwohls erkennt, sieht Schmoller für das Subjekt eine Zukunft, die ihm immer mehr Freiheit und Gerechtigkeit beschert“ (Reheis 1991, S. 453). Eine tieferliegende Auseinandersetzung mit Karl Marx leistete die „jüngste historische Schule“, insbesondere Werner Sombart (1863-191) und Max Weber (1864-1920).

Die Vorschläge Schmollers zielten nicht auf eine klassenlose Gesellschaft, sondern auf ein harmonisches Nebeneinander der Klassen. Seine bürgerliche Sozialreform sollte zunächst positive materielle Konsequenzen auf die Arbeiterschaft haben, daneben aber diese auch sittlich heben, um sie zu einem integrierten Teil der Gesellschaft werden zu lassen. Alle gesellschaftlichen Kräfte sollten harmonisch zusammenwirken. Im Kern war die Arbeiterfrage für Schmoller eine sittliche Frage. Und diese könne der Staat lösen, der ja „das großartigste sittliche Institut zur Erziehung des Menschengeschlechts“ sei (Schmoller in seiner Eröffnungsrede der Gründungsversammlung des Vereins für Socialpolitik 1872, in: Boese 1939, S. 8). Der Staat, der als neutrale Instanz über den Klassen stehe, könne die Wirtschaft INDIREKT durch Institutionen beeinflussen. „Auch hält Schmoller öffentliche Güter per se für höherwertiger als private – ein Relikt der Antike und der idealistischen Philosophie ... Schließlich nimmt er implicite aber naiv an, zuverlässige Beamte des (preußischen) Staates könnten Nutzen und Kosten öffentlicher Güter messen. Bewerten, auswählen und gerecht verteilen – also effizient anbieten und finanzieren – welch' heroische Annahme! Wie die eines „weisen Diktators“ (Recktenwald 1989, S. 20).

Gustav Schmoller setzte auf das preußische Beamtentum und die preußische Monarchie, „das beste Erbteil unseres deutschen Staatswesens, dem wir niemals untreu werden dürfen“ (Schmoller in: Boese 1939, S. 8). Man kann bei Schmoller ohne Übertreibung direkt von einer „Preußophilie“ sprechen. Er glaubte an eine effektive Zusammenarbeit zwischen der Monarchie und der Arbeiterklasse. Er wollte die „Arbeiter-Frage“ zu einer „Sozialen Frage“ transformieren, die der Staat zu lösen habe, indem er helfe, die Klassenunterschiede einzuebnen. Schmoller unterstellte ein „soziales Königtum“. Er war sich mit seinen Mitstreitern im „Verein für Socialpolitik“ einig in seiner Staats- und Kaisertreue, wie auch in seiner Ablehnung des Marxismus bzw. Kommunismus und des Manchesterliberalismus. Schmollers sozialreformerische Vorschläge waren von einer deutsch-nationalen Gesinnung durchtränkt. Adolph Wagner forderte im Unterschied zu Schmoller DIREKTE staatliche Interaktionen.

Man kann Gustav Schmoller ohne Übertreibung als Vordenker des modernen Wohlfahrtsstaates, ja der Sozialen Marktwirtschaft ansehen. In dieser Hinsicht bewies er einen außerordentlichen Weitblick. Bei der Rolle des Staates wirkte sowohl in der älteren wie auch der jüngeren historischen

Schule Schmollers das kameralistische Erbe fort, das in Deutschland nie ganz untergegangen war.

10.7.10.2 Rezeption von Schmoller

Gustav Schmoller war im letzten Viertel des 19. Jahrhunderts DIE beherrschende Figur der deutschen Nationalökonomie. Er war sicherlich der einflussreichste deutsche Ökonom seiner Zeit und beeinflusste das ökonomische Denken seiner Zeit in Deutschland mehr als jeder andere. Bereits zur Zeit seines Todes 1917 war allerdings der Höhepunkt seines Einflusses überschritten.

Man muss bezüglich des Einflusses einzelner Professoren auf ihre Hörer auch den damaligen Wissenschaftsbetrieb der Ökonomik mitbedenken. Im Vergleich zu heute gab es zu Schmollers Zeit WESENTLICH weniger Professoren der Ökonomik. Schon dieses einfache numerische Faktum verstärkte grundsätzlich das Gewicht der Aussagen einzelner Professoren. Zudem war der Kanon der zu lehrenden Inhalte noch nicht so deutlich durch Lehrbücher, die sich im Wesentlichen nicht durch ihren (neoklassischen) Inhalt, sondern durch ihre Pädagogik und ihren Schwierigkeitsgrad unterscheiden, eingeengt, wie heute. Der eigenen Meinung wurde generell ein wesentlich größerer Spielraum eingeräumt, man schrieb sein eigenes (Lehr-)buch im eigenen Stil, mit eigenen Ideen und mit eigenen Wertungen.

(Die obigen Bemerkungen zu heutigen Lehrbüchern gelten vor allem für die Mikroökonomik, in der die Unterschiede tatsächlich vor allem den Schwierigkeitsgrad und die Pädagogik betreffen. In der Makroökonomik gibt es immerhin mehrere Schulen (im Kern zwei Schulen mit verschiedenen Ausprägungen), so dass die Lehrbücher, wenn nicht die Meinung der Verfasser so doch die Meinung der jeweiligen Schule widerspiegeln, und sich dadurch unterscheiden).

Zurück zu Schmoller: Er übte zeitlebens in der Politik einen großen Einfluss aus, Ökonomik und Politik waren bei ihm aufs engste verknüpft. Man denke nur an seine obengenannte Rolle als einer der Wegbereiter des modernen Sozialstaates. Die Soziale Marktwirtschaft ist ohne Sozialreformen im Sinne Schmollers zur Abfederung von sozialen Problemen nicht denkbar.

Bedeutsam war vor allem auch seine Leistung als Wissenschaftsorganisator (1872 „Verein für Socialpolitik“, 1878 Herausgeber der „Staats- und sozialwissenschaftlichen Forschungen“, 1881 „Jahrbuch für Gesetzgebung, Verwaltung und Volkswirtschaft“). Nicht unterschlagen werden darf dabei sein großer Einfluss, zum Guten oder zum Schlechten, auf die Besetzungspolitik der deutschen ökonomischen Lehrstühle. Er sorgte dafür, dass ihm nicht genehme Ökonomen, z.B. anderer methodologischer Auffassungen, es im deutschen Wissenschaftsbetrieb schwer hatten. Schmoller konnte eine große Schar von Schülern um sich sammeln, für ihn trifft der Ausdruck „Schulebildung" uneingeschränkt zu. Sein Einfluss erstreckte sich sogar auf eine Reihe ausländischer Wissenschaftler, was nicht sehr verwundert, die deutsche Wissenschaft war zu dieser Zeit generell sehr angesehen. So beherrschten amerikanische Ökonomen zu dieser Zeit die deutsche Sprache und konnten damit deutsche Texte lesen.

Neben dem berühmten ersten Methodenstreit mit Carl Menger (siehe Abschnitt 10.7.15) und dem Werturteilsstreit (siehe Abschnitt 10.7.22) war Gustav Schmoller noch in eine dritte grundlegende Auseinandersetzung verstrickt, nämlich mit dem Historiker Georg von Below (1858-1927), und zwar ging es von Below um die Abwehr sozialwissenschaftlicher Methoden durch die traditionelle, individualisierende und auf dem Primat des Politischen bestehende Geschichtswissenschaft.

An dieser Stelle darf ich wiederum eine persönliche Wertung anfügen. Oft werden alle diese methodologischen Auseinandersetzungen als negativ beurteilt. Ich halte es im Gegenteil für ein wesentliches Verdienst Schmollers, im Rahmen der drei aufgeführten wissenschaftlichen Auseinandersetzungen Ökonomen (und auch Historiker) auf drei wichtige methodologische Probleme unübersehbar hingewiesen und eine einprägsame Diskussion darüber geführt zu haben. Eine Diskussion, die bezüglich einiger damit angesprochener Probleme bis heute anhält.

Nach dem ersten Weltkrieg „blieb vom Schmollerschen Programm nur mehr wenig übrig" (Burkhardt, Priddat 2000, S. 930). „Häufig begegnet man im Hinblick auf die Wirtschaftspolitik im Stile Schmollers der Behauptung, sie habe in den Jahren der großen deutschen Inflation zu einem Fiasko geführt, weil die historisch ausgebildeten Volkswirte dem Phänomen der Inflation fassungslos und verständnislos gegenübergestanden hätten. Tatsächlich finden wir aber im dritten Buch des Grundrisses eine eingehende Darstellung sowohl schleichender als auch galoppierender Inflation, die nicht nur historisch die bekannten Inflationen bespricht, sondern auch sorgfältig Allokationswirkungen und Distributionswirkungen nacheinander durchgeht und Formen der Währungsreform diskutiert. Mehr noch: Die außenwirtschaftlichen und binnenwirtschaftlichen Aspekte werden ausführlich behandelt, die Preisbildungsprozesse und ihre Folgen vor allem auf das Investitionsverhalten werden sektoral und regional differenziert behandelt ... Insgesamt entsteht ein so plastisches Bild von galoppierenden Inflationen, dass man denken könnte, der Abschnitt sei nach und nicht vor der großen Inflation verfasst worden" (Backhaus 1989, S. 46/47).

Aber wie schon bemerkt: Eine geschlossene anwendbare InflationsTHEORIE fehlte meines Erachtens. Am besten liest der Leser diese Passagen selbst und formt sich daraus sein eigenes Urteil.

Nach dem zweiten Weltkrieg erreichte die Einschätzung Schmollers dann einen absoluten Tiefpunkt. So nannte ihn der bekannte Philosoph und Wissenschaftstheoretiker Jürgen von Kempski (1910-1998) wenig freundlich aber plastisch sogar einen „toten Hund" (v. Kempski 1964, S. 200), Erich Schneider (1900-1970), der wohl einflussreichste deutsche Ökonom nach dem zweiten Weltkrieg, der sich der Übernahme und Verbreitung angelsächsischer Theorien verschrieben hatte, kam fast naturgemäß zu einem negativen Urteil über Gustav Schmoller, der „die deutsche Wirtschaftswissenschaft in verhängnisvoller Weise für mehr als drei Jahrzehnte aus dem überall in der Welt sich machtvoll entfaltenden Strom theoretischen Denkens herausgerissen hat" (Schneider 1962, S. 295). Diese Aussage, wenngleich sie für die Person Schmollers selbst überzogen formuliert war, enthielt zumindest bezüglich des universitären Wissenschaftsbetriebes, d.h. aber bezüglich der (oft unbedarften) SCHÜLER und EPIGONEN Gustav Schmollers, sicher einen wahren Kern. Hinzu traten zunehmend Verständnisprobleme, die deutsche Sprache war nun nicht mehr eine in den USA geforderte Wissenschaftssprache und es mangelte an einer englischsprachigen Übersetzung.

Viele der Kritiker Gustav Schmollers, die ihn vorschnell als eine Art „Verderber" der Ökonomik abstempelten, folgten damit nur einem populären Vorurteil, haben seine Arbeiten aber selbst (natürlich!) nicht gelesen. Vorurteile im Bereich der Ökonomik scheinen ein besonders zähes, langes Leben zu haben. Erwin von Beckerath schrieb 1961, also vor der späteren Schmoller-Renaissance, bezeichnend: „Moderne Kritik hat den Historismus so gründlich totgeschlagen, dass auch das geschichtliche Denken daran gestorben ist" (Beckerath 1971, S. 378).

Auch Harald Winkel kommt bezüglich des Schmollerschen Forschungsprogrammes zu einem ernüchternden Urteil: „So ergiebig dieses archivalische Quellenstudium auch war, so verschwindend gering blieb der Ertrag der theoretischen Arbeit: Im ganzen umfangreichen Werk v. Schmollers lässt sich kein theoretisches System erkennen" (Winkel 1977, S. 104). August Skalweit schrieb 1949 über den „Grundriss": „Aber bei aller Bewunderung, die man dieser Leistung zollen musste, hat sie doch nur wenige voll befriedigt. Dass sie von den Vertretern der reinen Theorie abgelehnt wurde, war ohne weiteres zu begreifen. Aber auch diejenigen, die von Schmoller eine nach der von ihm aufgestellten Methode entwickelte allgemeine Volkswirtschaftslehre erwartet hatten, waren enttäuscht ... Von einer wirklich historisch-volkswirtschaftlichen Theorie war der Grundriss noch weit entfernt, ja es fragte sich, ob eine solche auf so breiter Grundlage, wie sie von Schmoller gewählt, überhaupt zu gewinnen war“ (Skalweit 1949, S. 7).

Aber es gab auch bereits damals andere Einschätzungen. Joseph Schumpeter urteilte über den Wert der Schriften der jüngeren historischen Schule z.B. wie folgt: „Viele Arbeiten waren zweifellos dürftig. In ihrer Gesamtheit stellten sie zweifellos einen gewaltigen Fortschritt hinsichtlich der Exaktheit der Kenntnisse über die soziale Entwicklung dar“ (Schumpeter 1965, S. 989).

Seit den achtziger Jahren des 20. Jahrhunderts hat sich die Einschätzung Schmollers, ohne seinen problematischen Einfluss auf den universitären Wissenschaftsbetrieb zu leugnen, deutlich wieder mehr zum Positiven hin geändert. So ist man unter anderem dazu übergegangen, die Zusammenhänge zwischen Recht, Institutionen und Ökonomie in einem anderen Licht zu sehen, und die zeitweilige Verbannung aller scheinbar außerökonomischen Faktoren in den, den Modellkonstruktionen vorgelagerten, Datenkranz zu hinterfragen. Auch das Konzept Schmollers und seiner Schule wurde in diesem Zusammenhang neu bewertet. Dem Vorwurf einer „Theorielosigkeit“ Schmollers wird jetzt dezidiert widersprochen: „Ihm Theorielosigkeit vorzuhalten, ist in einem gewissen Sinne ungerecht, da er eine andere Art von Theorie betrieb, die erst heute wieder, durch die Renaissance der Institutionenökonomie, neu gewürdigt werden kann“ (Burkhardt, Priddat 2000, S. 666).

Jürgen Backhaus stellt sechs ihm besonders wichtig erscheinende Aspekte des Schmollerschen Werkes heraus, die seine Neueinschätzung gefördert hätten:

(1) Der Staat stand im Zentrum der wirtschaftlichen Analyse;
(2) Die wissenschaftliche Beschäftigung mit der öffentlichen Verwaltung war integraler Bestandteil der Volkswirtschaftslehre;
(3) Schmoller war ein Vorreiter radikaler Interdisziplinarität;
(4) Seine Betonung des Zusammenhanges zwischen der Rechtsordnung, worunter er neben Gesetzen auch Sitten und Gebräuche fasste, einerseits und den rein wirtschaftlichen Abläufen andererseits;
(5) Die Analyse der Institutionen;
(6) Die Analyse der Probleme des technologischen Wandels;

(Backhaus 1989, S. 34-36).

Äußere Zeichen für diese positivere Einstellung gegenüber Gustav Schmoller waren z.B. die Veröffentlichungen „Gustav Schmoller oggi", herausgegeben von Michael Bock, Harald Homann und Pierangelo Schiera (1990), „Not by Theory alone ...; The Economics of Gustav von Schmoller and Its Legacy to America" von Nicholas W. Balabkins (1988), das Sonderheft des „International Journal of Social Economics" 1989 unter dem Titel: „Gustav von Schmoller: Social Scientist" mit acht Artikeln zu verschiedenen Aspekten von Schmollers Werk und Heft 3 der „Zeitschrift für die gesamte Staatswissenschaft" 1988. In „Schmollers Jahrbuch wurde ein Symposium (2006, Heft 2) „Schmollers Legacy for the 21st Century" abgedruckt. Hinzu kamen Symposien und Konferenzen anlässlich seines 150. Geburtstages, so z.B. das internationale Schmoller-Symposium in Heilbronn 1988 und das Symposium in Trient (1988).

Jürgen Backhaus beendet einen Aufsatz über Schmollers Werk und Intentionen mit der Frage: „Der Leser dieses Kommentars wird sich, wie der Autor, oft die Frage vorgelegt haben, wie es möglich ist, dass über einen Klassiker der Volkswirtschaftslehre wie Schmoller so viele unrichtige Auffassungen im Umlauf sind" (Backhaus 1989, S. 53), und er fordert geradezu eine „Studie der Pathologie des Faches Theoriegeschichte".

Mein VERSUCH einer Antwort auf die obige Frage ist ganz einfach:

(a) Die Geschichte, auch die Theoriegeschichte der Volkswirtschaftslehre, wird immer von den Siegern, hier den abstrakten Modellbauern mathematischer Provenienz, geschrieben;

(b) Dazu kommt, dass Schmoller mit seinen oft unbedarften Schülern in einen Topf geworfen wird;

(c) Außerdem hat die wissenschaftliche Folklore gerade in der Ökonomik ein erstaunliches Beharrungsvermögen;

(d) Und es existiert ein (verständlicher) Unwillen, in alten Büchern mit altertümlichen Formulierungen und Schriftbild zu lesen.

Nach dem zweiten Weltkrieg schwang das methodische Pendel stark bis teilweise sehr stark in die Richtung rein mathematischer Modellierungen, oft ohne Realitätsbezug. Hierzu ein zugegeben extremes, aber beeindruckendes Beispiel: „Unter der Annahme einer gegebenen Menge von Wirtschaftssubjekten und einer Menge von Koalitionen, einer nicht-leeren Familie von Teilmengen der ersten Menge, abgeschlossen unter der Formation abzählbarer Vereinigungen und Komplemente, ist eine Allokation eine abzählbar additive Funktion von der Menge der Koalitionen in den abgeschlossenen Orthanten des Güterraums. Um in diesem Zusammenhang Präferenzen zu beschreiben, kann man entweder ein positives, endliches reelles Maß einführen, das auf der Menge der Koalitionen definiert ist und für jedes Wirtschaftssubjekt eine Präferenz- oder Indifferenzrelation auf dem abgeschlossenen positiven Orthanten des Güterraumes spezifizieren, oder man kann für jede Koalition eine Präferenz- oder Indifferenzrelation auf der Menge der Allokationen spezifizieren. Dieser Artikel untersucht das Ausmaß, in welchem diese zwei Ansätze äquivalent sind" (Nobelpreisträger Gerard Debreu 1966, zitiert in: Sweezy 1973, S. 174). Nun hat man nach all dem den Eindruck, dass wiederum eine Zeit der Rückbesinnung auf ökonomische Inhalte eingesetzt hat, in der manches Überlegenswerte von Schmoller wieder erinnert wird.

Meine (wertende) Meinung: beide Extreme, theorieloses Faktensammeln und reiner Formalismus sind für die Ökonomik gleichermaßen inakzeptabel. Zielführend scheint mir eine Symbiose zwischen empirisch-historischer Forschung (gestützt auf statistische Verfahren) und deduktiven Modellen, die auch spekulative Momente enthalten dürfen. Aber dies ist wohl mittlerweile ohnehin die Haltung zeitgenössischer Ökonomen.

Zum Ende dieses Abschnittes will ich noch ein mir bedenkenswert erscheinendes Zitat Bertram Schefolds anführen: „Schmollers Werk muss am Anspruch des Autors gemessen werden, der darin bescheiden einen Übergangszustand gesehen hat" (Schefold 1989, S. 101).

10.7.11 Lujo Brentano (1844-1931)

Vita von Brentano

1844:	Geboren am 18. Dezember 1844 in Aschaffenburg als jüngstes Kind einer großen deutschkatholischen Intellektuellenfamilie mit italienischen Wurzeln. Seine Großmutter Maximiliane Brentano war eine Freundin Goethes, sein Vater, Christian Brentano, vielfältig begabt, „aber letztlich in keinem Feld zur Meisterschaft gereift" (Bräu, Nutzinger 2004, S. 14). „Aber die Leichtigkeit, mit der Christian lernte, und die Vielfältigkeit seiner Begabung sind, wie er später selbst erkannte und seinen Söhnen als Warnung hinterließ, für ihn ein Unglück gewesen. Er eilte von einem Wissenszweig zum anderen, ohne dass er einem treu blieb" (Brentano 2004, S. 48). Geschwister seines Vaters waren die Schriftsteller Clemens Brentano und Bettina von Arnim. Sein (älterer) Bruder Franz Brentano (1838-1917) war ein bekannter Philosoph und Psychologe.
1851:	Lujo verlor seinen Vater bereits am 27. Oktober 1851;
1855:	Nach der Volksschule besuchte er ein Institut für höhere Bildung unter der Leitung eines Benediktiners in Augsburg;
1860:	Nach 5 Jahren kehrte er auf das Gymnasium in Aschaffenburg zurück. „Aber ehe er noch den Kursus vollendet hatte, wurde er von seiner Mutter, die mit seinen Schulleistungen nicht völlig zufrieden war, auf die Universität Dublin geschickt ... Seine in Deutschland erworbene Vorbildung reichte aus, um den Vorlesungen folgen zu können" (Stieda 1932, S. 16). In Dublin lehrte der Mann seiner acht Jahre älteren Schwester Lulu, der spätere Direktor der Ägyptischen Abteilung des Britischen Museums, P. Le Page Renouf, an der dortigen katholischen Universität; Brentano schrieb zu seinem Aufenthalt in Dublin: „Die Hauptsache war die Erweiterung meines Blicks, die mir aus der Kenntnisnahme von England, seiner Geschichte und Literatur und aus den Gesprächen mit meinem Schwager und meiner ungewöhnlich belesenen Schwester erwuchs. Das vielleicht Wichtigste war, dass ich in ihrem Hause aus einem Konservativen zu einem Liberalen geworden

	bin, und zwar gerade infolge meines Katholizismus" (Brentano 2004, S. 64).
1862:	Nach einem einjährigen Studienaufenthalt in Irland im August Rückkehr nach Aschaffenburg. Im September 1862 Ablegung des Abiturs in Darmstadt; Dann Studium an der Universität Münster, wo Brentano philosophische, historische und philologische Vorlesungen belegte. „Doch habe ich ihren Besuch alsbald aufgegeben, da sie mich langweilten" (Brentano 2004, S. 66).
1863:	Studium der Jurisprudenz an der Universität München. Danach Studium in Heidelberg;
1865:	Im Sommersemester Studium an der Universität Würzburg (wenn man Brentanos Autobiographie glauben darf, wegen einer „sehr schönen jungen Dame". Er habe „dort aber gar nichts gelernt" (Brentano 2004, S. 68);
1866:	Am 7. Februar 1866 Promotion summa cum laude zum Doktor der Rechte in Heidelberg;
	Im Oktober wegen eines gründlicheren Studiums der Nationalökonomie Studium an der Universität Göttingen bei Helferich;
1867:	Am 29. Oktober 1867 Promotion in Nationalökonomie in Göttingen bei Helferich mit dem Thema: „Über Johann Heinrich von Thünens naturgemäßen Lohn- und Zinsfuß im isolierten Staate"; Nach dem Studium auf Empfehlung von Helferich Arbeit im „Königlich Statistischen Seminar" in Berlin;
1868:	Brentano begleitete den Direktor des Statistischen Seminars Ernst Engel (1821-1896) (Engelsches Gesetz, Engel-Kurve) auf einer Studienreise nach England. Er konnte dort die Verhältnisse der englischen Arbeiterschaft studieren, vor allem auch die Gewerkvereine. Frucht seiner gründlichen Recherchen waren die zwei Bände „Die Arbeitergilden der Gegenwart" (1871 und 1872);
1871/72:	Publikation von „Die Arbeitergilden der Gegenwart";
1871:	Habilitation an der Universität Berlin (Referent Adolph Wagner) mit dem ersten Band des Buches über die Arbeitergilden. Das Thema der Probevorlesung vor der Fakultät war „Die Lehre von den Lohnsteigerungen"; Ein amüsantes Detail am Rande: „Bei der Diskussion, die sich an den Vortrag anschloss, geriet er mit ... Adolph Wagner so hart aneinander,

dass der Dekan Weyerstraß endlich die Erörterung abschloss und den beiden anheim stellte, ihre Meinungsverschiedenheiten draußen weiter auszutragen“ (Stieda 1932, S. 17).

Seine Meinung zu Adolph Wagner geht aus seinen Lebenserinnerungen klar hervor: „Er war von maßlosem Ehrgeiz erfüllt, fühlte sich dementsprechend leicht gekränkt und ließ sich dann nicht nur zu taktlosen Äußerungen hinreißen, sondern sogar in seiner Stellungnahme in öffentlichen Fragen beeinflussen“ (Brentano 2004, S. 117). Zudem waren auch die Gegensätze in den Auffassungen zur „Arbeiterfrage“ groß: Brentanos sozialpolitische Auffassung war in Übereinstimmung mit dem Grundgedanken des Liberalismus, von dem Adolph Wagner sich immer mehr entfernte.

1871: Ab dem 1. Juli 1871 Privatdozent an der Universität Berlin;

1872: Außerordentlicher Professor der Staatswissenschaften an der Universität Breslau;
Mitgründer des Vereins für Sozialpolitik;

1873: Ordentlicher Professor der Staatswissenschaften an der Universität Breslau;

1874: Heirat von Valeska Erbreich. Der Ehe entspross eine Tochter;

1881: Im Dezember 1881 Ruf als Nachfolger Schmollers an die Universität Straßburg, dem er 1882 folgte, und wo er 6 Jahre blieb. Er schrieb in seinen Lebenserinnerungen, dass er sich in Breslau trotz neu erworbener Freunde nie richtig heimisch gefühlt habe. Anders in Straßburg: „Persönlich danke ich den mit meinen damaligen Kollegen verbrachten sechs Jahren ungewöhnlich viel Anregung, habe in Straßburg außerordentlich gearbeitet und bin erst dort recht eigentlich zum akademischen Lehrer geworden“ (Brentano 1917, S. 52/53) und: „Ich fühlte mich mit Straßburg, und der dort gestellten Aufgabe so verwachsen, dass ich mich entschlossen hatte, dort bis ans Ende meiner Tage zu bleiben“ (Brentano 2004, S. 191). Aber dann gab es Differenzen mit der Regierung, deren Politik er unter mehreren Aspekten für falsch hielt. Die ganzen „Elsässer Erinnerungen“ sind (fast verwirrend) voll mit den diesbezüglichen Vorbehalten Brentanos. Die Regierung versuchte trotz des Einspruches einiger Kollegen von Brentano dann nicht wirklich, ihn in Straßburg zu halten. Daraufhin nahm er einen Ruf nach Wien an;

1888:	Professur an der Universität Wien als Nachfolger Lorenz von Steins. „In Wien blieb er nur ein Jahr, und folgte dann einem Ruf nach Leipzig, obwohl ihm die Entscheidung schwer fiel und er manches hatte, was ihn an die österreichische Residenz fesselte. Hauptsächlich scheint der Ton, wie er in den Wiener Fakultätssitzungen herrschte, ihn vertrieben zu haben“ (Stieda 1932, S. 18); Tatsächlich war Brentano in seiner Autobiographie voll des Lobes über die Stadt Wien, ihre Lage, ihre Schönheit, ihre Bewohner, ihre Kultur. Eine Ausnahme bildete sein Empfang durch Carl Menger: „Sie können sich nicht vorstellen, mit welcher Erbitterung mich ihre Berufung erfüllt hat“ (Brentano 2004, S. 196). Kein sehr netter Empfang durch den ihm fachlich am nächsten stehenden Kollegen. Allerdings setzten sich die Animositäten Mengers nicht fort. Über die Wiener Fakultätssitzungen schrieb er: „In den Wiener Fakultätssitzungen ging es zu – und zwar nicht nur wegen fachlicher Meinungsverschiedenheiten –, dass man oft befürchtete, jetzt wird mit Tintenfässern geworfen, und dann erschienen trotz des Geschäftsgeheimnisses gefärbte Berichte über die Verhandlung in der einen oder anderen Zeitung“ (Brentano 2004, S. 197). Mir scheint allerdings nach der Lektüre von Brentanos Erinnerungen, dass seine Aversion gegen das Wiener Universitätsleben mehr in den aufreibenden ständigen Prüfungen lag, die sehr viel Zeit (auch Zeiten rein passiver Anwesenheit) erforderten (siehe Brentano 2004, S. 197/198).
1889:	Professur an der Universität Leipzig als Nachfolger Roschers (Antritt 27.4.1889). „Sehr bald schon habe ich den Ruf nach Leipzig erhalten ... Die Entscheidung, ob ich ihm folgen sollte, ist mir schwer geworden. Es gab so vieles, was mich an Wien fesselte. Aber die Beschlagnahme fast der ganzen Arbeitszeit durch Examina und der Ton, wie er in den Wiener Fakultätssitzungen herrschte, standen in zu starkem Gegensatz zu dem, was ich von Straßburg und Breslau gewohnt war, als dass ich mich nicht nach einer Universität wie Leipzig gesehnt hätte“ (Brentano 2004, S. 203). Brentano verließ Leipzig nach eigenen Angaben später vor allem, weil seiner Frau das Klima nicht bekam; Antrittsvortag am 27. April 1889: „Über die Ursachen der

	heutigen sozialen Not. Ein Beitrag zur Morphologie der Volkswirtschaft“;
1891:	Professur an der Ludwig-Maximilians-Universität in München bis zu seiner Emeritierung;
1894:	Erwerb eines Landhauses in Ambach am Starnberger See;
1896:	Einladung der Royal Economic Society nach London zu deren Stiftungsfest;
1901/1902:	Rektor der Universität München;
1911:	Einladung zu einer Konferenz der Carnegie-Stiftung für internationalen Frieden nach Bern;
1914:	Erscheinen einer Festschrift zu seinem 70. Geburtstag; Trotz aller Differenzen schlug Lujo Brentano als Nachfolger auf seinem Münchner Lehrstuhl Max Weber vor. Dieser Vorschlag konnte wegen des ersten Weltkrieges aber erst 1919 verwirklicht werden;
1916:	Entbindung vom Lehramt. Brentano hielt aber weiterhin Vorlesungen, so im Winter 1922/23 über englische Wirtschaftsgeschichte an der Universität München und im Winter 1923/24 an der Universität Heidelberg; „Die staatswirtschaftliche Fakultät hat als meinen Nachfolger an erster Stelle Max Weber, einen großen Menschen, von erstaunlicher Vielseitigkeit des Wissens und reich an Ideen, vorgeschlagen“ (Brentano 2004, S. 409).
1922:	Ehrendoktor der philosophischen Fakultät der Universität Heidelberg; Vortrag über den Freihandel in Budapest am 19. März 1922;
1929:	Am 20. März 1929 Austritt aus dem Verein für Socialpolitik, weil Brentano mit den im Verein behandelten Fragen nicht einverstanden war;
1931:	Am 9. September 1931 starb Lujo Brentano im Alter von 87 Jahren in München. Den Nachruf auf ihn hielt Wilhelm Stieda am 14. November 1931 (Stieda 1932). Nachfolger von ihm in München war Max Weber.

Eine kleine Anmerkung zu seinem Vornamen. Manchmal ist in der Literatur zu lesen, Lujo sei eine Zusammenziehung seiner beiden eigentlichen Vornamen: Ludwig und Joseph. Dies ist unrichtig. Der Name Lujo ist eine Mischform der Vornamen seiner beiden Taufpaten: des Vetters Louis Brentano und des Lyzeal-Professors Dr. Joseph Merkel. „Die beiden Paten stritten, nach wem ich genannt werden solle. Der Streit endete damit, dass ich von jedem Namen die zwei ersten Buchstaben erhielt. So entstand der Name Lujo, der mich durchs Leben begleitet hat“ (Brentano 2004, S. 55).

Lujo Brentano führte zeitlebens teilweise heftige Auseinandersetzungen mit wissenschaftlichen und politischen Gegnern. Er selbst schrieb in seinen Lebenserinnerungen „Mein ganzes Leben besteht aus einer Fülle sich aneinanderreihender Kämpfe“ (Brentano 2004, S. 35).

Auch der Titel seiner späteren Autobiographie weist darauf hin: „Mein Leben im Kampf um die soziale Entwicklung Deutschlands“ (1931);

Auch Wilhelm Stieda wies in seiner Gedenkrede ausdrücklich auf die ständigen Anfeindungen hin, denen Lujo Brentanos lebenslang ausgesetzt war: „Bei seinen Fachgenossen hat Brentano keineswegs durchweg rückhaltslose Zustimmung gefunden, und offenen Widerspruch in den Kreisen der Unternehmer, der Industrie so gut wie der Landwirtschaft. Diese haben sich in zum Teil maßlosen Hetzschriften gegen ihn gewandt, die das Wohlmeinende in seinen Bestrebungen völlig verkannten. Es hängt dieser förmliche Hass, der sich in Entstellungen und Verdrehungen seiner Ausführungen gefiel, vielleicht mit der Leidenschaftlichkeit zusammen, mit der Brentano selbst seine Ansichten verfocht“ (Stieda 1932, S. 22).

Aber es gab auch eine andere Seite von Lujo Brentano im Umgang mit Menschen. So nannte ihn Schmoller einen „bezwingenden Charakter“, bezwingend „durch seine Liebenswürdigkeit, sein inneres geistiges Leben, seine unwiderstehliche Erzählungskunst, seine Anmut der Lebensführung“ (Schmoller zitiert in: Stieda 1932, S. 23). Zum Führen eines Adelstitels steht in seinen Lebenserinnerungen: „Ich habe ... auch später, als mir der bayerische Max-Josephs-Orden verliehen wurde, von dem damit verbundenen Recht, das Adelsprädikat zu erlangen, keinen Gebrauch gemacht“ (Brentano 2004, S. 39).

Lujo Brentano hat nie öffentliche Ämter ausgeübt. Wohl aber hat er eine ganze Generation von Schülern geprägt bzw. mitgeprägt: Eberhard Gothein (1853-1923), Heinrich Herkner (1863-1932), Paul Mombert (1876-1938), Götz Briefs (1889-1974), Gerhard von Schulze-Gaevernitz (1864-1943), Robert René Kuczynski (1876-1947), Egar Salin (1892-1974) waren nur einige der bekannteren, tatsächlich waren es aber viel mehr, teilweise einflussreiche Ökonomen, deren Namen heute nicht mehr so geläufig sind.

„Insgesamt fühlte und verstand sich Brentano zweifellos als Deutscher, aber zugleich doch auch als Europäer, und dies nicht nur wegen seiner italienischen Wurzeln und seiner vielfältigen Kontakte nach England, sondern vor allem auch wegen seines grundlegenden Verständnisses von Europa als einer bei allen nationalen Segmentierungen und Frontstellungen doch letztlich

kulturellen Einheit“ (Bräu, Nutzinger 2004, S. 20).
Bezüglich der wissenschaftlichen Forschung hatte er eine kompromisslose, idealistische Einstellung. Für sie gibt es nichts, was von vorneherein feststeht. In alles muss sie eindringen, vor keiner Prüfung darf sie zurückschrecken, mag das zu Prüfende dem Forscher ... noch so sehr ans Herz gewachsen (sein), ohne Rücksicht auf Vorteil oder Nachteil, ohne Gier nach Lob und ohne Furcht vor Tadel“ (Brentano 2004, S. 105). Man muss noch hinzufügen: „Ich würde es für eine Prostitution der Wissenschaft gehalten haben, hätte ich mich unter Preisgabe des Gesamtinteresses zum Vertreter von Sonderinteressen hergegeben“ (Brentano 2004, S. 228). Es war vor allem diese Haltung, die Lujo Brentano den Hass der Vertreter dieser Sonderinteressen eintrug, mal von den Agrariern, mal von den Industriellen, und zu seiner Aussage beitrug, sein ganzes wissenschaftliches Leben sei von Kämpfen geprägt worden.
Beeindruckend war seine prophetische Sicht schon ein halbes Jahr vor Ausbruch des ersten Weltkrieges in einem Artikel in den „Münchner Neuesten Nachrichten“ vom 25. Januar 1914: „Ein neuer Krieg würde eine neue Hegemonie des Militarismus in Europa bedeuten. Das ist der Punkt, den alle denkenden Leute nicht aus dem Auge verlieren sollten. Dieser Militarismus untergräbt unsere Zivilisation. Die Ideale, für die wir jahrhundertelang kämpften, gehen zum Teufel. Ein neuer Krieg über Elsaß-Lothringen und wir würden auch einen neuen Ausbruch von Barbarei erleben. Der Mittelpunkt von Kultur und Zivilisation würde nach den Vereinigten Staaten verrückt und Russland würde Europa beherrschen“ (Brentano 1914, zitiert in: Bräu, Nutzinger 2004, S. 27).

Auswahl von Werken von Brentano

„Über J.H. Thünens naturgemäßen Lohn- und Zinsfuß im isolierten Staate“ (Dissertation 1867);

„Die Arbeitergilden der Gegenwart“ (2 Bände, 1871 und 1872);

Gustav Schmoller nannte diese beiden Bände „eine große wissenschaftliche Leistung und zugleich eine große politische Tat“ (Stieda 1932, S. 17).

„Das Arbeitsverhältnis gemäß dem heutigen Recht“ (1877);

Das Werk war als Vorarbeit zu einer großen „Systematischen Volkswirtschaftslehre“ gedacht, die aber nie erschien.

„Die Arbeiterversicherung gemäß der heutigen Wirtschaftsordnung“ (1879);

„Der Arbeiter-Versicherungszwang – seine Voraussetzungen, seine Folgen“ (1881);

„Die klassische Nationalökonomie“ (Antrittsvorlesung Universität Wien, 1888);

„Über die Ursachen der heutigen sozialen Not“ (Antrittsvorlesung Universität Leipzig, 1889);

„Meine Polemik mit Karl Marx – Zugleich ein Beitrag zur Frage des Fortschritts der Arbeiterklasse und seiner Ursachen“ (1890);

„Über das Verhältnis von Arbeitslohn und Arbeitszeit zur Arbeitsleistung“ (1893);

„Agrarpolitik – Ein Lehrbuch“ (1897);

„Die Agrarreform in Preußen“ (1897);

„Erbrechtspolitik“ (1899);

„Die Schrecken des überwiegenden Industriestaats“ (1901);

„Ethik und Volkswirtschaft in der Geschichte“ (Antrittsrede zum Rektorat der Universität München 1901);

„Wohnungszustände und Wohnungsreform in München“ (1904);

„Der Unternehmer“ (1907, Vortrag);

„Ich habe darin den Unternehmer als einen Träger des Geistes zu zeigen gesucht, dessen Erkennen und Wollen die bewegenden Kräfte sind, welchen die Entstehung des neuen Produktes zu danken ist … Wenn meine Gegner das, was ich geschrieben habe, gelesen hätten, … würde dieser Vortrag allein ausreichen, die Beschuldigung zurückzuweisen, dass die „Kathedersozialisten“ die Funktion des Unternehmers im Produktionsprozess nicht würdigten“ (Brentano 2004, S. 342).

„Versuch einer Theorie der Bedürfnisse“ (1908);

„Die Entwicklung der Wertlehre“ (1908);

„Die Malthus’sche Lehre und die Bevölkerungsbewegung der letzten Dezennien“ (1908);

In dieser Schrift versuchte Brentano zu zeigen, dass die zentralen Thesen von Malthus unrichtig sind. Brentano war der Meinung, dass der allgemeine Anstieg der Einkommen einen Rückgang der Geburten zur Folge habe. Dabei verwendete er letztlich ohne den zugehörigen Formelapparat das mikroökonomische Rationalmodell. Er berücksichtigte vor allem eine Konkurrenz der Genüsse aufgrund der zunehmenden Vielfalt an angebotenen Gütern, eine steigende Nachfrage nach „Kinderliebe“ und steigende Zeitkosten der Frauen. Seine diesbezüglichen, erstaunlich modernen Überlegungen, die in der familienpolitischen Debatte untergegangen sind, hatten bereits eine starke Ähnlichkeit mit dem neoklassischen familienökonomischen Ansatz von

Gary Stanley Becker (geboren 1930), dem Nobelpreisträger der Chicago-Schule.

„Das Freihandelsargument“ (1910);

„Die deutschen Getreidezölle“ (2. Auflage 1911);

„Über Werturteile in der Volkswirtschaft“ (1911);

„Der Schutz der Arbeitswilligen“ (1912);

„Privatwirtschaftslehre und Volkswirtschaftslehre“ (1912);

„Wie studiert man Nationalökonomie“ (3. unveränderte Auflage 1917, Vortrag vor der Freien Studentenschaft in München im Wintersemester 1910/11);

„Die Anfänge des modernen Kapitalismus“ (Rede 1913);

„Elsässer Erinnerungen“ (Autobiographie, 1917);

(Hier zitiert nach der mir vorliegenden zweiten und dritten Auflage, Berlin 1917).

„Clemens Brentanos Liebesleben – Eine Ansicht von Lujo Brentano“ (!) (1921);

„Die Urheber des Weltkrieges“ (1922);

„Der Ansturm gegen den Achtstundentag“ (1923);

„Der wirtschaftende Mensch in der Geschichte“ (Gesammelte Reden und Aufsätze 1923);

„Konkrete Bedingungen der Volkswirtschaft“ (1924);

„Handelspolitik und Londoner Abkommen“ (1925);

„Eine Geschichte der wirtschaftlichen Entwicklung Englands“ (3 Bände, 1927-1929);

„Das Wirtschaftsleben der antiken Welt“ (1929);

„Mein Leben im Kampf um die soziale Entwicklung Deutschlands“ (Autobiographie, 1931);

„In der Tat, Brentanos Autobiographie kann als „Schlüsseltext“ zu seinem gesamten ... Lebenswerk verstanden werden. Sie ist gut geschrieben, durchaus auf gesellschaftliche Stellung und Außenwahrnehmung bedacht, selbstbewusst, doch mitunter durch Selbstironie gemildert, wenn auch durchgängig ohne explizit formulierte Selbstzweifel“ urteilen die beiden Herausgeber einer Wiederveröffentlichung seiner Autobiographie (Bräu, Nutzinger 2004, S. 12). (Ich zitiere dieses Werk nach der mir vorliegenden Neuherausgabe: Brentano 2004). Ich darf hinzufügen: Ein unbedingt lesenswertes Dokument, das neben vielem anderen auch Überlegungen Brentanos zur Entstehung des ersten Weltkrieges enthält, Aussagen anlässlich der Revolution in München und zur Räterepublik sowie zur Entwicklung des Vereins für Socialpolitik.

Neben seinen Buchveröffentlichungen publizierte Lujo Brentano noch zahlreiche Aufsätze (so in den „Jahrbüchern für Nationalökonomie und Statistik“ und in der „Zeitschrift für die gesamte Staatswissenschaft“ und auch in der „Zeitschrift für Sozial- und Wirtschaftsgeschichte“) und hielt viele Vorträge, von denen einige publiziert wurden.

10.7.11.1 Thesen von Brentano

Brentano war einer der wichtigen Vertreter der „jüngeren historischen Schule“, und zählte damit zu den „Kathedersozialisten“. Während Schmoller und Wagner aber eher zu den konservativeren Mitgliedern des preußisch-protestantisch geprägten „Vereins für Socialpolitik“ gerechnet werden können, die vom Staat ein Eingreifen in die Einkommensverteilung und eine wirksamere Fabrikgesetzgebung forderten, war Brentano der Anführer einer liberaleren Richtung und wird deshalb zu den „liberalen Sozialreformern“ gezählt. Sein Ziel war keine paternalistische Sozialpolitik, sondern eine korrigierende Umgestaltung der Ordnungsbedingungen der Wirtschaft, d.h. der Staat solle grundsätzlich nicht selbst in den Wirtschaftsprozess eingreifen, also eine Koalitionsfreiheit der Arbeiter. Staatliche Interventionen sollten nur dann erfolgen, wenn der Wettbewerbsmechanismus versage. Die abhängig Beschäftigten sollten über ihre Interessensvertretungen, also z.B. Arbeitergewerkschaften, befähigt werden, als prinzipiell gleichberechtigte Verhandlungspartner aufzutreten. Brentano war der Auffassung, dass die Gewerkschaften beim Durchsetzen von Lohnsteigerungen effektiver agieren könnten als dies durch staatliche Interventionen möglich sei. Brentano vertraute also im Hinblick auf die Lösung sozialer Fragen nicht auf „sittliche“ staatliche Institutionen, wie etwa Schmoller, sondern auf die Marktmacht der Gewerkschaften gegenüber den Unternehmern. Für Brentano war England die in dieser Hinsicht führende Nation, das britische Gewerkschaftswesen solle deshalb grundsätzlich auch als Modell für Deutschland gelten.

Allerdings könne auch ein gewerkschaftlicher Zusammenschluss die Arbeiter nicht vor den Auswirkungen von Krisen und konjunkturellen Tiefs schützen. Hier müsse eine Versicherung gegen Arbeitslosigkeit einspringen. Diese Versicherung sollte aber gemäß Brentano keinen staatlichen Zwangscharakter haben, sondern die Gewerkschaften sollten die Träger dieser Versicherung sein. Zudem vertrat Brentano das Prinzip der Selbsthilfe der Arbeiter über Konsum- und Werkvereine.

Brentano kämpfte folgerichtig „gegen ein nach 1878 drohendes Verbot der Gewerkschaften; aus seiner liberalen Grundhaltung befürwortet er aber auch das Recht der Unternehmer, sich in Kartellen zusammenzuschließen, die, wie er glaubt, eine bessere Möglichkeit zur Krisenüberwindung bieten" (Winkel 1977, S. 107).

Diese Auffassungen führten zu starken Spannungen innerhalb des Vereins, aus dem Brentano, obwohl er einer von dessen Mitbegründern war, schließlich austrat. Er empfand sich zwar wie Gustav Schmoller und Adolph Wagner als „politischer Professor", war aber durch seine liberalere Auffassung und teilweise sogar freihändlerischen Positionen vor allem vom „Staatssozialisten" Adolph Wagner und dessen Thesen weit entfernt.

So führten seine Auffassung, Sozialversicherungen sollten freiwillig und selbstverantwortlich durch die Arbeiter selbst organisiert werden, zu deutlichen Meinungsunterschieden gegenüber Gustav Schmoller, der für „Zwangsversicherungen" plädierte, die durchaus eine „alle Volkselemente" erziehende Wirkung hätten. Schmoller schrieb im zweiten Teil seines „Grundriss" direkt zu Brentanos liberalen Auffassungen: „Brentano überschätzte, im Geiste des optimistischen manchesterlichen Liberalismus, die Möglichkeit, dass Freiheit und Selbstverantwortlichkeit aus sich heraus in den unteren, teilweise proletarisierten Klassen ein gesundes Hilfskassenwesen schaffe" (Schmoller 1920/II, S. 416). Treffender kann man auf die den Unstimmigkeiten zwischen Schmoller und Brentano zugrunde liegenden Ursachen kaum hinweisen.

Zur klassischen Ökonomik schrieb Brentano: „Die Beobachtung der Einzelvorgänge zeigte, dass die Menschen auf dem Gebiete des Handels, des Geld- und Bankwesens, von dem Streben nach dem größtmöglichen Gewinn geleitet werden. Hier also war es angebracht, der Methode der klassischen Nationalökonomie getreu aus diesem Streben die mittleren Sätze abzuleiten. Anders auf dem Gebiet der Arbeiterfrage ... Dabei erschienen die Folgerungen aus Bedingungen, die in Wirklichkeit nicht zutrafen, als ein jeu d'esprit, das als Geistesgymnastik ganz interessant sein konnte, angesichts des Notstands der arbeitenden Klassen aber völlig versagte. An die Stelle davon trat daher die historische und statistische Durchforschung der Verhältnisse der Arbeiter, die Untersuchung des Wirkens ihrer Organisationen ... Also im Ausgangspunkt der Betrachtung wie in Methode ein der herrschenden Lehre diametral entgegengesetzter Standpunkt" (Brentano 2004, S. 121). Eine klare Auffassung, der man nichts hinzuzufügen braucht.

Seine Auffassung zur Aufgabe der Volkswirtschaftslehre kam gut in seinem Vortrag: „Wie studiert man Nationalökonomie" zum Ausdruck: „ihr Gegenstand ist nicht das Handeln, sondern das Erkennen, nicht das Seinsollende, sondern das Seiende und die Darlegung des ursächlichen Zusammenhangs, der die Tatsachen verbindet ... Das was die Volkswirtschaftslehre tut, ist lediglich, die zum Handeln Berufenen in Stand zu setzen, sich ein Urteil zu bilden über die Wirkungen, welche ihre Handlungen zur Folge haben, und den Beurteilern die Möglichkeit zu geben, über die Zweckmäßigkeit dieser Handlungen zu richten“ (Brentano 1917, S. 7 und S. 8). Diesen Ausführungen, die sehr modern klingen, hätten nicht alle Mitglieder des „Verein für Socialpolitik“ zugestimmt.

Im übrigen verlangte Lujo Brentano viel von den angehenden Studenten der Volkswirtschaftslehre: eine Vertiefung in das Studium der Psychologie (S. 13), Kenntnisse in der Geographie und der Klimatologie (S. 15), ein gewisses Maß an Kenntnissen der Physik und Chemie (S. 15). Natürlich gute Kenntnisse des Privatrechts und des öffentlichen Rechts (S. 18), Studien zu der im Werden begriffenen Wissenschaft der Soziologie (S. 19), gute Kenntnisse der Privatwirtschaftslehre (S. 19) und der Handelswissenschaften (S. 20), modern gesprochen also der Betriebswirtschaftslehre. Brentano ergänzte dann noch, dass die Beherrschung der Statistik, einer „der wichtigsten Hilfsdisziplinen der Volkswirtschaftslehre“ (S. 26) unbedingt notwendig sei und natürlich gute Kenntnisse der Wirtschaftsgeschichte und der Geschichte der Volkswirtschaftslehre (S. 31). Und: „Ganz besonders möchte ich Ihnen ein Studium empfehlen, das heute leider ganz außer Gebrauch gekommen ist, das Studium der formalen Logik“ (Brentano 1917, S. 32). Eine anspruchsvolle Liste von notwendigen Hilfsdisziplinen, die Brentano da vortrug. Aber auch die heute üblicherweise gelehrten (und geprüften!) als erforderlich angesehenen Hilfswissenschaften der Volkswirtschaftslehre sind beachtlich: Mathematik, Statistik, Privatrecht, öffentliches Recht, Einführung in die Soziologie.

Lujo Brentano nahm öfter vehement gegen den Sozialismus marxistischer Prägung Stellung. Er war ein entschiedener Gegner der Thesen von Karl Marx. So schrieb er in seinen Lebenserinnerungen anlässlich seines Englandaufenthaltes: „Der Klassenkampf, dessen Zeuge ich war, war ein Kampf um die Durchführung der auf Grund der bestehenden Wirtschaftsordnung den Arbeitern zuerkannten Rechte; der von Karl Marx gelehrte richtete sich gegen diese Wirtschaftsordnung ... Ich selbst bin mit Marx nie in persönliche Berührung gekommen. Der Ton, den er gegen Andersdenkende anzuschlagen gewohnt war, hat abschreckend auf mich gewirkt“ (Brentano 2004, S. 93/94).

Brentano war zudem der grundsätzlichen Auffassung, dass die Arbeit nicht als „Ware“ aufgefasst werden dürfe, wie dies bei sozialistischen Auffassungen seiner Zeit der Fall war. Die Arbeit unterscheide sich grundlegend von einer „Ware". Sie könne insbesondere nicht (für eine günstigere Konjunktur) aufbewahrt werden, sie sei nicht lagerfähig. Der Arbeiter könne seine Arbeit eben nicht wie eine Ware zurückhalten, sonst müsse er verhungern. „Mit diesen Anschauungen über die besondere Stellung der „Ware" Arbeit im Austauschprozess ... hat Brentano die entscheidende Anregung zur Schaffung eines besonderen Arbeitsrechts und zur Begründung der modernen Arbeitsrechtswissenschaft gegeben" (Neisser, Palyi 1924, S. 8). Brentano sah aufgrund umfassenden statistischen Materials auch einen positiven Zusammenhang zwischen Lohnerhöhungen und der Stundenleistung der Arbeiter. Höherer Lohn und selbst Arbeitszeitverkürzungen würden eine höhere Arbeitsintensität hervorrufen und einen höheren Mechanisierungsgrad erzwingen, um diese Lohnerhöhungen kompensieren zu können. Eine weitblickende These!

Die Lohnfondstheorie, nach der der Lohn der Arbeiter bestimmt wird durch den vorhandenen Kapitalbetrag, der für Lohnzahlungen zur Verfügung stehe und der dann durch die Zahl der zu entlohnenden Arbeiter geteilt werden müsse, und das „eherne Lohngesetz", lehnte Brentano ab. Er vertrat die Auffassung, dass es die Kaufkraft der Konsumenten sei, die letztlich über die Lohnhöhe entscheide. Das umlaufende Kapital der Unternehmen sei nur ein Durchlaufsposten, der sich im Wirtschaftskreislauf stets wieder ergänze. „Der Lohn werde nicht aus einem Lohnfonds, sondern letztlich aus dem Einkommen der Unternehmer und Verbraucher bezahlt" (Winkel 1977, S. 106). Ein „natürlicher Lohn" existiere nicht.

In Brentanos Schriften lässt sich durchaus abstraktes, ja zuweilen sogar modellhaftes Denken nachweisen, allerdings ohne komplizierte mathematische Formalisierung. Er stand den österreichischen Grenznutzentheoretikern nicht allzu ferne, war er doch selbst ein Vertreter einer subjektiven Wertlehre. Allerdings kritisierte er deren mangelnde empirische Absicherung.

Bemerkenswert finde ich, dass er bereits kritisch das so genannte „Beobachterproblem" in der Ökonomik ansprach, also den Sachverhalt, dass Beobachter und Beobachtetes nicht unabhängig voneinander sind. In der nationalökonomischen Forschung bleibe der Wissenschaftler „immer selbst ein Teil des Problems, das er untersuchen und erkennen will, und dass er infolgedessen gesteigerte Fehlermöglichkeiten bei der Forschung zu überwinden hat" (Brentano 1881, zitiert in: Bräu, Nutzinger 2004, S. 17/18).

Lujo Brentano war zwar ein Gegner allzu wirklichkeitsfremder abstrakter Thesen der Manchesterschule und ein Anhänger der jüngeren historischen Schule. Er brachte aber starke Vorbehalte gegen eine bloße Sammlung wirtschaftshistorischen Quellenmaterials vor. Vielmehr bestehe „die eigentliche

Aufgabe der Forschung in der Verarbeitung solchen Materials zur Aufdeckung von Kausalzusammenhängen und in seiner stets Kontrolle durch die nicht in den Akten verzeichneten Tatsachen des wirtschaftlichen Lebens ... Und er hat immer hervorgehoben und praktisch erwiesen, nicht nur, dass die abstrakten Analysen der Wirtschaftstheorie eine unentbehrliche geistige Schulung für den jungen Nationalökonomen darstellen, sondern vor allem auch, dass von ihnen die eigentlichen Problemstellungen für die Wirtschaftswissenschaft überhaupt ausgingen" (Neisser, Palyi 1924, S. 11).

Nachzutragen ist noch, dass Lujo Brentano einige wichtige agrarhistorische Studien vorlegte. Er trat gegen eine Hochzollschutzpolitik auf, und vertrat die Auffassung, nur der Freihandel könne die Allokation von Gütern und Ressourcen optimieren. Brentano war ein Gegner aller „wirtschaftlichen Bindungen" (Winkel 1977, S. 106).

Er zog sich damit zusätzlich zu den Marxisten und Manchesterliberalen auch noch die Gegnerschaft der feudalen Schichten zu, die ihre Interessen durch Lujo Brentano (nicht zu Unrecht) bedroht sahen. Also wirklich ein Kampf an allen möglichen Fronten.

10.7.11.2 Rezeption von Brentano

Lujo Brentano hatte vor allem als Lehrer, aber auch mit seinen Publikationen, einen starken Einfluss auf die Ausprägung der sozialen Marktwirtschaft in der Bundesrepublik Deutschland. So war z.B. der frühere Bundespräsident Theodor Heuss (1884-1963) einer seiner Schüler, der bei ihm auch 1905 promovierte.

Kennzeichnend dafür war die Festschrift zu seinem 70. Geburtstag (1916), mit einem Beitrag von Theodor Heuss über die „Organisationsprobleme der freien Berufe" (Heuss 1963, S. 97).

Brentano beeindruckte trotz seiner Kritik an der Arbeitswertlehre und Karl Marx sogar einige marxistisch orientierte Ökonomen, so z.B. den bekannten Wirtschaftshistoriker Jürgen Kuczynski, der positiv über ihn urteilte: „Er war einer der erstaunlichsten Gesellschaftswissenschaftler der Bourgeoisie im letzten Drittel des 19. und im ersten Drittel des 20. Jahrhunderts" (Kuczynski 1977, zitiert in: Bräu, Nutzinger 2004, S. 13).

Im „Ökonomenlexikon" der DDR (1989) wurde ihm ein „beachtliches Engagement für sozialpolitische Ideen" zugestanden und es wurde konzediert, dass er von den bürgerlichen Ökonomen als einer der führenden Ökonomen, als führender Theoretiker der Gewerkschaftsbewegung gefeiert wird. Aber dann folgen doch kritische Töne: „All diese Einschätzungen sehen ...

wohlweislich darüber hinweg, dass Brentano mit seinen sozialreformerischen Konzeptionen den Klassenkampf entschärfen und die Arbeiterklasse mit dem Kapitalismus aussöhnen wollte. Lenin hat wiederholt auf die Gefährlichkeit des „Brentanoismus“ hingewiesen, und da Brentano sich nicht scheute, gelegentlich auch geistige Anleihen bei Marx zu machen, charakterisierte er Brentanos Ausführungen als einen „leicht marxistisch getönten Sozialliberalismus“. Engels sprach vom „karrieristischen Sozialismus“ Brentanos und vom „bismarcktreuen Karrieresozialisten“; er setzte sich darüber hinaus mit dessen Versuchen auseinander, Marx als Wissenschaftler zu diskreditieren und das Vertrauen in den Marxismus zu erschüttern“ (Ökonomenlexikon 1989, S. 70/71).

10.7.12 Karl (Wilhelm) Bücher (1847-1930)

Vita von Bücher

1847:	Geboren am 16. Februar 1847 in Kirberg (bei Limburg/Lahn), einem Dorf im damals preussischen Rheinland, als Sohn einer armen Familie. Sein Vater war Landwirt, Tischler und Bürstenmacher. Karl wuchs in sehr beengten äußeren Verhältnissen auf. Die bäuerliche Wirtschaft und der kleine Gewerbebetrieb seines Vaters konnten kaum den Lebensunterhalt der Familie decken;
1866:	Nach seinem Abitur Studium der Geschichte und klassischen Philologie an der Universität Bonn;
1867:	Wechsel für zwei Semester an die Universität Göttingen, dann Rückkehr an die Universität Bonn, dort Promotion in alter Geschichte und 1869 Staatsexamen in Philologie und Geschichte;
	Nach der Promotion war Bücher mehrere Jahre als Lehrer an Gymnasien tätig, zunächst am Städtischen Gymnasium in Dortmund;
1873-1878:	Lehrer an der Wöhler-Schule in Frankfurt am Main. Hier beschäftigte er sich intensiv mit wissenschaftlichen Studien, insbesondere mit der Bevölkerungsstatistik und der Gewerbegeschichte Frankfurts im Mittelalter. In dieser Zeit erwachte auch sein Interesse an sozialen Fragen und der Nationalökonomie;
1874:	Mitglied des „Verein für Socialpolitik“, wo er seine nationalökonomischen Interessen pflegen konnte;
	Freier Mitarbeiter bei der liberalen „Frankfurter Zeitung“;
1878:	Redakteur des sozial- und wirtschaftswissenschaftlichen Ressorts bei der „Frankfurter Zeitung“;
1880:	Nach einem Zerwürfnis mit dem Verleger der „Frankfurter Zeitung“ Leopold Sonnemann gab Bücher den Journalismus als Beruf auf;
1881:	Auf Ratschlag von Albert Schäffle (1831-1903) Habilitation an staatswirtschaftlichen Fakultät der Universität München bei Johann von Helferich für Nationalökonomie und Statistik;
1882:	Ordentliche Professur an der deutsch-russischen Universität

	Dorpat (heute Tartu in Estland);
1883:	Professur für Nationalökonomie und Statistik an der Universität Basel;
1888:	Bevölkerungszählung mit einem Individualkarten-Verfahren in Basel;
1889:	Wohnungsenquete im Kanton Basel-Stadt;
1890:	Professur für Nationalökonomie an der Technischen Hochschule Karlsruhe;
1892:	Professor für Nationalökonomie an der Universität Leipzig;
1893:	Mitbegründer der Sächsischen Kommission für Landesgeschichte;
1901:	Seit 1901 gemeinsam mit Schäffle Herausgabe der „Zeitschrift für die gesamte Staatswissenschaft". Nach Schäffles Tod 1903 gab Bücher bis 1923 die Zeitschrift alleine heraus;
1909:	Mitunterzeichner des Aufrufs zur Gründung der Deutschen Gesellschaft für Soziologie;
1916:	Gründung des ersten Institutes für Zeitungskunde in Deutschland an der Universität Leipzig. Ziel von Bücher war es hierbei, den Journalisten eine fundierte akademische Ausbildung zu vermitteln und damit das Niveau der Presse zu heben. 1926 wurde dann tatsächlich eine erste ordentliche Professur für Zeitungskunde eingerichtet (Besetzung Erich Everth);
1917:	Emeritierung. Er widmete sich aber weiterhin in Forschung und Lehre bis ins hohe Alter der Zeitungswissenschaft;
1930:	Tod am 12. November in Leipzig.

In Bad Liebenstein besaß Karl Bücher ein Sommerdomizil („Mein Belvedere"). Seine Beliebtheit bei den Studierenden führte dazu, dass diese ihm im Wald ein Denkmal bauten. Einer seiner Schüler war der spätere Außenminister Gustav Stresemann (1878-1929).

Karl Bücher als Mensch wurde im Nachruf von Walter Goetz folgendermaßen charakterisiert: „Er blieb in mancherlei Hinsicht schwerfällig, misstrauisch und verschlossen – sein Innerstes hat er selten gezeigt. Er hat zwar treue Freundschaften zu halten gewusst, aber weit zahlreicher waren auf seinem Lebenswege die zerbrochenen Freundschaften ...Und zum Wiedereinlenken war er nicht geneigt" (Goetz 1932, S. 6).

EINIGE WERKE VON BÜCHER (AUSWAHL)

„Aufstände der unfreien Arbeiter 143-129 v. Chr." (1874, erweiterte Dissertation);

„Gutachten über das gewerbliche Bildungswesen" (1878, im Auftrag des Vereins für Socialpolitik);

„Die Frauenfrage im Mittelalter" (1882);

„Die Bevölkerung von Frankfurt am Main im XIV. und XV. Jahrhundert" (1886);

„Frankfurter Buchbindereiordnungen" (1888);

„Die Wohnungs-Enquete in der Stadt Basel" (1891);

„Die gewerblichen Betriebsformen in ihrer historischen Entwicklung" (1892);

„Die Entstehung der Volkswirtschaft" (Zweiteilige Aufsatzsammlung, 1893, 1918). Bis 1926 wurde diese Sammlung in 17 (!) Auflagen mit mehr als 30.000 Exemplaren gedruckt. Die englische Übersetzung lautete: „Industrial Evolution" 1901);

Ich zitiere den ersten Teil dieser Aufsatzsammlung (mit 12 Abschnitten) nach der in meinem Besitz befindlichen 12. und 13. Auflage, Tübingen 1919.

„Die wirtschaftlichen Kartelle" (1894, im Auftrag des Vereins für Socialpolitik);

„Untersuchungen über die Lage der Handwerker" (1895/1897, im Auftrag des Vereins für Socialpolitik);

„Arbeit und Rhythmus" (1896);

Dieses Buch erschien bis 1926 in sechs Auflagen, wobei die späteren Auflagen immer wieder ergänzt wurden, z.B. um Ausführungen zum Jazz. Die sechste Auflage war schließlich fast dreimal so umfangreich wie die erste Auflage.

„Der deutsche Buchhandel und die Wissenschaft" (1903);

Hier argumentierte Bücher gegen eine Buchpreisbindung und für Rabatte für wissenschaftliche Bibliotheken und Wissenschaftler.

„Alte und neue Aufgaben der Universität" (Rektoratsrede 1903);

„Die Berufe der Stadt Frankfurt am Main im Mittelalter" (1914);

„Grundriss der Sozialökonomik" (1914);

„Frankfurter Amtsurkunden" (1915);

„Lebenserinnerungen" (1919);

„Zur Frage der Pressereform" (1922);

„Gesammelte Aufsätze zur Zeitungskunde" (1926);

„Beiträge zur Wirtschaftsgeschichte“ (1922);
„Untergegangene Handwerke“ (1924);

Das umfangreiche Lebenswerk Karl Büchers ist allein schon wegen seines Umfanges bemerkenswert: mehr als 400 wissenschaftliche Veröffentlichungen, und noch dazu zu vielen Gebieten: Nationalökonomie, Soziologie, Zeitungskunde.

10.7.12.1 Thesen von Bücher

Bücher wird zu den wichtigeren Ökonomen der „jüngeren historischen Schule“ gerechnet, auch wenn er ständig im Schatten Schmollers stand. In seinem Nachruf sagte Walter Goetz dazu: „Aber Bücher stand doch dem „Kathedersozialismus“ weniger nahe als Schmoller, der immer einer der Führer der Richtung blieb; zu dem starken historischen Sinn gesellte sich bei Bücher eine wissenschaftliche und persönliche Abneigung gegen Schmoller und eine Eigenwilligkeit, die sich nicht leicht einer Schule oder Richtung einordnete und so hat er später an den Tagungen des Vereins für Socialpolitik nicht mehr teilgenommen“ (Goetz 1932, S. 5/6).

Für ihn standen theoretische Verallgemeinerungen und historische Detailforschung nicht im Widerspruch zueinander. „Die Volkswirtschaft ist ein historisches Gebilde, in welchem fortgesetzt Kräfte wirken, einen erreichten Zustand zu verändern (Bücher zitiert in: Brandt, Band 2, 993, S. 211).

Es muss ihm eine deutliche Eigenständigkeit gegenüber vielen Auffassungen seiner deutschen Kollegen, den anderen Kathedersozialisten, eingeräumt werden. So ergriff er etwa im Methodenstreit nicht Partei für Gustav Schmoller. Er begrüßte die „isolierende Abstraktion“ und die „logische Deduktion“. Er schloss also neben der historisch-soziologischen Betrachtung ein deduktives Vorgehen nicht aus.

Allerdings lehnte auch er die klassische Schule wegen ihres engen, zeitgebundenen Konzepts der Wirtschaft ab. Die Klassik nähme fälschlich an, ihr Konzept des Wirtschaftens gelte für alle historischen Perioden. Zudem warf er der Klassik vor, sie sähe das Geld hauptsächlich in seiner Funktion zur Erleichterung des Austausches. Die anderen Geldfunktionen würden nicht hinreichend beachtet.

Er kann im Vergleich zu einigen anderen Ökonomen der jüngeren historischen Schule als eher liberal eingestuft werden. „Büchers sozialpolitische Haltung ist am besten mit dem Wort sozialliberal zu kennzeichnen“ (Goetz 1932, S. 5). Er war gegenüber Bismarck kritisch eingestellt, war arbeiterfreundlich und Freihändler. Er vertrat keine protektionistische Linie.

10.7.12.1.1 Das „Büchersche Gesetz der Massenproduktion"

Zu seinen wesentlichen Leistungen, die noch heute bekannt sind, zählte sein Gesetz der Massenproduktion, das seinen Namen trägt: „Büchersches Gesetz der Massenproduktion". Dieses Gesetz beschrieb die Beziehung zwischen Produktionskosten und Outputs in der industriellen Fertigung (Zeitschrift für die gesamte Staatswissenschaft 1910).

Für einige (nicht alle) Güter zeigte das Gesetz der Massenproduktion, dass mit steigender Produktionsmenge die Stückkosten sinken (modern: zunehmende Skalenerträge bzw. economies of scale). Die Produktion größerer Mengen solcher Güter erlaubt grundsätzlich niedrigere kostendeckende Preise, ein wichtiges Argument für die Wettbewerbstheorie. Zudem werden bei der Herstellung größerer Mengen solcher Güter kapitalintensivere Produktionsverfahren vorteilhaft.

Letztlich beruhen die Wirkungen dieses Gesetzes auf zwei Arten der Kostendegression: einer PRODUKTIONSVERFAHRENSDEGRESSION, die durch den Übergang auf das jeweils kostengünstigste Produktionsverfahren ausgelöst wird, und einer STÜCKKOSTENDEGRESSION, bei der sich durch die größere Ausbringung auch bei gleichem Produktionsverfahren die fixen Kosten auf immer mehr Güter verteilen.

Karl Brandt stellt analog dazu fest: „Wie unschwer zu erkennen ist, enthält das Gesetz der Massenproduktion zwei Aussagen. Die erste bezieht sich auf das Verhältnis der Kosten bei Ausdehnung der Produktion, wenn die Produktionskapazität und das Produktionsverfahren unverändert bleiben. Die zweite richtet sich auf die Vorteile eines mit Verfahrenswechsel verbundenen Anstiegs des Mechanisierungsgrades der Produktion" (Brandt, Band 2, 1993, S. 227).

Dabei verwendete Bücher für die Stückkostendegression bei Mengenausdehnung die Formel:

$$k = \frac{c}{m} + v$$

wobei k die durchschnittlichen Gesamtproduktionskosten, v die unverändert gehaltenen variablen Stückkosten, c die fixen Kosten und m die Produktionsmenge sind.

Dabei argumentierte Bücher vor allem bezüglich der Wirkungen von Verfahrenssubstitutionen, die ihm wichtiger waren als die Stückkostendegressionen, absolut korrekt. „Das technisch vollkommenere Verfahren verlangt höheren Fixkosteneinsatz, der durch sinkende proportionale Kosten kompensiert werden muss. Dies bedeutet, dass Kostenvorteile erst dann eintreten, wenn auch eine genügend große Produktmenge hergestellt werden kann" (Brandt, Band 2, 1993, S. 229).

„Damit liefert Bücher einen theoretischen Hintergrund für den zeitgenössischen Konzentrationsprozess, für die Überlegenheit der Groß- gegenüber den Klein- und Mittelbetrieben" (Winkel 1977, S. 108).

10.7.12.1.2 Überlegungen Büchers zur Arbeit

Bücher untersuchte intensiv Arbeitsprozesse und Arbeitsteilung. Dabei unterschied er in Berufsbildung, Berufsspaltung, Produktionsteilung, Arbeitszerlegung, Arbeitsverschiebung, Arbeitshäufung, gesellige Arbeit und Berufsvereinigung (siehe genaueres zu den Unterschieden der jeweiligen Begriffe bei Winkel 1977, S. 108/109).

Büchers Beiträge zur Arbeitssoziologie („Arbeit und Rhythmus") waren ungewöhnlich und innovativ. Er stellte fest, dass Arbeiter monotone körperliche Arbeit durch rhythmische Wiederholungen ihrer Bewegungen. Indem man die Arbeitsgeschwindigkeit an diesen Rhythmus anpasst, würde der Arbeitsprozess vereinfacht und vor allem intensiviert. Solch ein Rhythmus könnte z.B. durch Singen erzeugt werden. Bücher gab hier Beispiele typischer Arbeitslieder. Voraussetzung des Ganzen sei allerdings, dass der Arbeiter seine eigenen Arbeitswerkzeuge beherrsche und seine individuelle Arbeitsgeschwindigkeit verwirklichen könne.

10.7.12.1.3 Büchers historische Arbeiten

Grundsätzlich verfolgte Bücher bei seinen historischen Arbeiten der Erkenntnisperspektive der „jüngeren historischen Schule", nämlich zeitgenössische Probleme durch die Rekonstruktion ihrer historischen Wurzeln in den Griff zu bekommen.

Er studierte das Wirtschaften primitiver Gesellschaften, des antiken Griechenland, Roms und des Mittelalters. Er fertigte eine Reihe von Monographien über verschiedene historische Themen an, so z.B. über die soziale Rolle der Frauen und eine Studie über das mittelalterliche Frankfurt. Hierbei setzte er statistische Verfahren ein.

Bücher entwickelte ein berühmt gewordenes Stufenschema der wirtschaftlichen Entwicklung:

(01) Der wirtschaftliche Urzustand;
(02) Die Wirtschaft der Naturvölker;

(1) Periode der geschlossenen Hauswirtschaft (Antike und Mittelalter bis zum 12. Jahrhundert);
(2) Periode der Stadtwirtschaft (bis zum ausgehenden 16. Jahrhundert);
(3) Periode der Volkswirtschaft (seit dem 17. Jahrhundert).

Dabei betonte er das Prinzip der organischen Entwicklung und der „logischen Natur“ seiner Stufenfolge. Die Bedürfnisse der Menschen seien keine „ein für allemal durch die Natur gegebene Größe“, sondern sie veränderten sich und wüchsen mit der Kulturentwicklung.

Entscheidend für die Art der Organisation der Wirtschaft war bei Bücher die Entfernung, welche die Güter „vom Produzenten zum Konsumenten“ zurücklegen müssen, die sich ändernden Beziehungen zwischen Produzenten und Konsumenten.

Zu (01) Der wirtschaftliche Urzustand:

Dabei handele es sich um einen primitiven vorwirtschaftlichen Zustand. Es existierten nur kleine, wenig differenzierte Gruppen, ähnlich den Rudeln der Tiere „schweifen sie ihre Nahrung suchend, umher, finden in einer Höhle oder unter einem Baume, hinter einem in wenig Minuten aus Reisig errichteten Windschirm, oft bloß in einer ausgewühlten Erdgrube ihr Nachtlager, nähren sich hauptsächlich von Früchten und Wurzeln, essen aber auch alles Animalische, dessen sie sich bemächtigen können, bis auf Schnecken, Maden, Heuschrecken und Termiten herunter. Die Männer sind in der Regel bloß mit Pfeil und Bogen oder Wurfholz bewaffnet; die Frauen führen als Hauptgerät den Grabstock, ein zugespitztes Stück Holz, das sie zum Wurzelsuchen gebrauchen. Scheu, ... oft tückisch und verschlagen, führen sie ein unstetes Dasein ... Die meisten hierher gehörigen Völkerstämme kennen die Töpferei und die Bearbeitung der Metalle überhaupt nicht ... jedes Individuum verzehrt sofort, was es findet; eine gemeinsame Haushaltung gibt es ebenso wenig als ein Haus“ (Bücher 1919, S. 9/10). Das geistige Interesse gehe nicht über das Nächstliegende hinaus: Erhaltung des Daseins, Ruhe nach der Anstrengung, Schutz gegen die Unbilden der Witterung. Mangel und Überkonsum wechselten sich ab, Arbeit als zielbewusste Tätigkeit existiere nicht. Solche primitive Kulturen hätten zudem eine Abneigung gegen Tauschvorgänge.

Zu (02) Die Wirtschaft der Naturvölker:

Bei der „Wirtschaft der Naturvölker“ existiere bereits ein primitiver Ackerbau (ohne Pflug und ohne Zugtiere). Der Boden befände sich im kollektiven Eigentum des Stammes oder der Siedlungsgemeinschaft.

„Der Naturmensch legt in der Regel keine größeren Vorräte an; eine Missernte oder ein sonstiges Versagen seiner natürlichen Nahrungsquellen trifft ihn mit ganzer Schwere; er kennt keine arbeitersparenden Hilfsmittel, keine geordnete Zeitverwendung, keine geregelte Konsumtion ... manchmal weiß er nicht, ob er am folgenden Morgen auch nur die Mittel besitzen wird, seinen Hunger zu stillen. Dennoch sieht er der Zukunft nicht mit Bangen entgegen; er ist ein Kind des Augenblicks" (Bücher 1919, S. 41).

„Eigene Berufsarbeiter gibt es dafür mit wenigen Ausnahmen bei den Naturvölkern nicht. Jede Familie hat alle Bedürfnisse ... durch eigene Arbeit zu befriedigen und befriedigt sie vermöge jener ... Funktionsteilung zwischen beiden Geschlechtern ... Nicht nur dass jedes Geschlecht einen bestimmten Teil der Nahrungsgewinnung für sich hat; jedes besorgt auch für sich alle damit in Verbindung stehenden Umformungsarbeiten: die Frau alles, was mit Pflanzenstoffen zusammenhängt, der Mann die Herstellung der Waffen und Geräte für Jagd, Fischfang und Viehzucht, die Bearbeitung der Tierknochen und Häute, den Bau des Kanoes. In der Regel vollzieht der Mann auch das Braten der Fleischspeisen, das Trocknen der Fische, die Frau das mühsame Mahlen des von ihr geernteten Getreides, das Brauen des Bieres, das Anfertigen und Brennen der irdenen Kochtöpfe und meist auch den Bau der Hütte" (Bücher 1919, S. 55).

Bezüglich des Handels und Tausches in der Wirtschaft der Naturvölker schrieb Bücher, „dass ein Handel im nationalökonomischen Sinne, d.h. ein regelmäßiger, beruflich organisierter Wareneinkauf zum Zwecke des Wiederverkaufs mit Gewinn sich bei den Naturvölkern nirgends nachweisen lässt ... Unter den Eingeborenen besteht sonst überall nur ein Tauschverkehr von Stamm zu Stamm, der allein in der ungleichen Verteilung der Naturgaben und der verschiedenen Entwicklung der Produktionstechnik bei den einzelnen Stämmen seine Ursache hat. Zwischen den Angehörigen desselben Stammes aber kann ein regelmäßiger Tauschverkehr von Wirtschaft zu Wirtschaft nicht stattfinden, weil alle die gleichen Güter produzieren und weil es darum an einer berufsmäßigen Gliederung der Bevölkerung fehlt, die allein ein dauerndes Aufeinanderangewiesensein der Hausstände begründen könnte" (Bücher 1919, S. 60/61).

Wichtiger für Bücher waren aber die Stufen (1), (2) und (3), die wirtschaftlichen Entwicklungsphasen der europäischen Kulturvölker. Nochmals: Wichtiges Kriterium für die Art der Organisation der Wirtschaft war bei ihm die Wegelänge zwischen Produktion und Verbrauch. Im Rahmen seiner Stufenfolge von (1) nach (3) würde dabei dieser „Weg von der Hand in den Mund" immer länger.

Zu (1) Periode der geschlossenen Hauswirtschaft (Antike und Mittelalter bis zum 12. Jahrhundert):

„Die Stufe der geschlossenen Hauswirtschaft kennzeichnet sich ... dadurch, dass der ganze Kreislauf der Wirtschaft von der Produktion bis zur Konsumtion sich im geschlossenen Kreise des Hauses (der Familie, des Geschlechts) vollzieht ... Gütererzeugung und Güterverbrauch fließen ineinander über ... Erwerbswirtschaft und Haushalt sind nicht voneinander zu trennen“ (Bücher 1919, S. 92).

In der Periode der geschlossenen Hauswirtschaft existiere also vor allem eine Produktion für den Eigenbedarf und wenig bis kein Güteraustausch. Erwerbswirtschaft und (großer) Haushalt seien eine einzige Organisation. Die gesellschaftliche Differenzierung erfolge vor allem über die Verfügungsrechte am Boden. Ohne Bodeneigentum müsse man sich in Abhängigkeit zu den Bodeneigentümern begeben. Nur derjenige ist imstande, eine eigene Wirtschaft zu führen, „der aus eigenem Rechte über den Boden verfügt. Wer nicht in dieser Lage ist, kann seine Existenz nur fristen, wenn er Knecht des Grundeigentümers und als solcher an den Boden gefesselt wird“ (Bücher 1919, S. 93).

Die Bodeneigentümer können also andere für sich arbeiten lassen. In die Großfamilie der Antike sind Sklaven eingebunden, in die mittelalterliche Grundherrschaft leibeigene Bauern. Dadurch ließe sich eine verstärkte Arbeitsteilung innerhalb der Organisationsform „Großfamilie“ verwirklichen. „In solchen größeren Familienverbänden lässt sich die Gemeinschaft und Verteilung der Arbeit in ziemlich weitem Umfange durchführen ... Wie die Sippe für den einzelnen Schuld oder Wergeld zahlt oder ihm widerfahrene Unbill rächt, so weiht wieder der einzelne der Sippe sein ganzes Leben und opfert ihr jede Regung der Selbständigkeit“ (Bücher 1919, S. 96). Auch existierten für Arbeiten, die für den einzelnen Haushalt zu schwer wurden, „unter den Nachbarn freiwillige temporäre Arbeitsgemeinschaften, die nach Erfüllung ihrer Aufgabe wieder verschwanden“ (Bücher 1919, S. 97). Diese temporären Arbeitsgemeinschaften seien keine Unternehmungen, sondern Veranstaltungen zur unmittelbaren Bedarfsdeckung.

„Ein speziell entgeltlicher Tausch findet nirgends statt“ (Bücher 1919, S. 97). Diese Art der Wirtschaft (Oikenwirtschaft) existierte laut Bücher im antiken Griechenland, Karthago und Rom.

„Die gleichen Grundzüge zeigt die Wirtschaft der romanischen und germanischen Völker im frühen Mittelalter“ (Bücher 1919, S. 103). Bücher sprach hier von der „Fronhofswirtschaft“. Und er fuhr weiter fort: „das wirtschaftliche Verhältnis zwischen Grundherren und Grundhörigen ... entzieht sich doch vollständig den ökonomischen Kategorien, die aus der Tauschwirtschaft hervorgegangen sind. In dieser Wirtschaft gibt es keine spezielle, sondern nur generelle Entgeltlichkeit, darum auch keinen Preis, keinen Arbeitslohn, keinen Pacht- oder Mietzins, keinen Kapitalprofit, keine Unternehmer und keine Lohnarbeiter“ (Bücher 1919, S. 107/108).

In dieser Wirtschaftsform fehle das Charakteristische des tauschwirtschaftlichen Verkehrs. Es herrschten Herrschafts- und nicht Vertragsverhältnisse. Zwar existiert Geld. Aber vor allem für Zahlungen abseits des Tausches, wie z.B. für Tribute, Entschädigungen, Gastgeschenke, Schatzbildung.

„In die innere Ordnung der Einzelwirtschaft drang demgemäß auch der Tauschwert nicht bestimmend ein ... Bedürfnis, Arbeit, Produktion, Produktionsmittel, Produkt, Gebrauchsvorrat, Gebrauchswert, Konsumtion; das sind die wenigen Begriffe, die im regulären Gang der Dinge den ökonomischen Erscheinungskreis erschöpfen ... Nur die Grundrente beginnt sich bereits aus dem Bodenertrage abzuscheiden, erscheint aber noch nirgends rein, sondern mit anderen Einkommenselementen vermischt“ (Bücher 1919, S. 113/114). Es gebe zwar bereits Darlehen von einer Wirtschaft an die andere, aber sie dienten konsumtiven Zwecken und seien unverzinslich. Wo direkte Steuern existierten, sei es regelmäßig eine Vermögenssteuer, meist als Grundsteuer, und daneben Leiturgien. Einkommenssteuern existierten nicht.

Zu (2) Periode der Stadtwirtschaft (bis zum ausgehenden 16. Jahrhundert):

Eine Stadtwirtschaft sei in Ansätzen bereits in der griechischen und römischen Antike zu finden. So richtig entfaltet hätte sie sich allerdings erst im Hochmittelalter in den deutschen und romanischen Ländern. Trotz größerem Reichtum gegenüber der geschlossenen Hauswirtschaft sei aber nach wie vor eine autonome Güterversorgung vorherrschend. Es existierten nun aber einseitig entwickelte Sonderwirtschaften, welche auf einen regelmäßigen gegenseitigen Austausch ihrer Überschussprodukte angewiesen waren. Dies führte zu einem Ausbau des Marktwesens. Markt und stehender Handel schlössen sich dabei aus. „Das Recht des freien Kaufs und Verkaufs auf dem städtischen Markt ist ... ursprünglich ein Ausfluss des Burgrechtes. Damit ist aus dem militärischen Schutzverband eine territoriale Wirtschaftsgemeinschaft geworden ... das Zufuhr- und Absatzgebiet dieses Marktes (dehnte sich) weiter in das Land hinein aus“ (Bücher 1919, S. 119/120).

Jetzt prägten Handwerker das Bild, in Zünften organisiert, die im Auftrag für Kunden (und nicht auf Vorrat) produzierten. Die Güter wanderten direkt vom Produzenten zum Kunden, also eine Wirtschaft des direkten Austausches. Die Arbeitsteilung wurde weiter ausgebaut. Und dabei hatte das städtische Handwerk ein ausschließliches Absatzrecht auf den städtischen Märkten. Handwerksprodukte aus fremden Städten würden nur zugelassen, wenn das betreffende Handwerk in der Stadt nicht vertreten war. „Immer aber waltet gegen den fremden Verkäufer ein tiefgewurzeltes Misstrauen ob" (Bücher 1919, S. 124).

Es herrsche ein System des direkten Austausches. Es gab in den Städten einen ansässigen Kleinhandel. Der Großhandel war ausschließlich Wander-, Markt- oder Messehandel. „Ihm unterlagen nur Güter, welche in dem näheren Zufuhrgebiet einer Stadt nicht erzeugt wurden, wie z.B. Gewürze und Südfrüchte, Pelze, feine Tücher.

„Jede Stadt bildete mit ihrer „Landschaft" eine autonome Wirtschaftseinheit, innerhalb deren sich der ganze Kreislauf des ökonomischen Lebens nach eigener Norm selbständig vollzog. Diese Norm ist gegeben durch eigene Münze, eigenes Maß und Gewicht für jedes städtische Wirtschaftsgebiet" (Bücher 1919, S. 127).

Jetzt gibt es eine spezielle Entgeltlichkeit von Leistungen. Berufe haben sich herausgebildet. Die Gesellschaft hat sich in Stände differenziert. Der Tauschwert dringt nun aufgrund der immer mehr ausdifferenzierten Sonderwirtschaften unaufhaltsam vor.

Noch immer verlässt aber der größte Teil der Güter die Wirtschaft nicht, in der er entstanden ist. Es gibt noch keine stehenden Unternehmungen im modernen Sinne. Der Weg des Tausches ist in der Regel ein kurzer: er geht, wenn wir vom Handel absehen, direkt vom Produzenten zum Konsumenten. Unternehmungskapital findet sich nur als Ausnahme beim Warenhandel; das Handwerk ist fast kapitallos". Auch die Menge an Leihkapital war außerordentlich gering. „Ja man kann zweifeln, ob im mittelalterlichen Verkehr überhaupt von Kreditgeschäften gesprochen werden kann. Das Jugendalter der Tauschwirtschaft hängt am Bargeschäft" (Bücher 1919, S. 129). Immerhin gibt es jetzt schon zwei moderne Einkommenskategorien: die Grundrente und den Lohn, allerdings als Handwerkslohn.

Zu (3) Periode der Volkswirtschaft (seit dem 17. Jahrhundert):

Die Stufe der Volkswirtschaft schließlich bringe eine Produktion von Unternehmen für einen weitgehend anonymen Markt zu marktwirtschaftlichen Preisen. Jetzt durchliefen die Güter mehrere Stufen, bis sie zu den Konsumenten gelangten. Bücher unterschied dabei noch zwischen der frühen geschlossenen Staatswirtschaft, die mit den absolutistischen Zentralstaaten seit dem ausgehenden 16. Jahrhundert beginnt, und die eine merkantilistische Politik betreiben. Die Gesetzgebung und die Maß- und Gewichtssysteme wurden vereinheitlicht.

Die daran anschließende Stufe der offenen kapitalistischen Wirtschaft schließlich bringt eine ungehinderte Mobilität von Menschen und Gütern. Das Wirtschaftsleben wird nun vom Wettbewerb gesteuert, die Märkte dominieren jetzt jede Sphäre des ökonomischen Lebens. Bücher sah dabei Licht- und Schattenseiten des Kapitalismus: Einer über die Konkurrenz gesteuerten effizienten Allokation und einer Mobilisierung der Produktionsfaktoren stünden die Loslösung der Menschen vom Grundeigentum, die Auflösung der Gemeinschaft in Einzelinteressen und die dominierende Macht des Kapitals und insbesondere der Kapitaleigner gegenüber. Also auch Bücher zeigt, für die historische Schule bezeichnend, neben der wirtschaftlichen Dynamik des Kapitalismus auch seine Schattenseiten und damit die Notwendigkeit sozialer Reformen.

Die in seinen Epochen ausgedrückte Geschichtsphilosophie wurde, man wäre fast geneigt zu sagen: natürlich, von Historikern angegriffen. So lautete deren Kritik, die einzelnen von Bücher genannten Entwicklungsstufen ließen sich nicht klar abgrenzen. Diese Kritik ist schwer verständlich, schrieb doch Bücher selbst: „Nur eins möchte ich nochmals betonen. Hauswirtschaft – Stadtwirtschaft – Volkswirtschaft bezeichnen nicht einen Stufengang, dessen Glieder einander völlig ausschließen. Es hat immer EINE Art des Wirtschaftens VORGEHERRSCHT; sie war in den Augen der Zeitgenossen das Normale. Auch in die Gegenwart ragen noch manche Elemente der Stadtwirtschaft und selbst der geschlossenen Hauswirtschaft herein" (Bücher 1919, S. 157).

Schwerwiegender war der Vorwurf, die Abfolge der Stufen entspreche nicht den geschichtlichen Tatsachen. Diesem Vorwurf kann hier allerdings nicht nachgegangen werden.

„Below und Eduard Meyer (1855-1930) haben daraus den Vorwurf abgleitet, dass so der wirkliche historische Werdegang verdeckt werde. Altertum und Mittelalter hätten ihre eigenen Wesenszüge mit Aufblühen, Reife und Verfall, sie dürften nicht als Vorstufe der Moderne missverstanden werden" (Brandt, Band 2, 1993, S. 222).

Bücher bezog, nach seinen Ausführungen zur geschlossenen Hauswirtschaft nicht unerwartet, auch dezidiert Stellung im sogenannten „Modernismusstreit" (siehe Holub, Band I, 2005, Abschnitt 4.3), und zwar gegen die Historiker Eduard Meyer und Karl J. Beloch, ja er war sogar einer der Hauptprotagonisten in diesem Streit und zwar auf Seiten des „Primitivismus". Vergleiche des antiken Griechenland etwa mit der Epoche des frühen Merkantilismus in England seien irreführend. Von Fabriken bzw. Manufakturen könne im 5. und 4. Jahrhundert v. Chr. nicht die Rede sein.

Trotz aller Kritik an seinem historischen Entwicklungsschema wirkten die dadurch gegebenen Anregungen weiter und führten zu eingehenderen Untersuchungen, befruchteten also die wirtschaftshistorische Debatte außerordentlich.

10.7.12.1.4 Sonstige Arbeiten von Karl Bücher

Karl Bücher kann als einer der Begründer des Journalismus als akademische Disziplin, also der modernen Zeitungswissenschaft, in Europa gelten. Er wird auch als einer der Begründer der Analyse von „Non-market economics“ angesehen.

Er förderte generell die akademische Professionalisierung der freien Berufe, unter anderem durch die Einführung eines Diploms für Volkswirte.

Im Ökonomen-Lexikon der DDR (1989) wird Büchers Stufentheorie vorgeworfen, sie sei eine „spezifische, antimarxistische Form der Evolutionstheorie, die eklektisch bestimmte Oberflächenerscheinungen der Wirtschaft als Kriterium der Einteilung“ verwende. Sie sei unwissenschaftlich. Dass Karl Bücher darin als „Vulgärökonom“ bezeichnet wird, ist nicht weiter erstaunlich, teilt er doch diese Bezeichnung mit vielen anderen, oft wichtigen Ökonomen, ausgenommen die Klassiker bis Ricardo und die Marxisten.

10.7.13 Georg Friedrich Knapp (1842-1926)

Vita von Knapp

1842:	Geboren am 7. März 1842 in Gießen. Sein Vater war Technologe und sein Onkel der berühmte Justus von Liebig;
1853:	Sein Vater Ludwig Friedrich Knapp übernahm eine Professur an der staatswirtschaftlichen Fakultät der Universität München; Georg Friedrich ging nach München mit. Er begann dort später ein Studium der Physik und Chemie, vor allem aber der Nationalökonomie. Er hörte dort auch Vorlesungen von Friedrich Benedikt Wilhelm von Hermann (1795-1868). Seine weiteren Stationen als Student waren nach der Universität München die Universitäten Berlin und Göttingen. In Berlin studierte er zwei Semester bei dem Agrarökonomen Georg Hanssen (1809-1894). In Göttingen traf er mit Johann von Helferich (1817-1892) zusammen, der ihm empfahl, sich mit Thünen zu befassen.
1865:	Promotion mit dem Thema „Zur Prüfung der Untersuchung Thünens über Lohn und Zinsfuß im isolierten Staate"; „In dieser Arbeit lehnte er, nicht gerade zum Vergnügen Helferichs, die aufgeworfenen Gedankengänge und methodischen Voraussetzungen Thünens ab, obwohl er Thünens Persönlichkeit als solche bejahte" (Baloglou 1995, S. 224).
1867:	Direktor des Statistischen Büros in Leipzig;
1869:	Außerordentlicher Professor für Nationalökonomie und Statistik an der Universität Leipzig;
1874:	Ordentliche Professur an der Universität Straßburg, an der er bis 1918 lehrte;
1881:	Geburt der Tochter Elisabeth Eleonore Anna Justine („Elly") in Straßburg. Ihre Mutter, die aus Georgien stammte, erkrankte kurz nach ihrer Geburt an einem seelischen Leiden und lebte fortan in Sanatorien;
1891/92:	Rektor der Universität Straßburg;
1907/08:	Nochmals Rektor der Universität Straßburg;
1919:	Übersiedelung zu seinen Kindern nach Darmstadt;
1926:	Gestorben am 20. Februar 1926 in Darmstadt.

Knapp war verheiratet und er hatte zwei Töchter: Marianne und Elly, die spätere Frau des Bundespräsidenten Theodor Heuss.
Theodor Heuss, der spätere Ehemann von Elly Heuss-Knapp (1881-1952) schrieb in seinen Erinnerungen 1905-1933: „Den Rang und die Thesen des Vortragenden zu beurteilen, war ich damals natürlich gar nicht in der Lage; aber die formale Kunst und die eingängige erzieherische Technik bei einem so schwierigen und zerschriebenen Stoff begriff ich. Knapp war ein vollendeter Dozent. Ich verglich ihn mit den zeitgenössischen „großen" Nationalökonomen, die ich gehört hatte – das Entscheidende war die völlige Abwesenheit eines rednerischen Pathos, wie es Schmoller eignete, der polemischen Angriffslust des Adolph Wagner und der spielerischen Ironie, die in solchem Fall, da es fest geglaubte Lehren zu entkräften galt, gewiss Brentanos reizvolles Vermögen gewesen wäre. Alles war logische Versachlichung, die in das Begriffliche einige geschichtliche Beweisstücke aufnahm – nun hätte das langweilig oder werden können, aber es blieb anregend durch die souveräne Anmut der Darbietung ... Es ist hier nicht der Ort zu einem Versuch, Knapps bedeutende Stellung in der Wissenschaftsgeschichte zu charakterisieren – von all den vorhin genannten Hochschullehrern unterschied er sich dadurch, dass er, bei ruhig entschiedenen Meinungen und Urteilen, ganz ohne öffentlichen Wirkungswillen war – er wollte erkennen und Erkenntnisse vermitteln ... am streitenden Vollzug sich zu beteiligen, entsprach nicht seiner Natur" (Heuss 1963, S. 120/121).
Knapp war einer der Mitbegründer des „Verein für Socialpolitik". Er wird zu den führenden Vertretern der Kathedersozialisten gerechnet.
Er war an der angewandten Mathematik interessiert, wie sich in einem Brief (28.5.1874) an Léon Walras nachlesen lässt (siehe Baloglou 1995, S. 223, Fußnote 180).

WERKE VON KNAPP

„Über die Entwicklung der Sterblichkeit aus den Aufzeichnungen der Bevölkerungsstatistik" (1868);

„Theorie des Bevölkerungswechsels" (1874);

„Die Bauernbefreiung und der Ursprung der Landarbeiter in den älteren Teilen Preußens" (2 Teile, 1887);

„Die Landarbeiter in Knechtschaft und Freiheit" (1891);

„Grundherrschaft und Rittergut" (1897);

„Staatliche Theorie des Geldes" (1905);

„Einführung in einige Hauptgebiete der Nationalökonomie" (1925).

THESEN VON KNAPP

Man kann die wissenschaftlichen Arbeiten Knapps grob in drei Gebiete mit zugehörigen Lebensphasen einteilen.

Zunächst beschäftigte er sich intensiv mit Statistik, siehe seine Publikation 1868, entwickelte Verfahren zur Sterblichkeitsermittlung, wandte mathematische Verfahren auf demographische Probleme an (1874) und beurteilte statistische Gesetzmäßigkeiten methodologisch.

Nach seiner Anstellung in Straßburg widmete er sich dann der Agrargeschichte. Hierbei konzentrierte er sich vor allem auf einen Vergleich der verschiedenen Organisationsformen der Landwirtschaft in Deutschland.

In einer dritten Phase arbeitete er schließlich auf dem Gebiet der Geldtheorie. Hierbei entstand sein wohl bekanntestes (und umstrittenstes) Werk, die staatliche Theorie des Geldes.

10.7.13.1 KNAPPS AUSSAGEN IM RAHMEN DER AGRARGESCHICHTE

Knapp untersuchte die sozialen Prozesse gegen Ende des 19. Jahrhunderts. Dabei konzentrierte er sich zunächst auf die Agrargesellschaft im 18. und frühen 19. Jahrhundert in Preußen. Knapp verglich die Agrarsysteme Preußens und Westdeutschlands, also die Gutsherrschaft mit der Grundherrschaft. Bei der in den alten preußischen Provinzen vorherrschenden Gutsherrschaft führte der adelige Eigentümer sein gesamtes Gut als EINE Produktionseinheit und versuchte, die Ländereien der Bauern zu übernehmen und einzugliedern und die Bauern selbst als gefügige Arbeitskräfte auf seinem Gut einzusetzen. Die Güter wurden immer größer, je weiter man nach Osten kam und damit einhergehend, die soziale und ökonomische Situation der Bauern und Häusler immer schlechter. Damit einher ging ein Rückgang der bäuerlichen Bevölkerung, was für die preußische Monarchie zunehmend ein Problem wurde. Man denke nur an die Rekrutierungen für die Armee. Knapp zeigte, dass die „Bauernbefreiung" (ein Begriff, den er einführte) durch den Adel zur (für den Adel erwünschten) Konsequenz führte, dass man die bäuerlichen Ländereien übernehmen konnte. Denn die Bauern mussten den Adel für ihre „Befreiung" entschädigen, durch Geldzahlungen oder Übergabe von Ländereien. Mangels genügenden Geldbeständen in einer weitgehend auf einer Naturalwirtschaft aufbauenden Gesellschaft mussten die Bauern ihre Freilassung faktisch durch Abgabe ihrer Ländereien erkaufen, die dann der Domäne des Grundherren einverleibt wurden. Also war die Folge der Bauernbefreiung, so argumentierte Knapp, letztlich eine Steigerung des materiellen Besitzes und damit des politischen Einflusses der „Junker". Dazu kam, dass die solcherart entwurzelten Bauern in der strikt patriarchalisch ausgerichteten Gutsherrschaft nicht wie normale Lohnempfänger behandelt wurden. Sie wurden vor allem in Naturalien entlohnt, was sie wiederum enger an die Gutsherrschaft band. Die Bauernbefreiung war also tatsächlich ein entscheidender Einschnitt in der Agrargeschichte. Dabei sah Knapp diese Vorgänge durchaus kritisch. Er sah, dass eine liberale Agrarpolitik dieses Typs die ohnedies starke und einflussreiche Adelsschicht zu Lasten der ökonomisch und sozial schwachen Bauernschicht stärkte.

Und, was Knapp besonders wichtig war: Die Art der durchgeführten „Bauernbefreiung" habe eine neue landlose Landarbeiterklasse geschaffen. Er stufte die Gutswirtschaft als kapitalistische Unternehmensform mit den Eigenschaften großbetrieblicher Wirtschaftsführung ein.

Knapp schlug, um solche Probleme in der Zukunft zu vermeiden, starke staatliche Interventionen, durchgeführt von einem als überlegen angesehenen Beamtenstaat, vor. Seine Wertschätzung eines solchen Staates klangen deutlich in seiner Rektoratsansprache am 1. Mai 1891 an. So führte er aus: „Der deutsche Staat ist ein Beamtenstaat – hoffen wir, dass er in diesem Sinne ein Beamtenstaat bleibt". Also auch bei ihm, wie bei vielen anderen Kathedersozialisten, die Hoffnung auf ein Regime „hochsinniger und hochgebildeter Beamten".

10.7.13.2 Knapp als Geldtheoretiker

Das dritte Arbeitsgebiet Knapps war, wie schon angedeutet, in seinen späteren Jahren die Geldtheorie. Dabei legte Knapp keine Geldtheorie im üblichen Sinne des Wortes vor. Er analysierte mehr die legalen und historischen Aspekte des Geldes.

Anfangs des 20. Jahrhunderts entbrannte in der Geldtheorie ein Streit zweier Schulen, zwischen den „Metallisten" und den „Chartalisten" (Charta = Marke). Knapp lieferte hierbei Argumente für die Chartalisten.

Er publizierte in fortgeschrittenem Alter (63 Jahre) ein (äußerst umstrittenes) Buch, die staatliche Theorie des Geldes (1905). Knapp griff die Tauschmittelfunktion des Geldes heraus und argumentierte, der Geldwert sei, unabhängig vom Stoffwert des Geldes (Gold, Silber), durch den Staat geschaffen. Die Herausgabe durch den Staat und die Möglichkeit, damit legal Steuern und Abgaben bezahlen zu können, verschafften dem Geld seine Geltung und allgemeine Akzeptanz zum Nennwert. Geld werde durch die staatliche Anerkennung erst geschaffen. Geld habe „Geltung", es habe keinen Eigenwert, sei unabhängig von der Geldsubstanz und sei keine Ware sondern ein „Geschöpf der Rechtsordnung". Die Zahlungskraft des Geldes werde „proklamiert".

Die nominalistischen Überlegungen Knapps standen damit in scharfem Gegensatz zur Warenwerttheorie des Metallismus, zu den klassischen und neoklassischen Geldtheorien. Die Quantitätstheorie lehnte er naturgemäß ab. Preissteigerungen seien vielmehr durch reale Phänomene wie Löhne und Einkommen determiniert.

„Allerdings ist Knapp nicht als Gegner einer Metallwährung aufgetreten, er wollte mit seiner Theorie lediglich eine rechtshistorische Erklärung vom Wesen des Geldes geben. Er hat darüber hinaus auch keineswegs behauptet, dass der Staat von sich aus beliebig den ökonomischen Wert des Geldes bestimmen könne. Eine ökonomische Theorie des Geldes zu geben, d.h. eine Antwort auf die Frage, was letztlich die allgemeine Anerkennung eines wie immer gearteten Geldes ausmacht, lehnt er ausdrücklich ab. Trotz dieser entscheidenden Einschränkung hat die Knappsche Geldtheorie weite Verbreitung gefunden und die Aushöhlung der deutschen Währung bis 1923 … erleichtert" (Winkel 1977, S. 111).

Knapp musste noch zu seinen Lebzeiten angesichts der Hyperinflation der Jahre 1921-1923 erleben, dass eine rein staatliche Theorie des Geldes ohne ökonomische Zusatzüberlegungen ad absurdum geführt wurde.

10.7.13.3 Kurze Wirkungsgeschichte von Knapp

Knapps Arbeiten zur Agrargeschichte gelten heute noch als wertvoll und lesenswert, ihre Resonanz beschränkte sich aber auf einschlägige Fachkreise.

Ganz anders seine Überlegungen zur Geldtheorie. Spricht man heute einen Ökonomen auf Georg Friedrich Knapp an, wird dieser Name sofort mit der staatlichen Theorie des Geldes in Verbindung gebracht, wohl Nachwirkungen der scharfen geldtheoretischen Auseinandersetzungen im deutschsprachigen Raum. Kritisch weiterentwickelt wurde die auf den Überlegungen von Knapp aufbauende Geldtheorie durch seine Schüler Karl Helfferich (1872-1924) und Friedrich Bendixen (1864-1920).

Knapp wird zwar üblicherweise der jüngeren historischen Schule zugerechnet, hat sich aber kaum sozialpolitisch betätigt.

Joseph Schumpeter führte vier Gründe an, warum Knapps Geldlehre in Deutschland einen solch großen Erfolg hatte:

(1) Knapps Darstellung war sehr wirkungsvoll. „Seine kraftvolle Dogmatik und die originelle Begriffsbildung seiner Theorie beeindruckten die

Laien wie auch jene Ökonomen, die auf dem Gebiete der Wirtschaftstheorie Laien waren" (Schumpeter 1965, S. 1324).

(2) „Zweitens begrüßten viele seiner Zeitgenossen, besonders Politiker, eine Theorie, die eine Grundlage für die wachsende Popularität des vom Staat gelenkten Währungssystems zu bieten schien – während des ersten Weltkrieges wurde sie tatsächlich oft angeführt, um zu „beweisen", dass die Geldentwertung nichts mit steigenden Preisen zu tun habe" (Schumpeter 1965, S. 1324).

(3) „Drittens glaubte Knapp …, dass seine Theorie nicht nur eine Alternative zum theoretischen Metallismus bot – seiner Hassliebe –, sondern die einzig mögliche Alternative darstellt, und dass sie allein in der Lage sei, zu erklären, weshalb so etwas wie Papiergeld überhaupt existieren kann. Und dieser absurde Anspruch wurde weithin akzeptiert, obwohl es Knapp nicht gelang, eine nichtmetallische Theorie des Geldwertes auszuarbeiten" (Schumpeter 1965, S. 1324).

(4) „Viertens empfanden führende Autoren, wie Wieser und Hawtrey, die selbst auf eine derartige Theorie zustrebten, eine gewisse Sympathie für das Werk, das eine äußere Ähnlichkeit mit ihrem eigenen hatte" (Schumpeter 1965, S. 1324/1325).

10.7.14 DER ERSTE (ÄLTERE) METHODENSTREIT

Im Rahmen dieser theoriegeschichtlichen Einführung werden für den deutschsprachigen Raum wegen ihrer Bedeutung drei (große) Methodendebatten, jedenfalls kurz, aufgeführt:

(1) Der erste, ältere Methodenstreit;
(2) Der Werturteilsstreit;
(3) Der Empirismusstreit.

Anmerkung: Es ist im Folgenden bei der Behandlung des älteren Methodenstreits nicht möglich, allen Einzelheiten der in diesem Streit vorgetragenen Argumente in der (eigentlich) notwendigen Tiefe nachzugehen und vor allem die methodologischen Argumente wissenschaftstheoretisch genau zu analysieren. Aber nochmals: Es handelt sich hier um eine erste Einführung und die weiterführende Literatur zu diesem Methodenstreit (für interessierte Leser) ist mittlerweile kaum mehr überschaubar.

ZEITLICHER ABLAUF

VORLAUF: Carl Menger publizierte 1871 sein Hauptwerk „Grundsätze der Volkswirtschaftslehre". Er widmete dieses Buch Wilhelm Roscher „in achtungsvoller Verehrung". In der Vorrede führte er aus, sein Buch sei auf der Grundlage erstellt, „welche fast ausnahmslos deutscher Forscherfleiß geschaffen hat" und sein Werk sei ein „schwacher Widerhall der wissenschaftlichen Anstrengungen, welche uns Österreichern von Deutschland aus durch so viele ausgezeichnete Gelehrte, die es uns sandte, und durch seine vortrefflichen Schriften in so reichlichem Maße zu Teil geworden sind" (Menger 1871). Mit seinem Buch wollte er erstens die objektive Wertlehre durch eine subjektive Wertlehre ersetzen und zweitens der exakten Methode der theoretischen Forschung zu ihrer berechtigten Stellung innerhalb der Ökonomik verhelfen. Die deutschen Fachkollegen erkannten das Werk aber seiner Auffassung nach nicht genügend an. Dies führte wohl dazu, dass Menger sich jetzt bemüßigt fühlte, seine eigenen Standpunkte schärfer zu formulieren und gegenüber der historischen Schule abzugrenzen.

1873: Schmoller rezensierte die „Grundsätze" Mengers 1873 im „Literarischen Zentralblatt". Er gab hierbei Mengers methodische Auffassung korrekt wieder, nämlich dass dieser das Wirtschaftsleben auf einfachste, der sicheren Beobachtung noch zugängliche, Elemente zurückführen wollte. Und: Die erhaltenen exakten Gesetze seien unabhängig von menschlicher Willkür. Schmoller war von diesen Auffassungen allerdings nicht sonderlich beeindruckt: „Die Resultate sind unzweifelhafte Produkte eines nicht geringen Scharfsinnes, aber sie sind doch nur neue Formulierungen der abstrakten Schulfragen als Lösungen realer Probleme“ (Schmoller 1873, Literarisches Zentralblatt, S. 99ff). Besonders problematisch sah Schmoller dabei den Versuch, das wichtigste wirtschaftliche Motiv im Eigennutz zu sehen und daraus Gesetze abzuleiten. Zum Schluss seiner Rezension schrieb er ziemlich unfreundlich: „Hiermit ist unser Urteil gesprochen ... zu einem Lehrbuch, das auf der Höhe der Zeit stünde, ist die ganze Richtung der Untersuchung schon zu einseitig. Und hätte der Verfasser überhaupt besser getan, die Ergebnisse seiner Studien gar nicht in dieser Lehrbuchform dem Publikum vorzulegen. Ist es doch gerade sprichwörtlich geworden, dass jeder Anfänger in der Wissenschaft der Nationalökonomie mit einem Lehrbuch debütiert, statt mit Detailforschung erst seine Legitimation zu beweisen“ (Schmoller 1873).

1883: Carl Menger publizierte „Untersuchungen über die Methode der Sozialwissenschaften und der politischen Ökonomie insbesondere“, ein ca. 300 Seiten umfassendes Werk. Hier verblieb Menger noch im Rahmen der in wissenschaftlichen Diskussionen üblichen Höflichkeit, ging mit den Vertretern der historischen Schule schonend um, auch wenn er deren Auffassungen nicht teilte: „Der zum nicht geringen Teil polemische Charakter dieser Schrift entsprang, dessen bin ich mir bewusst, auch nicht an einer Stelle einem Übelwollen gegen verdienstvolle Vertreter unserer Wissenschaft, er lag vielmehr in der Natur der Aufgabe, die ich mir gestellt habe … Doch wird der unbefangene Leser sofort erkennen, wie wenig es mir hierbei um die Verkleinerung meiner deutschen Fachgenossen zu tun war. Ich habe es nirgends unterlassen, den Verdiensten anderer nach bestem Wissen gerecht zu werden, und selbst dort, wo ich irrtümlichen Richtungen der Forschung oder Einseitigkeiten derselben entgegentreten musste, die Elemente der Wahrheit in den von mir bekämpften Lehren auf das Sorgfältigste hervorzuheben mich bemüht“ (Menger 1883, zitiert in: Schneider 1962, S. 303/304).

1883: Schmoller reagierte prompt mit einer Rezension „Zur Methodologie der Staats- und Sozialwissenschaften“ in: Jahrbuch für Gesetzgebung, Verwaltung und Volkswirtschaft im deutschen Reiche 1883, S. 239-258. Erst nach diesen Gegenangriffen von Schmoller verschärfte sich der Ton der Auseinandersetzung. Eine Kostprobe vom Originalton Schmoller: „Es sei gestattet, noch ein Wort über den Autor hinzuzufügen … Menger ist ein scharfsinniger Dialektiker, ein logischer Kopf, ein nichtgewöhnlicher Gelehrter, aber es fehlt ihm ebenso sehr eine universale philosophische und historische Bildung, wie die natürliche Weite des Horizonts … Aber als ein

Reformator wird er sicher nicht wirken; er ist vielmehr ein Epigone, der, ausschließlich an Mills naturwissenschaftlicher Logik geschult und ausschließlich an die ältere abstrakte Dogmatik der Nationalökonomie angelehnt, ein Eckchen des großen Gebäudes unserer Wissenschaft, … für das ganze Gebäude, jedenfalls für den besten und anständigsten Salon in demselben hält. Nicht dass sein Eckchen kein Recht habe, behaupten wir, sondern nur, dass man von hier aus das Ganze nicht genügend übersehe" (Schmoller 1883, zitiert in: Schneider 1962, S. 311);

1884: Menger publizierte die schon vom Titel her aggressive Schrift (87 Seiten): „Die Irrtümer des Historismus in der deutschen Nationalökonomie" (liegt mir im Neudruck 1966 vor). Diese Schrift, in 16 Briefen „an einen Freund" gerichtet, war sicherlich der Höhepunkt des Methodenstreits. Hier wurde Menger polemisch, und wiederholte seine Argumente nun in teilweise übertriebener Manier. Bereits das Vorwort ist sehr scharf formuliert: „Die Unklarheit der „historischen Schule deutscher Volkswirte" über die Ziele und die Methoden der Forschung auf dem Gebiete der politischen Ökonomie, ein Gebrechen, welches bereits bei der ersten Begründung dieser Schule in unverkennbarer Weise zu Tage trat, ist auch durch den Verlauf einer nahezu fünf Dezennien andauernden Entwicklung nicht beseitigt worden" (Menger 1884, S. III). Und es geht in diesem Ton weiter: „Dem obigen Zweck sind auch die nachfolgenden methodologischen Briefe gewidmet. Sie sollen ein wissenschaftlich ganz besonders versumpftes, mit den äußersten Mitteln der Unduldsamkeit und Unziemlichkeit verteidigtes Gebiet des Historismus in der deutschen Nationalökonomie, den jüngsten Auswuchs des letzteren, unter das Licht der Kritik stellen, unqualifizierbaren, zum mindesten in solcher Form durch nichts provozierten Angriffen die gebührende Antwort bringen" (Menger 1884, S. VII). Im weiteren werden dann persönliche Angriffe gegen die Person Schmollers vorgetragen, so z.B. er sei „seit Jahren ohne genügende Orientierung" (S. 2), „ohne das geringste Gefühl der Verantwortlichkeit der Öffentlichkeit" (S. 2) gegenüber, er wird mit einer „gewissen Figur in der italienischen Komödie" verglichen (S. 4), er sei „rücksichtslos in der Wahl seiner Mittel" (S. 6), ein „Vertreter der Unziemlichkeit auf dem Gebiete wissenschaftlicher Polemik" (S. 6), er sei nur in „Folge geradezu desolater Zustände einer Wissenschaft an die Oberfläche" (S. 9) gelangt. Und es finden sich noch viele derartige polemische Formulierungen in dem Text, aber ich möchte meine Leser damit nicht langweilen und breche hier ab;

1884: Schmoller war aufgrund der in der obigen Schrift enthaltenen persönlichen Angriffe zutiefst beleidigt. Er verweigerte eine Rezension dieser

Schrift und antwortete Menger statt dessen mit einem offenen Brief im Besprechungsteil des Jahrbuchs für Gesetzgebung, Verwaltung und Volkswirtschaft 1884: „So sehr ich Ihren guten Willen, sich mit mir zu beschäftigen und mich aufzuklären, anerkenne, so sehr glaube ich doch, meinen Grundsätzen über derartige literarische Waffengänge treu bleiben zu sollen ... Ich werfe alle solchen persönlichen Angriffe, zumal wenn ich von dem betreffenden Autor keine neue Förderung weiter für mich erwarte, ungelesen in den Ofen oder in den Papierkorb. Ich kam so nie in die Versuchung, in der Klopffechterweise mancher deutscher Professoren das Publikum mit der Fortsetzung literarischer Fehden zu langweilen. Ich will Ihnen gegenüber nicht so unhöflich sein, ein so schön ausgestaltetes Büchlein von Ihrer Hand zu vernichten; ich sende es Ihnen daher mit verbindlichem Dank ... anbei zurück. Für weitere Angriffe werde ich Ihnen übrigens immer dankbar bleiben. Denn: viel Feind, viel Ehr“ (Schmoller, Offener Brief 1884, S. 677, zitiert in: Schneider 1962, S. 322/323);

1889: Menger legte sein erkenntnistheoretisches Programm nochmals in seinem Aufsatz: „Grundzüge einer Klassifikation der Wirtschaftswissenschaften“ in der Zeitschrift: „Jahrbücher für Nationalökonomie und Statistik“ 1889 dar;

1890/93: Schmoller publizierte den Beitrag (107 Seiten) „Die Volkswirtschaft, die Volkswirtschaftslehre und ihre Methode“ (liegt mir im Neudruck 1949 vor);

Nun griffen auch die Anhänger der jeweiligen „Schule“ explizit in den Streit ein. Heinz Rieter spricht treffend von einem „Stellvertreterkrieg zwischen den jeweiligen Parteigängern“ (Rieter 1994, S. 146). Ein Beispiel hierfür ist etwa die Schrift von Schüller:

1895: „Die klassische Nationalökonomie und ihre Gegner“ von Richard Schüller, „Herrn Professor Dr. Carl Menger in dankbarer Verehrung zugeeignet“.

10.7.14.1 Inhalte der Auseinandersetzung

Der Methodenstreit verlief personell zunächst zwischen Gustav Schmoller (1838-1917), dem unangefochtenen Haupt der jüngeren historischen Schule und Carl Menger (1840-1921), dem Begründer der sogenannten „österreichischen Schule der Nationalökonomie“. Die Bezeichnung „Österreichische Schule“ hat sich als „Markenzeichen“ übrigens erst im Verlauf der Auseinandersetzung herausgebildet.

Interessant ist, dass Carl Menger eigentlich nicht viel von methodologischen Untersuchungen hielt. Er akzeptierte solche Studien nur, „wenn auf einem Wissensgebiete aus irgend welchen Gründen die richtige Empfindung für die aus der Natur der Sache sich ergebenden Ziele der Forschung verloren gegangen ist, wenn nebensächliche Aufgaben der Wissenschaft eine übertriebene oder sogar die entscheidende Bedeutung beigelegt wird, wenn von mächtigen Schulen getragene irrtümliche methodische Grundsätze zur vorherrschenden Geltung gelangen und die Einseitigkeit über alle Bestrebungen auf einem Wissensgebiete zu Gericht sitzt … dann allerdings ist die Klarstellung der methodischen Probleme die Bedingung jedes weiteren Fortschrittes und damit der Zeitpunkt gekommen, wo selbst jene in den Streit über die Methoden einzutreten verpflichtet sind, welche ihre Kraft sonst lieber an die Lösung der eigentlichen Aufgaben ihrer Wissenschaft zu setzen geneigt wären" (Menger 1883, Vorrede S. XIIf, zitiert in: Schneider 1962, S. 302).

Im Folgenden soll um des besseren Überblicks willen versucht werden, einige der (wichtigeren) Streitpunkte zwischen den beiden Schulen aufzulisten. Da diese einzelnen Punkte sich aber überschneiden bzw. teilweise auseinander folgen, sollen sie im Folgenden nicht unter eigenen Unterabschnitten sondern zusammenhängend behandelt werden.

Solche Punkte, um die es bei der Auseinandersetzung ging, waren in meiner Sicht im Überblick:

- Die Ziele der nationalökonomischen Wissenschaft;
- Die Grenzen der ökonomischen Wissenschaft;
- Universalismus versus Individualismus;
- Induktion versus Deduktion;
- Der „richtige" Zeitpunkt der Theoriebildung;
- Die Zuverlässigkeit und Zulässigkeit des Verfahrens der isolierenden Abstraktion;
- Die atomistisch-physikalische Methode versus die historische Methode.

Menger bestritt nicht, dass es auch der historischen Schule letztlich um die Theorie ginge und er lehnte eine historische Forschung in der Ökonomik keineswegs pauschal ab. „Er verwirft lediglich die Vermengung von Geschichte, Theorie und Politik und will deshalb von der vom Historismus propagierten „Universalwissenschaft" loskommen ... Geschichte, Statistik, Literaturgeschichte sind von der Theorie abzusondern, ebenso müssen Theorie und Politik voneinander getrennt werden, denn die Theorie will erklären, die Politik will gestalten, beide haben also grundverschiedene Aufgaben"

(Brandt 1993, Band 2, S. 237). In seiner Schrift „Die Irrtümer des Historismus" schreibt er: „Nicht als ob ich den Nutzen und die Bedeutung historischer und statistischer Forschung auf dem Gebiete der Volkswirtschaft an sich, oder als Hilfswissenschaften der theoretischen Volkswirtschaftslehre jemals verkannt oder auch nur unterschätzt hätte; ... Was ich an den Bestrebungen jener großen Gruppe deutscher Fachgenossen, welche unter dem Kollektivnamen der historischen Schule deutscher Nationalökonomen eine so hervorragende Stellung in der neueren volkswirtschaftlichen Literatur Deutschlands einnehmen, zu bemängeln fand, war die Einseitigkeit, mit welcher dieselben ihre geistige Kraft zum Teile nur historischen und statistischen Studien, also der Bearbeitung von Hilfswissenschaften der politischen Ökonomie, zuwenden, die einer Reform dringend bedürftige Theorie unserer Wissenschaft jedoch auf das Bedauerlichste vernachlässigen, zum Teile sogar der theoretischen Forschung auf dem Gebiete der Volkswirtschaft mit missverständlicher Geringschätzung entgegentreten, als wäre die historische Forschung allein berechtigt auf dem Gebiete der Volkswirtschaft" (Menger 1884, S. 13). Und weiter: „Was ich der historischen Schule deutscher Nationalökonomen zum Vorwurfe mache, ist nicht, dass sie die Geschichte der Volkswirtschaft als Hilfswissenschaft der politischen Ökonomie betreibt, sondern, dass ein Teil ihrer Anhänger über historische Studien die politische Ökonomie selbst aus dem Auge verloren hat" (Menger 1884, S. 25). „Was ich bekämpfe, ist die obige Einseitigkeit der historischen Schule; wofür ich eintrete, die Wiedereinsetzung aller berechtigten Richtungen menschlichen Erkenntnisstrebens auf dem Gebiete der Volkswirtschaft" (Menger 1884, S. 32).

Besser kann man meines Erachtens in gedrängter Form den Kern, um den es beim Methodenstreit ging, nicht formulieren.

Menger unterschied drei Betrachtungsebenen der politischen Ökonomie:

(1) Konkrete, individuelle Ereignisse: Für sie seien die HILFSWISSENSCHAFTEN (ein Begriff, der bei ihm immer wieder vorkommt): Geschichte und Statistik zuständig;

(2) Gesetzmäßigkeiten: Sie würden durch eine generalisierende Theorie gefunden: „Während die theoretischen Sozialwissenschaften uns die Erscheinungsformen der sozialen Phänomene und die Gesetze ihrer Aufeinanderfolge, ihrer Koexistenz u.s.f. darzulegen haben" (Menger 1883, zitiert in: Schneider 1962, S. 304). Diese generellen Erkenntnisse sollen zuerst die Typen erfassen, bestimmte Erscheinungen, die im Wechsel der Dinge wiederkehren, z.B. Angebot, Nachfrage, Preise, Zins, Geld. Daraufhin durchleuchtet die Theorie die typischen Relati-

onen zwischen den beobachteten Typen, und dies sind die Gesetze im weitesten Sinne des Wortes, z.B. dass die Preise bei vermehrtem Angebot sinken, dass die Preise bei starker Geldmengenausdehnung steigen etc.;

(3) Wirtschaftspolitik: Sie entwickele Grundsätze zweckmäßigen Handelns.

Diese Gedanken wurden von Menger 1884 in der Schrift „Die Irrtümer" wie folgt geäußert: „In diesem Sinne sagte ich, dass der Geschichtsschreiber und Statistiker die konkreten Erscheinungen des Menschenlebens und ihre konkreten Beziehungen in Raum und Zeit, der Theoretiker die Erscheinungsformen des Menschenlebens und die Gesetze der Erscheinungen des letzteren, der Bearbeiter der praktischen Staats- und Sozialwissenschaften aber die Grundsätze zum zweckmäßigen Handeln auf dem Gebiete der Staats- und der Gesellschaftserscheinungen zu erforschen und darzustellen habe" (Menger 1884, S. 17/18).

Menger kritisierte die Auffassung, eine Theorie könne sich allein aus der reinen Beobachtung von Tatsachen herleiten lassen. Er war der Auffassung, dass bereits von Beginn an theoretische Annahmen zu Grunde liegen müssten. Er wollte aus Beobachtungen das Wesentliche und Wiederkehrende isolieren. Um eine solche isolierende Abstraktion durchführen zu können und damit die aus der Empirie gewonnenen Tatsachen richtig deuten und daraus allgemeine Theorien formen zu können, bedürfe es keiner Verbreiterung des empirischen Materials, sondern einer Vertiefung. Allgemeine Theorien seien für eine Diskussion und Analyse wirtschaftlicher Sachverhalte unerlässlich und dies sei ohne abstrakte Deduktionen nicht durchführbar.

Dazu traten bei den „Österreichern" noch neue Forschungsmethoden, insbesondere die Grenznutzenanalyse.

Nochmals: Menger und die „Österreicher" vertraten zwar die deduktiv-abstrakte Methode, verlangten aber nicht deren Allgemeingültigkeit. Sie erkannten auch die historisch-deskriptive Methode an, wehrten sich aber gegen deren alleinige Anwendung, ihren Absolutheitsanspruch und die damit verbundene methodische Intoleranz. Es ging beim Methodenstreit also nicht darum, welche Methode die ALLEIN richtige sei, sondern darum, ob die deduktiv-abstrakte „isolierende" Methode ebenfalls als legitime Methode der Ökonomik für bestimmte Fragestellungen anzuerkennen sei. Es ging um Prioritäten, die bei der Forschung zu setzen seien. „Nicht die Richtigkeit der theoretischen oder historisch-soziologischen Betrachtungsweise war Gegenstand der Auseinandersetzung, sondern die Frage, ob die eine Forschungsweise durch die andere entbehrlich gemacht werden könne" (Winkel 1977, S.

139). Trotz aller besänftigenden Klauseln wurde aber im Kern letztlich doch darum gestritten, wer die „richtigere" Ökonomik vertrete.

Schmoller und die Anhänger der (jüngeren) historischen Schule erkannten die grundsätzliche Gleichberechtigung der beiden Methoden nicht an. Nur eine Einbeziehung des gesamten historisch-deskriptiven Materials, vermehrte, verschärfte, vertiefte Beobachtungen und ein Verzicht auf vorschnelle Verallgemeinerungen weise den richtigen Weg zu einer anwendungsorientierten Ökonomik. Man müsse zuerst Baustein um Baustein erforschen, d.h. eine monographische Detailforschung nach der anderen durchführen, um dann „typische Formen (zu) finden und kausal (zu) erklären" (Schmoller 1900 zitiert in: Kolb 1997, S. 109). „Es ist keineswegs eine Vernachlässigung der Theorie, sondern der notwendige Unterbau für sie, wenn in einer Wissenschaft zeitweise überwiegend deskriptiv verfahren wird ... Dass durch solche Arbeiten zeitweise ein Teil der Kräfte abgehalten wird, an der Theorie fortzuarbeiten, liegt im Wesen wissenschaftlicher Arbeitsteilung ... Wir sterbliche Menschen können nur durch Einseitigkeit etwas leisten ... in der Zukunft wird für die Nationalökonomie eine neue Epoche kommen, aber nur durch Verwertung des ganzen historisch-deskriptiven und statistischen Materials, das jetzt geschaffen wird, nicht durch weitere Destillation der hundertmal destillierten abstrakten Sätze des alten Dogmatismus" (Schmoller 1883, zitiert in: Schneider 1962, S. 310).

Während bei Menger die historischen Wissenschaften nützliche Hilfswissenschaften waren, waren sie bei Schmoller eine notwendige Vorstufe zur Theoriebildung. Beide Seiten anerkannten also die historische Forschung, sahen aber eine gänzlich andere diesbezügliche Verwendung.

„Nicht einverstanden ist er (Schmoller) mit der Gegenüberstellung einer realistisch-empirischen und einer exakten Richtung der Theorie ... Exakte Gesetze täuschen „objektive Gültigkeit und erschöpfende Genauigkeit" nur vor" (Brandt 1993, Band 2, S. 237/238). Schmoller verstand unter dem Begriff „exakte Gesetze" im Übrigen nicht ganz das Gleiche wie Menger. Zudem weigerte sich die historische Schule, die von den englischen und französischen Theoretikern gezogenen Grenzen der ökonomischen Wissenschaft anzuerkennen.

Auch in ihrem Verhältnis zu den Klassikern unterschieden sich die beiden Richtungen. Einig waren sie sich allerdings darin, dass die klassische Nationalökonomie unvollkommen sei und geändert bzw. ergänzt werden müsse.

Die historische Schule zog aus dieser behaupteten Unvollkommenheit den Schluss, die Klassiker hätten zu viel abstrakt gearbeitet, und wären deshalb zu falschen Resultaten gekommen. Sie hätten auf der Basis unzulänglicher Axiome vorschnell verallgemeinert und wirtschaftliche Gesetzmäßigkeiten formuliert, die für alle Zeiten und Völker gültig seien. Den Eigennutz als treibende Kraft für menschliche Handlungen anzugeben, sei eine unstatthafte Vereinfachung. Schmoller forderte eine intensivere Beschäftigung mit der wissenschaftlichen Psychologie. Die Folgerung der Anhänger der historischen Schule war: Man müsse diese Art von Abstraktion aufgeben und stattdessen historisch-empirisch arbeiten.

Auch die österreichische Schule war der Auffassung, die Klassiker hätten teilweise geirrt. Zur Kritik der historischen Schule befanden sie: Zwar sei es richtig, dass man ökonomische Aussagen auf empirisches Material stützen solle. Aber: Ohne abstrahierende Isolation gebe es keine Wissenschaft. Menger verteidigte die Klassiker übrigens auch gegen den Vorwurf eines reinen Rationalismus und bloßen Eigeninteresses. Die Klassiker zögen auch andere Aspekte als das reine Eigeninteresse als Bestimmungsgründe für das menschliche Handeln heran. Die Erforschung von Entwicklungsgesetzen wurde nicht generell abgelehnt, aber ihnen wurde weit weniger Bedeutung zugemessen wie bei der historischen Schule.

Menger, der in Opposition zu den organischen und kollektivistischen Ansätzen der historischen Schule stand, kann mit seiner Auffassung, modern gesprochen, durchaus als einer der ersten Vertreter des zeitgenössischen „methodologischen Individualismus“ angesehen werden.

Unkorrekt war übrigens der im Verlaufe der Auseinandersetzung von einigen Vertretern der historischen Schule, insbesondere von Brentano, erhobene Vorwurf, die österreichische Schule wäre gegen sozialpolitische Reformen eingestellt.

Zudem wird oft unterschlagen, dass Schmoller nicht nur methodische Differenzen mit Vertretern der österreichischen Schule hatte, sondern dass auch methodische Differenzen mit Vertretern der eigenen historischen Schule existierten. Erich Schneider betonte zu Recht: „Ebenso bestand eine starke Abweichung zwischen Brentano und Schmoller in der Methodenfrage, wie überhaupt der Kreis der Schüler und Mitarbeiter durchaus keine homogene Gruppe war“ (Schneider 1962, S. 301).

Auch die vor allem nach dem Methodenstreit von Gegnern behauptete GENERELLE Theoriefeindlichkeit der historischen Schule ist in dieser Generalisierung nicht haltbar, man denke an Knapps Überlegungen zum Geld, an Knies Werk über den Kredit, an das Büchersche Gesetz der Massenproduktion, an Brentanos Widerlegung der Lohnfondstheorie, um nur einige nahe liegende Beispiele zu nennen. Und auch Schmoller wollte ja letztlich zu einer Theorie kommen, einer besseren und anwendungsorientierten Theorie. Für ihn war eine solche Theorie die Krönung der Wissenschaft, also keinesfalls eine Geringschätzung der Theorie. Allerdings muss man festhalten, dass seine diesbezüglichen Überlegungen nur Programm geblieben sind. Für den „programmatischen" Schmoller ist der Vorwurf einer Vernachlässigung der Theorie unhaltbar, anders sieht es aber für den „faktischen" Schmoller aus. Explizite theoretische Überlegungen im Rahmen der Arbeiten der (jüngeren) historischen Schule waren eher selten und die jüngere historische Schule verzettelte sich in einer Vielzahl von Monographien zu historischen Einzelproblemen. Der kritisierten klassischen Theorie konnte in der Realität (anders als im Programm) keine „bessere" eigene THEORIE entgegengesetzt werden.

10.7.14.2 VERSUCH EINER EINSCHÄTZUNG DES METHODENSTREITS

Stützt man sich allein auf die methodologischen Einstellungen der Kontrahenten, so sind hieraus meines Erachtens weder die Heftigkeit des Streites und seine polemische Schärfe, noch die lange nachwirkenden propagandistischen Begleitumstände zu verstehen. Aus heutiger Sicht unterschieden sich die Positionen der Kontrahenten nicht in dem Maße, wie es zuweilen in populären Darstellungen dargestellt wird. So konzedierten beide Seiten zum Beispiel, dass ihre methodologischen Ansätze nicht allgemeingültig und allumfassend sein könnten. Und der SPÄTE Schmoller akzeptierte durchaus die Berechtigung der Deduktion in der Ökonomik, ja sprach sogar von einer Gleichrangigkeit von Induktion und Deduktion: „Seit Jahren pflege ich den Studierenden zu sagen, wie der rechte und der linke Fuß zum Gehen, so gehöre Induktion und Deduktion gleichmäßig zum wissenschaftlichen Denken. Ich habe stets betont, dass, wenn wir schon alle Wahrheit besäßen, wir nur deduktiv verführen, dass aller Fortschritt der Induktion nur deduktiv verwertbare Sätze bringe, dass die vollendetsten Wissenschaften am meisten deduktiv seien ... Der in der Literatur über Gebühr aufgebauschte Streit dreht sich nur darum, in welchem Maße die Deduktion in der Volkswirtschaftslehre ausreiche, wie weit unsere Wissenschaft schon sei, welchen Schatz wahrer Kausalgesetze sie schon besitze" (Schmoller 1893, Neudruck 1949, S. 61). Und Menger stellte die Aufgabe der Erkenntnis der „konkreten Phänomene in ihrer Stellung in Raum und Zeit" (Menger 1883, zitiert in: Kolb 1997, S. 109) nicht in Abrede. „Insofern ist ab der Jahrhundertwende (mit dem Erscheinen von Schmollers „Grundriss der Allgemeinen Volkswirtschaftslehre“) eine gewisse Annäherung der Standpunkte erkennbar“ (Kolb 1997, S. 109).

Joseph Schumpeter beurteilte den ersten Methodenstreit wie folgt: „Trotz einiger Beiträge zur Klärung der logischen Grundlagen ist die Geschichte dieser Literatur im wesentlichen eine Geschichte vergeudeter Energie, die man besser hätte nutzen können“ (Schumpeter 1965, S. 994).

Weiter schrieb er zur Sinnlosigkeit des Methodenstreits: „Dieser Eindruck wird noch durch die überraschende Tatsache verstärkt, die sich zeigt, sobald man unter die bewegte Oberfläche der polemischen Argumente und Lösungen blickt, nämlich, dass keine Partei die Posten des Gegners rückhaltslos anfocht“ (Schumpeter 1965, S. 995).

Erich Schneider urteilte 1962 ähnlich: „Es war aus unserer heutigen Sicht ein völlig überflüssiger Verschleiß von wertvollen Kräften in einer nutzlosen Sache. Für uns ist es heute selbstverständlich, dass weder die Theorie ALLEIN noch die Wirtschaftsgeschichte ALLEIN ausreichen, um ein wirtschaftliches Phänomen zu verstehen“ (Schneider 1962, S. 323).

Warum eskalierte dann diese Auseinandersetzung zu einem echten Streit und nahm so heftige Formen an? Joseph Schumpeter sah als Hauptgrund für die rasante Entwicklung der historischen Schule ihre Dominanz und die schwache Position der ökonomischen Theorie in Deutschland, das Fehlen einer festen theoretischen Tradition und im Gegensatz dazu die hohe Blüte der Geschichtswissenschaft. Knut Wicksell war der Auffassung, die spezielle, besonders stürmische politische Entwicklung in Deutschland sei der Grund für die dortige Dominanz der historischen Schule. Die Geschichte hätte in solchen stürmischen Zeiten ein sicheres intellektuelles Rückzugsgebiet geboten.

Meine Meinung zur Heftigkeit und Dauer des Streits: Es ging beim Methodenstreit neben unleugbaren inhaltlichen Diskrepanzen vor allem um konkrete Hochschul-Machtpolitik im deutschsprachigen Raum (z.B. bei Lehrstuhlbesetzungen). Diese Machtpolitik artete zu einem verbalen Kräftemessen bezüglich der Vormachtstellung im deutschsprachigen Raum aus. Und auch persönliche Animositäten waren im Spiel, anders sind die teilweise sehr polemischen Formulierungen in Mengers „Die Irrtümer des Historismus“ nicht zu erklären. Beide Kontrahenten waren ausgesprochene „Führungspersönlichkeiten“ und besaßen zudem trotz ihrer Streitbarkeit eine empfindliche Psyche. Schumpeter sprach weiter davon, dass „Zusammenstöße auf dem Gebiet der Methodologie oft Zusammenstöße von Temperamenten oder intellektuellen Neigungen sind“ und dass es historische und theoretische Temperamente gäbe (Schumpeter 1965, S. 995). Diese Erläuterung mag meines Erachtens zwar eine zutreffende Erklärung für Meinungsverschiedenheiten unter Forschern anbieten, wie sie ja oft vorkommen, aber nicht einen derart polemischen langandauernden Streit erklären.

Sehr schön charakterisiert Joseph Schumpeter allerdings wissenschaftliche „Schulen“: „Schließlich dürfen wir niemals vergessen, dass echte Schulen soziologische Realitäten darstellen – Lebewesen. Sie haben ihre Strukturen – Beziehungen zwischen Führern und Gefolgschaft –, ihre Fahnen, Schlachtrufe, Neigungen und allzu menschlichen Interessen. Ihre Antagonismen fallen in das Gebiet der allgemeinen Soziologie von Gruppenantagonismen ... All dies schafft Raum für persönliche Eitelkeit, Interessen und Kampfeslust, die ... schließlich schwerwiegender werden als alle echten Probleme – ja das eigentliche Problem sogar verdecken können“ (Schumpeter 1965, S. 995/996).

Und der Methodenstreit war eindeutig ein Kampf zweier solcher Schulen, zweier solcher soziologischer Realitäten, wobei die Vertreter der „österreichischen“ Grenznutzenschule, wie etwa Emil Sax (1845-1927), Eugen von Böhm-Bawerk (1851-1914) und Friedrich von Wieser (1851-1926) Menger unterstützten und die Anhänger des Historismus, wie etwa Karl Lamprecht (1856-1915), Wilhelm Hasbach (1849-1920) und Friedrich Kleinwächter (1838-1927), Schmoller Beistand leisteten.

Die Kontrahenten hatten, was nicht vernachlässigt werden darf, auch verschiedenen Sichtweisen der Welt. Vereinfacht: Die österreichische Schule dachte kosmopolitisch und individualistisch, die historische Schule eher kollektivistisch und nationalistisch.

Aber die beste „Erklärung“ des Methodenstreits liefert wohl das Ringen um die hochschulpolitische Dominanz der Schulen. Zudem darf man nicht vernachlässigen, dass derartige Auseinandersetzungen nach einer gewissen Zeit eine beträchtliche Eigendynamik entwickeln. Dieser Eindruck drängte sich mir bei der Lektüre der aufeinander folgenden Entgegnungen der Kontrahenten, und bei der Lektüre der Ausführungen der „Schüler“, deutlich auf.

Es darf aber auch nicht unterschlagen werden, dass es vermittelnde Stimmen im Methodenkonflikt gab: Adolph Wagner (1835-1917), Eugen von Philippovich (1858-1917).

Spätere „Verteidiger“ der historischen Position unterschieden gegenüber den „siegreichen Theoretikern“ nach dem zweiten Weltkrieg pointiert zwischen einer (guten) älteren historischen Schule und einer (abzulehnenden) jüngeren historischen Schule. Diese Unterscheidung hat aber, sowohl was den Grad der Theoriebezogenheit als auch die historische Quellenforschung angeht, nur eine begrenzte Trennschärfe.

Von heute aus wird oft Menger als „Sieger“ im Methodenstreit angesehen. Denn die ökonomische Forschung im 20. Jahrhundert war zweifellos stark abstrakt-theoretisch geprägt und die Grenznutzenanalyse gehört mittlerweile zum Standardrüstzeug jedes Ökonomen. Damals ging jedoch (in Deutschland) eher die historische Schule gestärkt aus dem Streit hervor, die übrigens durchaus versuchte, ihre Ansätze anhand der Mengerschen Kritik zu verbessern. Sympathisanten der historischen Richtung hatten teilweise noch bis in die Mitte des 20. Jahrhunderts Lehrstühle an deutschen Universitäten inne.

Verdienstvoll am Methodenstreit war in jedem Fall, dass er eine breite Diskussion über eine wichtige Methodenfrage anregte. Endgültig „gelöst“ wurden alle die in den drei eingangs genannten Methodenauseinandersetzungen aufgeworfenen Fragen nicht. Dies scheint eine typische Eigenart methodologischer Konflikte zu sein. Harald Winkel zitiert die Meinung, dass im Methodenstreit „bis heute nicht das letzte Wort gesprochen ist“. Er fährt fort: „Zwar geht es nicht mehr um die Berechtigung induktiver oder deduktiver Betrachtungsweise, beide sind als fruchtbringend längst anerkannt, es kann sich auch nicht darum handeln, Theorie gegen Geschichte (oder umgekehrt) zu verteidigen. Offen ist nur, inwieweit es gelingt, die schon von v. Schmoller geforderte Tatsachenforschung, die gesellschaftlichen Verhältnisse, die wirtschaftliche Wirklichkeit, bei der Konstruktion von Theorien zu brauchbaren Bausteinen zu verwenden“ (Winkel 1977, S. 149).

Und aus dem hier dargestellten Methodenstreit resultierte zumindest die Erkenntnis, dass eine „abstrakte“ Analyse, wenn verschiedene historisch-institutionelle Hintergründe vorliegen, eine entsprechende Anpassung der theoretischen Grundlagen erfordert.

10.7.15 Die „jüngste historische Schule"

Folgt man einer meines Erachtens vertretbaren Dreiteilung der historischen Schule, dann kann man zu den beiden bisher behandelten Schulen noch eine „jüngste" historische Schule hinzufügen, wobei bei den von mir darunter subsummierten Ökonomen in der Literatur oftmals deren Zuordnung zu einer historischen Schule überhaupt in Frage gestellt wird. Es wird argumentiert, die unten aufgeführten Ökonomen seien bestenfalls im Einflussbereich der historischen Schule gewesen, aber einer direkten Zuordnung könne nicht zugestimmt werden. Solche „Zuweisungsfragen" treten bei vielen Zuordnungen von Autoren zu Gruppierungen auf, es gibt neben dem harten eindeutigen „Kern" fast immer auch eine „Grauzone", innerhalb derer man Autoren der jeweiligen Gruppe zurechnen kann oder nicht. Ich habe hier eine „jüngste historische Schule" vor allem aus pädagogischen Gründen: klarere Gliederung und bessere Merkfähigkeit, eingeführt. Als Mitglieder nenne ich unter den genannten ernstzunehmenden Vorbehalten:

- Arthur Spiethoff (1873-1957);
- Friedrich von Gottl-Ottlilienfeld (1868-1958);
- Adolph Lowe (1893-1995);
- Werner Sombart (1863-1941);
- Max Weber (1864-1920);
- Alfred Weber (1868-1958).

Einige der genannten Ökonomen sollen in eigenen Abschnitten etwas näher behandelt werden.

Bei den Ökonomen dieser jüngsten historischen Schule, wobei der Begriff „Schule" hier tatsächlich fragwürdig ist, wurden die methodologischen Grundannahmen der früheren historischen Schulen teilweise aufgegeben bzw. auf Einzelaspekte angewandt: Max Weber interessierte sich vor allem für das Wirtschaften als „soziales Handeln" und entwickelte dabei eine Wirtschaftssoziologie. Arthur Spiethoff entwickelte als Spezialform einer anschaulichen Theorie eine Konjunkturtheorie.

Auch Joseph Schumpeter führte im Rahmen seiner theoriegeschichtlichen Überlegungen eine „jüngste historische Schule" an und zählte dazu Arthur Spiethoff, Werner Sombart und Max Weber: „Die Arbeit der Schmollerschen Schule aber wurde unter der Führung neuer Gelehrter, die auf Schmoller aufbauten, fortgesetzt; sie hatten in ihren Studienjahren den Einfluss seiner Botschaft erfahren und blieben trotz aller Unterschiede zu ihm und untereinander in ihren Zielen, Forschungsmethoden und Leistungen den von ihm aufgestellten grundsätzlichen Prinzipien treu. Wir können geradezu von einer „jüngsten“ historischen Schule sprechen. Ihre weitaus hervorragendsten Mitglieder sind Spiethoff, Sombart und M. Weber“ (Schumpeter 1965, S. 996).

10.7.16 Werner Sombart (1863-1941)

Vita von Sombart

1863:	Werner Sombart wurde am 19. Januar als Sohn des Rittergutsbesitzers, Industriellen und nationalliberalen Politikers Anton Ludwig Sombart (1816-1898) in Ermsleben (Harz) geboren. Sein Vater war 1872 ein Mitbegründer des „Verein für Socialpolitik". Werner Sombart hatte drei Geschwister (Paul (1842-1908), Georg (1843-?) und Helene (1850-1930)). Werner war auf dem Berliner Kaiser-Wilhelm-Gymnasium ein schlechter Schüler und dazu noch kränklich, daher auch seine Italienaufenthalte. Er bestand aber das Abitur am Gymnasium in Schleusingen (Thüringen) mit „sehr gut". Der von ihm gewünschten Karriere als Seeoffizier standen seine schwachen Augen entgegen und er musste seine diesbezüglichen Pläne aufgeben;
1882:	Studien in Pisa (ein Jahr);
1883-1885:	Sombart studierte in Berlin Jura. Daneben besuchte er in Berlin und Rom Veranstaltungen in Wirtschaftswissenschaften, Geschichte und Philosophie. Entscheidende Anregungen empfing er von den Ökonomen Gustav Schmoller (1838-1917) und Adolph Wagner (1835-1917);
1885:	Absolvierung des ersten juristischen Examens;
1888:	Promotion bei Gustav Schmoller über die Wirtschaft der römischen Campagna. Während er in seinen jungen Jahren von Schmoller gefördert wurde (siehe seine Berufung nach Breslau 1890), fiel er später bei ihm wegen seiner marxistischen Neigungen und seiner Haltung im Werturteilsstreit in Ungnade;
	Zweijährige Tätigkeit als Syndikus der Bremer Handelskammer;
	Erste Ehe (von 1888-1920) mit Felicitas Genzmer (1866-1920). Dieser Ehe entsprossen 4 Kinder (Töchter);
1890:	Berufungen nach Freiburg, Heidelberg und Karlsruhe scheiterten am persönlichen Veto des badischen Großherzogs Friedrich II. (1857-1928), weil Sombart nach dessen Auffassung zu „links" orientiert war. Insgesamt scheiterten sechs

	Berufungen Sombarts, obwohl sie von seinem Freund Max Weber unterstützt wurden, an der Überzeugung, er sei ein verkappter Linker;
	Außerordentlicher Professor für Staatswissenschaften als Nichthabilitierter an der Universität Breslau, empfohlen von seinem Lehrer Gustav Schmoller als „ein Talent ersten Ranges"; „Obwohl das Ministerium für sich das Recht in Anspruch nahm, neue Extraordinariate in eigener Machtvollkommenheit zu besetzen, war dies ein ungewöhnlicher Vorgang. Die Fakultät ... war übergangen worden" (Vom Brocke 1987, S. 17).
1892:	Sombart wurde in den Vorstand des „Verein für Socialpolitik" kooptiert, in dem er zusammen mit den beiden Brüdern Max und Alfred Weber den linken Flügel bildete;
1892/1893:	Sombart führte in Breslau die Veranstaltung durch: „Kritische Übungen im Anschluss an die Lektüre der Schriften von Karl Marx". Dabei wurde der erste Band des „Kapital" diskutiert und es wurde auf Exkursionen (Fabriken, Bergwerke, Güter) die soziale Realität studiert, was zu einem offenen Bruch mit seinen Kollegen führte, die sogar versuchten, seine Exkursionen mittels des Universitätsstatuts zu unterbinden (siehe vom Brocke 1987, S. 18);
1895:	Friedrich Engels starb. Nun begann in Deutschland eine regelrechte Marxismusdebatte;
1898:	Nach dem Tod des Vaters und einer entsprechenden Erbschaft (der eisern sparsame Vater vererbte die damals große Summe von ca. 1 Million Goldmark) zog Sombart in ein Haus mit 14 Räumen im Villenvorort Scheitnig, um seine immer größer werdende Bibliothek unterzubringen;
1901:	Mitglied des Vorstandes der „Gesellschaft für Soziale Reform", der er bis 1913 angehörte;
1902:	Die erste Auflage seines Werkes „Der moderne Kapitalismus" erschien;
1904:	Vortragsreise mit den befreundeten Max Weber und Ferdinand Tönnies nach Russland;
1906:	Berufung an die neu gegründete Handelshochschule Berlin. Die Berliner Universität erlaubte ihm jedoch wegen seiner „linken Gesinnung" nicht, sich zu habilitieren und dort Vorlesungen zu halten;

1907/08:	Sombart strebte Reformen der SPD an, die jedoch nicht durchgeführt wurden. Er war politisch isoliert;
1909:	Die Familie Sombart zog in eine Villa, die um seine riesige Bibliothek herum gebaut wurde, in Oberschreiberhau (Riesengebirge) in die Nachbarschaft von Carl Hauptmann; Über das Leben Sombarts dort schreibt Vom Brocke: „Im Zentrum von Sombarts Leben aber stand die Arbeit an den Büchern. In den Schreiberhauer Jahren zog er sich um 23 Uhr zurück, arbeitete bis morgens vier, fünf Uhr, bis elf Uhr wurde geschlafen. Der Dienstag, Mittwoch und Donnerstag war für die Vorlesungen in Berlin reserviert, wo Sombart eine Garconnière unterhielt. Daneben lief die Teilnahme an Kongressen, Vortragsreisen in alle Länder Europas, ... bis 1933 Vorträge in insgesamt 60 deutschen und 56 außerdeutschen Städten, dazu eine ausgedehnte journalistische Tätigkeit" (Vom Brocke 1987, S. 38). Zusammen mit Max Weber und Georg Simmel wurde Sombart Mitbegründer der „Deutschen Gesellschaft für Soziologie" und wurde auch deren Vorsitzender;
1917:	Trotz immer noch vorhandenem Widerstand und nach heftigen Auseinandersetzungen wurde Sombart im Dezember 1917 auf eine ordentliche Professur für wirtschaftliche Staatswissenschaften an die Friedrich-Wilhelms-Universität Berlin berufen;
1919:	Verkauf seiner Villa in Oberschreiberhau und endgültige Übersiedlung nach Berlin (Villa im Grunewald); Ernennung zum Preußischen Geheimrat;
1920:	Seine Ehefrau Felicitas starb;
1922:	Zweite Ehe mit der 29 Jahre jüngeren Rumänin Corina Leon (1892-1971), die laut dem Sohn Nicolaus Sombart aus einer alten Bojarenfamilie stammte. Dieser Ehe entstammten zwei Kinder, darunter der Sohn Nicolaus Sombart, geboren 1923, und eine Tochter;
1927:	Der dritte Hauptband von „Der moderne Kapitalismus" erschien;
1928:	Sombart verkaufte bis auf einen Grundstock von ca. 5000 Bänden seine Riesenbibliothek aus Raumgründen nach Japan. Sie ist heute als „Werner-Sombart-Bibliothek" mit ca. 30.000 Bänden in der Universitätsbibliothek Osaka;

1930:	Wahl zum stellvertretenden Vorsitzenden des „Vereins für Socialpolitik";
1931:	Emeritierung;
1931-1940:	Auch nach seiner Emeritierung setzte Sombart seine Lehrtätigkeit fort;
1932:	Sombart wurde zum (letzten) Vorsitzenden des Vereins für Socialpolitik vor dessen Selbstauflösung gewählt;
1933:	Sombart wurde Mitglied der Preußischen und der Bayerischen Akademie der Wissenschaften und der Akademie für Deutsches Recht;
1934:	Sombart unterschrieb im August 1934 zusammen mit anderen Hochschullehrern einen Aufruf, der Hitler das volle Vertrauen anlässlich der Übernahme auch des Reichspräsidentenamtes (Hindenburg starb) aussprach;
	Sombarts Werk „Deutscher Sozialismus" fand nicht die Zustimmung der Nationalsozialisten. Es entspräche nicht der nationalsozialistischen Weltanschauung, obwohl Sombart hierin für einen Führerstaat eintrat. Den Studenten wurde von einem Besuch seiner Veranstaltungen abgeraten;
1938:	In seinem Buch „Vom Menschen" distanzierte sich Sombart von den nationalsozialistischen Rassentheorien. Der Vertrieb des Werkes wurde daraufhin von den Nationalsozialisten behindert;
	Sombart erhielt anlässlich seines 75. Geburtstages die Ehrenbürgerwürde seiner Heimatstadt Ermsleben, weil er auf „geistigem Gebiet ein Mitkämpfer Adolf Hitlers" gewesen sei;
1941:	Sombart starb am 18. Mai 1941 in Berlin.

„Am Ende seines Lebens ist Sombart eine tragische Figur. Sein wissenschaftlicher Ruhm verblasst ebenso schnell wie sein öffentliches Ansehen. Nach seinem Tod ist dann jahrzehntelang kaum noch von ihm die Rede" (Rieter 1994, S. 152). Dies war ein tiefer Absturz für Sombart, nachdem er zu seinen besten Zeiten wohl der meistgelesene deutschsprachige Ökonom war; Sein Sohn Nicolaus schrieb dazu: „Mein Vater starb 1941 aus Lebensverdruss. Er hatte es einfach satt, als alter Mann jede zweite Nacht in den Luftschutzkeller hinuntersteigen zu müssen. Es war aber auch Verzweiflung und Resignation über die Lage Deutschlands, über die er sich keiner Illusion hingab. Ich glaube nicht, dass er je etwas von den Vernichtungslagern erfahren hat" (Nicolaus Sombart 1984, S. 26).

Über die Person Werner Sombarts und seine Lebensumstände in Berlin informiert das lesenswerte, wenn auch stark subjektiv gefärbte, flüssig geschriebene Buch seines Sohnes aus zweiter Ehe Nicolaus Sombart: „Jugend in Berlin 1933-1943" (1984). Daraus ist zu entnehmen, dass die Familie Sombart, wohlhabend aber nicht reich, ein offenes Haus führte, die zweite Ehefrau Corina einen „Salon", in den viele Diplomaten, Künstler (z.B. Emil Orlik) und wichtige Persönlichkeiten der damaligen Zeit eingeladen wurden. Genauere Angaben zu den Gästen und den Einladungen sind in den Erinnerungen von Nicolaus Sombart „Jugend in Berlin" festgehalten.
Zu seinen Lebzeiten verfügte Werner Sombart zeitweise über eine Bibliothek von ca. 30.000 Bänden (!). In das übliche Bild eines deutschen Professors des frühen 20. Jahrhunderts, eines „deutschen Mandarins", passte Werner Sombart nicht vollständig. Er neigte durchaus auch der Rolle eines Künstlers und vor allem eines (heute würde man sagen) „Stars" zu. Er war in seinen Tätigkeiten immer auch auf die öffentliche Wirkung bedacht. Seine Vorlesungen waren außerordentlich beliebt, er füllte Hörsäle mit mehr als 1000 Personen, so musste er 1922/23 vom Auditorium Maximum (1000 Plätze) in die Neue Aula mit 1400 Plätzen umziehen, bis 1934 die Nationalsozialisten den Besuch deutscher Studenten verhinderten.
Allerdings dürfen auch andere Charakterisierungen seiner Person nicht unterschlagen werden: Wenn man den Beschreibungen trauen darf, war er persönlich kein sehr angenehmer Zeitgenosse, auch wenn er im Buch des Sohnes (vielleicht wegen dessen immer wieder durchscheinenden schlechten Gewissens) besser wegkommt. Zeitgenossen bescheinigten ihm eine Kälte des Umganges, dazu Arroganz, einen starken Bestätigungsdrang und Eitelkeit. Studierende, die ihn z.B. nicht mit „Herr Geheimrat" titulierten, wurden geschnitten.
Zu seinen Bekannten und Freunden zählten neben Max Weber (1864-1920), mit dem ihn nicht nur eine Freundschaft sondern auch gemeinsame wissenschaftliche Interessen verbanden und Ferdinand Tönnies (1855-1936), von dem sich gleiches sagen lässt, noch eine beeindruckende Liste von Persönlichkeiten seiner Zeit, so z.B. Walter Rathenau (1867-1922), Friedrich Naumann (1860-1919), Romano Guardini (1885-1968), Felix Dahn (1834-1912), August Bebel (1840-1913), Carl Schmitt (1888-1985) und viele andere, heute nicht mehr so bekannte Persönlichkeiten. Gerade die Bekanntschaft mit dem umstrittenen Staatsrechtler und politischen Philosophen Carl Schmitt wurde Werner Sombart bei seiner Rezeption später negativ angelastet. Daneben darf aber nicht unerwähnt bleiben, dass Sombart auch Kontakte zu führenden Persönlichkeiten des nationalkonservativen Widerstandes gegen

Hitler hatte: Johannes Popitz (1884-1945), Ullrich von Hassell (1881-1944) und Jens Jessen (1895-1944). Und es ist sogar spekuliert worden, ob er sich, wenn er länger gelebt hätte, dem Widerstand gegen Hitler angeschlossen hätte. Ohne boshaft zu werden: In der Biographie und den Werken von Sombart finden sich (jedenfalls für mich) keine Anhaltspunkte, die eine solche Hinwendung zu einem aktiven Widerstand stützen könnten.
Der Dogmenhistoriker Heinz Rieter bezeichnet Sombart unter der Überschrift „Neohistorische Ansätze" nicht zu Unrecht als „eine der farbigsten Gestalten der deutschen Nationalökonomie in diesem Jahrhundert" (Rieter 1994, S. 151). Sombart, außerordentlich gebildet, war eine wahrhaft schillernde Persönlichkeit, der viele seiner (auch seine politischen) Auffassungen über sein Leben hinweg mehrfach änderte, was zwar grundsätzlich statthaft und aufgrund der Zeitumstände teilweise auch verständlich ist, seine Einschätzung aber nicht eben erleichtert und seinem Nachruhm definitiv sehr geschadet hat. Er war zweifellos ein brillanter Autor.
So wechselte er vom Marx-Kenner und Sympathisanten der Sozialdemokratie, über einen kriegsbegeisterten Chauvinisten zu einem konservativen Unterstützer eines autoritär geleiteten Ständestaats und einem Kulturpessimisten. Ein Beispiel: Obwohl er kein Marxist war, rühmte er in einer Besprechung des dritten Bandes des „Kapital" (1894) Marx als einen herausragenden Denker und beschrieb seine Theorie zustimmend und positiv, was ihm auch einen lobenden Brief von Friedrich Engels einbrachte: „Es ist das erste Mal, dass ein deutscher Universitätsprofessor es fertig bringt, im ganzen und großen in Marx' Schriften das zu sehen, was Marx wirklich gesagt hat, dass er erklärt, die Kritik des Marxschen Systems könne nicht in einer Widerlegung bestehen ..., sondern nur in einer Weiterentwicklung" (Engels zitiert in: Vom Brocke 1987, S. 19). Auch die erste Auflage seines Buches „Sozialismus und soziale Bewegung" (1896) war noch an marxistischen Leitlinien orientiert und Marx wurde positiv diskutiert. Die 10. und letzte Auflage, nun betitelt „Der proletarische Sozialismus" (1924) war dagegen antimarxistisch und voller persönlicher Angriffe gegen Marx. Nun war Sombart zu einem national-konservativen Standpunkt konvertiert. Dies hinderte Sombart aber nicht, drei Jahre später (1927) anlässlich der Veröffentlichung des dritten und letzten Bandes seines „Modernen Kapitalismus" zu erklären, dass dieses Buch in Marxschem Geist verfasst worden sei und dass es in gewissem Sinne sogar der Abschluss des Marxschen Werkes sei: „Dieses Werk will nichts anderes als die Fortsetzung und in gewissem Sinne die Vollendung des Marxschen Werkes sein ... Was Marx sprach, war das stolze erste Wort über den Kapitalismus, in diesem Werke wird das bescheidene

letzte Wort über dieses Wirtschaftssystem ... gesprochen (Sombart, zitiert in: Vom Brocke 1987, S. 7)".
Was ihn an den Marxschen Gedanken (vor allem später) störte, war dessen optimistische Idee, dass der Kapitalismus eine notwendige Übergangsstufe zu einer besseren Welt sei, eine notwendige Voraussetzung für eine höhere Form der Vergesellschaftung. Hier schlug Sombarts später vorhandener KULTURPESSIMISMUS voll durch. Während Karl Marx die fortschreitende Technisierung, die fortschreitende Weiterentwicklung der Produktivkräfte, als notwendig für das immer weitere Auseinanderklaffen der Produktivkräfte und der Produktionsverhältnisse und die Emanzipation des Proletariats ansah, ja den technischen Fortschritt bewunderte, sah Sombart vor allem dessen zerstörerisches Potential und dessen kulturzerstörenden Impulse. Marx sei ein „Kulturoptimist" gewesen, er, Sombart, könne aber nicht mehr an die schöpferische Kraft des Kapitalismus glauben.
Auch wollte er den Übergang vom Kapitalismus zum Sozialismus mit „anständigen Mitteln" erreichen. Die nationale Kultur und die „Heiligkeit der Rechtsidee" dürften nicht angetastet werden. „Sombart bejahte die proletarische Bewegung als notwendiges Produkt eines historischen Entwicklungsprozesses und die Klassenkampftheorie als historische Realität, nur solle der Klassenkampf, der in zwei Formen: als ökonomischer von der Gewerkschaftsbewegung, als politischer im Parlament geführt werde, ein gesetzlicher auf dem Boden des bestehenden Rechtes sein; er habe sich anständiger, humaner Mittel zu bedienen" (Vom Brocke 1987, S. 22). Der Ablauf der Geschichte würde im Übrigen auch von ideellen und kulturellen Faktoren mitdeterminiert. Der Marxismus sei mit Religion und Nation grundsätzlich vereinbar. Solche Abwandlungen des Marxismus brachten ihm von orthodoxer Seite aus den Vorwurf eines Revisionisten ein, der den Marxismus „kastriere und völlig ungefährlich" mache (Karl Kautsky 1854-1938). Dabei hatte Karl Kautsky auf Sombart als Mitstreiter gehofft: „Seine stete Entwicklung in die Richtung zum Marxismus flößte uns die Erwartung ein, er werde eines Tages den Professorentitel von sich werfen als eine lästige Zwangsjacke ... und seine Begabung, sein Wissen, die Möglichkeit, sich ganz der Theorie zu widmen, ließen uns hoffen, er würde ein würdiger Nachfolger unserer großen Männer werden" (Karl Kautsky 1900, zitiert in: Vom Brocke 1987, S. 11). Aber seine Abweichungen waren für viele orthodoxere Marxisten nicht tolerabel. Sombart war eben letztlich ein bürgerlicher Sozialreformer.
Im Ökonomenlexikon der DDR (1989) wurde er nicht unerwartet als „anpassungsfähiger bürgerlicher Ideologe an die jeweilige Konstellation des Klassenkampfes" (S. 529) bezeichnet und als Faschist gebrandmarkt: „Sombart

bekannte sich zum Faschismus“ und er „ordnet sich den Ambitionen der NSDAP unter, ohne in allen Punkten den Ansprüchen der Hitlerfaschisten gerecht zu werden. Als Vorsitzender des Vereins für Socialpolitik betreibt er von 1935 an im Auftrag der deutschen Faschisten aktiv die Auflösung des Vereins“ (S. 530).

Die ambivalente und wechselnde Haltung Sombarts gegenüber Marx macht als Beispiel die Irritationen seiner Zeitgenossen (und auch des Verfassers dieser Einführung!) verständlich und auch die Schwierigkeiten, ihn eindeutig und gänzlich einer Richtung oder Schule zuzuordnen. Und seine Einstellung zu Marx ist nur EIN Beispiel für mehrere Bereiche, bezüglich derer Sombart seine Einstellung änderte. Trotz einiger Einwendungen lässt sich Sombart meines Erachtens aber noch am ehesten der „jüngsten historischen Schule“ zuordnen. So war sein Hauptwerk „Der moderne Kapitalismus“, trotz aller Faszination, das sogar heute noch von ihm ausgeht, kein im modernen Sinne theoretisches Werk, sondern im wesentlichen eine historische Beschreibung und Auflistung einer Unzahl von empirischen Tatsachen.

Sombarts erster Zugang zum Sozialismus erfolgte übrigens über die gesellschaftskritischen Romane von Émile Zola (1840-1902). Einflussreicher wurde für ihn aber letztlich das Werk von Karl Marx. Gründliches Studium desselben brachte ihm den Ruf eines hervorragenden Marx-Kenners ein. Seine eigene Kapitalismustheorie war stark durch den Einfluss von Marx geprägt. Speziell in den letzten Lebensjahren distanzierte sich Sombart allerdings von Marx (siehe oben) bis hin zu einer Gegnerschaft.

Sombart zählte de facto trotz all den genannten Einschränkungen zu den wichtigsten Gelehrten und Gesellschaftstheoretikern der Zeit zwischen Wilhelminismus und zweitem Weltkrieg. Er war in der ersten Hälfte des 20. Jahrhunderts wohl der national und auch international bekannteste deutsche Wirtschafts- und Sozialwissenschaftler. Viele seiner Bücher wurden in andere Sprachen übersetzt, sogar ins Chinesische. Zu beider Lebzeiten übertraf sein Bekanntheitsgrad sogar den seines Freundes Max Weber.

Seine Gedanken zum Kapitalismus sind meines Erachtens in ihrem Kern bis heute aktuell und sein Hauptwerk ist schon aufgrund seiner Sprache und den vielen Ideensplittern wirklich lesenswert. Dabei kam ihm seine wissenschaftliche Stellung zwischen einem Ökonomen, Historiker und Soziologen zu Gute, erlaubte sie ihm doch, das Phänomen „Kapitalismus“ von verschiedenen Seiten anzugehen.

AUSGEWÄHLTE WERKE VON SOMBART

„Über Pacht- und Lohnverhältnisse in der römischen Campagna" (Dissertation 1888);

Hierin kam Sombart zu dem Ergebnis, dass die von ihm vorgefundene ländliche Verelendung keineswegs als naturgegeben hingenommen werden müsse. Eine Heilungschance sah er in einer auf eine Veränderung der Eigentumsverhältnisse abzielenden staatlichen Sozialpolitik.

Und dies alles wurde in einer packenden Sprache unter Zuhilfenahme anschaulicher Beispiele und entsprechender Statistiken geschrieben.

„Die römische Campagna; Eine sozialökonomische Studie" (1888);

„Friedrich Engels (1820-1885); Ein Blatt zur Entwicklungsgeschichte des Sozialismus" (1888);

„Zur Kritik des ökonomischen Systems von Karl Marx" (1894);

„Sozialismus und soziale Bewegung im 19. Jahrhundert" (1896);

Diese acht in Buchform erschienenen Vorträge (in Zürich gehalten) wurden immer wieder überarbeitet und neu aufgelegt und dabei sogar in über 20 (!) Sprachen übersetzt. Die 10. neu bearbeitete Auflage erschien unter dem Titel: „Der proletarische Sozialismus (Marxismus)" (1924);

„Dennoch! Aus Theorie und Geschichte der gewerkschaftlichen Arbeiterbewegung" (1900);

„Studien über die gewerbliche Entwicklung Deutschlands" (1902);

„Wirtschaft und Mode; Ein Beitrag zur modernen Bedarfsgestaltung" (1902);

„Der moderne Kapitalismus; Historisch-systematische Darstellung des gesamteuropäischen Wirtschaftslebens von seinen Anfängen bis zur Gegenwart" (2 Bände, 1. Auflage, 1902);

„Sombart hat den in Deutschland von den antiliberalen Agitationsschriften aufgegriffenen, zunächst fast ausschließlich von Marxisten gebrauchten und in wissenschaftlichen Kreisen lange Zeit verpönten Begriff des Kapitalismus in den wissenschaftlichen Gebrauch eingeführt" (Vom Brocke 1987, S. 42).

„Die deutsche Volkswirtschaft im 19. Jahrhundert" (1903);

„Die gewerbliche Arbeitsfrage" (1904);

„Gewerbewesen" (2 Bände, 1904);

„Warum interessiert sich heute jedermann für Fragen der Volkswirtschaft und Sozialpolitik? (1904);

„Das Proletariat; Bilder und Studien" (1906);

„Warum gibt es in den Vereinigten Staaten keinen Sozialismus?" (1906);

„Kunstgewerbe und Kultur“ (1908);

„Das Lebenswerk von Karl Marx“ (1909);

„Die Juden und das Wirtschaftsleben“ (1911);

Hieraus war, ohne Antisemitismus, zu entnehmen, dass die Juden für ein kapitalistisches System als Volk wie geschaffen waren. Als ein Wandervolk gab es keine enge Bindung an den Boden dafür aber umso intensiver zum Geld. Auch wenn dieses Werk die Bedeutung der Juden für die Entstehung des Kapitalismus explizit herausstellte und nicht antisemitisch angelegt war, konnte von dort aus doch leicht eine Brücke zu einem offenen Antisemitismus (begleitet von einem Antikapitalismus) geschlagen werden. Laut Nicolaus Sombart wurde es später von den Nationalsozialisten verboten.

„Die Zukunft der Juden“ (1912);

„Luxus und Kapitalismus“ (1912, 2. Auflage 1922, Taschenbuchausgabe unter dem Titel „Liebe, Luxus und Kapitalismus“, 1967);

Die Hauptthese Sombarts in diesem Werk war, dass der Luxuskonsum ein entscheidender treibender Faktor bei der Entwicklung des Kapitalismus gewesen sei. Dieser Luxuskonsum, ein Aufwand, der über das Notwendige hinausginge, sei durch das neue Verhältnis der Geschlechter zueinander, durch eine neue Lebensführung, durch die Entwicklung von Großstädten, die Einkommenssteigerungen des Bürgertums usw. entstanden. Wichtig für die Luxusgüterproduktion wären die Frauen am Hofe gewesen. Überspitzt könnte man formulieren, der Kapitalismus sei unter diesem Aspekt auch „aus der Liebe“ entstanden.

In obigem Buch beschrieb Sombart die genannten Entwicklungen detailliert und mit Hilfe von statistischen Zahlen. Interessant dabei war, dass er die Verschwendung eines Luxuskonsums nicht moralisch bewertete.

„Der Bourgeois; Zur Geistesgeschichte des modernen Wirtschaftsmenschen“ (1913);

„Krieg und Kapitalismus“ (1913);

Hierin sah Sombart unter anderem die Bedeutung des Krieges für die Entstehung neuer Märkte und Nachfragen.

„Händler und Helden; Patriotische Besinnungen“ (1915);

Sombart unterlag in diesem anti-englischen Pamphlet wie viele andere deutsche Wissenschaftler einer Art von „Kriegspsychose“. Er stilisierte das deutsche Volk mit seiner Kultur zu einer Art „Heldenvolk“ in seinem Kampf gegen England. Diese als „Schmähschrift“ bezeichnete Veröffentlichung schadete Sombarts Ruf im Ausland sehr, zumal er sie lange nicht aus dem Verkehr zog.

„Der moderne Kapitalismus; Historisch-systematische Darstellung des gesamteuropäischen Wirtschaftslebens von seinen Anfängen bis zur Gegenwart“ (2. endgültige Auflage, gegenüber der ersten Auflage stark verändert und erweitert, 3 Bände, publiziert 1919-1927);

Unterschieden wurden: Vorkapitalismus, Frühkapitalismus (1500-ca. 1760), Hochkapitalismus (1760-1914), Spätkapitalismus (beginnend mit dem ersten Weltkrieg), eine Einteilung, die noch heute verwendet wird. Jede dieser Phasen sei durch einen ihr eigenen Wirtschaftsgeist geprägt. Bei dem Werk handelte es sich um eine äußerst breit angelegte Studie.

„Der proletarische Sozialismus“ (2 Bände, 1924);

Dieses Buch lieferte den sozialkonservativen Kräften Argumente gegen einen liberalen Kapitalismus genauso wie gegen den Marxismus. Nun war Sombart nicht mehr am Proletariat interessiert, nun wurden Mittelstand und die Volksgemeinschaft favorisiert. Das Werk war eine, nicht zuletzt unter dem Eindruck des real existierenden Bolschewismus, erbitterte Kampfansage an den Marxismus.

„Die drei Nationalökonomien“ (1930);

„Die Zukunft des Kapitalismus“ (1932);

Während Sombart VOR dieser Schrift eher vorsichtige Prognosen über die Zukunft des Kapitalismus abgab, wurde er in dieser Schrift, nach dem „schwarzen Freitag“ in New York, der Preisgabe des Goldstandards der Bank von England, den gewaltigen Arbeitslosenzahlen in Deutschland, also auf dem Höhepunkt der Weltwirtschaftskrise, bei seinem Vortrag vor der „Studiengesellschaft für Geld- und Kreditwirtschaft“ in Berlin im Februar 1932 konkreter: Er gab als „Ausweg aus dem Bankrott des kapitalistischen Wirtschaftssystems eindeutig der Planwirtschaft die Zukunft, freilich keiner bolschewistischen, sondern einer Planwirtschaft im untergehenden, durch sie schrittweise zu ersetzenden Kapitalismus. An die Stelle kapitalistischer Anarchie tritt die bewusste Organisation der Volkswirtschaft mittels staatlicher Planung: innerhalb der durch sie geschaffenen Rahmenbedingungen bleibt das Privateigentum ... bestehen. Nicht verrät Sombart, wie er es anstellen wollte, eine auf Totalität gerichtete „Planung“ mit „Marktwirtschaft“ zu kombinieren“ (Vom Brocke 1987, S. 46).

„Deutscher Sozialismus“ (1934);

Die zukünftige Gestaltung der Wirtschaft sei kein Wissens- sondern ein Willensproblem. Planwirtschaftliche Vorstellungen, Autarkie, Zurückdrängung der Großindustrie zugunsten von Landwirtschaft und Handwerk, Verstaatlichung der Großbanken und aller Rüstungsbetriebe wurden propagiert. Und Sombart bekannte sich offen zum „Führerprinzip“.

„Das ökonomische Zeitalter“ (1935);

„Soziologie: Was sie ist und was sie sein sollte“ (Sitzungsbericht der Preußischen Akademie der Wissenschaften, 1936);

„Vom Menschen; Versuch einer geisteswissenschaftlichen Anthropologie“ (1938);

„Allgemeine Nationalökonomie“; Nach Vorlesungen und Seminarübungen bearbeitet und herausgegeben von Dr. phil. Walter Chemnitz (1960);

„Ich lege hiermit vor die Allgemeine Nationalökonomie meines Lehrers Werner Sombart. Die vorliegende Arbeit baut sich aus dem Ertrag von Vorlesungen und Seminarübungen der Jahre 1921 bis 1934 auf“ (Sombart 1960, S. 5).

Sombarts Themen, sein Werk und auch seine Aktivitäten hatten eine immense Spannweite. Dies macht es unter anderem so schwierig, sein Werk auf einen kurzen Nenner zu bringen. „Aus dem Gesagten folgt, dass Versuche, dem Sombartschen Werk eine ordnende Struktur aufzuerlegen, zwar nützlich sind, angesichts des widerborstigen Gegenstands aber notwendigerweise unvollkommen bleiben müssen“ (Glombowski 1998, S. 70).

Bereits seine frühen Schriften trugen ihm einerseits Ruhm, andererseits heftige Feindschaften ein. „Er verkörperte in einer manchmal als „unwissenschaftlich“ gescholtenen Weise, Positives und Bedenkliches der historischen Schule in ihrer späten Ausprägung. Nur langweilig war er nie“ (Bertram Schefold 1993d, S. 30). Letzterer Aussage kann ich uneingeschränkt zustimmen.

10.7.16.1 Thesen von Sombart

Sombart versuchte auf seine eigene Weise, Theorie und Geschichte zu verbinden. Unterschiedliche Wirtschaftsformen sollten durch eine Abfolge unterschiedlicher Wirtschaftssysteme erklärt werden. Zentral war dabei die Vorstellung, dass in jeder Wirtschaft eine bestimmte „Wirtschaftsgesinnung“, ein „Wirtschaftsgeist“ herrsche, womit er „alle Wertvorstellungen, Zwecksetzungen, Maximen, die in den die Wirtschaft gestaltenden Personen ... lebendig werden“ meint ... Die Wirtschaftsprinzipien gliedert er nach einfachen Dichotomien und spricht einerseits vom Gegensatz zwischen „Bedarfsdeckungs-„ und „Erwerbsprinzip“, andererseits von „traditionalistischer“ oder „rationalistischer Wirtschaftsführung“ (Schefold 1993d, S. 30). Das Wirtschaftsleben baue auf geistige UND materielle, natürliche UND künstliche Gegebenheiten auf, dabei insbesondere auf die „Kulturbedingungen“, die die Bildung der Menschen einschließen.

Ein Wirtschaftssystem ist bei ihm „eine bestimmt geartete Wirtschaftsweise, d.h. eine bestimmte Organisation des Wirtschaftslebens, innerhalb deren eine bestimmte Wirtschaftsgesinnung herrscht und eine bestimmte Technik zur Anwendung gelangt. In dem Begriff des Wirtschaftssystems wird die historisch bedingte Eigenart des Wirtschaftslebens zu einer begrifflichen Einheit zusammengefasst" (Sombart, zitiert in: Schefold 1993d, S. 30).

Ein Wirtschaftssystem war „eine als sinnvolle Einheit erscheinende Wirtschaftsweise, bei welcher die Grundbestandteile der Wirtschaft, nämlich Geist (Wirtschaftsgesinnung), Form (Ordnung) und Technik jeweils eine bestimmte Gestaltung aufweisen; ... Mit Geist meint Sombart die Wirtschaftsgesinnung, die einer Epoche das Gepräge gibt, etwa den Geist der Gotik oder den Geist des Kapitalismus; mit dem Begriff Form (Ordnung) wird die soziale Geordnetheit erfasst; Technik wird verstanden als Mittelwahl bei gegebenem Zweck ... wohlgemerkt: Es geht beim Wirtschaftssystem um die sinnvolle Vereinigung von Strukturelementen der Grundbestandteile, um Sinnverwandtschaften, um Sinnadäquanz. Sombart: „Es gibt so viele Wirtschaftssysteme, als es sinnvolle Möglichkeiten der Gestaltung des Wirtschaftslebens gibt" (1925, S. 15)" (Kolb 1997, S. 111).

Dabei schloss Sombart auch zukünftige bzw. ideell mögliche Gestaltungen des Wirtschaftslebens ein, soweit sie „sinnvoll" seien.

Charakteristisch für das Vorgehen von Sombart und seinen Versuch, ein eigenes System der Volkswirtschaftslehre aufzubauen, war die genannte Dreiteilung, die bei der Analyse vorliegender, zukünftiger und ideal gedachter Wirtschaften anzuwenden sei:

(1) als Aspekt des Geistes: Die Wirtschaftsgesinnung;
(2) als Aspekt der Form: Die Wirtschaftsordnung;
(3) als dritter Aspekt: Die Technik.

Sombart verwendete dann den Begriff des Wirtschaftssystems, um damit die Wirtschaftsentwicklung zu klassifizieren und zu periodisieren. Die drei genannten Elemente mussten aus den Wirtschaftssystemen herausgefiltert werden. So ließen sich z.B. auch Früh-, Hoch- und Spätkapitalismus unterscheiden. Die vorkapitalistische Gesellschaft war durch das Bedarfsdeckungsprinzip, die Idee vom standesgemäßen Unterhalt, Traditionen und solidarisches Verhalten untereinander gekennzeichnet. Hier gab es noch keine freie Konkurrenz, keine dynamische technische Entfaltung, kein ungebundenes Ertragsstreben. Im Hochkapitalismus, in dem sich das wirtschaftliche Zeitalter voll entfaltete, und die Menschen das Ziel einer Bereicherung in den Mittelpunkt gestellt hätten, sei dann das Bedarfsdeckungsprinzip endgültig durch den Erwerbstrieb abgelöst worden.

Sombart glaubte mit seiner Lehre von den Wirtschaftssystemen die empirisch-historischen und abstrahierend-theoretischen Vorgehensweisen miteinander verknüpft und damit die im Methodenstreit postulierte Methodenantinomie überwunden zu haben. Trotz einer Reihe von Einwendungen von Fachkollegen, die sich auf Ungenauigkeiten, gewollte Stilisierungen und überspitzte Thesen bezogen, war dieses Werk Sombarts meines Erachtens doch zumindest eine anregende Einführung in die Geschichte der kapitalistischen Entwicklung.

So konstatierte er z.B., dass auch der vorkapitalistische Mensch so reich wie möglich werden wollte. Doch diese „Jagd nach Gold und Geld“ hatte damals in der Regel „außerhalb des Nexus der Güterproduktion“ stattgefunden. Der große Einschnitt in der europäischen Wirtschaftsgeschichte fand nach Sombart im 14. und 15. Jahrhundert statt, dem Zeitalter der Renaissance. Hier entstand nach ihm der kapitalistische Wirtschaftsgeist, wie er ihn auch zu seinen Lebzeiten noch vorfand. Aus einer statischen Gesellschaft wurde eine dynamische, aus Ruhe Unruhe, das Lebenstempo beschleunigte sich, ein Bedürfnis nach Abwechslung der „Reizungsqualitäten“ wegen einer rascheren Übersättigung entstand. Berufe differenzierten sich aus, es entwickelte sich eine „marktmäßige Ordnung“ mit Angebot und Nachfrage, die die Preise bestimmten. „Es ist jener Geist, der seit dem ausgehenden Mittelalter die Menschen aus den stillen, organisch gewachsenen Liebes- und Gemeinschaftsbeziehungen herausreisst und sie hinschleudert auf die Bahn ruheloser Eigensucht und Selbstbestimmung“. Dabei galten die Sympathien Sombarts dem nun entstehenden FRÜHkapitalismus, in dem sich die unternehmerische Seele, die sich durch Wagemut, Rastlosigkeit und Entschlossenheit auszeichnet, noch mit einer Bürgerseele, die Wohlanständigkeit, Fleiß und Sparsamkeit verkörpert, vereinte. Im Frühkapitalismus hielten sich diese beiden gegensätzlichen Naturen die Waage und in Schach. Das Erwerbsstreben und der damit verbundene erwünschte Reichtum war laut Sombart im Frühkapitalismus noch nicht Selbstzweck. Er sollte vielmehr dazu dienen, Lebenswerte zu schaffen. Und auch die Einstellung zur Technik war von ethischen Werten mitgeprägt: Natürlich wollte man neue technische Verfahren, wenn sie mehr Profit erbringen, aber nicht auf Kosten der Gemeinschaft, nicht auf Kosten des Glücks anderer Menschen.

Dies änderte sich jedoch, gemäß Sombart, ab ca. 1760. Nun erlangte die Unternehmerseele eine nicht mehr an die bürgerliche Wohlanständigkeit gekoppelte Eigenständigkeit. Die bürgerlichen Tugenden verlören ihr Fundament. Der unternehmerische Tatendrang stiege, jedenfalls grundsätzlich, ins Maßlose, nicht mehr gebremst durch sittliche Beschränkungen. Der Gewinnmaximierung würde alles geopfert, auch die Qualität der produzierten Waren, wenn es sich nur lohne. Neue Maschinen wurden erfunden, die Zeit der Massenproduktion begann, die Landflucht setzte ein, auch die Arbeitskräfte unterlägen nun dem Mechanismus von Angebot und Nachfrage, der Mensch würde vom Individuum zum Produktionsfaktor.

Im Abschlussband des Werkes „Der moderne Kapitalismus" (1927) ist deutlich ein Pessimismus gegenüber der Entwicklung herauszuhören: Gleichförmigkeit, Entfremdung, Verdinglichung, Anonymisierung. Das „System" des Kapitalismus halte nicht nur die Arbeiter nieder, es erniedrige letztlich alles zu Funktionen des Sachvermögens. Da der soziale Status nun nicht mehr mit der Geburt erworben werde, komme es zu Beschleunigung und Unruhe. Es entstünde ein permanenter Tätigkeitsdrang. Geld sei nicht mehr Mittel zum Zweck sondern sein eigener Zweck. Es gebe keine Begrenzung der wirtschaftlichen Aktivität mehr. Der Zweck des Wirtschaftens habe sich vom Menschen abgelöst.

Mit Hilfe seines dreigegliederten Ansatzes: Wirtschaftsgesinnung, Wirtschaftsordnung und Technik versuchte Sombart letztlich, im Rahmen seiner verstehenden Ökonomik zu einer zeitlos gültigen Theorie vorzustoßen.

Die Volkswirtschaftslehre war für ihn weitgehend eine Lehre von den Wirtschaftssystemen.

Sombart beschäftigte sich neben ökonomischen immer auch intensiv mit soziologischen Fragen. „Nach Sombarts ontologischer Sichtweise ist die Ökonomik Teilbereich der Soziologie, einer unter mehreren objektgebundenen Einzelsoziologien. Ihnen übergeordnet ist die Noo-Soziologie (Noologie hier gleich Erkennen der letzten Gründe), die als „Allgemeine Soziologie" eine kulturelle Kategorienlehre mit Allwissenschaftsanspruch ist" (Brandt 1993, Band 2, S. 256). Sombart betrachtete die Wirtschaft nicht isoliert, sondern stellte sie in einen politischen, historischen und vor allem gesellschaftlichen Zusammenhang. Besonders interessierte ihn bei allen wirtschaftlichen Problemen der Blickpunkt: Kapitalismus versus Sozialismus und die Frage, wie es mit dem Hochkapitalismus weitergehe, eine Frage, die auch heute noch aktuell ist.

Methodologisch ausgerichtet war sein ca. 350 Seiten starkes Werk „Die drei Nationalökonomien" (1930); Eine persönliche Anmerkung dazu: Ein älterer Kollege empfahl mir die Lektüre noch bei meinem Dienstantritt 1978 in Innsbruck als unverzichtbares Rüstzeug für jeden Ökonomen. Das Buch war Sombarts Versuch, den immer noch nicht gänzlich aus der Welt geschafften „Methodenstreit" zu schlichten und einer Lösung zuzuführen.

Sombart unterschied darin drei Arten von politischer Ökonomik:

(1) „Die richtende Nationalökonomie" (in der mir vorliegenden 2. Auflage S. 21-84), die, orientiert an metaphysischen Maßstäben, zu entscheiden hätte, was richtig und falsch sei. (Beispiel: die Frage nach dem „gerechten" Preis). Sombart sah sie als eine Normwissenschaft an. Sie beschäftige sich damit, was sein solle. Er führte aus: „An die Stelle des Beweises tritt die Liebe ... Für Werte lebt man, für Werte stirbt man, wenn es notwendig ist. Werte beweist man aber nicht". Es handle sich hierbei also nicht um Wissenschaft sondern um Metaphysik. Er bestritt den wissenschaftlichen Charakter dieser Teildisziplin;

(2) „Die ordnende Nationalökonomie" (S. 85-139). Hier würden aus den Naturwissenschaften stammende Denkweisen auf die Ökonomie angewandt (Beispiel: Neoklassische Theorien). Sie sei durch Demokratisierung, Differenzierung und Säkularisierung entstanden. Durch die den Naturwissenschaften entlehnten Vorgehensweisen: Mathematisierung, Quantifizierung und Elementarisierung könne sie nur messen, ordnen und beschreiben. Die ordnende Nationalökonomie sei zwar echte Wissenschaft, die zu ihr gehörende reine Theorie verwende jedoch „kunstvolle Schemata", die sie weltfremd mache. Die ordnende Nationalökonomie müsse auf Wesenserkenntnis verzichten: „Sie kann keine Antwort auf die Fragen: woher? wodurch? wozu? erteilen". Bezüglich soziokultureller Sachverhalte und Erscheinungen leugnete er, dass es möglich sei, vorausbestimmte Gesetzmöglichkeiten abzuleiten. Er sah die zukünftigen Erscheinungsformen als Produkte des freien Willens, der sich einer systematischen Vorhersagbarkeit entzöge;

(3) „Die verstehende Nationalökonomie"(S. 140-276, sie nahm den größten Teil des Buches ein). Sie nehme die Tatsache ernst, dass die Wirtschaft ein Teilsystem der Gesellschaft sei. Die Folgerung: Die Nationalökonomie sei Soziologie, d.h. eine Wissenschaft vom menschlichen Zusammenleben. Sie sei geisteswissenschaftlich orientiert, historisch und theoretisch zugleich, und wolle die Motive des ökonomischen Lebens im Ganzen erfassen. Sie wollte die Sinnzusammenhänge der Wirtschaft über das Wesensmäßige zu erfassen suchen. Sombart entwickelte hierbei den Begriff der „Gestaltidee", die der Nationalökonomie ein System geben solle und die er als tragenden Begriff der verstehenden Nationalökonomie betrachtete. Dem genüge seine Idee vom Wirtschaftssystem mit seinen Kategorien: Wirtschaftsgesinnung,

Wirtschaftsordnung und Technik. Sombart war überzeugt davon, dass mit der Idee des Wirtschaftssystems die Ökonomik als wissenschaftliche Disziplin stehe und falle.

Sombart favorisierte, wie dem Vorstehenden zu entnehmen war, Kategorie (3): „Die verstehende Nationalökonomie". Die Ökonomik sei eine geisteswissenschaftliche Disziplin. Naturwissenschaftliches Denken auf dem Gebiet der Ökonomik lehnte er ab. Sombart sah die Hilfeleistungen der Ökonomik für die Gesellschaft nicht mehr wie Schmoller in einem praxisbezogenen Gebrauch, wie z.B. bei der Lösung sozialer Probleme, sondern in der „Schulung" und „Weitung" des Geistes.

Im Werturteilsstreit stand Sombart auf der Seite Max Webers, dass der Ökonom keine Werturteile in seine theoretischen Aussagen einbringen dürfe. Er war aber in seinen eigenen Schriften diesbezüglich weniger streng.

Den Regulierungskräften des Marktes stand er zeitlebens skeptisch gegenüber. Die Grenznutzenlehre wird in den Vorlesungsmitschriften von Sombart unter § 13 (S. 69-74) behandelt. Ohne Mathematik wird die Lehre in eine Genuss-, eine Nutzwert- und Kostenwertlehre (S. 69) gegliedert. Am Ende der diesbezüglichen Ausführungen folgt das Urteil: „Indessen bleibt der Wert der Grenznutzenlehre auch so recht fragwürdig und der Erkenntniswert sehr bedingt" (Sombart 1960, S. 74).

Aber die Schlussfolgerung, Sombart sei theoriefeindlich eingestellt gewesen, wäre völlig falsch. Ein „Beweis" waren seine konjunkturtheoretischen Überlegungen. Sombart sah Konjunkturzyklen als typisch für den Kapitalismus an. Seine konjunkturellen Überlegungen bestanden aus vielen Elementen, die zwar nicht zu einer einheitlichen, stringenten Theorie zusammengeführt wurden, aber doch eindeutig theoretische Überlegungen waren.

Hinzufügen muss man, dass sich Sombart „während der Weltwirtschaftskrise entschieden für eine Wirtschaftspolitik einsetzte, die man als „keynesianisch" bezeichnen kann, und sich damit in schroffen Gegensatz zur erdrückenden Mehrheit der deutschen Professoren stellte" (Backhaus 1989b, S. 77). „Wohl orchestriert von Stolper wandten sich in seltener Einmütigkeit beinahe alle deutschen Ordinarien für Volkswirtschaftslehre gegen eine kreditfinanzierte Beschäftigungspolitik" (Backhaus 1989b, S. 79). Eine Ausnahme hierbei war Sombart. Er wandte sich dabei sogar gegen eine öffentliche Nachfragesteigerung, die aus Steuereinnahmen finanziert würde, eine frühe Einsicht analog dem Haavelmo-Theorem, und votierte für kreditfinanzierte Beschäftigungsmaßnahmen. Dies war aus Gründen der Inflationsfurcht unpopulär: Sombart wies darauf hin, diese Furcht sei solange unbegründet, als die öffentlichen Ausgaben zu einer unmittelbaren Produktionssteigerung führten. Also auch hier Theorie, und zwar erstaunlich moderne Makrotheorie.

10.7.16.2 Rezeption von Sombart

Bei seinen zeitgenössischen Fachkollegen galt Sombart als Außenseiter, nicht zuletzt wegen seines persönlichen Umganges mit Sozialdemokraten zunächst als der „rote" Professor, ja geradezu als ein „enfant terrible". Zum einen war dies auf seine schwierige Persönlichkeit und seine persönlichen politischen Bekanntschaften zurückzuführen. Zum anderen auch auf seine Auffassungen: Bereits seine positive Besprechung des dritten Band des „Kapital" brachte ihm neben dem genannten schriftlichen Lob von Friedrich Engels nicht die ungeteilte Zustimmung seiner Kollegen ein. Auch seine Deutung des Kapitalismus mit seinen unausweichlichen Sachzwängen schaffte ihm nicht gerade Freunde. Zudem stand er der Demokratie und der „Masse" eher negativ gegenüber, und zeigte schonungslos ihre Schwächen auf. Damit blieben ihm nicht mehr viele Auswege: Marx wurde von ihm (später) verworfen, der Hochkapitalismus war keine Lösung, und dies alles vor dem Hintergrund eines von ihm deutlich konstatierten Kulturverfalls. Er wurde zum Kulturpessimisten. Am Ende setzte er auf einen politischen Erlöser, eine Führergestalt. Auch dies eine Sicht, die nicht von der gesamten Zunft geteilt wurde, insbesondere natürlich was die posthume Einschätzung nach dem zweiten Weltkrieg betrifft.

Joseph Schumpeter charakterisierte Werner Sombart in seiner „Geschichte der ökonomischen Analyse" wie folgt: Sombart hätte sich bemüht, die Volkswirtschaftslehre einer allumfassenden Soziologie einzuverleiben. „Er verwarf alle Bedenken hinsichtlich der professionellen Kompetenz und übertraf sogar Schmoller. Sein „Moderner Kapitalismus" stellt einen dritten Typus einer Synthese der Historischen Schule dar … Er enthält die Vision vom Geschichtsablauf, die einen künstlerischen Anstrich hat und ihren wissenschaftlichen Charakter durch die Heranziehung historischer Fakten erhält, die in den Rahmen eines primitiven analytischen Schemas gestellt sind. Seine Theorien sind jedoch nicht ausschließlich oder auch nur in erster Linie ökonomischer Natur. Sein Unternehmen lässt keine Einteilung in Fachgebiete zu. Alle in der Totalität des Geschichtsablaufs wirksamen Faktoren werden einbezogen" (Schumpeter 1965, S. 998).

Interessant war Schumpeters Einschätzung 1927 anlässlich seiner umfangreichen Besprechung des dritten Bandes der Neuauflage des „Modernen Kapitalismus": „Marx analysiert, Sombart skizziert. Marx arbeitete ein Leben lang an einem der Idee und Absicht nach einzigen Gedankengang. Sombart hat und registriert Impressionen. Marx ringt um Problemlösungen, Sombart streut Gesichtspunkte aus und überlässt sie ihrem Schicksal. Marx interessiert die Antwort, Sombart die Frage. Der Gedanke an Unstimmigkeiten im System ist für Marx unerträgliche Qual, und er plagt sich durch Jahre und den Leser durch hunderte von Seiten, um sie zu überwinden, Sombart ist nichts gleichgültiger als eine Unstimmigkeit“ (Schumpeter 1927, zitiert in: Glombowski 1998, S. 72).

Günter Schmölders urteilte: „sein Künstlertum, seine „im Alter zunehmende Lust am Paradoxen“ und die Freude am „schneidigen Formulieren“ darf aber nicht darüber hinwegtäuschen, dass er eine Gelehrtenpersönlichkeit von großem Format war, von der eine starke Ausstrahlung auf die Studierenden und auf alle jüngeren Kollegen ausging“ (Schmölders 1988, S. 117/118), und man muss hinzufügen, auch (und später vor allem) im Ausland.

Werner Sombart hat nie direkt eine eigene Schule begründet. Aber er hat viele Studierende beeinflusst, so. z.B. Talcott Parsons (1902-1979), der 1927 in Heidelberg über Max Weber und Werner Sombart dissertierte. Und noch größer als die Zahl seiner Schüler war vermutlich die Zahl der „Entlaufenen“. Als er an seinem 70. Geburtstag darüber klagte, dass er keine Schüler habe, erwiderte ihm Edgar Salin (1892-1974), der bei ihm Vorlesungen gehört hatte und zeitweise in seinem Hause verkehrte: „Aber niemand unter den deutschen Gelehrten hat so viele entlaufene Schüler wie Sie, und dazu rechne ich mich“ (siehe dazu: Vom Brocke 1987, S. 57). Und nennen muss man auch seinen unleugbaren großen Einfluss auf das Werk seines Freundes Max Weber. „Kaum überschätzt werden kann in ihrer Bedeutung für beider Werk die komplexe Freundschaft mit Max Weber (1864-1920). Mangels einer zugänglichen Korrespondenz wissen wir bisher wenig über die Tiefe und Wandlungen ihrer persönlichen Beziehungen ... Die berühmte, 1904 im „Archiv“ veröffentlichte Studie „Die protestantische Ethik und der Geist des Kapitalismus“ ist Webers Antwort auf Sombarts „Genesis des kapitalistischen Geistes“ in seinem zwei Jahre zuvor erschienenen „Modernen Kapitalismus“. Umgekehrt hat Webers Aufsatz Sombarts eigene Behandlung des Themas stark beeinflusst ... In methodologischen Fragen suchte Sombart Anlehnung bei Weber, und nach dessen Tod bei Max Scheler“ (Vom Brocke 1987, S. 35/36).

Sombart war, wie bereits festgestellt, im ersten Viertel des 20. Jahrhunderts unbestritten einer der wichtigsten und bekanntesten deutschsprachigen Ökonomen und zwar nicht nur im Inland sondern auch im Ausland. Umso erstaunlicher ist es, dass er im zeitgenössischen akademischen Unterricht und in der Literatur kaum noch Beachtung findet, ja den Studierenden ist oft sogar der Name „Sombart“ unbekannt. Worauf ist dies (vermutlich) zurückzuführen?

Jörg Glombowski führt als mögliche Gründe für den Bedeutungsverlust Sombarts in der heutigen Ökonomik an:

(1) Seine zeitweilige Nähe zum Nationalsozialismus;

(2) Die andere Entwicklungsrichtung, die die moderne Ökonomik nach dem 2. Weltkrieg eingeschlagen hat: Neoklassik, Ökonometrie, mathematisierte Wirtschaftstheorie;

(3) Bei marxistisch inspirierten Ökonomen seine spätere vehemente Ablehnung von Karl Marx;

(4) Die enorme disziplinäre Verengung der Ökonomik der Nachkriegzeit;

(5) Die allgemeine Abwendung von der deutschsprachigen Literatur und die starke Orientierung an der angelsächsischen Ökonomik.

Hinzufügen könnte man meines Erachtens noch: Eine generelle Abneigung der modernen Ökonomik gegen langfristige Entwürfe, und Sombarts Nähe zur „verachteten“ historischen Schule.

Wenn der Name Sombart fällt, wird in der Regel sofort seine Position gegenüber dem Nationalsozialismus diskutiert. Tatsächlich war diese Position, zumindest was seine Schriften anging, lange Zeit unklar.

„Während der Weimarer Republik entwickelte sich Sombart zu einem der führenden Köpfe des sozialkonservativen Lagers und deutscher Mittelstandsideologie. Mit Salin, Spann, Spengler ... aber auch mit „nationalen Sozialisten“ wie Gregor und Otto Strasser verbanden ihn Antimarxismus, Antikapitalismus und die Suche nach einem eigenen deutschen Weg, die Ablehnung der Industriegesellschaft und der Wunsch, soziale und wirtschaftliche Werte der vorindustriellen Zeit wiederzuerwecken“ (Vom Brocke 1987, S. 50).

In seiner Schrift „Die Zukunft des Kapitalismus“ (1932) gab er im Schlusswort seiner Hoffnung auf einen „Träger eines entschlossenen Willens“ bzw. eines „Einzelwillens“ im Stile von Lenin oder Mussolini Ausdruck. Dabei äußerte er die Hoffnung, dieser möge „der wissenschaftlichen Beratung nicht völlig entraten“.

Und auch im Buch „Deutscher Sozialismus“ (1934) bekannte er sich eindeutig zum „Führerprinzip“ und war gegen die Juden. Allerdings kam darin auch seine Abneigung gegen das industrielle Zeitalter zum Ausdruck. Während der linke Sozialismus die Industrialisierung befürworte und nur eine Umverteilung wolle, solle der neue „deutsche Sozialismus“ die Industrialisierung zurückweisen. Eine staatliche Planung, ein Staatsinterventionismus und eine wirtschaftliche Autarkie wurden befürwortet, aber der technische Fortschritt solle im Sinne einer Technologiefolgenabschätzung (hier klingt eine Analogie zu den modernen Umweltverträglichkeitsprüfungen an) kontrolliert und in Deutschland eine teilweise Reagrarisierung durchgeführt werden. Durch einen Verzicht auf die technischen Wohltaten der Neuzeit gewönne man den Reiz einfacher Lebensweisen. Deutschland sei „aus der Wüste des ökonomischen Zeitalters herauszuführen", selbst wenn damit Rückschritte verbunden seien.

Diese Ideen und damit das ganze Werk fanden aber trotz propagiertem Führerprinzip und den Bemerkungen über die Juden nicht die Zustimmung der Nationalsozialisten, die hochentwickelte Techniken favorisierten (Hegemoniebestrebungen und Kriegsvorbereitungen). Ihr Urteil: Das Buch entspräche nicht der nationalsozialistischen Weltanschauung. Der „Deutsche Sozialismus" verstieß gegen den Totalitätsanspruch der Partei: „Es gibt nur einen Weg, den unseres Führers Adolf Hitler, und keinen zweiten des Herrn Professor Sombart" stellte der „Völkische Beobachter" fest (Zitat in: Brocke 1987, S. 54). Den Studenten wurde sogar offiziell von einem Besuch seiner Veranstaltungen abgeraten. Dies bewirkte unter anderem bei Sombart nach einer anfänglichen Zustimmung zum NS-Regime ab 1934 eine Abkehr davon.

Höhepunkt dieser Abkehr war sein Spätwerk: „Vom Menschen; Versuch einer geisteswissenschaftlichen Anthropologie" (1938). Dieses Werk widersprach der nationalsozialistischen Rassenideologie so deutlich, dass die Nationalsozialisten seinen Vertrieb behinderten. Das prominenteste Mitglied der „jüngsten historischen Schule" war im NS-Reich damit wissenschaftspolitisch abgeschrieben, galt als altmodisch und wurde weitgehend missachtet.

Meine subjektive Meinung (der man sich nicht anzuschließen braucht, vielleicht auch nicht soll): Sombart war kein überzeugter Nationalsozialist, jedenfalls nicht mehr nach deren Machtübernahme. Er diente sich den jetzt herrschenden Nationalsozialisten zwar zunächst an, war aber enttäuscht, als er nicht die entsprechende Anerkennung und „Belohnung" für sein politisches Entgegenkommen erhielt. Daher dann auch die Abkehr. Aber dass er zumindest in den Anfangsjahren Sympathien für die Doktrin des Nationalsozialismus hatte, kann meines Erachtens nicht bestritten werden.

Sein Werk erscheint mir wie ein ausgedehnter Steinbruch, in dem der heutige Ökonom neben Geröll auch manche Granitplatte finden könnte, auf der aufzubauen sich lohnte. Ja ich würde sogar so weit gehen, zu sagen, es finden sich dort verstreut Rohdiamanten, die mit modernen Methoden und Einsichten zu neuem Glanz geschliffen werden sollten.

10.7.17 ARTHUR SPIETHOFF (1873-1957);

VITA VON SPIETHOFF

1873:	Geboren am 13.5.1873 in Düsseldorf;
1907:	Nach einem Studium der Nationalökonomie in Berlin und seinem Examen Assistent von Gustav Schmoller, dann Habilitation (1907) an der Universität Berlin;
1908:	Ordentlicher Professor an der deutschen Universität Prag;
1918:	Bis 1939 ordentliche Professur an der Universität Bonn. Jetzt gab Spiethoff die Fachzeitschrift „Schmollers Jahrbuch“ offiziell heraus, die er als Assistent Schmollers de facto schon vorher betreut hatte;
1933:	Erscheinen der Festschrift „Der Stand und die nächste Zukunft der Konjunkturforschung“ zu seinem 60. Geburtstag (Herausgeber: G. Clausing);
1955:	Im Alter von 82 Jahren (!!) publizierte Spiethoff sein Hauptwerk „Die wirtschaftlichen Wechsellagen“;
1957:	Am 4. April starb Arthur Spiethoff in Tübingen.

EINIGE WERKE VON SPIETHOFF

„Vorbemerkungen zu einer Theorie der Überproduktion“ (1902, Aufsatz);

„Die Krisentheorien von M.v. Tugan-Baranovsky und L. Pohle“ (1903, Aufsatz);

„Österreichs Finanzen und der Krieg“ (1915);

„Business Cycles” (Handwörterbuch der Staatswissenschaften 1923);

„Krisen“ (Handwörterbuch der Staatswissenschaften, Band VI, 1925, S. 8 ff);

„Der Einfluss der Golderzeugung auf die Preisbildung 1890-1913“ (1928);

„Probleme der Wertlehre“ (zusammen mit Ludwig von Mises, 2 Bände, 1931-1933);

„Die allgemeine Volkswirtschaftslehre als geschichtliche Theorie: Die Wirtschaftstile“ (1932, Aufsatz);

„Boden und Wohnung“ (1934);

„The Historical Character of Economic Theories“ (1952, Aufsatz);

„Pure Theory and Economic Gestalt Theory” (1953, Aufsatz);

„Die wirtschaftlichen Wechsellagen: Aufschwung, Krise, Stockung" (2 Bände, 1955).

10.7.17.1 Thesen von Spiethoff

Joseph Schumpeter charakterisierte Spiethoff als einen Wissenschaftler, der für jedes seiner großen Forschungsprojekte einen sorgfältigen Begriffsapparat konstruierte. Er schrieb weiter über ihn: „Auch darf nicht übersehen werden, dass er zwar weitreichenden kulturellen Interessen nachging, aber dennoch ein Forscher innerhalb der traditionellen Grenzen der Wirtschaftswissenschaft blieb. Er bemühte sich nicht, die Volkswirtschaftslehre einer umfassenden Soziologie einzuverleiben; in dieser Hinsicht folgte er Schmollers Beispiel nicht" (Schumpeter 1965, S. 998).

Bekannt geworden ist Spiethoff vor allem durch seine Konjunkturtheorien. Er gründete seine konjunkturellen Überlegungen auf eine systematische Tatsachenforschung und gilt als einer der Begründer der modernen Konjunkturforschung. Konjunkturen waren für ihn ein typisches Merkmal des kapitalistischen Wirtschaftsstiles, d.h. sie ergaben sich endogen („inkräftig") als Folge dieses Wirtschaftsstils.

In seinem Hauptwerk „Die wirtschaftlichen Wechsellagen" entwickelte er eine originäre Variante einer Disproportionalitätentheorie, einer nichtmonetären Überinvestitionstheorie, in der neben realwirtschaftlichen auch institutionelle und psychologische Faktoren wirkten, also materielle und immaterielle Umstände. Auslöser war eine unausgewogene Entwicklung der Konsumgüter- und Produktionsmittelindustrie. Er unterschied dann die drei Phasen: Aufschwung, Krise und Stockung. Empirisch verwendete Spiethoff dabei Daten von 1822-1913, und zwar Indikatoren wie Marktzins, Aktienkurse, Güterpreise etc. Die von ihm ermittelte Dauer von Konjunkturzyklen betrug 7-11 Jahre. „Seine konjunkturtheoretischen Überlegungen haben der empirisch-statistischen Konjunkturforschung in Deutschland großen Aufschwung gegeben und sind auch im Ausland stark beachtet worden" (Rieter 1994, S. 155).

Sogar im Ökonomen-Lexikon der DDR wurde Spiethoffs Konjunkturtheorie (fast positiv) gewürdigt: „Spiethoffs Wechsellagentheorie bezieht sich also auf den objektiven Prozess der relativen Kapitalüberproduktion und der Vernichtung des relativen Kapitalüberschusses durch die Krise, ohne allerdings in das sozialökonomische Wesen dieses Prozesses einzudringen" (Ökonomenlexikon 1989, S. 538).

Spiethoff entwickelte, und das scheint mir genau so wichtig zu sein, das Konzept des „Wirtschaftsstils" weiter. Diese Wirtschaftsstile, abgeleitet aus historisch und sozial bedingten wirtschaftlichen Erscheinungen, sollten ein „ideales" Abbild der Wirklichkeit sein, aber kein „Idealtyp". Idealtypen wurden von ihm als hypothetische Konstrukte angesehen, die wirklichkeitsfern seien, da sie nur das enthielten, was in den Axiomen anfangs schon angelegt sei. Im Gegensatz dazu Spiethoffs Realtypen: „Regelmäßigkeiten eines wiederkehrenden geschichtlichen Gegenstandes unter Reinigung von dessen geschichtlichen Einmaligkeiten".

„Weit mehr als Sombart, … ist er – mit Distanz zu nur denkbaren Ordnungen – an der historischen Realität orientiert. Zudem gibt Spiethoff seiner „geschichtlichen Theorie", der das Ziel gesetzt wird, mittels der Wirtschaftsstile Denkgebilde in Form von „Abbildern der Wirklichkeit" vorzulegen, ein ausgesprochen relativistisches Gepräge. Er behauptet, den von Veränderungen begleiteten wirtschaftlichen Erscheinungen könne die Theorie nur nahe kommen, wenn sie die Verschiedenheiten in „Musterbeispielen" einfange" (Kolb 1997, S. 111/112). Somit müsse man so viele Musterbeispiele des wirtschaftlichen Zusammenlebens erstellen, „dass sie in ihrer Gesamtheit die Verschiedenartigkeiten gesellschaftlich wirtschaftlicher Gestaltung widerspiegeln". Eine umfassende allgemeine Volkswirtschaftslehre bestehe „aus einer Reihe von Teillehren mit beschränkter Gültigkeit. Wir bedürfen ihrer so viele, wie wir Wirtschaftsstile unterscheiden" (Spiethoff zitiert in: Kolb 1997, S. 112).

Das bedeutet, Spiethoff wollte die Volkswirtschaftslehre von der Idee der Wirtschaftsstile her aufziehen. Man könne damit die Gegensätze zwischen theoretischer und historischer Analyse überbrücken, also letztlich auch ein Beitrag zur Methodenkontroverse und zur Überwindung der Kluft zwischen den „feindlichen" Auffassungen: „Die allgemeine Volkswirtschaftslehre ist eine geschichtliche Wissenschaft, in sofern ihre Gültigkeit abhängt von der Gültigkeit des ihr zugrunde gelegten Wirtschaftsstils. Für die Geltungszeit und den Geltungsbereich dieses Stils ist sie allgemein gültig und insofern ist sie theoretische Wissenschaft. Wegen ihrer Eigenschaft als geschichtliche Wissenschaft stellt die allgemeine Volkswirtschaftslehre eine geschichtliche Theorie dar. Geschichtliche Theorie heißt Theorie von zeitlicher Bedingtheit und Gültigkeit. Geschichtliche Theorie ist zeiteigene, zeitgebundene Theorie" (Spiethoff zitiert in: Rieter 1994, S. 154). Dies war Spiethoffs Auffassung bezüglich des Methodenstreits. Die reine Theorie sei ungeeignet, die Realität zu erklären, denn sie stelle auf ein „unwirkliches Gebilde", eine „zeitlose Wirtschaft" ab, wohingegen die Geschichte in Epochen eingeteilt werden kann, die sich klar abgrenzen ließen. Diese Epochen waren letztlich verschiedenen Wirtschaftstilen zugeordnet.

Spiethoff nannte dabei fünf Hauptmerkmale zur Bestimmung von Wirtschaftsstilen:

- Wirtschaftsgeist;
- Natürliche und technische Grundlagen;
- Gesellschaftsverfassung;
- Wirtschaftsverfassung;
- Wirtschaftsverlauf (dies waren stagnierende oder fortschreitende Wirtschaften, konjunkturelle Schwankungen).

„Als Arbeitsinstrument will Spiethoff mit diesem Stilbegriff – analog der Kunstgeschichte – die im Nacheinander der Stilepochen sichtbar werdenden Verschiedenartigkeiten des Wirtschaftslebens, nicht eine zwangsläufige Entwicklung theoretisch erfassen. Er … will aber auch keine zeitlose Theorie begründen, da allenfalls gewisse Regelmäßigkeiten in verschiedenen Stilepochen wiederkehren, alle übrigen theoretisch gewonnenen Ergebnisse aber nur für eine jeweils bestimmte Epoche gelten. Eine Theorie könne daher nur für einen Wirtschaftsstil gegeben sein, hier sei sie als echte Theorie anwendbar“ (Winkel 1977, S. 124/125).

Die mit den Wirtschaftsstilen gegebene, stark subjektiv angelegte, Vorgehensweise ist bei Spiethoff, mit Ausnahme der Diskussion der Konjunkturverläufe, weitgehend Programm geblieben: „man sucht bei Spiethoff vergebens nach der detaillierten Bestimmung eines konkreten Wirtschaftsstiles“ (Kolb 1997, S. 112).

Zusammenfassend: Die „reine“ Theorie, die über Axiome, Modelle und Deduktion zu ihren Aussagen gelange, müsse um eine „anschauliche“ Theorie, die alle Ausprägungen der Realität erfasse, ordne und so zu allgemeinen Aussagen komme, ergänzt werden. Eine solche „anschauliche“ Theorie sei durch geisteswissenschaftliche Methoden zu erreichen.

10.7.17.2 Rezeption von Spiethoff

Arthur Spiethoff war eines der wenigen Mitglieder der historischen Schule, die einen Einfluss auf die „mainstream-economics“ hatten.

Bis zum heutigen Tag ist der Name: Spiethoff durch seine Konjunkturtheorie bekannt geblieben. Als Weiterentwicklung von Denkweisen der historischen Schule ist aber sein Wirtschaftsstilargument ebenfalls erinnerungswürdig und sollte meines Erachtens wieder aufgenommen und mit modernen Mitteln eingehend analysiert werden.

10.7.18 Max Weber (1864-1920)

Vita von Max Weber

(Die wesentlichen Daten von Max Webers Vita wurden dem Kommentarband (1992) zu seiner „Protestantischen Ethik“ und der Biographie von Hans Norbert Fügen (1995) sowie dem Buch von Christa Krüger (2001) entnommen. Zu einigen Jahresangaben gibt es in der Literatur übrigens geringfügige Unterschiede von +/- einem Jahr)

1864: Geboren am 21. April in Erfurt und getauft auf die Namen: Karl, Emil Max(imilian). Seine protestantisch-liberalen Eltern, der wohlhabende Jurist und national-liberale Parlamentarier Dr. Max Weber (1836-1897) und seine Mutter Helene, geborene Fallenstein (1844-1919) stammten aus Akademikerfamilien des gehobenen Mittelstandes. Max war deren erstes Kind, sie hatten noch 7 weitere Kinder, von denen zwei allerdings früh starben. Auch Max Weber erkrankte in seiner frühen Kindheit an einseitiger Meningitis, die lange Jahre Kopfdruck und Krämpfe nach sich zog. Dank der aufopfernden Pflege seiner Mutter erholte er sich aber langsam wieder davon. Seine aus calvinistisch-hugenottischer Tradition stammende Mutter versuchte ihm Religiosität, manchmal direkt unter Druck, nahe zu bringen. Sein Vater war hingegen religiös eher indifferent;
„Weber verbrachte die ersten neunundzwanzig Jahre seines Lebens fast ständig im Elternhaus, wo prominente liberale Politiker und berühmte Professoren der Universität Berlin sich zu treffen pflegten“ (Bendix 1971, S. 476). Es herrschte also eine intellektuell anregende Atmosphäre; „Ich bin ein Mitglied der bürgerlichen Klassen, fühle mich als solches und bin erzogen in ihren Anschauungen und Idealen“ (Max Weber zitiert in: Fügen 1995, S. 8) stellte Max Weber selbst fest. Er fuhr dann aber fort: „Allein es ist der Beruf gerade unserer Wissenschaft, zu sagen, was ungern gehört wird – nach oben, nach unten und auch der eigenen Klasse –, und wenn ich mich frage, ob das Bürgertum Deutschlands heute reif ist, die politisch leitende Klasse der Nation zu sein, so vermag ich heute nicht diese Frage zu bejahen“ (Max Weber

	zitiert in: Krüger 2001, S. 69);
1868:	Geburt seines Bruders Alfred am 30. Juli 1868;
1869:	Der Vater wurde 1869 besoldeter Stadtrat in Berlin und später national-liberaler Abgeordneter, zu dieser Zeit noch die unangefochtene Mehrheitsfraktion. Die Familie übersiedelte nach Charlottenburg. Max besuchte zunächst die Döbbelinsche Privatschule, anschließend (seit 1872) das Kgl. Kaiserin-Augusta-Gymnasium in Charlottenburg; Alfred Weber berichtet aus dieser Zeit über Max Weber „von Angstzuständen und dass der Umgang mit den derben Sprösslingen der Charlottenburger „Hausagrarier“, dem er nicht gewachsen war, keine glückliche Erinnerung hinterlassen habe. 1872 wurde die erste Berliner Wohnung am Schöneberger Ufer gegen eine eigene Villa in Charlottenburg vertauscht“ (Fügen 1995, S. 16). Max Weber schaffte das Schulpensum leicht – im Gegensatz zu seinem Bruder Alfred. Treffend sagte er von sich: Ich bin intellektuell früh, in allem Übrigen aber sehr spät reif geworden“ (Fügen 1995, S. 18).
	Max Weber las als Schüler viel, so um das 13. Lebensjahr herum: Schopenhauer, Spinoza, Kant, Goethe, mit 15 Jahren waren es historische Schriftsteller und die antiken Klassiker: Homer, Herodot, Vergil, Cicero. Gedichte interessierten ihn in dieser Phase nicht. Er las Machiavelli und hatte „früh einen selbstverständlichen Umgang mit Erwachsenen“ (Fügen 1995, S. 21). „Max hatte offenbar keine engen Schulfreunde, er war sich seiner intellektuellen Frühreife, einer gewissen Überlegenheit über Gleichaltrige bewusst und nahm hin, dass er dadurch zum Einzelgänger wurde. Den Mangel an ernstzunehmenden Gesprächspartnern versuchte er auszugleichen, indem er sich selbst ständig Einwände machte, sozusagen mit sich diskutierte – eine Eigenart, die seinen Schreibstil auch später in hohem Maß prägte“ (Krüger 2001, S. 53).
	Das Verhältnis zu seinem Bruder Alfred war durchaus nicht lieblos, aber er war stets der Erstgeborene, der geistig Überlegene, was Alfred auch deutlich empfand und äußerte. Diese Anspannung (Spannung) im Verhältnis der beiden Brüder zueinander änderte sich auch später nicht: „Auch in der Hei-

	delberger akademischen Gesellschaft sind Max und Alfred Konkurrenten. Hier scheinen die Rollen zugunsten von Alfred Weber verteilt: Seit 1907 ist er Inhaber eines Lehrstuhls für Nationalökonomie in Heidelberg, er kann frei über seine Kräfte verfügen und nimmt selbstverständlich am akademischen Leben teil; Max Weber dagegen, durch seine Krankheit reduziert und gefährdet, lebt zurückgezogen und kann seinen Lebensunterhalt nur mit Hilfe des Vermögens seiner Frau finanzieren" (Krüger 2001, S. 196).
1874:	Else von Richthofen geboren;
1882:	Max Weber bestand im Kaiserin-Augusta-Gymnasium in Charlottenburg das Abitur; Studium der Rechtswissenschaften (3 Semester) in Heidelberg, wo er auch nationalökonomische Vorlesungen bei Karl Knies (1821-1898) hörte. Er trat Anfang des zweiten Semesters in die Verbindung der Alemannen ein. „Eine gelegentliche Lust zum exzessiven Renommiertrinken begleitete Weber bis in die Freiburger Zeit" (Fügen 1995, S. 32); Aufenthalt in den Pfingstferien in Straßburg beim Onkel Otto Baumgarten;
1883/1884:	Einjähriger Wehrdienst in Straßburg; „Während der Militärzeit, von Oktober 1883 bis Ende September 1884 war Weber für die Gastfreundschaft der Straßburger Verwandten besonders dankbar ... Weber litt sehr unter dem stupiden Dienst ... Oft klagte er über allgemeine Schikane und persönliche Kränkung ... Vieles spricht dafür, dass Weber eine Anpassung an das Soldatenleben nicht gelang" (Fügen 1995, S. 34).
1884:	Ab dem Wintersemester 1883/84 Studium in Berlin (2 Semester);
1885/86:	Studium in Göttingen; Neben dem Studium der Rechtswissenschaften belegte Max Weber während seines gesamten Studiums auch historische und nationalökonomische Veranstaltungen.
1886:	Nach dem in Göttingen bestandenen juristischen Staatsexamen wurde Max Weber am 4.6.1886 als Referendar am Charlottenburger Amtsgericht vereidigt; Weber kehrte für die nächsten 7 Jahre in sein Elternhaus zurück. Die Vermögensverhältnisse der Familie hatten sich

	aufgrund von Erbschaften deutlich verbessert;
1888:	Beitritt in den Verein für Socialpolitik;
1889:	Während seiner Referendarzeit in Berlin lernte er Italienisch und Spanisch und promovierte am 28.5.1889 bei Levin Goldschmidt über die Geschichte der Handelsgesellschaften im Mittelalter zum Dr. iur. mit „Magna cum laude“. Seine Doktorarbeit hatte den Titel: „Entwicklung des Solidarhaftprinzips und das Sondervermögen der offenen Handelsgesellschaft aus den Haushalts- und Gewerbegemeinschaften in den italienischen Städten“. Hierin untersuchte er die verschiedenen Rechtsgrundsätze, nach denen mehrere Personen das Risiko, die Kosten und den Gewinn einer Unternehmung gemeinsam tragen mussten. „Nach seiner Promotion trat er in den juristischen Vorbereitungsdienst ein, der für den Anwalt und Richter vorgeschrieben war. Während dieser Ausbildung (und auch als Reserveoffizier) wurde er aus erster Hand mit den sozialen und politischen Problemen der Agrargesellschaft in den ostelbischen Provinzen vertraut“ (Bendix 1971, S. 476);
1890:	Am 18.10.1890 legte Max Weber in Berlin sein Assessorexamen ab; Teilnahme am „1. Evangelisch-Sozialen Kongress“. Hier lernte er Friedrich Naumann (1860-1919) kennen;
1890/91:	Der Verein für Socialpolitik entschloss sich zu einer Untersuchung der sozialen Verhältnisse der Landarbeiter. Dies war eine Reaktion auf die stattfindende Landflucht, eine Strukturkrise in der Landwirtschaft: Deutschland war auf dem Weg zu einem Industriestaat;
1891:	Habilitation bei August Meitzen (1822-1910) für römisches und Handelsrecht in Berlin mit einer Arbeit über römische Agrargeschichte: „Die römische Agrargeschichte der Kaiserzeit“;
1892:	Max Weber erhielt im Frühjahr 1892 die venia legendi für römisches, deutsches und Handelsrecht. Er wurde Privatdozent in Berlin; Er führte für den Verein für Socialpolitik die gewünschte umfassende Erhebung über die Lage der ostelbischen Landarbeiter durch, die 1892 im Umfang von 900 Seiten erschien. Er befasste sich auch mit dem Börsenwesen. Generell kann man festhalten, dass er zu dieser Zeit ein rie-

	siges Arbeitspensum erledigte;
1893:	Verlobung mit Marianne Schnitger (1870-1953), einer Großnichte seines Vaters und Enkelin eines wohlhabenden westfälischen Unternehmers;
	Max Weber erhielt am 1.10.1893 eine außerordentliche Professur für Handels- und deutsches Recht;
	Am 20.9.1893 Heirat seiner Verlobten Marianne in Oedinghausen. Er verließ nun sein Elternhaus. Seine Frau war in der Frauenrechtsbewegung engagiert. Sie wurde später (1919-1923) sogar Vorsitzende des Bundes Deutscher Frauenvereine;
1894:	Auf dem 5. evangelisch-sozialen Kongress wurde ebenfalls die Landarbeiterfrage behandelt. Max Weber und der evangelische Pfarrer Paul Göhre hatten hierfür eine zweite Untersuchung gestartet, die sich speziell an Geistliche wandte;
	Zum Wintersemester 1894/95 Annahme eines Rufes an die Universität Freiburg auf den Lehrstuhl Eugen Philippovichs (1857-1917), also eines Nationalökonomen. Webers Antrittsvorlesung in Freiburg hatte den Titel: „Nationalstaat und Volkswirtschaftspolitik". Marianne studierte als Gasthörerin Philosophie, Else Richthofen war Studentin bei Max Weber;
1895:	Reise nach England, Schottland und Irland mit seiner Frau Marianne;
1896:	Einladung zu den Beratungen des Börsenausschusses;
1897:	Annahme eines Rufes nach Heidelberg (14.1.1897) als Nachfolger von Knies (1821-1898) auf eine Professur für Nationalökonomie und Finanzwissenschaft; Max Weber wurde Mitglied der Getreidehandelskommission sowie Berichterstatter des Bundesrats zum Börsenausschuss. Er engagierte sich nun mehr und mehr im öffentlichen Leben, hielt Vorträge und verfasste Zeitungsartikel. Er beteiligte sich an politischen Diskussionen wie über das neue Börsengesetz. Eine Kandidatur für den Reichstag (Wahlkreis Saarbrücken) lehnte er ab;
	Am 10. August starb der Vater: Max Weber hatte sich von ihm anlässlich eines vorherigen Besuches unversöhnt getrennt;
	Marianne Weber half bei der Gründung einer Heidelberger

	Sektion des Vereins „Frauenstudium – Frauenbildung“ und übernahm den Vorsitz;
1898:	Max Weber erkrankte nach dem arbeitsreichen Wintersemester 1897/98. Er litt an schweren nervösen Erschöpfungs- und Angstzuständen. Dies machte es ihm immer schwerer, einer geregelten universitären Tätigkeit nachzukommen;
1899:	Trotz Erholungsreisen und einem Sanatoriumsaufenthalt kam es zu keiner wirklichen Besserung seines Zustandes. „Im Frühjahr ist Weber zu keinerlei geistiger Arbeit fähig; nicht zum Lesen, nicht zum Schreiben, kaum zum Denken. Er sitzt am Fenster und starrt in die Baumkronen“ (Fügen 1995, S. 66);
	Max Weber ließ sich im Sommersemester von den Vorlesungen befreien;
1899/1900:	Im Wintersemester 1899/1900 hielt Max Weber wieder Lehrveranstaltungen ab, fühlte sich aber sehr schlecht dabei. Er fiel psychisch auf einen neuen Tiefpunkt. Er ließ sich nun offiziell von seinen akademischen Verpflichtungen beurlauben;
1900:	„Bei einem Besuch in Heidelberg im Februar 1900 fällt der Mutter auf, dass sich Weber durch jedes Sprechen beängstigt fühlt und dass er nicht gestört werden darf, wenn er stumm und untätig am Schreibtisch sitzt“ (Fügen 1995, S. 69);
	Viermonatiger Kuraufenthalt in einem Sanatorium in Bad Urach (Schwarzwald), danach ein längerer Aufenthalt mit Marianne auf Korsika (November 1900 bis März 1901) und in Rom und Süditalien (bis Juni 1901);
1901:	Juli bis September 1901 mit Marianne in Grindelwald, von Oktober 1901 bis März 1902 in Rom, anschließend in Florenz;
1902:	Max Weber kehrte nach Heidelberg zurück;
1903:	Reise an die Riviera, im März und April nach Rom, Juni bis August an die holländische Küste;
	Max Weber schien sich langsam von seiner Krankheit zu erholen. Reinhard Bendix schreibt von dieser Zeit: „Selbst kleinere Zerstreuungen waren zeitweise eine zu starke Belastung für ihn. So kam es, dass dieser scheinbar kräftige Mann stundenlang am Fenster saß und in die Luft starrte. Als eine Tätigkeit, die ihm gelegentlich etwas Freude machte, erwies

	sich das Reisen. Aus diesem Grunde verbrachte er die meiste Zeit in Italien, vor allem in Rom. Nach fast vier Jahren schien er sich langsam zu erholen“ (Bendix 1971, S. 477);
	Max Weber wurde auf eigenen Wunsch zum 1. Oktober 1903 in den Ruhestand versetzt. Er wurde zum Honorarprofessor ernannt, aber ohne Stimme in der Fakultät und ohne Promotionsrecht;
	Max Weber ging es nun gesundheitlich etwas besser;
1904:	Mitherausgeberschaft mit Edgar Jaffé (1866-1921) und Werner Sombart (1863-1941) des „Archiv für soziale Gesetzgebung und Statistik“, dann umbenannt in: „Archiv für Sozialwissenschaft und Sozialpolitik“;
	Max Weber reiste mit seiner Frau Marianne, mit Ernst Troeltsch (1865-1923) und anderen Heidelberger Professoren als Referent zum „Congress of Arts and Sciences“, der als Parallelaktion anlässlich der Weltausstellung 1904 in St. Louis stattfand. Er hielt hier vor einem kleinen Hörerkreis einen Vortrag über deutsche Agrarverhältnisse in Vergangenheit und Gegenwart. Max Weber bekam anlässlich dieser Reise nachhaltige Eindrücke von den Zuständen im Chicagoer Schlachthof und vor allem vom amerikanischen Sektenwesen;
1904/05:	In obiger Zeitschrift erschien 1904 und 1905 in zwei Teilen sein Werk „Protestantische Ethik“;
1905:	Nach der russischen Oktoberrevolution 1905, von der er sich Impulse für eine Demokratisierung in Deutschland erhoffte, lernte er innerhalb von drei Monaten die russische Sprache so weit, dass er Originalquellen studieren konnte;
1907:	Max Weber machte eine Erbschaft (von seinem Onkel Karl Weber) und widmete sich ab diesem Zeitpunkt als Privatgelehrter ausschließlich der Forschung und der Politik;
1909:	Weber wurde außerordentliches Mitglied der Heidelberger Akademie der Wissenschaften;
	Max Weber übernahm die Schriftleitung des Sammelwerkes „Grundriss der Sozialökonomik“;
	Im Verein für Socialpolitik existierte schon seit Jahren ein „Generationenproblem“, das auch sachlich tief reichte. Gustav Schmoller, der bis dahin unangefochtene Vorsitzende, und seine Mitstreiter waren Anhänger von Staatsdirigismus

und Beamtentum, zudem uneingeschränkt kaisertreu. Die Generation Alfred und Max Weber, Sombart und Tönnies waren eher bürokratiefeindlich eingestellt und orientierten sich zudem, im Gegensatz zur älteren Generation mit ihrer Neigung zur praktischen Sozialpolitik, mehr in Richtung theoretischer Fragestellungen. Auf der Tagung des Vereins für Socialpolitik in Wien 1909 traten diese Gegensätze dann offen zu Tage. So wandten sich Max Weber und Werner Sombart (1863-1941) gegen eine Vermengung von Sein und Sollen und wandten sich damit gegen die Kathedersozialisten, die ja explizit werteten und mit ethisch begründeten Werturteilen sozialpolitische Empfehlungen abgaben. Max Weber hatte in seinem Aufsatz „Die Objektivität sozialwissenschaftlicher und sozialpolitischer Erkenntnis“ (1904), die These aufgestellt, „dass es niemals Aufgabe einer Erfahrungswissenschaft sein kann, bindende Normen und Ideale zu ermitteln, um daraus für die Praxis Rezepte ableiten zu können“ (Weber 1904, zitiert in: Kolb 1997, S. 110). Als der Wiener Nationalökonom Eugen von Philippovich (1857-1917) ein Referat mit dem eigentlich neutral klingenden Titel „Das Wesen der Produktivität und die Möglichkeit ihrer Messung“ hielt, und dabei ausführte, „dass das „Produktivitätsurteil“ eine Wertung wirtschaftlicher Erscheinungen bedeute, denn unter „volkswirtschaftlicher Produktivität“ dürfe man sich nicht einfach „eine Menge von Gütern“ vorstellen, sondern es käme auf die „gesellschaftliche Bedürfnisbefriedigung“ an, die um so „vollkommener“ gelänge, je besser „die Lebensbedingungen der Arbeiter“ sind. Gegen dieses qualitative und zugleich wertende Produktivitätskonzept erhebt sich Widerspruch vor allem in den Reihen der jüngeren Vereinsmitglieder“ (Rieter 1994, S. 147). Werner Sombart stellte die entscheidende Frage, ob die Ökonomik feststellen solle, dass ETWAS IST oder ob sie gleichzeitig bzw. überhaupt die Aufgabe habe, festzustellen, was SEIN SOLLE. Max Weber sprang dann seinem Freund Werner Sombart bei;

Gründung der „Deutschen Gesellschaft für Soziologie“ am 3.1.1909, was in Bezug auf die Gesellschaft für Socialpolitik fast einer Art Sezession gleichkam. Diese Neugründung

	beabsichtigte bewusst eine entschiedene Hinwendung zu theoretischen Fragestellungen;
	Im Herbst 1909 verliebte Max Weber sich in Else Jaffé, doch kam es Monate später zum Bruch, weil Else Jaffé ein Verhältnis mit Alfred Weber, dem Bruder Max Webers, einging;
1910:	Beim ersten Soziologentag schlug Max Weber ein reichhaltiges Forschungsprogramm vor, das allerdings nur zu einem Bruchteil berücksichtigt wurde;
	Nach dem Tod des Heidelberger Onkels Adolf Hausrath bezog das Ehepaar Weber zur Miete die Fallensteinsche Villa in Heidelberg;
1911:	Max Weber kam mit seiner Frau erstmals zu einem längeren Aufenthalt nach München. Er war von der Stadt und ihrer Kultur begeistert;
1912:	Nach dem zweiten Soziologentag 1912 zog sich Max Weber aus dem Vorstand zurück. Grund waren tiefe Differenzen mit dem Vorsitzenden Rudolf Goldscheidt über die Werturteilsfrage;
	Im Sommer 1912 hatte Max Weber eine Liebesbeziehung mit der Schweizer Pianistin Mina Tobler (1880-1967);
1913:	1913 und 1914 reiste Weber nach Ascona, um einer Bekannten (Frieda Gross) juristischen Beistand zu leisten;
1914:	In einem Ausschuss des „Verein für Socialpolitik" fand im Januar 1914 unter Ausschluss der Öffentlichkeit eine Diskussion über die Werturteilsfrage statt;
	Kurz vor Ausbruch des ersten Weltkrieges erschienen die ersten Teile des „Grundriss";
	Max Weber übernahm nach Ausbruch des 1. Weltkrieges als Hauptmann der Reserve die Einrichtung und Leitung von Feldlazaretten im Bezirk Heidelberg (Disziplinaroffizier). Er war, angesteckt von der allgemein herrschenden chauvinistischen Stimmung (nicht nur in Deutschland!!), vom Krieg zunächst begeistert: Der Krieg sei groß und wunderbar (Brief an die Mutter). Allerdings: „Max Webers Kriegsbejahung schloss von Anfang an eine nüchterne Einschätzung des Kriegsausganges ein, so bleibt ihm das deprimierende Gefühl der Ernüchterung erspart" (Krüger 2001, S. 193);
1915:	Nach seiner Verabschiedung wegen Differenzen mit der Verwaltung September 1915 quittierte er den Militärdienst.

	Seine Haltung zum Krieg wandelte sich nun zum Negativen und er sah die Fehler der politischen und militärischen Führung, vor allem die diplomatische Kurzsichtigkeit der Generalität, zunehmend kritischer;
	1915 und 1916 zeitweiliger Aufenthalt in Berlin, um dort Material für seine Studien über die Weltreligionen zu sammeln;
1916:	Max Weber war ein entschiedener Gegner eines verschärften deutschen U-Boot Krieges und verfasste eine Denkschrift dagegen. Er befürchtete (zu Recht) einen Kriegseintritt der USA bei einem uneingeschränkten U-Boot Krieg (dies geschah dann im April 1917). Webers Einstellung zum Krieg wurde nun zusehends noch negativer. Er hasste und verachtete vor allem den Kaiser, dem er einen Großteil der Schuld an der Entwicklung gab. In einem seiner Briefe aus der zweiten Kriegshälfte hieß es: „Die Staatsform ist mir völlig „wurst", wenn nur Politiker und nicht dilettierende Fatzkes wie Wilhelm II. und seinesgleichen das Land regieren. Ich sehe jetzt keinen anderen Weg als rücksichtslose Parlamentisierung quand même, um diese Leute kaltzustellen" (Max Weber zitiert in: Lehmann 2006, S. 16);
1917:	Max Weber unterzeichnete zusammen mit anderen eine Petition für einen Verständigungsfrieden;
	Max Weber wurde von dem Verleger Eugen Diederichs zweimal zu Vorträgen auf die Burg Lauenstein in Thüringen eingeladen. Dort sollten prominente Persönlichkeiten mit jungen Deutschen zusammen kommen, um mit ihnen über die Zukunftsaussichten Deutschlands zu diskutieren;
	Im November 1917 hielt Max Weber in München die berühmte Rede „Wissenschaft als Beruf";
1918:	Das Sommer-Semester 1918 verbrachte Max Weber, am 22.1.1918 berufen, als Professor in Wien und hielt dort Vorlesungen. Doch sah er seine Aufgaben in Deutschland und blieb deshalb nur kurz in Wien;
	Max Weber hielt einen Vortrag vor tausenden Hörern in den Münchner Wagnersälen. Umstände und Wirkung dieses Vortrages in einer extrem aufgewühlten Zeit wurden von Oskar Maria Graf (1894-1967) und Rainer Maria Rilke (1875-1926) aus ihren unterschiedlichen Perspektiven heraus

	geschildert;
	Gegen Ende 1918 war Weber einige Wochen in Frankfurt als politischer Berater der „Frankfurter Zeitung“;
1918/19:	Zusammen mit seinem Bruder Alfred Weber (1868-1958) und Friedrich Naumann (1860-1919) im Gründungskomitee der „Deutschen Demokratischen Partei“ (DDP). Er beteiligte sich an Diskussionen über die Kriegsschuldfrage und hielt Wahlversammlungen ab. Er begleitete die Delegation des Ausschusses für Friedensverhandlungen nach Versailles. Im Reichsamt des Innern nahm er an den Beratungen über den Entwurf der Weimarer Verfassung teil. Ihm war es zuzuschreiben, dass die Weimarer Verfassung einen Passus enthielt, wonach der Reichspräsident vom Volk direkt zu wählen sei. Erfolglos blieb allerdings sein Vorschlag der Einführung eines Mehrheitswahlrechtes nach englischem Vorbild;
1919:	Im Januar 1919 hielt Max Weber den (berühmten) Vortrag „Politik als Beruf“ in München auf Einladung des „Freistudentischen Bundes“. München machte damals politisch äußerst unruhige, ja chaotische Zeiten durch. Seit 1919 existierte hier eine Räterepublik. Eine einprägsame Darstellung der damaligen bedrückenden Zustände gab Oskar Maria Graf (1894-1967) in seinem Buch: „Wir sind Gefangene; Ein Bekenntnis“, das mir in der 6. Auflage, München 1991, als Taschenbuch vorliegt, und dessen Lektüre ein MUSS für jeden ist, der versucht, sich in die damalige Zeit und ihre Stimmungen zurückzuversetzen; Max Weber versuchte in diesem Vortrag, politisch erregten, idealistisch gesinnten, emotional aufgewühlten Studenten Beurteilungskriterien zu erläutern, da ohne rationale Anleitung emotional gesteuerte Vorgänge in eine Katastrophe führen würden;
	Im Sommer 1919 wurde Max Weber, bereits gesundheitlich schwer angeschlagen, Nachfolger von Lujo Brentano an der Universität München. Angebote nach Göttingen, Berlin und Bonn hatte er abgelehnt. Das Wetter in München sagte dem kranken Mann nach eigenen Aussagen nicht zu, seine überfüllten Vorlesungen in den größten Hörsälen kosteten ihn viel Kraft;
	Mitgliedschaft in der Bayerischen Akademie der Wissenschaften;

1919/20:	Max Weber ging nun eine Liebesbeziehung zu Else Jaffé-Richthofen ein. Nicolaus Sombart beschreibt in seinem Buch „Rendezvous mit dem Weltgeist“, wie er Else Jaffé nach dem zweiten Weltkrieg in Heidelberg traf: „Wenn ich bedenke, dass ich unzählige Male bei Else Jaffé zum Tee saß, ohne ihre Geschichte zu kennen! Die Rolle, die sie als junge Frau gespielt hatte im Leben von Max Weber“ (Nicolaus Sombart 2000, S. 36);
1920:	Seine jüngste Schwester Lilli (1880-1920) beging am 7. April 1920 Selbstmord (Gasvergiftung) und hinterließ vier unmündige Kinder, die Marianne Weber 1927 adoptierte.
	Anfang Juni erkrankte Weber im Anschluss an eine Spanische Grippe an Lungenentzündung, an der er am 14. Juni 1920 in München im Alter von nur 56 Jahren starb. Er wurde in Heidelberg begraben;
	Marianne Weber, Alfred Weber, Mina Tobler und Else Jaffé-Richthofen überlebten Max Weber um Jahrzehnte. „Sie finden sich alle in Heidelberg zusammen ... und bleiben einander verbunden in der Pflege jener Erinnerungen an Max, die eine stillschweigend geübte Selbstzensur ihnen gestattet. Marianne verwaltet bis ins Pianissimo des höchsten Alters das geistige Erbe Max Webers“ (Krüger 2001, S. 223).
1925/26:	Marianne Weber schloss die Biographie „Max Weber; Ein Lebensbild“ ab;
1954:	Marianne Weber starb am 12. März;
1958:	Alfred Weber starb am 2. Mai;
1973:	Am 22. Dezember starb Else Jaffé-Richthofen fast hundertjährig.

Gerade bezüglich des Abschnittes über Max Weber empfinde ich als Autor ein tiefes Unbehagen. Eine Einführung kann naturgemäß nicht allen Facetten eines Werkes gerecht werden. Dies ist unbestritten. Andererseits trifft die damit verbundene Einschränkung einen Autor besonders gravierend, wenn die vorzustellende Person und ihr Werk den Komplexitätsgrad von Max Weber haben. Man kann immer nur einige subjektiv als wichtig empfundene Züge und Teile herausheben. Die vielen Ambivalenzen und oft interessanten Nebenideen müssen außen vor bleiben. Dies nur zur Warnung, ähnlich wie im Abschnitt über Karl Marx der ausgebildete Marxist so wird hier der ausgebildete Soziologe in Bezug auf Max Weber vieles vermissen, was ihm wichtig erscheint. Aber das vorliegende Buch heißt „Einführung in die Ge-

schichte des ökonomischen Denkens“ und nicht „Einführung in das Denken Max Webers“. Ich bitte also Auslassungen und die von mir gewählte Auswahl aus dem umfangreichen Werk Max Webers zu tolerieren.
Was schon die Vita andeutet, sei hier nochmals explizit betont: Max Weber war eine komplizierte, widersprüchliche, komplexe Persönlichkeit. Wie weit dafür seine ständigen Krankheiten und sein familiäres Umfeld verantwortlich waren, darüber kann man nur spekulieren. „Sowohl die viktorianische Selbstgefälligkeit des Vaters als auch die tiefe Frömmigkeit der Mutter stießen ihn ab“ (Bendix 1971, S. 478). „Im Familienkreis gehörten die Themen Protestantismus und Katholizismus, Kapitalismus und Sozialismus zum Alltagsgespräch. Wenn Weber sich selbst als „religiös unmusikalisch“ bezeichnete, meinte er damit, dass er nicht aus persönlicher Frömmigkeit, sondern aus politischen und wirtschaftlichen und schließlich aus rein wissenschaftlichen Gründen an dem Verhältnis von Religion, Politik und Wirtschaft interessiert war“ (Roth 1992, S. 54).
Bendix konstatiert eine Ambivalenz zwischen Zurückgezogenheit und aktivster Teilnahme. Zeitgenossen stellten bei ihm eine ständig spürbare „verhaltene Leidenschaft“ fest. Max Weber musste aber trotz allem Engagement permanent gegen seine reduzierte Leistungsfähigkeit ankämpfen, dies muss immer mitgedacht werden, wenn man seine beeindruckenden wissenschaftlichen Leistungen würdigt.
Max Webers Leben war von vielen Widersprüchlichkeiten gekennzeichnet. „Der Wunsch nach praktischer Betätigung und das Unvermögen, den Pflichten einer akademischen Laufbahn nachzukommen, waren nur eine der vielen Paradoxien, die Webers Leben kennzeichneten. Obwohl er ein ausgesprochener Nationalist war, spielte er eine Zeitlang mit dem Gedanken, auszuwandern“ (Bendix 1971, S. 479/480). „Obwohl Weber also ein energischer Vertreter des Nationalismus seiner Generation war, sympathisierte er stark mit den liberalen Traditionen Englands. In der Tat handelte es sich um mehr als eine nur empfundene Wahlverwandtschaft. Auf beiden Seiten seiner Familie wurden nahe Verwandte in England geboren“ (Roth 1992, S. 48).
Bezüglich dieses zweifellos vorhandenen Nationalismus Max Webers muss allerdings bedacht werden: In der zweiten Hälfte des 19. Jahrhunderts waren nationalistische Töne und nationales Denken und Fühlen nicht nur in Deutschland weit verbreitet, sondern in ganz Europa. In seiner Freiburger Antrittsrede (erschienen 1895) bezeichnete Max Weber sich als „ökonomischen Nationalisten“.
Die Person Max Webers wurde, nach den Überlegungen zur Rezeption nicht unerwartet, recht unterschiedlich gesehen: „Man sah in ihm einen Wanderer

zwischen zwei Welten, einen Hünen, einen Recken aus dem Geschlecht der Nibelungen, einen fremden Krieger, der sich selbst verzehre und in gnadenloser Schwere auf seiner Umwelt laste, unselig, düster, gedankenzerfurcht, in der Erscheinung einem Propheten gleich; andere nannten ihn einen hellenischen Redner, begabt mit homerischem Gelächter, oder einen politischen Krakeeler, einen Fabulierer, einen Schauspieler, einen unaufrichtigen, auf Wirkung bedachten Theatermenschen; oder den größten Deutschen seines Zeitalters, einen König ohne Reich, einen Kaiser ohne Zepter gar" (Krüger 2001, S. 9).

Es machte ihm zwar Schwierigkeiten, sich den universitären Routinen anzupassen, andererseits entwickelte er aber eine strenge Ethik bezüglich des Lehrberufs und gab sich bei den Vorbereitungen seiner Vorlesungen außerordentliche Mühe. Seine Vorlesungen waren spannend, er muss ein beeindruckender Redner gewesen sein, seine Persönlichkeit wirkte auf die Hörer faszinierend, er dozierte leidenschaftlich und sparte auch nicht mit tagespolitischen Wertungen, und dies in einer ausgesprochen schwierigen Zeit. „So verschiedene Männer wie der revolutionäre Dichter Ernst Toller und der liberale Monarchist Friedrich Naumann suchten seinen Rat und seine Führung ... Während seiner militärischen Ausbildung wie auch auf seinen vielen Auslandsreisen fiel ihm der Kontakt mit Menschen aller Schichten leicht ... Und doch blieb dieser selbe Mann ... äußerst unbequem, wegen seines kompromisslosen Beharrens auf strengen moralischen und geistigen Maßstäben, die zwar angeblich nur für ihn allein galten, aber unvermeidbar eine stillschweigende Anklage gegen alle wurden, die nicht danach lebten" (Bendix 1971, S. 483).

Kompromisslos war er in Fragen methodologischer Unschärfe und unreflektiertem Gebrauch von Schlagworten.

Fritz Neumark (1900-1991), der Weber noch persönlich erlebte, charakterisierte ihn rückblickend als „die mit Abstand bedeutendste Persönlichkeit, die mir in meinem akademischen Leben begegnet ist" (Neumark zitiert in: Schefold 1992d, S. 5). Max Weber war in fast allen Geisteswissenschaften sehr gebildet und hatte weitreichende intellektuelle Kontakte. Er zitierte in alten und mehreren modernen Sprachen im Original, setzte also bei seinen Lesern ein ähnliches Wissen voraus.

Dabei war Max Weber liberaler als z.B. Schmoller oder auch Sombart. „Schmoller war zum Beispiel eine Art Traditionalist und treuer Anhänger der deutschen Monarchie. Weber indes verachtete den Kaiser ... Die Historiker behaupteten, die Gesellschaft sei ein Organismus, ursprünglicher als das Individuum und ihm überlegen, für Weber und die Liberalen bestand die

Gesellschaft aus autonomen Individuen, die von sozialen Kräften abhingen" (Seligman 1971, S. 484/485).
Hinzufügen kann man noch, dass Max Weber auch Rassenideologien ablehnte.

AUSWAHL AUS DEN SCHRIFTEN (BÜCHER UND AUFSÄTZE) VON MAX WEBER MIT ÖKONOMISCHEM BEZUG

„Entwicklung des Solidarhaftprinzips und das Sondervermögen der offenen Handelsgesellschaft aus den Haushalts- und Gewerbegemeinschaften in den italienischen Städten" (Dissertation 1889);

„Zur Geschichte der Handelsgesellschaften im Mittelalter" (1889);

„Die römische Agrargeschichte in ihrer Bedeutung für das Staats- und Privatrecht" (1891);

„Die Lage der Landarbeiter im ostelbischen Deutschland, dargestellt auf Grund der vom Verein für Socialpolitik veranstalteten Erhebungen" (1892);

Max Weber entwarf den Fragebogen dieser Untersuchung selbst. Dieser Fragebogen wurde an 3180 Gutsbesitzer verschickt, von denen 2277 antworteten, ein Anteil von über 70%. Von 562 zusätzlichen Ergänzungsbögen wurden 291 beantwortet, immerhin noch über 50% (Angaben bei Fügen 1995, S. 53).

Diese so harmlos klingende Publikation enthielt wesentlich mehr „Sprengstoff", als der Titel vermuten ließ. So wurde die verzweifelte Lage der Betriebe im deutschen Osten (zu geringe Getreideproduktion, zu hohe Kosten) herausgearbeitet. Die Großgrundbesitzer führten ihre Betriebe immer noch nach einem starren patriarchalischen Muster. Die Gutsbesitzer verloren viele ihrer deutschen Arbeitskräfte an die Industrie. Der wachsende Individualismus der Farmarbeiter, die eine risikobehaftete städtische Existenz einschließlich möglicher Einkommensverluste der Sicherheit ländlicher UNTERTANENverhältnisse vorzögen, wurde als einer der Gründe dafür identifiziert. „Die Landflucht sei nicht nur eine Folge der Verarmung, sondern auch ein Versuch, Selbständigkeit zu gewinnen", die ihnen von den Großagrariern nicht zugestanden wurde. „Weber ... broadened his study of the farm-labor problem into an analysis of social structure – of the interplay of „material and ideal interests" in the interactions of classes and status groups in Imperial Germany" (Bendix 1968, S. 495/496).

Und seine Folgerungen waren unerbittlich und unerfreulich: „Die ökonomischen Fundamente ... des alten Grundadels schwinden, er selbst wird zu etwas anderem als er war. Und es wird mit dem Deutschtum und der

Wehrkraft des sich entvölkernden Ostens auch das zur Kolonisation berufene Menschenmaterial verloren gehen“ (Max Weber zitiert in: Fügen 1995, S. 54).

„Die Börse“ (1896);

Diese Schrift erschien in der von Friedrich Naumann herausgegebenen Göttinger Arbeiter-Bibliothek, und sollte der Orientierung derjenigen dienen, die normalerweise nichts mit der Börse zu tun haben.

„Der Nationalstaat und die Volkswirtschaftspolitik“ (Freiburger Antrittsrede, publiziert 1895);

„Die Ergebnisse der deutschen Börsenenquête“ (1896);

„Börsengesetz“ (1897);

„Roscher und Knies und die logischen Probleme der historischen Nationalökonomie I, II, III“ (1903, 1905, 1906);

„Die Objektivität sozialwissenschaftlicher und sozialpolitischer Erkenntnis“ (1904);

„Die protestantische Ethik und der Geist des Kapitalismus I, II“ (1904/05);

Talcott Parsons (1092-1979) übersetzte das Werk 1930 ins Englische. Es erschienen Übersetzungen in viele Sprachen: französisch, italienisch, spanisch, portugiesisch, holländisch, norwegisch, ungarisch, serbokroatisch, koreanisch;

„Die sogenannte Lehrfreiheit an den deutschen Universitäten“ (1908);

Hier nahm Weber kritisch Stellung zur Frage der Lehrfreiheit, als der sozialistische Autor Robert Michels (1876-1936) sich aufgrund seiner politischen Überzeugungen nicht habilitieren durfte.

„Zur Methodik sozialpsychologischer Enquêten und ihrer Bearbeitung“ (1909);

„Agrarverhältnisse im Altertum“ (HdSW 1909);

„Antikritisches zum „Geist“ des Kapitalismus“ (1910);

„Über einige Kategorien der verstehenden Soziologie“ (1913);

„Konfuzianismus und Taoismus“ (Aufsatz 1915);

„Hinduismus und Buddhismus“ (Aufsatz 1916/17);

„Das antike Judentum“ (Aufsatz 1917/1919);

„Der Sinn der „Wertfreiheit“ der soziologischen und ökonomischen Wissenschaften“ (1917);

„Wissenschaft als Beruf“ (gehalten 1917, liegt mir als Neudruck 1990 vor);

„Der Sozialismus“ (1918);

„Deutschlands künftige Staatsform“ (1919);

„Politik als Beruf" (Von Max Weber selbst überarbeitete Fassung seines gleichnamigen Vortrages aus dem Jahre 1919, liegt mir als Reclam-Büchlein, Stuttgart 1992, vor);

Diese Abhandlung beeinflusste die politische Kultur nach dem ersten Weltkrieg nachhaltig.

Die beiden überarbeiteten Vorträge „Wissenschaft als Beruf" und „Politik als Beruf" enthalten gründliche und interessante Analysen des wissenschaftlichen und politischen Betriebes und dabei implizit auch entlarvende Diagnosen der Gesellschaft zu Webers Zeit. In „Wissenschaft als Beruf" wurden einige der großen Themen Max Webers wieder angesprochen: Die Entzauberung der Welt, die rationale Lebensführung, die Warnung vor einer Vermischung von objektiven Sachverhalten und Werturteilen. Zudem sah er eine „Amerikanisierung" des damaligen deutschen Universitätsbetriebes bereits richtig voraus (Max Weber 1990, S. 10/11). Und auch die fortschreitende Spezialisierung der Disziplin mit ihren Konsequenzen wurde angesprochen. Typisch für Max Weber war die Bemerkung: „Denn nichts ist für den Menschen als Menschen etwas wert, was er nicht mit Leidenschaft tun kann" (Max Weber 1990, S. 21). Großartig seine Feststellung: „Wissenschaftlich aber überholt zu werden, ist – es sei wiederholt – nicht nur unser aller Schicksal, sondern unser aller Zweck" (Max Weber 1990, S. 29).

„Wirtschaft und Gesellschaft" (1922);

Zu seinen Lebzeiten hat Max Weber nur zwei „richtige" komplette Bücher veröffentlicht: seine Dissertation und seine Habilitation. Das große übrige Werk besteht aus Aufsätzen, Enquête-Berichten, Reden, Briefen und unvollendeten Werken.

Nach dem Tod von Max Weber hat seine Witwe, Marianne Weber, sein verstreutes wissenschaftliches Werk, das teilweise aus Manuskripten bestand, gesammelt und veröffentlicht. So z.B.: „Gesammelte Aufsätze zur Religionssoziologie" (3 Bände 1920/21), „Gesammelte politische Schriften" (1921), „Grundriss der Sozialökonomik, III. Abteilung, Wirtschaft und Gesellschaft", „Gesammelte Aufsätze zur Soziologie und Sozialpolitik" (1924), „Gesammelte Aufsätze zur Sozial- und Wirtschaftsgeschichte" (1924).

Und auch andere Autoren haben posthum Publikationen von Max Weber herausgegeben: „Staatssoziologie" (Hrsg.: Johannes Winkelmann, 1956), „Soziologie, weltgeschichtliche Analysen, Politik" (Hrsg.: Johannes Winkelmann, 3. Auflage 1964), „Gesammelte Aufsätze zur Wissenschaftslehre" (Hrsg.: Johannes Winkelmann, 5. Auflage 1982);

Zur Information für Interessierte: Im Verlag J.C.B. Mohr, Tübingen, erscheint seit 1982 eine auf 34 Bände (22 Bände Schriften und Reden, 10

Bände Briefe, 2 Bände Vorlesungen) angelegte „Max Weber Gesamtausgabe“.

Max Webers Arbeiten sind keine leichte Lektüre. So finden sich in seinen langen Sätzen komplizierte Wortprägungen und immer wieder Aussagen, die auf Einschränkungen und Ausnahmen hinweisen.

10.7.18.1. Thesen von Max Weber

Max Webers Werk war weit gespannt und komplex, und durch ständige Überschreitungen von tradierten Fächergrenzen geprägt. Seine Überlegungen berührten Ökonomik, Rechtswissenschaft, Politikwissenschaft, Geschichte, Theologie, Ethik und Verhaltenswissenschaft, also ein wahrhaft interdisziplinärer Wissenschaftsansatz.

Einige Überlegungen daraus sind bis heute kontroversiell. Es kann in dieser Einleitung nur darum gehen, EINIGE Thesen Max Webers zu skizzieren, ohne die daraus entstandene Debatte wiedergeben zu können. Vor allem seine bis heute bleibenden Einflüsse auf Soziologie und Wissenschaftstheorie können nicht hinreichend beleuchtet werden, die wichtigen Beiträge zur Religionssoziologie bleiben außen vor. Dieser Abschnitt soll eigentlich nur den Appetit des Lesers anregen, sich mit der komplizierten Persönlichkeit Max Webers und seinem komplexen Werk näher zu befassen.

Generell: Max Weber stimmte dem Standpunkt zu, dass der Konflikt zwischen Arbeit und Kapital prägend für den Kapitalismus sei. Entgegen den meisten Kathedersozialisten vertrat er die Meinung, dass die Gewerkschaften einen sicheren legalen Status erhalten sollten, so dass sie auf Augenhöhe mit den Arbeitgebern verhandeln könnten.

„The distinctive Weberian conception of class conflict under capitalism was theorized neither in the Marxist terms of „exploitation“ nor in the neoclassical terms of „factor demand“, but in terms of a systematic competition for the social product on the basis of a power relation between the classes that was adjusted and underwritten at the political level” (Beetham 1987, S. 887). Die Arbeitswertlehre wurde von Weber abgelehnt, er kritisierte auch den historischen Materialismus als zu einseitig. Max Weber lehnte aber den Marxismus nicht in Bausch und Bogen ab, sondern baute seine (brauchbaren) Einsichten in einen breiteren theoretischen Rahmen ein.

Max Weber hatte einen nachhaltigen Einfluss auf die (deutsche) Geschichtswissenschaft. Geschichte habe nicht nur eine deskriptive Aufgabe, sondern habe es mit Kulturinhalten zu tun, die man begrifflich erfassen müsse, dies setze einen Standort der Geschichtswissenschaft als anthropologische Fragestellung voraus.

Eine seiner einflussreichsten und bekanntesten Arbeiten war „Die protestantische Ethik und der Geist des Kapitalismus“, eine Arbeit, die aus eigenen Beobachtungen in den USA schöpfte und aus fundierten Auseinandersetzungen mit dem puritanischen Schrifttum namentlich in seiner Krisenzeit im 17. Jahrhundert. Kurz zusammengefasst ohne die vielen (lesenswerten) Details: Das profitmaximierende Verhalten hätte sich in den FRÜHEN Phasen des Kapitalismus herausgebildet. Max Weber führte dies auf das weltliche Asketentum („innerweltliche Askese“) der Protestanten speziell der Calvinisten zurück, die die Arbeit als Lebenspflicht ansähen, Zeitverschwendung als Sünde, ein aktives Leben als Notwendigkeit, man müsse sich des Willens Gottes ständig vergewissern, nur aktives Handeln diene zu Mehrung des Ruhmes Gottes, nur der Erwählte sei beruflich erfolgreich und könne durch harte Arbeit Gottes Ruhm mehren und damit „Gnadengewissheit“ erlangen. Der Beruf war dabei Berufung, die Frage der Prädestination wurde durch einen diesseitigen ökonomischen Erfolg geklärt, das Produkt eigener Anstrengungen dürfe man nicht uneingeschränkt selbst genießen. Müßiggang sei aller Laster Anfang. Strenger Puritanismus mit seiner Ablehnung aller ablenkenden Sinnenhaftigkeit hatte implizit eine Tendenz zur Uniformierung des Lebensstils. Eine weitere Konsequenz war die Wiederakkumulation der erwirtschafteten Profite. Also: Investition statt (Luxus-) Konsum. „Zur Arbeitsamkeit trat also die Sparsamkeit als verhaltensbestimmendes Gebot ... Kurz: Es bildete sich eine eigentümliche, rationalem Denken und Handeln verpflichtete Ethik heraus, die zur „Maxime der Lebensführung“ wurde und in der Weber das charakteristische Kennzeichen des modernen Kapitalismus sah, das diesen von anderen „Kapitalismen“ unterschied. Diese, dem rationalen Denken und Handeln verpflichtete Ethik war nach Weber der eigentliche Geist des Kapitalismus“ (Kaufhold 1992, S. 77/78/79). Nach Calvin war es nicht sündhaft, reich zu sein, wohl aber, sich auf seinem Vermögen auszuruhen oder noch schlimmer, seinen Reichtum zur Befriedigung seiner (definitionsgemäß lasterhaften) Begierden zu missbrauchen.

Alle diese religiös motivierten Ideen verlören seit dem 17. Jahrhundert ihr religiöses Fundament, sie wurden sozusagen säkularisiert. „Mit wachsendem Reichtum geriet das Verbot, ihn zu genießen, häufig in Vergessenheit, ohne dass dies die Kapitalakkumulation nachhaltig negativ beeinflusst hätte. Folgenreicher war die Säkularisierung der Berufsidee. Dass man einen Beruf haben, ihm dienen und für ihn leben muss, bedurfte bald keiner religiösen Sanktion mehr, sondern wurde zu einem aus sich selbst heraus verstandenen und verständlichen Grundpfeiler der „bürgerlichen Gesellschaft" (Kaufhold 1992, S. 81). Dazu Max Weber: „Der Puritaner wollte Berufsmensch sein – wir müssen es sein".

Max Weber darf nun allerdings nicht so interpretiert werden, als hätte er behauptet, die protestantische Ethik sei der EINZIGE Grund für die Entstehung des Kapitalismus. „Weber versuchte nicht zu behaupten, der Protestantismus habe den Kapitalismus verursacht. Er suchte nur das Ausmaß zu bestimmen, in dem religiöse Kräfte einen Einfluss auf die wirtschaftliche Entwicklung ausüben" (Seligman 1971, S. 492). Zudem sah er die Notwendigkeit speziellerer und umfassenderer Studien zu diesem Themenkreis.

Weber war sich sehr wohl auch der MATERIELLEN Voraussetzungen für die kapitalistische Entwicklung bewusst. So spielten z.B. auch geographische Bedingungen und die Nachfrage nach Luxusgütern eine Rolle. Allerdings: „His work is the most sophisticated in a long tradition of exploration of the cultural preconditions for capitalist accumulation" (Beetham 1987, S. 887).

Max Weber kritisierte mit seinen Thesen vor allem die materialistische Auffassung, der Kapitalismus sei ALLEIN aus dem Widerspruch zwischen Produktivkräften und Produktionsverhältnissen entstanden. Er brachte die nicht-materielle, „geistige Seite" in die Debatte ein bzw. zurück und dass religiöse und politische Ideen ihre eigene Kraft entfalteten. Ideen, die bis heute zumindest in den Entwicklungsdebatten als Mentalitätsfaktoren eine Rolle spielen. Max Weber behauptete dabei aber nicht, dass es ALLEIN die geistige Seite sei, die die Entstehung des Kapitalismus erklären könne. „Er stellte ... die im Grunde im modernen Geschichtsdenken dem Marxismus und erstaunlich vielen seiner Gegner gemeinsame Überzeugung vom Primat materieller Faktoren in der historischen Entwicklung in Frage" (Schefold 1992d, S. 27).

Die „Protestantische Ethik" war auch deshalb so einflussreich, weil sie neben der Frage nach dem Einfluss religiöser Auffassungen auf das menschliche Verhalten auch die Frage nach den Spezifika der okzidentalen Kultur aufwarf. Weber selbst verstand den Aufsatz als „eine Annäherung an seine zentralen Fragestellungen ... Für den Historiker ist darüber hinaus wichtig: Weber geht hier methodisch nicht im eigentlichen Sinne „historisch" vor, sondern er argumentiert mit Idealtypen in dem von ihm verstandenen Sinne, also auf einer hohen Abstraktionsebene" (Kaufhold 1992, S. 75).

In seiner letzten zu Ende gebrachten Vorlesung 1919/1920 fasste Max Weber zusammen: „Was letzten Endes den Kapitalismus geschaffen hat, ist die rationale Dauerunternehmung, rationale Buchführung, rationale Technik, das rationale Recht, aber auch nicht sie allein; es musste ergänzend hinzutreten die rationale Gesinnung, die Rationalisierung der Lebensführung, das rationale Wirtschaftsethos" (Max Weber zitiert in: Fügen 1995, S. 86).

Nicht unerwartet wurde Max Webers These aber trotz aller von ihm gemachten Einschränkungen von Fachhistorikern angegriffen. So seien die Handelsstädte des 15. Jahrhunderts (in Süddeutschland, Florenz) genauso „kapitalistisch" wie Genf gewesen, waren aber katholisch. Auch waren die englischen Puritaner nicht gerade die Art von Calvinisten, für die Weber sie hielt. Der Individualismus des späten Puritanismus wäre für die Genfer Synode ein Grund für den Kirchenbann gewesen (Siehe Seligman 1971, S. 496). Und neben den kritischen Fachhistorikern mischten sich noch viele andere Ökonomen und Soziologen in den Disput ein. Um einen Eindruck von der Resonanz dieses Werkes zu bekommen: Fügen nennt eine „Bibliographie zur Kontroversialliteratur" aus dem Jahre 1978, die bereits 33 (!) Seiten füllte (siehe Fügen 1995, S. 86).

Max Weber lehnte die Grenznutzenschule aus empirischen und methodologischen Gründen ab. So brachte er unter anderem das Beispiel, dass höhere Löhne bei Vorliegen einer „traditionalistischen" Einstellung das Gegenteil dessen bewirken, was die Grenznutzentheorie postuliert, nämlich eine Erhöhung der Arbeitsmenge, die Arbeit würde früher eingestellt, weil das traditionell definierte Anspruchsniveau früher erreicht würde. Mit seiner Ablehnung der Grenznutzenschule kritisierte er implizit auch die österreichische Schule. Die Maximierungsannahmen für das menschliche Verhalten, wie sie den neoklassischen Modellen zugrunde lägen, seien kein generelles Charakteristikum menschlichen Verhaltens, sondern ein Produkt des modernen Rationalismus westlicher Prägung. Max Weber betrieb nicht neoklassische ökonomische Theorie sondern ökonomische Soziologie. So berücksichtigte er auch irrationale Phänomene im gesellschaftlichen Leben, Machtverteilungen in Märkten als wesentliche Determinante der Marktergebnisse und die zunehmende Institutionalisierung in der Gesellschaft. „Im Unterschied zur Vorstellung von der Wirtschaft in der abstrakten ökonomischen Theorie basiert die Vorstellung Webers von der Wirtschaft auf der Soziologie. Wirtschaft steht in wechselseitiger Beziehung zur Religion und Politik innerhalb eines institutionellen Rahmens der Gesellschaft, welcher aus verschiedenen Organisationsformen mit verschiedenen Ordnungsformen, wie Gesetz, Konvention und Gewohnheit besteht. Wie ich oben erklärte, sind Ordnung, Organisation und Institutionalisierung die zentralen Konzepte, welche gleichzeitig auf die verschiedenen Felder des gesellschaftlichen Lebens anwendbar sind" (Shinoya 1992, S. 118/119).

Max Weber studierte im Rahmen seiner religionssoziologischen Arbeiten auch die ökonomische Ethik anderer großer Weltreligionen, wie Hinduismus, Buddhismus, Konfuzianismus und ihren Einfluss auf die Wirtschaft. Ihn interessierten vor allem die weltlichen und dabei die wirtschaftlichen Konsequenzen, beabsichtigt oder nicht, der verschiedenen religiösen Lehren. „Weber wished to demonstrate, for example, that in Confucianism and Hinduism particular doctrines had had an inhabiting effect on economic rationality" (Bendix 1968, S. 496). Seine Studien zeigten, „while instrumental rationality was a universal category of social action, only in the modern West had the goal-maximizing calculation of the most efficient means to given ends become generalized … the distinctive features of Western rationalism were the scientific assumption that all things could be comprehended by reason (Beetham 1987, S. 887).

Die große kontrafaktische und spannende Frage dahinter war: Warum entstand kein Kapitalismus WESTLICHEN Typs in anderen, von anderen Religionen dominierten, Zivilisationen?

„Dieser westliche Kapitalismus würde sich in der ökonomischen Sphäre mit hierarchischen Verwaltungsstrukturen zunehmend den bürokratischen Strukturen annähern, wie sie in der politischen Sphäre bereits verwirklicht seien. Das bürokratische „Modell" würde für alle Sektoren der Gesellschaft verallgemeinert werden. Es würde wegen seiner Effizienz bei der Bewältigung komplexer Organisationsaufgaben als geeignet herangezogen werden.

Weber sah das Heraufkommen einer neuen Mittelklasse voraus, die nicht in das Klassenkampfschema passen würde. Sie besäße technisches und organisatorisches Wissen und sei dementsprechend in der bürokratischen Hierarchie hoch eingestuft.

Er glaubte nicht, dass sich aus individuellem Eigennutz zwangsläufig ein sozialer Nutzen ergeben würde. Er stellte vielmehr auf Diskrepanzen zwischen individuellen und sozialen Zielen ab. Max Weber setzte bei der wirtschaftlichen Entwicklung übrigens ähnlich wie Joseph Schumpeter (1883-1950) auf die unentbehrlichen innovativen unternehmerischen Leistungen der „Industriekapitäne". Man muss hinzufügen, dass Max Weber gegenüber Planwirtschaften äußerst skeptisch war. Ohne Marktsignale sei eine optimale Allokation nicht möglich. Er befürchtete (zu Recht!) eine enorme Ausdehnung der Bürokratie in Planwirtschaften, die für die Planungsprozesse notwendig sei. Ohne Marktkonkurrenz würde die Wirtschaft schließlich stagnieren. Die Arbeitnehmer würden in der Hierarchie weiter untergeordnet bleiben. Ihre untergeordnete Stellung wäre sogar eine neue Form der Sklaverei, denn die verschiedenen Hierarchien der ökonomischen und politischen

Sphären würden nun in einer einzigen alles umfassenden Hierarchie aufgehen.

Max Weber ging in seinen Analysen streng von den handelnden Individuen aus und arbeitete nicht mit Kollektivbegriffen. „Mit anderen Worten: Auch Soziologie kann nur durch Ausgehen vom Handeln des oder der wenigen oder vieler einzelnen, strikt „individualistisch" in der Methode also, betrieben werden" (Brief Max Webers vom 9.3.1920 an Robert Liefmann, zitiert in: Schefold 1992d, S. 11).

„Sein Ziel war es, ein System von Begriffen zu begründen, mit dem die tatsächlichen Gegebenheiten vernünftiger geordnet werden konnten, als es bisher möglich war ... Webers Ziel war es ..., Gesetz, Berechenbarkeit und Rationalität zur Grundlage der Sozialwissenschaften zu machen. Auf keine andere Weise sei es möglich, die Kausalität einzuführen und eine befriedigende Erklärung menschlichen Verhaltens zu geben" (Seligman 1971, S. 486).

Dafür wurden unterschieden:

(1) ZWECKRATIONALITÄT: Der Typus, der zahlreiche Mittel vereinigt, um ein bestimmtes Ziel zu erreichen;

(2) WERTRATIONALITÄT: Der Typus, der rational in seinen Mitteln aber nicht rational in seinen Zielen ist;

(3) AFFEKTUALITÄT: Der Typus, der sich in erster Linie von emotionalen Gefühlsregungen leiten lässt;

(4) TRADITIONALITÄT: Der Typus, der sich auf Gewohnheit und hergebrachte Vorbilder stützt.

„Diese vierfache Struktur bezog sich direkt auf Webers Konzept vom Idealtypus und diente als Grundlage für die Beschreibung der Gesellschaft in ihrer Gesamtheit" (Seligman 1971, S. 487).

10.7.18.1.1 MAX WEBER ALS SOZIOLOGE

Max Webers breite Interessen, seine Überlegungen zu Organisationen und zur Rolle der mentalen und kulturellen Faktoren zeigten eine Wendung von einer reinen politischen Ökonomie zu einer Soziologie als einer umfassenden Wissenschaft, die auf alle Bereiche des menschlichen Lebens angewandt werden kann. „Die Resultate der Anwendung sind spezifische Ausprägungen der Soziologie: ökonomische Soziologie, Religionssoziologie, Rechtssoziologie usw." (Shinoya 1992, S. 108). Dazu beigetragen hat sicher das (zu) enge Spektrum der damaligen Neoklassik, das zumindest am Anfang keinen Raum für gesellschaftlich-kulturell-historische Zusammenhänge ließ. David Beetham gibt noch zu bedenken: „The rich tradition of the German historical school, and the methodological debates which it had aroused, made German sociology particularly well placed for his enterprise" (Beetham 1987, S. 888).

Sowohl die Nationalökonomen als auch die Soziologen rechnen Max Weber zu den Vertretern ihrer Fachgebiete. Und beide zu Recht. Auch wenn Max Weber heute als einer der „Väter" der Soziologie bekannt ist und der gebildete Laie ihn nur dort einordnet, darf nicht übersehen werden, dass viele seiner Überlegungen im Rahmen seiner „soziologischen Richtung" der Nationalökonomie auch dieser Disziplin (in einer breiteren Sicht der Ökonomik) zugerechnet werden können. Tatsächlich hatte Max Weber ja immer Professuren für Nationalökonomie inne. „Im Amt war Max Weber Nationalökonom. Er war gegen die Errichtung soziologischer Lehrstühle ... „Das Meiste, was unter dem Namen Soziologie geht, ist Schwindel" sagte er in seiner Heidelberger Abschiedsrede" (Jaspers 1932, S. 53).

Meiner Meinung nach handelt es sich im übrigen bei dieser „Zuordnungsfrage", der Frage nach dem „richtigen Etikett" für seine Forschungen, um eine Überlegung, die (wie so oft bei ähnlich gelagerten Fragen) mit etwas willkürlicher Interpretation in beide Richtungen hin beantwortet werden kann. Zudem sehe ich keinen wirklichen Nutzen in einer Antwort, bestenfalls dient der Nutzen einer derartigen Zuordnung der Einordnung in die jeweiligen universitären Curricula.

10.7.18.1.2 Max Weber als Methodologe: Idealtypen und Werturteile

In Bezug auf die historische Schule vertrat Max Weber die Meinung, dass die Konzepte, die von der historischen Ökonomik verwendet wurden, theoretischen Charakter hätten, kulturelle und historische Studien könnten nicht auf die Verwendung typologischer Konzepte verzichten. Der theoretischen Ökonomik andererseits lägen zumindest implizit immer historische Voraussetzungen zugrunde. Dies war seine „Lösung" der Kontroverse zwischen „theoretischen" und „historischen" Ökonomen. „Im berühmten Methodenstreit zwischen Carl Menger und Gustav Schmoller ... stand Weber deshalb zwischen beiden Kontrahenten: wissenschaftliche Gesetze waren zwar nur Abstraktionen, aber methodisch notwendig zur Organisation der historischen Materie. Dabei mussten die alten historischen Bewegungsgesetze und ökonomischen Stufentheorien empirischen („soziologischen") Verallgemeinerungen und typologischen Konstruktionen („Idealtypen") weichen" (Roth 1992, S. 61).

„Weber hat sich den historischen Elementen in Schmollers Konstruktion durch seine Methodologie zu entziehen gesucht. Er vertiefte das psychologische Element durch seine Handlungstheorie, er verwandelte das naiv-anschauliche Element in ein theoretisches durch die Konstruktion der Idealtypen, und er ersetzte den Fortschrittsgedanken durch sein Prinzip von der Freiheit der Werturteile. Dem Prinzip der Interdisziplinarität blieb er für seine eigenen wissenschaftlichen Ziele jedoch verhaftet" (Schefold 1992d, S. 23). Vor allem die Vermischung von Realismus und Metaphysik in der historischen Schule störte ihn und er sprach sich auch explizit dagegen aus.

Max Weber übernahm von dem mit ihm befreundeten Juristen Georg Jellinek (1851-1911) den Begriff des „Idealtypus", den er zur Ableitung allgemeiner Erkenntnisse in gesellschaftlichen Fragen verwandte. „Max Weber sieht im Idealtypus … einen durch Isolation und Generalisierung scharf und eindeutig gefassten theoretischen Begriff. Man gewinnt ihn:

(1) durch einseitige Steigerung eines oder mehrerer Gesichtspunkte der Betrachtung.

(2) durch Zusammenschluss der diffusen und diskreten Mannigfaltigkeiten des Beobachtungsmaterials zu einem einheitlichen Gedankengebilde.

Im Grunde ist für Max Weber der Idealtypus eine Utopie, eine Art von Benchmark-Konzept. „Er bezog sich auf „Grenzfälle", auf mögliche Zustände, mit denen das reale Geschehen verglichen werden kann … Die „mittelalterliche Stadtwirtschaft" ist ebenso ein solcher Idealtypus wie der „Markt" oder die „Verkehrswirtschaft", die alle konstruierte Abbilder von Wirkungsgefügen sind, die so in der Realität nicht vorkommen" (Brandt 1993, Band 2, S. 253).

Idealtypen sind also Gedankenkonstrukte, „synthetische" Begriffe, „mit denen man die Ideen historischer Erscheinungen zu klären sucht. Alle Theorie könne nur ein Idealbild der tatsächlichen wirtschaftlichen Vorgänge geben, wobei ideal hier nicht im Sinne von Idealisierung gemeint ist. Um die charakteristischen Merkmale einer Epoche fassen zu können, müsse man bestimmte, spezifische Erscheinungen hervorheben … Webers Idealtyp ist nicht mit der historischen Wirklichkeit identisch, sondern ist lediglich als ein Hilfsmittel zu verstehen, mit dem die Wirklichkeit annähernd begriffen werden kann" (Winkel 1977, S. 126). Idealtypen beschreiben strukturelle Merkmale und keine empirischen Tatsachen.

In den Worten Max Webers: Für ihn handelte es sich „um einen Spezialfall einer Form der Begriffsbildung, welche den Wissenschaften von der menschlichen Kultur eigentümlich und in gewissem Umfang unentbehrlich ist … Dieses Gedankenbild vereinigt bestimmte Beziehungen und Vorgänge des historischen Lebens in einem in sich widerspruchslosen Kosmos gedachter Zusammenhänge. Inhaltlich trägt diese Konstruktion den Charakter einer Utopie an sich, die durch gedankliche Steigerung gewisser Elemente der Wirklichkeit gewonnen ist. Ihr Verhältnis zu dem empirisch gegebenen Tatsachen des Lebens besteht lediglich darin, dass da, wo Zusammenhänge … in der Wirklichkeit als … wirksam festgestellt sind oder vermutet werden, wir uns die Eigenart dieses Zusammenhangs an einem Idealtypus pragmatisch veranschaulichen und verständlich machen können … der idealtypische Begriff … ist keine „Hypothese", aber er will der Hypothesenbildung die Richtung weisen. Er ist nicht eine Darstellung des Wirklichen, aber er will der Darstellung eindeutige Ausdrucksmittel verleihen" (Max Weber zitiert in: Fügen 1995, S. 80).

Auch die marxistischen Gesetze und Entwicklungsstadien hätten idealtypischen Charakter. Den Marxismus als Weltanschauung lehnte Max Weber ab.

Zudem war er der Auffassung, dass die zeitgenössischen Idealtypen keine endgültige Gliederung der Wirklichkeit bieten könnten. Sie seien vergänglich: „Endlos wälzt sich der Strom des unermesslichen Geschehens der Ewigkeit entgegen … die Bedeutung der unreflektiert (weiter-) verwerteten Gesichtspunkte wird unsicher, der Weg verliert sich in der Dämmerung. Das Licht der großen Kulturprobleme ist weitergezogen. Dann rüstet sich auch die Wissenschaft, ihren Standort und ihren Begriffsapparat zu wechseln" (Max Weber zitiert in: Fügen 1995, S. 80).

Ein weiteres wichtiges methodologisches Thema bei Max Weber betraf die Rolle der Werturteile. Dieses Thema war ihm so wichtig, dass er den sogenannten jüngeren Methodenstreit den „Werturteilsstreit", entfachte. Die Nationalökonomie war für ihn eine erklärende und analysierende Wissenschaft, die bei dem Fällen von Werturteilen zu äußerster Zurückhaltung aufgefordert sei. Einer Wissenschaft wurde die Berechtigung zu normativen „Seinsollensaussagen" abgesprochen. Damit wurde eine „ethische Grundierung" der Ökonomik abgelehnt, daraus resultierende politische Gestaltungsansprüche dürften nicht gestellt werden. „Die Sozialpolitik ist damit keine Sache des „Wissens", sondern des „Gewissens". Damit zieht M. Weber eine scharfe Grenze zwischen der der Wissenschaft zugänglichen Realität, dem eigentlichen Tätigkeitsbereich des Forschers, und den Idealvorstellungen von einer Veränderung dieser Wirklichkeit, den politischen Forderungen" (Winkel 1977, S. 154). Der Nationalökonom müsse sich seiner eigenen Wertmaßstäbe bewusst sein. Natürlich habe jeder Wissenschaftler einen subjektiven Standpunkt, Ist- und Sollens-Aussagen bedingten sich und seien miteinander verknüpft, doch sei der Ökonom zur Objektivität, zum „Ist", verpflichtet. Werturteilsfreiheit heißt also nicht, dass Wertungen nicht „existieren" dürfen.

Um kein Missverständnis aufkommen zu lassen: Max Weber und Werner Sombart lehnten eine Sozialreform nicht ab. Sie waren nicht dagegen, sondern sie verlangten, dass man deutlich zwischen dem Wissenschaftler und dem Werten verpflichteten Menschen unterscheiden und abgrenzen müsse.

Die Gegenposition Gustav Schmollers lässt sich, verkürzt und schlagwortartig, wie folgt skizzieren:

(1) Alles Sittliche beruhe auf Wertungen. In „Wertgefühlen" würde Billigung oder Ablehnung ausgedrückt, im Rahmen der Wissenschaft würden aus „Wertgefühlen" „Werturteile", die „Ideale des Handelns" seien. „Für Schmoller waren ethische Verbindlichkeitserklärungen keineswegs beliebige subjektive Äußerungen. Sie werden vielmehr in großen Lebensgemeinschaften objektiviert… Zur Einigung tragen Erfahrung, sittlicher Zeitgeist und die Wissenschaft bei. Der einzelne Wissenschaftler soll sich allerdings „persönlicher Werturteile" enthalten, jedenfalls bei Vergleichen konkurrierender Werturteile „Takt, Objektivität, Zurückhaltung" walten lassen" (Brandt 1993, Band 2, S. 245).

(2) Neben dem „Ist" sei auch das „Seinsollende" darzustellen;

(3) Es gehöre zu den Pflichten der Wissenschaft, Ratschläge zur Lösung politischer und sozialer Probleme zu liefern;

(4) Sittliche Normen und ethische Grundsätze sollten als leitende Vorstellungen dienen, um subjektive Ideale zum Wertmaßstab für wirtschaftspolitische Forderungen zu machen;

(5) Bezüglich bestehender ökonomischer Zustände müssten Werturteile erarbeitet werden, um wirtschaftspolitische Empfehlungen abgeben zu können.

Man muss sich darüber im Klaren sein, dass Max Weber und Werner Sombart hier keine rein „innerakademische" Auseinandersetzung entfachten, sondern einen weitreichenden Gesichtspunkt der jüngeren historischen Schule mit all seinen Konsequenzen in Frage stellten, nämlich dass die Ökonomik eine „große moralisch-politische" Disziplin sei. Der Werturteilsstreit war also keine bloße Methodendiskussion unter Fachökonomen. Er betraf ganz zentral das Selbstverständnis, die Rolle des Ökonomen in der Gesellschaft: Wie weit darf er sich (wertend) in die Belange der Gesellschaft einmischen, darf er festlegen, was die Gesellschaft bewegen solle und was und worüber sie nachdenken solle, darf die Ökonomik eine „Meinungsführerwissenschaft" sein?

Die heutige überwiegende (ehrlicher: meine!!!) Meinung zu Werturteilen lässt sich wie folgt skizzieren (ebenfalls ein Werturteil!):

Gliedert man den Forschungsprozess in einen Entstehungszusammenhang, einen Begründungszusammenhang und einen Verwertungszusammenhang, kann man konstatieren:

Der ENTSTEHUNGSZUSAMMENHANG enthält unvermeidlich Werte;

Der BEGRÜNDUNGSZUSAMMENHANG kann und soll wertfrei sein;

Der VERWERTUNGSZUSAMMENHANG enthält unvermeidlich Werte;

Für die Wirtschaftspolitik bedeutet dies: Eine Ziel-Mittel-Analyse könne und solle wertfrei durchgeführt werden, die Zielfindung enthielte allerdings (zumeist) Wertungen.

Zudem ist meiner Meinung nach eine scharfe Trennung zwischen Privatperson und WissenschaftlerIn nicht wirklich durchführbar. Man denke nur an die in Band I (Holub 2005) vorgeführte Rezeptionsproblematik und an die Untersuchung des Historikers Alexander Demandt und die dabei aufgedeckten vielen verschiedenen Positionen zum Untergang Roms, deren jeweilige Vertreter (Autoren) nachweislich beeinflusst waren durch Nationalität, politische Auffassung, religiöse und philosophische Überzeugungen, der Epoche, in der sie gelebt haben, bis hin zu ihrem Beruf, der Ausbildung, ja sogar ihrer Lektüre, also (zumindest) impliziten, ihnen oft selbst nicht bewussten Wertungen.

Joseph Schumpeter charakterisierte Max Webers methodologische Ansätze wie folgt: „Weber beschränkte sich nicht auf ein in allgemeine Formulierungen gekleidetes methodologisches Bekenntnis. Er drang tiefer in die Dinge ein ... Nach seiner Auffassung führen wir auf dem Gebiet der Sozialwissenschaften Operationen durch, die sich völlig von denen der Naturwissenschaftler unterscheiden ... auf dem (Gebiet) der Sozialwissenschaften jedoch schließt die Erklärung das Verständnis der „kulturellen Inhalte", die Interpretation des Sinnes ein: daher der Terminus Verstehende Soziologie" (Schumpeter 1965, S. 999).

„Das Wort Verstehen wurde von Weber verwendet, um die wissenschaftliche Vorgehensweise anzudeuten, mit deren Hilfe ein Beobachter individuelle Handlungen durch den Bezug auf ihre subjektive Bedeutung versteht. Die gleiche Vorgehensweise kann man durch das Wort „Subjektivismus" ausdrücken, wenn man den Bezug auf subjektive Motive, Wünsche etc. der beobachteten Individuen betont“ (Shionoya 1992, S. 101).

Weber war der Meinung, „dass es sich in den Sozialwissenschaften um die Mitwirkung geistiger Vorgänge handelt, welche nacherlebend zu „verstehen“, natürlich eine Aufgabe spezifisch anderer Art ist, als sie die Formeln der exakten Naturerkenntnis überhaupt lösen können oder wollen“ (Max Weber zitiert in: Fügen 1995, S. 79).

10.7.18.1.3 Max Weber und die Politik

Max Weber war ein politisch interessierter Mensch, ein politischer Schriftsteller, aber kein Politiker. Er war aktiv und oft kontroversiell in viele politische Probleme seiner Zeit verstrickt.

Sein überarbeiteter Vortrag „Politik als Beruf“ (Max Weber 1992) ist auch heute noch lesenswert. Es ist hier nicht möglich, die vielen Erkenntnisse, die darin enthalten sind, auch nur zu skizzieren. Einiges klingt, als wäre es auf unsere Gegenwart gemünzt: „Alle Parteikämpfe sind nicht nur Kämpfe um sachliche Ziele, sondern vor allem auch: um Ämterpatronage“ (Max Weber 1992, S. 20). Zeitlos und lesenswert auch seine vielen Bemerkungen zu Journalisten und Journalismus. „Nicht das ist erstaunlich, dass es so viele menschlich entgleiste oder entwertete Journalisten gibt, sondern dass trotz allem gerade diese Schicht eine so große Zahl wertvoller ... Menschen in sich schließt“ (Max Weber 1992, S. 37).

Und auch seinem Schlusswort kann man (zumindest ich!) zustimmen: „Nur wer sicher ist, dass er daran nicht zerbricht, wenn die Welt, von seinem Standpunkt aus gesehen, zu dumm oder zu gemein ist für das, was er ihr bieten will, dass er all dem gegenüber „dennoch!“ zu sagen vermag, nur der hat den „Beruf“ zur Politik“ (Max Weber 1992, S. 83).

„Max Weber war fasziniert von dem Phänomen der Macht ... Max Weber ist tatsächlich ein Paradebeispiel ... für die Frustration des „bürgerlichen Intellektuellen“, der sich gegen ein Herrschaftssystem empört, an dem er einfach nichts ändern kann“ (Nicolaus Sombart 2000, S. 240). Max Weber war ein Analytiker der Macht. Im zweiten Semester seiner Freiburger Professur erklärte er: „Machtkämpfe sind in letzter Linie auch die ökonomischen Entwicklungsprozesse, die Machtinteressen der Nation sind, wo sie in Frage gestellt sind, die letzten entscheidenden Interessen“ (Max Weber zitiert in: Fügen 1995, S. 58).

Weber wollte in seinem 1919 gehaltenen Vortrag „Politik als Beruf“ vor allem auch die auf Ideale gerichteten Erwartungen von Revolutionären und

Anarchisten dämpfen. Er selbst hatte wenig gemein mit den aufgeputschten Emotionen von Revolutionären: „Wer Politik treibt, erstrebt Macht" (Max Weber 1992, S. 7). Politische Ziele ließen sich nur mittels Machtpolitik erreichen. Besonders wichtig für ihn: Ein Politiker könne sich nicht darauf berufen, es gut gemeint zu haben. Der Politiker müsse sich immer auch den Folgen seiner Entscheidungen stellen. Max Weber unterschied in diesem Zusammenhang Gesinnungs- und Verantwortungsethik. Verantwortungsethik beinhalte nicht nur eine emotionslose Abschätzung der Folgen eigenen Handelns, sondern auch eine Abwägung des Verhältnisses von Mitteln und Zielen.

10.7.18.2. Rezeption von Max Weber

Die Nachwirkungen Max Webers als Ökonom und Soziologe können kaum übertrieben werden. Gibt man in die Suchmaschine Google den Suchbegriff „Max Weber" ein, erhält man 333.000 Einträge. Auch wenn nicht alle diese Einträge unseren Ökonomen betreffen, so doch die überwiegende Anzahl. Die Literatur zu Max Weber und seinen Thesen ist kaum mehr überschaubar, fast ständig werden neue Aufsätze über ihn publiziert. Eine große Gesamtausgabe ist in Arbeit.

Schon zu seinen Lebzeiten füllte Max Weber die größten Hörsäle der Universität München und war eine Attraktion. Sein Rat war in dieser unruhigen Zeit von allen Seiten gefragt, seine persönliche Ausstrahlung in vielen Biographien, die in dieser Zeit handeln, bezeugt. Für sein persönliches Engagement eine kleine bezeichnende Anekdote: Er führte vor der geistigen Elite der Stadt ein mehrtägiges Streitgespräch mit dem damals bekannten Oswald Spengler (1880-1936).

Eindrucksvoll beschreibt Nicolaus Sombart Webers Wirkung auf das geistige Leben Heidelbergs sogar noch lange nach seinem Tod: „Obwohl schon 1920 verstorben, blieb seine überragende Gestalt in Heidelberg immer präsent ... In der innerdeutschen Opposition zum Bismarck-Reich hat Max Weber einen signifikanten Platz" (Nicolaus Sombart 2000, S. 239/240).

Dabei war und ist das Interesse am Werk Max Webers nicht auf Deutschland beschränkt. Auch wenn es mit dem Ende der Weimarer Republik hier etwas geringer wurde, verlagerte es sich stark auf den angelsächsischen Raum (und kam nach dem zweiten Weltkrieg von da aus wieder zurück). Man denke nur an Talcott Parsons (1902-1979).

Interessant ist die Frage, warum gerade Max Weber und sein Werk in der angelsächsischen Welt so bekannt wurden, wo es doch zu seinen Lebzeiten auch eine Reihe anderer bedeutender deutscher Ökonomen gab, die in der angelsächsischen Welt fast unbekannt blieben. Guenther Roth (1992) gibt dafür die folgenden Gründe an:

(1) Webers Anglophilie;

(2) Webers „Protestantische Ethik“ fand von seiner Thematik her in den USA großen Anklang, war doch der Puritanismus ein zentraler Aspekt des amerikanischen Gründungsmythos;

(3) In Zeiten des kalten Krieges konnten Teile von Webers Werk als Gegengewicht gegen den Marxismus verwendet werden;

(4) Mitte der zwanziger Jahre belebte der Deutsche Akademische Austauschdienst die abgerissene Tradition eines Studiums amerikanischer Studenten in Deutschland;

(5) Die Emigration deutscher Wissenschaftler in den dreissiger Jahren, wovon viele ihren Weber im Gepäck hatten.

Das Ökonomen-Lexikon der DDR widmet Max Weber – nicht unerwartet – sogar 5 Seiten (S. 606-610), einige davon von mir unkommentiert zitiert: „Weber wirkte als konzeptioneller Wegbereiter für die methodologische Neuorientierung der bürgerlichen Ökonomie zu Beginn des Imperialismus, als bedeutender Wirtschaftshistoriker besonders für die Antike, als ein Mitbegründer der bürgerlichen Soziologie in Deutschland und im Zusammenhang damit als Schöpfer einer spezifisch anti-marxistischen Kapitalismusdeutung. Sein breitgefächertes geistiges Schaffen auf philosophischem, politökonomischem und wirtschaftshistorischem Gebiet war stets von der Leitidee durchdrungen, der Festigung und Bewahrung der bürgerlichen Klassenherrschaft nach Kräften zu dienen … In seiner Argumentation ist die Absicht erkennbar, die spezifisch marxistischen „Gesetze“ und Entwicklungskonstruktionen ihres Realitätscharakters zu berauben und sie zu heuristischen Annahmen und Fiktionen neben vielen anderen – bürgerlichen – Fiktionen zu degradieren. Marxistische Epochebegriffe, wie z.B. Feudalismus, Kapitalismus und Imperialismus sind nach Weber nur als „Idealtypen“, also nur als Fiktionen, aufrecht zu erhalten … Methodologischen Charakter trägt auch das von Weber mit Nachdruck verfochtene Prinzip der sogenannten Werturteilsfreiheit. Damit sollte der auf wissenschaftlicher Grundlage offen parteilich wertende Marxismus ins Unrecht gesetzt … Es handelte sich somit bei diesem Prinzip um eine partielle Entmündigung der Wissenschaft, um eine sublime Form des Schweigegebots auch für bürgerliche Ökonomen bei bestimmten prekären Grundfragen“ (DDR-Ökonomen-Lexikon 1989, S. 607/608/609). Und vor allem auch die „Protestantische Ethik …“ als geistige, nicht-materielle Mitursache der Entstehung des Kapitalismus wurde naturgemäß angegriffen: „Bei dieser Zuordnung von Basis- und Überbauinhalten vertrat Weber extrem idealistische Positionen, indem er den angeblich puritanisch-calvinistisch strukturierten „Geist des Kapitalismus“ weitgehend zum eigentlichen Verursacher und Schöpfer einer kapitalistischen Basis stilisierte, die geeignet erschien, das Trugbild eines „sauberen“ und geradezu „wissenschaftlichen Kapitalismus“ zu suggerieren“ (DDR-Ökonomen-Lexikon 1989, S. 610).

Max Weber nahm auch zu tagespolitischen Problemen engagiert Stellung. So stellte er anlässlich des milden Urteils von Graf Arco, dem Mörder Eisners, im Februar 1920 im überfüllten Hörsaal fest: „Die politischen Morde werden Schule machen“ und weiter: „Seine Tat ging aus der Überzeugung hervor, dass Kurt Eisner Schande auf Schande über Deutschland gebracht hat. Dieser Meinung bin auch ich. Trotzdem ist es eine schlimme Schwäche, ihn zu begnadigen, solange das Gesetz gilt, und ich als Minister hätte ihn erschießen lassen. Aber das Ministerium ist vor Ihnen zurückgewichen“. Mutige Worte eines Bekenners, und dies vor politisch aufgewiegelten, in feindliche Lager gespaltenen Studenten, von denen ein Teil davon zudem vorher lautstarke Zufriedenheit über das milde Urteil geäußert hatte.

Eine Anekdote zum Schluss: Ein großer belebter Platz in München trägt den Namen „Max-Weber-Platz“ und jeder „Zugereiste“ vermutet, dass dieser Platz zu Ehren des großen Soziologen und Ökonomen benannt wurde. Leider nein (Ökonomen scheinen in München für wenig würdigungswert befunden zu werden): Der Platz wurde nach einem Magistratsrat des 19. Jahrhunderts benannt, der sich Verdienste um die damalige Vorstadt Haidhausen erworben hatte. Erst 1998 (!!) wurde der Max-Weber-Platz in Haidhausen dann zwei Namensgebern gewidmet, nämlich zusätzlich zum Magistratsrat nun auch unserem Ökonomen Max Weber, und dies wurde auf einer Tafel feierlich kundgetan. Ein bedeutender ökonomischer Akt der Rationalisierung, weitere Doppelwidmungen sind aber meines Wissens bisher nicht vorgekommen.

10.7.19 Adolph Lowe (vormals: Adolf Löwe) (1893-1995)

Vita von Lowe (bis 1933 Löwe)

1893:	Geboren am 4.3.1893 in Stuttgart in einem liberalen jüdischen Elternhaus als Adolf Löwe;
1911-1915:	Studium der Rechts- und Wirtschaftswissenschaften an den Universitäten München, Berlin (bei Franz Oppenheimer) und Tübingen;
1915:	Im Frühjahr 1915 zum Militär eingezogen, „aber am Ende desselben Jahres aufgrund einer medizinischen Fehldiagnose als dienstuntauglich nach Hause geschickt" (Lowe 1989, S. 76), genauer: wegen eines Herzfehlers wurde er untauglich für den Frontdienst und in den zivilen Kriegshilfsdienst entlassen;
1916:	Lowe wurde durch Franz Oppenheimer (1864-1943) auf den Posten eines Sekretärs der von ihm geleiteten privaten Forschungsgruppe „Kriegswirtschaftliche Vereinigung" geholt;
1918:	Promotion Anfang November 1918 an der Universität Tübingen zum Dr. jur. mit der (unveröffentlichten) Arbeit: „Die rechtliche Entstehung und Ausgestaltung des Kriegsernährungsamtes". Dabei wurde ihm, wohl aufgrund der ungewöhnlichen Zeitumstände, das Rigorosum erlassen. Er musste nicht persönlich vor der Tübinger Fakultät erscheinen;
1918/1919:	Vertreter der Volksbeauftragten als „Demobilmachungskommissar" im Demobilmachungsamt;
1919:	Kontakte zu den religiösen Sozialisten (Kairos-Kreis) um Paul Tillich (1886-1965); Sekretär des damaligen Reichskanzlers Gustav Bauer (1870-1944) bei der Unterzeichnung des Versailler Vertrages;
1919-1924:	Tätigkeit im Reichswirtschaftsministerium: Sozialisierungsreferat, Inflationsbekämpfungsreferat, Reparationsreferat; Er arbeitete „in der Reparationsabteilung, wo er beispielsweise die umfangreichen Denkschriften entwarf, die die deutsche Reichsregierung für die Weltwirtschaftskonferenz 1922 in Genua und die Pariser Sachverständigenkonferenz 1924 zur Regelung der Reparationszahlungen (Dawes-Plan) vorlegte. In Genua gehörte Lowe auch zur Delegation der deutschen Reichsregierung" (Krohn 1996, S. 20).

	Harald Hagemann schreibt dazu: Konfrontiert mit den ökonomischen Problemen der jungen Weimarer Republik musste Lowe früh „die Praxisferne und Theorielosigkeit der deutschen Wirtschaftswissenschaft zu Beginn der zwanziger Jahre erkennen. Auch die Unfruchtbarkeit der im angelsächsischen Sprachraum herrschenden neoklassischen Wirtschaftstheorie im Hinblick auf ihre Anwendung auf die Probleme der jungen Republik wurde ihm ... schnell deutlich“ (Hagemann 1996, S. 127). Lowe selbst gab dazu folgenden Kommentar ab: „Schon bei der Untersuchung der Übergangswirtschaft und in gesteigertem Maße gilt dies für die Zeit meiner Verwaltungstätigkeit, wurde mir klar, dass der in Deutschland damals herrschende Stand der Wirtschaftstheorie mit ihrer Konzentration auf die Werttheorie nicht ausreichte, um eine Wirtschaftspolitik zu begründen. Abgesehen von den Vertretern der historischen Schule, beschränkten sich die wenigen Theoretiker buchstäblich jahrelang in ihren Seminaren auf eine Diskussion des Gegenstandes von Arbeitswert- und Grenznutzentheorie“ (Lowe 1989, S. 77).
1924-1926:	Als Oberregierungsrat Leiter der internationalen Abteilung des statistischen Reichsamtes;
1924/25:	Löwe war als Lehrbeauftragter an der Universität Kiel tätig;
1925:	Löwe schlug Ernst Wagemann (1884-1956), dem Präsidenten des Statistischen Reichsamtes die Gründung eines Konjunkturforschungsinstitutes vor. Im Juli 1925 wurde das „Deutsche Institut für Konjunkturforschung“ gegründet (heute DIW, Berlin) und Ernst Wagemann wurde dessen erster Direktor;
1926:	Aufbau einer neuen Forschungsabteilung „Abteilung für statistische Weltwirtschaftskunde und internationale Konjunkturforschung“ (Astwik) am Weltwirtschaftlichen Institut in Kiel auf Anregung von Bernhard Harms (1876-1939), dem Direktor des Institutes;
	Am 27. Februar 1926 Habilitation an der Universität Kiel;
	Im März Ernennung zum nichtbeamteten außerordentlichen Professor für wirtschaftliche Staatswissenschaften;
1928:	Auf der Tagung des Vereins für Socialpolitik in Zürich entwickelte Lowe seine konjunkturtheoretischen Vorstellungen und geriet darüber mit Friedrich August von Hayek (1899-1992) in Streit;

1930:	Lehrstuhl für Wirtschaftstheorie und Soziologie an der Universität Kiel;
1931:	Angenommener Ruf auf einen Lehrstuhl an die Universität Frankfurt (1. Oktober 1931, Nachfolge Carl Grünberg). Hier kam Lowe in Kontakt mit der „Frankfurter Schule": Adorno, Horkheimer, Mannheim, etc. Er leitete in dieser seinerzeit intellektuell anregenden Atmosphäre zusammen mit Kollegen eine „Arbeitsgemeinschaft Sozialgeschichte und Ideengeschichte". „Typisch für das geistige Klima Frankfurts in diesen Jahren war die interdisziplinäre Diskussion in gemeinsamen Lehrveranstaltungen sowie in unterschiedlichen intellektuellen „Kränzchen" (Krohn 1996, S. 29). Zu seinen Frankfurter Schülern gehörten übrigens unter anderem Marion Gräfin Dönhoff (1909-2002) und Karl Schiller (1911-1994);
1933:	Löwe konnte nur 3 Semester an der Universität Frankfurt lehren. „Im März 1933, als die Nationalsozialisten nach dem Reichstagsbrand mit dem systematischen Terror gegen ihre politischen Gegner begannen, wurde Lowe gewarnt, dass die NS-Studenten gegen ihn und andere missliebige Hochschullehrer spektakuläre Attacken zu Beginn des bevorstehenden Sommersemesters planten" (Krohn 1996, S. 64). Sein Name stand ganz oben auf einer „Beurlaubungsliste" missliebiger Personen der Universität Frankfurt, die als Folge des „Gesetz zur Wiederherstellung des Berufsbeamtentums" (7.4.1933) aufgestellt wurde. Missliebig war Lowe für die Nationalsozialisten: als überzeugter Sozialdemokrat, aktiver Befürworter der Weimarer Republik, Jude. Deshalb erhielt er die Mitteilung seiner Beurlaubung bereits früher als viele andere Hochschullehrer, nämlich schon am 13. April 1933; Am 11. September 1933 wurde Adolf Löwe dann offiziell „aus politischen Gründen" ohne Ruhe- oder Übergangsgehalt aus dem Staatsdienst entlassen; Löwe emigrierte über Genf nach England;
1933-1940:	Löwe lehrte an der Universität Manchester. Da die Ökonomen an der Victoria University in Manchester von Neoklassikern dominiert wurden, wurde er als eher unerwünschter Außenseiter misstrauisch aufgenommen und zu den Politologen abgeschoben;
1935:	Gastdozent an der London School of Economics and Political

	Science;
1939:	Löwe wurde am 2. September 1939 in England eingebürgert. Sein Name lautete nun: Adolph Lowe, weil einer Anekdote nach eine Sekretärin im britischen Home Office kein „Ö" auf ihrer Schreibmaschine hatte und aus „Adolf" wurde „Adolphe". Lowe merkte allerdings zu seinem Leidwesen, dass er trotz seiner Einbürgerung nicht wirklich in die englische Gesellschaft integriert wurde. Er wurde z.B. von jeglichen Hilfen für seine neue Heimat gegen die Nazis, auch als Dolmetscher und Wirtschaftsfachmann, ausgeschlossen;
1940:	Adolph Lowe nahm einen seit längerem vorliegenden Ruf an die New School for Social Research (New York) an und übersiedelte in die USA; „Die Übersiedelung nach New York wurde von einer ganz anderen Dramatik begleitet, denn er und seine Familie waren nur durch Zufall dem Tod entgangen. Die Schiffspassage war für den 15. September 1940 auf der „City of Benares" gebucht worden. Passprobleme der jüngeren Tochter … verzögerten die Abfahrt. Das rettete ihm und der Familie das Leben, denn das Schiff, auf dem Teile des Hausrats bereits verladen waren, wurde auf der Überfahrt von einem deutschen U-Boot torpediert" (Krohn 1996, S. 95/96).
1940-1963:	Alvin Johnson Professor of Economics an der Graduate Faculty der New School for Social Research (New York); Lowe hielt bis Mitte der siebziger Jahre, also noch lange nach seiner Emeritierung) Vorlesungen an der New School;
1943-1951:	Zugleich Forschungsdirektor des Institute of World Affairs, in dem die Probleme und Chancen einer künftigen Friedensordnung thematisiert wurden;
1953:	Gastprofessor an der Hebrew University (Jerusalem);
1963:	Offizielle Emeritierung;
1982:	Tod seiner Frau Beatrice;
1983:	Rückkehr nach Deutschland, um dort in der Familie einer Tochter zu leben;
1995:	Gestorben im Alter von 102 Jahren (!) in Wolfenbüttel.

Professor Lowe war ein beliebter und unterhaltsamer Vortragender. Er lud seine Studierenden sogar öfter zu sich nach Hause zu Parties ein. Er bemühte sich nach Aussagen seiner Tochter Rachel besonders intensiv um Studierende, die Schwierigkeiten hatten, ihre Doktorarbeiten abzuschließen.

Robert Heilbroner beschrieb den Eindruck, den Lowe auf ihn als Student in seinem Seminar machte, wie folgt: „a breadth of culture and learning that was very German, an English clarity of expression, and – already! – an American „openness“ to students. Perhaps most important, he was utterly engaged with whatever he was teaching, endowing it with life and with importance ... He was the greatest and moat inspiring teacher I have ever known, a judgement I have heard echoed many times” (Heilbroner in: Krohn 1996, S. 166).

Erwähnt müssen noch seine zahlreichen Freundschaften auch mit Personen, deren Meinungen er nicht oder nicht uneingeschränkt teilte: Max Horkheimer (1895-1973), Paul Tillich (1886-1965), Ernst Bloch (1885-1977), Hans Jonas (1903-1993), Geoffrey Vickers (1894-1982) und vor allem Robert Heilbroner (1919-2005), erst sein Schüler, später Kollege und Freund. Die vielen anregenden intellektuellen Debatten (bei Gemeinsamkeiten über grundlegende Werte) können im Rahmen dieser Einführung nicht ausgebreitet werden.

Für das ungebrochene politische Interesse Lowes sprach auch, dass der fast Achtzigjährige regen Anteil an den studentischen Protestaktionen der 68er Jahre nahm. Er begrüßte sie im Großen und Ganzen, auch wenn er deren zuweilen überschießenden Aktionismus nicht guthieß.

In höherem Alter setzte er sich noch kritisch mit dem einflussreichen Paradigmen-Ansatz von Thomas S. Kuhn (1933-1996) auseinander und Mitte der achtziger Jahre auch mit der damals heiß diskutierten Chaos-Theorie. Die neuen technologischen Entwicklungen (z.B. Kernenergie, Gentechnik) und ihre sozialen Folgen und Gefahren interessierten ihn bis ins hohe Alter.

Während seines langen Lebens erhielt Adolph Lowe schließlich doch noch zahlreiche Ehrungen: Ehrendoktorate der New School for Social Research (1964) und der Universität Bremen (1983), Ehrenmitgliedschaft der deutschen Gesellschaft für Soziologie, Ehrensenator der Universität Frankfurt (1989). 1979 erhielt er von der „Association for Evolutionary Economics“ den „Veblen-Commons-Award“. Seine diesbezügliche Dankesrede war: „What is Evolutionary Economics?“ (1980). Lowe war zu diesem Zeitpunkt 87 Jahre alt. 1984 wurde ihm das große Bundesverdienstkreuz der Bundesrepublik Deutschland verliehen.

Mehr als von bloßem Interesse war, dass das Institut für Weltwirtschaft in Kiel, sowohl in der Festschrift 1964 (50jähriges Jubiläum) als auch beim 75jährigen Jubiläum 1989 den Pionier Adolf Löwe unterschlug, der ja maßgeblich an der Schaffung eines guten Rufes dieser Institution beteiligt war. „Dort feierte sich die marktorthodoxe „Kieler Schule“ unter der damaligen Leitung Herbert Gierschs so, als habe es erst mit ihr so etwas wie ein ge-

schlossenes wissenschaftliches Profil in Kiel gegeben. Die Arbeiten der nicht weniger prominenten, jedoch theoretisch anders fundierten ersten Kieler Schule vor 1933 wurden für die Presse, wenn sie überhaupt erwähnt wurden, auf die Plätze der offenbar nicht ernst zu nehmenden „noch halbwilden" Jahre der gesamtwirtschaftlichen Analyse verwiesen" (Krohn 1996, S. 181/192).
Lowes ausgezeichneter internationaler Ruf wird auch dadurch dokumentiert, dass der den deutschen Wissenschaftlern eher negativ eingestellte Joseph Schumpeter über ihn schrieb: „one of the best German theorists of the business cycle ... He is as far as I can see the only good man among the dismissed German economists" (Schumpeter zitiert in: Krohn 1996, S. 68).

EINIGE AUSGEWÄHLTE WERKE VON LOWE (BIS 1933 LÖWE)

(tatsächlich waren die Publikationen Lowes WESENTLICH zahlreicher)

„Arbeitslosigkeit und Kriminalität" (1914);

Bereits in dieser frührn Arbeit verknüpfte Adolf Löwe soziologische, ökonomische, juristische und politische Gesichtspunkte miteinander.

„Wirtschaftliche Demobilisierung" (1916);

„Die ausführende Gewalt in der Ernährungspolitik" (1917);

„Die Massenpreisung im System der Volksernährung" (1917);

„Soziale Forderungen für die Übergangswirtschaft; Eine Kundgebung" (1918);

„Die Neue Demokratie" (1919);

„Zur Soziologie der modernen Juden" (1919, Aufsatz);

„Zur ökonomischen Theorie des Imperialismus" (1924);

Dieser Beitrag in der Festschrift für Franz Oppenheimer (1864-1943) machte den jungen Ökonomen auch in einer breiteren Öffentlichkeit bekannt. Hier stellte er fest, es gebe für den Kapitalismus keine weiteren Entwicklungschancen mehr, wenn sich die kapitalistische Produktionsweise erst überall durchgesetzt hätte. „Zusammen mit zunehmender Verstaatlichung in der Reifephase werden die Expansionsantriebe zum Erliegen gebracht, damit zugleich aber auch die Möglichkeit einer permanenten Speisung der industriellen Reservearmee erstickt" (Brandt 1993, Band 2, S. 399).

„Der gegenwärtige Stand der Konjunkturforschung in Deutschland" (1925);

„Wie ist Konjunkturtheorie überhaupt möglich?" (1926);

„Weitere Bemerkungen zur Konjunkturforschung" (1926);

„Über den Einfluss monetärer Faktoren auf den Konjunkturzyklus" (1928);

„Reparationspolitik" (1930);

„Lohnabbau als Mittel der Krisenbekämpfung? (1930);

Adolf Löwe war gegen eine allgemeine Lohnsenkung als Mittel, die Krise zu Ende der Weimarer Republik zu überwinden. Er vertrat – im Gegensatz zu vielen seiner Kollegen – die Ideen einer antizyklischen Fiskalpolitik. Zudem sah er einen wesentlichen Krisenherd in den verkrusteten Basisindustrien (Kartelle). Diese monopolistischen Stellungen sollten aufgebrochen und die Basisindustrien zu mehr Konkurrenz untereinander gezwungen werden. Die Lösung dieses Kartellproblems war für ihn einer der wichtigsten Punkte einer Krisenbekämpfung. Darüberhinaus forderte Löwe eine Aufhebung bzw. einen Abbau der (kriegsbedingten) Zölle.

„Der Sinn der Weltwirtschaftskrise" (1931);

„Das gegenwärtige Bildungsproblem der deutschen Universität" (1931);

Dieser Beitrag wurde von Löwe zuerst als Referat auf einem internationalen Hochschullehrerkurs in Davos vorgetragen.

Lowe sah, für die damalige Zeit überraschend (heute eher verständlich, meine private Meinung!) die Überfüllung der deutschen Universitäten als maßgebend für die Hochschulprobleme an. Er vertrat eine Abkehr von den damaligen Strukturen im Hochschulbereich, von der Ordinarienuniversität alten Schlages. „Die Universität müsse aufhören, eine hermetische Welt wie bisher zu sein, sondern sie solle gegen die Hinnahme vorgegebener Lehrmeinungen, zur Skepsis und zur Reflexion im weiteren gesellschaftlichen Kontext erziehen und vor allem einen aktiven Beitrag zur neu gewonnenen Demokratie leisten" (Krohn 1996, S. 55). Er sah eine Zweiteilung des Studiums vor: ein praxisorientiertes Grundstudium und ein Hauptstudium, in dem „die Tradition der Lehr- und Forschungsgemeinschaft der deutschen Universitäten" aufrechtzuerhalten sei.

„Über den Sinn und die Grenzen verstehender Nationalökonomie" (1932);

„Economics and Sociology; A Plea for Co-operation in the Social Sciences" (1935);

Das Buch ging auf eine Vorlesungsreihe zurück, die Lowe im Frühjahr 1935 an der London School of Economics gehalten hatte.

Die Schrift enthielt genau das, was ihr Titel versprach: Die Forderung nach einer Kooperation zwischen Ökonomik und Soziologie. Die Gleichgewichtstheorie der Ökonomen sei zu mechanisch, zu rational und unterstelle ein unrichtiges individuelles Verhalten. Ihre Grundannahmen, zusammen mit der fatalen Einschränkung durch die ceteris-paribus-Klausel, hätten zu einer Abkehr der Ökonomik von der Realität geführt. Diese Realität sei durch die technische und gesellschaftliche Entwicklung stark verändert worden, ohne dass die Ökonomik daraus die notwendigen Schlüsse gezogen hätte. Die Soziologie böte mit ihren weiter gefassten Fragestellungen hier Abhilfe, während die Ökonomik ihre hoch entwickelten Methoden einbringen könne. Interessant: „Als Lowe die Studie während der weltweiten ökonomischen, sozialen und politischen Krisensituation der dreißiger Jahre niederschrieb, wurden seine Kritik am Zustand der Wissenschaft und die Suche nach ihrer Selbstkorrektur nur von wenigen anderen Kollegen geteilt" (Krohn 1996, S. 76).

HIER WAR EINE SCHNITTSTELLE ZU AUFFASSUNGEN DER HISTORISCHEN SCHULE ERKENNBAR. Der zu mechanische Ansatz in der Ökonomik war eines der Themen, die ihn zeitlebens bewegten, siehe: „On the Mechanistic Approach in Economics" (1951). Lowe plädierte für die Einführung realistischerer, heterogener und sich wandelnder Verhaltensweisen. Richtige Verhaltensannahmen seien für jede ökonomische Analyse fundamental, seien doch die Verhaltensannahmen die SCHALTSTELLEN, an denen jede Wirtschaftspolitik ansetzen müsse.

„Economic Analysis and Social Structure" (1936);

„The Price of Liberty; A German on Contemporary Britain" (1937);

Das Buch enthielt keine Realanalyse der englischen Gesellschaft, „sondern Lowe wollte mit ihr einen Begriff von den Bedingungen politischer Freiheit und Demokratie gewinnen" (Krohn 1996, S. 80). Lowe wies dabei dem deutschen Bürgertum eine besondere Schuld an den Fehlentwicklungen Deutschlands bis hin zum Nationalsozialismus zu. „Gesellschaftspolitisches Fundament des von Lowe vorgeschlagenen Bildungskonzepts sollte ... das Modell „geplanter Demokratie" sein, welches die Herausforderungen des sozialen Wandels ... meistern könne, um dadurch die alten Formen und Werte der dezentralisierten demokratisch-liberalen Gesellschaft zu retten" (Krohn 1996, S. 84).

„The Task of Democratic Education: Pre-Hitler Germany and England" (1937, Aufsatz);

„The Universities in Transformation" (1940);

„The Trend in World Economics" (1944);

„On the Mechanistic Approach in Economics" (1951);

„National Economic Planning" (1952);

„A Structural Model of Production" (1952);

„The Classical Theory of Economic Growth" (1954);

„Structural Analysis of Real Capital Formation" (1955);

„On Economic Knowledge"; Toward a Science of Political Economics" (1965, die mir vorliegende deutsche Übersetzung hat den Titel „Politische Ökonomik", 1968, erschienen in der Reihe „Politische Ökonomie, Geschichte und Kritik" der „Europäischen Verlagsanstalt");

Dieses Werk kann als Summe der Auffassungen Lowes betrachtet werden. Er schrieb es im Alter von 72 Jahren. Die Fachkollegen, die dem zu dieser Zeit herrschendem Mainstream huldigten, beachteten das Werk kaum. Anders die Abweichler der „ökonomischen Unterwelt": Sie begrüßten das Werk und auch die interessierte Öffentlichkeit reagierte positiv darauf.

Das Buch war durchdrungen vom Problem einer systemimmanenten Instabilität der kapitalistischen Entwicklung. Die Gleichgewichtsvorstellung sei nicht geeignet, diesem Problem in der Realität beizukommen, ein Gedanke, der schon bei dem jungen Löwe virulent war. „Er teilte zwar die Grundannahmen der Neoklassik, dass individuelle Freiheit und Selbstbestimmung sowie die optimale Versorgung das oberste Ziel der modernen Wirtschaftsgesellschaft sei, der Markt als Regulator bot ihm dafür jedoch keine genügenden Sicherheiten" (Krohn 1996, S. 130).

Immerhin wurden zwei Symposien über das Werk abgehalten, an denen neben bekannten Ökonomen (Fritz Machlup, Abba Lerner, Paul Samuelson etc.) auch Soziologen und Philosophen beteiligt waren.

„Toward a Science of Political Economics" (1970);

„The Path of Economic Growth" (1976);

„What is Evolutionary Economics?" (1980);

„Zur Ortsbestimmung der Gegenwart" (1984);

„Has Freedom a Future?" (1988);

Hierin wurde die Frage aufgeworfen, wie die demokratischen Freiheiten angesichts der technologischen und ökonomischen Entwicklungen überleben könnten. Diese Schrift bot eine Summe der Überlegungen Lowes zur modernen Entwicklungsökonomik. Die Haltung des mittlerweile 95jährigen (!) Lowe ist aufgrund der bereits erkennbaren Zerstörungspotentiale der modernen Gesellschaft deutlich vorsichtiger und pessimistischer geworden. „Im ganzen, so Lowes entmutigtes Fazit, seien in diesem Jahrhundert intra- wie international mehr Fesseln zerbrochen als in den vorangegangenen Jahrtausenden, „aber das letztendliche Ziel der Emanzipation – ein neues politisches, sozio-ökonomisches und kulturelles Gleichgewicht – erscheint ferner denn je" (Krohn 1996, S. 193).

„Konjunkturtheorie in Deutschland in den zwanziger Jahren" (1989).

THESEN VON LOWE

(ich verwende hier bereits den „neuen" Namen Löwes)

Adolph Lowes wissenschaftliche Interessen waren, wie auch seine oben aufgeführte GEKÜRZTE Publikationsliste zeigt, sehr weit gespannt: Konjunkturforschung, Wachstumstheorie, Sozialphilosophie, Soziologie, Methodologie, kriegswirtschaftliche Fragen und viele wirtschaftspolitische Themen.

Er überschritt mit seinen Arbeiten permanent die traditionellen Fachgrenzen, und stand damit in Gegensatz zu vielen seiner Fachkollegen, die sich, einer allgemeinen Tendenz folgend, immer mehr spezialisierten.

Zunächst befasste sich der junge Lowe mit Fragen der Kriegswirtschaft. Im Rahmen der „Kriegswirtschaftlichen Vereinigung" stellte er Überlegungen zu einer Nachkriegsordnung an, den Folgen einer Demobilisierung des deutschen Heeres und den Reparationszahlungen. Dabei umfasste für Lowe Demobilisierung nicht nur eine Abschaffung der kriegsbedingten Zwangswirtschaft, sondern auch (modern gesprochen) Infrastrukturpolitik.

Bekannter wurden seine Leistungen auf dem Gebiet der Konjunkturforschung. Die von ihm aufgebaute und geleitete „Abteilung für Statistische Weltwirtschaftskunde und internationale Konjunkturforschung" am Kieler Institut für Weltwirtschaft beschäftigte so wichtige (und bekannte) Ökonomen wie Gerhard Colm (1897-1968) und Hans Neisser (1895-1975). Gerhard Colm erstellte gemeinsam mit Adolph Lowe z.B. ein Konjunkturbarometer. Nennt man dazu noch den (späteren Nobelpreisträger) Wassily Leontief (1905-1999), der kurzzeitig Mitglied der Forschungsgruppe war, und den hervorragenden, zu wenig bekannten Ökonomen (ursprünglich Ingenieur aus Kiew) Jakob Marschak (1898-1977), die einige Jahre mitarbeiteten, so versteht man, dass die „Kieler Schule" auch international ein großes Renommé erwarb. Walther G. Hoffmann (1903-1971) setzte sich damals in Kiel statistisch mit Industrialisierungsprozessen auseinander. Seine 1929 fertig gestellte Dissertation lautete: „Stadien und Typen der Industrialisierung" (publiziert 1931).

Bereits in seinem 1926 im „Weltwirtschaftlichen Archiv" publizierten Beitrag nahm Lowe zum Konjunkturphänomen Stellung. Er stellte hierbei zwar keine eigene Konjunkturtheorie vor: „Nicht gilt es hier, ein Problem der ökonomischen Theorie inhaltlich zu lösen. Vielmehr soll, um jener eigentlichen Aufgabe den Weg zu bahnen, die formale Ordnung der Daten aufgewiesen werden" (Löwe 1926, S. 169). Aber er zeigte die seiner Ansicht nach wichtigen, ja notwendigen Charakteristika einer Konjunkturtheorie. So verlangte er die Erstellung einer ENDOGENEN, kreislauforientierten Konjunkturtheorie. Und vor allem stellte er die bis heute wichtige und kontrovers beantwortete Frage, ob es überhaupt möglich sei, im Rahmen einer Gleichgewichtstheorie eine fundierte systematische Konjunkturtheorie zu formulieren. (Lowe verneinte diese Frage und plädierte für ein offenes System ohne den Rahmen einer allgemeinen Gleichgewichtstheorie und ich würde mich ihm hier vollinhaltlich anschließen). „Wer das Konjunkturproblem lösen will, muss das statische System opfern. Wer am statischen System festhält, muss das Konjunkturproblem preisgeben" (Löwe 1926, S. 193) und: „Die Deduktion eines ruhenden Gleichgewichts im dynamischen System wäre ein logischer Widerspruch" (Löwe 1926, S. 195/196).

Im Vorwort zur amerikanischen Ausgabe der „Politischen Ökonomik" schrieb er: „Ich begann als überzeugter Anhänger des traditionellen Ansatzes, wie er in der neoklassischen Gleichgewichtstheorie formuliert ist. Gleichzeitig wurde ich mir, im Zusammenhang einiger Arbeiten über den Konjunkturzyklus, mit dem ich mich damals beschäftigte, der tiefen Kluft bewusst, die alle Gleichgewichtsmodelle von einer wirtschaftlichen Wirklichkeit trennt, welche ausgedehnten Schwankungen der Beschäftigung und der Produktion unterworfen ist" (Lowe 1965, S. 7). Er fuhr dann fort: „Vor allem aber teilte ich die orthodoxe Meinung, dass die Wirtschaftstheorie ein in sich geschlossenes System von generellen Erkenntnissen sein müsse, … gültig für alle Typen wirtschaftlicher Ordnungen. Eine zweite Phase wurde erreicht, als ich dieses letztere Dogma aufgab" (Lowe 1965, S. 7).

Lowe stellte den technischen Fortschritt in den Mittelpunkt seiner Überlegungen, er sei letztlich verantwortlich für zyklische Umbrüche und krisenhafte Zustände. Er sei ein auslösender Faktor für konjunkturelle Schwankungen. Die Freisetzungs- und Kompensationseffekte auf dem Arbeitsmarkt glichen sich bei technischen Neuerungen nicht einfach aus. Monetäre Faktoren seien zwar intensivierende Faktoren für das Ausmaß zyklischer Schwankungen, aber „Veränderungen auf der Geldseite können den Zyklus allein nicht auslösen" (Löwe 1926, S. 182). „Die rein monetäre Konjunkturtheorie wie auch die monetäre Überinvestitionstheorie sind bereits methodisch falsch angelegt, weil sie im Grunde am Gleichgewichtskonzept festhalten" (Brandt 1993, Band 2, S. 443). Monetäre Faktoren folgten der Entwicklung lediglich, aber verursachten sie nicht. Auch dies eine wichtige Aussage, sind sich doch bis heute die Ökonomen nicht einig, ob konjunkturelle Schwankungen von der realwirtschaftlichen oder der monetären Seite ausgelöst werden. Zudem nahm Lowe eine sich über den Konjunkturzyklus ändernde multisektorale Struktur an, dies eine zukunftsweisende, mittlerweile unangefochtene Aussage.

Für mich stellt die von Lowe aufgeworfene Frage nach der Leistungsfähigkeit der Gleichgewichtstheorie in Bezug auf die Erklärung der Entwicklungsdynamik moderner Volkswirtschaften, auf ihre Fähigkeit, konjunkturelle Schwankungen und Krisen modellieren zu können, eine seiner ganz wichtigen Forschungsleistungen dar. Dies betraf auch die Frage nach einer statischen, quasi-statischen (statisch in den Wachstumsraten) oder dynamischen Theorie. „Wer das Konjunkturproblem lösen will, muss das statische System opfern". Ich würde diese Aussage Lowes noch ergänzen und verschärfen: „Wer Krisen erklären will, muss das quasi-statische System und die Gleichgewichtstheorie opfern:"

Im Rahmen der Wachstumstheorie gab Lowe bereits in den fünfziger Jahren Impulse in Richtung einer Analyse von „Traversen", das heißt der Pfade von einem (dynamischen) Wachstumsgleichgewicht zum anderen, von einem Wachstumspfad zum anderen, ausgelöst durch Änderungen einer der exogenen Wachstumsdeterminanten (wie z.B. Arbeitsangebot oder technischen Fortschritt). „Bei der Analyse von Übergangsprozessen, während derer nicht mehr länger alle Sektoren der Ökonomie mit derselben Rate wachsen und somit Strukturveränderungen stattfinden, ist Zukunft nicht einfach Gegenwart auf höherem Niveau" (Hagemann 1996, S. 124). Und außerhalb der Steady-State-Gleichgewichtspfade spielen die Erwartungen der Wirtschaftssubjekte eine entscheidende Rolle: Jetzt besteht ja Anlass zu Planrevisionen, da die Erwartungen nicht mehr automatisch immer erfüllt sind.

Die Dynamik hinter diesen Traversen war bei Lowe nicht auf das mechanisch Ökonomische beschränkt. Ausgeführt sind seine diesbezüglichen Überlegungen unter anderem in: „On Economic Knowledge" (1965) und „The Path of Economic Growth" (1976).

Die Ansätze von Lowe legten anders als die späteren keynesianischen Ansätze das Gewicht auf die Angebots- bzw. Produktionsseite. Eine Folge dieser Perspektive war, dass „die weltweite Arbeitslosigkeit in den Industrieländern nach 1929 nicht als konjunkturell bedingt ... sondern als Ausdruck einer tiefgreifenden Strukturkrise" (Krohn 1996, S. 43) gesehen wurde.

Basis des Ansatzes von Lowe war ein dreisektorales Modell, das aus einer Modifikation des Marxschen Schemas hervorging. Die Investitionsgüterabteilung bei Marx wurde in zwei vertikal integrierte Sektoren aufgespalten. Zur genaueren Darstellung dieses Modells siehe (Hagemann 1996, S. 133ff). Er zieht dann das Resümee: Der Nachteil einer hochgradigen Komplexität „gilt auch für die von Löwe (1976) entwickelte Traversenanalyse, deren mathematisch zwar nicht besonders anspruchsvollen, aber eben nicht immer leicht nachvollziehbaren Berechnungen und Zahlenbeispiele wesentlich zu einer vergleichsweise geringen Breitenwirkung geführt haben; unverdientermaßen" (Hagemann 1996, S. 138/139). Entscheidender Faktor bei der Entwicklung kapitalistischer Volkswirtschaften war bei Lowe der technische Fortschritt, der zwar langfristig mehr Wohlstand bringe, kurzfristig aber auch zu konjunkturellen Instabilitäten und Arbeitslosigkeit führen könne.

Lowe vertrat, wie bereits angedeutet, einen strikt interdisziplinären Ansatz, der Ökonomik, Soziologie und Politologie einschloss. Ersichtlich wurde seine Nähe zur Soziologie auch, als er mit seinem Mentor Franz Oppenheimer 1941 Gründungsmitglied des „The American Journal of Economics and Sociology" war. Lowe warnte vor den Gefahren einer Überspezialisierung in der Ökonomik, auch wenn diese wie eine natürliche Konsequenz einer verbesserten Arbeitsteilung aussähe. Die Vorherrschaft der „exakten" Ökonomik würde mit zu engen, oft nicht explizit ausformulierten Annahmen über die zugrunde liegenden soziologischen Sachverhalte zu teuer erkauft. Lowe vertrat die Meinung, dass die Entwicklung eines so komplexen Systems wie es die moderne Wirtschaft und Gesellschaft sind, nicht adäquat mit mathematischen Modellen einer „reinen" Ökonomik eingefangen werden könne. Immer ging es ihm darum, theoretische Erkenntnisse zur Grundlage wirtschaftspolitischen Handelns zu machen, also Theorie und Praxis eng zu verknüpfen.

Daraus folgt fast zwingend, dass Lowe auch den „homo oeconomicus", diese bekannte, materiell ausgerichtete, einseitige Kunstfigur der modernen Ökonomik, als Verhaltensannahme für seine Zeit, strikt ablehnte.

Lowe leugnete auch die Existenz UNIVERSELLER ökonomischer Gesetze, die zu allen Zeiten und in allen Gesellschaftsformen gültig seien. WIEDER EINE SCHNITTSTELLE ZUR HISTORISCHEN SCHULE. Ökonomische Gesetzmäßigkeiten seien unter historischem Aspekt immer nur relativ. So lehnte er auch konsequent den Marxschen materialistischen Determinismus ab. Auch gegenüber der historischen Funktion des Proletariats war er übrigens skeptisch.

Beschäftigt hat ihn zeitlebens die Problematik des Ausgleichs zwischen Freiheit und Ordnung, die Frage: Welche ökonomischen Bedingungen beeinflussen (oder verhindern) die Verwirklichung der Freiheit? Mit Sorge beobachtete er den stattfindenden Zerfall gesellschaftsbildender Traditionen, ohne dass er deshalb generell gegen Neuerungen und Emanzipation gewesen wäre. Aber er sah eben auch deren Schattenseiten. Wenn sich die klassischen Funktionen der Familien lockerten, müsse der Staat einspringen. An die Stelle des Persönlichen trete dann die Bürokratie.

Und hier kam noch ein weiterer Einwand gegen das Gleichgewicht ins Spiel: „Außerdem sah er einen Widerspruch in der neoklassischen Verknüpfung von makroökonomischen Gleichgewichtsvorstellungen mit den autonomen, durch die „unsichtbare Hand“ oder die walrasianische Allwissenheit geleiteten Entscheidungen der Mikroeinheiten. Volles Gleichgewicht sei für soziale Systeme weder möglich noch erwünscht, wenn ein Spielraum für individuelle Freiheit erhalten bleiben solle“ (Krohn 1996, S. 132).

Claus-Dieter Krohn bringt Lowes wissenschaftliches Werk in folgenden Zitaten auf den Punkt: „Lowes wissenschaftliches Werk zielt im Kern darauf, operationalisierbare Handlungsperspektiven zu gewinnen, die die Dynamik der modernen Industriegesellschaft durch Beeinflussung des sozialen Verhaltens und öffentliche Eingriffe so zu steuern, dass stabile Wachstumspfade erreichbar sind, zugleich aber die Freiheit individueller Entscheidungen nicht auf der Strecke bleibt“. „Für ihn bestehe die eigentliche Aufgabe der Theorie nicht darin, mögliche Fehlentwicklungen auf der Makroebene und bei den Mikroeinheiten vorausschauend zu antizipieren, sondern darin, das normative Gerüst zu liefern, wie solche Fehlentwicklungen von vorneherein verhindert ... werden könnten“ und: „In seinem Modell der Ziel-Mittel-Analyse werde das Verhalten der Akteure im Ausgangszustand als unbekannt vorausgesetzt und erst durch die politische Zielbestimmung sowie die daraus von der theoretischen Analyse abgeleiteten zieladäquaten Pfade determiniert“ (Krohn 1996, S. 10, S. 173, S. 174).

Lowe schrieb im Vorwort zu seiner „Politischen Ökonomik“ ganz eindeutig: „Im besonderen hoffe ich zu zeigen, dass erfolgreiche öffentliche Lenkung der Wirtschaftsprozesse heute nicht nur eine Vorbedingung für die Stabilität und das Wachstum industrieller Systeme, sondern auch für ihre wissenschaftliche Interpretation darstellt. Nur mit Hilfe solcher Kontrollmaßnahmen wird es uns gelingen, den ökonomischen Abläufen der realen Welt den Mindestgrad von Ordnung zu verleihen, ohne welchen theoretische Generalisierungen undenkbar sind“ (Lowe 1965, S. 8).

Um bei wirtschaftspolitischen Eingriffen den Instabilitäten des Verhaltens in den modernen Volkswirtschaften zu entgehen, entwickelte Lowe eine „Instrumentalanalyse“. Damit soll das Dilemma der Wirtschaftspolitik umgangen werden, „dass die Instabilität des Mikroverhaltens einerseits staatliche Stabilisierungsmaßnahmen erfordere, diese Eingriffe andererseits aber nur bei stabilen sozialen Verhaltensregeln mit Aussicht auf Erfolg vorgenommen werden könnten“ (Hagemann 1996, S. 124). Die Instrumentalanalyse versucht die Bedingungen zu analysieren, die vorhanden sein müssen, um ein vorher festgelegtes Makroziel (z.B. Vollbeschäftigung, vorgegebene

Wachstumsraten) zu erreichen. Hier wird nach den nötigen Anpassungspfaden gefragt, auf denen sich das ökonomische System dem vorgegebenen Ziel annähern kann. Zugrunde liegt eine Analyse des Verhaltens der Wirtschaftssubjekte, das zu diesen Pfaden führt. Und schließlich muss noch festgestellt werden, welche öffentlichen Maßnahmen dieses Verhalten hervorrufen.

Lowe warnte bereits zeitlich vor den publikumswirksamen Publikationen des Club of Rome 1972 vor ökologischen Gefahren und einer ungebremsten Wachstumseuphorie.

Nach all diesen geschilderten Charakteristika der Leistungen von Adolph Lowe wird es den Leser erstaunen, dass die Person: Adolph Lowe nicht zu den ganz Großen und Berühmten unseres Faches gezählt wird und im akademischen Unterricht die nötige Anerkennung findet. Hier ein partieller Erklärungsversuch: „Eine Hauptschwierigkeit für das Verständnis und die Akzeptanz der Loweschen Politischen Ökonomik unter seinen Fachkollegen aber war, wie Kenneth E. Boulding bemerkte, dass sie die Ökonomie als stolze Leitwissenschaft der modernen Gesellschaft auf ihren quasi vormodernen Platz der dienenden, instrumentellen Magd der Politik zurückverwiesen hatte“ (Krohn 1996, S. 136). Dazu kam meines Erachtens noch seine Ablehnung der (herrschenden) Gleichgewichtstheorie, des Rückgrades der Neoklassik, seine Zurückweisung des Rational- und Maximierungsverhaltens als einzige Verhaltensmaxime, die Ähnlichkeit seiner Kreislaufvorstellung mit dem Marxschen Schema und seine immer wieder geäußerte Forderung nach Interdisziplinarität.

Nochmals ein persönliches Werturteil bezüglich des von mir sehr geschätzten Lowe: Weiterführend an Lowes Arbeiten bzw. Ansichten sind meines Erachtens die Forderung nach einer ENDOGENISIERUNG des Verhaltens, im Gegensatz zu vorgegebenen exogenen Verhaltensmustern, die Zurückdrängung der ceteris-paribus-Klausel. Die Annahme eines „breiteren Verhaltens“ als das durch Rationalannahmen vorgegebene. Seine anregenden Überlegungen zur Weiterentwicklung des kapitalistischen Systems. Zudem die Bedeutung des strukturellen multisektoralen Wandels bei der wirtschaftlichen Entwicklung, die Abkehr von mechanistischen Verhaltensweisen und nicht zuletzt die Forderung nach einer echten Interdisziplinarität in den Wirtschafts- und Sozialwissenschaften.

10.7.20 Friedrich von Gottl-Ottlilienfeld (1868-1958)

(1907 wurden sein Vater und seine österreichischen Verwandten in den Adelsstand erhoben: „Edler von Ottlilienfeld“. Ich verwende der Kürze halber in diesem Abschnitt die Kurzform „Gottl“ für ihn)

Vita von Gottl

1868:	Geboren am 13.11.1868 in Wien, als Sohn eines k. und k. Generals; Gottl studierte Naturwissenschaften, Mathematik, Staatswissenschaften und Geschichte an den Universitäten Wien, Berlin und Heidelberg.
1897:	Promotion in Heidelberg zum Dr. phil. bei Karl Knies (1821-1898) und dem Historiker Bernhard Erdmannsdörfer (1833-1901);
1901:	Habilitation an der Universität Heidelberg für Staatswissenschaften;
1902:	Berufung als außerordentlicher Professor an die Technische Hochschule Brünn;
1904:	Ordinarius an der Technischen Hochschule Brünn;
1909:	Am 15. Januar 1909 wurde Gottl als ordentlicher Professor für Staatswissenschaften an der Technischen Hochschule München dann bei der Adelsklasse geführt: „Gottl von Ottlilienfeld“; Gründung eines „Technisch-wirtschaftlichen Institutes“ und fachwissenschaftlicher Berater des Bayerischen Staatsministeriums für Industriefragen;
1919:	Lehrstuhl für Theoretische Nationalökonomie an der neu gegründeten Universität Hamburg;
1924:	Ordinarius an der Universität Kiel;
1925:	Seit 1925 war Gottl das deutsche Mitglied der Unterkommission für Universitäten in der Völkerbundkommission für geistige Zusammenarbeit;
1926:	Bis 1936 Lehrtätigkeit (Lehrstuhl für theoretische Nationalökonomie) an der Universität Berlin, zudem Honorarprofessor an der Technischen Hochschule Berlin-Charlottenburg;
1940:	Von Oktober 1940 bis 1945 Direktor des „Forschungsinstitut für Deutsche Volkswirtschaftslehre“ in Graz;

1941:	Emeritierung;
1958:	Gestorben am 19.10.1958 in Frankfurt am Main.

Eine Auswahl aus den Werken von Gottl

(Gottl hat wesentlich mehr Arbeiten publiziert, hier soll nur eine Auswahl antiquarisch zumeist noch erhältlicher Werke angeführt werden)

„Der Wertgedanke; Ein verhülltes Dogma der Nationalökonomie" (1897);

„Die Herrschaft des Wortes" (1901);

„Die Grenzen der Geschichte" (1903);

„Zur sozialwissenschaftlichen Begriffsbildung" (1906-1909);

„Der wirtschaftliche Charakter der wirtschaftlichen Arbeit" (1910, Vortrag);

„Wirtschaft und Technik" (1914, 2. Aufl. 1923);

„Die wirtschaftliche Dimension; Eine Abrechnung mit der sterbenden Wertlehre" (1923);

„Freiheit vom Worte" (1923);

„Fordismus; Über Industrie und Technische Vernunft" (Vorträge, 1924, 2. Auflage 1925, 3. Auflage 1926);

„Wirtschaft als Leben; Eine Sammlung erkenntniskritischer Arbeiten" (1925);

Hierin „bemängelte er, die tradierte Volkswirtschaftslehre stelle einseitig auf den Güterkreislauf ab, sie vernachlässige dabei die milieubestimmten menschlichen Handlungen, insbesondere das nicht auf Erwerb gerichtete Handeln" (Brandt 1993, Band 2, S. 260).

„Bedarf und Deckung; Ein Vorgriff in Theorie der Wirtschaft als Leben" (1928);

„Volksvermögen und Volkseinkommen; Kritik" (1928);

„Vom Sinn der Rationalisierung; Fünf Abhandlungen" (1929);

„Wirtschaft und Wissenschaft" (1931, 2 Bände);

Inhaltsverzeichnis:

I. Wirtschaft als Frage

Vom Aufstieg zu einer reiferen Lehre von der Wirtschaft

1. Die Schranken der naiven Lehre

2. Vorblick nach der reiferen Lehre

II. Wirtschaft als Leben

Von der Wirtschaft als Gestaltung menschlichen Zusammenlebens im Geiste dauernden Einklangs von Bedarf und Deckung

1. Daten und Fakten, Naturlehren und Lebenslehren
2. Von der Kausalität kraft Verstehen
3. Die wirtschaftliche Erwägung als Beispiel
4. Zwischenwort zur Wissenschaft

(Ende des ersten Bandes)

5. Die Gestaltung zum Gebilde
6. Vom ontologischen Werturteil
7. Sein und Werden in der Schicksalswelt
8. Das Verhältnis von Wirtschaft und Technik als Beispiel
9. Vom Grundproblem der Lehre von der Wirtschaft

„Der Mythus der Planwirtschaft; Vom Wahn im Wirtschaftsleben" (1932);

„Wesen und Grundbegriffe der Wirtschaft" (1933);

„Zeitfragen der Wirtschaft" (1934);

„Die Läuterung des nationalökonomischen Denkens als deutsche Aufgabe" (1934);

„Volk, Staat, Wirtschaft und Recht" (1936);

„Wirtschaft; Gesammelte Aufsätze" (1937);

„Wirtschaftspolitik und Theorie" (1939);

„Theorie blickt in die Zeit" (1939);

„Wirtschaft als Wissen, Tat und Wehr; Über Volkswirtschaftslehre, Autarkie und Wehrwissenschaft" (Aufsätze, 1940).

10.7.20.1 THESEN VON GOTTL

Gottl wandte sich von Anfang an, wie auch sein Schriftenverzeichnis zeigt, der Grundlagenforschung der Nationalökonomie zu und begriff diese, wie Werner Sombart und Max Weber, als gesellschaftlich-geschichtliche Disziplin. „Mit seiner „Allwirtschaftslehre" entwickelte er eine auf die ökonomische Erfassung des wirtschaftlichen Seins ausgerichtete Wesenslehre, eine Ontologie der Wirtschaft" (Winkel 1977, S. 130).

Die Allwirtschaftslehre Gottls versuchte sich von der Zeitbezogenheit wirtschaftlicher Erscheinungen zu lösen, um zu deren Wesen zu gelangen. „Außerdem muss man Teilgebiete des menschlichen Zusammenlebens, wie die Wirtschaft, gedanklich ausgliedern, um Wesensschau betreiben zu können" (Brandt 1993, Band 2, S. 260).

Seine verstehende Volkswirtschaftslehre wurde in folgende Bereiche aufgeteilt:

(a) Die GRUNDLEHRE, die nach dem Unwandelbaren des Wirtschaftens bei allen Völkern und Zeiten fragt, die also mit „ewigen zeitlosen Kategorien" arbeitet;
„Als kennzeichnend hierfür hat Gottl u.a. den „Vorrat" herausgestellt. In der Tat sehen wir, dass alle Zusammenordnung in der Wirtschaft im Sinne von Dauer und Bestand Vorratsbildung voraussetzt. Bei den bloß okkupierenden und nomadisierenden Völkern liegt also Wirtschaft im Gottlschen Sinne noch gar nicht vor" (Wiskemann 1937, S. 192).

(b) Die FORMENLEHRE: Sie fragt nach dem Wandelbaren des Wirtschaftens, den historisch vorfindbaren Wirtschaftsformen, den Wirtschaftssystemen, hinter denen dann das in (a) beschriebene Unwandelbare steht;

(c) Die GESTALTUNGSLEHRE: In ihr wurden Gestaltungsprinzipien entwickelt. Insgesamt entsprach die Gestaltungslehre laut Winkel (Winkel 1977, S. 130) in etwa der heutigen „Theorie der Wirtschaftspolitik".

Gottl ordnete das menschliche Zusammenleben als ein hierarchisches Beziehungsgeflecht. „Oberstes Gebilde ist das menschliche Zusammenleben als Ganzheit ... Teilsysteme sind Volk, Staat, Volkswirtschaft. Dem Volk wesensmäßig zugeordnet ist die „Gemeinschaft", sie verkörpert „Lebenseintracht". Zum Staat gehört die „Machtschaft", die der Überwindung von „Lebenszwietracht" dient. Die selbst wieder in vielfältiger Weise „vergliederte" Wirtschaft bezweckt die „Überwindung der Lebensnot" (Brandt 1993, Band 2, S. 261).

Die „sozialen Gebilde" sind die entscheidenden Subjekte im Zusammenleben, „erst von ihnen her lassen sich die Personen sehen wie sie die Stellungen ausfüllen" (Stein 1937, S. 132).

Gottl wandte sich damit vor allem auch gegen den Individualismus im ökonomischen Denken. Er bekannte sich explizit zu einer gesellschaftlichen Grundlage allen Wirtschaftens. „Die sozialen Gebilde haben ihr Eigenleben, in das die Persönlichkeiten handelnd und duldend einbezogen sind" (Wiskemann 1937, S. 193).

Die Klassik und die Neoklassik lehnte Gottl ab und bedachte sie nicht selten mit ätzendem Spott. Die Fragen nach dem „Wert" waren für ihn ein „Scheinproblem", auch den wissenschaftstheoretischen Einfluss der Naturwissenschaften wies er, genauso wie die Verwendung der Mathematik, zurück. Jene Art Theorie sehe die Wirtschaft an als „einen Güterzirkus mit Preisakrobatik am mathematischen Trapez, mit dem Homo oeconomicus als Clown" (Gottl zitiert in: Stein 1937, S. 131).

Gottl wandte sich in der Werturteilsfrage gegen Sombart, in der Ablehnung „abstrakter Ganzheiten“ gegen Othmar Spann (1878-1950). Er war auch klar gegen den Marxismus und den „liberalistischen Individualismus“. Sein Werk wurde vom Nationalsozialismus vereinnahmt und auf „völkisches Denken“ und die (nationalsozialistische) Volksgemeinschaft bezogen, auch wenn Erwin Wiskemann 1937 betont, „dass Gottls Lehre keine Theorie des Nationalsozialismus und der nationalsozialistischen Wirtschaft ad hoc ist oder sein will“ (Wiskemann 1937, S. 193). Er fährt dann aber direkt fort: „Gewiss ist sie auch und in erster Linie eine solche, insofern sie gerade der deutschen Wirklichkeit wie keine andere gerecht wird … Leugnen lässt sich allerdings nicht, dass die Gottlsche Lehre auf dem Gebiet der Wirtschaft viel dazu beitragen kann, gerade die Kategorie Volk, wie sie der Nationalsozialismus herausgebildet hat, in ihrer umfassenden Bedeutung auch für diesen Lebensbereich darzustellen“ (Wiskemann 1937, S. 193).

Daneben war Gottl aber einer der einflussreichsten Theoretiker der Rationalisierungsbewegung in Deutschland in den zwanziger Jahren. Er prägte den Begriff „Rationalisierung“ entscheidend mit und publizierte grundlegende, auch international beachtete, Arbeiten über das Verhältnis von Wirtschaft und Technik.

Er war ein (man muss direkt sagen:) „Verehrer“ Henry Fords, den er als „Großmeister der technischen Vernunft“ bezeichnete. Er sprach als Bezeichnung der Produktionstechnik und innerbetrieblichen Politik Fords von einem Fordismus. Dabei grenzte er diesen Fordismus vom Taylorismus ab, dem er schwerwiegende betriebliche und psychische Probleme attestierte.

Fordismus wurde von Gottl als „weißer Sozialismus“ bzw. als „Führersozialismus“ bezeichnet. Ein gesellschaftlicher Vorteil des Fordismus sei es, dass der Profit systematisch zu einem großen Teil wieder reinvestiert und damit die Produktion ausgeweitet würde, was schließlich den Wohlstand der gesamten Bevölkerung erhöhe.

10.7.20.2 Nachwirkungen von Gottl

Gottl spielt im heutigen akademischen Unterricht keine Rolle mehr. Sein Name ist mittlerweile weitgehend unbekannt.

Ein Grund (nicht der Hauptgrund) für seine heutige mangelnde Akzeptanz dürfte sicherlich auch in seiner Sprache liegen. Ein persönliches Werturteil: Bevor er zum Kern eines Gedankens kommt, wird dieser in vielen Formulierungen quasi eingekreist, so dass der Leser sich immer wieder darauf konzentrieren muss, was Gottl eigentlich sagen will. Und dies fällt bei seinem Satzbau und seinen Formulierungen nicht leicht. Gottl im Original zu lesen, ist eine äußerst langwierige und unbequeme Tätigkeit. Dazu kommt noch eine sehr eigenwillige Begriffsbildung. Der gebildete Max Weber sprach nicht zu Unrecht von einer „fast bis zur Unverständlichkeit sublimierten Sprache".

Ohne Wertung sei ein beliebiges Beispiel aus seinem Werk „Wirtschaft und Wissenschaft", Zweiter Band, Jena 1931, S. 749/750, herausgegriffen, um einen Eindruck von der Sprache Gottls zu vermitteln: „Wenn nun auch als Zusammenleben das persönlich erlebte Geschehen allemal umgedacht wird zu einem mulipolaren, und das bleibt den Lebenslehren so sehr eigen, selbst dann trennt das persönliche Leben nicht im entferntesten jene Kluft vom Zusammenleben, die beim sinnfreien Erkennen der Naturwissenschaft in so fataler Weise zwischen den sinnlichen und den seelischen Erscheinungen gähnt ... Zu erinnern ist da vor allem an die grundsätzliche Eingliederung der leiblichen Subjekte in die Gebilde, innerhalb einer Stellung in deren Gefüge; auch an das erörterte Verhältnis zwischen einer solchen Stellung und ihrer Ausfüllung; an das Sollen vom Zusammenleben her, dem sich das ausfüllende Subjekt beugt, kraft des Zwangs der Vernunft, der über jeder der auszufüllenden Stellungen waltet; an die gestaltbedungenen Erleidungen, denen das Subjekt vom Zusammenleben her ausgesetzt bleibt; an das Wechselverhältnis zwischen Seelenstimmung und Zusammenleben und so weiter. Da überall verhilft die Erkenntnis dem persönlichen Leben in gleichem Maße zu seinem Recht, wie auch dem Zusammenleben. Die Fäden dazwischen laufen klar und eindeutig" (Gottl 1931, 2. Band, S. 749/750).

Zu seinen Lebzeiten hatte Gottl eine ganze Reihe von Anhängern. Sein bekanntester war Othmar Spann (1878-1950), der allerdings mit seiner universalistischen Lehre bald eigene Wege ging, die Gottl ablehnte.

10.7.21 ALFRED WEBER (1868-1958)

VITA VON WEBER

(siehe dazu auch die Angaben bei der Vita seines Bruders Max Weber)	
1868:	Am 30. Juli 1868 als zweiter Sohn des wohlhabenden Juristen und national-liberalen Parlamentariers Dr. Max Weber (1836-1897) und seiner Mutter Helene, geborene Fallenstein (1844-1919) in Erfurt geboren. Seine protestantisch-liberalen Eltern entstammten dem gehobenen Mittelstand. In ihrem Hause trafen sich prominente (liberale) Politiker und Wissenschaftler. Alfred Weber kam damit schon früh in Berührung mit den geistigen und politischen Auffassungen seiner Zeit und bekam dadurch entscheidende dauerhafte Eindrücke. „Eine besondere Bedeutung gewann dabei für Alfred Weber der schon bejahrte Historiker Theodor Mommsen“ (Nutzinger 1996, S. 67);
1869:	Der Vater wurde 1869 besoldeter Stadtrat in Berlin und später national-liberaler Abgeordneter. Die Familie übersiedelte nach Charlottenburg;
1872:	1872 wurde die erste Berliner Wohnung am Schöneberger Ufer gegen eine eigene Villa in Charlottenburg vertauscht (Fügen 1995, S. 16);
1888:	Alfred studierte in Bonn Archäologie und Kunstgeschichte;
1890/91:	Studium der Jurisprudenz und Nationalökonomie an der Universität Berlin;
1892:	Erstes Staatsexamen in Berlin;
1897:	Parallel zum zweiten juristischen Examen fertigte er bei dem Ökonomen Gustav von Schmoller eine Dissertation über die Hausindustrie an: „Hausindustrielle Gesetzgebung und Sweating-System in der Konfektionsindustrie“;
1899:	Eröffnungsreferat der Breslauer Tagung des Vereins für Socialpolitik über „Die Hausindustrie und ihre gesetzliche Regelung“; Alfred Weber trat zwar einerseits für den Schutz der in der Hausindustrie Beschäftigten (vor allem Frauen) ein, wollte aber auch, dass dieser ganze Erwerbszweig letztendlich zugunsten eines Fabriksystems allmählich verschwindet.
	Habilitation an der Universität Berlin bei Gustav Schmoller für das Fach Volkswirtschaftslehre mit dem Thema Hausin-

	dustrie;
1900:	Am 24. November 1900 Antrittsvorlesung als Privatdozent an der Universität Berlin mit dem Thema: „Die volkswirtschaftliche Aufgabe der Hausindustrie";
1902:	Vor dem Nationalsozialen Verein auf einer Tagung vom 2. bis 5. Oktober 1902 in Hannover Stellungnahme zur Kartellfrage;
1904:	Berufung als ordentlicher Professor für Nationalökonomie an den deutschen Teil der Universität Prag. Hier hatte er als Studierende unter anderem Franz Kafka (1883-1924), der bei ihm promovierte, und Max Brod (1884-1968);
1907:	Berufung als ordentlicher Professor (Nachfolger von Karl Rathgen (1856-1921), nationalökonomischer Lehrstuhl) an die Universität Heidelberg; In Heidelberg promovierte übrigens Erich P. Fromm (1900-1980) bei ihm.
1908:	Im Sommer-Semester Aufnahme seiner Lehrtätigkeit in Heidelberg;
1909:	Zusammen mit seinem Bruder Max Enquête zur Lage der Industriearbeiter;
	Kontroverse 2. Wiener Tagung (1909) des Vereins für Socialpolitik. Der Schriftführer des Vereins, FranzBoese, schrieb in seiner „Geschichte des Vereins für Sozialpolitik 1872-1932" über diese Tagung: „Eine gewisse Sensation wurde von den Brüdern Weber in die Verhandlungen hineingetragen. Während, wie von vielen Rednern hervorgehoben wurde, die ganze Versammlung eigentlich von der übereinstimmenden Meinung getragen wurde, dass die Kommunalisierung, die Überführung bestimmter, dafür geeigneter Unternehmenszweige aus Privathänden in die Hände der Gemeinden, immer einen Fortschritt sozialer Art bedeute, trat Alfred Weber gegen diese Meinung auf, indem er auf die dadurch herbeigeführte zunehmende Verbeamtung der Bevölkerung hinwies und sie in sehr zugespitzter Rede als einen große Schaden hinstellte" (Boese 1939, S. 133).
	Georg Friedrich Knapp (1842-1926) schrieb in einem Brief an Gustav Schmoller (1838-1917) vom 3. November 1909 bezüglich der Wiener Tagung: „Lieber Schmoller! ... Das einzige, was auf die Presse Eindruck gemacht hatte, waren zwei Entgleisungen; erstens der Angriff der Familie Weber auf die Bürokratie und zweitens die Verkündigung Sombarts, dass es

	sich nun entscheiden werde, ob die Nationalökonomie eine Wissenschaft sei“ (Knapp zitiert in: Boese 1939, S. 135).
1914:	Alfred meldete sich bei Kriegsbeginn freiwillig. Seine anfängliche Kriegsbegeisterung schwand rasch, und er trat später, wie auch sein Bruder Max, für einen Verständigungsfrieden ein;
1915:	Organisation einer interfraktionellen Kriegszielkonferenz. Alfred sprach sich dabei unter anderem für eine deutsche Machtausdehnung in den östlichen Raum aus;
1918:	Mitgründer der Deutschen Demokratischen Partei (DDP) und deren erster Vorsitzender. Er trat aber bereits nach einem Monat (Ende Dezember 1918) von diesem Posten zurück. Generell setzte sich Alfred (wie sein Bruder Max) für die Weimarer Republik ein;
1923:	Leitung des nationalökonomischen Instituts an der Universität Heidelberg;
1933:	Alfred Weber beantragte aus Protest gegen die „Gleichschaltung“ der Universität seine vorzeitige Emeritierung zum Ende des Sommer-Semesters 1933;
1933-1945:	Alfred Weber ging in erkennbare Distanz zum Nationalsozialismus, aber nicht in offene Opposition. Er wählte also den Weg der „inneren Emigration“. Über zwei seiner Schüler stand er sogar in Kontakt mit dem „Kreisauer Kreis“, einer bürgerlich-zivilen Widerstandsgruppe, wurde aber nicht in die Untersuchungen nach deren Enttarnung verwickelt;
1945:	Mitglied im „Dreizehnerausschuss“, der die Neueröffnung und Entnazifizierung der Heidelberger Universität betrieb;
	Alfred Weber nahm als 77-Jähriger (!) seine Lehrtätigkeit an der Universität Heidelberg wieder auf und setzte sie bis kurz vor seinem Tod fort;
1946:	Mitherausgeber der Zeitschrift „Die Wandlung“;
1947:	Auf seinen Wunsch hin wurde Erich Preiser (1900-1967) zu seinem Nachfolger berufen;
1948:	Ehrensenator der Universität Heidelberg;
1954:	Mitglied des Ordens „Pour le mérite“ (Friedensklasse);
	Alfred Weber wurde ohne dessen Zustimmung von der KPD für das Amt des Bundespräsidenten vorgeschlagen;
1958:	Am 2. Mai 1958 in Heidelberg verstorben.

Zeitzeugen wie Alfred Bürgin (geboren 1927) und Ernst Helmstädter (geboren 1925), die beide während ihrer Studienzeit noch Vorlesungen bei Alfred Weber gehört haben, stimmen darin überein, dass Alfred Weber kein eloquenter Vortragender war. Und auch seine Schriften passten in dieses Bild. Hierzu schreibt Nicolaus Sombart, der ebenfalls Vorlesungen bei Alfred Weber hörte: „Ein typischer deutscher Professor, geprägt durch eine wesensmäßig antibürgerliche Veranlagung, die seinem Lebensstil etwas leicht Bohemehaftes gab. Die Weise, in der er sein ungeheures Wissen und die von ihm gelehrte Kultursoziologie – in erster Linie eine Methode zur Interpretation der Universalgeschichte – vermittelte, ist schwer zu beschreiben. Er konnte nicht reden (und man wird vielleicht auch sagen müssen: nicht schreiben). Seine Vorlesungen waren katastrophal: Er brachte keinen Satz zu Ende, verhedderte sich, verlor den Faden ... Aus dem Gestammel trat mit großer Klarheit der grandiose Gedankengang hervor, um den er rang. Er hat seine Hörer zum Mitdenken gezwungen“ (Nicolaus Sombart 2000, S. 166/167).

Man kann die Persönlichkeit Alfred Webers nicht beurteilen, wenn man nicht das Verhältnis zu seinem älteren Bruder Max einbezieht. Erste Risse entstanden schon während der Schulzeit. Max schaffte das Schulpensum leichter als sein Bruder Alfred. Dabei war das Verhältnis zwischen Max und Alfred durchaus nicht lieblos. Aber Max empfand sich stets als der Erstgeborene, der geistig Überlegene, was Alfred auch deutlich empfand und äußerte. Später standen sie in Konkurrenz um die Gunst Else Jaffé-Richthofens. Ja, man kann sogar behaupten, die Spannungen zwischen ihnen endeten nicht einmal mit dem Tod Max Webers 1920. Zu der späteren Beziehung Alfred Webers zu Else Jaffé-Richthofen schreibt Nicolaus Sombart: „Alfred Weber, dessen große Liebe sie war, hatte sie als hartnäckiger und verständnisvoller Verehrer wie ein Schatten bei all ihren Abenteuern begleitet, und seit zwanzig Jahren lebten die beiden nun in ihrer Dachgeschosswohnung zusammen, in wilder Ehe sozusagen, wenn auch im kanonischen Alter“ (Nicolaus Sombart 2000, S. 36).

Alfred stimmte zwar mit vielen der wissenschaftlichen Auffassungen von Max überein, teilte aber z.B. nicht dessen Werturteilsfreiheitspostulat. Bedeutender war, dass Max Weber sein Wissenschaftsverständnis im Rahmen des methodologischen Individualismus auf den Handlungen aufbaute, die aus den Motiven der Einzelnen stammten. Für ihn waren umfassende Gesellschaftsentwürfe und kulturelle Totalitäten im Stile Alfred Webers und deren intuitive Erfassung nicht akzeptabel. Auch die Auffassung Alfreds, die wichtigste Voraussetzung für eine wirkliche Kulturerneuerung sei ein Antirationalismus, konnte Max nicht akzeptieren. Dies war Anti-Aufklärung, ja fast

Neo-Romantik. Max hatte in all diesen Punkten eine dezidiert andere Auffassung. Es war also die Art und Weise, wie Alfred Kultursoziologie betreiben wollte, und nicht die Tatsache an sich, dass er sich diesem Gebiet zuwandte, die Max nicht akzeptieren wollte und konnte. Er bezog zu fast allen wichtigen Anschauungen Alfreds Gegenpositionen.
Allerdings waren die Unterschiede zwischen den Brüdern im konkreten politischen Handeln eher gering: So waren sie sich in ihrer Kritik der Bürokratie und des Beamtentums einig. Dies zeigte sich in der kontroversen Sitzung des Vereins für Socialpolitik 1909 mit ihren heftigen Auseinandersetzungen, ja ihrem Eklat. Beide vertraten sie die Idee einer Parlamentarisierung des Kaiserreichs. Politisch waren sie beide Liberale mit nationalen Zügen und unterstützten die Weimarer Republik.

Ausgewählte Werke (auch Aufsätze) von Alfred Weber

„Die Hausindustrie und ihre gesetzliche Regelung“ (1900);

„Die volkswirtschaftliche Aufgabe der Hausindustrie“ (1901);

„Die Kartellfrage“ (1903);

„Über den Standort der Industrien; Teil 1: Reine Theorie des Standortes“ (1909, 2. Auflage 1922);

Der angekündigte zweite Teil, der nach der reinen Theorie eine „realistischere“ Theorie behandeln sollte, erschien allerdings nie.

„Der Beamte“ (1910);

„Die Standortlehre und die Handelspolitik“ (1911);

„Das Berufsschicksal der Industriearbeiter“ (1912);

„Religion und Kultur“ (1912);

Diese Flugschrift entstand aus einem 1911 in Prag vor vielen Zuhörern gehaltenen Vortrag. Der die Schrift publizierende Verlag Eugen Diederichs war bekannt dafür, antirationalistische und mystische Schriften herauszugeben.

„Industrielle Standortlehre“ (1914);

„Die Krise des modernen Staatsgedankens in Europa“ (1925);

„Ideen zur Staats- und Kultursoziologie“ (1927);

„Kulturgeschichte als Kultursoziologie“ (1935);

„Das Tragische und die Geschichte“ (1943);

„Haben wir Deutschen seit 1945 versagt?“ (1949);

„Sozialistische Marktwirtschaft“ (1950);

„Der Dritte oder der Vierte Mensch; Vom Sinn des geschichtlichen Daseins“ (1953);

Gemäß Webers Einteilung besaß der „erste Mensch“ (z.B. der Neandertaler) bereits die Vorstellung, dass eine ihm gegenüberstehende Welt existiert, der „zweite Mensch“ (Aurignac Menschen, ca. 100.000 v. Chr.) nutzte bereits sinnvoll seine Umwelt zu seinen Gunsten. Alfred Weber stellte nun Überlegungen an, ob der „dritte Mensch“, der die Hochkulturen gestaltet hatte, durch den „vierten Menschen“, dem bürokratischen Diener totalitärer Systeme und technokratischen Manager, ersetzt würde.

„Einführung in die Soziologie“ (1955);

Die Schriften Alfred Webers sind in 10 Bänden als „Alfred Weber Gesamtausgabe“ (AWG) vom Metropolis Verlag, Marburg, publiziert worden. Diese Gesamtausgabe enthält auch eine zweibändige Briefauswahl.

10.7.21.1 Thesen von Alfred Weber

Die ökonomischen Themen, die Alfred Weber trotz seiner späteren Wendung zu einer philosophisch inspirierten Kultursoziologie sein ganzes Leben, mal offener mal verdeckter, begleiteten, waren schwerpunktartig: Schutz- und Entwicklungsmöglichkeiten der Arbeiter, industrielle Standorttheorie, und Fragen der Machtdezentralisierung. „All diese Elemente – Begrenzung wirtschaftlicher und politischer Macht durch Wettbewerb, Schutz und Entwicklung menschlicher Arbeitskraft durch aktive staatliche Ordnungs-, Sozial- und Bildungspolitik sowie genossenschaftliche Selbsthilfe – finden sich 40 Jahre später in Alfred Webers Schriften zum Wiederaufbau nach dem Zweiten Weltkrieg“ (Nutzinger 1996, S. 74).

Alfred Weber wandte sich zunächst der Hauswirtschaft, einem besonderen Problembereich des Kaiserreiches, und zwar durchaus im Stile Schmollers, also der jüngeren historischen Schule, zu (vor allem in Berlin bis ca. 1904). In seinen frühen Heidelberger Jahren waren es dann die Probleme der industriellen Standortlehre, die er untersuchte und modellierte. Eine dritte (jedenfalls teilweise) ökonomische Phase setzte nach dem Krieg ein, als er sich im Zusammenhang mit dem deutschen Wiederaufbau mit dem sogenannten „Freiheitlichen Sozialismus“ beschäftigte.

Hans G. Nutzinger stellt bezüglich seines Lebenswerkes zu Recht „grob, doch nicht unfair vereinfachend“ fest: „Alfred Weber wandte sich im Laufe seines Lebens immer mehr von der Nationalökonomie ab und den Fragestellungen, ja sogar dem Entwurf einer umfassenden Kultursoziologie zu; letztere verstand er als eine universelle, auch die Geschichte mit einschließende Sozialwissenschaft“ (Nutzinger 1996, S. 69).

Als Nationalökonom ist Alfred Weber heute eigentlich nur noch bekannt wegen seiner Theorie des industriellen Standorts, auch wenn sein diesbezüglicher Ansatz mittlerweile veraltet ist. Diese Standortlehre war eine bewusst theoretisch gehaltene Arbeit unter Verwendung der Mathematik, also eine auch methodologische Abkehr von seinen früheren Überlegungen zur Hausindustrie. Diese Abkehr von den methodologischen Prinzipien der jüngeren historischen Schule gab Alfred Weber sogar ziemlich offen zu, und ergriff damit letztlich im immer noch schwelenden Methodenstreit Partei gegen Schmoller.

Weber sprach mit seiner Standortlehre die (oft) vernachlässigte Frage nach dem „Wo" von Produktion und Konsumtion an, die bei vielen Theoretikern quasi in einem luftleeren Raum bzw. einem „Nichtraum", also ohne räumliche Standorte, stattfand. Im Originalton Alfred Weber: „In jeder Wirtschaftsform und auf jeder Stufe der technischen und ökonomischen Evolution muss es für Produktion, Zirkulation, Konsumption nicht bloß ein „Irgendwie", sondern auch ein „Irgendwo" des Vorsichgehens geben, die nicht nur das erstere, sondern auch das letztere bestimmen" (Alfred Weber zitiert in: Nutzinger 1996, S. 75).

Alfred Weber stellte drei standortdeterminierende Faktoren heraus: Transportkosten, Arbeitskosten und die Agglomerationswirkung. Diese drei Faktoren wurden hinsichtlich ihres Geltungsbereiches (generelle Standortfaktoren, z.B. das Lohnniveau, spezielle Standortfaktoren, z.B. das Vorkommen bestimmter Bodenschätze), ihrer räumlichen Wirkung (Agglomerativfaktoren führen zu einer Konzentration von Unternehmen, Deglomerativfaktoren führen zu einer Streuung von Unternehmen, Regionalfaktoren begrenzen Unternehmen auf einen bestimmten geografischen Bereich) und Art ihrer Beschaffenheit (natürlich-technische Faktoren, zum Beispiel die Bodenbeschaffenheit, gesellschaftlich-strukturelle Faktoren, zum Beispiel die Freizeitgestaltungsmöglichkeiten) unterschieden. Er unterschied zudem noch in konsumorientierte Industrien und materialorientierte Industrien.

An dieser Stelle soll die Standorttheorie Webers nicht genauer vorgestellt werden. Allgemein kann man dazu kritisch festhalten: Alfred Weber abstrahierte vollständig vom jeweiligen Wirtschaftssystem, er integrierte seine Überlegungen nicht in eine umfassende Preistheorie, regional unterschiedliche Arbeitslöhne waren für ihn ein vorfindbares Datum. Zudem monierte vor allem Ladislaus von Bortkiewicz (1868-1931) gleich nach dem Erscheinen von Webers Werk, dass ein zentrales analytisches Instrument von Alfred Weber, nämlich dessen „Standortdreieck", das zur Bestimmung des optimalen (transportkostenminimalen) Industriestandorts P in Abhängigkeit von 2

Materiallagern und von einem Konsumplatz erstellt wurde, kein so generelles Mittel der Analyse sei, wie Weber behauptete. Dies vor allem, wenn man mehr als zwei Materiallager oder andere realistische Annahmen in Betracht zieht: „Bei einer größeren Zahl dieser Materialien kommen Standortsfiguren zustande, für welche der betreffende Minimalpunkt sich nicht mehr mit Hilfe so einfacher Konstruktionsregeln wie beim Dreieck ermitteln lässt" (Bortkiewicz 1910 zitiert in: Nutzinger 1996, S. 80, siehe bei Nutzinger auch instruktive Abbildungen). „Der wohl zentrale Einwand gegen die Allgemeingültigkeit der Weberschen Standortlehre besteht aber darin, dass er aufgrund seines Anspruchs einer systemübergreifenden Theorie von den Gewichten und Distanzen – und nicht etwa den Werten und Preisen – der betrachteten Materialien und Transportleistungen ausgeht" (Nutzinger 1996, S. 80).

Mit diesem einen Band zur industriellen Standortlehre: „Über den Standort der Industrien; Teil 1: Reine Theorie des Standorts" (1909) verabschiedete sich Alfred Weber faktisch von der Nationalökonomie. Ein angekündigter zweiter Band dazu ist nie erschienen, obwohl Alfred Weber noch fast 50 Jahre nach der Publikation von Band 1 Zeit blieb. Man kann daraus nur auf ein späteres mangelndes Interesse an fachökonomischen Themen schließen, und sein Literaturverzeichnis weist auch genau in diese Richtung. Die fachwissenschaftliche Sicht wurde durch SEINE ganzheitliche Sicht verdrängt.

Es wurde bereits von einer Hinwendung Alfred Webers zu einer universalgeschichtlichen Kultursoziologie berichtet. Für eine Beurteilung derselben fühle ich mich als Ökonom überfordert, noch dazu, da sie aus vielen philosophischen ja fast metaphysischen Komponenten zusammengesetzt war, deren Originalbeiträge ich nicht kenne. Ich kann hier deshalb nur einige Facetten nachzeichnen.

Zusammenfassend sah Alfred Weber die Aufgabe seiner Kultursoziologie darin, „im Kern durchaus irrationale, historische Kollektivitäten in ihrer Einheit" intuitiv zu erfassen. Die Ökonomik und auch die angewandte Wirtschaftspolitik waren in seiner umfassenden universalgeschichtlichen Kultursoziologie zwar weiterhin vertreten, es wurde ihnen aber kein prominenter bzw. entscheidender Platz eingeräumt. So wurden eine Determinierung der menschlichen Lebensbereiche durch die ökonomische Sphäre und damit natürlich der historische Materialismus abgelehnt. Seine Kultursoziologie war eingebettet in eine Geschichte der Hochkulturen, und hierbei interessierten ihn vor allem die Bedingungen für das Auftreten kultureller Höchstleistungen. Dies führte zurück zu seiner lebensphilosophischen Ausgangsfragestellung nach dem Menschen. Nähere Informationen zu diesen Überlegungen siehe in (Nutzinger 1996), bzw. in den dort genannten Originalwerken Alfred Webers.

In seinen Wiederaufbauüberlegungen nach dem zweiten Weltkrieg spielte weniger eine rein ökonomisch orientierte Sichtweise als vielmehr die Vorstellung einer umfassenden Erziehungsaufgabe die tragende Rolle, auch wenn sich dabei ökonomische Gedankengänge nicht vermeiden ließen.

Er vertrat die Idee einer liberal verfassten Wirtschaft und eines darin zu verwirklichenden demokratischen „freiheitlichen Sozialismus", quasi eines dritten Weges zwischen Kapitalismus und Sozialismus. Dabei sollte der Markt mit seiner Entscheidungskoordination weiterhin eine zentrale Rolle spielen, aber auch Gemeineigentum und Mitbestimmung der Arbeiter existieren. „Wir vertreten einen freien Sozialismus. Das will heißen. Wir erkennen die Gesamtheit und den Einzelmenschen als die beiden Seiten eines Ganzen, die sich ergänzen und die im Raum des Handelns freier Einzelmenschen aufeinander wirken sollen. Wir wollen in der Kollektivverbundenheit und dem kollektiven Handeln den Einzelmenschen als freie Persönlichkeit entfalten ... Denn alle sinnvolle politische Handlung gipfelt letztlich darin, das Niveau der Einzelmenschen, aller Einzelmenschen zu erhöhen" (Mitscherlich, Alfred Weber 1946 zitiert in: Nutzinger 1996, S. 88).

Hans G. Nutzinger kommt zu folgender Gesamteinschätzung von Alfred Webers Wiederaufbauvorschlägen: „Alfred Webers Vorschläge zur Neugestaltung von Staat, Wirtschaft und Gesellschaft finden ... immer weniger Gehör, und dies mag nicht zuletzt damit zusammenhängen, dass er hierbei, seiner kultursoziologischen Methode folgend, ganzheitliche Entwürfe vorzulegen versucht ... vermutlich hat er damit seine eigenen Vorschläge überfrachtet und zu viel zugleich verlangt. Eng geführte ökonomische Aufbaupläne erschienen hier aussichtsreicher und wurden auch tatsächlich in der praktischen Politik eingesetzt" (Nutzinger 1996, S. 92).

Dass Alfred Weber ein Gegner der von Adenauer vollzogenen Integration in das westliche Verteidigungsbündnis war, ist nach dem bisher Geschriebenen nicht überraschend. Er wollte eine neutrale Position Westdeutschlands, ohne Anschluss an existierende Machtblöcke, um eine Wiedervereinigung nicht zu gefährden. Er schloss sich (mit 89 Jahren!) dem Protest gegen die Stationierung von Kernwaffen auf dem Gebiet der Bundesrepublik an.

Ergänzen muss man, dass Alfred Weber schon 1910 die Gefahren und Vorzüge eines Beamtentums kritisch skizzierte. So z.B.: „Man bietet ihnen „Achtung" und soziale Stellung, wenn man Staat und Kommune ist, hübsche Titel; – verlangt dafür aber zusätzlich zur Arbeitskraft auch noch den Menschen selber – seine „Seele";

Ich lasse – selbst Beamter – dieses Zitat unkommentiert.

10.7.21.2 Nachwirkungen von Alfred Weber

Die Kultursoziologie Alfred Webers wird in der heutigen Diskussion kaum mehr erwähnt.

Alfred Weber hat keine „Schule“ gegründet. Allerdings hat er viele seiner Studierenden nachhaltig beeinflusst. Man denke dabei an Erich Fromm (1900-1980) und Edgar Salin (1892-1974). Karl Mannheim (1893-1947) habilitierte sich bei ihm.

Seine Standortlehre wurde zu einem Klassiker der Regionalwissenschaften. Sie wurde von einer ganzen Reihe von Standorttheoretikern verbessert und weiterentwickelt.

1982 wurde von Mitgliedern der wirtschaftswissenschaftlichen Fakultät der Universität Heidelberg eine „Alfred Weber Gesellschaft“ gegründet. Diese Gesellschaft, deren vorrangiges Ziel der Erfahrungsaustausch zwischen Wissenschaft und Praxis ist, veranstaltet Vortragsreihen, Veranstaltungen und Tagungen, zu denen namhafte Wissenschaftler eingeladen werden, um mit Vertretern der Praxis zu diskutieren, ob und wie sich wissenschaftliche Erkenntnisse in die Realität umsetzen lassen.

10.7.22 Weitere Ökonomen, die zumindest zeitweise der historischen Schule verbunden waren bzw. Nebenströmungen, die aus ihr hervorgegangen sind

Gerhard Kolb (Kolb 1997, S. 114-117) stellt im Rahmen der Historismus-Nachfolge folgende Richtungen vor:

- Eine universalistische Volkswirtschaftslehre (z.B. Othmar Spann 1878-1950);
- Eine sozialrechtliche Richtung der Volkswirtschaftslehre (z.B. Karl Diehl 1864-1943);
- Einen Institutionalismus als Richtung der amerikanischen Volkswirtschaftslehre (z.B. Thorstein B. Veblen 1857-1929, John R. Commons 1862-1945, Wesley C. Mitchell 1874-1948);

Rieter ergänzt hierzu noch:

- Eine ontologische Schule, wobei er als Beispiel Gottl-Ottlilienfeld (1868-1958) nennt;

Allerdings waren die genannten Richtungen, bei all ihrer Anerkennung der geschichtlichen Bedingtheit ökonomischer Vorgänge, methodisch durchaus auch der Deduktion verpflichtet. Sie werden zum Teil im Rahmen des theoriegeschichtlichen Bandes für das 20. Jahrhundert genauer behandelt.

Harald Winkel (1977, S. 113) nennt eine ganze Reihe von Ökonomen, die direkt oder im weiteren Sinne der historischen Schule zugerechnet werden können. Sie seien im folgenden zur Information nur kommentarlos aufgeführt, obwohl es durchaus reizvoll wäre, einige der angegebenen Personen genauer zu behandeln:

- Theodor von Eheberg (1855-1941)
- Gustav Friedrich von Schönberg (1839-1908)
- Wilhelm Stieda (1852-1933)
- Eberhard Gothein (1853-1923)
- Gustav Cohn (1840-1919)
- Wilhelm Hasbach (1849-1920)
- Ludwig Elster (1856-1935)
- Karl Rathgen (1856-1921)
- Adolf Held (1844-1880)
- Georg Adolf Soetbeer (1814-1892)
- Johannes Ernst Conrad (1839-1915)
- Heinrich Herkner (1863-1932)
- Georg Hanssen (1809-1894)

- August von Miaskowski (1838-1899)
- Fr. E. August Meitzen (1822-1910)
- Paul Mombert (1876-1938)
- Richard Böckh (1822-1907)
- Karl Theodor von Inama-Sternegg (1893-1908)
- August Sartorius von Waltershausen (1852-1938)
- Karl Lambrecht (1856-1915)
- Jakob Strieder (1877-1936)

Viele (ja die meisten) deutschen Nationalökonomen zu Ende des 19. Jahrhunderts und zu Beginn des 20. Jahrhunderts waren stark von der historischen Schule beeinflusst bzw. gehörten ihr zumindest in einem weiteren Sinne an. Allerdings begannen auch die österreichische Grenznutzenschule und die beginnende Neoklassik bereits Einflüsse auszuüben.

10.7.23 Rezeption der historischen Schule insgesamt

Die historische Schule, ihre Thesen und der Methodenstreit waren weitgehend ein deutschsprachiges Phänomen (Deutschland und Österreich). Die diesbezüglichen Debatten fanden im Ausland kaum einen Widerhall. Eine Ausnahme bildete allerdings die USA. Hier entwickelte sich aus dem historischen Ansatz der Institutionalismus, „the American version of the historical school".

Nach der Reichsgründung 1871 wurde die DEUTSCHE Hochschullandschaft in der Ökonomik eindeutig von der historischen Schule dominiert. Ihre enge Verknüpfung mit dem deutschen Obrigkeitsstaat erwies sich für die historische Schule schlussendlich aber als schädlich. Denn ab dem ersten Weltkrieg mit dem Zusammenbruch der Monarchie verlor sie zunehmend an Einfluss, auch wenn einzelne Ökonomen noch bis zum Ende des 2. Weltkriegs Thesen in ihrer Richtung vertraten.

Vorgeworfen wurde der historischen Schule unter anderem, dass sie ihr Ziel, aus den vielen Untersuchungen historischer Entwicklungen einzelner Nationen allgemeine theoretisch brauchbare Theorien herauszulösen, nicht wirklich erreicht habe. Zudem war für ihr Ansehen und ihren Einfluss schädlich, dass sie nach allgemeiner Auffassung (siehe allerdings den Geldwertteil bei Schmoller) die nach dem 1. Weltkrieg eingetretenen ökonomischen Katastrophen wie die Hyperinflation und später die Weltwirtschaftskrise theoretisch nicht hinreichend erklären und damit auch keine wirtschaftspolitischen „Gegenmittel" empfehlen konnte. Einschneidend war für die ganze Wirtschaftswissenschaft die Machtergreifung der Nationalsozialisten: „Dieser politische Umbruch bedeutet für die deutsche Ökonomik allein schon deshalb einen tiefen Einschnitt, weil fast die Hälfte aller Wirtschafts- und Sozialwissenschaftler, die an den Hochschulen und sonstigen Forschungseinrichtungen tätig sind, entlassen werden. Diejenigen, die jüdischer Abstammung sind und/oder sich durch ihre sozialistischen oder liberalen Ansichten vor 1933 besonders exponiert haben, müssen fast alle emigrieren. Demgegenüber können die Vertreter des (Neo-)Historismus und seiner verschiedenen Nebenströmungen überwiegend im Lande bleiben. Sie reagieren unterschiedlich auf die veränderten Verhältnisse. Manche sympathisieren erklärtermaßen mit den neuen Herren und dienen ihnen eigene nationalkonservative Vorstellungen an (Gottl, Spann, Sombart). Andere stehen dem nationalsozialistischen System mehr oder weniger reserviert gegenüber (Spiethoff, Brinkmann) oder lehnen es ab (Diehl, Salin)“ (Rieter 1994, S. 156).

Aber nicht nur Gegner von AUSSEN, wie etwa die „Österreicher“ bedrängten die jüngere historische Schule. Auch innerhalb der Schule selbst regten sich Widersprüche: So war z.B. der Werturteilsstreit keinesfalls entschieden.

Nach dem 2. Weltkrieg wurde die historische Schule in Deutschland dann endgültig zurückgedrängt, ja direkt abgewertet (und zuweilen lächerlich gemacht), wobei zwischen ihren einzelnen Vertretern, wie so oft bei Pauschalurteilen, ungerechterweise nicht mehr differenziert wurde:

- Einmal wurde ihr vorgeworfen, dass sie die Nationalökonomik in Deutschland für mehrere Jahrzehnte vom allgemeinen (angelsächsischen) Mainstream abgekoppelt habe. Deutlich wird dies in einem parteiischen Zitat von Erich Schneider, einem der einflussreichsten deutschen Ökonomen nach dem 2. Weltkrieg, zu Beginn seines Abschnittes über die jüngere historische Schule und dabei insbesondere über Gustav von Schmoller, das hier aufgeführt werden soll: „Der Mann, der diesen Versuch in radikaler Weise unternommen und dadurch die deutsche Wirtschaftswissenschaft in verhängnisvoller Weise für mehr als drei Jahrzehnte aus dem überall in der Welt sich machtvoll entfaltenden Strom theoretischen Denkens herausgerissen hat, war Gustav von Schmoller ...“ (Schneider 1962, S. 295);
- Zweitens wurde an den deutschen Universitäten mittlerweile ein Generationenproblem sichtbar, das ich als studentischer Hörer (und junger Assistent) damals selbst in vollem Umfang mitbekam. Die jüngere Generation engagierte sich gänzlich (und rechthaberisch, mich eingeschlossen!) in der Übernahme mathematisch fundierter eng-

lisch/amerikanischer Theorien, die auch ab einem bestimmten Zeitpunkt (sechziger Jahre) den Kanon des im Examen zu prüfenden Stoffes darstellten. In dieser Welt hatte die historische Schule, vertreten durch ältere Professoren, die keine mathematische Ausbildung hatten, und die vorher nahezu unumschränkt geherrscht hatten, keinen Platz mehr und erschien als unnützes, „anti-theoretisches“, ja gefährliches Relikt vergangener Zeiten;
- Zudem vermute ich, dass die behauptete Nähe einiger der Gedanken der romantischen und im Gefolge der historischen Schule zum Nationalsozialismus und zu holistischen Strömungen, wie etwa dem Universalismus von Othmar Spann, die Richtung ebenfalls in die Defensive drängte;
- Außerdem war das Ideal der Nationalökonomie nun nicht mehr eine Kultur- und Geisteswissenschaft sondern die „exakten“ Naturwissenschaften.

Eine persönliche Anmerkung: Zur Zeit meines Studiums der Volkswirtschaftslehre in den sechziger Jahren wurde die gesamte historische Schule nur noch als eine Art von „peinlichem Ausrutscher“ der deutschen Ökonomen etikettiert. Sie wurde als abschreckendes Beispiel einer theorielosen Richtung genannt, mit der sich der Studierende am besten nicht beschäftigen solle. Belege dafür waren viele im Rahmen der jüngeren historischen Schule geschriebene Dissertationen (die noch im Archiv lagen) im Stile von „Die Tabakindustrie in Bayern von 1919 bis 1925“. Die Präsentation derartiger Arbeiten durch die Vortragenden rief regelmäßig und sicher ein mitleidiges Gelächter der Hörer hervor. Wir Studierenden mit Kenntnis „unseres Schneiders“ waren über derartige historische Spezialuntersuchungen natürlich turmhoch erhaben! Hintergründe, Zusammenhänge und Differenzierungen interessierten dabei (natürlich) nicht.

Mittlerweile ist eine fairere (und vor allem auch gelassenere) Einschätzung dieser gesamten Richtung möglich geworden, die neben zweifellos vorhandenen, gefährlichen Einseitigkeiten und auch einer zweifellos vorhandenen TEILWEISEN Theorielosigkeit einiger ihrer Mitglieder (vor allem ihrer Schüler!) auch ihre Leistungen anerkennt, wie etwa:
- die Betonung der Bedeutung des Staatssektors,
- die Betonung der Bedeutung der wirtschaftlichen Institutionen,
- die Betonung der Bedeutung der Ausgestaltung des jeweiligen Rechtssystems für ökonomische Fragen,

- eine ganzheitliche Sicht des Wirtschaftens, also seine Einbettung in das jeweilige kulturelle Umfeld, und keine isolierende nur-ökonomische Betrachtung,
- eine evolutorische Sicht,
- eine anti-mechanistische Sicht,
- die Betonung der Bedeutung historischer Gegebenheiten,
- der Hinweis auf außerökonomische Motive beim ökonomischen Verhalten,
- die Etablierung der Statistik, der Wirtschaftsgeschichte und der Psychologie als wichtige Hilfswissenschaften der Ökonomik. Die Rechtswissenschaften sollten bei vielen ökonomischen Fragen ebenfalls konsultiert werden;
- die Entwicklung einiger Grundlagen der Soziologie;
- der Hinweis auf die Bedeutung von Wirtschaftsgeist und Wirtschaftsstil und daraus von Walter Eucken (1891-1950) weiterentwickelt eine Theorie der Wirtschaftsordnungen;
- und nicht zuletzt die Überwindung eines schrankenlosen Liberalismus, dessen marktliche Ergebnisse durch den Staat unter ethisch/moralischen Gesichtspunkten korrigiert werden sollten.

Man muss von heutiger Sicht aus sogar konstatieren, dass eine ganze Reihe der aufgelisteten Charakteristika der historischen Schule, nachdem sie zuerst (oft abgrundtief) verdammt wurden (zumeist ohne eine Kenntnis der Werke ihrer Mitglieder), nun von modernen Ökonomen, zumindest was die entsprechenden Forschungsbereiche angeht, wieder aufgenommen, neu bewertet und diskutiert wurden, auch und gerade in der angelsächsischen Welt, jetzt allerdings in modernem Gewand, mit modernen Methoden, moderneren Begriffen und oft auch mit anderer Absicht. Man denke hierbei nur an die Wiederentdeckung der Bedeutung der Geschichte für die Ökonomik, und an die quantitative oder „neue" Wirtschaftsgeschichte, die „Kliometrie". Hier werden historische Sachverhalte mit Hilfe der ökonomischen Theorie und quantitativen Methoden untersucht. Die Kliometrie entstand Ende der 50iger Jahre in den USA. Sie kombiniert methodologische Ansätze der Geschichts- und Wirtschaftswissenschaften. Zumindest erwähnt werden soll hier die „kontrafaktische Analyse". In ihr wird unterstellt, ein Ereignis der Vergangenheit hätte nicht stattgefunden und dann werden die daraus resultierenden Folgen modelliert. Vergleicht man das so gewonnene hypothetische Resultat mit der tatsächlich eingetretenen Realität, erlaubt dies Rückschlüsse auf die Bedeutung dieses Ereignisses.

Erinnert sei auch an die teilweise Ablösung des „homo oeconomicus" in der Theorie, an die Wiederentdeckung der Wirtschaftsethik, an den Einbau regionaler, ethnischer und institutioneller Gegebenheiten in die ökonomischen Modelle, an eine eigene Forschungsrichtung „Law and Economics" und vor allem an den modernen Institutionalismus. Die Bedeutung der Erforschung der Rolle der Institutionen wurde sogar „veredelt" durch die Vergabe einer Reihe von Nobelpreisen an Autoren, die auf diesem Gebiet gearbeitet haben: Buchanan 1986, Coase 1991, North 1993.

Etwas anderes ist, ob man in Bezug auf die neuerdings häufig in Zeitschriften wie der „American Economic Review" erscheinenden empirisch-statistischen Beiträge von einer Renaissance der historischen Schule, also einer „allerjüngsten" historischen Schule, sprechen kann? Meine Meinung dazu: NEIN! Es handelt sich zwar auch hier um statistisch-historische Beiträge zu Detailproblemen, die aber keinesfalls den Anspruch methodologischer Eigenständigkeit beanspruchen, und sich auf vorangestellte, meist einfache Modellkonstruktionen stützen, und diese dann mit Hilfe statistischer Verfahren empirisch zu untermauern suchen.

Ich habe solche Beiträge PME-Artikel genannt: Eine sehr knappe (platzsparende) Einleitung, das „Problem" (P), dann folgt ein kurzes, mit einfacher Mathematik und wenigen Gleichungen formuliertes Modell, das „Modell" (M), und schließlich eine empirisch-statistische Unterstützung desselben: „Empirische Resultate" (E), abgekürzt: PME. Man könnte solche Beiträge, zugegeben etwas boshaft, auch wie folgt charakterisieren: Schnell erstellt (das erhöht die karriereträchtige Produktion von Artikeln), einfach zu verstehen, in einer standardisierten Länge (Kürze) für Zeitschriften abgefasst (dies erhöht die Chance einer Annahme durch den Herausgeber beträchtlich), steril ohne historische Abschweifungen, aseptisch ohne philosophische und/oder ideologische Bezüge.

Zurück zur originalen historischen Schule. Hierzu muss man (nochmals) ehrlich feststellen: Nachteilig wirkte sich die Dominanz der jüngeren historischen Schule aus, als es darum ging, die schwierigen Probleme Deutschlands nach dem verlorenen Krieg WIRTSCHAFTSTHEORETISCH zu ERKLÄREN und damit schlussendlich zu meistern. „Die langen und letztlich fruchtlosen Auseinandersetzungen über die Ursachen der Inflation, die fehlende Einsicht in die außenwirtschaftlichen Konsequenzen der Reparationen, ja schließlich auch das Verhalten der deutschen „Wirtschaftstheorie" anlässlich der heraufziehenden Weltwirtschaftskrise liefern zahlreiche Beispiele für theoretisches Unvermögen und zeigen, dass man in der Geschichte allein nicht die

Instrumente entdecken kann, die zur Erklärung der Gegenwart ausreichen" (Winkel 1977, S. 118).

Man muss aber (fairerweise) hinzufügen, dass auch die Klassik bzw. die Vertreter der Freihandelsschule keine überzeugenden Lösungen für die oben angeführten Probleme liefern konnten.

Zudem, was am schlimmsten war, entartete der Historismus in der Ökonomik zuletzt in einen von den vielen Schülern praktizierten unfruchtbaren „skeptischen Relativismus" (Schmölders 1978, S. 69), der sich in einer Unzahl von historischen Spezialmonographien zu immer enger werdenden Spezialproblemen erschöpfte. Hierfür war der Vorwurf einer „Theoriefeindlichkeit" sicher nicht aus der Luft gegriffen.

Ein anderes, eher POLITISCHES Kapitel in diesem Zusammenhang war, dass die meisten Vertreter der historischen Schule eine deutsche Großmachtpolitik unterstützten. Dies wurde noch dadurch verschärft, dass die durch die historische Schule ausgebildete Beamtenschaft zuweilen auch in höhere Positionen aufrückte und damit an Einfluss gewann. Man denke hierbei nur an Hjalmar Schacht (1877-1970), der 1900 mit einer historischen Arbeit in Kiel promovierte.

10.8 Einige wichtige Vertreter der Österreichischen Schule im 19. und 20. Jahrhundert

10.8.1 Vorbemerkungen: 6 „Generationen“ der Österreichischen Schule

Der Beginn der Österreichischen Schule (ÖS) wird üblicherweise mit Carl Mengers 1871 erschienenem Buch „Grundsätze der Volkswirtschaftslehre“ angesetzt. Die damit eingeführte subjektive Wertlehre wurde unabhängig voneinander fast zeitgleich von William Stanley Jevons (1835-1882) und Marie Esprit Léon Walras (1834-1910) entwickelt.

Allerdings bestehen zwischen den drei in der Literatur immer wieder gemeinsam genannten „Co-Vätern“ der subjektiven Wertlehre gravierende Unterschiede. Stephan Böhm meint dazu: „Austrians wenden gegen diese Interpretation ein: Die übliche Praxis, Jevons, Menger und Walras in einem Atemzug zu nennen, ist unzulässig, weil die trennenden Elemente die gemeinsamen möglicherweise übertreffen. Der genuin österreichische (das heißt also Mengers) Beitrag ist allmählich verloren gegangen, und die Theorie hat sich, sehr zu ihrem Nachteil, im Sinne von Marshall und Walras entwickelt“ (Böhm 1981, S. 122).

Dass Unterschiede existieren, wird schon allein durch das gänzlich andere Umfeld und die andere Ausbildung der drei Ökonomen zumindest nahe gelegt. Menger musste seine Ideen im Wiener Hochschulbetrieb entwickeln, wo die Ökonomik nur ein Nebenfach der juristischen Ausbildung war. Er wurde also, was ein fachlich interessiertes und inspirierendes Umfeld mit entsprechenden Diskussionen anging, ziemlich alleine gelassen. Mathematische Kenntnisse waren in diesem Umfeld nicht vorgesehen und nicht notwendig. Vielleicht erhielten seine Thesen von daher ihre spezifische Formulierung. Schumpeter beschrieb Mengers Situation in Wien wie folgt: „Diese Stellung war keineswegs ideal, weil auf diesem Gebiet jegliche lokale Tradition fehlte, geschweige denn eine, die weltweite Beachtung gefunden hätte, und weil die sein Auditorium bildenden zukünftigen Juristen und Beamten nur geringes Interesse für seine Vorlesungen zeigten ... Menger aber ließ sich nicht abschrecken, setzte sich kraftvoll durch, fand schließlich persönliche Schüler seines eigenen geistigen Formats ...“ (Schumpeter 1965, S. 1009).

Menger lehnte die Verwendung der Mathematik in der Ökonomik, vor allem für die Formulierung menschlichen Verhaltens, strikt ab. Er wollte statt (oft nicht adäquater) präziser, scheinbar genauer Mathematik verbalanalytische Aussagen präsentieren, die ein tieferes „Verständnis" ökonomischer Kräfte erlaubten. Und es gab noch eine ganze Reihe weiterer Unterschiede zwischen den drei „Vätern", z.B.: „Im Gegensatz zu Walras suchen die Österreicher nicht notwendig einen bestimmten Gleichgewichtspreis, sondern ein Preisintervall, innerhalb dessen jeder Preis beiden Kontrahenten zum Vorteil gereicht und der endgültige Preis durch Feilschen und nichtökonomische Umstände fixiert wird" (Karl Menger 1972, S. 26).

Und auch Mengers psychologische Orientierung wich von denen der beiden anderen Begründer der subjektiven Wertlehre ab: „In Menger's theory, the term „value" does not refer to a psychological feeling but rather to the relative importance for an individual of the marginal unit of good X – that is to the importance of X IN COMPARISON TO the marginal units of other goods Y and Z … In contrast, in the theories of the other … authors, the price of the good results from the interplay of sellers and buyers whose feelings or well-being are differently affected by control of the good. While Menger explained the pricing process as resulting from the importance of a good relative to the importance to other goods, Gossen, Jevons, and Walras explained the pricing process as the impact of a marginal quantity of a good on the psychology of the actor … According to Gossen, Jevons, and Walras, the AMOUNT of "utility" derived from a good could be different in different situations, but according to Menger, the entire basis of value is different as soon as the economic context changes – because the good would then be compared to DIFFERENT other goods" (Hülsmann 2007, S. 8).

Der psychologische Ansatz von Gossen, Jevons und Walras erlaubte diesen Autoren (im Gegensatz zu Menger) die Verwendung mathematischer Beziehungen, so z.B. eine Funktion, die die Nutzenbefriedigung als Funktion der konsumierten Quantitäten eines Gutes auswies. Dann war es auch möglich, Nutzenfunktionen verschiedener Individuen als mathematische Funktionen aufzustellen, man konnte aggregierte Nutzenfunktionen ermitteln und sogar psychische Gewinne und Verluste gegeneinander in Form von Salden aufrechnen. Allerdings wurde dabei – quasi als mathematischer Preis – eine unendliche Teilbarkeit von Gütern unterstellt.

Zudem: „Mengers neue Grundlegung der ökonomischen Theorie ist, gegenüber den Parallelunternehmungen von Jevons und Walras, durch ein besonderes Grenzbewusstsein ausgezeichnet" (Pridddat 1993, S. 114).

Die Österreichische Schule (ÖS), die im Folgenden näher charakterisiert wird, kann man der besseren zeitlichen Übersichtlichkeit halber in „Generationen" einteilen. Es braucht nach dem bisher zu ähnlichen Einteilungen und Zuordnungen Geschriebenen eigentlich kaum mehr erwähnt zu werden, dass hierbei auch andere als die hier vorgestellte Einteilung möglich sind, ja dass (wieder einmal) nicht einmal eine einheitliche Meinung darüber herrscht (aber immerhin erstaunlich viel Übereinstimmung), welche Theoretiker überhaupt zur österreichischen Schule zu rechnen sind. So wird z.B. Schumpeter von einigen Ökonomen zur Österreichischen Schule gerechnet, von anderen dagegen (mit meines Erachtens guten Argumenten!) nicht. Und es gibt bezüglich der Österreichischen Schule einen Kreis von Sympathisanten, dem z.B. Alfred Amonn (1883-1962) angehörte, die manchmal auch noch zur ÖS gerechnet werden. Ich habe mich hier auf den eher weniger umstrittenen engeren Kreis der eigentlichen „Österreicher" beschränkt und trotz (sehr) starker Bedenken auch Joseph Schumpeter (nicht zuletzt wegen seiner österreichischen Herkunft) dabei aufgeführt. Die Unterschiede der Theorien Schumpeters zu den Hauptvertretern der Österreichischen Schule werden dann bei der genaueren Behandlung Schumpeters genannt.

In den „Finanznachrichten", einer österreichischen Wirtschaftszeitung (7. November 1996), wurde die folgende Aufstellung abgedruckt, die ich mit einigen Ergänzungen meinerseits hier vorstelle und die die Österreichische Schule in SECHS Generationen unterteilt. Wie gesagt: Eine unter mehreren möglichen Einteilungen, die mir aber eingeleuchtet hat!

Nach diesen zur Vorsicht mahnenden Bemerkungen sei im Folgenden diese Aufstellung zunächst kommentarlos vorgestellt. Ich werde dann einige der bekannteren der genannten Ökonomen in eigenen Kapiteln in diesem, dem 19. Jahrhundert gewidmeten Band und im nächsten Band (20. Jahrhundert, 1. Teil) herausgreifen und etwas näher behandeln.

1. GENERATION:
Carl Menger (1840-1921)
2. GENERATION:
Emil Sax (1845-1927)
Eugen von Böhm-Bawerk (1851-1914)
Friedrich von Wieser (1851-1926)
Robert Zuckerkandl (1856-1926)
Eugen von Philippovich (1858-1917)
Franz Cubel (1862-1914)
Richard Schüller (1870-1972)
3. GENERATION:
Hans Mayer (1879-1955)
Ludwig von Mises (1881-1973)
Joseph Alois Schumpeter (1883-1950) (mit Einschränkungen!)
Leo Schönfeld-Illy (1888-1952)

Ewald Schams (1889-1955)
Richard von Strigl (1891-1942)
4. GENERATION:
Karl Schlesinger (1889-1938)
Felix Kaufmann (1895-1949)
Lionel Robbins (1898-1984)
Martha Steffy Braun (1898-1990)
Friedrich A. von Hayek (1899-1992)
Gottfried von Haberler (1900-1995)
Oskar Morgenstern (1902-1977)
Fritz Machlup (1902-1983)
Paul N. Rosenstein-Rodan (1902-1985)

Es ist hier (leider) nicht der geeignete Platz, das Wirken der außergewöhnlichen Martha Steffy Browne (Braun, geborene Hermann) zu würdigen, die unter anderem mit ihrer im Jahre 1929 erschienenen Arbeit „Theorie der staatlichen Wirtschaftspolitik“ eine tragfähige allgemeine Theorie der Wirtschaftspolitik vorlegte. Zur Persönlichkeit und zum Wirken von Martha Steffy Browne siehe den informativen Artikel: Schmitz, Wolfgang, „Martha Streffy Browne – neunzig!“ in den „Wirtschaftspolitischen Blättern“ 6/1988.

5. GENERATION:
George L.S. Shackle (1903-1988)
Ludwig M. Lachmann (1906-1991)
Hans F. Sennholz (1922-2007)
Murray N. Rothbard (1926-1995)
Leland B. Yeager (geb. 1924)
Israel M. Kirzner (geb.1930)
Erich Streissler (geb. 1933)
George Reisman (geb. 1937)
6. GENERATION:
Charles W. Baird (geb. 1938)
Kurt R. Leube (geb. 1943)
Roger W. Garrison (geb. 1944)
Richard M. Ebeling (geb. 1950)
Gregory B. Christiansen (geb. 1953)
George A. Selgin (geb. 1954)
Lawrence H. White (geb. 1957)

Dazu könnte man noch die Sympathisanten der „Austrians“ auflisten, die in dem einen oder anderen grundlegenden Punkt mit ihnen übereinstimmen, ohne sich selbst als „Austrians" zu bezeichnen, wie z.B. James M. Buchanan, Alan Coddington etc.

10.8.1.1 Eine kurze Auflistung der Charakteristika der Österreichischen Schule

Eine etwas kursorische Auflistung der Charakteristika der ÖS, die auf Fritz Machlup (1902-1983) zurückgeht und die von mir etwas ergänzt wurde, und die, was für das Folgende wichtig ist, NICHT FÜR ALLE MITGLIEDER DER SCHULE (in gleichem Maße) gilt (dies ist wichtig und muss im Folgenden immer beachtet werden), sei gleichfalls VORWEG aufgeführt:

(1) Methodologischer Individualismus;
(2) Methodologischer Subjektivismus;
(3) Theorie des subjektiven Wertes; Subjektive Präferenzreihung;
(4) Das Konzept der Opportunitätskosten;
(5) Das Marginalprinzip;
(6) Die Idee der Zeitpräferenz;
(7) Konsumentensouveränität;
(8) Politischer Individualismus;

Erklärungsbedürftig ist vielleicht der Ausdruck „Methodologischer Subjektivismus". Darunter versteht man: „Die Handlungen der Individuen können – entgegen der klassischen Schule – nur in Bezug auf ihr individuelles Wissen, Glauben, Wahrnehmungen und Erwartungen verstanden werden" (Socher 2002, S. 122).

In dieser groben Auflistung fehlt meines Erachtens zumindest noch:

(9) Die explizite Betrachtung von Zeit, Unsicherheit und Information.

Und weitere wichtige charakteristische Punkte sind im Abschnitt 10.8.1.2 „Unterschiede Neoklassik und Österreichische Schule" aufgelistet.

Die klassische Nationalökonomie, entstanden in England, stellte in den Mittelpunkt ihrer Überlegungen die PRODUKTIONSSEITE, genauer die langfristige Dynamik der Produktion. Dies war angesichts der durchschlagenden Auswirkungen der industriellen Revolution auf die Produktionsseite nicht überraschend. Die Inlandsnachfrage war demgegenüber noch auf einem eher niedrigen Niveau mit zudem eher stabiler Nachfragestruktur. Dies kann vielleicht die Vernachlässigung der Bedürfnisse und der Bedürfnisstruktur in diesen Theorien plausibel machen. Es darf aber nicht so interpretiert werden, als hätten die klassischen Ökonomen die Nachfrage nicht gesehen. Aber langfristig waren es die objektiven Elemente des Produktionsprozesses, die die Werte determinierten. Die Nachfrage wurde kurzfristig durchaus beachtet, und sie bestimmte auch die Aufteilung der Produktion auf verschiedene Branchen.

Die Preistheorie der Klassik bezog sich auf Warenmärkte reproduzierbarer Güter. Die FAKTORpreise wurden separat für die einzelnen Faktoren mit Hilfe spezifischer Ansätze ermittelt, die die speziellen Bedingungen der Faktormärkte berücksichtigten.

Die österreichische Schule setzte hingegen den Tauschprozess der Güter in den Mittelpunkt ihrer Erörterungen. Der Produktionsprozess stand sozusagen „hinter" den Endprodukten, die die Bedürfnisse der Konsumenten zu befriedigen hatten. Die Preistheorie für Waren und Faktoren wurde vereinheitlicht. Allerdings – dies muss man bereits hier negativ anmerken – wurden dadurch Spezifika der Faktormärkte vernachlässigt. Werner Stark argumentiert in diesem Zusammenhang von der gesellschaftlichen Seite her und ich möchte seine Argumentation den Lesern nicht vorenthalten: „Der neue Klassizismus, der sich jetzt entwickelte, konnte indessen nicht wie der alte von der Grundvorstellung einer Gesellschaft ausgehen, wo jeder, mit seinen Arbeitsmitteln ausgestattet, in Freiheit und Gleichheit um seinen Anteil am Sozialprodukt kämpfen muss und wo dieses Sozialprodukt in strenger Gerechtigkeit im Konkurrenzkampf verteilt wird. Die Freiheit und die Gleichheit der Erzeuger war durch die Spaltung des dritten Standes in gegnerische Klassen vernichtet worden. Nicht so die Freiheit und Gleichheit der Verbraucher. Das Bestreben, mit den gegebenen Mitteln den größtmöglichen Nutzen zu erzielen, konnte sich nun in vollem Umfang auf dem Verbrauchsgütermarkt auswirken. So wurde dieser Aspekt des Wirtschaftslebens als Ausgangspunkt der Wirtschaftstheorie gewählt" (Stark 1960, S. 52).

Nicht unerwähnt lassen darf man bei diesem skizzenhaften Abriss allerdings, dass bereits vor der Österreichischen Schule einige deutsche Autoren die Kostenwertlehre Ricardos angegriffen bzw. durch eine nachfrageorientierte Preistheorie ersetzt hatten. An vorderster Stelle ist hier Friedrich Benedikt Wilhelm von Hermann (1795-1868) zu nennen, der bereits 1832 ausführte, der Preis werde keineswegs durch die Kosten alleine bestimmt. „Der erste und wichtigste Faktor der Preise ist vielmehr in allen Fällen die Nachfrage, deren Hauptwurzeln der Nutzwert des Gutes und die Zahlungsfähigkeit des Käufers sind" (Hermann 1832 zitiert in: Streissler 1990, S. 160).

In der Literatur taucht immer wieder die Frage auf: Steht die österreichische Schule für einen Paradigmenwechsel? Abgesehen davon, dass der Begriff des Paradigmas, wie er von dem Wissenschaftshistoriker Thomas Samuel Kuhn (1922-1996) für die Naturwissenschaften entwickelt wurde, im Rahmen der Wirtschaftswissenschaften alles andere als klar und unumstritten ist, erhebt sich wieder einmal die Frage: Was gewinnt man, wenn man den Thesen der Österreichischen Schule das Etikett „Neues Paradigma" zuweist?

Die Gründer der Österreichischen Schule leiteten von einer objektiven Kostentheorie als alleiniger Erklärung der Preisfindung auf eine subjektive Nutzentheorie über. Dabei wurde die Vorstellung des Grenznutzens, d.h. der letzten Einheit eines Gutes, entwickelt. Fügt man noch das 1. Gossensche Gesetz hinzu, nach dem der Grenznutzen mit steigender Bedürfnisbefriedigung abnimmt, war dies klar unverträglich mit der Arbeitswerttheorie der marxistischen Ökonomik. Wegen ihrer konsequent subjektivistischen Sicht und ihrer Liberalität wurde die Österreichische Schule rasch zum Lieblingsgegner der Marxisten, die sie noch mehr als Keynes und die Neoklassiker angriffen.

Die Österreichische Schule wandte sich gegen alle Spielarten des Kollektivismus, der als unvereinbar mit ökonomischer und politischer Freiheit angesehen wurde. Und sie versuchte, gegen den Kollektivismus auch wissenschaftliche Beweise vorzulegen. Diese liberale Kritik am sozialistischen Konzept fand in den USA Unterstützung, so z.B. durch die einflussreiche Chicago-Schule um Frank H. Knight (1885-1972), Jacob Viner (1892-1970), George J. Stigler (1911-1991) und nicht zu vergessen Milton Friedman (1912-2006).

Abgelehnt wurden auch wettbewerbspolitische Maßnahmen, selbst wenn diese in bester Absicht erfolgen (wie z.B. durch die ORDO-Liberalen). „Jeder Eingriff behindert Innovationen und damit das Wachstum. Es genügt den Marktzugang frei zu halten" (Socher 2002, S. 123).

Die Nähe zu den Ideen der Monetaristen um Milton Friedman wird augenfällig, wenn man sich die geldpolitische Einstellung vieler Vertreter der ÖS anschaut. So werden diskretionäre geldpolitische Eingriffe abgelehnt. Allerdings war bei Mises und Hayek das Geld weder kurz- noch langfristig neutral (das Geld hat dann keinen Einfluss auf die realen Variablen einer Wirtschaft), ganz im Gegensatz zu den verschiedenen Spielarten des Monetarismus bis hin zur „Neuen Klassischen Theorie".

Und natürlich findet man bezüglich der Frage, ob die Österreichische Schule für einen Paradigmenwechsel steht, verschiedene Antworten, die wohl vor allem davon abhängen, welche Charakteristika und welchen Umfang eine wissenschaftliche Revolution haben muss, um von einem darauf folgenden neuen Paradigma sprechen zu können. Meine Meinung: Sicher ist, dass das wissenschaftliche Interesse bei der Wertbestimmung jetzt von den Kosten zu den Bedürfnissen verlagert wurde, vom Produktionsprozess zum

Tauschprozess, von einer technologisierenden zu einer psychologisierenden Sicht, von einer eher makroökonomischen zu einer mikroökonomischen Sichtweise. Auch hierfür könnte man eine Änderung in den real vorfindbaren ökonomischen Zuständen verantwortlich machen: Die Kaufkraft breiter Bevölkerungsschichten stieg, die Bedürfnisse differenzierten sich nun immer mehr.

Zugunsten der Auffassung einer wissenschaftlichen Revolution könnte man zusätzlich argumentieren, dass nun, wie erwähnt, eine EINHEITLICHE Theorie für die Erklärung der Produkt- und Faktorpreise vorgelegt wurde, während die Klassik noch voneinander getrennte Theorien für den Lohn, den Zins und die Grundrente hatte. Aber wie gesagt: Es geht bei der „Paradigmenfrage" meines Erachtens vor allem um eine Etikettzuweisung, und solche Fragen sind in der Regel nicht besonders fruchtbar. „Neues" und meines Erachtens Weiterführendes und bis heute noch nicht total zu Ende Gedachtes findet sich in den Schriften der ÖS allemal. Wie man dies bezeichnen will, ist dabei unerheblich.

10.8.1.2 Unterschiede Neoklassik und Österreichische Schule

Viele der oben aufgeführten Charakteristika der Österreichischen Schule sind auch im allgemeinen Mainstream der Neoklassik zu finden, wie z.B. der methodologische Individualismus, der Marginalismus, das Konzept der Opportunitätskosten und die Idee der Zeitpräferenz. Dies erschwert zunächst eine trennscharfe Unterscheidung.

Aber dennoch gibt es einige deutliche Unterschiede zwischen den beiden Richtungen:

(1) Die ÖS versteht die Wirtschaftswissenschaft als Theorie des Handelns und nicht als Theorie von Entscheidungen;

(2) Das allgemeine oder partielle Gleichgewichtsmodell, Herzstück der neoklassischen Theorie, wird von der ÖS abgelehnt (Ausnahme: von Wieser). In der ÖS werden Prozesse fern vom Gleichgewicht, ausgelöst durch unternehmerisches Handeln, betrachtet. Mises schrieb dazu in aller Deutlichkeit: „Das, was die Österreichische Schule auszeichnet und ihren unvergänglichen Ruhm bilden wird, ist gerade, dass sie eine Lehre vom wirtschaftlichen Handeln und nicht eine Lehre vom wirtschaftlichen Gleichgewicht, vom Nichthandeln, ist. Auch die Österreichische Schule verwendet die Gedankenbilder des Ruhezustandes und des Gleichgewichts, ohne die nationalökonomisches Denken nicht auskommen kann. Doch sie ist sich stets des bloß instrumentalen

Charakters dieser – und aller anderen – Gedankenbilder bewusst. Sie will die Preise erklären, die auf den Märkten wirklich gezahlt werden, und nicht bloß Preise, die unter gewissen, nie realisierbaren Bedingungen gezahlt werden würden" (Mises 1978, S. 21). Und Mises fuhr fort: Weil die österreichische Nationalökonomie eine Lehre vom Handeln ist, darf man ihr auch Schumpeter nicht zuzählen. In seinem ersten Buche bekennt sich Schumpeter charakteristischerweise zu Wieser und zu Walras und nicht zu Menger und Böhm" (Mises 1978, S. 21); „Austrians sind der Auffassung, dass die exzessive Beschäftigung mit der Ableitung von Bedingungen für die Existenz eines Gleichgewichts bei verschiedenen Marktstrukturen den Blick für die Bedeutung des wettbewerblich-unternehmerischen Marktprozesses verstellt" (Böhm 1981, S. 124).

Nicht unerwartet wird auch das statische Modell der „perfect competition" abgelehnt.

(3) Der Einsatz mathematischer Methoden wird in vielen Zusammenhängen (vor allem zur Modellierung menschlichen Verhaltens) von der ÖS abgelehnt;

Hier möchte ich kurz innehalten, und den Leser ein wenig an die Vor- und Nachteile verbaler und mathematischer Darstellungen erinnern. Man denke als Beispiel an die von vielen Faktoren abhängigen Präferenzen einer Person: von den eigenen vergangenen Entscheidungen und zukünftigen Erwartungen, von den Präferenzen anderer, von dem ausgeübten Beruf, von den gesamtwirtschaftlichen kulturellen Traditionen und Modeströmungen etc., um zu sehen, dass die mathematische Methode nicht immer pauschal vorzuziehen ist. Obige beispielhaft genannten Abhängigkeiten lassen sich in ihrer Komplexität meines Erachtens besser und ausführlicher verbal ausdrücken. Die Mathematik würde hier nur eine Scheingenauigkeit vorspiegeln. Zudem muss man berücksichtigen, dass mathematische Operationen oft (zusätzliche) Voraussetzungen der Variablen benötigen, die nicht unbedingt durch das vorliegende Problem abgedeckt sind, z.B. Stetigkeits- oder Differenzierbarkeitsannahmen, beliebige Teilbarkeiten.

Die „Österreicher" wenden sich wegen des grundsätzlichen Problems einer Vorhersehbarkeit von individuellen Reaktionen gegen eine solche Scheingenauigkeit. Diese Einstellung schlug sich z.B. auch nieder in der Bevorzugung einer Angabe von Preisintervallen statt punktgenau angegebenen Preisen: „Im Gegensatz zu Walras suchen die Österreicher nicht notwendig einen bestimmten Gleichgewichtspreis, sondern ein Preisintervall, innerhalb dessen jeder Preis beiden Kontrahenten zum Vorteil gereicht und der endgültige Preis durch Feilschen und nichtökonomische Umstände fixiert wird" (Karl Menger 1972, S. 26).

(4) An Stelle berechenbarer Unsicherheiten der Neoklassik unterstellt die ÖS eine „echte" Unsicherheit und Unwissenheit der Akteure;
„Während die so beliebten Suchmodelle davon ausgehen, unvollkommene Information sei das Ergebnis einer Gegenüberstellung von Grenznutzen und Grenzkosten ihrer Beschaffung und in diesem Sinne optimal, geht es „Austrians" in erster Linie um jene Unwissenheit, die sich nicht durch Suchen nach Information reduzieren lässt … Suchmodelle setzen immer voraus, dass man genau weiß, was man nicht weiß; Information wird als knappes Gut erkannt und fügt sich nahtlos in den Allokationskalkül" (Böhm 1981, S. 125). Und: Von der ÖS „wurde dabei das mechanistische Kalkül der Theorie der Maximierung des subjektiven erwarteten Nutzens, der der neoklassischen Entscheidungstheorie zugrunde liegt, als für eine Theorie der Erwartungsbildung ungeeignete Grundlage kritisiert, ohne dass es allerdings bisher gelungen wäre, ein alternatives Modell von ähnlicher theoretischer Allgemeinheit zu entwickeln" (Neck 1984, S. 382).
Hayek sprach bezüglich der Mengerschen Idee, dass die Voraussagekraft der von ihm entwickelten Preistheorie sehr beschränkt sei, da das individuelle Verhalten der Einzelnen nicht exakt angebbar sei, und damit die Preissetzung nur innerhalb gewisser Grenzen angegeben werden könne, von einem „erfrischenden Realismus" (Hayek 1972, S. 7).
Diese Bescheidung gegenüber zu exakten Vorhersagen erklärt auch eine aufkommende gewisse Unzufriedenheit mit dieser Art von Theorie (Mikrotheorie), und damit den Siegeszug der Makroökonomik, wo man mit statistisch abgestützten Makrogrößen glaubte, bessere Vorhersagen machen zu können. Es geht hierbei wiederum um eine grundlegende Frage: Welche Vorhersagekraft kann eine ökonomische Theorie überhaupt besitzen bzw. billigt man ihr zu? Nach einer (ich würde fast sagen) Hybris in den 70iger Jahren hat man mittlerweile bezüglich der Vorhersagefähigkeit in der Ökonomik wieder eine realistischere (und pessimistischere) Haltung eingenommen. Zudem erhebt sich dabei immer auch die Frage: Genaue quantitative Voraussagen oder Vorhersagen von Strukturmustern?

(5) Quantitativ genau spezifizierte Prognosen sind laut der ÖS nicht möglich;

(6) Das Modell des Homo oeconomicus mit seinem umfassenden Wissen wird von der ÖS abgelehnt;

(7) Die Rolle des Unternehmers wird von der ÖS ganz anders aufgefasst als von der Neoklassik: „Es besteht weitgehend Übereinstimmung darüber, dass die Rolle des Unternehmers in der neoklassischen Ökonomie ein Mauerblümchendasein fristet. In einer Welt, in der jeder alles, was für seine Entscheidung relevant ist, weiß, in der es keine Überraschungen und Irrtümer gibt, ist natürlich kein Platz für Unternehmertum“ (Böhm 1981, S. 125);

(8) Das Marktgeschehen wird von der ÖS als Prozess aufgefasst, dessen Dynamik analysiert werden muss. Die Österreichische Theorie „steht in der Zeit“ und dies ist meines Erachtens eine ihrer Stärken. Neoklassische steady-state-Lösungen sind zeitlos.

Punkt (8) hat weit reichende Konsequenzen. Unternehmer und Konsumenten „erhalten durch die auf dem Markt entstandenen Preise Informationen und besseres Wissen, das sie in einem Lernprozess einsetzen und damit das kurzfristige Gleichgewicht rasch wieder beseitigen. Der Markt ist ein Prozess zur Informationsverarbeitung von weit verstreutem Wissen“ (Socher 2002, S. 123) und dieses verstreute Wissen der Wirtschaftssubjekte, das im Preisbildungsprozess eines freien Marktes nutzbar gemacht werden kann, ist zu unterscheiden vom systematisierenden Wissen der Fachleute.

Für Hayek ist gemäß dieser Betrachtung der Wettbewerb ein „Entdeckungsverfahren“, das unvermeidlich mit Unsicherheiten behaftet ist (wie alles wirklich Neue), und das über ständige Änderungen von Strukturen, Verfahren und technischen Neuerungen zu einer ungeheuren Dynamik beiträgt.

Dies macht es auch verständlich, warum die ÖS mathematischen Methoden im Theoriebereich kritisch gegenübersteht. Wenn der vieldimensionale Möglichkeitenraum bezüglich Änderungen praktisch unendlich ist, tut man sich schwer, etwas mathematisch zu formulieren. Man müsste für eindeutige Ergebnisse diesen Raum ja irgendwie einengen bzw. beschränken. Die angesprochene Art der Dynamik führt aber zu nicht vorhersehbaren Ergebnissen, d.h. es herrscht echte Unsicherheit, die nicht mit den bekannten Wahrscheinlichkeits- und Risikoberechnungen in den Griff zu bekommen ist. Dies impliziert, dass man auch keine verlässlichen quantitativen Prognosen liefern kann. Die hochformalen und beeindruckend konstruierten Instrumente der Ökonometrie müssen sich zwangsläufig immer auf die eine oder andere Art auf vergangene Vorgänge stützen. Gleiches gilt für die seit neuem eingesetzten Künstlichen Neuronalen Netze (KNNs).

10.8.1.3 Nachwirkungen der Österreichischen Schule

Geprägt und bekannt wurde der Begriff „Österreichische Schule“ im deutschsprachigen Bereich zuerst durch den zwischen Carl Menger und Gustav Schmoller (1838-1917) ausgetragenen (älteren) Methodenstreit, in dem dieser Begriff von der historischen Schule als eine Art abwertender Gattungsname geprägt wurde. Über den Methodenstreit wurde bereits früher in Abschnitt 10.7.14 „Der erste (ältere) Methodenstreit“ ausführlich berichtet, so dass ich mir hier eine nochmalige ausführliche, vor allem inhaltliche, Darlegung sparen kann. Deshalb sollen hier nur einige Eckpunkte ganz kurz zur Erinnerung nochmals genannt werden.

Carl Menger publizierte 1871 sein Hauptwerk „Grundsätze der Volkswirtschaftslehre“. Er widmete dieses Buch einem Mitglied der älteren historischen Schule, nämlich Wilhelm Roscher (1817-1894), „in achtungsvoller Verehrung“. Schmoller rezensierte die „Grundsätze“ Mengers 1873 im „Literarischen Zentralblatt“ ziemlich unfreundlich.

Dies konnte und wollte Carl Menger nicht auf sich sitzen lassen. Er publizierte 1883 seine „Untersuchungen über die Methode der Sozialwissenschaften und der politischen Ökonomie insbesondere“, ein ca. 300 Seiten umfassendes Werk. Menger verblieb hierbei noch durchaus im Rahmen der in wissenschaftlichen Diskussionen üblichen Höflichkeit, und ging mit den Vertretern der historischen Schule schonend um, auch wenn er deren Auffassungen nicht teilte. Nun reagierte Schmoller 1883 mit einer Rezension „Zur Methodologie der Staats- und Sozialwissenschaften“ im „Jahrbuch für Gesetzgebung, Verwaltung und Volkswirtschaft im deutschen Reiche“. Jetzt verschärfte sich der Ton der Auseinandersetzung deutlich.

Und in diesem Stil ging es dann weiter. Menger publizierte 1884 die Schrift (87 Seiten): „Die Irrtümer des Historismus in der deutschen Nationalökonomie“. Diese Schrift, in 16 Briefen „an einen Freund“ gerichtet, war sehr polemisch, und wiederholte die vorgebrachten Argumente, die man bequem auf fünf Seiten hätte formulieren können, immer und immer wieder und teilweise in übertriebener Manier. Ich finde diese Schrift, im Gegensatz zu den anderen zitierten Werken, absolut nicht lesenswert (Werturteil von mir!!).

Nun antwortete der zutiefst beleidigte Schmoller mit einem offenen Brief im Besprechungsteil des Jahrbuchs für Gesetzgebung, Verwaltung und Volkswirtschaft 1884.

Dies waren von den aufeinander folgenden Publikationen her die Eckpunkte des Streites. Menger legte danach sein erkenntnistheoretisches Programm nochmals in seinem Aufsatz: „Grundzüge einer Klassifikation der Wirtschaftswissenschaften" in der Zeitschrift: „Jahrbücher für Nationalökonomie und Statistik" 1889 dar und Schmoller publizierte 1890/93 den Beitrag (107 Seiten) „Die Volkswirtschaft, die Volkswirtschaftslehre und ihre Methode".

Dass der Streit so heftig (und populär) wurde, ist zum einen sicherlich auf die grundlegenden wissenschaftlichen Differenzen der Beteiligten zurückzuführen. Die Anhänger der historischen Schule erhoben den Anspruch, dass ökonomische Theorien, wenn sie seriös sein wollten, immer aus dem Historischen stammen mussten, eine Generalisierung umfassender (eigentlich umfassendster) empirisch-statistischer historischer Studien sein müssten. Der Ökonomik wurde dabei sogar, etwas überspitzt, ihre Eigenständigkeit genommen, zumindest eine eigenständige Vorgehensweise. Wesentlicher für die Heftigkeit des Streites war meines Erachtens aber: Es ging beim Methodenstreit um eine sehr konkrete Hochschul-Machtpolitik im deutschsprachigen Raum (z.B. bei Lehrstuhlbesetzungen). Diese Hochschul-Machtpolitik artete zu einem verbalen Kräftemessen bezüglich der Vormachtstellung im deutschsprachigen Raum aus. Und auch persönliche Animositäten waren (sicherlich) im Spiel, anders sind die teilweise sehr polemischen Formulierungen nicht zu erklären. Beide Kontrahenten waren ausgesprochene „Führungspersönlichkeiten" und besaßen zudem trotz ihrer Streitbarkeit offensichtlich eine empfindliche Psyche. Zudem darf man nicht vernachlässigen, dass derartige Auseinandersetzungen nach einer gewissen Zeit eine beträchtliche Eigendynamik entwickeln und so auch hier.

Im Folgenden sollen nochmals kurz die bereits früher überblicksartig formulierten Hauptstreitpunkte zwischen den beiden Schulen aufgelistet werden, um die Bedeutung des Streites für die gesamte Ökonomik nochmals hervorzuheben:

- Die Ziele der nationalökonomischen Wissenschaft;
- Die Grenzen der ökonomischen Wissenschaft;
- Universalismus versus Individualismus;
- Induktion versus Deduktion;
- Der „richtige" Zeitpunkt der Theoriebildung;
- Die Zuverlässigkeit und Zulässigkeit des Verfahrens der isolierenden Abstraktion;
- Die atomistisch-physikalische Methode versus die historische Methode.

Einig waren sich die beiden streitenden Schulen in der Ablehnung der objektivistischen Wertauffassungen Ricardos und der Notwendigkeit, psychologische Faktoren in die Analyse einzuführen. Aber ansonsten galt: „Die beiden unterschiedlichen Positionen unterschieden sich … in fast allen Belangen, wobei die Frage, ob – nach damaligem Verständnis – die eine „deduktiv" und die andere „induktiv" vorging, noch am unwichtigsten war. Am entscheidendsten wichen sie in ihren Vorstellungen vom Ziel und Ende der Sozialwissenschaften voneinander ab" (Homann 1989, S. 1289).

Die obige kursorische Auflistung belegt, dass es beim Methodenstreit inhaltlich nicht um Kleinigkeiten ging. Menger lehnte dabei eine historische Forschung in der Ökonomik keineswegs pauschal ab. Er wollte nur von der vom Historismus propagierten „Universalwissenschaft" loskommen. Geschichte und Statistik seien für sich genommen wichtig und könnten der Ökonomik auch wichtige Impulse und Prüfmaterial liefern. Sie seien aber nicht die Theorie selbst, sondern von ihr sauber abzusondern. In der genannten Schrift „Die Irrtümer des Historismus" schrieb er: „Nicht als ob ich den Nutzen und die Bedeutung historischer und statistischer Forschung auf dem Gebiete der Volkswirtschaft an sich, oder als Hilfswissenschaften der theoretischen Volkswirtschaftslehre jemals verkannt oder auch nur unterschätzt hätte; ... Was ich an den Bestrebungen jener großen Gruppe deutscher Fachgenossen, welche unter dem Kollektivnamen der historischen Schule deutscher Nationalökonomen eine so hervorragende Stellung in der neueren volkswirtschaftlichen Literatur Deutschlands einnehmen, zu bemängeln fand, war die Einseitigkeit, mit welcher dieselben ihre geistige Kraft zum Teile nur historischen und statistischen Studien, also der Bearbeitung von Hilfswissenschaften der politischen Ökonomie, zuwenden, die einer Reform dringend bedürftige Theorie unserer Wissenschaft jedoch auf das Bedauerlichste vernachlässigen, zum Teile sogar der theoretischen Forschung auf dem Gebiete der Volkswirtschaft mit missverständlicher Geringschätzung entgegentreten, als wäre die historische Forschung allein berechtigt auf dem Gebiete der Volkswirtschaft" (Menger 1884, S. 13).

Menger kritisierte die Auffassung, eine Theorie könne sich allein aus der reinen Beobachtung von Tatsachen herleiten lassen. Er war der Auffassung, dass bereits von Beginn an theoretische Annahmen zu Grunde liegen müssten. Auch er wollte aus Beobachtungen das Wesentliche und Wiederkehrende isolieren. Um eine solche isolierende Abstraktion durchführen zu können und damit die aus der Empirie gewonnenen Tatsachen richtig deuten und daraus allgemeine Theorien formen zu können, bedürfe es keiner Verbreiterung des empirischen Materials, sondern einer Vertiefung. Allgemeine Theorien seien für eine Diskussion und Analyse wirtschaftlicher Sachverhalte unerlässlich und dies sei ohne abstrakte Deduktionen nicht durchführbar.

Menger und die „Österreicher“ vertraten zwar die deduktiv-abstrakte Methode, verlangten aber nicht deren Allgemeingültigkeit. Sie erkannten auch die historisch-deskriptive Methode an, wehrten sich aber gegen deren alleinige Anwendung, ihren Absolutheitsanspruch.

Menger und die Österreichische Schule standen allerdings in deutlicher Opposition zu den organischen und kollektivistischen Ansätzen der historischen Schule, siehe auch den Punkt (1) der Charakteristiken der Österreichischen Schule: „Methodologischer Individualismus“.

Die beiden Schulen hatten, was nicht vernachlässigt werden darf, zudem auch verschiedenen Sichtweisen der Welt. Vereinfacht: Die Österreichische Schule dachte kosmopolitisch und individualistisch, die historische Schule eher kollektivistisch und nationalistisch.

Dass die Österreichische Schule von marxistischer Seite scharf kritisiert wurde, ist nach der obigen Nennung ihrer Charakteristika offensichtlich. Hierbei ist das Buch „Politische Ökonomie des Rentners; Die Wert- und Profittheorie der österreichischen Schule“ von Nikolai Bucharin (1888-1938) besonders hervorzuheben. Ein Originalzitat Bucharins: „Wir betrachten die österreichische Theorie als die Ideologie des Bourgeois, der aus dem Produktionsprozess bereits hinausgedrängt ist, die Psychologie des entarteten Bourgeois, der die Besonderheiten seiner verfallenden Psyche in einer … wissenschaftlich völlig unfruchtbaren Theorie verewigte“ (Bucharin zitiert in: Kolb 1997, S. 122).

Die Gegnerschaft der marxistischen Ökonomen war nur allzu begreiflich: Marx betonte die Produktionssphäre, und zwar sowohl bei der Mehrwertbildung, in seinen Kreisläufen und auch für sein Basis-Überbaumodell. Die Nachfrage wurde von ihm zwar gesehen, sie hatte aber keinen Einfluss auf die langfristigen Tauschrelationen zwischen den Gütern. Neben dem Subjektivismus war aber auch das Fehlen jeglicher historischer Betrachtungsweise in marxistischen Augen ein Kardinalfehler der Österreichischen Schule.

Heute wird die Österreichische Schule in Österreich und Deutschland in reiner Form kaum an den Universitäten gelehrt. Die Beschäftigung mit „Austrian Economics“ ist nun vorwiegend eine amerikanische Angelegenheit geworden und ihr zeitgenössischer „geistiger Schwerpunkt“ ist jetzt (2008) in den USA zu finden. Dies ist vermutlich darauf zurückzuführen, dass fast alle Vertreter der Österreichischen Schule bis zum Jahre 1938 nach England oder in die USA emigrierten und da es sich dabei zumeist um herausragende Wissenschaftler handelte, dort auch durchsetzen und Schüler rekrutieren konnten. An amerikanischen Universitäten werden heutzutage entsprechende Kurse angeboten. Und auch die meisten Vertreter der 5. und

6. Generation sind Amerikaner. So existieren zahlreiche einschlägige amerikanische Gründungen: ein „Austrian Economics Seminar“ an der New York University, ein „Center for the Study of Market Processes“ an der George Mason University in Virginia, ein „Ludwig von Mises Institute“ an der Auburn University in Alabama, das auch einen „Austrian Economics Newsletter“ und eine Zeitschrift „Review of Austrian Economics“ herausgibt. Dazu könnte man noch eine ganze Reihe einschlägiger Konferenzen nennen.

Die in den USA aktive Österreichische Schule ist, und dies ist für das Verständnis des Folgenden wichtig, letztlich eine Mises-Schule. August von Hayek schrieb dazu im Vorwort zu den Erinnerungen von Mises: „In der Welt werden heute mit einem gewissen Recht Mises und seine Schüler als die Vertreter der österreichischen Schule angesehen, obwohl er nur einen der Zweige vertritt, in die sich Mengers Lehren schon unter seinen Schülern, den persönlich eng befreundeten und verbundenen Eugen von Böhm-Bawerk und Friedrich von Wieser, aufspalteten. Ich gebe dies nur mit einem gewissen Zögern zu, da ich viel von der Tradition Wiesers erwartete, die sein Nachfolger Hans Mayer fortzubilden versuchte. Aber diese Erwartungen haben sich bisher nicht erfüllt ... Die heute fast nur in den Vereinigten Staaten aktive „Österreichische Schule“ ist im Grunde eine Mises-Schule, die auf Ansätze von Böhm-Bawerk zurückgeht“ (Mises 1978, S. XV).

Man kann nur darüber spekulieren (ich selbst bin allerdings der Ansicht!), ob die Renaissance der Österreichischen Schule in den sechziger Jahre des 20. Jahrhunderts auch auf die allgemeine Krisenstimmung zurückzuführen war, die die neoklassische Theorie zu dieser Zeit erfasst hatte. Allerdings: „Die Rekonstruktion der ökonomischen Theorie erfordere jedoch nicht eine fundamentale Abwendung von neoklassischen Grundlagen, sondern eine stärkere Konzentration auf diejenigen Aspekte, die Menger, Hayek und Mises in den Vordergrund gestellt hatten: die Rolle von Information für das Entscheidungsverhalten, Unsicherheit, Irrtum, die zeitliche Dimension, in der sich ökonomische Aktivitäten entfalten, eine Sicht des Wettbewerbs als Entdeckungsverfahren sowie Betonung der Rolle des Unternehmertums in Marktprozessen“ (Böhm 1981, S. 123).

Kennzeichnend für die „Wiederentdeckung“ der Österreichischen Schule war z.B., dass der Nobelpreisträger Sir John Hicks seinem 1973 erschienenen Buch „Capital and Time“ den Untertitel „A Neo-Austrian Theory“ beigab. Und dass Friedrich August von Hayek 1974 den Nobelpreis für Ökonomie (zusammen mit Gunnar Myrdal) erhielt.

Wirtschaftspolitisch wurden die Austrian Economics vor allem in den angelsächsischen Ländern zur Begründung und Unterstützung liberaler Praktiken verwendet.

Aber auch in Europa existieren noch vereinzelt Stützpunkte, die die Gedanken der Österreicher aktuell halten. Es sei nur an die „Mont Pelerin Society" erinnert, eine internationale Vereinigung liberaler Ökonomen, Soziologen und Historiker, die sich jährlich im September in einem anderen Land treffen, um zu global interessierenden Themen Stellung zu nehmen und sie zu diskutieren.

10.8.2 CARL MENGER (1840-1921)

VITA VON MENGER

1840:	Geboren als Sohn von Anton Menger und seiner Frau Caroline in Neu-Sandez in Galizien (heute Polen) im Februar 1840; Sein Vater war Rechtsanwalt, seine Mutter stammte aus einer reichen böhmischen Handelsfamilie. Seine Brüder waren Anton, ein Sozialist, und Max, ein Parlamentarier. Eigentlich stand ihm und seinen Brüdern der Titel „Edler von Wolfesgrün" zu, er und seine Brüder verzichteten aber zeitlebens darauf;
1859-1860:	Studium der Jurisprudenz an der Universität Wien; Zu der an österreichischen Universitäten gelehrten Ökonomik schrieb Hayek: „In Österreich hat es die große Welle der Smith'schen Ökonomie nicht gegeben; ebenso wenig griff man englische und französische Gedanken zur Ökonomie auf, wie sie auf die meisten Teile Deutschlands in der ersten Hälfte des vorigen Jahrhunderts gewirkt hatten. Noch bis 1846 wurde an Österreichs Universitäten tatsächlich die Ökonomie auf der Basis des kameralistischen Lehrbuches des Joseph von Sonnenfels aus dem 18 Jahrhundert gelehrt" (Hayek 1990, S. 26);
1860-1863:	Studium der Jurisprudenz an der Universität Prag;
1863:	Journalist bei der „Lemberger Zeitung";
1866:	Angestellt bei der „Wiener Zeitung", einem offiziellen Regierungsorgan. Zu seinen Aufgaben gehörte es, Übersichten zur Marktlage zu verfassen. Er wurde hier, wie er seinem Schüler Friedrich von Wieser gegenüber einmal ausführte, auf die Unterschiede zwischen der klassischen Preistheorie der Textbücher und der tatsächlichen Preisbildung, wie sie die Händler erläuterten, aufmerksam. Und dies führte ihn auf die bedeutsame Rolle der subjektiven Wertschätzung der Konsumenten;
1867:	Promotion zum Dr. iur. an der Universität Krakau.
1871:	Erscheinen seines Hauptwerkes „Grundsätze der Volkswirtschaftslehre" in Wien; In diesem Buch präsentierte Menger theoretische Studien grundlegender ökonomischer Sachverhalte, wie z.B. Wert, Tausch, Preise, Geld, ökonomische Güter. „What made Menger's book special is the method he used in

	his explanations. He tried to trace the causes of the properties and laws under scrutinity back to the simplest facts. His purpose was to demonstrate that the properties and laws of economic phenomena result from these empirically ascertainable „elements of the human economy" such as individual human needs, individual human knowledge, ownership and acquisition of individual quantities of goods, time, and individual error. Mengers great achievement in „Principles" consisted in identifying these elements for analysis and explaining how they cause more-complex market phenomena such as prices" (Hülsmann 2007, S. 2). Carl Menger plante weitere Bände seiner „Grundsätze". Der vorliegende einzige Band kann also eigentlich nur als Band 1 gewertet werden. Vieles Fehlende sollte in späteren Bänden behandelt werden. So wurde z.B. Mengers Verteilungstheorie, die in den geplanten weiteren Bänden hätte erscheinen sollen, nie veröffentlicht. In Band 1 findet man mit seiner Bewertung der Güter höherer Ordnung, also der Produktionsfaktoren, nur Ansätze zu einer Verteilungstheorie, die in den weiteren Bänden expliziter hätte behandelt werden sollen.
1872:	Habilitation in Politischer Ökonomie an der Universität Wien. Carl Menger wurde seine Universitätskarriere aufgrund seiner von der Norm abweichenden Auffassungen (z.B. über den theoriefeindlichen Zustand der Ökonomik) nicht leicht gemacht. „Die Männer, die Menger bei seinem Auftreten an der Universität antraf, hatten für seine Gedanken ... kaum viel Verständnis" (Schumpeter zitiert in: Schmölders 1966, S. 76/77);
1873:	Die Universität Basel versuchte Menger zu gewinnen. Um ihn zu halten, wurde ihm eine außerordentliche Professur an der Universität Wien angeboten und er durfte zusätzlich seine Position bei der „Wiener Zeitung" beibehalten;
1874:	Menger verließ die „Wiener Zeitung", um mehr Zeit für seine wissenschaftlichen Tätigkeiten zu haben;
1876:	Menger unterrichtete den Kronprinzen Erzherzog Rudolph von Österreich im Fach Politische Ökonomie. Er begleitete Rudolph auch zwei Jahre lang auf Studienreisen durch Europa. Dies beinhaltete de facto eine Aufwertung seiner Stellung an der Universität Wien;

1879:	Ordentlicher Professor der Politischen Ökonomie an der Universität Wien;
1883:	Sein Werk „Untersuchungen über die Methode der Sozialwissenschaften und der Politischen Ökonomie insbesondere“ erschien;
1886:	Teilnahme an der österreichischen Studienreform;
1892:	Berufung in die Österreichisch-Ungarische Währungskommission;
1894:	Mitgliedschaft in der „Académie des Sciences Morales et Politiques“;
1895:	Ehrenmitglied der „Royal Society of Edinburgh“;
1896:	Menger wurde Hofrat;
1900:	Mitglied des Herrenhauses auf Lebenszeit. Hier geriet er zuweilen in Gegensatz zu seinen Brüdern;
1902:	Menger bekam (unehelich) mit 62 Jahren einen Sohn. Dieser einzige Sohn war der später berühmte Mathematiker Karl Menger (1902-1985);
1903:	Menger gab seine Professur an der Universität Wien auf;
1921:	Menger starb am 26. Februar in Wien.

Mengers Vorlesungen waren so interessant und rhetorisch brillant, dass Studenten aus ganz Europa nach Wien kamen, um ihn zu hören. Über Mengers Privatleben, seine Jugend und seine Erziehung ist nur sehr wenig bekannt. Nach seiner Ernennung zum Ordinarius in Wien und wegen seiner Position am kaiserlichen Hof gewann Carl Menger an Einfluss. Er konnte nun auf die Besetzung der Lehrstühle in Österreich-Ungarn einwirken, was er de facto auch tat.

Zum alten Menger schrieb Ludwig von Mises: „Ich bin Carl Menger erst viele Jahre später persönlich begegnet. Er war, als ich ihn kennenlernte, schon über siebzig, schwerhörig und von einem Augenübel geplagt. Doch sein Geist war jung und feurig. Ich habe mich immer wieder gefragt, warum dieser Mann die letzten Jahrzehnte seines Lebens nicht besser genutzt hat … Ich glaube zu wissen, was Menger entmutigt und frühzeitig zum Verstummen gebracht hat. Sein scharfer Geist hatte erkannt, wohin die Entwicklung Österreichs, Europas und der Welt ging; er sah diese größte und höchste aller Zivilisationen im Eilzugtempo dem Abgrund näher kommen“ (Mises 1978, S. 19).

Werke von Menger (auch Aufsätze)

„Grundsätze der Volkswirtschaftslehre; Erster allgemeiner Teil“ (1871);

„Untersuchungen über die Methode der Sozialwissenschaften und der Politischen Ökonomie insbesondere“ (1883);

„Die Irrtümer des Historismus in der Deutschen Nationalökonomie“ (1884);

„Zur Kritik der Politischen Ökonomie“ (1887);

„Zur Theorie des Kapitals“ (1888);

„Grundzüge einer Klassifikation der Wirtschaftswissenschaften“ (1889);

„Geld“ (Handwörterbuch der Staatswissenschaften 1892);

„Die Valutaregulierung in Österreich-Ungarn“ (1892);

„Der Übergang zur Goldwährung; Untersuchungen über die Wertprobleme der österreichisch-ungarischen Valutareform“ (1892);

„Grundsätze der Volkswirtschaftslehre“ (Überarbeitete und mit einigem Material aus dem Nachlass Mengers erweiterte, von seinem Sohn Karl Menger herausgegebene 2. Auflage) (1923).

10.8.2.1 Thesen von Menger

Bei Carl Menger finden sich bereits einige der angesprochenen Charakteristika der Österreichischen Schule: methodologischer Individualismus (der Ausdruck selbst stammte von Schumpeter), methodologischer Subjektivismus, Präferenzreihung, Grenznutzenprinzip, echte Unsicherheit.

10.8.2.1.1 Mengers subjektive Wertauffassung

Seine subjektive Wertauffassung kommt klar in folgendem Abschnitt aus seinen „Grundsätzen“ zum Ausdruck: „Der Wert ist demnach nichts den Gütern Anhaftendes, keine Eigenschaft derselben, eben so wenig aber auch ein selbständiges, für sich bestehendes Ding. Derselbe ist ein Urteil, welches die wirtschaftenden Menschen über die Bedeutung der in ihrer Verfügung befindlichen Güter für die Aufrechterhaltung ihres Lebens und ihrer Wohlfahrt fällen, und demnach außerhalb des Bewusstseins derselben nicht vorhanden.“

Hayek betonte die Bedeutung dieser Auffassung und schrieb dazu: „Und bei jedem Schritt weist er darauf hin, dass diese Eigenschaften nicht den Dingen als solchen angehören, daher auch nicht durch Betrachtung der Gegenstände in Isolierung festgestellt werden können, sondern völlig durch die Beziehung zwischen den Objekten und den handelnden Menschen bestimmt werden, die auf Grund der Kenntnis ihrer subjektiven Bedürfnisse und der objektiven Bedingungen ihrer Befriedigung den konkreten Dingen eine bestimmte Bedeutung beimessen“ (Hayek 1972, S. 3).

Menger stellte die Ziele und Bedürfnisse der einzelnen Individuen in den Mittelpunkt. In früheren Theorien erschienen die Menschen nicht als Individuen, sondern nur als Vertreter bestimmter Typen: Individuelle Unterschiede wurden vernachlässigt.

Menger war der Auffassung, der Wert sei nicht nur in seinem Wesen sondern auch in seinem Maße subjektiver Natur. Dabei bestimme sich der Wert nicht aus dem Nutzen der GESAMTEN Gütermenge, sondern nur aus dem subjektiven Nutzen einer konkreten TEILMENGE des jeweiligen Gutes, dem Nutzenzuwachs der zuletzt befriedigend eingesetzten Teilmenge.

Die Idee, den Ursprung des Wertes auf subjektive Quellen zurückzuführen, also in der menschlichen Psyche zu orten, war nicht völlig neu. So hatte bereits Ferdinando Galiani (1728-1787) die Nützlichkeit der Güter als Bestimmungsgrund für Wert und Preis erkannt. Und man könnte zeitlich noch weiter zurückgehen und die spätscholastische Schule von Salamanca nennen, die bereits im 16. Jahrhundert subjektive Faktoren des Preisbildungsprozesses herausstellte. Es waren, worauf Erich Streissler mit vielen Belegen hinweist (Streissler 1990), aber vor allem deutsche Ökonomen, die eine nachfrageorientierte Preistheorie zu etablieren versuchten und die subjektive Seite betonten. Streissler nennt Gottlieb Hufeland (1760-1817) als ersten markanten deutschen ökonomischen Subjektivisten, Bruno Hildebrand (1812-1878) als einen der unzähligen deutschen Ökonomen, die die klassische objektive Werttheorie widerlegten, sowie vor allem Friedrich Benedikt Wilhelm von Hermann (1795-1868). Und auch die Grenzproduktivitätstheorie wurde von deutschen Ökonomen in der ersten Hälfte des 19. Jahrhunderts bereits vertreten. „Rau bringt im ... Jahr 1826 ein ausführliches Zahlenbeispiel, das zeigt, ökonomischer Faktoreneinsatz setze eine Nutzung so lange voraus, bis die Kosten dem erzielten zusätzlichen Ertrag gleich sind; und dass daher der Faktoreinsatz mit dem Güterpreis variieren müsse“ (Streissler 1990, S. 163). Man kann sogar ohne Übertreibung konstatieren, dass sich die Mehrzahl der deutschen Ökonomen in der ersten Hälfte des 19. Jahrhunderts mit ihrer Gebrauchswertlehre von der objektivistischen Wert- und Preislehre losgesagt haben und behaupteten, der Wert sei etwas Ideelles und Subjektives. „Nach all dem ist es verständlich, dass Menger sich in seinen „Grundsätzen“ nicht als Revolutionär gab, sondern sich vielmehr mit Recht als Vollender der deutschen Nationalökonomie fühlen konnte. Er stieß „in kein theoretisches Vakuum, wie es patriotische österreichische Tradition noch heute will, mindestens nicht in ein solches, was Deutschland betrifft“

schreibt Erich Streissler, ein eminenter Kenner der Österreichischen Schule (Streissler 1990, S. 178). Einige Unterschiede der Menger'schen Thesen zur allgemeinen Neoklassik hebt Streissler noch besonders hervor: „die Menger besonders am Herzen liegende Darstellung der VERTIKALEN GÜTERSTRUKTUR der Produktion. Aus ihr und der Zeitablaufbetonung entwickelte sich die Kapitaltheorie der Österreicher, die in der deutschen Nationalökonomie kein Gegenstück findet: Eng damit zusammenhängend steht ein viel zu wenig beachteter Gedanke Carl Mengers: Mengers Zeit-Irrtum-Paradigma, die Vorstellung, dass zukünftige Wirtschaftsdaten fehleingeschätzt werden. Das Zeit-Irrtum-Paradigma und die anderen von ihm betonten Informationsmängel lassen Menger nicht zum Gleichgewichtstheoretiker werden. Darüber hinaus ist es aber von fundamentaler Bedeutung für seine wirtschaftspolitische Weltanschauung" (Streissler 1990, S. 183/184). Nochmals: Der wirtschaftende Mensch war bei Menger nicht allwissend, er handelte unter echter Unsicherheit und beging dementsprechend Irrtümer.

Alle die genannten Vorgänger Mengers waren allerdings nicht so konsequent und schlüssig wie er. Sie stellten diese Gedanken nicht in den Mittelpunkt eines Systems (wie Menger), und konnten damit auch kein überzeugendes subjektives Gesamtgebäude vorlegen. Mengers Schüler Richard Schüller brachte es folgendermaßen auf den Punkt: „Die deutsche Nationalökonomie hatte Gedanken einer subjektiven Werttheorie reichlich, aber mehr beiläufig und wie selbstverständlich und nur zur Klärung bestimmter Fragen verwendet. Menger hingegen erhob seine subjektive Wertlehre zum PRINZIP, zum Schlüssel für alle wirtschaftswissenschaftlichen Fragen, er machte sie zum Paradigma" (Schüller zitiert in: Streissler 1990, S. 184/185).

Und Hayek schrieb zum gleichen Thema: „Der Umstand, der immer noch Mengers Darstellung so viel wirkungsvoller macht als der seiner verschiedenen Vorläufer, ist, dass er die grundlegende Idee systematisch auf die komplexen Fälle anwendet, in denen die Befriedigung eines Bedürfnisses nur indirekt oder teilweise von einem bestimmten Gut abhängt. Seine sorgfältige Beschreibung der Kausalzusammenhänge zwischen den Gütern und der Befriedigung der Bedürfnisse, denen sie dienen, setzt ihn in die Lage, solch fundamentale Beziehungen wie die der Komplementarität, sowohl von Konsumgütern als von Produktionsfaktoren, des Unterschiedes zwischen Gütern niederer und höherer Ordnung ... und schließlich den Charakter der Kosten als des Nutzens klar herauszuarbeiten ... Es war diese Ausdehnung der Ableitung des Wertes eines Gutes von seinem Nutzen von dem Fall einer gegebenen Menge von Konsumgütern auf alle Güter, einschließlich der Produktionsfaktoren, die Mengers größte Leistung darstellt" (Hayek 1972, S. 4).

Die Bedeutung dieser Vereinheitlichung kann theoriehistorisch – mit ihren positiven und negativen Konsequenzen – kaum überschätzt werden!

„Die gewünschte Vereinheitlichung erreichte Menger dadurch, dass er die Produktionsgüter als noch nicht voll gereifte Konsumgüter betrachtete und sie so mittelbar mit dem von ihnen zu erwartenden Konsumnutzen in Verbindung bringen konnte. Durch diesen genialen Ansatz brach Menger völlig mit dem klassischen Kostendenken und konnte den Versuch unternehmen, Wert- und Preisbildung, Allokation und Verteilung über den gesamten Güterbereich unter einem einzigen Blickwinkel, dem des Nutzens und Grenznutzens, zu erfassen" (Rothschild 1972, S. 103).

Menger löste sich damit auch, logisch konsequent, von der traditionellen Dreiteilung (Triade) der Produktionsfaktoren: Arbeit, Kapital und Boden. „Knappheit und mittelbare Nutzenstiftung ist allen Produktionsfaktoren gemeinsam, und so ist es nicht mehr notwendig, ihre Zahl irgendwie festzulegen oder sie nach physischen Merkmalen abzugrenzen" (Rothschild 1972, S. 104).

Entscheidend für die neue subjektive Theorie war die Zergliederung der menschlichen Bedürfnisse und die Aufteilung der Güter in TEILQUANTITÄTEN, die nacheinander zur Befriedigung eben jener Bedürfnisse herangezogen werden. Nachdem die Bedürfnisse und Güter in Teilquantitäten zerlegt wurden, konnte man den Wert eines Gutes durch die letzte Teilmenge bestimmen, die noch zur Befriedigung des Bedürfnisses herangezogen wird. Und: Durch diese Marginalbetrachtung wird auch die vorhandene MENGE des jeweiligen Gutes mitberücksichtigt. Die subjektiven Wertschätzungen determinieren obere und untere Preisgrenzen, der sich tatsächlich ergebende Preis liegt innerhalb dieser angegebenen Grenzen. Mit diesem Ansatz konnte Menger auch das „altehrwürdige" Wertparadoxon auflösen, dass lebenswichtige Güter (wie Wasser) oft nur einen geringen Wert haben, während eigentlich unwichtige, nicht zum Leben notwendige Güter (wie Diamantschmuck) einen hohen Wert haben.

Die Lösung war: Man darf sich nicht auf die Gesamtmenge der Güter beziehen, sondern auf individuelle Einheiten des jeweiligen Gutes. Es ist der Wert der (vom Menschen aus gesehen) am wenigsten wichtigen Verwendung des Wassers, der den ökonomischen Wert der Wassereinheiten bestimmt. Denkt man an seine Verwendung für Springbrunnen als der am wenigsten (vom Menschen aus gesehen) wichtigsten Verwendung, dann wird der niedrige Wasserpreis in einigen Gegenden der Welt erklärlich. Anders in der wasserarmen Wüste: Hier ist bereits der Preis der am wenigsten wichtigen Verwendung hoch. Wenn ein Gut selten ist wie Diamanten, dann kann man mit ihnen nur die wichtigsten Verwendungszwecke befriedigen. Und deshalb sind sie teuer. Die Lösung des Wertparadoxes erfolgte also durch die Unterscheidung zwischen dem Gesamtnutzen der verfügbaren Menge eines Gutes bestimmter Art und dem Grenznutzen (ein Ausdruck, den Menger selbst noch nicht verwendete), der jeder einzelnen Einheit desselben zugeschrieben werden muss.

Eine weitere Konsequenz Mengerscher Auffassungen soll hier noch genannt werden: Ein Gut ist nicht wertvoll, weil es mit Hilfe wertvoller Produktionsfaktoren erstellt wurde. Umgekehrt: Die Produktionsfaktoren, die für die Produktion dieses Gutes verwendet werden, sind wertvoll, weil die Konsumenten das produzierte Endgut als wertvoll einschätzen.

Eine Nebenfrage: Kannte Menger das Buch von Hermann Heinrich Gossen (1810-1858)? Antwort: Menger kannte das Werk von Gossen nicht. Zum Arbeitsstil von Menger schrieb Hayek: „Offenbar hat er tatsächlich in völliger Isolation gearbeitet, und noch im Alter erzählte er einem jüngeren Ökonomen, dass er bedauerlicherweise in seiner Jugend nicht die Gelegenheit zur Diskussion gehabt hätte, wie dies spätere Generationen genossen" (Hayek 1990, S. 25). Und Harald Homann ergänzt: „Im Gegensatz zu dem „Wissenschaftsfürsten" Schmoller in Berlin lebte Menger die zweite Hälfte seines Lebens zurückgezogen von der bürgerlichen und wissenschaftlichen Öffentlichkeit, ganz dem Ziel hingegeben, ein umfassendes „System der Nationalökonomie" vorzulegen, das auf der Grundlage der Grenznutzenlehre die lang ersehnte große Reform der Nationalökonomie bringen sollte. Da er es jedoch nicht in einen druckfertigen Zustand bringen konnte, blieben die 1871 veröffentlichten „Grundsätze der Volkswirtschaftslehre" sein einziges systematisches Werk" (Homann 1989, S. 134).

Menger nannte diejenigen Güter „Güter niederer Ordnung", die unmittelbar ein Bedürfnis befriedigen können. Die Produktionsmittel waren bei ihm dann „Güter höherer Ordnung". Und der Wert dieser Güter höherer Ordnung „findet sein Maß in dem voraussichtlichen Werte der Güter niederer Ordnung, zu deren Hervorbringung sie dienen". Damit war für Carl Menger eine eigene Theorie der Entlohnung der Produktionsfaktoren überflüssig. So verdienstvoll dies auf den ersten Blick erscheinen mag, erkauft wurde dies durch eine eklatante Vernachlässigung soziologischer, sozialer und institutioneller Aspekte. Meiner Auffassung nach sollte eine Verteilungstheorie immer auch explizit soziologische und institutionelle Gegebenheiten berücksichtigen. „Die reine Theorie der Zurechnung der Österreichischen Schule tendierte dazu, zur harmonisch-rationalen Norm für den Wirtschaftsplan eines Robinson oder einer von interpersonellen Nutzenvergleichen und

Gruppenkämpfen freien Kollektivwirtschaft zu werden. Für die zahlreichen empirisch feststellbaren verteilungswirksamen Prozesse in einer dynamischen, schlecht informierten, ungleichgewichtigen konfliktgeladenen Welt war in dieser Theorie kein Platz...In der „Enthistorisierung" und „Entsoziologisierung" der Verteilungstheorie ging Menger... weiter als manche seiner unmittelbaren Nachfolger" (Rotschild 1972, S. 105/106).

Diese obige Überlegung darf nicht unterschätzt werden. Denn damit konnte der Anwendungsbereich des Grenznutzenprinzips grundsätzlich auf die gesamte Produktion und Distribution ausgeweitet werden. „Dies bedeutet einmal, dass sich das Grenznutzenprinzip nunmehr auch auf das Kostenphänomen und infolgedessen auch auf die Logik der Verteilung der Ressourcen (Produktionsstruktur) erstreckt, also auf die gesamte „Angebots-Seite" des ökonomischen Problems ... Und es bedeutet weiterhin, dass sich ... das gleiche Marginalprinzip auch auf die Phänomene der Einkommensbildung oder „Distribution" erstreckt, die tatsächlich aufhören, ein selbständiges Problem zu sein ... Das gesamte Instrumentarium der reinen Ökonomie ist somit in einem Prinzip vereint – in einem Sinne, in dem dies niemals zuvor der Fall war" (Schumpeter 1965, S. 1113). In der zu Mengers Zeit herrschenden Theorie fehlte ein solcher allgemeiner Ansatz, der neben den verschiedenen Faktorpreisen auch die Preise von vermehrbaren und nichtvermehrbaren Gütern erklären konnte. Menger selbst schrieb im Vorwort zu den „Grundsätzen", es sei ihm gelungen, „alle Erscheinungen (somit auch den Kapitalzins, den Arbeitslohn, den Grundzins usw.) in einer unter einem einheitlichen Gesichtspunkte zusammenfassenden Preistheorie" (Menger zitiert in: Kirzner 1990, S. 61) zu vereinen. Das gesamte Wirtschaften zielt laut Menger auf das Ziel einer Befriedigung der Bedürfnisse der Konsumenten. „Jedes Gut, das auf dem Markt verkauft oder gekauft wird, erfährt nur insofern eine Bewertung, als es in der Bewertung des Käufers direkt oder indirekt zur Befriedigung der Konsumentenbedürfnisse beiträgt" (Kirzner 1990, S. 63). Die Produktion von Gütern müsse im Hinblick auf ihre Bedeutung für die individuellen Konsumentenbedürfnisse gesehen werden, nur von hier aus bezögen die Güter ihren Wert. Der Wert eines Gutes hänge somit davon ab, welchen individuellen Nutzen es stifte. „Menger sah das gesamte System als einen Komplex von Aktivitäten, welche direkt oder indirekt vom Ziel der Befriedigung von Konsumentenbedürfnissen angespornt werden" (Kirzner 1990, S. 80). Menger stellte eine Theorie eng verbundener Faktor- und Gütermärkte vor, wobei „oben" die Ressourcen standen und „unten" die Konsumgüter, für die die oben stehenden Ressourcen gemäß den Konsumentenpräferenzen eingesetzt werden.

Die Überlegung, dass der Wert der Güter höherer Ordnung durch den Wert der Güter niederer Ordnung bedingt ist, klingt zunächst durchaus einleuchtend. Aber: Die Zurechnung des Wertes der Verbrauchsgüter zu den Gütern der vorgelagerten Stufen (höherer Ordnung) ist alles andere als trivial und bereitete demgemäß den Ökonomen der Österreichischen Schule auch Schwierigkeiten. „Nach der von Menger vertretenen Ausfall- oder Verlusttheorie wird versucht, den durch Ausfall eines Produktionselements entstehenden Minderoutput zu vermitteln. Gegen diese Vorgehensweise wurde unter anderem eingewendet, dass die Summe der via Minderoutput sich ergebender Werte der einzelnen Produktivgüter den Wert des Konsumgutes übersteigen könnte ... Mit Kruse darf festgehalten werden, dass es sich bei der Zurechnungslehre keinesfalls um ein in der Praxis bestehendes ökonomisches Problem handelt ... Nach Liefmann gehört die Wertlehre und mit ihr die Zurechnungsvorstellung sowieso zu den „Scheinproblemen", die sich wie eine ewige Krankheit von einer Generation zur anderen forterben" (Kolb 1997, S. 123, 124). Joseph A. Schumpeter schrieb, das Problem habe eine Flut an Literatur hervorgerufen, in verschiedene Sackgassen geführt und „mehr Hitze als Licht" (Schumpeter 1965, S. 1117) erzeugt.

Die subjektive Wert-Auffassung löste die Ökonomik von ihrer ausschließlich auf die objektive Seite der Produktion gerichteten Sicht. „Diese Perspektive hebt alle Phänomene einer Ökonomie von ihrem bloßen Status als physische Transformationen, Beziehungen oder Relationen auf die Ebene direkter oder indirekter Ausdrucksformen menschlicher Wertungen, Präferenzen, Erwartungen und Träume. Diese subjektivistische Perspektive Mengers geht weit über das reine Verständnis abnehmender marginaler Werte sowie deren Implikationen und weit über den engen Rahmen der auf dem Nutzenkonzept basierenden Werttheorie hinaus" (Kirzner 1990, S. 66).

„Menger erkannte, dass sämtliche Marktphänomene sich aus dieser Perspektive deuten lassen. Alle „Preiserscheinungen (somit auch der Kapitalzins, der Arbeitslohn, der Grundzins ...) besitzen einen gemeinsamen Nenner in den Wertungen, die durch die Produktionsmöglichkeiten und den Produktionsprozess selbst generiert werden und zeitlich zusammenfallen. Es ist dieser einheitliche Gesichtspunkt, der alle Phänomene erhellt und sie als systematische direkte und indirekte Widerspiegelung von Konsumentenbedürfnissen – die eine gegebene gesellschaftliche Ressourcenausstattung beanspruchen – erklärt" (Kirzner 1990, S. 64). Kirzner, ein erklärter Anhänger der Österreichischen Schule, gibt allerdings kritisch zu bedenken: „Jede Behauptung, dass die Präferenzen der Konsumenten die Ressourcenallokation diktierten, kann nur in dem Ausmaß Gültigkeit beanspruchen, wie diese Präferenzen am Markt wahrgenommen und übermittelt werden" (Kirzner 1990, S. 70).

Noch radikaler ist in diesem Zusammenhang die neomarxistische Kritik: Die Anbieter schafften die für ihren Absatz notwendigen Präferenzen und Kaufwünsche selbst. Damit ist die Aussage, die Präferenzen der Konsumenten bestimmten die Ressourcenallokation, ins Gegenteil verkehrt.

Wie die bisherige Darlegung der subjektiven Wertlehre zeigte, fehlt darin zunächst der Kostenbegriff. Nun lässt sich aber schlecht leugnen, dass die Kosten ebenfalls eine Rolle spielen. Aber auch sie ließen sich subjektiv deuten: „Die Kosten wurden als derjenige „entgangene Nutzen" definiert, den man bei anderweitiger Verwendung der Güter hätte realisieren können" (Schmölders 1966, S. 76).

Carl Menger war sich übrigens des revolutionären Inhalts seiner Ideen bewusst. Und ihm war auch klar, dass seine Auffassungen von denen der beiden anderen „Väter" der subjektiven Werttheorie differierten. So hatte er z.B. auch direkte Divergenzen mit Walras bezüglich der Verwendung der Mathematik. Und er teilte auch nicht die explizite Abneigung von Walras gegen methodologische Überlegungen. Menger fand, dass es durchaus Situationen in Bezug auf den Zustand der Disziplin gäbe, wo eine methodologische Beschäftigung nicht nur erlaubt sondern sogar erforderlich sei (siehe den Methodenstreit).

Und Mengers Menschenbild wich deutlich vom rational entscheidenden, wissenden Homo oeconomicus ab: Echte Unsicherheit, Irrtümer, Unfähigkeiten. Und zwar betrafen die Unsicherheitsüberlegungen Mengers auch Unsicherheiten im Produktionsprozess, d.h. Unsicherheit über den Output, den man mit einer gegebenen Inputausstattung erzielen kann. Es gibt dann also – modern gesagt – keine deterministischen Produktionsfunktionen. Auch dies ein interessanter, weiterführender Gedanke.

10.8.2.1.2 Mengers methodologische Auffassungen

„Was Menger erreichen wollte, machen die Vorworte der „Grundsätze" und der „Untersuchungen" unmissverständlich deutlich: Die Nationalökonomie als Gesetzeswissenschaft" (Homann 1989, S. 135). Überlegungen von ihm betrafen die bis heute relevanten Themen: Das Verhältnis von Begriff und Wirklichkeit, von Geschichte und Empirie, das notwendige Maß an Abstraktion für die Theoriebildung.

Menger unterschied drei Typen der wissenschaftlichen Forschung in der Ökonomik:

- Die historisch-statistische Forschung;
- Die theoretische Forschung;
- Die praktische Forschung.

Die „praktische Forschung umfasste bei Menger die Wirtschaftspolitik und die Finanzwissenschaft. Ich werde sie im Folgenden vernachlässigen.

Die „historisch-statistische“ Forschung beschäftigte sich mit einmaligen historischen individuellen Erscheinungen. Dafür seien die Wirtschaftsgeschichte und die Statistik zu bemühen.

Die „theoretische“ Methode zielte auf die generellen Erscheinungen ab, diejenigen allgemeinen Vorgänge, die sich im Laufe der Entwicklung wiederholten. Und damit solle sich die theoretische Nationalökonomie befassen. Innerhalb dieser theoretischen Forschung unterschied Menger noch zwischen einer „realistisch-empirischen“ und einer „exakten“ Methode. „Das erstere (Verfahren) arbeitet sowohl mit Induktion als auch Deduktion und sucht Grund- oder „Realformen“ oder empirische Gesetze zu erfassen, die zwar tatsächliche Regelmäßigkeiten erkennen lassen, jedoch keine Gesetze von absoluter Gültigkeit sind, da immer wieder auch das Abweichende, das Besondere auftreten kann. Die exakte Forschung dagegen stützt sich auf die Deduktion und gelangt damit über Abstraktion und Isolation zu strengen, ausnahmslos gültigen Gesetzen“ (Winkel 1977, S. 143). „So kann nach Menger theoretische Forschung nicht auf die Deduktion verzichten, sie verschließt sich jedoch auch nicht der induktiven Betrachtung. Sowohl Induktion als auch Deduktion finden in der Nationalökonomie Anwendung, allein Ziel der Forschung und Untersuchungsgegenstand bestimmen, welches Verfahren mit größerem Vorteil angewendet werden kann“ (Winkel 1977, S. 144).

Es wurden also „exakte“ Gesetze mit ausnahmsloser Gültigkeit und „empirische Gesetze“ unterschieden, die Ausnahmen zulassen. „Beide Arten von Gesetzen unterscheiden sich jedoch nur graduell und nicht prinzipiell, da sie gemeinsam Ergebnisse der theoretischen Forschung sind“ (Homann 1989, S. 145). Und die Erkenntnis des Wesens der Dinge bleibt den theoretischen Wissenschaften vorbehalten.

Die obige Unterscheidung, die in dieser Form wohl nur schwer haltbar ist (Werturteil von mir!), bezog sich letztlich auf die Frage nach der Rolle von empirischen Überprüfungen. „Exakte“ Theorien in Mengers Definition bedürften keiner empirischen Überprüfung. Sie seien nicht nur „ausnahmslos“, sondern sie könnten „nach unseren Denkgesetzen schlechthin gar nicht anders als ausnahmslos gedacht werden“. Die Gültigkeit „realistisch-empirischer“ Theorien sei hingegen nach dem „Grad ihrer Übereinstimmung mit der empirischen Beobachtung" zu beurteilen. Für die Sätze der „exakten" Theorie gälten andere Maßstäbe: innere Widerspruchsfreiheit, Kohärenz der Begriffe.

„Menger hat seine methodologische Präferenz offengelegt. Sie gehört der Evolutorik ... (Er) hält ... von dem Konzept des Gleichgewichtes, mikro- wie makroökonomisch, nicht viel" (Recktenwald 1990c, S. 9). Deshalb stand er auch der von Walras verwendeten Statik sehr kritisch gegenüber und verwendete das Konzept eines allgemeinen Gleichgewichts nicht.

Menger hatte eine klare Abneigung gegen die Verwendung der Mathematik in der Ökonomik. Gründe dafür nannte er in Briefen (1883, 1884) an Walras: „Der Ökonom sei nicht nur an den Größenverhältnissen sondern auch am Wesen der wirtschaftlichen Phänomene interessiert" (Recktenwald 1990c, S. 9). Er ließ die Mathematik in der Ökonomik nur als eine Methode der Darstellung gelten. Sein Sohn, der bedeutende Mathematiker Karl Menger, schrieb zu den Gründen der negativen Einstellung der Österreichischen Schule zur Mathematik folgendes: „Im Gegensatz zu den mathematischen Ökonomen kamen die Österreicher zur Wirtschaftstheorie von der Jurisprudenz, dem Staatsdienst und dem Wirtschaftsleben und hatten im alten Gymnasium nichts von Differentialrechnung gelernt" (Karl Menger 1972, S. 21).

Menger wandte sich wie gesagt gegen die allgemeine Gleichgewichtstheorie und deren restriktive Annahmen: Ceteris- paribus-Klausel, vollkommene Märkte und insbesondere vollkommene Information sowie nur rational handelnde Individuen. Die allgemeine Gleichgewichtstheorie seiner Zeit war zeitlos, statisch. Und eine solche Theorie konnte laut Menger angesichts der ständigen Änderungen in der realen Welt, es genügt ja schon eine Änderung des Wissensstandes der Teilnehmer, keinen theoretischen Erklärungswert haben.

Mengers Bekenntnis zum (modern gesprochen) methodologischen Individualismus wurde bereits genannt. In seinen „Untersuchungen über die Methode der Sozialwissenschaften und der Politischen Ökonomie insbesondere" (1883) schrieb er: „Wer die Erscheinungen der Volkswirtschaft ... theoretisch verstehen will, muss deshalb auf ihre wahren Elemente, auf die Singularwirtschaften im Volke zurückgehen und die Gesetze zu erforschen suchen, nach welchen die ersten aus den letzteren sich ausbauen" (Menger 1883, S. 87). Mengers Ziel war es, „die komplexen Phänomene der durch soziale Beziehungen gekennzeichneten Wirtschaft auf die einfachsten Elemente zurückzuführen, die noch der sicheren Beobachtung unterliegen". „Die Theorie habe das logisch „einfachere", nicht die Gesellschaft, sondern das Individuum zu behandeln" (Homann 1989, S. 131). Menger begann seine Analysen dementsprechend mit den einfachsten empirischen Sachverhalten und baute dann von da aus seine komplexeren Theorien auf, also ein konsequentes Ausgehen von dem verstehbaren Verhalten der Individuen als den Bausteinen, aus denen dann komplexere Modelle aufgebaut werden können.

„Durch die ... methodisch gedachte, aber real interpretierte „Zurückführung" gewinnt für Menger das kleinste Element der Analyse herausragende Bedeutung. Es spielt für den Aufbau der Gesetze eine entscheidende Rolle. Aus dem Verhalten dieser Elemente müssen sich die Gesetze erkennen lassen. Für die theoretische Nationalökonomie sind die „individuellen Interessen" die letzten wirksamen Einheiten in der Wirklichkeit und in den Gesetzen. Auf sie lassen sich alle komplizierten Sozialphänomene zurückführen" (Homann 1989, S. 154).

Menger stand mit seinen Auffassungen in Opposition:

- Zur KLASSIK RICARDIANISCHER PRÄGUNG und deren obektivistischer Preistheorie, die die natürlichen Preise aller Güter ihren Produktionskosten zuordnete. Dies implizierte, dass der Wert eines Gutes letztlich eine ihm innewohnende „Qualität" war, eine Auffassung, die Menger bekämpfte;
- Zur HISTORISCHEN SCHULE (siehe den Methodenstreit);
- Zum MARXISMUS.

Wenig wissen wir über Mengers wirtschaftspolitische Auffassungen. Menger lehrte Wirtschaftstheorie und nicht Wirtschaftspolitik. Wie viel staatliche Intervention ließ Menger zu, wie stand er überhaupt zu Staatseingriffen in das wirtschaftliche Geschehen?

Da Menger in seinen publizierten Schriften keine direkten Aussagen dazu machte, muss man seine diesbezüglichen Auffassungen indirekt z.B. aus den Mitschriften seines Unterrichts von Kronprinz Rudolph herausdestillieren. Menger hatte ersichtlich eine ausgesprochene Skepsis gegenüber staatlichen Eingriffen. Nur in unnatürlichen, abnormalen Umständen dürften ökonomische Eingriffe vorgenommen werden. Nur zur Abwendung desaströser Zustände dürfe der Staat intervenieren. Denn generell sei staatliche Einmischung schädlich. Wirtschaftspolitisch relevant in diesem Zusammenhang war auch Mengers Idee vom „Zeit-Irrtum". Wenn sich der Wirtschaftende bezüglich seiner Voraussicht der Zukunft irren kann, dann natürlich genau so der Wirtschaftspolitiker. „Die Wirkungen wirtschaftspolitischer Eingriffe sind nicht vorhersehbar und daher die Eingriffe selbst zu unterlassen" (Streissler 1990, S. 186).

Menger war aber letztlich kein extremer Anhänger der Manchester-Schule, er war eher ein klassischer Liberaler. Die oben genannten „unnatürlichen, abnormalen" Umstände, die ein staatliches Eingreifen rechtfertigen, sind mit heutigen Worten vor allem externe Effekte. So solle der Staat Infrastruktureinrichtungen schaffen, die die Mittel einzelner Wirtschaftssubjekte übersteigen aber positive externe Effekte haben: Straßenbau, Kanalbau und vor allem Schulen etc. Und negative externe Effekte sind möglichst abzustellen. „Aus den Heften des Kronprinzen Rudolf sieht man ..., dass Menger doch eine sehr strikte liberale Position vertrat ... Menger billigte dem Staat nur eine Allokationsabteilung zu, die Verbesserung der Allokation angesichts externer Effekte. Weder eine Distributionsabteilung noch – natürlich – eine Stabilitätsabteilung des Staates existieren für ihn. Diese Sicht vermachte er dem Großteil seiner Schule" (Streissler 1990, S. 191).

10.8.2.1.3 Mengers Geldtheorie

1892 erschien im „Handwörterbuch der Staatswissenschaften" sein berühmter Beitrag „Geld". Menger beschrieb hier die Entstehung des Geldes mit Hilfe eines INDIVIDUALISTISCHEN Ansatzes aus einer spontanen Entwicklung im Tauschverkehr. Modern gesprochen: Aus einer Transaktionskostenverringerung auf Märkten. Damit stellte er sich in Gegensatz zu den Thesen von Knapps staatlichem Geld. Da er zudem ein klarer Gegner jeglicher Gleichgewichtsvorstellungen war, war seine Geldtheorie ohne Bezug auf das Walrasianische Gesetz konzipiert.

Bezüglich der Preise heißt dies: „Die Grundlage der Gleichgewichtstheorie sind klare einheitliche Marktpreise. Die Preise auf den genannten Vermögenswerten entsprechen aber nicht dieser Vorstellung: entweder es handelt sich ... um Börsenpreise, wie bei Wertpapieren; dann schwanken sie aber wohl so rasch, dass wir nicht annehmen können, auf sie bezüglich sei Gleichgewicht jeweils immer schon erreicht. Oder aber es handelt sich grundsätzlich um Einzelpreise auf einem ungeordneten Markt. Preise gleichzeitig und in zeitlicher Folge divergierend ... Das Walrassche Gesetz hingegen eskamotiert die Wichtigkeit unvollkommener, inhomogener Märkte hinweg" (Karl Menger 1972, S. 47).

Seine geld- und währungstheoretischen und –politischen Publikationen und seine Teilnahme an der Österreichisch-Ungarischen Währungskommission trugen wesentlich zu der Wiedereinführung der Goldwährung bei.

10.8.2.2 Rezeption von Menger

Von den deutschen Fachkollegen wurde sein Buch „nicht unfreundlich und von ihrem Führer Roscher sogar sehr positiv aufgenommen“ (Streissler 1990, S. 154). Wilhelm Roscher zitierte ihn in seinem Standardlehrbuch immerhin sieben Mal und hat ihn auch in seiner 1874 erschienenen „Geschichte der National-Ökonomik in Deutschland“ im Kapitel „Übersicht der neuesten Entwicklungen“ positiv genannt und seine „immer selbständige und oft recht fruchtbare Begriffsanalyse“ herausgestellt. „Es ist also ein Vorurteil, dass Menger in Deutschland wissenschaftlich überdurchschnittlich schlecht aufgenommen wurde“ (Streissler 1990, S. 155). Die Einstellung Mengers, der sich zunächst als Deutscher fühlte und in seinen „Grundsätzen“ deutsche Autoren lobte und deutlich häufiger zitierte als englische oder französische Ökonomen, änderte sich erst nach den Angriffen Schmollers, den einseitigen Auffassungen der jüngeren historischen Schule und dem Methodenstreit.

Aufgrund der propagandistischen Begleittöne (vor allem der Epigonen) des Methodenstreits wurde Menger fälschlich VON ANFANG AN als österreichischer Gegner Deutschlands apostrophiert. Und so ist es oft auch in populären Darstellungen zu lesen.

Zum Abschluss eine treffende Bemerkung Hayeks: „Wahrscheinlich hat es nur wenige Bücher gegeben, die eine so große Wirkung hatten wie die Grundsätze – trotz der Tatsache, dass sie nur von einer vergleichsweise geringen Zahl von Menschen gelesen wurden“ (Hayek 1990, S. 33).

10.8.3 FRIEDRICH VON WIESER (1851-1926)

VITA VON WIESER

1851:	Geboren am 10. Juli 1851 in Wien als viertes Kind (von 9 Kindern) des Generalintendanten im österreichischen Kriegsministerium, späteren Geheimrates und Vizepräsidenten des Gemeinsamen Rechnungshofes, Leopold Wieser und Mathilde Schulheim von Zandiel, einer gebürtigen Grazerin. Leopold Wieser wollte ursprünglich Maler werden und gründete später die „Gesellschaft für vervielfältigende Kunst", deren Präsident er viele Jahre war. Die Eltern waren nicht reich, aber Friedrich genoss eine ausgezeichnete Erziehung: Besuch des Schottengymnasiums in Wien, einer Eliteschule, wo er auch seine Matura ablegte. Dort traf er Eugen von Böhm-Bawerk, woraus sich eine lebenslange Freundschaft entwickelte;
1859:	Sein Vater wurde wegen seiner Verdienste als Generalintendant im Krieg gegen Italien geadelt, 1889 sogar in den Freiherrenstand erhoben. Seither also Leopold Freiherr von Wieser;
1868:	Studium der Rechts- und Staatswissenschaften an der Universität Wien (übrigens gemeinsam mit Böhm-Bawerk);
1872:	Nach Abschluss seines Studiums stieß er auf Carl Mengers „Grundsätze der Volkswirtschaftslehre" und begeisterte sich dafür;
1875:	Anstellung mit Unterbrechungen (bis 1884) bei der niederösterreichischen Finanzverwaltung; Juristische Promotion;
1875-1877:	Mit Hilfe eines durch Carl Menger vermittelten Reisestipendiums weilte er zwei Semester in Heidelberg, und je ein Semester in Jena und in Leipzig. Er konnte dort bei Roscher (Leipzig), Hildebrand (Jena) und Knies (Heidelberg) Veranstaltungen hören;
1876:	Wieser hielt im Heidelberger Seminar von Knies einen Vortrag „Das Verhältnis der Kosten zum Werte", dessen Manuskript noch erhalten ist. Dieser Vortrag war stark von Mengers „Grundsätzen" geprägt und enthielt bereits mehrere Grundgedanken seiner späteren Habilitationsschrift, vor allem den

	Zusammenhang zwischen Wert und Kosten. „Wieser wendet hier bereits das Grenznutzenkonzept auf das Kostenphänomen, verstanden als entgangener Nutzen aus einer alternativen Verwendung, an“ (Kommentarband zu Wieser, Düsseldorf 1999, S. 138);
1880:	Böhm-Bawerk heiratete eine Schwester Wiesers: Paula von Wieser;
1884:	Veröffentlichung seiner Habilitationsschrift (Habilitation an der Wiener Universität) „Über den Ursprung und die Hauptgesetze des wirtschaftlichen Wertes“;
	Auf Empfehlung Mengers außerordentliche Professur an der deutschen Universität Prag;
1886:	Heirat von Marianne Wolf, der Tochter eines deutschen Prager Architekten, in Prag;
1889:	Die Arbeit „Der natürliche Wert“ erschien;
	Ordentliche Professur an der Universität Prag. „Sein umfassendes gesellschaftliches und kulturelles Interesse sowie seine akademische Reputation lassen Wieser im gesellschaftlichen Leben von Prag eine gewichtige Rolle spielen. Gemeinsam mit Marianne ... bildet er einen Dreh- und Angelpunkt vor allem für das deutsche Kulturleben in Böhmen“ (Kommentarband zu Wieser, Düsseldorf 1999, S. 139);
1901/1902:	Rektor der Universität Prag;
1903:	Nach dem Rücktritt Carl Mengers von seinem Lehrstuhl an der Universität Wien wurde Wieser sein Nachfolger. Seine Antrittsvorlesung lautete: „Über den Geldwert und seine geschichtlichen Veränderungen“;
1907:	Aus Anlass der Jahrhundertfeier des Schottengymnasiums entstand „Arma Virumque Cano“;
1909:	Referate auf der Tagung des Vereins für Socialpolitik „Der Geldwert und seine Veränderungen“ und „Über die Messung der Veränderungen des Geldwertes“;
1914:	Wieser verfasste auf die Bitte von Max Weber zu dem Sammelwerk „Grundriss der Sozialökonomik“ den Beitrag „Theorie der gesellschaftlichen Wirtschaft“, „der für lange Zeit als eines der wenigen in sich geschlossenen, repräsentativen und unfassenden Lehrwerke der Grenznutzenschule gelten wird“ (Kommentarband zu Wieser, Düsseldorf 1999, S. 140);
1917:	Mitglied des Herrenhauses;

1917-1918:	Ernennung zum Handelsminister im Kabinett Seidler;
1919:	Nach Kriegsende kehrte Wieser an die Universität Wien zurück. Er wandte sich nun verstärkt der Soziologie zu;
1922:	Emeritierung;
1925:	Bis 1925 war Wieser noch als Honorarprofessor tätig;
1926:	Das soziologische und geschichtsphilosophische Werk „Gesetz der Macht“ erschien, das Wieser selbst als besonders wichtiges Werk einschätzte;
	Aus Anlass seines 75. Geburtstages erschien (1927) ein vierbändiges Sammelwerk „Die Wirtschaftstheorie der Gegenwart“ mit über 80 Beiträgen internationaler Ökonomen;
	Am 22. Juli starb Friedrich von Wieser (Lungenentzündung) in Brunnwinkel (Wolfgangssee).

Die Leistungen und die Person Friedrich von Wiesers sind, trotz der zahlreichen zeitgenössischen Anerkennungen, wie die folgenden Ausführungen andeutungsweise zeigen, nicht unumstritten.

Sein Schüler Joseph Alois Schumpeter charakterisierte Wiesers Auftreten und Persönlichkeit wie folgt: „It is not easy to convey to anyone who did not know him an adequate impression of this eminent man, who fascinated wherever he went. His fine presence, his singular and quite unconventional charm and dignity of manner, something which gave weight to his every word, something else indefinably artistic about his personality, a sublime repose in whatever he said or did expressive of wide horizons ... He was always active, never in a hurry, interested in everything – among other things he was a prominent connoisseur and sedulous patron of art – upset by nothing" (Schumpeter 1927 zitiert in: Kommentarband zu Wieser, Düsseldorf 1999, S. 11). Und Ewald Schams charakterisierte ihn als Österreicher des untergegangenen alten Staates in des Wortes tiefster kultureller Bedeutung.

Aber es gab auch andere Beurteilungen Wiesers, die Streissler treffend charakterisiert: „Aber das dichterische Element in seinem wissenschaftlichen Werk reicht noch tiefer: Es war nicht bloße Rhetorik, die nicht selten einen gewissen Mangel an gedanklicher Schärfe zu verschleiern hatte ... Wieser war ein unklarer Geist ... Er ist, wie ich eingestehen muss, weder als Wissenschaftler noch als Meinungsführer im sozialen und politischen Bereich eine einnehmende Persönlichkeit“ (Streissler 1999b, S. 33).

Seine gesellschaftspolitischen Auffassungen waren aus verschiedenen Strömungen zusammengesetzt: „Auf einer katholisch-konservativen Grundlage war er ein interventionistischer Liberaler stark nationalistischer Prägung mit

einer erheblichen Beimischung rassistischer Gefühle, der außerdem noch Marx bewundern konnte und sich in sozial-revolutionärer Rhetorik gefiel. Vor allem aber war er ein Etatist, der an die Weisheit der Staatsmaschinerie, gelenkt von einer weisen Bürokratie, hervorgegangen aus seinem eigenen Stande, glaubte" (Streissler 1999b, S. 35).
Wieser engagierte sich stark als Universitätslehrer. Er war in Wien unter anderem mit der ökonomischen Grundausbildung befasst und unterrichtete buchstäblich Zehntausende von Studenten. Zu seinen studentischen Schülern zählten hierbei: Ludwig von Mises (1881-1973), Friedrich August von Hayek (1899-1992) und Joseph Alois Schumpeter (1883-1950).
Wieser war ein mitreißender charismatischer Lehrer, der seinen Schülern neben sachlichen Überlegungen auch Werturteile, die er bedenkenlos mit seinen ökonomischen Analysen verband, und emotionale persönliche Anschauungen vermittelte.
Sein früherer Schüler Friedrich August von Hayek schrieb 1929 in einem biographischen Essay darüber: „Seine Vorlesungen waren von vollendeter Form. Die Studenten, die sie gehört haben, werden nie die eindrucksvolle Erscheinung des großen vornehmen Mannes vergessen, der in einfachen, aber formvollendeten Worten die schwierigsten ökonomischen Probleme vor ihnen mit solcher Klarheit entwickelte, dass allein die Verfolgung des meisterhaften Aufbaues seiner Vorträge einen Genuss bedeutete" (Kommentarband zu Friedrich von Wieser, Düsseldorf 1999, S. 12). Hayek fuhr dann fort: „Außerhalb der Vorlesungen und Seminare war Wiesers Kontakt mit den Studenten gering. Seine würdevolle Zurückhaltung schien eher abzuweisen" (Kommentarband 1999, S. 12).
Ganz in diese Richtung zielt auch die Feststellung von Kurz und Sturn, dass Wieser in „Grundlagenfragen seine Position bewusst nicht in öffentlichkeitswirksamer Auseinandersetzung mit bekannten Gegnern" schärfte. „Wie Hayek berichtet, eignet seiner Denkentwicklung ein erstaunlich autarkistischer Zug: „Selbst mit seinem Schwager Böhm-Bawerk, zu dem er sich in verschiedenen Punkten seiner Theorie in einem bekannten Gegensatz befand, soll er nie über ökonomische Probleme diskutiert und dieser sich gelegentlich sogar beklagt haben, dass Wieser auch seine Schriften nicht entsprechend beachte" (Kurz, Sturn 1999, S. 61).
Wieser war ein sehr kunstliebender Mensch. So spielte er als Verehrer klassischer Musik ausgezeichnet Klavier. Diskussionen mit Fachgenossen stand er eher skeptisch gegenüber. Von wissenschaftlichen Polemiken hielt er nichts. Es versteht sich fast von selbst, dass Wieser, wohl auch aufgrund der genannten Eigenschaften, zu seinen Lebzeiten viele Ehrungen erhielt: Mit-

gliedschaften in der Wiener und mehreren ausländischen Akademien der Wissenschaft, einige Ehrendoktorate, eine Berufung ins österreichische Herrenhaus.

KLEINE AUSWAHL AUS DEN WERKEN VON WIESER

„Über den Ursprung und die Hauptgesetze des wirtschaftlichen Wertes (1884);

„Der natürliche Wert“ (1889);

„The Austrian School and the Theory of Value“ (1891);

„The Theory of Value“ (1892);

„Großbetrieb und Produktivgenossenschaft” (1892);

„The Austrian School of Economics“ (Palgrave 1894);

„Die Reform unserer direkten Steuern“ (1897);

„Grenznutzen“ (HdSW 1900);

„Die Personaleinkommensteuer in Österreich“ (1901);

„Über die gesellschaftlichen Gewalten“ (1901);

„Der Geldwert und seine geschichtlichen Veränderungen“ (Antrittsvorlesung 1904);

„Die deutsche Steuerleistung und der öffentliche Haushalt in Böhmen“ (1904);

„Über Vergangenheit und Zukunft der österreichischen Verfassung“ (1905);

„Arma Virumque Cano“ (1907);

„Theorie der städtischen Grundrente“ (1909);

„Theorie der gesellschaftlichen Wirtschaft“ (Grundriss der Sozialökonomik, I. Abteilung: Wirtschaft und Wirtschaftswissenschaft, 1914);

Dieses auf Anregung Max Webers geschriebene Werk fasste seine früheren Arbeiten zusammen und kann als eines seiner theoretischen Hauptwerke angesehen werden. „Die Theorie, wie Hayek in seinem 1926 veröffentlichten Nachruf auf Wieser schrieb, war für ihn und die Mitglieder seiner Generation nicht nur die einzige konsistente Darstellung ökonomischer Theorie vom Standpunkt der modernen subjektivistischen Wertlehre, sondern repräsentierte darüber hinaus die bis dahin wohl umfassendste Synthese ökonomischer Theorie überhaupt“ (Hoppe, Salerno 1999, S. 113).

„Die Lehren des Krieges“ (1915);

„Österreichs Ende“ (1919);

„Die Revolution der Gegenwart“ (1920);

„Carl Menger; Nachruf“ (1922);

„Machtpsychologie" (1923);

„Das geschichtliche Werk der Gewalt" (1923);

„Grundformen der gesellschaftlichen Verfassung: Führer und Masse" (1924);

„Masse", „Führung", „Geld" (HdSW 1925/1926);

„Das Gesetz der Macht" (1926);

Dabei sei auf eine für den Leser nicht angenehme Eigenart (Unart) Wiesers hingewiesen: Wieser zitierte, wenn überhaupt, keinen Autor mit den üblichen genaueren Zitationsangaben. „Wieser hatte die dem Dogmenhistoriker unerträgliche Angewohnheit, Monographien ohne eine einzige Fußnote zu schreiben, und das schon in seiner Habilitationsarbeit. Die Gerechtigkeit ereilte ihn schließlich: Er wurde auch selbst nicht zitiert" (Streissler 1999b, S. 34).

10.8.3.1 Ökonomische Thesen von Wieser

Wieser erwarb sich seinen wissenschaftlichen Ruhm in den dogmenhistorischen Lehrbüchern durch seine an Menger anknüpfenden Arbeiten zur Theorie des subjektiven Wertes. Der Wert eines Gutes bestimme sich nach der Größe seines Grenznutzens. Genauer: Die geringste von allen durch einen Gütervorrat noch erzielbare Nutzleistung, der Nutzen der Grenzeinheit bzw. der Nutzen an der Grenze der Verwendung des Vorrates, bestimme den subjektiven Wert des Gutes. Im Originalton Wieser: „Ich werde im Folgenden den für den Wert der Gütereinheit entscheidenden Güternutzen, weil er an der Grenze der wirtschaftlich zugelassenen Verwendungen steht, den wirtschaftlichen Grenznutzen oder auch kurzweg den Grenznutzen nennen. Es wird sich zeigen, dass in allen Verhältnissen, in denen es sich um den Wert der einzelnen, einen Vorrat bildenden Güter handelt, der Grenznutzen den Ausschlag für die Größe des Wertes gibt. Der wirtschaftliche Wert ist Grenzwert" (Wieser zitiert in: Hoppe, Salerno 1999, S. 114). Eine Folgerung: Wenn der Nutzen den Gütern ihren Wert verleiht, können nicht die Kosten den Gütern ihren Wert verleihen. Nicht die Kosten bestimmten den Wert der Produkte, sondern der Nutzwert der Produkte bestimme den Wert der Kostengüter.

Ein typisches Zitat zu Wiesers diesbezüglichen Leistungen: „Wiesers Verdienst liegt vor allem darin, dass er die Implikationen des grundlegenden Gedankens von Menger systematisch herausgearbeitet hat, dies vor allem auch unter Einbeziehung der Produktion" (Hax 1999, S. 6). Damit ist angesprochen, dass Wieser die Kostentheorie auf eine nutzentheoretische Basis gestellt hat.

Ewald Schams schrieb dazu noch etwas positiver: „Es sind nicht mehr Mengersche Gedanken, die bloß interpretiert werden, sondern Eigenes wird vorgetragen, das Lehrgebäude in seinem inneren und äußeren Aufbau vollendet" (Schams zitiert in: Kommentarband zu Wieser 1999, S. 16). Und Hans Mayer, der Nachfolger Wiesers auf seinem Lehrstuhl: „Wiesers epochale Bedeutung als Nationalökonom liegt darin, dass es ihm gelang, die neugefundene Erkenntnis über das Wesen des wirtschaftlichen Wertes derart zu vertiefen, dass er daraus das Erklärungsprinzip für die gesamte Welt der Wirtschaftsvorgänge gewinnen ... konnte" (Mayer zitiert in: Kommentarband zu Wieser 1999, S. 17).

Obwohl Wieser nach dem Ausscheiden Mengers dessen Lehrstuhl übernahm, ist eigentlich Böhm-Bawerk enger an Menger angelehnt als Wieser.

ZUR METHODOLOGIE WIESERS:

Wieser vertrat einen methodologischen Individualismus und eine marginalistische Denkweise. Gegenüber mathematisch formulierten Theorien war er skeptisch. Er rechnete die Ökonomik zu den Geisteswissenschaften. Seine methodologische Einstellung lehnte einerseits einen Historismus im Stil der Jüngeren Historischen Schule ab, aber auch einen naturwissenschaftlich angehauchten Positivismus. Und: Der praktische Alltagsverstand bilde „korrekte Auffassungen über die einfachen Strukturelemente der Ökonomie" (Kurz, Sturn 1999, S. 68) aus und daran könne die Wissenschaft anknüpfen. Wieser vertrat die Meinung, für die Wirtschaftstheorie sei die allgemeine Erfahrung ein brauchbarer Ausgangspunkt. Eine exakte Bestimmung des „Preises" beim Tausch sei nicht möglich, es ließen sich nur Intervalle angeben, innerhalb deren der zustande kommende Preis liege. „Wieser versteht sich, trotz der Verwendung abstrakter Denkschemata, als Empirist, der seine Schlussfolgerungen aus der Beobachtung der realen Phänomene zieht" (Brandt 1993, Band 2, S. 314).

Wieser propagierte in methodologischer Hinsicht:

(1) Die Methode der „isolierenden Annahmen", d.h. die gedankliche Zerlegung komplexer Erscheinungen in ihre einzelnen Elemente, um so deren Wirkungsweise besser analysieren zu können;

(2) „Idealtypen", die Kondensation empirischer Vorgänge zu reinen typischen Formen;

(3) Die Methode der „abnehmenden Abstraktion", die in einen Gedankengang mit Idealtypen eine immer größere Anzahl Voraussetzungen

einfügt, um solcherart von den Idealtypen zur Wirklichkeit zu gelangen;

Erich Streissler weist Wieser die Erstformulierung dreier wichtiger Ideen zu:

(1) DIE VORSTELLUNG VOM WECHSELSPIEL WIRTSCHAFTLICHER NEUERUNGEN UND DES PROZESSES IHRER NACHAHMUNG;

Man kann ohne Übertreibung konstatieren, dass Wieser hier bereits den Grundstein für Schumpeters Theorie der Innovation legte. Friedrich von Wieser bewunderte alles „Große", also auch die Großunternehmung, die durch Führungspersönlichkeiten (Pionierunternehmer) erfolgreich geworden sei. „Den Pionier zeichnen also angeborene Fähigkeit, technisches Wissen, Markterfahrung, Organisationstalent und die „Kühnheit des Neuerers" aus. Konzerne sind die Schöpfungen von Persönlichkeiten" (Streissler 1999b, S. 42).

Innovation war bei Wieser vor allem „technisch-organisatorischer" Fortschritt. In seinen ökonomischen Überlegungen betonte er immer wieder die Bedeutung einer sorgfältigen Kalkulation. „Seine Ausführungen zum schöpferischen Unternehmer andererseits suggerieren, dass der Neuerer das Unkalkulierbare versuche. Schumpeter hat das später deutlich herausgearbeitet" (Streissler 1999b, S. 44).

(2) DEN GEDANKEN DER OPTIMALEN ALLOKATION DER PRODUKTIVMITTEL NACH DER GRENZPRODUKTIVITÄT DER PRODUKTION;

Wieser hatte eine ausgeprägte Neigung, die Produktionsseite des Wirtschaftens zu untersuchen. „Und das machte ihn zum einzigen echt neoklassischen Autor in den ersten zwei Generationen der Österreichischen Schule ... Der klassische Zug ist in Wieser sehr stark entwickelt" (Streissler 1999b, S. 46). Erich Streissler bezeichnet Wiesers Habilitationsarbeit aus dem Jahre 1884 als erste Abhandlung zur neoklassischen Produktionstheorie. Und er ist der erste Autor in der Österreichischen Schule, der den Ausdruck „Knappheit" verwendete. Wieser beschäftigte sich in seinem Werk ausführlich mit dem Studium der Knappheit und Ressourcenallokation. Seine Schrift enthielt eine substitutionale neoklassische Produktionsfunktion mit abnehmenden partiellen Erträgen.

Man kann auch bezüglich der Grenzproduktivitätstheorie der Verteilung die (beliebte) Frage aufwerfen, wer der erste Ökonom war, der eine solche Theorie entwickelte. Die Antworten auf solche Fragen sind zumeist abhängig von der Definition, ab welchem Präzisierungsgrad der Formulierung man bereits von dieser Theorie, hier der Grenzproduktivitätstheorie, sprechen kann. Sicher ist, dass Wieser eine der frühesten Arbeiten (allerdings nichtmathematischer Natur) zu dieser Lösung der Faktorpreisbildung verfasste. Nochmals Erich Streissler: „Wiesers Einzigartigkeit besteht meines Erachtens darin, dass nur er nicht nur die Substitution INNERHALB von Produktionsprozessen, sondern auch zwischen verschiedenen Prozessen und verschiedenen Industrien behandelt. Er zeigt tatsächlich erstaunlich früh Verständnis für eine Minimalkostenfunktion. Diese brauchte er zur Erklärung der Opportunitätskosten ... Unter Verwendung dieser produktionstheoretischen Begriffe leitet Wieser die Grenzproduktivitätsbewertung der Produktionseinsätze ab ... Das ist es, was Wiesers Schüler das „Wiesersche Kostengesetz“ nannten ... Zweifellos stammt eine Reihe wichtiger produktionstheoretischer Einsichten von Wieser. Er erkannte nicht nur die Interdependenz von Produktionsprozessen, sondern erklärte auch, wie der technische Fortschritt das ganze Spektrum der Produktionsprozesse verändert und dass die Erschöpfung von Produktivmitteln dieselbe Wirkung habe“ (Streissler 1999b, S. 47/48).

Anders formuliert: Wieser leitete den Wert der Produktionsfaktoren aus ihrer Grenzproduktivität und dem Grenznutzen der damit hergestellten Konsumgüter her. Kosten waren bei ihm stets ein Ausdruck entgangenen Nutzens (modern: Opportunitätskostenansatz). Die Kosten entsprächen dem in einer bestimmten alternativen Verwendung erreichbaren Nutzen (Erklärung der Kosten als indirekter Nutzen). Diese von Maffeo Pantaleoni (1857-1924) als „Wiesers Gesetz“ betitelte Überlegung klang bei Wieser wie folgt: „Es ist augenscheinlich, dass das Interesse an den Kosten selbst wieder von einem Interesse am Nutzen der Güter abgeleitet ist ... Eine Produktion erfordert Kosten heißt so viel, dass dieselbe Produktivgüter in Anspruch nimmt, welche auch als Mittel zu anderweitigem Nutzen Wert haben, und dass man dadurch durch dieselbe eine Einbuße an anderweitigem Nutzen erleidet. Bei einer Produktion auf die Kosten Rücksicht nehmen heißt sie dergestalt einrichten, dass der Wert der Produktivgüter, wie er aus den gerade in Frage stehenden und zugleich aus ihren anderweitigen Verwendungen hervorgeht, gewahrt bliebe ... Die Produktivkosten sind, kurz gesagt, die wirtschaftlichen Produktivgüter, mit Rücksicht auf ihren im Ganzen festgestellten Wert geschätzt“ (Wieser zitiert in: Hoppe, Salerno 1999, S. 115). Seine Lösung des Zurechnungsproblems war allerdings, so die spätere Beurteilung, nicht korrekt.

„Bereits die einfache Frage, welches Interesse die Menschen daran hätten, Kosten einzusparen, könne die Kostentheorie nicht beantworten, wohl aber die Nutzwerttheorie: Die Ersparung von Kosten werde nur deshalb gewünscht, weil auf diese Weise produktive Kräfte frei würden, die in einer zusätzlichen Nutzen stiftenden Weise eingesetzt werden können. Es ist im Kern eine sich des Konzepts, wenn schon nicht des Begriffs der Opportunitätskosten bedienende Argumentation, die Wieser gegen die Klassik ins Feld führt" (Kurz, Sturn 1999, S. 89).

„Mit dem Kostengesetz erklärt Wieser zugleich die Tendenz des Marktpreises beliebig reproduzierbarer Güter, sich den Erzeugungskosten anzunähern. Bei der Ausrichtung der Produktion am „Grenzgebot der wirksamen Nachfrage" lenken die Produzenten die Produktionsmittel in die „lohnendsten Konsumverwendungen". Die Produktion wird solange ausgedehnt, bis sich das Grenzangebot mit dem Kostenpreis deckt. Volle Geltung hat das Kostengesetz allerdings nur dann, wenn die Produktion „in idealer Vollkommenheit" durchgeführt werden kann. Reibungswiderstände und der Zeitbedarf der Produktionsanpassung verhindern dies, so dass in der Realität stets Unvollkommenheiten verbleiben" (Brandt 1993, Band 2, S. 307/308).

„Seine dominante analytische Methode ist die Methode der langen Frist, die sich um den theoretischen Fluchtpunkt der aktuellen Verhältnisse bemüht, der sich als Folge des eigeninteressierten Verhaltens der Wirtschaftssubjekte ergäbe, würden diese ohne weitere Störungen die Chance zur optimalen Anpassung an die jeweiligen Daten haben ... Denn das kostengünstigere neue Verfahren und das dieses ermöglichende neue Produktivgut setzten sich allmählich allgemein durch, das System, klassisch gesprochen, „gravitiere" zu einer neuen langfristigen Position, charakterisiert durch die wechselseitige Anpassung von Bedürfnissen und Produktion, bis schließlich der „Prozess der Bildung des Interesses" vollendet sei, „das Interesse" von den „neuen produktiven Reichtümern Besitz ergriffen" habe. Am Ende des Anpassungsprozesses habe sich eine neue „ständig geordnete Produktion entwickelt" (Kurz, Sturn 1999, S. 87/88).

(3) DIE IDEE DES INFORMATIONSCHARAKTERS DER PREISE;

„Dieser Gedanke stammt ausschließlich von ihm, und sein großer Einfluss auf die moderne Nationalökonomie auf dem Wege über seine Schüler lässt sich genau verfolgen" (Streissler 1999b, S. 51).

Im Mittelpunkt seiner Überlegungen stand die Überzeugung von der Notwendigkeit genauer Wirtschaftsrechnungen. „Im individuellen subjektiven Bereich hielt Wieser eine genaue Rechnung ohne Zuhilfenahme des Nutzenmaßstabes für unmöglich; in der objektiven, der sozialen Sphäre hatte man sich dazu der Preise zu bedienen. Preise haben also vor allem Informationswert; sie ermöglichen es dem Wirtschaftssubjekt, seine wichtigste Aufgabe, die exakte Wirtschaftsrechnung, zu bewältigen" (Streissler 1999b, S. 51/52).

Wieser stellte die Rechenbarkeit wirtschaftlicher Zusammenhänge zentral in den Mittelpunkt, und zwar unabhängig von der vorfindbaren Wirtschafts- und Gesellschaftsordnung. Auch ein sozialistisches Staatsgebilde war davon nicht ausgenommen. Von da aus ist es nur mehr ein kleiner Schritt zur späteren Debatte über die Möglichkeit einer korrekten „Rechnung" in sozialistischen Planwirtschaften.

Zu diesen drei skizzierten Ideen Wiesers trat noch eine andere Akzentsetzung bei der Bewertung von Nutzen: „Neu war seine Akzentsetzung auf die WERTSCHÄTZUNG, also auf das QUANTITATIVE Ausmaß der BEWERTUNG" (Streissler 1999, S. 26).

Während es bei Menger hauptsächlich um das „ob" des wirtschaftlichen Wertes und um Bedürfnishierarchien ging, ging es bei Wieser um einen „Maßstab des Güterwertes" (Streissler 1999b, S. 28). Menger vertrat also eine ordinale Nutzenbewertung, Wieser war ein Vertreter eines kardinalen Nutzenmaßstabes.

„Friedrich von Wieser ist unter den Vertretern der Österreichischen Schule vor der Zwischenkriegszeit derjenige, der konzeptionell der englischen ökonomischen Tradition am nächsten steht ... Es ist seine Wertschätzungssicht, seine grundsätzlich quantifizierende Denkweise, seine Frage nach dem „wie viel", die ihn den englischen Denkern artverwandt macht" (Streissler 1999, S. 29). Dabei verwendete Wieser keine mathematischen Formulierungen. Seine quantifizierenden Überlegungen ließen sich aber ohne weiteres auch in der Sprache der Mathematik wiedergeben.

Unbestritten ist, dass Wieser die Begriffe: „Grenznutzen" und „Zurechnung" einführte. Zudem verwendete er auch die Ausdrücke „Knappheit" und „Gegenmacht". Die Idee der Bedeutung der Knappheit durchzog sein ganzes früheres Werk. Er nahm sogar die Definition der Ökonomik als eines Studiums der Verwendung knapper Mittel auf alternative Zwecke (wie sie später Lionel Robbins (1898-1984) explizit formulierte) der Sache nach vorweg. Von Wieser stammte auch die Bezeichnung „Erstes Gossensches Gesetz" für das Gesetz des sinkenden Grenznutzens. „Wieser begrenzte die Geltung dieses Gesetzes auf einen Bedürfnisabschnitt" (Kolb 1997, S. 121).

„Wieser verdanken wir nicht nur den Begriff „Grenznutzen". Er hat sich insgesamt um saubere definitorische Abgrenzungen bemüht" (Brandt 1993, Band 2, S. 302).

Schließlich muss man noch auf die Nähe der Wieserschen Theorie zum allgemeinen Gleichgewicht eingehen: „endlich muss man auf Wiesers Theorie des „natürlichen Wertes" als einer Theorie des allgemeinen wirtschaftlichen Gleichgewichts sowie ihre Funktion als eines normativen Bezugspunktes zur Bewertung allen faktischen Wirtschaftsgeschehens eingehen, um die in der modernen Österreichischen Schule ihm gegenüber vorherrschende ablehnende Haltung zu begreifen ... Wieser zeigte, anders als Walras, nur geringe Neigung zur Verwendung der Mathematik, und doch, wie seine Theorie der einfachen Wirtschaft und insbesondere seine Theorie des natürlichen Wertes belegen, war auch er ein Gleichgewichtstheoretiker im Sinne Walras' (und nicht Mengers)" (Hoppe, Salerno 1999, S. 125/126).

In Bezug auf die Gleichgewichtstheorie bestanden also deutliche Unterschiede zwischen Menger und Wieser. Menger ließ nur kurzfristige momentane Gleichgewichtszustände als eine Art von kurzen Ruhepausen in den wirtschaftlichen Aktivitäten zu, und keinesfalls permanente langfristige Ruhezustände im wirtschaftlichen Geschehen als Beschreibung der Realität. „Wiesers Bild einer im stationären Gleichgewichtszustande befindlichen Wirtschaft ist das einer kommunistischen Idealgesellschaft. Der „natürliche" Wert sei derjenige Wert, der sich im Rahmen eines kommunistischen Staates aus dem Zusammenspiel von Gütervorräten und subjektiven Nutzenvorstellungen ergebe ... Die Werte bzw. Bewertungen, die sich in einer derart vollkommenen organischen und in höchstem Maße rationalen Gemeinschaft ergeben und anerkannt werden, heißen „natürlich" (Hoppe, Salerno 1999, S. 127). Diese Vorstellungen Wiesers bezüglich eines wirtschaftlichen Gleichgewichtes lehnte Mises ab: Einmal störten ihn vermutlich die daraus abgeleiteten Folgerungen in Richtung auf eine korrekte Wertefindung in sozialistischen Volkswirtschaften, auch wenn Wieser hierbei nur der Auffassung war, dass „zwar „theoretisch" statische Effizienzbedingungen eines sozialistischen Gemeinwesens existieren, dass deren Umsetzung in Abwesenheit von Marktprozessen aber (so gut wie) unmöglich sei" (Kurz, Sturn 1999, S. 75). Laut Mises war allerdings eine Wirtschaftsrechnung sozialistischer Staaten auch als Gedankenexperiment unmöglich.

Ein zweiter, tiefer liegender Grund „ist vielmehr derselbe, der bereits im Zusammenhang mit der Frage der Rechenbarkeit von Werten sowie der Zurechnungsproblematik erörtert wurde, nämlich der grundlegende Irrtum Wiesers, nicht erkannt zu haben, dass alles wirtschaftliche Rechnen notwendigerweise einen Geldgebrauch voraussetzen muss, und – dies ist im gegenwärtig diskutierten Zusammenhang von besonderer Bedeutung – dass der Geldgebrauch seinerseits gerade das characteristicum specificum einer NICHT im Gleichgewicht befindlichen Wirtschaft ist" (Hoppe, Salerno 1999, S. 130).

Ein Teil von Wiesers Werk geht also in eine Richtung, die der Österreichischen Schule entgegengesetzt ist, und vom heutigen Standpunkt aus als

„neoklassisch" bezeichnet werden muss. Erich Streissler stellt dazu fest: „Wieser sei mit Ausnahme von Machlup der einzige Neoklassiker unter den Österreichern". Allerdings fand sich bei Wieser keine Fixierung auf den Markt oder auf eine vollständige Konkurrenzsituation. Eine kommunistische Gesellschaft wurde von ihm als Gedankenkonstrukt entwickelt, um daran seine Effizienzbedingungen zu zeigen.

Auch in seiner Geldtheorie entwickelte Wieser eine subjektivistische Sichtweise: der Tauschwert des Geldes als der antizipierte Gebrauchswert der für das Geld anzuschaffenden Dinge. Er bereicherte die Geldtheorie um die „Einkommenstheorie des Geldes".

10.8.3.2 Der „späte" Wieser: „Das Gesetz der „Macht" (1926)

Ausgesprochen problematisch war meines Erachtens sein Spät-Werk: „Das Gesetz der „Macht". Und gerade hierzu gehen die Meinungen stark auseinander. Während Zeitgenossen (vor 1933) es als ein umfassendes, tiefgründiges Werk zur Gesellschaftsentwicklung loben, tun wir uns mit unserem Wissen über die folgenden fatalen Entwicklungen leichter in einer negativen Beurteilung. Es lässt sich nämlich nicht leugnen, dass Wieser darin eindeutig und ungeschminkt eine Führerideologie vertrat, Macht ziemlich skrupellos durch Erfolg rechtfertigte, und zudem auch rassistische Formulierungen verwendete: „Massen von minderwertigem Blute", „Weltjudentum" etc.

Eine kleine Kostprobe aus dem „Gesetz der Macht": „Der demokratische Staat irrt, ... wenn er auch die Masse minderen oder verdorbenen Blutes für vollwertig nimmt."

„Erschreckend an diesem Buch sind nicht nur die in vielen Passagen zum Ausdruck kommende Sympathie für die nationalistischen und rassistischen Tendenzen der Zeit, die Distanzierung vom demokratischen Staat verbunden mit dem Lob von Führung und Führertum, die positive Beurteilung des Faschismus; auffallend sind ebenso die unpräzise und emotionsgeladene Diktion, der Mangel an intellektueller und methodischer Disziplin sowie das Fehlen der analytischen Schärfe ..." (Hax 1999, S. 7).

Und auch Adolf Hitler wurde letztlich von ihm begrüßt. Auch wenn man die damalige problematische Situation in Österreich mitdenkt, war Wieser doch ein herausragender Vertreter einer Führerideologie, wobei er sogar die Bezeichnung „Führer" selbst unentwegt verwendete.

Eine weitere Formulierung Wiesers aus dem „Gesetz der Macht": „Die Führervölker edlen Blutes sind die Träger aller Geschichte gewesen". Fügt man noch Wiesers Sicht hinzu, dass es einen „widerstrebenden Instinkt des nordischen Blutes" gegenüber Negern gibt und dass die Juden in den schönen Künsten nicht wirklich schöpferisch wirken könnten, dann fügen sich diese seine späten Überlegungen zu einem ausgesprochen chauvinistischen, ja fast skrupellosen Kaleidoskop bekannter rassistischer und politischer Verurteilungen zusammen. „Was Wunder, dass die Arier sich ihrerseits zusammentaten, um im Machtkampf durchzudringen! Sie sind dazu als Individuen vollauf berechtigt, soweit ihr persönliches Interesse in Frage kommt, sie sind durch ihr Volksgefühl dazu verpflichtet, wo sie davon überzeugt sind, dass die jüdische Führung die Bahnen störe, die dem Volk durch Anlage und Geschichte gewiesen sind" (Wieser 1926 zitiert in: Streissler 1999b, S. 38). Und dies bereits 1926!

10.8.3.3 Rezeption von Wieser

Hans-Hermann Hoppe und Joseph T. Salerno konstatieren, dass „Wieser jedoch heute selbst innerhalb der Österreichischen Schule praktisch einfluss- und wirkungslos" ist, und seinem Werk wird, im Gegensatz etwa zu dem Mengers und Böhm-Bawerks, „nur noch antiquarische Bedeutung zugemessen" (Hoppe, Salerno 1999, S. 106). Sie führen dies darauf zurück, dass Wiesers Werk mittlerweile zu einem integralen Bestandteil der modernen Ökonomik geworden sei, in ihr praktisch aufgegangen sei: „Die Arbeit wird zwar kaum noch gelesen, aber das in ihr Gesagte ist inzwischen zum Allgemeingut der Wirtschaftswissenschaften geworden" (Hoppe, Salerno 1999, S. 114).

Ein weiterer Grund dafür dürfte sein, dass die mittlerweile in den USA angesiedelte Österreichische Schule letztlich eine Mises-Schule ist. Und Mises war kein Schüler Wiesers, sondern ein Schüler Böhm-Bawerks. Und Mises betrachtete Wiesers Auffassungen größtenteils als überholt bzw. sogar verfehlt und lehnte sie ab. Mises fasste seine Meinung zu Wieser 1940 wie folgt zusammen: „Wieser war ein Mann von hoher persönlicher Kultur, ein feiner Kopf und ein ehrlicher Forscher. Er hatte das Glück, früher als andere das Werk Mengers kennenzulernen, und es ist ihm als Verdienst zuzurechnen, dass er seine Bedeutung sogleich erkannte. Er hat die Lehre in mancher Hinsicht bereichert, doch er war kein schöpferischer Denker und hat im ganzen mehr geschadet als genutzt. Er hat den Kern des Subjektivismus nie wirklich erfasst, und daraus entsprangen viele verhängnisvolle Missgriffe. Seine Zurechnungstheorie ist unhaltbar. Seine Wertrechnungsideen berechtigen zur Behauptung, dass er gar nicht der Österreichischen Schule zuzuweisen war, sondern eher der Lausanner" (Mises 1978, S. 21).

Dieses harte Urteil von Mises beruhte vor allem auf dessen Auffassung, dass man zwar mit Geld bzw. Geldpreisen rechnen könne, nicht aber (wie Wieser behauptete) mit Werten. Nutzen könnten lediglich in eine ordinale Rangfolge gebracht werden, Und auch Wiesers Überlegungen zur Zurechnung lehnte Mises ab: „Wieser … vertrat dagegen die Auffassung, dass eine exakte und numerisch eindeutige Zurechnung durch die Methode der Wertrechnung an Stelle von monetärer Kalkulation nötig und möglich sei" (Hoppe, Salerno 1999, S. 121). Und als Folge davon, und hier stand Wieser in schroffem Gegensatz zu Mises, behauptete Wieser, dass auch in Wirtschaften ohne Markt und Geldpreise das Problem einer rationalen Wirtschaftsplanung eindeutig gelöst werden könne.

Meiner Meinung nach (Werturteil!) waren an Wiesers Gedankengängen auch noch weiterführend:

(1) Die ABLEHNUNG der Idee einer VOLLSTÄNDIGKEIT DER PRÄFERENZEN einzelner Individuen. Die Individuen könnten nicht alle ihnen vorgelegten Güter in ein ordinales Präferenzschema einordnen. Dazu kommt meines Erachtens, dass die zur Auswahl stehenden Güter nicht unverändert bleiben: einige Güter verschwinden, neue Güter treten hinzu. Und es ist de facto unmöglich, bezüglich aller wichtigen Eigenschaften aller in Betracht kommender Güter hinreichend informiert zu sein;

(2) Wieser betonte immer wieder die ENDOGENITÄT DER PRÄFERENZEN, die man sich nicht unabhängig vom wirtschaftlichen Wandel gegeben vorstellen dürfe.

Zu den wichtigsten Wieser-Schülern zählten: Joseph A. Schumpeter (1883-1950), Friedrich August von Hayek (1899-1992), Gottfried von Haberler (1900-1995), Oskar Morgenstern (1902-1977) und Paul N. Rosenstein-Rodan (1902-1985).

10.8.4 Eugen von Böhm-Bawerk (1851-1914)

Vita von Böhm-Bawerk

Böhm-Bawerk schrieb keine eigenen Memoiren und hinterließ auch keinen auswertbaren größeren Nachlass, was die Erstellung einer genaueren Vita insbesondere bezüglich der Motive seiner Entscheidungen erschwert.
Wie man den Daten seiner Vita entnehmen kann, fiel seine Lebenszeit fast exakt in die Periode zwischen der 1848er Revolution und dem ersten Weltkrieg.

1851:	Am 12. Februar 1851 als jüngster von drei Söhnen im mährischen Brünn (noch ohne das Prädikat „Bawerk") geboren. Sein Vater Johann Karl war ein hoher Beamter und k. und k. Hofrat. Seine Mutter Karoline, die 22 Jahre jünger als Johann Karl war, (zweite Ehe von Johann Karl), stammte aus einer Großhändlerfamilie;
1854:	Wegen seines Verhaltens in der Revolution von 1848 wurde sein Vater in den Ritterstand erhoben: „Böhm Ritter von Bawerk" (1. September 1854);
1857:	Früher Tod seines Vaters. Eugen war zu diesem Zeitpunkt erst sechs Jahre alt;
1859:	Seine Mutter Karoline zog von Brünn nach Wien. Eugen besuchte in Wien die Volksschule und dann das berühmte Schotten-Gymnasium, wo er Friedrich von Wieser kennenlernte, mit dem ihn eine lebenslange enge Freundschaft und dann sogar familiäre Bande (Schwager) verbanden. „Aus den Katalogen der jeweiligen Klassen von den Schuljahren von 1861-1868 kann man schließen, dass Eugen und Friedrich spätestens ab dem 4. Semester miteinander um die Position des Klassenbesten wetteiferten" (Tomo 1991, S. 5);
1868-1872:	Jurastudium der beiden Freunde an der rechts- und staatswissenschaftlichen Fakultät der Universität Wien. Im Rahmen seines Studiums hörte Eugen Finanzwissenschaft bei Lorenz von Stein (1815-1890) und Nationalökonomie bei Albert Schäffle (1831-1903). Mangels eigener ausgebildeter Nationalökonomen wurden zu dieser Zeit fast ausnahmslos Professoren aus dem Ausland, vor allem aus Deutschland, nach Österreich berufen;

1872:	Böhm trat nach erfolgreichem Abschluss seines Jurastudiums im August 1872 in den niederösterreichischen Finanzdienst ein. „Nach Ablauf der sechswöchigen Probezeit wurde er am 7. Oktober 1872 zum Konzepts-Praktikanten ernannt und 2 Tage später vereidigt. Dann am 15. Mai 1874 wurde er zum Finanzkonzipisten befördert“ (Tomo 1991, S. 10);
1875:	Im März 1875 Promotion zum Doktor der Rechte. „Zu dieser Zeit musste Eugen mit Friedrich das neue Buch Carl Mengers „Grundsätze der Volkswirtschaftslehre“ als Lernstoff für das Rigorosum der Nationalökonomie durchlesen ... Da sie nicht nur die ältere Nationalökonomie von Schäffle und Stein, sondern auch die neuere von Carl Menger durcharbeiten mussten, konnten sie gut verstehen, dass die revolutionäre Auffassung von Carl Menger in der „subjektiven Werttheorie“ lag: Sie erlebten die „Marginalrevolution“ im Rahmen des Rigorosensystems in Österreich im 19. Jahrhundert“ (Tomo 1991, S. 12). Anschließend Bewerbung um ein Auslandsstipendium für Politische Ökonomie, auf Mengers Empfehlung hin erhielten sowohl Böhm als auch Wieser dieses Stipendium;
1875/1876:	Studienaufenthalt in Heidelberg bei Karl Knies. Im Februar 1876 hielt Böhm-Bawerk einen Vortrag im Seminar von Knies, der die Zinstheorie behandelte. Gemäß Tomo (1991) hat Böhm-Bawerk dabei bereits das ex-ante und das ex-post Zinsproblem begriffen. Das ex-ante Problem frägt, warum ein Schuldner beim Abschluss eines Darlehens dem Gläubiger eine zukünftige Zinszahlung bewilligt, das ex-post Problem frägt, warum der Schuldner nach Ablauf der Darlehensfrist den Zins wirklich zahlen kann. „Natürlich merkte Böhm-Bawerk an der gleichen Stelle, dass zur Lösung dieses ex-post Problems die intertemporale Wertdifferenz der Güter nicht genug ist, aber als Antwort konnte er nur folgendes schreiben, „der Schuldner muss und kann auch den Zins produzieren. Dies führt ... auf die Frage nach der Produktivität des Kapitals“ (Tomo 1991, S. 16). Lösen konnte Böhm-Bawerk dieses Problem 1876 noch nicht, aber er sah bereits die Bedeutung der „Produktivität des Kapitals“ für eine Zinserklärung und entwickelte bereits den Kerngedanken seiner späteren Theorie;

1876/1877:	Studienaufenthalt in Leipzig bei Roscher und in Jena bei Hildebrand;
1878:	Zurück in Wien wurde Böhm am 1. September 1878 ins Finanzministerium versetzt, am 8. September 1879 zum Ministerial-Konzipisten ernannt. Dies schloss auch eine Praxis (Vertretung des Finanzministeriums) am Verwaltungsgerichtshof (errichtet am 22. Oktober 1875) mit ein. Im Zuge dieser Verhandlungen erwarb Böhm sehr genaue Kenntnisse über die Besonderheiten des Erwerbs- und Einkommensteuersystems in Österreich und insbesondere auch über dessen Mängel;
	Wegen seiner Vertrautheit mit der Materie wurde Böhm-Bawerk Schriftführer in der wichtigen Steuerreformkommission im Finanzministerium. Hierbei ging es unter anderem um eine allgemeine Reform der direkten Steuern und zwar sollte eine neue Personaleinkommensteuer (an Stelle des Ertragssteuersystems) eingeführt werden;
1880:	Böhm-Bawerk heiratete am 8. September 1880 Paula von Wieser. Die Ehe blieb kinderlos;
	Habilitation in Politischer Ökonomie an der Universität Wien mit der Arbeit „Kritische Beiträge zur volkswirtschaftlichen Lehre vom Gute und von der Güternutzung", also ein eher abstraktes Thema, das nichts mit seiner Tätigkeit im Finanzministerium zu tun hatte;
	Am 23. Februar mündlicher Probevortrag Böhm-Bawerks mit dem Thema: „Sonnenfels als Nationalökonom". „Beim Vortrag versagte die „oratorische" Fähigkeit Böhm-Bawerks im Vergleich zu den ausgezeichneten Ergebnissen der mündlichen Rigorosen der Promotion. Mit „Genügend" wurde ihm die venia legendi für Politische Ökonomie vom Professorenkollegium an der Wiener Universität erteilt und mit dem Erlass vom 27. Februar 1990 genehmigt" (Tomo 1991, S. 28).
	Vertretung der einzigen, vakant gewordenen Lehrkanzel in Nationalökonomie an der Universität Innsbruck;
	Am 11. Juli 1880 wurde die venia legendi der Wiener Fakultät durch die Innsbrucker rechts- und staatswissenschaftliche Fakultät anerkannt. Daraufhin und auch wegen seiner bisherigen erfolgreichen Tätigkeit wurde die Supplierungsfrist in Innsbruck verlängert;

1881:	Ernennung zum außerordentlichen Professor (Erlass vom 13. April 1881). Im Nachhinein kann man konstatieren, dass die Zeit in Innsbruck seine wissenschaftlich fruchtbarste Zeit war. Alle seine Hauptwerke wurden in dieser Zeit publiziert;
1884:	Ablehnung eines Rufes an die Universität Prag. Ernennung zum ordentlichen Professor an der Universität Innsbruck (Erlass vom 24. März 1884);
1885:	Wahl Böhm-Bawerks zum Dekan der Innsbrucker rechts- und staatswirtschaftlichen Fakultät;
1889:	Rückkehr als Ministerialrat ins Finanzministerium in Wien. Mitwirkung an einer grundlegenden Reform der direkten Besteuerung im Finanzministerium (Personalsteuerreform); Die progressive Einkommensteuer „ist uns heute so vertraut, dass wir die Kühnheit dieser Neuerung nicht mehr empfinden ... Der Leser wird ... die Größe der Leistung erkennen, die in erster Linie mit den Namen ... des österreichischen Finanzministers Eugen von Böhm-Bawerk verbunden ist“ (Schumpeter 1965, S. 940). In diesem Zusammenhang wird immer wieder die Frage aufgeworfen, warum denn der erfolgreiche ordentliche Universitätsprofessor von der Universität Innsbruck ins Finanzministerium nach Wien wechselte. Einer der Hauptgründe dürfte in der sogenannten „Stein-Affäre“ liegen. Lorenz Ritter von Stein hatte aus Altersgründen und wegen seiner kränklichen Konstitution schon mehrfach um seine Versetzung in den bleibenden Ruhestand angesucht. 1887 wurde die Versetzung in den bleibenden Ruhestand vom Kaiser genehmigt. Als Kandidaten für die Wiederbesetzung seiner Stelle wurden Wagner (Berlin), Nasse (Bonn), Böhm-Bawerk (Innsbruck), Conrad (Halle), Sax (Prag) und Inama-Sternegg (Wien) gleich gereiht vorgeschlagen. Minister Gautsch berief aber keinen der auf der Liste genannten Professoren, sondern Lujo Brentano aus Strassburg. Böhm-Bawerk wurde abgelehnt, weil er in Lehre und Forschung die gleiche „mehr abstrakte und rein theoretische“ Richtung vertrete, wie der schon vorhandene (jetzt) alleinige Ordinarius Carl Menger. Böhm-Bawerk war über diese Entscheidung letztlich sehr enttäuscht und dies mag mit ein Grund gewesen sein, dass er der Universität zunächst den Rücken kehrte.
1891:	Ab 9. April 1891 Honorarprofessor für Politische Ökonomie

	an der Universität Wien; Im November 1891 Ernennung zum Sektionschef im Finanzministerium;
1892:	Vizepräsident im Finanzministerium;
1895:	Kurzfristig Leitung des Finanzministeriums (Finanzminister) in einem Übergangskabinett, also in einer schwierigen politischen Konstellation;
1897/1898:	Wiederum Finanzminister (Ernennung am 30. November 1897);
1900-1904:	Dritte Amtszeit als Finanzminister. Er trat zurück, nachdem das Parlament seinen Stabilitätskurs durch eine Erhöhung der Militärausgaben gefährdet hatte;
1904:	Lehrstuhl an der Universität Wien. Zu seinen Schülern gehörten unter anderen Joseph A. Schumpeter (1883-1950), Ludwig von Mises (1881-1973) und Rudolf Hilferding (1877-1941);
1907:	Vizepräsident der Kaiserlichen Akademie der Wissenschaften;
1911:	Präsident der Kaiserlichen Akademie der Wissenschaften;
1914:	Unerwarteter Tod in Rattenberg-Kramsach in Tirol am 27. August 1914 während eines Ferienaufenthaltes (Venenthrombose);
1915:	Im November 1915 Überführung seines Leichnams von Kramsach nach Wien, wo er auf dem Zentralfriedhof ein Ehrengrab erhielt.

„Durch Geburt und Erziehung gehörte Böhm-Bawerk einer Schicht an, der er sich sein Leben lang verbunden und verpflichtet fühlte, der liberalen „staatserhaltenden" deutschsprachigen Österreicher, die seit jeher die Mehrzahl aller Beamten und Akademiker des Habsburgerreiches stellten. Das Ethos dieser Schicht prägte gleichzeitig ihn und sein Werk" (Klaus Hinrich Hennings (1947-1986) in: Kommentarband zu Böhm-Bawerk, Düsseldorf 1991, S. 6).

Böhm-Bawerk erhielt während seines Lebens eine ganze Reihe hoher Ehrungen: Wirklicher Geheimer Rat, Großkreuz mehrerer hoher Orden, Mitglied des österreichischen Herrenhauses, Ehrenzeichen für Kunst und Wissenschaft, Ehrendoktor der Universität Heidelberg etc.

Sein Portrait zierte die letzte 100 Schilling Banknote (Erstausgabe am 14. Oktober 1985) der Republik Österreich.

Stefan Homburg bringt die Persönlichkeit Böhm-Bawerks auf den Punkt: „Was die Person Böhm-Bawerks angeht, so kennt man den Mann, wenn man seine Bücher kennt: Äußerst scharfsinnig und intelligent, sehr kämpferisch, tatkräftig und energievoll, dabei aber weder überheblich, noch verletzend oder zynisch" (Homburg 1988, S. 24). Ludwig von Mises (1881-1973), ein regelmäßiger Teilnehmer des Seminars, schrieb in seinen Erinnerungen über den akademischen Lehrer Böhm-Bawerk: „Böhm war ein glänzender Seminarleiter. Er betrachtete sich im Seminar nicht als Lehrer sondern als Vorsitzender, der mitunter auch selbst in die Debatte eingreift ... In der Wissenschaft müsse man jeden ausreden lassen, meinte er ... Böhms Lebenswerk liegt in prachtvoller Geschlossenheit vor uns ... Dennoch muss man feststellen, dass Böhm noch viel mehr hätte geben können, wenn die Umstände es zugelassen hätten ... In seinen Seminarreden und im persönlichen Gespräch entwickelte er Gedanken, die weit über das hinausführten, was seine Schriften enthalten. Doch seine physische Konstitution machte es ihm unmöglich, neue große Arbeiten zu planen" (Mises 1978, S. 24). Eine weitere Stimme: Rudolf Sieghart, 1910-1916 und 1919-1929 Gouverneur der Bodencreditanstalt, eine berühmte und umstrittene „graue Eminenz" am Ende der Monarchie, schrieb in seinem Werk „Die letzten Jahrzehnte einer Großmacht" (Berlin 1932) über Böhm-Bawerk: Ein Mann von ungewöhnlicher Begabung, „gleich hervorragend als Gelehrter wie als Beamter. Die Wissenschaft war das eigene Leben in seinem Leben. Ihr hing er mit glühender Liebe an, sie gewährte ihm stets den besten Trost ... Bezeichnend für seine Liebe zur Wissenschaft war, dass er selbst als Finanzminister, bei einer für den Einzelnen kaum tragbaren Arbeitslast, des Morgens, bevor er das Amt betrat, bereits zwei Stunden zu Hause wissenschaftlichen Arbeiten gewidmet hatte ... Dabei waren seine menschlichen Eigenschaften gleich hervorleuchtend wie die geistigen, er war ein durchaus lauterer Charakter, wohlwollend und bescheiden" (Sieghart 1932, S. 26).

Carl Menger charakterisierte Böhm-Bawerk in seinem Nachruf: „Obzwar eine streitbare Natur und unablässig in Polemiken verwickelt, hatte er wohl zahlreiche Gegner, indes sicherlich keinen einzigen Feind" (Carl Menger 1991, S. 92).

Und zum Schluss will ich Joseph Alois Schumpeter (1883-1950) zu Wort kommen lassen: „... wollen wir einige Fakten aus seinem Leben herausgreifen, das sich durch einzigartige Pflichterfüllung, vollständige Unparteilichkeit, hohes geistiges Streben, weitgesteckte kulturelle Interessen und eine wahrhaftige Einfachheit auszeichnete – und all dies ohne jede Scheinheiligkeit oder Predigerlust ... Er war ein ausdauernder, systematischer und produktiver Arbeiter" (Schumpeter 1965, S. 1031).

AUSGEWÄHLTE SCHRIFTEN VON BÖHM-BAWERK

„Kritische Beiträge zur volkswirtschaftlichen Lehre vom Gute und von der Güternutzung" (1880);

Diese originale Habilitationsschrift Böhms existiert nicht mehr. „Normalerweise ist das 1881 publizierte Buch „Rechte und Verhältnisse vom Standpunkte der Volkswirtschaftslehre als Habilitationsschrift Böhm-Bawerks betrachtet worden. Aber dieser Betrachtung kann nicht 100%ig beigepflichtet werden, da Böhm-Bawerk selber bezüglich der Ausarbeitung zur Publikation gestand: Obwohl er „einen Teil des Stoffes seiner Habilitationsschrift benützte", formulierte er sie „in der Form fast ganz, und nicht unwesentlich auch im Inhalt" um" (Tomo 1991, S. 27).

„Rechte und Verhältnisse vom Standpunkte der volkswirtschaftlichen Güterlehre" (1881, überarbeitete Fassung seiner Habilitationsschrift);

„Kapital und Kapitalzins; Erste Abteilung: Geschichte und Kritik der Kapitalzins-Theorien" (1884);

„Grundzüge der Theorie des wirtschaftlichen Güterwertes" (1886);

Diesem Aufsatz kam eine dreifache theoretische Bedeutung zu: „Demonstration der Preistheorie mit der Mengerschen Werttheorie, Veranschaulichung der Mengerschen Wertgesetze über die Güter höherer Ordnung und Koordination des Kostengesetzes mit der Mengerschen Preistheorie ... Am 13. Juli 1886, als der Druck seines Aufsatzes fast vollendet war, schrieb Böhm-Bawerk an Menger, „Ich bin neugierig, wie er in Deutschland aufgenommen werden wird" und betonte, „Er ist ja eigentlich geschrieben, um Ihre eigene Theorie zu verbreiten, der ich eine Reihe von Zusätzen, Ergänzungen und Hervorhebungen hinzufügte, die mir geeignet schienen, die vielen Missverständnisse und Zweifel zu beseitigen, denen die Lehre bisher in der deutschen Gelehrtenwelt begegnete, und überhaupt ihre Überzeugungskraft zu heben" (Tomo 1991, S. 53).

Dieser Aufsatz hatte also vor allem den Zweck, die Mengersche Wert- und Preistheorie weiter zu verbreiten.

„Kapital und Kapitalzins; Zweite Abteilung: Positive Theorie des Kapitales" (1889);

Böhm-Bawerk arbeitete bis zu seinem Tod ständig an Erweiterungen seines Hauptwerks, wobei er sich vor allem mit der Kritik eingehend auseinandersetzte. Zum Zeitpunkt seines Todes lagen die beiden Teile seines „Kapital und Kapitalzinses" deshalb bereits in der dritten erweiterten Auflage vor.

„Historische und theoretische Nationalökonomie" (1890);

„Wert, Kosten und Grenznutzen" (1892);

„The Positive Theory of Capital and Its Critics“ (1/1895, 4/1895, 1/1896 im Quarterly Journal of Economics);

„Zum Abschluss des Marxschen Systems“ (1896, Festschrift für Karl Knies zum 75. Geburtstag);

„Geschichte und Kritik der Kapitalzins-Theorien“ (stark erweiterte 2. Auflage, 1900);

„Der größere Umfang ist neben allerlei Ergänzungen des bisherigen Materials vor allem drei Zusätzen geschuldet; erstens einer Würdigung des Beitrages von John Rae, auf den Böhm-Bawerk erst nach Veröffentlichung der ersten Auflage aufmerksam geworden war; zweitens einer kritischen Erörterung des 1894 von Friedrich Engels herausgegebenen dritten Bandes des Marxschen Kapitals sowie der sich anschließenden sozialistischen Literatur; und drittens einem Anhang, in dem die seit der Erstauflage erschienene Zinsliteratur besprochen wird“ (Kurz 1994b, S. 46).

„Eine „dynamische“ Theorie des Kapitalzinses“ (1913);

„Macht oder ökonomisches Gesetz?“ (1914).

10.8.4.1 Böhm-Bawerk als Marx-Kritiker

Böhm-Bawerk formulierte bereits frühzeitig und sehr konsequent Einwendungen gegen das System von Marx. Kernstück seiner Marx-kritik war sein 1896 erschienener Aufsatz: „Zum Abschluss des Marxschen Systems“. Hier kritisierte er, nachdem ja der dritte Band des „Kapital“, von Engels herausgegeben, endlich erschienen war, das Transformationsproblem, d.h. die Transformation von Werten in Preise. Sein scharfes abschließendes Urteil: „Das Marxsche System hat eine Vergangenheit und eine Gegenwart, aber keine Zukunft“.

Eine der Fragen, die er kritisch aufwarf, war, ob es möglich ist, auch in einem anderen Wirtschaftssystem als dem Kapitalismus, die „Ausbeutung“ abzuschaffen. Böhm-Bawerk verneinte diese Frage, „indem er auf die Voraussetzungen der Sozialisten eintrat und nachwies, dass die Phänomene, auf die er Zins und Gewinn zurückführte, die Mehrergiebigkeit der Produktionsumwege und die Gegenwartspräferenz, auch in einer Gesellschaft mit verstaatlichtem Eigentum an Produktionsmitteln auftreten müssten ... sein Nachweis, dass auch im Sozialismus die Arbeit so entgolten werden müsste, dass ein Arbeitspreis impliziert wäre, der hinter dem Preis des künftigen Arbeitsprodukts zurückbliebe, ist brillant“ (Schefold 1991c, S. 32/33).

Meines Erachtens besonders bedeutsam und zukunftswirksam in der Auseinandersetzung mit dem Marxismus war Böhm-Bawerks Überlegung, dass der Zins keine Eigenheit des Kapitalismus darstellt, sondern auch in gedachten sozialistischen Systemen ohne Privateigentum notwendig sei, damit ein solches System funktionieren könne. Allgemein: Immer wenn gegenwärtige und zukünftige Güter ins Spiel kommen und ausgetauscht werden müssen, ist die Kategorie: Zins unabdingbar. Ein Zins sei ja notwendig, um die Produktionsfaktoren in ihre effizienteste Verwendung zu lenken, und sei es nur, indem man mit einem Zins „rechnet". Ich darf bewertend hinzufügen, das Exempel des real existierenden Sozialismus lieferte ein gutes Beispiel für diese Auffassung Böhm-Bawerks.

10.8.4.2 Böhm-Bawerk als Theoriehistoriker

In seinem Werk „Geschichte und Kritik der Kapital-Zins-Theorien" (1884), das der theoretischen Dogmengeschichtsschreibung zugerechnet werden muss, untersuchte Böhm-Bawerk eine große Zahl der in der Ökonomiegeschichte vorhandenen Zinstheorien (von etwa 100 bedeutenden und weniger bedeutenden Ökonomen). Zu diesem Zwecke klassifizierte er sie in „Fruktifikationstheorien", „Farblose Theorien" (dies sind solche Zinstheorien, die sich „mit den von Turgot und Smith gegebenen Antworten begnügen" und bei ihnen stehen bleiben), „Produktivitätstheorien, naiv oder motiviert", „Nutzungstheorien", „Abstinenztheorien", „Arbeitstheorien", „Ausbeutungstheorien", „Eklektische Theorien". Es ist hier in dieser Einführung nicht der geeignete Ort, alle oder auch nur einige der von ihm besprochenen und kritisierten Zinstheorien zusammen mit seiner Kritik darzulegen (einen guten Überblick bietet Kurz 1994b).

Hier das abschließende Urteil des renommierten Dogmenhistorikers Heinz Kurz: „Die Geschichte und Kritik der Kapitalzins-Theorien ist ein eindrucksvolles Dokument der Gelehrsamkeit, geistigen Kraft, intellektuellen Entschlossenheit, Kampfeslust und Fabulierkunst ihres Verfassers. Das Buch spannt einen weiten Bogen: von kapital- und zinstheoretischen Vorstellungen in der Antike bis zu solchen der jüngeren Vergangenheit. Es entreißt zahlreiche Autoren dem Vergessen, sichtet und sichert das geistige Erbe jahrhundertelanger Bemühungen ... Voller interessanter Querverweise, origineller Ideen, gelungener Pointen, scharfsinniger Kritiken und amüsanter Beobachtungen sind weite Partien des Werkes lehrreich und ein literarisches Vergnügen" (Kurz 1994b, S. 104). Aber dann folgen die Schattenseiten: „Die andere Seite des Buches sind seine Unausgewogenheit, seine mitunter pedantische Besserwisserei, seine ungerechtfertigten Urteile, gravierenden Missverständnisse und beißenden Polemiken. Autoren wie Boisguilbert,

Cantillon oder Bailey finden keine Erwähnung. Walras werden nur wenige Zeilen gewidmet, einem Carey oder Rodbertus hingegen lange Passagen. Die Profittheorie Ricardos bereitet Böhm-Bawerk größte Schwierigkeiten und gibt ihm Anlass zu gründlichen Missverständnissen" (Kurz 1994b, S. 105).

In der Einleitung zu der mir vorliegenden dritten (durchgesehenen und vermehrten) Auflage seiner „Geschichte und Kritik" (Innsbruck 1914) begründete Böhm-Bawerk seine Beschäftigung mit der Geschichte der Zins- und Kapitalprobleme wie folgt: „Es zweifelt niemand, dass diese Materie zu den wichtigsten gehört, deren Erforschung unserer Wissenschaft obliegt; es zweifelt niemand, dass sie auch zu den schwierigsten zählt; und leider dürfte auch niemand zweifeln, dass sie zu denjenigen Objekten unserer Wissenschaft zählt, die bis jetzt am wenigsten zufriedenstellend bearbeitet sind … Hier nach Kräften der einigenden Wahrheit entgegenzustreben, schien mir zugleich Lust und Pflicht" (Böhm-Bawerk 1914, S. IX).

„Unter den Einzelfragen, die in die Lehre vom Kapitale einschlagen, ist keine wichtiger, aber auch keine verworrener als die Frage des Kapitalzinses. Wer sich die Mühe nimmt, wird vielleicht ein Dutzend, vielleicht wohl auch zwei Dutzend verschiedener Zinstheorien auszählen können. Sollte ich nun einfach auf die vorhandenen vierundzwanzig Theorien eine fünfundzwanzigste setzen? Das hätte wahrscheinlich den Meinungswirrwarr nicht zu verkleinern, sondern zu vergrößern geholfen …" (Böhm-Bawerk 1914, S. X).

Als Hauptgründe, die einer „fruchtbaren Erledigung der Kontroverse bis hierher hindernd in den Weg traten", nannte Böhm-Bawerk: „einerseits die Überwucherung des rein theoretischen durch das leidenschaftlich erregte sozialpolitische Interesse, das man an der Frage nahm; und andererseits die vorwiegend historische Richtung der neueren Nationalökonomie, die in erster Linie das Interesse, dann aber auch die Befähigung derselben für die Bewältigung streng theoretischer Probleme herabsetzte" (Böhm-Bawerk 1914, S. XI).

Trotz dieser in der Einleitung gegebenen Begründungen für das Werk diente es Böhm-Bawerk eigentlich als eine Art Vorspann für seine eigene Zinstheorie. „Gleichwohl enthält das … Werk zahlreiche Hinweise auf seine Theorie, und es ist vollkommen sicher, dass er sie zumindest in groben Umrissen entwickelt hatte, lange bevor er sich daran machte, die „Geschichte" zu schreiben" (Blaug 1994b, S. 115). Er schrieb nämlich bereits in seiner „Geschichte": „Ich halte es nämlich zwar für einen vollkommen richtigen Gedanken, dass der Zins seine letzte Wurzel in einer verschiedenen Schätzung gegenwärtiger und künftiger Güter hat … Aber es sind auch die technischen Produktionsmethoden, die hier ihren Einfluss üben … Die Schwierigkeit – und zwar, wie ich glaube, zugleich die größte und pikanteste Schwierigkeit des ganzen Zinsproblems – ist nun darzulegen, in welcher Weise und durch welche Mittelglieder hindurch jene heterogenen, teils objektiv technischen, teils höchst subjektiv psychologischen Teilursachen ineinander und zum Schlussergebnis unseres erfahrungsmäßigen einheitlichen Kapitalzinses wirken“ (Böhm-Bawerk, Geschichte … zitiert in: Blaug 1994b, S. 115/116).

Meine eigene (wertende) Einschätzung: Böhm-Bawerks „Geschichte und Kritik der Kapitalzins-Theorien“ ist eine zutiefst parteiische Sichtung der in der Theoriegeschichte vorhandenen zinstheoretischen Ansätze. Um die eigene Agio-Theorie im voraus in das richtige positive Licht zu rücken, wurden die Arbeiten seiner Vorläufer hart, oft zu hart, und manchmal auch mit unkorrekten Argumenten kritisiert. „Aber man wird bei der Lektüre von Böhm-Bawerks dogmenhistorischer Studie zur kritischen Vorbereitung seines theoretischen Hauptwerkes – denn das war die Funktion des publizierten Bandes für Böhm-Bawerks geistige Entwicklung – überrascht feststellen, wie oft er sich veranlasst sieht, ausführlich auf deutsche Autoren einzugehen“ (Schefold 1994d, S. 26).

Man kann also feststellen: Bereits in Kenntnis seiner eigenen Zinstheorie, der in seinen Augen einzig richtigen und konsistenten Zinstheorie, kritisierte bzw. urteilte Böhm-Bawerk die vielen anderen Theorien ab, dabei oft polemisch und gegenüber seinen Vorgängern kleinlich. Trotz „der frappierenden Ähnlichkeit der Theorien von Senior, von Thünen, Rae und Marshall mit seinen eigenen, billigt er keinem von ihnen mehr zu, als einen unzulänglichen flüchtigen Eindruck der „wahren“ Theorie erhascht zu haben, und jedem von ihnen hat er für dieses und jenes Missverständnis kräftig auf die Finger geklopft. Darin teilen sie das Schicksal dutzender anderer Autoren, die einfach als von Anfang bis Ende mit Fehlern behaftet charakterisiert werden“ (Blaug 1994b, S. 116).

Nachdenkenswert ist Mark Blaugs Schlusskommentar: „Vielleicht ist es die wichtigste Lektion, die wir aus Böhm-Bawerks „Geschichte und Kritik der Kapitalzins-Theorien“ lernen, dass die großen kreativen Ökonomen selten die besten Dogmenhistoriker sind. Wie für Ricardo, Marx, Marshall und Keynes war es auch Böhm-Bawerk unmöglich, einen anderen Denker anders als durch die Brille seines eigenen Schaffens zu sehen“ (Blaug 1994b, S. 125).

10.8.4.3 Böhm-Bawerk als Kapital- und Zinstheoretiker

„Stärkeren Anklang als die Zurechnungslehre fanden Lohn- und Zinstheorie, vor allem die von Böhm-Bawerk vorgelegte Rehabilitierung der Lohnfondstheorie und der „Agiotheorie“ des Zinses. Im naturalökonomischen Sinne ist für Böhm-Bawerk die Kapitalbildung von einem zur Verfügung stehenden „Subsistenzmittelfonds“ abhängig, aus dem die an der Herstellung der Kapitalgüter beteiligten Arbeiter unterhalten werden. Der Zeitraum zwischen Herstellungsbeginn und Nutzung der Kapitalgüter muss überbrückt werden“ (Brandt 1993, Band 2, S. 310/311).

In der Regel wird der Kern seiner Zinstheorie in der üblichen Theoriegeschichtsschreibung in drei Gründen, den „drei Zinsgründen“, zusammengefasst (Formulierungen nach Brandt 1993, Band 2, S. 311):

(1) Die Verschiedenheit von Bedarf und Deckung in Gegenwart und Zukunft, gepaart mit dem Vertrauen auf eine hinreichend gute zukünftige Versorgung. Es wird erwartet, dass in Zukunft mehr Güter zur Verfügung stehen als in der Gegenwart. Man könne im allgemeinen mit einem wachsenden Einkommen in der Zukunft rechnen;

(2) Die Minderschätzung zukünftiger Güter gleicher Art und Zahl gegenüber gegenwärtigen Gütern, aus der eine systematische Unterschätzung des in Zukunft zu befriedigenden Bedarfs spricht;

(3) Der Mehrergiebigkeit längerer Produktionsumwege, die sicherstellt, dass vermehrter Kapitaleinsatz eine Produktionssteigerung nach sich zieht. Diese Mehrergiebigkeit der Produktionsumwege fasste Böhm-Bawerk als physische Produktivität des Kapitals auf und als notwendige Voraussetzung für sein Kapitalzinsmodell, das die Wertproduktivität des Kapitals erklären musste.

- Kapital war für Böhm-Bawerk kein selbständiger, originärer Produktionsfaktor, wie Arbeit und Boden, sondern war aus diesen Faktoren abgeleitet. „Den schärfsten Angriff gegen die Triade aber führte Böhm-Bawerk. In einer seiner brillantesten kritischen Arbeiten zerstörte er nicht nur die oben erwähnte Zinstheorie, sondern bekämpfte auch die Idee, dass das „physische“ Kapital ein besonderer Produktionsfaktor sei, der genauso behandelt werden muss wie die „originären“ Faktoren Arbeit und Boden“ (Schumpeter 1965, S. 1099). Das Kapital war bei ihm die Menge aller Zwischenprodukte, die auf den einzelnen Etappen eines „Produktionsumweges“ produziert und verwendet wurde. Die Arbeit als originärer Produktionsfaktor wurde quasi auf Produktionsumwege verschiedener Länge geschickt. Dabei wurde der Begriff der durchschnittlichen Produktionsperiode, genauer der „gleichmäßig ausgefüllten durchschnittlichen Produktionsperiode“ eingeführt, „die den zeitlichen Abstand zwischen der Bereitstellung der Produktionsmittel und der Vollendung des Produkts messen soll“ (Schefold 1991c, S. 26). Entscheidende Vorstellung von Böhm-Bawerk war hier der zeitliche Abstand zwischen dem Einsatz der originären Faktormenge und der schließlichen Umwandlung in Konsumgüter. „Mit Rücksicht auf die verschiedene Entfernung von der Genussreife gliedert sich die gesamte Kapitalmasse in eine Anzahl von Reife- oder Jahresklassen, die sich überaus zutreffend unter dem Bild konzentrischer Jahresringe vorstellen lassen“ (Böhm-Bawerk zitiert in: Belloc 1991, S. 68). Und dabei wird die niedrigste Reifeklasse durch den innersten Ring gekennzeichnet;

- Seinen Kapitalbegriff sah Böhm-Bawerk als unabhängig von der jeweiligen Gesellschaftsform. „Kapitalgüter sind das Produkt vorangegangener Primärinputs und können auf diese zurückgeführt werden … Die Analyse habe dabei nicht bei den an der Oberfläche sichtbaren Phänomenen, den Kapitalgütern, anzusetzen, sondern bei der diesen Oberflächenphänomenen zugrunde liegenden Zeitstruktur der Primärinputs … Die Kapitalgüter sind somit nur die Implikation und äußere Erscheinungsform eines grundlegenden Prozesses, den Böhm-Bawerk Produktionsumweg nennt. Dieser grundlegende Prozess, der sich auf der Zeitachse abspielt, ist wegen der Arbeitsteilung nicht unmittelbar sichtbar“ (Orosel 1985, S. 10).
- Der Produktionserfolg nimmt mit der größeren Länge der Produktionsumwege zu, allerdings mit abnehmender Rate. „Mit zunehmendem zeitlichen Abstand zwischen den Primärinputs und dem zugehörigen Konsumoutput erhöht sich ceteris paribus die Produktion an Konsumgütern pro Kopf, d.h. je länger der Produktionsumweg, desto höher die Konsumgüterproduktion pro Arbeitseinheit“ (Orosel 1985, S. 11). Böhm-Bawerk schreibt hierzu: „Dass das Einschlagen von Produktionsumwegen zu größeren Produktionserfolgen führt, ist einer der wichtigsten und grundlegendsten Sätze der gesamten Produktionstheorie. Es muss nachdrücklich ausgesprochen werden, dass seine Stütze die praktische Lebenserfahrung und nur diese ist“ (Böhm-Bawerk zitiert in: Kurz 1994b, S. 66, Fußnote 27);

Daraus folgt dann zusammen mit den psychologischen Faktoren: „Ein positiver Wertunterschied zwischen gegenwärtigen und zukünftigen Gütern ist aber äquivalent zu einem positiven Nettozins. Der positive

Nettozins erklärt sich somit aus der TECHNISCHEN Überlegenheit früher aufgewandter Primärinputs gegenüber später aufgewandten Primärinputs und aus der PSYCHOLOGISCHEN Überlegenheit früher verfügbarer Konsumgüter gegenüber später verfügbaren Konsumgütern" (Orosel 1985, S. 12);

- Erfindungen wurden in diesem Zusammenhang als die Entdeckung ergiebigerer Produktionsumwege aufgefasst;
- Böhm-Bawerk behandelte das Problem der Bestimmung des Zinsniveaus letztlich als ein Problem des allgemeinen Gleichgewichts, und zwar eines intertemporalen allgemeinen Gleichgewichts, auch wenn ihm nicht die Mathematik zur Verfügung stand, dies formal darzustellen. „... er brachte klar zum Ausdruck, dass weder der Aspekt der intertemporalen Konsumwahl noch der Aspekt der intertemporalen Produktionswahl für sich allein ermöglichen konnten zu verstehen, wie sich der Zins bestimmt" (Belloc 1991, S. 67). Bei ihm hing das Zinsniveau gleichermaßen von Präferenzen (Nachfrageseite) und von Produktionsbedingungen (Angebotsseite) ab;
- Dass spätere Genüsse und Werte niedriger eingestuft werden als gegenwärtige, sei eine gegebene Tatsache, direkt eine angeborene Eigenschaft des Menschen;
- Der Zins wurde aus einem intertemporalen Tausch abgeleitet. Ein Gegenwartsgut wurde gegen ein zukünftiges eingetauscht. Der Zins war also nicht der Preis für eine „Abstinenz", sondern ein Austauschverhältnis zwischen Zukunfts- und Gegenwartsgütern, also ein intertemporales Tauschverhältnis. Der Zins müsse als ein Phänomen zur Erklärung von Gütern in der Zeit verstanden werden. Dabei darf „der für Böhm-Bawerks Theorie zentrale Begriff der Zeit nicht als HISTORISCHE Zeit interpretiert werden, sondern immer als GEDACHTE Zeit des Modells (als LOGISCHE Zeit im Sinne von Joan Robinson 1980)" (Orosel 1985, S. 6). Der Zeitfaktor, der zeitliche Unterschied zwischen den Gütern, spielte bei Böhm-Bawerk die entscheidende Rolle. Die Tauschverhältnisse für verschiedene Waren können dabei im intertemporalen allgemeinen Gleichgewicht durchaus verschieden sein. Es gibt grundsätzlich so viele Tauschverhältnisse, wie es Güter gibt. Es gibt damit keinen Zinssatz für eine gegebene Periode, der für jedes Gut gilt, sondern einen Zinssatz für jedes Gut für eine gegebene Periode;

- Der Zins war für Böhm-Bawerk nicht der Preis des Geldes, sondern letztlich ein Preis für die Zeit und belohnte den Ausleiher für seine hypothetische Konsumverschiebung;
- Der Zins war bei ihm nicht Teil des Mehrwertes und auch keine Art von Unternehmerlohn; „Schließlich hängt die zur Verfügung gestellte Kapitalmenge ab vom Gleichgewicht zwischen jenen, deren Minderschätzung der Zukunft, gegeben r als Zinssatz, relativ kleiner ist und die deshalb als Kapitalgeber auftreten, und jenen, deren Minderschätzung der Zukunft bei r relativ größer ist, und die deshalb Kapital nachfragen … Hinter der kompakten Formel, die von Böhm-Bawerk nur implizit in seinen Tabellen ausgedrückt wird, verbirgt sich also ein komplexes, in seiner Intention intertemporales Gleichgewicht. Es muss Preise, insbesondere Faktorpreise bestimmen, bei denen die Pläne aller am Wirtschaftsprozess Beteiligten simultan erfüllt werden können“ (Schefold 1991c, S. 29).

Knut Wicksell merkte zur Böhm-Bawerkschen Zinsbestimmung an: Die Behandlung der Bestimmung der ZinsHÖHE ist „dem Wesen nach eine mathematische, obwohl er der Anwendung mathematischer Symbole prinzipiell ausweicht und mit der Aufstellung hypothetischer Zahlenreihen in tabellarischer Form auszukommen sucht. Diese Methode, die vielleicht für Leser ohne mathematische Vorkenntnisse einige Vorteile haben mag, ist doch in mehrfacher Hinsicht eine recht unbeholfene und hat wohl auch den Verfasser selbst zu fehlerhaften Schlussfolgerungen verleitet“ (Knut Wicksell 1893 zitiert in: Schneider 1962, S. 11, Fußnote 1).

Klaus Hinrich Hennings (1937-1986), der sich intensiv mit dem Werk Böhm-Bawerks befasste, fasste zusammen: „Böhm-Bawerk verband in seiner Theorie drei Modelle miteinander: ein Tauschmodell, ein Produktionsmodell und ein Nutzungsmodell … Das Tauschmodell entwickelt Mengers Werttheorie weiter, indem es intertemporales Verhalten betrachtet, Ebenso wie das Nutzungsmodell stellt es in typisch neoklassischer Weise individuelles Verhalten in den Mittelpunkt. Das Produktionsmodell dagegen basiert stark auf klassischen Vorstellungen, die eher gesamtwirtschaftliche Verhältnisse als individuelles Verhalten in den Mittelpunkt stellen“ (Klaus Hinrich Hennings zitiert in: Kommentarband zu Böhm-Bawerk, Düsseldorf 1991, S. 8).

Böhm-Bawerk war sich im Übrigen selbst klar darüber, dass er etwas Neues schuf. So schrieb er im Vorwort zur ersten Auflage seines Werkes „Positive Theorie des Kapitales“: „Später, als ich dachte, lasse ich der „Geschichte und Kritik der Kapitalzins-Theorien“ nunmehr meine „Positive Theorie des Kapitales“ folgen. Das Schwergewicht derselben liegt in der Theorie des Kapitalzinses. Während ich in den übrigen Teilen dieses Werkes wenigstens im Grossen und Ganzen den Spuren der bisherigen Theorie zu folgen in der Lage war, habe ich für die Erscheinung des Kapitalzinses eine Erklärung vorzutragen, die sich in vollständig neuen Bahnen bewegt. Ich darf wohl sagen: in vollständig neuen Bahnen“.

Natürlich wurde die Kapital- und Zinstheorie von Böhm-Bawerk von zahlreichen Autoren kritisiert. Einige der wichtigeren Kritikpunkte seien hier nur kurz angemerkt:

- Böhm-Bawerks Zinserklärung sei naturalwirtschaftlich. Tatsächlich sei der Zins aber ein monetäres Phänomen, und monetäre Faktoren ließen sich nur schlecht in Böhm-Bawerks Ansatz berücksichtigen;
- Die Definition der „durchschnittlichen Produktionsperiode“ war: die Zeit, die „durchschnittlich zwischen dem Aufwand der sukzessive in einem Werk verwendeten originalen Produktivkräfte, Arbeit und Bodennutzungen, und der Fertigstellung der schließlichen Genussgüter vergeht. Die Kritik daran lief darauf hinaus, diese von Böhm-Bawerk oben definierte und verwendete „Produktionsperiode“ sei nicht wirklich messbar: „Man kann ... fragen, ob es überhaupt eine Messvorschrift für die Länge der Produktionsperiode gibt, die mit den Voraussetzungen und intendierten Schlussfolgerungen der Theorie konsistent wäre“ (Schefold 1991c, S. 40). Zudem würde eine korrekte Ermittlung von Produktionsperioden auch wegen der vielen „Rückversetzungen“, d.h. Produktionsmittel werden aus konsumnäheren in konsumfernere Produktionsstufen versetzt, nicht wirklich möglich sein. Fazit: Das Konzept der durchschnittlichen Produktionsperiode ist nicht nur unbefriedigend sondern lässt sich nicht wirklich durchführen, ist also unbrauchbar;
- Das aus empirischen Beobachtungen gewonnene Gesetz der Mehrergiebigkeit längerer Produktionsumwege sei in vielen Fällen nicht gültig. Investitionen würden auch nicht immer dazu beitragen, die „Indirektheit“ der Produktion zu erhöhen;
- Böhm-Bawerk verwendete für seine Überlegungen den einfachen Zins und nicht den Zinseszins. Dies spielt bei niedrigen Zinssätzen keine große Rolle. Aber für höhere Zinssätze ist diese Unterscheidung nicht mehr vernachlässigbar: Ergebnisse und Beweisführungen ändern sich erheblich, je nachdem, ob man mit einem einfachen Zins oder mit ei-

nem Zinseszins operiert. Bernard Belloc vermerkt hier kritisch: „Da Böhm-Bawerk in seiner Analyse die Zinseszinsen vernachlässigte, konnte er nicht die wahre Natur der Beziehung zwischen Zins und Produktionsperiode erfassen: Jede Zinsänderung bewirkt eine intertemporale Substitution zwischen Outputs und Inputs“ (Belloc 1991, S. 81);

- Der Kapitalbestand am Anfang der Periode, in der er die Faktorpreise im Gleichgewicht ableiten möchte, wurde in seiner Wertgröße als gegeben betrachtet. „Nun besteht der Kapitalstock aber, und Böhm-Bawerk selbst hebt das hervor, aus heterogenen Güter, die der Reproduktion dienen und die bewertet werden müssen. Zu dieser Bewertung sind Preise erforderlich. Diese Preise hängen selbst vom Zinssatz ab, der im Gleichgewicht noch bestimmt werden muss, so dass man sich in einem Zirkel bewegt“ (Schefold 1991c, S. 43);
- In Böhm-Bawerks Ansatz ließen sich keine dauerhaften Kapitalgüter berücksichtigen: „Es genügt, darauf hinzuweisen, dass bei Berücksichtigung von dauerhaften Kapitalgütern die Darstellung von Produktionstechniken in Form datierter Primärinputs entweder überhaupt nicht möglich ist oder sich zumindest der Typ der temporalen Struktur erheblich ändert“ (Orosel 1985, S. 24).

Zum Ende dieses Abschnittes sei eine Zusammenfassung von Joseph Alois Schumpeter angeführt: „Wir wollen hier Böhm-Bawerks Eintreten für das Grenznutzen-Prinzip, seine Kritik an Marx und einige weitere nennenswerten Arbeiten übergehen und nach dem Wesen und der Bedeutung seines Hauptbeitrages fragen. Die übliche Antwort lautet: Eine Zinstheorie und im Zusammenhang damit die „Produktionsperiode“. Diese Antwort aber ist völlig unzulänglich. Die Böhm-Bawerksche Zinstheorie und die Produktionsperiode sind nur zwei Elemente eines umfassenden Modells des Wirtschaftsablaufs, dessen Wurzeln auf Ricardo zurückgehen und das dem Marxschen vergleichbar ist … Wenn wir ihm in der Geschichte der Volkswirtschaftslehre eine Bezeichnung geben wollten, müssten wir ihn als einen bürgerlichen Marx bezeichnen“ (Schumpeter 1965, S. 1032/1033).

10.8.4.4 Weitere Überlegungen Böhm-Bawerks

Neben seinen Überlegungen zu Kapital- und Zinsproblemen hat Böhm-Bawerk auch versucht, die subjektive Wertlehre auf der Grundlage von Carl Mengers Arbeiten auszubauen. „Die werttheoretischen Schriften von Böhm-Bawerk … gehören heute zum literaturgeschichtlichen Grundstock der

Grenznutzenschule. Von Böhm-Bawerk sind zunächst zwei Aufsätze anzuführen: „Grundzüge der Theorie des wirtschaftlichen Güterwertes“ (1886) und „Wert, Kosten und Grenznutzen“ (1892). Auch sein Hauptwerk „Kapital und Kapitalzins“ ist nicht nur Produktions- und Kapitaltheorie, sondern enthält alle grundlegenden Bestimmungen der Wert- und Preislehre“ (Brandt 1993, Band 2, S. 302). So bemühte er sich vor allem auch um den Ausbau der von Menger begonnenen Zurechnungstheorie.

Hier muss auch sein „Theorem der Grenzpaare“ genannt werden, in dem Böhm-Bawerk die elementaren Bestimmungsgründe der Preisbildung sah, und das besagte, der Marktpreis würde bei Wettbewerb auf Angebots- und Nachfrageseite nach oben begrenzt durch die Wertschätzung des letzten noch zum Tausch gelangenden Käufers und des ersten nicht mehr zum Zuge kommenden Verkäufers und nach unten analog durch die Wertschätzung des letzten gerade noch zum Tausch gekommenen Verkäufern und des ersten vom Tausch ausgeschlossenen Käufers. Kolb urteilt darüber, dass der Aussagewert dieses Theorems der Grenzpaare praktisch gleich Null ist. Nichts würde erklärt, die Aussage beinhalte lediglich eine Tautologie (Kolb 1997, S. 125).

Böhm-Bawerk hat Nutzen und Grenznutzen als messbare Größe aufgefasst. Im Methodenstreit unterstützte er vorbehaltlos die Position seines Lehrers Carl Menger.

Nachhaltig wirkten seine Überlegungen zu „Macht oder ökonomisches Gesetz“. Letztlich müsse sich seiner Meinung nach auch ein mächtiger Staat gewissen ökonomischen Gesetzmäßigkeiten beugen, in der Wirtschaft wirke Macht auf Dauer nur durch ökonomische Gesetze und nicht gegen sie. Originalton Böhm Bawerk in „Macht oder ökonomisches Gesetz?“ (1914): „Und noch eines kann, wie ich genügend anschaulich gemacht zu haben hoffe, auch das gebieterischste Machtdiktat nicht: es kann nicht gegen, sondern nur innerhalb der ökonomischen Wert-, Preis- und Verteilungsgesetze wirken, sie nicht aufhebend, sondern bestätigend und erfüllend“. Er schränkt dann allerdings ein: „Das primäre Objekt jeder wissenschaftlichen Verteilungstheorie und damit auch dasjenige Objekt, welchem die hier geschilderten alten Streitfragen galten, ist nun die funktionelle Verteilung; und demgemäß beziehen sich auch die Sätze, die ich oben über die Grenzen des Einflusses künstlicher Machtdiktate auf die Verteilung aufstellen zu dürfe glaubte, lediglich auf die funktionelle Verteilung. Für den Einfluss der Macht auf die personelle Verteilung sind die Grenzen ungleich weiter gesteckt – nach Intensität sowohl wie nach Dauer des Einflusses.“

Böhm-Bawerk beschäftigte sich in diesem Aufsatz also mit den Spielräumen, die die „Macht“ im Rahmen der Wirtschaft hat. Eine Anwendung erfolgte im Rahmen der Auseinandersetzungen bei den Lohnkämpfen. „Er möchte zeigen, dass auch der Streik die Festsetzung des Reallohns auf dem vom ökonomischen Gesetz vorgegebenen Niveau auf Dauer nicht verhindern kann. Eine Verteilung gemäß der Grenzproduktivitätstheorie muss sich schließlich herausbilden“ (Schefold 1991c, S. 36).

10.8.4.5 Wirkungen und Nachwirkungen von Böhm-Bawerk

Zum Verständnis der Wirkungen von Böhm-Bawerks Schriften muss man sich die Situation der zeitgenössischen Ökonomik vor Augen führen. Mark Blaug charakterisiert die Situation der damaligen Ökonomik wie folgt: „In England und Frankreich jedoch, ganz zu schweigen von Deutschland und den Vereinigten Staaten, waren diese achtziger Jahre eine Periode, in der das Alte und das Neue, die klassische und die neoklassische Ökonomie, zu einem unsicheren modus vivendi verschmolzen ... Die sogenannte „Marginalistische Revolution“ war mehr eine marginale Evolution, die nicht vor 1914 oder eigentlich erst in den zwanziger Jahren des 20. Jahrhunderts in allen Zweigen der Ökonomie zu ihrer vollen Entfaltung kam“ (Blaug 1994b, S. 112).

Zurück zu Böhm-Bawerk: In seinem Seminar saßen neben den bekannten Ökonomen Joseph A. Schumpeter (1883-1950) und Ludwig von Mises (1881-1973) unter anderen die beiden Austromarxisten Otto Bauer (1881-1938) und Rudolf Hilferding (1877-1941), Emil Lederer (1882-1939), Karl Pribram (1877-1973) und der Bankier Felix Somary (1881-1956) sowie Otto von Zwiedineck Südenhorst (1871-1957). Man kann sich daraufhin vorstellen, auf welch hohem Niveau hier Debatten ausgefochten wurden, man denke nur an Böhm-Bawerks Marx-Kritik und die Repliken der anwesenden Marxisten.

„Mit seiner Kapitaltheorie hat sich Böhm-Bawerk gleichsam zwischen alle Stühle gesetzt. Von marxistischer Seite wurde er abgelehnt, weil gemäß seiner Theorie Kapitaleinkommen nicht auf Ausbeutung beruhen, von neoklassischer Seite, weil er – ähnlich wie Marx – Kapital auf vorgetane Arbeit zurückführt und die Vorstellung von einem „Produktionsfaktor Kapital“, der eine selbständige Produktivkraft besitze, zurückweist. Böhm-Bawerk erachtete die marxistischen Ausbeutungstheorien als falsch, die meisten Theorien seiner neoklassischen Zeitgenossen als oberflächlich. Kein Wunder, dass er von beiden Seiten abgelehnt wurde“ (Orosel 1985, S. 13).

Es war deshalb nicht verwunderlich, dass Böhm-Bawerks „Positive Theorie des Kapitals“ heftige wissenschaftliche Kontroversen auslöste. Aus heutiger Sicht muss man hierzu allerdings feststellen: Es waren zumeist einzelne Aussagen, die kritisiert wurden. Böhm-Bawerks Gesamtkonzeption wurde letztlich akzeptiert, ja seine Sichtweise der Zinstheorie als einer intertemporalen Werttheorie wurde Bestandteil der neoklassischen Theorie. In den zwanziger Jahren des 20. Jahrhunderts entwickelten Ludwig von Mises (1881-1973) und später dessen Schüler Friedrich August von Hayek (1899-1992) die sogenannte „Österreichische Konjunkturtheorie“, die Böhm-Bawerks kapitaltheoretische Ansätze mit der Geldtheorie verknüpfte.

Und unbestritten bleibt: „dass Böhm-Bawerk der Entwicklung der neoklassischen und spezieller der österreichischen Theorie entscheidende Anstöße gegeben hat“ (Schefold 1991c, S. 47). Bernard Belloc schreibt Böhm-Bawerk als bleibende Leistung zu, seine Kapital- und Zinstheorie sei „die erste vollständige und genaue Analyse der Bedeutung des Kapitals im Produktionsprozess“ und „der erste wissenschaftliche Versuch, die Existenz eines positiven Zinses zu erklären“ (Belloc 1991, S. 65).

Klaus Hinrich Hennings betonte: „Böhm-Bawerks überragende Leistung besteht darin, ein Problem formuliert und Wege zu seiner Lösung gewiesen zu haben. Klarer als die meisten Ökonomen vor ihm sah er die Notwendigkeit, den Kapitalertrag gleichzeitig auf das Verhalten der wirtschaftenden Menschen und auf die technischen Gegebenheiten der Produktion zurückzuführen und dabei zu bedenken, dass der Kapitalertrag seinerseits eine Rolle spielt bei der Wahl der jeweiligen Produktionsmethoden ... Böhm-Bawerks eigene Lösung verband Elemente der klassischen Theorie mit solchen der neoklassischen Theorie, deren entschiedener Verfechter und Verbreiter er war ... Insbesondere die neoklassischen Elemente der Böhm-Bawerkschen Theorie sind zum festen Bestandteil ökonomischen Denkens geworden. Dazu gehören ... der Begriff der Zeitpräferenz, der Nachweis, dass der Kapitalertrag in einer Wirtschaft ohne Produktion auf unterschiedlichen Zeitpräferenzen beruht, und die Einsicht, dass er nicht der Preis für irgendeine besondere Dienstleistung ist, sondern die Konsequenz intertemporaler Bewertungsunterschiede“ (Klaus Hinrich Hennings 1989 zitiert in: Kommentarband zu Böhm-Bawerk, Düsseldorf 1994, S. 35).

Knut Wicksell drückte seine positive Einschätzung des Werkes folgendermaßen aus: „Man kann demnach mit Fug und Recht behaupten, dass sein Werk, wenn auch in teilweise mangelhafter Darstellung, die wirkliche, definitive Kapitaltheorie enthalte ...“ (Wicksell 1913 zitiert in: Bernholz 1994,

S. 129). Und auch Irving Fisher (1867-1947) lobte Böhm-Bawerks Überlegungen zum Zins, wenngleich mit Einschränkungen.

Und Böhm-Bawerk selbst stand zu dieser seiner Theorie. „Wie wenig Böhm-Bawerk sich in seinen Kerngedanken beirren ließ, beweisen die zahlreichen, in seinen Werken dokumentierten Kontroversen. Die Klarstellungen, die er selbst für die bedeutendsten und unmittelbar ans Buch anzuschließenden hielt, hat er in einem weiteren Band „Exkurse zur Positiven Theorie des Kapitals" zusammengestellt, die er der dritten Auflage beigab" (Schefold 1991c, S. 21).

Die internationale Anerkennung, die Böhm-Bawerk erfuhr, zeigte sich auch darin, dass seine 1884 erschienene Anhandlung „Geschichte und Kritik der Kapitalzins-Theorien" bereits 1890 ins Englische übersetzt wurde, seine „Positive Theorie des Kapitals" (1889) 1891. Zum Vergleich: Mengers „Untersuchungen" wurden erst 1963 ins Englische übersetzt, seine „Grundsätze" 1976.

Generell kann man festhalten, dass Böhm-Bawerks Lehre enger an Carl Menger angelehnt ist, als die Arbeiten Friedrich von Wiesers, auch wenn er zahlreiche Elemente älterer Doktrinen im Rahmen seiner produktionstheoretischen Überlegungen in seine Theorie aufnahm. Übereinstimmung zwischen Böhm-Bawerk und Wieser bestand allerdings bezüglich ihrer marginalanalytischen Vorgehensweise, ihrem methodologischen Individualismus und ihren Vorbehalten gegenüber einer mathematischen Wirtschaftstheorie.

Ein persönliches Werturteil: Ich finde besonders beachtlich an Böhm-Bawerk zum einen seine Verknüpfung zwischen Theorie und erfolgreicher Praxis, zum anderen, dass er die Bedeutung der Zeit in der Wirtschaftstheorie, im Rahmen der zeitlichen Struktur der Produktion mit Kapitalgütern, nachdrücklich unterstrichen hat. Produktion war für ihn ein zeitlicher Prozess. Peter Bernholz schreibt dazu meines Erachtens zu Recht: „Wir folgern, dass Böhm-Bawerk uns die Augen für die Bedeutung der Zeit in der Kapitalproduktion geöffnet hat, jedoch bei seiner inadäquaten Analyse der damit verbundenen Probleme strauchelte. Er hatte die richtige Intuition, aber zur Ausarbeitung der Implikationen wären eine bessere Analyse und eine Weiterentwicklung der mathematischen Ökonomik nötig gewesen" (Bernholz 1994, S. 147/148).

Bedenkenswert ist auch die Schlussbemerkung von Peter Bernholz: „Eine originelle Theorie kann nicht in allen ihren Konsequenzen durch ihren Begründer und nicht einmal durch viele seiner Nachfolger ausgeschöpft werden. Ihre besondere Originalität zeigt sich gerade in den vielen unbekannten Ergebnissen, die noch herauszufinden sind. In diesem Sinne kann die

Fruchtbarkeit des Böhm-Bawerkschen Ansatzes nicht bezweifelt werden, und er selbst ragt als einer der originellsten Denker über die Phänomene von Kapital, Zins und Zeit hervor" (Bernholz 1994, S. 160).

Und nochmals Joseph Alois Schumpeter: „Böhm-Bawerk erhielt wenig Komplimente und fand kaum Anhänger; aber er war und ist noch heute einer der größten Lehrer der Fachwelt" (Schumpeter 1965, S. 1035).

10.9 EINIGE AUSGEWÄHLTE ENGLISCHE AUTOREN: DIE CAMBRIDGE SCHULE

Vorab: Die Cambridge-Schule, die für die angelsächsische Variante der frühen neoklassischen Theorie steht, ist wesentlich weniger homogen als die Österreichische oder die Lausanner Schule.

Ein Vorläufer dieser neoklassischen Theorierichtung im angelsächsischen Raum war William Nassau Senior (1790-1864), der in seinem Werk „Outline of the Science of Political Economy" (1836) bereits eine subjektive Werttheorie vertrat. Allerdings lässt sich kein direkter Einfluss von Senior auf Jevons, Marshall oder Edgeworth nachweisen. Beeinflusst wurden die Überlegungen der Cambridge-Schule eher von John Stuart Mill (1806-1873).

Generell existierten Vorläufer bzw. sogar Vertreter der subjektiven Werttheorie vor 1871 gerade auch auf dem Kontinent, wie z.B. Hermann Heinrich Gossen (1810-1858), Friedrich Benedikt Wilhelm von Hermann (1795-1868) und der Ingenieur Arsène Jules Êtienne Juvénal Dupuit (1804-1866).

10.9.1 William Stanley Jevons (1835-1882)

Vita von Jevons

1835:	Geboren am 1. September 1835 in Liverpool als neuntes Kind des im Eisenhandel tätigen Ingenieurs Thomas Jevons, der auch einige kleinere Schriften über Ökonomie und Recht verfasste, und seiner Frau Mary Ann Roscoe. Jevons war ein Enkel des Liverpooler Bankiers und Historikers William Roscoe (1753-1831). Von den insgesamt 11 Geschwistern überlebten nur 6 Kinder ihre frühe Kindheit. Die Familie gehörte der relativ wohlhabenden bürgerlichen Mittelschicht an. Seine Eltern waren Unitarier und auch William Stanley wurde in diesem Sinne erzogen. Die Familie lebte etwas außerhalb von Liverpool und kam damit nicht unmittelbar mit dem städtischen Arbeiterelend in Berührung. William Stanley bekam eine gute schulische Ausbildung an Privatschulen und dann an der Liverpool High School;
1845:	Tod seiner Mutter;
1846:	Besuch der „Mechanics Institute Highschool";
1850:	Jevons ging auf die „University College School" in London;
1851:	Mit 16 Jahren Besuch des University Colleges (UCL) selbst, wo er vor allem Chemie und Mathematik studierte. Hier gab es keine konfessionellen Schranken. Andere Universitäten wie Oxford und Cambridge blieben ihm wegen seines unitarischen Glaubens verschlossen;
1854:	Jevons brach seine naturwissenschaftlichen Studien ab. Sein Chemieprofessor Thomas Graham empfahl ihm einen gut dotierten Posten als stellvertretender Münzprüfer an der neu gegründeten Royal Mint in Sydney. Da das väterliche Geschäft Bankrott ging (1848), riet ihm auch sein Vater, nach Sydney zu gehen. Jevons verließ England daraufhin im Sommer 1854;
	Nach seiner Ankunft in Sydney dauerte es noch 9 Monate, bis die Münze eröffnet wurde. Seine beruflichen Verpflichtungen ließen ihm genügen Zeit, sich wissenschaftlichen Interessen zuzuwenden. Zunächst beschäftigte er sich mit

	Botanik, Geologie und Meteorologie. Sein Posten brachte ihn aber auch in Verbindung mit Geologie, Chemie und Ökonomik;
1855:	Tod des Vaters;
1856:	Aufgrund der Diskussionen um die erste australische Eisenbahn und damit verbunden der Lektüre ökonomischer Werke, zunächst das Buch von Dionysus Lardner „Railway Economics“ (1850), das eine geometrische Darstellung von Angebot und Nachfrage enthielt, dann aber auch der ökonomischen Klassiker, begann er sich mehr und mehr für die Ökonomik zu interessieren;
1858:	Jevons löste sich nunmehr endgültig von seinen naturwissenschaftlichen Interessen und entschloss sich, eine Karriere als Ökonom in England anzustreben;
1859:	Rückkehr nach London;
	Wiederaufnahme seiner Studien am University College, in Mathematik und auch in Politischer Ökonomie;
1860:	Im Oktober 1860 absolvierte er einen sehr guten Bachelorabschluss und erhielt daraufhin ein Stipendium, das ihm weitere Studien erlaubte. Nun besuchte er auch Vorlesungen in Philosophie und Logik, und veröffentlichte mehrere naturwissenschaftliche Artikel;
1862:	Vortrag vor der Sektion F der „British Association for the Advancement of Science” (BAAS) in Cambridge über seine Ideen: „Notice of a General Mathematical Theory of Political Economy“;
	„Während der Tagung selbst wurde der Artikel, wie Jevons mit etwas Bitterkeit in seinem persönlichen Tagebuch festhielt, „ohne das geringste Zeichen von Interesse oder Zustimmung aufgenommen“ (Black 1995, S. 43);
	Master-Abschluss in Logik, Philosophie und Politischer Ökonomie;
1863:	Schlecht bezahlte Stelle als Tutor am Owens College in Manchester;
1864:	Wahl zum Fellow der „Statistical Society“ (Sektion F der BAAS);
1865:	Jevons verfasste „The Coal Question“, eine Schrift, die viel Aufmerksamkeit erregte. Diese Schrift, die sich mit einer Erhöhung der Kohlepreise beschäftigte, wurde ein Bestsel-

	ler und verhalf Jevons zu einer landesweiten Beachtung. Seine Thesen wurden sogar im Parlament diskutiert. Hierin führte er unter anderem das sogenannte „Jevons-Paradox“ an, d.h. dass eine Verbesserung der Ressourcenverwendung zu einer Steigerung (und nicht zu einem Fallen) des Einsatzes dieser Ressource führe. Technologischer Fortschritt, der die effizientere Nutzung eines Rohstoffes erlaube, führe letztlich zu einer erhöhten Nutzung dieses Rohstoffes. Dies ist allerdings, wie man anhand der modernen Theorie sieht, kein Paradoxon. In „The Coal Question“ bezog Jevons diese Überlegungen dann auf die Kohle: Obwohl die Einführung von James Watts kohlebefeuerter Dampfmaschine sehr viel effizienter war als die frühere Variante von Thomas Newcomens, stieg der Kohleverbrauch Englands stark an, obwohl der Verbrauch jeder einzelnen Maschine sank;
	Jevons wurde Lektor für Politische Ökonomie am Owen's College (später University of Manchester);
1866:	Jevons erhielt den Lehrstuhl für Logik und Politische Ökonomie in Manchester;
1867:	Heirat von Harriet Ann Taylor, einer Tochter des Gründers des „Manchester Guardian“. Aus dieser Ehe stammten ein Sohn, der später selbst Ökonom wurde, und zwei Töchter;
1870:	Jevons stellte sein „logisches Piano” bei einem Treffen der Royal Society vor;
1871:	Erscheinen seiner „Theory of Political Economy“;
1872:	Fellow der Royal Society;
1874:	Erscheinen von „The Principles of Science”;
1875:	1875 und 1878 präsentierte Jevons zwei Arbeiten vor der „British Association for the Advancement of Science”, die seine Sonnenfleckentheorie der Konjunkturschwankungen enthielten;
1876:	Annahme eines Rufes als Professor der Politischen Ökonomie an das University College in London. Ein wesentlicher Grund dafür waren gesundheitliche Probleme: Am University College hatte er weniger Lehrverpflichtungen;
1879:	Zweite Auflage der „Theory of Political Economy“. Hierin setzte sich Jevons mit seinen Kritikern auseinander und nannte kontinentale Vorgänger seiner Theorien;
1880:	Endgültige Aufgabe der Professur in London;

1882: Jevons erlitt bei einem Familienurlaub in der Nähe von Hastings am 13. August 1882 während des Schwimmens (obwohl ihm sein Doktor vom Schwimmen abgeraten hatte) einen Herzanfall und ertrank. Es gibt dazu aber auch die Meinung, es sei Selbstmord gewesen, und nur die Regeln seines Zeitalters hätten es verboten, dies direkt anzusprechen.

Jevons war ein leidenschaftlicher Büchersammler und hinterließ eine Bibliothek von mehreren tausend Bänden. Laut Keynes war er der „geborene Sammler", „the first of the distinguished tribe of bibliomaniacs".

„Keynes charakterisierte Jevons dann weiter als introvertierten Menschen, der sich in der Vorlesung wie am Pranger fühlte, genial in seiner Jugend, aber schwächer in späteren Jahren" (Schefold 1995d, S. 11). Mit den Worten von Keynes: „My belief is that Jevons did not make a strong impression on his companions at any period of his life. He was, in modern language, strongly inverted. He worked best alone with flashes of inner light ... He was deeply affectionate towards the members of his family, but not intimate with them or with anyone" (Keynes 1936 zitiert in: Kommentarband zu Jevons 1995, S. 24).

Paul Strathern geht hier sogar noch weiter: "Jevons war ein introvertierter, ungeselliger Mensch. Er hatte zwar Frau und Kinder, war aber auch für seine Angehörigen schwierig im Umgang. In seinem Tagebuch offenbart er sich als manisch-depressiver Charakter, der in wehmütig-ekstatischen Wagneropern Trost suchte. Auch als einsamer Denker war er nicht frei von Exzentrik" (Strathern 2006, S. 231).

Interessant war, wie Jevons auf das Buch Gossens reagierte, auf das ihn sein Freund Professor Adamson erst 1878 aufmerksam machte. Er schrieb 1879 in der 2. Auflage seines Hauptwerkes: „... es ist ganz offensichtlich, dass Gossen mich vorweggenommen hat, was die allgemeinen Grundsätze und die Wirtschaftstheorie anlangt. Soweit ich übersehen kann, ist seine Behandlung der grundlegenden Theorie sogar weit allgemeiner und gründlicher als ich sie entwickeln konnte" (Jevons 1879 zitiert in: Kolb 1997, S. 120).

„Obwohl William Stanley Jevons, der Begründer des angelsächsischen Zweiges der Grenznutzenlehre nie in Cambridge (sondern in Manchester und London) lehrte, spricht man von „Cambridge Richtung" deshalb, weil es der Cambridge-Schule angehörige Forscher waren (zuvörderst Alfred Marshall) welche die Lehren der Klassik mit der Marginalanalyse verbanden" (Kolb 1997, S. 128). Jevons war sich des neuartigen Charakters seiner wirtschaftstheoretischen Schriften (bezogen auf die im akademischen Unterricht und in

der Öffentlichkeit zirkulierenden Theorien) sehr wohl bewusst.
Dabei ist meines Erachtens die Bezeichnung „Marginalistische REVOLUTION“, zumindest was die zeitliche Dimension angeht, zu dramatisch und damit etwas irreführend. Es war m.E. eher ein nicht-revolutionärer Übergang zur Marginalanalyse. Aber es gibt dazu auch andere Auffassungen. Ian Steedman, der sich genauer mit dieser Problematik auseinandergesetzt hat, kommt zu dem Ergebnis: „Folglich ist die bloße Vorstellung einer Revolution der Grenzbetrachtung in der Ökonomie multidimensional und facettenreich, so dass es ein weitläufiges Gebiet für augenscheinliche Meinungsunterschiede unter denen gibt, die die Existenz oder Charakterisierung dieser Revolution erörtern“ (Steedman 1995, S. 79).
Übergänge zu neuen Auffassungen vollziehen sich zumeist in einem länger dauernden Prozess und nicht auf einen Schlag. Und so war es auch bei der Aufnahme der Überlegungen der Grenznutzenschule. John Stuart Mill, der unangefochten wichtigste Ökonom seiner Zeit, hatte etwas vorschnell formuliert, glücklicherweise gebe es zu den Gesetzen des Wertes nichts mehr, was zukünftig noch aufzuklären wäre. Die Theorie zu diesem Thema sei abgeschlossen. Die neue subjektive Wertlehre sickerte aber trotz der obigen Feststellung in den nächsten Jahrzehnten in den Mainstream ein, aber eben langsam und stetig und nicht abrupt. DIE GEDANKEN DER NEUEN WERTLEHRE WAREN ZWAR SICHERLICH REVOLUTIONÄR, NICHT ABER DIE ART UND DAUER IHRER DURCHSETZUNG. Und diese beiden Dinge müssen sorgfältig auseinander gehalten werden. Collison Black schreibt dazu: „Der Erfolg der TPE (Theory of Political Economy) stellt sich nicht sofort ein: Jevons selbst meinte, sie wäre in England „sehr ablehnend aufgenommen worden“. Vielleicht konnte man kaum mehr erwarten angesichts der Neuheit von Methode wie Inhalt und der Heftigkeit, mit der ihr Verfasser „den verderblichen Einfluss der Autorität“ attackierte. Man konnte in diesem Fall nicht behaupten, dass die Arbeit „ohne das geringste Zeichen von Interesse oder Zustimmung“ aufgenommen worden wäre: innerhalb von sechs Monaten wurde sie in mehreren der bekanntesten Periodika besprochen. Ein Kommentar stammte von John Elliot Cairnes, einem führenden Mitglied der etablierten Schule der Klassik, ein weiterer von Alfred Marshall, der bereits als junger Dozent in Cambridge dabei war, seine eigenen neuen ökonomischen Theorien zu entwickeln. Keine der Besprechungen war Jevons sonderlich dabei behilflich, seine neuen Theorien zu fördern. Cairnes gab sich verständnislos, während Marshall dem Buch durch mattes Lob das Genick brach. Ebensowenig aber gab es eine ernsthafte oder allgemeine Opposition gegenüber diesen Theorien“ (Black 1995, S. 52).

Was waren denn die gemeinsamen neuen Auffassungen der drei (ANSONSTEN DURCHAUS UNTERSCHIEDLICHEN) „Väter“ (Jevons, Menger, Walras) der neuen Theorien: Betonung des großen Einflusses der Nachfrage auf den Preis, Hinwendung zur Mikroökonomik, „sie regten Versuche an, die Wert- und Verteilungstheorien aufeinander abzustimmen“ (Steedman 1995, S. 83), Anwendung der Mathematik (mit Ausnahme von Menger), Unterstellung rationalen Verhaltens auch der Konsumenten (nicht mehr nur der Unternehmer), Erkennen des allgemeinen Gleichgewichts (auch wenn es nur bei Walras exakt ausformuliert war), weitgehende Vernachlässigung historischer und institutioneller Gegebenheiten, Gleichgewichte wurden statt Konflikten in den Mittelpunkt gestellt, Maximierungsannahmen, Hinwendung von einer Produktionsökonomie zu einer Tauschökonomie.
Bezüglich des Hauptunterschiedes der subjektiven Grenznutzler zur herrschenden „objektiven“ Theorie formulierte Shackle meines Erachtens treffend, dass „der Unterschied stark vereinfacht ausgedrückt, im Unterschied zwischen einer Ökonomie der Dinge und einer Ökonomie der Gedanken liegt“ (Steedman 1995, S. 84).

AUSGEWÄHLTE SCHRIFTEN VON JEVONS (AUCH AUFSÄTZE)

„A Comparison of the Land and Railway Policy of New South Wales” (1857);

„The Public Lands of New South Wales” (1857);

„Climates of Australia and New Zealand” (1859);

„On the Study of Periodic Commercial Fluctuations” (1862);

„Notice of a General Mathematical Theory of Political Economy” (1862, ungekürzt publiziert 1866);

„A Serious Fall in the Value of Gold Ascertained, and its social effects set forth” (1863);

Damit erregte er zum ersten Mal die Aufmerksamkeit seiner Fachkollegen. Er argumentierte in diesem Buch strikt auf der Grundlage statistischer Fakten, und entwickelte eigene Ideen zur Konstruktion von Preisindizes. Keynes schrieb hierzu 1936: „Jevons musste das Problem von Preisindices praktisch von den Grundlagen her lösen; es ist kaum übertrieben zu behaupten, dass er in dieser kurzen Schrift zu so großen Fortschritten gelangte, wie alle nachfolgenden Autoren zu diesem Thema zusammengenommen“ (Keynes 1936 zitiert in: Black 1995, S. 44).

„Pure Logic, or the science of quality apart from quantity“ (1863);

„The Coal Question: An Inquiry Concerning the Progress of the Nation, and the Probable Exhaustion of our Coal-Mines" (1865);

„On the Variation of Prices, and the Value of the Currency since 1782" (1865);

„An Introductory Lecture on the Importance of Diffusing a Knowledge of Political Economy" (1866);

„Brief Account of a General Mathematical Theory of Political Economy" (1866);

„A Lecture on the Trades' Societies: their objects and policy" (1868);

„On the Condition of the Metallic Currency of the United Kingdom, with reference to the question of international coinage" (1868);

„The Value of Gold" (1869);

„Elementary Lessons in Logic, Deductive and Inductive" (1870);

„The Match Tax: A problem in finance" (1871);

„The Theory of Political Economy" (1871, wesentlich erweiterte 2. Auflage 1879);

Bertram Schefold charakterisiert dieses Buch folgendermaßen: „Aber es bleibt das neue Bewusstsein, mit dem Jevons sein Prinzip erarbeitete und das seinem Text eine eigentümliche Spannung verleiht. Die Faszination wird verstärkt – denn es ist ein mit einer eigentümlichen Anziehungskraft ausgestattetes Buch – durch die knappe, modern anmutende Darlegung" (Schefold 1995d, S. 7).

In der zweiten Auflage war vor allem ein neues langes Vorwort zu finden, zudem eine Aufstellung von Vorgängern auf dem Gebiet der mathematischen Ökonomik. Interessant war, dass Jevons in dieser zweiten Auflage die Bezeichnung „Economy" oder „Political Economy" in den meisten Fällen durch den (heute gebräuchlichen) Ausdruck „Economics" ersetzte.

„The Progress of the Mathematical Theory of Political Economy, with an explanation of the principles of the theory" (1874);

„The Principles of Science: A Treatise on Logic and Scientific Method" (1874, 2. Auflage 1877);

In diesem Buch lieferte Jevons wichtige Beiträge sowohl zur Wahrscheinlichkeitstheorie als auch zur Logik. So stellte er unter anderem fest, dass absolut präzise Beobachtungen unmöglich seien.

„Money and the Mechanism of Exchange" (1875);

„An Ideally Perfect System of Currency" (1875);

„Influence of the Sun-Spot Period on the Price of Corn" (1875);

„Cruelty to Animals: A Study in Sociology" (1876);

„The Future of Political Economy" (1876);

„The Silver Question" (1877);
„The Periodicity of Commercial Crises and its Physical Explanation" (1878);
„Commercial Crises and Sun-Spots" (1878);
„Elementary Lessons in Logic" (1879);
„Studies in Deductive Logic" (1880);
„Bimetallism" (1881);
„The State in Relation to Labour" (1882);
„Methods of Social Reform and other Papers" (posthum 1883);
„Investigations in Currency and Finance (posthum 1884).

10.9.1.1 Thesen von Jevons

10.9.1.1.1 Jevons als Werttheoretiker

Zunächst war Jevons überzeugt davon, „that value depends entirely upon utility", und dieser Nutzen sei eine Funktion der Gütermenge. Dies war ein echter Bruch mit den bestehenden Auffassungen, den man von der heutigen (2009) Mikrotheorie aus gar nicht mehr so richtig nachvollziehen kann. „Marx und mehr oder minder alle Theoretiker der klassischen Ökonomie hatten den Wert stets auf die Produktionskosten zurückgeführt. Jevons Ansatz war umgekehrt und damit sehr viel realistischer. Die Waren erhielten ihren Wert auf dem Markt und nicht in der Fabrik. Und was war das Wichtigste auf dem Markt? Doch letztlich der Verbraucher und nicht die Herstellungskosten" (Strathern 2006, S. 229).

Dabei bezog sich Jevons explizit auf Jeremy Benthams (1748-1832) „Lust-Leid-Kalkül", argumentierte also in der Tradition des Benthamschen Utilitarismus. „Ich habe in diesem Werke den Versuch unternommen, die Volkswirtschaftslehre als eine Mathematik der Lust- und Unlustgefühle darzustellen" (Jevons 1871). „Die erste Generation der Neoklassiker will wirtschaftliches Handeln zur Gänze auf ein Glücksmotiv zurückführen. W. Jevons „pleasure and pain" bezeichnen „Lust- und Leidgefühle", die die „Seele eines Menschen" auf einer imaginären „Waage" abwägt; seine „utility curve" wird aus einer „feeling curve" entwickelt" (Ötsch 1998b, S. 1/2).

Bezüglich der Arbeit vertrat er eine Disutility-Theorie (Grenzleid der Arbeit). Jeder positive Nutzen habe auch seine andere, seine negative Seite. Er müsse durch Opfer erkauft werden. Und deshalb gebe es bei der Ausdehnung des Nutzens immer auch einen Punkt (bei entsprechenden Kurvenverläufen), an dem der positive Nutzen der Güter gleich diesem negativen Nutzenopfer sei, und ab diesem Punkt überwiege bei einer weiteren Ausdehnung des positiven Nutzens der negative Nutzen. Der Grenznutzenkurve der mit Hilfe des Arbeitseinsatzes erzeugten Güter stellte er deshalb eine Grenzleidkurve der Arbeit gegenüber. Dann würde die Arbeit gemäß der obigen Überlegung gerade so weit ausgedehnt, bis das Grenzleid der Arbeit gleich dem Grenznutzen der Arbeit (pleasure gained) sei.

Für vollkommene Märkte sah er das „Gesetz der Unterschiedslosigkeit der Preise“, das „law of indifference“, d.h. im Gleichgewicht kann es nur einen einzigen Preis für jedes Gut geben. Diese Gesetzmäßigkeit wurde zwar nicht von Jevons entdeckt, wurde aber durch ihn allgemein in die Preistheorie eingeführt.

Im Gegensatz zu Menger war er der unumstößlichen Auffassung, die Ökonomik müsse mathematisch sein, auch wenn er dafür einige Annahmen für seine Theoreme in Kauf nehmen musste: z.B. unendliche Teilbarkeit der Güter, Vernachlässigung von Irrtümern. Man müsse daher nach Verhaltensfunktionen suchen, die sich mathematisch beschreiben ließen. Im Original: „Ich behaupte, dass alle Schriftsteller der Volkswirtschaft mathematisch vorgehen müssen, soweit sie überhaupt wissenschaftlich vorgehen, weil sie wirtschaftliche Mengenverhältnisse behandeln oder die Beziehungen solcher Mengenverhältnisse, und alle Quantitäten und Beziehungen von Quantitäten in den Bereich der Mathematik gehören ... Es ist klar, dass die Volkswirtschaftslehre, wenn sie überhaupt eine Wissenschaft sein soll, eine mathematische Wissenschaft sein muss“ (Jevons 1871 zitiert in: Schneider 1962, S. 12 und S. 14).

„Der Fortschritt liegt, wie Jevons selbst bemerkt, aber schon darin, dass Angebot und Nachfrage in einer quantifizierten Gleichung behandelt werden und die Gleichung nicht nur, wie in der klassischen Vorstellung von Angebot und Nachfrage, als bloße Analogie herangezogen wird. Jevons vergleicht seine Tauschtheorie mit der physikalischen Theorie des Hebels und die Marginalbetrachtung des Ökonomen mit den virtuellen Verschiebungen des Physikers. Die in den Formeln enge Analogie erregt heute kaum mehr das didaktische Interesse, das ihr Jevons beimaß, aber sie bleibt ein dogmenhistorisch interessanter Beleg der Vorbildfunktion der Mechanik für die Ökonomie“ (Schefold 1995d, S. 14).

Zur Wertermittlung bezog er sich auf den Grenznutzen (Wieser), den er „final degree of utility“ nannte. Mit dessen Hilfe analysierte er dann die Allokation des Einkommens im Haushalt, Tauschprozesse auf Märkten, die Bestimmung des Arbeitsangebotes und die Länge von Investitionsprozessen.

Auch wenn sich die Nutzenempfindungen von Gut zu Gut und von Person zu Person unterschieden, gebe es doch Gemeinsamkeiten. So nehme die erste Ableitung der Nutzenfunktion nach der Menge ab, d.h. bei vermehrtem Güterverbrauch nehme der Grenznutzen ab.

Er formulierte (mathematisch) das Gesetz vom Ausgleich der Grenznutzen in verschiedenen Verwendungsarten (2. Gossensches Gesetz, ohne allerdings Gossen vorher gekannt zu haben). Für seine Tauschtheorie folgte daraus: „Das Tauschverhältnis irgend zweier Güter wird das umgekehrte Verhältnis der Grenznutzengrade der nach Vollzug des Tausches zum Verbrauche zur Verfügung stehenden Gütermengen sein". Beziehungsweise: Das Verhältnis der Grenznutzen muss im Nutzenmaximum für jedes Gut gleich dem Verhältnis der Preise sein. Wäre dies nicht der Fall, könnte man ja durch eine Re-Allokation des Konsums bei gegebenem Einkommen den Nutzen noch erhöhen. Eine Aussage, die man heute in jedem mikroökonomischen Anfängerlehrbuch findet.

Zudem: „An verschiedenen Stellen spricht er davon, dass Güter nicht nur positiven Nutzen erzeugen, sondern auch Schaden stiften können, dass also Kuppelprodukte mit ungünstigen Wirkungen auf die Umwelt unter Aufwand von Kosten beseitigt werden müssen und dass Kuppelprodukte, die keinen merklichen Schaden anrichten, aber im Überfluss erzeugt werden, als freie Güter anzusehen sind" (Schefold 1995d, S. 15/16).

Jevons war sich bewusst, dass er seine Überlegungen letztlich in eine allgemeine Gleichgewichtstheorie einbauen musste. Es blieb aber bei dieser bloßen Erkenntnis, er ging diesen Schritt in seinen Werken nicht, auch wenn sich immer wieder Andeutungen dazu finden. Schumpeter war der Auffassung: „Wir müssen die Jevons-Mengersche Nutzentheorie als den Ansatz zu einer Theorie des generellen Gleichgewichts betrachten, oder zumindest als eine Sonderform des unifizierenden Prinzips, das jedem System des generellen Gleichgewichts zugrunde liegt" (Schumpeter 1965, S. 1119).

Bemerkenswert und meines Erachtens klug waren auch Jevons Ausführungen zum statischen Charakter seiner Theorien: „Wir müssen gleichzeitig sorgfältig zwischen der Statik und Dynamik dieses Gegenstandes unterscheiden. Die tatsächliche Lage in Handel und Gewerbe ist in ständiger Bewegung und Veränderung. Güter werden fortwährend erzeugt und getauscht und verbraucht. Wollten wir eine vollständige Lösung des Problems in seiner ganzen natürlichen Kompliziertheit erhalten, so müssten wir es als ein Problem der Bewegung behandeln – als ein Problem der Dynamik. Es würde aber gewiss absurd sein, die Lösung der noch schwierigeren Frage zu versuchen, wenn die leichtere noch so unvollkommen in unserer Gewalt ist. Ich kann es nur wagen, die Tauschhandlung als ein rein statisches Problem darzustellen. Wir werden die Güterbesitzer betrachten, nicht wie sie fortwährend diese

Güter in den Strom des Handelsverkehrs hineinwerfen, sondern als Besitzer bestimmter fester Vorräte, welche sie tauschen, bis das Gleichgewicht erreicht ist" (Jevons zitiert in: Schneider 1962, S. 236).

10.9.1.1.2 Jevons als Konjunkturtheoretiker

Jevons wird in den dogmenhistorischen Lehrbüchern gemeinhin auch als Urheber der „Sonnenfleckentheorie" der Konjunkturerklärung genannt. Er errechnete, dass die Konjunkturzyklen von 1721 bis 1778 „von Höhe zu Höhe eine Durchschnittsdauer von 10,46 Jahren hatten und dass Sonnenflecken (die 1801 von Sir William Herschel entdeckt worden waren) eine Periodizität von 10,45 Jahren zeigten. Die Korrelation, davon war Jevons überzeugt, war zu eng, um rein zufällig sein zu können. Sonnenflecken, dachte er, verursachen Wetterzyklen, diese Regenzyklen, diese wiederum Erntezyklen mit Auswirkungen auf die Preise und diese bei Volkswirtschaften mit relativ großem Agrarsektor schließlich Konjunkturzyklen" (Heilbroner 1960, S. 288).

Aber wenn man vom umstrittenen Inhalt der exogenen Sonnenfleckentheorie absieht, Jevons hat als einer der ersten das Phänomen des Konjunkturzyklus als eines Zyklus erkannt. Natürlich sahen auch die Ökonomen vor ihm, dass die wirtschaftlichen Aktivitäten Höhen und Tiefen hatten. Begründungen legten sie meist für die rezessiven Phasen bzw. Krisen vor. Jevons erkannte dahinter ein reguläres Muster, das messbar und sogar vorhersehbar war. Es war die Erkenntnis dieser Periodizität, die Jevons von den früheren Ökonomen unterschied.

10.9.1.1.3 Sonstige Überlegungen von Jevons

Jevons vertrat kompromisslos die Idee einer statistisch fundierten Ökonomik: „I know not when we shall have a perfect system of statistics, but the want of it is the only insuperable obstacle in the way of making economics an exact science. In the absence of complete statistics, the science will not be less mathematical, though it will be immensely less useful" (Jevons zitiert in: Schefold 1995d, S. 13).

Im Übrigen behielt Jevons durchaus Teile der zu seiner Zeit herrschenden Theorie bei: „Es gibt zahlreiche Gebiete der Volkswirtschaftslehre, welche man nach meiner Ansicht in ihre richtige wissenschaftliche Form gebracht hat, und welche zugleich mit den Tatsachen übereinstimmen. Darunter zähle ich besonders die Bevölkerungs- und Rentenlehre" (Jevons zitiert in: Steedman 1995, S. 96).

Wenigstens erwähnen muss man noch Jevons Ideen zur Kapitaltheorie, die vom Kern her den Überlegungen von Böhm-Bawerk ähnelten, allerdings von Böhm-Bawerk tiefer und präziser ausgeführt wurden (siehe dazu die Erläuterungen von Schumpeter 1965, S. 1100ff.).

Weniger bekannt unter Ökonomen ist, dass Jevons auch auf dem Gebiet der formalen Logik Bedeutendes leistete. So entwickelte er die erste komplexere mechanische logische Maschine (1869): „The Logical Piano". Diese Maschine, die Jevons entwarf und die ein Uhrmacher anfertigte, hatte 21 „keys" für logische Operationen. Man kann sie als einen Vorläufer des Computers betrachten, dessen Grundprinzipien darin bereits teilweise verwirklicht waren. Seine Ideen zur mathematischen Logik wurden stark beeinflusst durch George Boole (1815-1864) und sein Buch „The Laws of Thought" (1854), auch wenn er mit Boole nicht in allen Punkten übereinstimmte.

Wirtschaftspolitisch vertrat Jevons eine Laissez-Faire-Haltung, aber nicht doktrinär. Wenn staatliche Maßnahmen das „Glück" einiger Bürger steigern konnten, ohne dass sie anderen schadeten, sollten sie durchgeführt werden. Dabei müssten aber immer auch die indirekten Effekte berücksichtigt werden.

10.9.1.2 Rezeption von Jevons

Interessanterweise war es zu seinen Lebzeiten nicht seine Werttheorie, die heute (2009) untrennbar mit seinem Namen verbunden ist, die ihn bekannt machte, sondern seine Schriften über das Geld- und Finanzwesen und vor allem über zeitgenössische Probleme, z.B. die „Coal Question". „Zu seinen Lebzeiten war er eher durch seine Schriften über das Geld- und Finanzwesen sowie über andere aktuelle Probleme bekannt ... als durch die Leistung, die ihn unsterblich machen sollte. In England wurde sein Andenken vom Wirken A. Marshalls überschattet, der die „Jevonsche Revolution" ständig herabzumindern bemüht war; dafür gibt es viele Gründe: Jevons hinterließ kaum persönliche Schüler ... Allerdings muss eingeräumt werden, dass seinen Arbeiten auf dem Gebiet der ökonomischen Theorie die Geschliffenheit fehlt. Seine Leistungen blieben hinter seiner Vision zurück ... Alles übrige besorgte Marshalls entschieden ungerechte Haltung ihm gegenüber. So geschah es, dass er in England niemals richtig anerkannt wurde, was insbesondere für seine Originalität gilt. Tatsächlich aber war er einer der originellsten Ökonomen aller Zeiten" (Schumpeter 1965, S. 1008).

Jevons kritisierte mit seinen werttheoretischen Schriften sowohl die Wertlehre der Klassiker Ricardo und Mill als auch die Arbeitswertlehre der Marxisten. Seine Auffassung dazu war, die Arbeit sei nur scheinbar eine Ursache des Wertes.

Da er neben der Arbeitswertlehre auch das Konzept des natürlichen Lohnes und die Lohnfondstheorie ablehnte (wohl aber die Bevölkerungs- und Rententheorie anerkannte), kann man sich leicht vorstellen, dass er eine ganze Reihe von Gegnern hatte.

Später wurde dann aber sein Hauptwerk „The Theory of Political Economy“ gebührend herausgestellt und gewürdigt. So bezeichnete John Maynard Keynes (1883-1946) dieses Buch als das erste moderne Buch über Ökonomie. Heute (2009) kann man ohne Übertreibung feststellen, dass die meisten seiner Überlegungen in die Neoklassik eingingen, und zwar auch und vor allem seine Verwendung der Mathematik (z.B. der Differentialrechnung bei der Nutzenmaximierung).

10.9.2 ALFRED MARSHALL (1842-1924)

Vorbemerkung: Auch bezüglich Alfred Marshalls ist wieder eine abschwächende Vorbemerkung notwendig. Alfred Marshall wird in der monumentalen Dogmengeschichte von Joseph Alois Schumpeter (Schumpeter 1965) im Namensverzeichnis unter verschiedenen Theorien insgesamt über 200-mal angeführt. Und wenn man die entsprechenden Stellen nachliest, zum Beispiel zur Geldtheorie und zur Beziehung seiner Theorien zu den Theorien anderer Ökonomen, erkennt man unschwer, dass die folgenden Seiten über Alfred Marshall nur eine erste grobe Einführung in sein Werk und dessen Einflüsse sein können.

VITA VON MARSHALL

1842:	Geboren am 26. Juli als Sohn von William Marshall, erst Angestellter, dann Kassierer bei der Bank von England und dessen Frau Rebecca in Bermondsey bei London. Der Vater war gelinde gesagt ein Eigenbrötler, der Gedichte in einem erfundenen altenglischen Dialekt verfasste, ein religiöser Eiferer, Tyrann und Patriarch, der selbstherrlich die Geschicke seiner Familie zu bestimmen suchte. John King Whitaker, einer der besten Marshall-Kenner, nennt ihn einen „strengen Zuchtmeister“ (Whitaker 1989, S. 65). Für seinen Sohn suchte er die geistliche Laufbahn aus: „Alfred durfte seine Zeit nicht mehr mit Schachspielen oder Mathematik vertun; der intelligente Schüler mit dem schwachen Gedächtnis musste stattdessen bis spät in die Nacht unter väterlicher Aufsicht Griechisch, Hebräisch und Latein auswendig lernen“ (Oltmanns 1993, S. 31);
1851:	Besuch der angesehenen Merchant-Taylors'-Schule, einer ehrwürdigen Londoner Tagesschule;
1861:	Marshall erhielt ein Stipendium am St. John's College in Oxford. Er lehnte jedoch ab, da dies der Beginn von Studien in Richtung auf ein geistliches Amt gewesen wäre, er jedoch mittlerweile eine starke Neigung zur Mathematik entwickelt hatte. Mit Hilfe eines Darlehens eines australischen Onkels und eines Stipendiums des St. John's College schrieb sich Marshall am St. John College in Cambridge für Mathematik ein und begann sein Mathematikstudium im Jahre 1862;

1865:	Abschluss seines Mathematikstudiums als Zweitbester (zweiter „Wrangler“) seines Jahrganges. Er erhielt aufgrund dieses hervorragenden Ergebnisses in Cambridge ein Fellowship;
1867:	Marshall wurde in Cambridge Mitglied des vom Philosophen und Ökonomen Henry Sidgwick (1838-1900) („The Methods of Ethics“ 1874) initiierten elitären „Grote Club“, wo unter anderem ökonomische Fragen und die damals aktuelle „soziale Frage“ diskutiert wurden. „… gleichzeitig durchdrangen ein berauschendes, wenn auch verwirrendes Gemisch aus deutschem Idealismus und Darwinscher Evolutionslehre, die Ideen von Kant, Hegel und besonders Spencer seine pragmatisch orientierte Tradition des britischen Utilitarismus, die er durch John Stuart Mill und Sidgwick erlangt hatte. Marshall sollte sein Leben lang durch idealistische und evolutionäre Ideen stark beeinflusst werden, auch wenn er sie nie vollständig mit der vorherrschenden britischen Tradition in Einklang bringen konnte. Eine Folge davon war seine anhaltende Sympathie für die Historische Schule und seine Abneigung gegen eine Verwicklung in jenen Widerstreit der „Schulen“, der als „Methodenstreit“ in die Geschichte einging“ (Whitaker 1989, S. 66). Zu dieser Zeit erschütterten schwere soziale Konflikte das viktorianische England;
1868:	Nach einem ausgedehnten Studienaufenthalt in Deutschland College Lecturer (Dozent) in Moralischen Wissenschaften am St. John's College in Cambridge. Er beschäftigt sich jetzt auch mit Politischer Ökonomie, einem Fach, das er unterrichten musste. In den Sommerferien besuchte er wiederholt die Londoner Slums, um sich einen eigenen Eindruck vom Elend der Londoner Arbeiter zu verschaffen;
	„Und dann kam es zu einem entscheidenden Einschnitt in seinem Werdegang. Wie Keynes in einem berühmten biographischen Essay über Marshall berichtet, erzählte Marshall folgende Geschichte über seinen endgültigen Entschluss, zum Studium der Wirtschaft hinüberzuwechseln. „In der Auslage eines Geschäfts sah ich ein kleines Ölgemälde eines Mannes mit einem auffallend finsteren und sehnsüchtigen Ausdruck, ein typischer Heruntergekommener („down and out“), und ich kaufte das Bild für ein paar shillings. Ich stellte das Bild auf den Kaminsims in meinem Zimmer im College, ernannte es

	zu meinem Schutzpatron und beschloss, mich der Aufgabe zu widmen, solche Menschen für den Himmel fit zu machen". Dieses Bild seines „Schutzpatrons" hängt heute noch in der Marshall Library in Cambridge" (Rothschild 2004, S. 111).
1875:	Besuch der USA, um seine Thesen (vor allem zu protektionistischen Praktiken) zu überprüfen;
1877:	Heirat von Mary Paley, einer seiner früheren Studentinnen. Da in Oxford und Cambridge zu dieser Zeit für Gelehrte noch das Zölibat galt, bedeutete dies den Verlust der Fellowship und seines Amtes in Cambridge. Er musste Cambridge verlassen. Die Bedingung, ledig zu sein, wurde in Cambridge erst 1882 abgeschafft; Zu Mary Paley schreibt Heinz Rieter: „Sie gehörte zu den ersten Studentinnen des Newnham College, an dem wenigen Frauen – notdürftig und natürlich nur außerhalb der heiligen Mauern der Universität Cambridge – ein akademisches Studium ermöglicht wurde. Henry Sidgewick, Marshalls väterlicher Freund, hatte diese Einrichtung geschaffen und setzte alles daran, sie am Leben zu erhalten. Seinen jungen Kollegen Alfred Marshall hatte er als Dozenten für Politische Ökonomie gewonnen, eine Aufgabe, die Mary Paley von ihm übernahm, nachdem sie das Studium erfolgreich abgeschlossen hatte" (Rieter 1992, S. 215).
1877:	Rektor am neu gegründeten University College in Bristol und Professur für Politische Ökonomie;
1879:	Marshall erkrankte an einem Nierenleiden;
	Das Werk „Economics of Industry" erschien, für das beide Marshalls als Autoren zeichneten;
1881:	Aufgabe seiner Lehrtätigkeit und des Rektorates in Bristol;
1882:	Nach einem Italienaufenthalt, während dem er begann, an den „Principles" zu arbeiten, Rückkehr nach Bristol in sein altes Amt;
1883:	Ruf nach Oxford als Dozent für Politische Ökonomie am Balliol-College, wo er den Lehrstuhl des verstorbenen Arnold Toynbee (1852-1883) übernahm; „Marshall pflegte in dieser Zeit einen intensiven Gedankenaustausch mit Kollegen der unterschiedlichsten Fachrichtungen und hatte regelmäßig Kontakt mit Politikern, Regierungsbeamten, Künstlern und Kunstkritikern" (Rieter 1992, S. 221).
1885:	Nach dem Tod von Henry Fawcett (1833-1884) Übernahme

	von dessen Lehrstuhl für Politische Ökonomie in Cambridge;
1887:	Statement für die „Gold and Silver Commission". In dem Memorandum, das er für seinen Auftritt vor dieser Kommission verfasste, fanden sich bereits wesentliche Merkmale einer monetären Ökonomik (z.B. die Kaufkraftparitätentheorie);
1890:	Mitbegründer der British Economic Association; Die „Principles of Economics" erschienen. Marshall hatte lange an diesem Werk gearbeitet. Seine wissenschaftlichen Thesen waren zu diesem Zeitpunkt aufgrund von Vorlesungen und Mitschriften bereits bekannt. Das Buch war sehr erfolgreich, die erste Auflage war innerhalb eines Jahres vergriffen. „Die rasche Aufnahme des Werkes muss für den Verfasser höchst erfreulich gewesen sein. Selten wenn überhaupt jemals, dürfte ein Buch über Ökonomie in solch weiten Kreisen und so respektvoll in der Tagespresse rezensiert worden sein – praktisch jede britische Zeitung nahm es positiv auf" (Whitaker 1989, S. 75). Eine Anmerkung: Die „Principles" waren 1890 das erste Buch in England, das zu einem festen Nettopreis auf den Markt kam. Die Buchpreisbindung wurde in England offiziell erst neun Jahre später (1899 „Net Book Agreement") eingeführt; Die „Principles" erlebten bis 1920, vier Jahre vor Marshalls Tod, acht modifizierte Neuausgaben;
1891-1894:	Mitglied der Royal Commission on Labour;
1903:	Gegen den Widerstand anderer Fakultäten gelang es Marshall aufgrund seiner großen Beharrlichkeit, die Ökonomik in Cambridge als eigenständiges Studienfach zu etablieren. „Durch beständige, wenn auch häufig unpassende und taktlose Manöver erreichte er im Jahr 1903 sein Ziel – ein eigenständiges Abschlussexamen in Ökonomie und Politik" (Whitaker 1989, S. 70). Er löste die Ökonomik aus der Fakultät für „Moral Philosophy" heraus. Dazu legte er dem Senat das Konzept „A Plea for the Creation of a Curriculum in Economics and Associated Branches of Political Science" vor;
1908:	Im Alter von 66 Jahren legte Marshall seine Professur in Cambridge nieder. Seinen Lehrstuhl erhielt sein Lieblingsschüler Arthur Cecil Pigou. In der Folgezeit versuchte Marshall, den zweiten Band seiner „Principles" zu schreiben. Aufgrund seiner schwachen Gesundheit gelang es ihm aber nur, Teile des geplanten Stoffes in den Büchern „Industry and

	Trade“ und „Money, Credit and Commerce“ zu veröffentlichen;
1924:	Marshall starb am 13. Juli 1924 in Balliol Croft, seinem langjährigen Heim, in Cambridge; Alfred Marshall war DIE dominante Figur der englischen Ökonomik von ca. 1890 bis zu seinem Tod 1924.

Robert L. Heilbroner beschreibt Alfred Marshall in seiner amüsanten Dogmengeschichte wie folgt: „Für nichts, was er sagte, konnte man ihn tadeln, denn seine Sünden bestanden ebenso wie diejenigen der offiziellen Welt der Nationalökonomie eher in Unterlassungen als in Taten. Man bedenke für einen Augenblick, was vor ihm lag: ... Die offizielle Welt hatte von all diesen überwältigenden und drohenden Umwälzungen nicht die leiseste Ahnung: von der bevorstehenden Revolution hatte sie kein Wort zu sagen“ (Heilbroner 1960, S. 226). Man kann die ökonomische Situation dieser Zeit noch weiter präzisieren: Zunehmend Monopole und Kartelle auf den Binnenmärkten, zunehmend ungleiche Einkommens- und Vermögensverteilung, Arbeitslosigkeit, Arbeitskämpfe und Streikwellen, sinkende Produktivität, zurückgehender Außenhandel, wiederholt Wirtschaftskrisen.

Und zu dieser oben genannten offiziellen, akademischen (letztlich konservativen) Welt der Ökonomen in bewegter Zeit rechnet Heilbroner auch Alfred Marshall, einen in seinen Augen gebildeten, rechtschaffenen und fleißigen Gelehrten, der allerdings die Augen vor den kommenden Gefahren und, noch wichtiger, deren unkonventionellen Mahnern verschloss.

Marshall wollte nach seinem Mathematikstudium zunächst Physik studieren, wandte sich dann aber der Ethik zu, und schließlich der Ökonomik als praktisches Mittel, um Ethik zu implementieren, das hieß für ihn, nicht nur die Armut zu bekämpfen sondern auch die „quality of human life“ zu steigern. Er verband seine Arbeiten immer auch mit praktischen Erkenntnissen. So besuchte er z.B. Unternehmen, und sprach mit Unternehmern und Arbeitern.

Sicherlich bestimmend für sein weiteres Leben war die Haltung seines sehr strengen Vaters, der ihn als Priester sehen wollte und sein Mathematikstudium nicht befürwortete, so dass er auf die finanzielle Hilfe eines Onkels angewiesen war.

Zwiespältig war seine Haltung bezüglich des Frauenstudiums. Er war zwar grundsätzlich für eine Emanzipation der Frauen, aber gegen ein akademisches Vollstudium. In seinen späteren Jahren wurde er entgegen seiner Auffassung als junger Dozent sogar ein Gegner des Vorwärtskommens von Frauen in Cambridge als Studierende oder Lehrende. Im Jahre 1896 spielte er eine bedeutende Rolle bei der Ablehnung der Verleihung von Cambridge-

Abschlüssen an Frauen.
Marshall fand viel Gefallen an der Kunst: „Und er suchte und fand „das Schöne“ in allen Sparten der Kunst – in der Belletristik, der Bildenden Kunst, aber auch und gerade in den Anwendungsbereichen Architektur, Design und Mode. Nie war für ihn die Kunst nur Liebhaberei oder Zerstreuung. Sie hat ihn vielmehr tief bewegt und bereichert … Cum grano salis gehörten alle von Marshall geschätzten Künstler seiner Zeit – wie er – der gebildeten Mittelschicht an … Zu enfants terribles wie Oscar Wilde, Algernon Charles Swinburne oder Aubrey Beardsley hielt Marshall innerlich Abstand, ihre oft freizügige „Kunst für die Kunst“ oder ihre Lebensführung … waren ihm fremd“ (Rieter 1992, S. 213 und 223).
Marshall war zudem zuversichtlich, dass die von ihm als „gute Kunst“ wahrgenommene Kunst auch den „Charakter künftiger Generationen deutlich beeinflussen“ könne. Deshalb plädierte er auch vehement gegen die Massenware und für ästhetische handgefertigte Produkte.
Donald E. Moggridge charakterisierte Marshall durch die folgenden Eigenschaften (siehe Moggridge 1989), wobei er vor allem dessen „dunkle Seite“ betonte. Er konnte die Jugend inspirieren, war ein Meister im Verheimlichen, übertrieb seinen Anspruch auf eigenständige Entdeckung ökonomischer Konzepte, so z.B. indem er die Leistungen von Jevons herabminderte (mehr in Schumpeter 1965, S. 1008), er hätte Angst vor intellektuellem Wettbewerb gehabt, und sei humorlos gewesen. Wenn man dies mit den Einschätzungen und Urteilen von Zeitgenossen und Dogmenhistorikern vergleicht, kommt doch ein relativ getrübtes Bild der Persönlichkeit von Marshall heraus. Diese Einschätzung sollte nach all dem Lob für Marshall dem Leser nicht verschwiegen werden.
Zur Anerkennung fremder Leistungen durch Marshall schrieb Schumpeter: „In auffallendem Gegensatz zu seiner verschwenderischen Großzügigkeit gegenüber Ricardo und Mill, verhielt sich Marshall weit weniger großzügig gegenüber all denen, deren Beiträge in enger Beziehung zu seinen eigenen stehen. Die einzige Ausnahme macht Thünen“ (Schumpeter 1965, S. 1024/1025).
Heinz Rieter führt zur Person von Marshall aus: „Die Distanz zu Marshall bestand jedoch nicht nur deshalb, weil er – wie es Keynes umschrieb – „belonged to the tribe of sages and pastors“. Die Abneigung richtete sich gegen den Menschen selbst, seinen Charakter und seine Gesinnung. Anders als in der … öffentlichen Hommage à Marshall, in der Keynes manches beschönigte, nahm er privat kein Blatt vor den Mund. In einem Brief urteilte er über seinen Mentor: „A very great man, but I suppose rather a silly one in

his private character", und Harrod gegenüber äußerte er sich noch abschätziger: „He was an utterly absurd person, you know." Solche harschen Urteile erklären sich auch aus der entschieden anti-viktorianischen Einstellung der jüngeren Generation" (Rieter 1992, S. 236).

EINIGE WERKE VON MARSHALL

„The Pure Theory of Foreign Trade" (1879);
„The Pure Theory of Domestic Values" (1879);
„The Economics of Industry" (zusammen mit seiner Frau 1885);
„The Present Position of Economics" (1885);
„Principles of Economics" (1890);

Das Buch wurde zu DEM anerkannten Lehrbuch der Ökonomik und zwar bis in die zwanziger Jahr des 20. Jahrhunderts. Das Werk war ursprünglich als mehrbändig vorgesehen. Marshall, der gelernte Mathematiker, steckte Beweise und Rechnungen in Fußnoten bzw. in Anhänge.

Die sechs „Books" der „Principles" (8. Auflage) sind:

I. Preliminary Survey;
II. Some Fundamental Notions;
III. On Wants and their Satisfaction;
IV. The Agents of Production;
V. General Relations of Demand, Supply, and Value;
VI. The Distribution of the National Income;

Interessant sind auch die Anhänge:

Appendix A: The Growth of Free Industry and Enterprise;
Appendix B: The Growth of Economic Science;
Appendix C: The Scope and Method of Economics;
Appendix D: Uses of Abstract Reasoning in Economics;
Appendix E: Definitions of Capital;
Appendix F: Barter;
Appendix G: The Incidence of Local Rates with some Suggestions as to Policy;
Appendix H: Limitations of the Use of Statistical Assumptions in Regard to Increasing Returns;
Appendix I: Ricardo's Theory of Value;
Appendix J: The Doctrine of the Wages-Fund;
Appendix K: Certain Kinds of Surplus;
Appendix L: Ricardo's Doctrine as to Taxes and Improvements in Agriculture.

„Elements of Economics of Industry" (1892);
„The Old Generation of Economists and the New" (1896);
„The Fiscal Policy of International Trade" (1912);
„Industry and Trade" (1919);
Untertitel: „A study of industrial technique and business organization and of their influences on the conditions of various classes and nations".
„Money, Credit and Commerce" (1923);
Whitaker beurteilt dieses Buch wie folgt: „Insgesamt handelt es sich bei Money, Credit, and Commerce um ein unzusammenhängendes und enttäuschendes Werk. Es enthält viele interessante Passagen, doch den Theorien über Geld und internationalen Handel fehlt das Lebendige und Neue, das deren Abhandlung ausgezeichnet haben könnte, wäre sie zwanzig oder dreißig Jahre früher veröffentlicht worden" (Whitaker 1989, S. 83).
Hinweis: Marshalls Beiträge in Büchern und Zeitschriften sind bibliographisch erfasst in: Keynes, John Maynard, The Economic Journal 1924 (34), Notes and Memoranda, S. 627-637.
Warum verfasste Marshall keine weiteren Bände seiner „Principles"?
„Im Jahre 1887 hatte er sich diesen zweiten Band als ein Buch vorgestellt, das sich folgenden Themen widmet: Außenhandel, Geld und Kreditwesen, schwankende Handelsströme, Besteuerung, Kollektivismus, Ziele für die Zukunft ... Um das Jahr 1900 war der Schwung weitgehend erlahmt, obwohl der Plan für einen zweiten Band formal nicht vor 1907 aufgegeben wurde. Erst 1910 änderte man den Titel des ersten und einzigen Bandes zu Principles of Economics: An Introductory Volume" (Whitaker 1989, S. 79).
Moggridge nennt für seine Schwerfälligkeit beim Publizieren als Gründe:

(1) Seinen schlechten gesundheitlichen Zustand (mindestens seit 1879);
(2) Bei anstrengenden Beschäftigungen verlor Marshall leicht die Nerven;
(3) Marshall war empfindlich gegenüber Kritik, was immer wieder zu Überarbeitungen der „Principles" führte;
Whitaker führt dazu aus: „Da er empfindlich gegenüber Kritik war und sich auch nur äußerst ungern auf eine Kontroverse oder selbst auf eine ernsthafte Debatte einließ – nach 1890 schien ihn die theoretische Arbeit anderer wenig interessiert zu haben – reagierte er darauf im allgemeinen mit Redigieren, um seine Aussagen klarer und deutlicher zu machen oder um stillschweigend die Änderungen einzubauen, die nötig waren, um der Kritik zu begegnen oder um sie in Einklang zu bringen. Selten wurden Kritikpunkte ausdrücklich angesprochen. Daher kam es zu einem langen und ausgedehnten Prozess der Reorganisation und des Umformulierens des ersten Bandes; dieser Prozess setzte sich

über alle acht Auflagen fort, die zu Lebzeiten Marshalls noch erschienen sind" (Whitaker 1989, S. 78).

(4) Wichtige Anforderungen von außen: so etwa Gutachten für vier königliche Ausschüsse (siehe Moggridge 1989, S. 91/92), und dabei vor allem als Mitglied der „Royal Commission on Labour" 1891-1895.

10.9.2.1 THESEN VON MARSHALL

Im Folgenden seien schlaglichtartig einige der Leistungen von Alfred Marshall aufgeführt. Oft war er nicht der (zeitlich) erste Ökonom, der die Idee zum aufgeführten Sachverhalt hatte, aber entscheidend für die folgende Aufnahme in seinen Thesen war: Marshall hat die entsprechende Theorie durchgesetzt und sie verbreitete sich daraufhin.

Gleich zu Anfang muss man betonen: Marshalls theoretisches Werk wurde im Grunde durch KEINE EINZELNE GROßE NEUARTIGE Idee geprägt, sondern durch eine Verschmelzung der älteren, auf Produktionskosten basierenden Klassik mit den neueren Ideen der Grenznutzenschule. Etwas genauer: Alfred Marshall übernahm die Grenzproduktivitätstheorie der Verteilung von Philip Henry Wicksteed (1844-1927) (siehe dessen „Essay on the Coordination of Laws of Distribution", 1894), die klassische Theorie von John Stuart Mill, die Idee der historischen Bedingtheit wirtschaftlicher Institutionen von der deutschen historischen Schule und die Grenznutzenüberlegungen von der österreichischen Schule. Also eine Synthese verschiedener Ansätze und Denkrichtungen. Und dabei war er immer bemüht, seine Lehre nicht als neue, der Klassik entgegen gesetzte Richtung dazustellen, sondern eher als Ergänzung und Fortsetzung der Klassik:

Es ist vor allem deshalb schwierig, im Folgenden die eigenständigen Leistungen Marshalls herauszustellen, weil viele seiner vorgestellten analytischen Instrumente und Thesen in den neoklassischen Mainstream mündeten und heute (2009) zum Standardlehrstoff insbesondere der Mikroökonomik gehören. (Dabei muss allerdings angemerkt werden: Auch wenn Alfred Marshall unbestritten die Grundlagen für die neoklassische Theorie gelegt hat, konnte bezüglich einer präzisen zeitlichen Abgrenzung der Neoklassik in der Ökonomik keine Übereinstimmung erreicht werden.)

Ein Beispiel für das Aufgehen Marshallscher Ideen im Mainstream liefert die geometrische Darstellung von Angebots- und Nachfragekurven. Eine solche Darstellung existierte zwar bereits vor Marshall. Aber er machte diese Darstellungsweise populär. Dabei trug er entgegen der üblichen mathematischen Praxis die unabhängige Variable (den Preis) auf der Ordinate ab, die

Mengen als abhängige Variable auf der Abszisse. Diese eigentlich eher irreführende Darstellungsart wird seit Marshall in der Mikroökonomik fortgeführt, was wiederum seinen großen Einfluss verdeutlicht.

Marshalls Ökonomik hatte einen MORALISCHEN ANSPRUCH, nämlich als Instrument des Kampfes gegen die Armut. Für ihn ging es mit Hilfe der Ökonomik darum, diesen Kampf gegen die Armut zu gewinnen, und hieraus zöge die Ökonomik auch ihre Legitimation. So sagte er bereits in seiner Cambridger Antrittsvorlesung 1885 unmissverständlich, wozu seiner Ansicht nach ein wirtschaftswissenschaftliches Universitätsstudium befähigen solle: „... helping the people to educate themselves and rise to a higher level; to become not only more efficient producers but also wiser consumers, with greater knowledge of all that is beautiful, and more care for it" (Marshall 1885 zitiert in: Rieter 1992, S. 217). Und auch die Bildungsreserven der unteren Schichten sollten genutzt werden. „Unter den Kontinentaleuropäern haben ... nicht zuletzt Schmoller und Wagner (als Vertreter der historischen Schule) Marshalls ökonomische, ethische und historische Sicht stark beeinflusst" (Recktenwald 1989d, S. 14).

So empfand Marshall durchaus gewisse Sympathien für die Sozialisten, was deren Wahrnehmung unhaltbarer sozialer Zustände anging. Er lehnte allerdings deren Forderungen ab. „Marshall blieb Idealist genug, die Lösung der gesellschaftlichen Probleme nicht von einer Umwälzung der Verhältnisse, sondern von einer Revolution des Denkens zu erwarten" (Oltmanns 1993, S. 33). So kritisierte er zwar die Auswüchse des kapitalistischen Systems, hielt es aber für sozial reformierbar und lehnte es deshalb nicht vollständig ab.

Marshall verwendete für sein Hauptwerk den Ausdruck „Economics" und nicht „Political Economy". „Es ist evident, dass er damit den Markt dem öffentlichen Sektor vorzieht. Tatsächlich findet man bei ihm kaum Ansätze zu einer ökonomischen Analyse des Kollektiven (des Staates und anderer Institutionen)" (Recktenwald 1989d, S. 18).

Zu dem Spannungsverhältnis von Markt und Staat bei Marshall schreibt Rothschild meines Erachtens zu Recht: „In diesem Punkt blieb Marshall ... ein zerrissener Mensch auf der Suche nach einem befriedigenden Kompromiss. Die Orientierungspunkte, die auf einen Nenner gebracht werden sollten, waren erstens seine liberale Philosophie mit ihrem hohen Stellenwert für persönliche Freiheit, zweitens sein marktwirtschaftliches Theoriegebäude mit der traditionellen Betonung von Privateigentum und Konkurrenz als Grundlage effizienten Wirtschaftens, und drittens sein starkes emotionelles Engagement für die Bekämpfung der sozialen Schattenseiten des Wirtschaftssystems, insbesondere Armut und Arbeitslosigkeit, die politische Aktion verlangten. Es ist klar, dass diese drei Zielpunkte nicht ohne weiteres gleichzeitig auf einen gemeinsamen Nenner gebracht werden können" (Rothschild 2004, S. 117/118).

Dieses Dilemma für einen sozial engagierten Ökonomen lässt sich ohne Korrekturen mit voller Wucht auch auf das Jahr 2009 übertragen.

Marshall kritisierte einerseits die Folgen eines ungezügelten Kapitalismus, befürwortete andererseits aber die effizienzfördernden Elemente des Marktes. „Ihm schwebte ein Zustand eines „managed capitalism" vor, in dem der Staat und eine gebildete Unternehmerklasse für eine regulierte Konkurrenz sorgen … Aber grundsätzlich verteidigte er das Privateigentum in der Produktion, da er sich nur so eine von Bürokratie freie effizienzfördernde private Initiative versprach" (Rothschild 2004, S. 119/120). Bei der fiskalischen Politik sah Marshall allerdings größere Möglichkeiten für eine staatliche Sozialpolitik, so bei staatlichen Umverteilungsmaßnahmen, wie z.B. einer progressiven Einkommensteuer.

Mit seinem Wechsel von der „Political Economy" zu „Economics" war noch ein anderer wichtiger Zusammenhang verbunden: „Damit änderte sich auch das Herkunftsbild der tonangebenden Nationalökonomen. Während Smith, Mill, Marx und ein Großteil der anderen Vertreter der klassischen Politischen Ökonomie von der Philosophie her kamen oder zumindest mit ihr in Berührung standen (wichtige Ausnahme: Ricardo), weisen die nachklassischen Ökonomen eine andere Biographie auf … Dies gilt … auch für Alfred Marshall. Dieser Rückgang in der Bedeutung der philosophischen Wurzeln des ökonomischen Diskurses heißt aber nicht, dass der Zusammenhang gänzlich verloren ging. Für die meist sehr allgemein gebildeten „großen" Ökonomen waren die wichtigeren Philosophen keine Unbekannten. So borgte Marshall seine evolutorischen Ideen zum Teil von Hegel und Spencer, und er hatte eine große Bewunderung für Kant" (Rothschild 2004, S. 105/106).

Marshall war zwar vom Wert und der Bedeutung christlicher Tugenden überzeugt, glaubte aber nicht an Gott.

10.9.2.1.1 Methodologische Auffassungen Marshalls

Marshall und die Mathematik:

Obwohl er ein guter Mathematiker war, verwendete er in seinen Werken keinen tiefer liegenden mathematischen Apparat. Er brachte seine mathematischen Überlegungen in einem „Mathematical Appendix" (Marshall 1964,

S. 690-706) am Ende seiner „Principles“ unter und in einigen Fußnoten (siehe als Beispiel die Fußnoten bei Marshall 1964 auf den Seiten 385, 386 und 387). Sein Schüler Arthur Cecil Pigou (1877-1959) urteilte in diesem Zusammenhang: „Though a skilled mathematician, he used mathematics sparingly. He saw that excessive reliance on this instrument might lead us astray in pursuit of intellectual toys, imaginary problems not conforming with real life: and further, might distort our sense of proportion by causing us to neglect factors that could not easily be worked up in the mathematical machine" (Pigou zitiert in: Kolb 1997, S. 131).

Marshall selbst schrieb: „I had growing feeling in the later years of my work at the subject that a good mathematical theorem dealing with economic hypotheses was very unlikely to be good economics: and I went more and more on the rules – (1) Use mathematics as a shorthand language, rather than as an engine of inquiry. (2) Keep to them till you have done. (3) Translate into English. (4) Then illustrate by examples that are important in real life. (5) Burn the mathematics. (6) If you can't succeed in (4), burn (3). This last I did often“ (Marshall zitiert in: Recktenwald 1989d, S. 12).

Frank Hahn wirft Marshall sogar vor: „Er war als Mathematiker ausgebildet ... Doch stand er nicht vollen Herzens dahinter ... Es verwundert, dass der Mathematiker in ihm so oft schlief“ (Hahn 1989, S. 30/31).

MARSHALL UND DIE BIOLOGIE:

Interessant ist sein oft zitierter Hinweis auf die BIOLOGIE, nämlich dass das Mekka des Ökonomen eher in der Biologie als in der Mechanik läge: „Biology, not mechanics is the mecca of economists.“ Die Ökonomik sei eine Wissenschaft des Lebendigen.

Und auch bezüglich des wirtschaftlichen Fortschrittes sah er dessen Behandlung in statischen Gleichgewichtsmodellen als unvollkommen an. Er sollte im Rahmen eines organischen Wachstums gesehen werden. Dies war vor allem auch vor dem Hintergrund zu verstehen, dass das auf Newton aufbauende mechanische Denken durch die Arbeiten von Charles Darwin (On the Origin of Species, 1859) über die Evolution in Bewegung geraten war, die Biologie erschien nun in einem anderen Licht.

Dabei verallgemeinerte vor allem Herbert Spencer (1820-1903) den biologischen Evolutionsmechanismus in Richtung auf Gesellschaft und Kultur. „Einen betonten Fortschrittsakzent bekam Spencers Evolutionslehre durch jene seiner Anhänger, die fälschlich Sozialdarwinisten genannt werden. Erst sie identifizierten „survival of the fittest“ mit „survival of the best“ (Rieter 1992, S. 198).

Die Modelle der Klassik schienen den neuen Komplexitäten des Wirtschaftslebens nicht mehr zu entsprechen. Marshall legte allerdings keine ausformulierte, logisch konsistente Wachstumstheorie vor. „Marshall wiederum schränkte die Aussage statischer Theorien durch eine Fülle von Annahmen ... stark ein, um sie der evolutorischen Wirklichkeit anzupassen" (Recktenwald 1989d, S. 10). Er stellte das Wirken einiger Kräfte dar, die er als wichtig für die wirtschaftliche Entwicklung ansah. Marshall schrieb: „economists have much to learn from the recent experiences of biology: and Darwin's profound discussion of the question throws a strong light on the difficulties before us" (Marshall 1964, S. 42). Marshall argumentierte in diesem Zusammenhang, dass die Wirtschaft einem evolutionären Prozess unterworfen sei, bei dem sich Technik, Marktinstitutionen und Präferenzen zusammen mit dem menschlichen Verhalten evolutionär entwickelten.

Interessant ist auch sein „Natura non facit saltum", das er als Motto auf der Titelseite seiner „Principles" abdruckte. Die Auffassung, dass es in der ökonomischen Welt „Sprünge" geben könne, und solche deuteten sich zu Lebzeiten Marshalls schon an (1. Weltkrieg mit ökonomischen Konsequenzen, russische Revolution, erste antikolonialistische Strömungen), war seiner Ökonomik fremd. Unter diesem Aspekt kann man durchaus behaupten, Marshalls großer Wurf habe die Ökonomik bezüglich realer sprunghafter Veränderungen entschärft. Zu dieser Einstellung passte auch sein Verständnis der Ökonomik: Die Wissenschaft bezüglich des Studiums der Menschen in ihren gewöhnlichen Alltagsgeschäften.

10.9.2.1.2 Sonstige Thesen Marshalls

Gleich zu Anfang lieferte Marshall seine Definition der Ökonomik, mit der er Buch I „Preliminary Survey" der „Principles" eröffnete: „Political Economy or Economics is a study of mankind in the ordinary business of life; it examines that part of individual and social action which is most closely connected with the attainment and with the use of the material requisites of wellbeing" (Marshall 1964, S. 1).

Zusammenfassend kann man feststellen, dass Marshall mit seinem Werk eine Brücke zwischen der klassischen Produktionskostentheorie (vor allem der Klassik Mills), der neoklassischen Nutzentheorie und der deutschen historischen Schule schlug. Er versöhnte die objektive Wertlehre der Klassiker mit der subjektiven Wertlehre der Grenznutzenschule. So leitete er die individuelle Nachfragefunktion aus der Nutzenmaximierung des Haushalts (bei Wirksamkeit des Gesetzes vom abnehmenden Grenznutzen) ab. Insgesamt gilt Marshall zu Recht als „Architekt eines monumentalen Lehrgebäudes, einem komfortablen Neubau, errichtet auf alten Fundamenten“ (Rieter 1989 zitiert in: Kolb 1997, S. 132). Von diesem Gebäude finden sich viele verschiedene Schulen der Ökonomik gleichermaßen angesprochen.

Auf dem Gebiet der Geldtheorie, einem Gebiet, dem sich Marshall bereits früh zuwandte, systematisierte er die verstreuten Ideen der Klassiker und machte daraus eine Theorie, die Geld- und Gütermärkte unterschied. Dabei wurde neutrales Geld unterstellt. Geld war für ihn nur eine Art Schmieröl der Wirtschaft. D.h. eine Geldmengenerhöhung betraf lediglich die Geldsphäre, der reale Sektor, das Austauschverhältnis der Güter zueinander, also die relativen Preise, wurde davon nicht betroffen. Allerdings mussten die Preise einschließlich der Faktorpreise dafür flexibel sein.

„Inflation hin oder her – auf lange Sicht, so Marshall pendle sich von selbst ein Gleichgewicht auf dem Gütermarkt ein. Marshalls bekanntester Schüler John Maynard Keynes quittierte diesen Optimismus mit der Bemerkung „Langfristig sind wir alle tot““ (Oltmanns 1993, S. 32).

Marshall, der sich vor allem mit der Mikroökonomik beschäftigte, war ein Meister der PARTIALANALYSE. Er kannte zwar das Werk von Walras, hielt aber, wie seine Schüler vermerkten, nicht viel davon. „Seine Art der Partialanalyse, die sich auf einen kleinen Ausschnitt einer Volkswirtschaft konzentriert, während der Rest als gegeben angenommen wird, hat sich als einflussreich und wirksam erwiesen“ (Hahn 1989, S. 34). Bei kleinen Änderungen ist es meines Erachtens auch gerechtfertigt, Rückwirkungen aus dem Gesamtsystem zu vernachlässigen. Zudem ist ein partieller Ansatz in der ökonomischen Praxis viel leichter handhabbar als der unhandliche allgemeine Gleichgewichtsansatz.

Dabei verwendete Marshall das Konstrukt einer „repräsentativen Firma“. Er umging damit die Schwierigkeiten, die sich bei der Analyse vieler verschiedener einzelner Unternehmen ergeben. „Eine präzise Analyse des Konzeptes fehlt … Ein Unternehmen mit durchschnittlichen Kostenverläufen, unternehmerischen Fähigkeiten usw. ist natürlich ein fiktives oder imaginäres Konstrukt. Man muss noch herausfinden, ob die Maximierungsentscheide dieser imaginären Firma dem durchschnittlichen Handeln aller wirklichen Unternehmen entsprechen werden“ (Hahn 1989, S. 43). Und Frank Hahn warnt: „Wenn das Konzept der repräsentativen Firma angewandt werden soll, sind höchst restriktive Annahmen notwendig“ (Hahn 1989, S. 44).

In seiner Produktionstheorie unterschied Marshall die drei Produktionsfaktoren (die berühmte „Triade“): Boden, Arbeit und Kapital. Diese Dreiteilung ist keinesfalls selbstverständlich, sie setzte sich ca. um die Mitte des 19.

Jahrhunderts durch. In der moderneren Theorie wurden auch andere Einteilungen der Produktionsfaktoren vorgeschlagen, man denke nur an Umwelt, Energie etc.

Marshall sah die Notwendigkeit einer dynamischen Analyse, war aber nicht in der Lage, eine solche Analyse konsequent formal durchzuführen. Er verwendete stattdessen als Hilfskonstruktion seine drei zeitlichen Fristigkeiten, die er dann als drei verschiedene hintereinander gestaffelte zeitliche Szenarios ablaufen ließ. „Überdies versuchte er mit der Einführung der „ceteris-paribus-Regel“ die Dynamik des Wirtschaftens in seine Modelle zu integrieren. Unter der Annahme insgesamt konstanter Bedingungen veränderte er jeweils eine Variable und spielte deren Wirkung im Modell durch“ (Oltmanns 1993, S. 32). Aber beide Hilfskonstruktionen führten zu keiner „echten“ Dynamik.

Ich werde im Folgenden die Überlegungen und Instrumente Alfred Marshalls, sei er nun deren Entdecker oder deren Verbreiter, der Übersicht halber einfach auflisten:

(1) Scherentheorem

Marshall arbeitete mit dem mittlerweile wohlbekannten Diagramm von (steigender) Angebotskurve und (fallender) Nachfragekurve. Im Schnittpunkt beider Kurven liegt dann der Gleichgewichtspreis, der sich damit gleichermaßen aus objektiven Kosten und subjektiven Nutzen ergibt. Marshall verglich Angebot und Nachfrage mit den zwei Schneiden einer Schere, die gemeinsam den Marktpreis bestimmten. „Wir könnten uns darüber streiten, ob die obere oder die untere Schneide das Papier schneidet, ebenso wie darüber, ob der Wert durch den Nutzen oder durch die Kosten der Produktion bestimmt wird“ (Marshall zitiert in: Stigler 1989, S. 48).

Marshall wies auch auf die Möglichkeit mit dem Preis steigender Nachfragfunktionen hin (Giffen-Güter).

Auf der Angebotsseite, mit seinem Konstrukt der „repräsentativen Unternehmung“ lieferte er einen Ansatz für eine Betriebswirtschaftslehre. Damit vermied er das Problem, dass verschiedene Betriebe naturgemäß verschiedene Kostenstrukturen haben. Er unterschied zwischen fallenden, konstanten und steigenden Skalenerträgen. Damit konnte er fallende, konstante und steigende Kostenverläufe ableiten, und er unterschied auch begrifflich präzise zwischen Gesamtkosten, Grenzkosten und Durchschnittskosten.

(2) Konsumentenrente, Produzentenrente

Die Einführung der Konsumentenrente war ein wichtiges Konzept der späteren Wohlfahrtsökonomik, auch wenn die Idee schon bei Jules Dupuit (1804-1866) vorkam.

Konsumentenrente: Die Fläche unter einer fallenden Nachfragekurve, bis hin zum tatsächlichen Marktpreis. Also die „Rente", die ein Konsument daraus zieht, dass er das gewünschte Gut zu einem niedrigeren Preis erwerben kann, als er eigentlich bereit wäre, zu zahlen. Anders formuliert: Der Preis ist üblicherweise für jede Einheit eines verkauften Gutes, das ein Konsument erwirbt, gleich. Der Wert jeder zusätzlichen Einheit sinkt für den Konsumenten. Ein Konsument wird Gütereinheiten bis zu dem Punkt kaufen, wo sein subjektiver Grenznutzenwert dem Preis entspricht. Deshalb erzielt der Konsument bei allen Einheiten vor dieser letzten Einheit einen subjektiven „Gewinn", da er für jedes dieser Güter weniger zahlt, als sie ihm eigentlich wert sind. Er bezieht dann also eine Konsumentenrente. Das Zustandekommen einer solchen Konsumentenrente wird in Chapter VI, „Value and Utility" anhand ausführlicher numerischer Beispiele erläutert;

Produzentenrente: Die Fläche über einer steigenden Angebotskurve bis hin zum tatsächlichen Marktpreis. Also die „Rente", die ein Anbieter daraus zieht, dass er das betreffende Gut zu einem höheren Preis verkaufen kann, als er bereit war, es zu verkaufen;

(3) Ceteris-paribus-Klausel

Diese Ceteris-paribus-Klausel, die Voraussetzung sonst gleicher Umstände, stellte einen bedeutenden Kunstgriff zur genaueren PARTIELLEN Analyse sowohl von Industriezweigen als auch von einzelnen Unternehmen und Individuen dar. Es werden dadurch Rückkoppelungseffekte, die von außerhalb des betrachteten partiellen Ausschnittes der Wirtschaft kommen, ausgeblendet. Sie existieren zwar zumeist, können aber durch diese Annahme die Analyse nicht beeinflussen. Damit machte Marshall die Voraussetzung, dass Preisänderungen eines Gutes keine Rückwirkungen auf die Nachfrage oder das Angebot aller übrigen Güter hätten. Dies erwies sich als methodisch sehr erfolgreicher Kniff, denn damit konnte man „ungestört" zunächst einmal die Preisbildung auf Teilmärkten untersuchen.

Es ist einleuchtend, dass diese Klausel umso gefährlicher ist, je größer der betrachtete Ausschnitt der Wirtschaft, je stärker die ausgeblendeten Effekte wirken und je mehr Effekte von außen auf den betrachteten Ausschnitt der Wirtschaft wirken.

(4) Preis-Elastizäten,

d.h. in heutiger Formulierung der Ausweis des prozentuellen Umfanges der Mengenreaktionen auf prozentuelle Preisänderungen (Preiselastizität). Es geht hier letztlich um die Messung von Kausalitäten: Das Ausmaß der prozentuellen Veränderung einer verursachten Größe, das durch die prozentuelle Veränderung einer verursachenden Größe bewirkt wird. Marshall handelte das Konzept der Elastizität in Chapter IV, „The Elasticity of Wants“ (Marshall 1964, S. 86) ab. In den Fußnoten wird mit Hilfe von geometrischen Schaubildern mit verschiedenen Kurvenverläufen das Konzept der Elastizität anschaulich erklärt;

Erwähnenswert ist dabei noch, dass Marshall seine Elastizität auf einen Punkt der Nachfragekurve bezog, also eine Punktelastizität (im Gegensatz zu einer Bogenelastizität) vorstellte.

(5) Lehre von den internen und externen Ersparnissen

Die Unterscheidung von „internal“ und „external economies“ erwies sich als wesentlicher Schritt in Richtung auf die spätere Wohlfahrtsökonomik, auch wenn es Marshall mehr um die „external economies“ ging und er die „external diseconomies“, die später besonders bedeutsam wurden, noch nicht sah. Dies leistete dann in der Folge sein Lieblingsschüler Arthur Cecil Pigou (1877-1959) und machte die Externalitäten zu einem wichtigen Ansatzpunkt der Wohlfahrtsökonomik.

Interne Ersparnisse fallen einer Unternehmung aus eigenen Produktionsanstrengungen, wie etwa einem steigenden Mechanisierungsgrad, zu.

(6) Berücksichtigung der Zeit

Marshall wollte verstehen, wie Märkte auf Veränderungen von Angebot und Nachfrage über die Zeit hinweg reagieren und damit die Zeit selbst zu einer bestimmenden Größe der Werttheorie machen. Aus diesem Grund unterschied er drei verschiedene (theoretische) Zeitperioden, die auf verschiedenen Anbieterreaktionen basierten. „Diese Annahme der Trennbarkeit von Perioden macht die Rolle der Zeit zu einer anwendbaren Komponente in der Werttheorie“ (Stigler 1989, S. 53).

Eine SEHR KURZE FRIST, innerhalb derer die Anlagengröße (Kapitalausstattung für die Produktion) und sogar die Läger unveränderlich vorgegeben waren. Hier sei das Angebot völlig unelastisch, die Preisbildung würde von der Nachfrageseite her determiniert.

Zweitens eine KURZE ZEITPERIODE, bei der das Güterangebot zwar erhöht werden kann, aber nur durch den Einsatz von Arbeit und anderen Inputs, nicht aber mit Hilfe einer veränderten (größeren) Kapitalausstattung (Anlagengröße). Die Betriebsgröße bleibt also unverändert. Hier ist das Angebot bereits etwas elastischer, aber bei den Kosten dominieren immer noch die fixen Kosten. Die Nachfrageseite spielt bei der Preisbildung noch eine größere Rolle als die Angebotsseite.

LANGFRISTIG war bei ihm dann auch die Kapazität (Kapitalausstattung, Betriebsgröße) veränderlich, es gab bei dieser langfristigen zeitlichen Betrachtung keine Fixkosten mehr. Unter der Annahme konstanter Skalenerträge ist die Angebotskurve horizontal. Hier wird die Preisbildung immer mehr von der Angebotsseite bestimmt. Bei der sehr kurzen Frist ist die Angebotskurve hingegen vertikal.

Man kann also etwas verkürzt sagen: Kurzfristig wird der Preis durch die Nachfrage bestimmt, längerfristig nach Anpassung des Angebots an die Konsumentenwünsche wieder durch das Angebot (und die damit verknüpften Produktionskosten). Je länger die betrachtete Zeitperiode und damit die Möglichkeit von Anpassungen, umso größer der Einfluss des Angebotes auf den Preis. Allerdings müssen immer beide Seiten – Angebot und Nachfrage – betrachtet werden, und tragen zur Preis- bzw. Absatzmengenbestimmung bei, siehe das „Scherentheorem".

Marshall führte mit seinen Periodisierungen eine ABSTRAKTE Zeitsicht ein, nicht die historische Zeit. Ergänzen muss man noch, dass die Länge der betrachteten Zeitspanne natürlich auch Konsequenzen für die Elastizitäten hat.

10.9.2.2 Rezeption von Marshall

Hierbei kann man unterscheiden zwischen der Rezeption seiner Ideen und propagierten Instrumente und der Wahrnehmung seiner Person selbst.

Wie bereits erwähnt, waren die „Principles" von Marshall außerordentlich erfolgreich. Sein Werk begründete geradezu eine neue Orthodoxie und prägte die Ökonomik noch Jahrzehnte nach seinem Tod, eigentlich bis auf den heutigen Tag.

Zu seinen Lebzeiten galt Marshall bereits als DER Vertreter einer neuen Ökonomik. Sein Schüler und Nachfolger Pigou (1877-1959) charakterisierte seine Stellung folgendermaßen: „Marshall's position in economic thought was unique: he was our leader, acknowledged, undisputed. But he was much more than a great thinker. He was, for all of us who knew him, a shining example of single-eyed devotion to an unselfish aim" (Pigou zitiert in: Kommentarband zu Marshall „Principles of Economics", Düsseldorf 1989, S. 24).

„His pupils filled, Foxwell could say by 1888, half the chairs of political economy in the United Kingdom; his influence permeated the other half and, methodologically speaking, today we are all Marshallians in the same sense that we are all higher primates" (Samuelson 1962, S. 15) stellte der Nobelpreisträger Samuelson lakonisch fest.

Der deutsche Ökonom Adolf Wagner (1835-1917) besprach 1891 Marshalls „Principles" im „Quarterly Journal of Economics", einer renommierten amerikanischen Zeitschrift. Nachdem er sich in einer langen Einführung deutlich von der jüngeren historischen Schule, vor allem von Gustav Schmoller, distanzierte, lobte er die „Principles“: „I agree with Professor Marshall in the fundamental opinions which he sets forth in the first pages of the preface, and also in those chapters of the first book (chapters four to seven) which treat the growth of economic science, of the nature of economic laws, and of economic motives“ (Wagner 1891). Und Wagner stellte weiter fest: „No doubt the future volume or volumes will bring the needed additional matter on money, credit, foreign trade” (Wagner 1891). Skepsis meldete er nur bezüglich der von Marshall verwendeten Mathematik an: „He excludes the diagrams and formulae entirely from the text, and relegates them to footnotes and to the appendix. Whether it was necessary to make use of them even to this extent in a work like the present, I would leave undecided” (Wagner 1891). Aber insgesamt kam der deutsche Kathedersozialist Wagner zu einem positiven Urteil: „In sum, this first volume establishes in just and admirable fashion the continuity between classical English political economy and the science as it must stand to satisfy the demands of the present. It marks no revolution, but a progress, made with due regard to every advance in the science. Let us hope that the second volume will follow at an early date” (Wagner 1891).

Sein Zeitgenosse Francis Ysidro Edgeworth (1845-1926) besprach die zweite Auflage der „Principles” im „Economic Journal” 1891. Er stellte vor allem die Symmetrie der Beziehungen von Angebot und Nachfrage in Bezug auf den Wert heraus: „This symmetry is justly regarded by Professor Marshall as „fundamental”. While others have been disputing whether it is cost-of-production or final-utility which determines value, he has discerned that it is both“ (Edgeworth 1891).

Kurt W. Rothschild, selbst ein bedeutender Wirtschaftstheoretiker, stellte die Bedeutung Marshalls in folgenden Worten dar: „Die Bedeutung Marshalls lag darin, dass er es war, der erst den Ideen der 1870er Jahre, zu denen er übrigens selbst wichtige Elemente beifügte, durch eine groß angelegte und weit über das Ökonomische hinausgehende gesellschaftliche Perspektive zum entscheidenden Durchbruch verhalf. Sein Werk prägte viele Jahrzehnte lang das damals führende englische und weitgehend auch das amerikanische wissenschaftliche Establishment so sehr, dass Schumpeter mit Recht sagen konnte, dass in England das Marshall'sche Zeitalter anbrach (Rothschild 2004, S. 108/109).

Erich Schneider stellte die Wirkung des Werkes von Alfred Marshall in verschiedenen Ländern gegenüber. Während er in England eine überragende, beherrschende Stellung Marshalls konstatierte, sähe dies damals in anderen Ländern anders aus: „Auf dem europäischen Kontinent dagegen hat er kaum gewirkt. In Deutschland herrschte die jüngere historische Schule, der Marshalls Theorie, auch in der historischen Umrahmung, unverständlich bleiben musste. In Österreich stand die theoretische Arbeit ganz unter dem Einfluss der Leistung Mengers, in der Schweiz und in Italien hatten Walras und Pareto für die neuen Theorien des generellen ökonomischen Gleichgewichts den Boden bereitet und Anhänger gefunden. In Schweden fand die Theorie unter der Führung von Wicksell und Cassel, wenn auch mit unterschiedlichen Akzenten, schnell Anschluss an die Arbeiten der Lausanner und der Österreicher. Nur durch Cassel wurden Teile des Marshallschen Werkes bekannt, die aber keine entscheidende Wirkung hatten ... Erst nach dem zweiten Weltkrieg vollzog sich in Europa – auf dem Kontinent und in England – die Synthese der in Wien, Lausanne und Cambridge entwickelten Theorien“ (Schneider 1962, S. 346/347).

Allerdings im Gegensatz zum Werk: Die Person Alfred Marshall blieb „trotz seines umfassenden Werkes im Bewusstsein nachfolgender Kollegen merkwürdig blass“ (Oltmanns 1993, S. 31).

Und diese Feststellung trifft Oltmanns trotz der bedeutenden Ökonomen, die zu Marshalls engeren Schülern zählten:

Arthur Cecil Pigou (1877-1959);
John Maynard Keynes (1883-1946);
Arthur Lyon Bowley (1869-1957);
Zählt man aus dem weiteren Umfeld noch:
Maurice Dobb (1900-1976);
Richard Kahn (1905-1989);
James Edward Meade (1907-1995);
Dennis Robertson (1890-1963);
Joan Robinson (1903-1983);
dazu, dann kann man in etwa ermessen, dass Cambridge damals tatsächlich einer der bedeutendsten Schauplätze der Ökonomik war und diese Vormachtstellung, zusammen mit der London School of Economics, bis zum Ende des zweiten Weltkrieges auch nicht abgab. Erst dann traten amerikanische Autoren auf und beanspruchten die Führung in der ökonomischen Welt.

Marshall gründete eine richtige „Schule“. So befand Joseph Alois Schumpeter: „Marshall beherrschte noch stärker als Ricardo die Szene seiner Zeit. Der große Meister, der auch ein herrischer Mensch war – manchen erschien er priesterhaft – machte fast die ganze Generation der englischen Wirtschaftswissenschaftler zu seinen Schülern und Anhängern ... Die

Marshallsche Schule war – und ist es in gewissem Sinne auch heute noch – eine nationale Schule, die sich ihres spezifisch englischen Charakters sehr wohl bewusst war“ (Schumpeter 1965, S. 1017).

10.9.3 FRANCIS YSIDRO EDGEWORTH (1845-1926)

VITA VON EDGEWORTH

Eine ausgezeichnete Darstellung der Charakterzüge von Edgeworth findet sich in: Keynes, John Maynard, Francis Ysidro Edgeworth 1845-1926, in: Politik und Wirtschaft; Männer und Probleme, Tübingen, Zürich 1956. Die Lektüre dieses Aufsatzes wird dem Leser unbedingt empfohlen.

1845:	Francis Ysidro wurde am 8. Februar 1845 in Edgeworthstown (irische Grafschaft Longford) als fünftes (und jüngstes) Kind seiner Eltern Francis Beaufort Edgeworth (1809-1846) und Rosa Florentina Eroles (1815-1864) geboren; Seine Mutter entstammte einer katalanischen Familie, die wegen Verfolgungen in Spanien nach England auswanderte. Daher kam auch sein in England etwas exotisch anmutender Vorname „Ysidro". Sein Vater, Mitglied einer bekannten und exzentrischen anglo-irischen Landeigentümerfamilie, starb bereits 20 Monate nach seiner Geburt im schlimmsten Jahr der irischen Hungersnot. Die berühmte Schriftstellerin Maria Edgeworth (1767-1849) war seine Tante. Francis Ysidro wurde bis 1862 zunächst von seiner Mutter und dann durch Tutoren zu Hause bis zu seinem 17. Lebensjahr privat erzogen; Zuerst wurden seine Vornamen in der Reihenfolge: „Ysidro Francis" angeordnet, erst später kehrte er sie in allen seinen Veröffentlichungen um: „Francis Ysidro";
1862:	Besuch des Trinity College in Dublin. Studien von humanistisch-philosophischen Fächern und alten und neuen Sprachen;
1868:	Aufnahme im Balliol College in Oxford;
1869:	Edgeworth erlangte die Note „First Class" bei seinen Prüfungen in „Litterae humaniores";
1870:	Um 1870 übersiedelte Edgeworth nach Hampstead in der Umgebung Londons. Hier war William Stanley Jevons sein unmittelbarer Nachbar, mit dem er bald eng befreundet war; „Es ist nicht sicher, womit Edgeworth während dieser ersten Jahre in London seinen Lebensunterhalt bestritt. Da er weder über Arbeit noch ein Stipendium verfügte, hatte er vermutlich einen geringfügigen Anteil am Familienbesitz, der ein ausreichendes Einkommen abgeworfen haben muss, um nicht nur

	sehr zentral in Hampstead zu leben, sondern auch 1871 „original member“ eines der besseren Clubs in London werden zu können“ (Newman 1994, S. 31);
1877:	Edgeworth hat vermutlich Jura studiert, denn er wurde 1877 als Anwalt zugelassen. Er hat aber nie als Jurist gearbeitet; Veröffentlichung von „New and Old Methods of Ethics“; Hierin kombinierte Edgeworth seine mathematischen Interessen, z.B. Variationsrechnung und den Ansatz von Lagrange Multiplikatoren (Optimierung unter Nebenbedingungen) mit Problemen der utilitaristischen Philosophie. Er wollte einen „exakten Utilitarismus“, die optimale Ressourcenallokation, die das Glück der Gesellschaft maximiere; Lehrauftrag für Griechisch am Bedford College for Women in London;
1880:	(Abendlicher) Lehrauftrag für Logik am Londoner King's College; Edgeworth unterrichtete in diesem Jahrzehnt viele verschiedene Fächer, so z.B. Griechisch, englisches Theater, Logik, Moral Sciences an verschiedenen Institutionen. Die Bezahlung war meist miserabel;
1881:	Veröffentlichung von „Mathematical Psychics“;
1883:	Das wissenschaftliche Interesse von Edgeworth wandte sich nun mehr und mehr der Wahrscheinlichkeitstheorie und der Statistik zu;
1888:	Professor für Politische Ökonomie am King's College in London;
1889:	Wahl zum Präsidenten der Sektion F (Wirtschaftswissenschaft und Statistik) der „British Association for the Advancement of Science“;
1890:	Tooke-Professur für Ökonomie am King's College; Gründungsherausgeber des neuen „Economic Journal“, dem Organ der „British (später: Royal) Economic Society“;
1891:	Drummond-Professor und Fellow of All-Souls-College in Oxford;
1903:	Seit 1903 ordentliches Mitglied der „British Academy”;
1907:	Edgeworth erhielt die Guy Medaille der Royal Statistical Society;
1911:	Da alle anderen Erbberechtigten gestorben waren, erbte Francis Ysidro Edgeworthstown;
1912:	Bis 1914 Präsident der „Royal Statistical Society“;

1919: Nachdem John Maynard Keynes 1911 Editor des „Economic Journal" wurde, kehrte Edgeworth 1919 als „Joint-Editor" zum „Economic Journal" zurück;

1922: Edgeworth trat vom Drummond-Lehrstuhl zurück, blieb aber weiter in der Forschung tätig;
Nochmalige Wahl zum Vorsitzenden der Sektion F der „British Association for the Advancement of Science";

1926: Edgeworth starb am 13. Februar 1926 im Alter von 81 Jahren.

Edgeworth erlernte Mathematik und Statistik im Selbststudium, was angesichts seiner späteren großartigen Leistungen auf diesen Gebieten erstaunlich ist.

Edgeworth war keine Kämpfernatur. Auch wenn er nicht völlig mit Marshall übereinstimmte, galt er doch als Marshallianer, ja er trat immer hinter Marshall zurück. Und tatsächlich trugen Edgeworths Werke zur Hegemonie der Marshallschen Ökonomik bei. So lehnte er z.B. als Editor des „Economic Journal" Beiträge ab, die sich zu weit von der Neoklassik von Marshall entfernten, insbesondere Arbeiten im Stile der Lausanner Schule.

Edgeworth blieb unverheiratet und kinderlos, mit ihm starb die männliche Edgeworth-Linie aus.

Edgeworth war eng befreundet mit seinem Nachbarn William Stanley Jevons. Er war ein regelmäßiger Gast in Jevons Haus. „Sein bewegender Kondolenzbrief an Jevons' Witwe im August 1882 zeigte, wie sehr ihn der Verlust seines „verehrten Freundes" traf" (Newman 1994, S. 34).

„Marshall, der die Mischung irischer und spanischer Herkunft als bedeutsam für die Wesenszüge in Edgeworths Charakter ansah, pflegte zu sagen „Francis is a charming fellow, but you must be careful with Ysidro" (Newman 1994, S. 30). Edgeworth ermunterte neidlos jüngere talentierte Ökonomen, in meinen Augen ein sehr positiver Charakterzug.

John Maynard Keynes hielt Edgeworth für exzentrisch. Bertram Schefold konstatierte, dass er in der Fachwelt als „schrullig" galt. (Schefold 1994e, S. 5). Und auch der Nachruf in der „Times", in dem Edgeworth als „Doyen of English Economists" bezeichnet wurde, war durchaus zwiespältig geschrieben: „In 1881 appeared „Mathematical Psychics", which revealed his shrewd, original, and somewhat whimsical qualities as an independent thinker and forecast his development as an exponent of pure or mathematical economics".

„But his extensive knowledge of economics and economists in all countries, and his great industry and keen interest, were coupled with a complete innocence of business and administrative affairs ... In his lectures, his writings, and his conversation Edgeworth leaped from peak to peak and was often difficult to follow." Weiter wurde ihm neben Lob in seinem Nachruf vorgeworfen: „being constitutionally incapable of pronouncing a decided opinion on any practical question". Zur Person wurde angefügt: „Edgeworth was unmarried. He was an insatiable reader, but his love of walking, mountaineering, golf, and boating, with his strict and regular habits, maintained to the last his wonderful vitality. Every summer, even at the age of 80, he used to bathe ... before breakfast, and he would often be seen riding his bicycle in the country round Oxford."

Robert L. Heilbroner stellt ihn in seiner amüsanten Dogmengeschichte als „sonderbaren, scheuen Professor" vor, der aber zweifellos ein „glänzender Gelehrter" gewesen sei, und der die Menschen als „Vergnügungsmaschinen" mit „felicific power" dargestellt habe. „Er selbst war die am schlechtesten konstruierte Vergnügungsmaschine, die man sich vorstellen kann. Notorisch scheu, neigte er dazu, vor den Freuden menschlicher Gesellschaft in die wahrscheinlich weniger freudeerfüllten Gehege seines Klubs zu fliehen; unglücklich über die Bürde materieller Dinge, kostete er nur wenige der Freuden, die für die meisten Menschen vom Besitz herrühren. Seine Zimmer waren kahl, er hatte keine eigenen Bücher ... zu seinen materiellen Reichtümern gehörte weder irdenes Geschirr noch Schreibzeug, nicht einmal Briefmarken. Vielleicht empfand er die größte Freude beim Konstruieren seines wirtschaftlichen Phantasiegebildes Xanadu" (Heilbroner 1960, S. 188/189).

Und dabei konstatierte Edgeworth in seinem 1877 publizierten Buch zwar unterschiedliche „felicific powers", fasste aber diesbezüglich nicht weiter nach. 1879 hingegen interpretierte er die Unterschiede in der „Capacity for Happiness" sozialdarwinistisch. Peter Newman spricht diesbezüglich von einem „traurigen Verfall von Enthusiasmus und Liberalität (Newman 1994, S. 54) zwischen den „New and Old Methods of Ethics" und „The Hedonical Calculus".

Paul Strathern charakterisiert Edgeworth als „krankhaft schüchtern", „in seinen Vorlesungen völlig in sich versunken" (Strathern 2006, S. 216).

Und es soll auch noch Joseph Alois Schumpeter zu Wort kommen: „Er war zurückhaltend in der Konversation, geistesabwesend bis zu einem fast pathologischen Grade, der denkbar schlechteste Sprecher und Lektor, persönlich wirkungslos, keine „Führernatur", das ist vielleicht das rechte Wort" (Schumpeter 1965, S. 1015).

Keynes charakterisierte ihn in seiner lesenswerten Biographie wie folgt: „Auf jeden, der Edgeworth kannte, muss er als Mensch einen starken einzigartigen Eindruck gemacht haben. Aber es ist kaum möglich, ihn für diejenigen zu schildern, die ihn nicht kannten. Er war gütig, freundschaftlich, bescheiden, sich selbst unterschätzend, humorvoll, mit einem scharfen und freimütigen Blick für menschliches Wesen; er war auch zurückhaltend, eckig verwickelt, stolz und empfindlich, voll sorgfältiger Höflichkeit und Rücksicht bis zum Punkt der Künstlichkeit, bedingungslos unbeugsam und unnachgiebig in sich selbst gegenüber dem Druck der äußeren Welt" (Keynes 1956b, S. 168).

AUSGEWÄHLTE WERKE VON EDGEWORTH

„New and Old Methods of Ethics" (1877);

In dieser Monographie wandte Edgeworth Methoden der höheren Mathematik, vor allem die Variationsrechnung, auf den Utilitarismus von Sidgewick an. „So geistreich das Buch auch war, weder diese Monographie noch sein Artikel aus dem Jahre 1879 über „The Hedonical Calculus" enthielt irgendetwas Ökonomisches, abgesehen von ein paar Verweisen auf Malthus' Bevölkerungstheorie" (Newman 1994, S. 33).

Allerdings: „So war denn Edgeworths Vergleich des positiven Maximum-Prinzips der Physik mit dem normativen Prinzip des exakten Utilitarismus ziemlich gezwungen und unpassend" (Newman 1994, S. 35/36).

„The Hedonical Calculus" (1879);

„Mathematical Psychics; An Essay on the Application of Mathematics to the Moral Sciences" (1881);

Dieses wichtigste Werk von Edgeworth umfasste drei voneinander abgrenzbare Teile: Methodologie, positive Theorie (Economical Calculus) und Wohlfahrtstheorie (Utilitarian Calculus).

„Metretike: Or the Method of Measuring Probability and Utility" (1885);

Hierin präsentierte Edgeworth unter anderem Signifikanztests für Mittelwertvergleiche.

„Measurement of Change in Value of Money" (1887-1889);

„Application of Mathematics to Political Economy" (1889);

„The Pure Theory of International Values" (1894);

In seinen Artikeln zur Außenwirtschaftstheorie verwendete er erstmalig „Offer-Curves" und gesamtwirtschaftliche Indifferenzkurven, um seine Argumente, z.B. zum Optimalzoll, zu untermauern.

„The Pure Theory of Monopoly" (1897);

„The Pure Theory of Taxation" (1897);

Hier stellte er sein berühmtes „Steuer-Paradox" vor, das beinhaltete, dass die Besteuerung eines Gutes zuweilen zu einem Rückgang des Preises dieses Gutes führen könne. Dieses Paradox wurde von seinen Zeitgenossen bestritten. Harold Hotelling bewies allerdings 1932, dass Edgeworths Überlegungen richtig waren. Edgeworth behauptete auch, dass die optimale Belastung durch progressive Besteuerung so aussehen solle, dass das Grenzleid für jeden Steuerzahler gleich sein sollte.

„The Theory of Distribution" (1904);

„The Law of Error" (1905);

„Minimal Sacrifice versus Equal Sacrifice" (1910);

„Application of Probabilities to Economics" (1910);

„The Cost of War and Ways of Reducing it, Suggested by Economic Theory: A Lecture" (1915);

Die Publikationen, die Edgeworth während des ersten Weltkrieges zur Kriegsfinanzierung publizierte, waren trotz aller Originalität viel zu theoretisch und hatten deshalb nicht den gewünschten konkreten Einfluss.

„On the Relations of Political Economy to War" (1915);

Die hier aufgeführte ausgewählte Literatur sollte nur einen ersten Eindruck bieten. Die Liste von Werken ist nicht nur unvollständig, sie lässt auch nicht auf die große Vielzahl von Aufsätzen und Rezensionen zu vielen verschiedenen Teilgebieten der Ökonomik schließen, die Edgeworth verfasst hat. Zusammen mit den Rezensionen bin ich auf über 200 (!!) Veröffentlichungen von Edgeworth gestoßen, und habe dabei sicherlich noch einige übersehen.

Zusammenfassend kann man konstatieren: Die ökonomischen und statistischen Beiträge von Edgeworth waren kreativ, oft originell und oft von solcher Tiefe, dass erst spätere Generationen ihren vollen Wert, ihre volle Aussagekraft, erkannten.

Hinzu kam, dass Edgeworth, der ja in Sprachen und den humanistisch-philosophischen Fächern ausgebildet war, oft komplizierte, verwickelte, „gelehrte" Sätze von sich gab, die noch dazu mit (oft unbekannten) klassischen Zitaten gespickt waren. Zudem erfand er, aus griechischen Wurzeln stammend, eigene Wörter, die dem nicht ähnlich gebildeten Leser unverständlich blieben.

Wohl deshalb nannte Arrow den Stil der „Mathematical Psychics" „geziert" (Arrow 1994, S. 87). Auch verwendete Edgeworth, ohne große leserfreundliche Erläuterungen, mathematische Verfahren und Notationen, wie z.B. Konvexitätsüberlegungen, Optimierung unter Nebenbedingungen sowie die Variationsrechnung (die sich mit Funktionalen beschäftigt). Alles in allem: keine einfache Kost für den Leser!

Edgeworth schrieb nie ein Lehrbuch. Keynes bemerkte dazu: „Als ich ihn einmal fragte, warum er sich nie an ein Lehrbuch gewagt hätte, antwortete er mit seinem charakteristischen Lächeln und unterdrücktem Lachen, dass Unternehmen großen Maßstabes, wie etwa Lehrbücher und Heirat, ihn nie angezogen hätten“ (Keynes 1956b, S. 166).

10.9.3.1 Thesen von Edgeworth

Edgeworths erstes größeres Werk handelte von der Ethik, wobei er ethische Sachverhalte mit Hilfe der Mathematik exakt darstellen wollte. So wollte er mit Hilfe der Variationsrechnung das Maximum des Integrals ermitteln, welches das „größte Glück“ definiert. Überhaupt war er von der Fruchtbarkeit der Anwendung der Mathematik auf diese Art von Ökonomik überzeugt. John Maynard Keynes schrieb: „Es kann, glaube ich, nicht bestritten werden, dass Edgeworth durch vierzig Jahre der bedeutendste und fruchtbarste Vertreter dessen war, was er selbst zu „Mathematical Psychics“ ernannt hatte – der Feinheiten und der Grobheiten in der Anwendung einer quasimathematischen Methode auf die Sozialwissenschaften“ (Keynes 1956b, S. 161). Der Mensch wurde von ihm als eine Art „Vergnügungsmaschine“ bzw. „Lustmaschine“ betrachtet, dessen Ziel die Erlangung der größtmöglichen Lust sei.

Generell war für Edgeworths Ethik die „Glücksfähigkeit“ (Capacity for Pleasure) der Bevölkerung eine wichtige Größe. Herrschte diesbezüglich Unsicherheit, sollte und musste man eine gleiche Glücksfähigkeit der betreffenden Menschen unterstellen. Menschen seien aber nicht gleich. Auch die Maximierung des gesamten Glücks führe laut Edgeworth nicht zur Gleichheit.

Edgeworth war sich sicher, dass gewisse Klassen von Menschen eine größere Glücksfähigkeit als andere besäßen, so hätten z.B. Männer eine größere Glücksfähigkeit als Frauen. Dabei unterstellte er, die Glücksfähigkeit der Bevölkerung werde sich im Zeitablauf so entwickeln, dass die Egalitätsannahme nun auch faktisch gerechtfertigt sei.

Robert L. Heilbroner schrieb dazu kritisch (und höhnisch): „Wenn hohe Geburt und großer Reichtum auf den ersten Blick das Ergebnis des wirtschaftlichen Spiels auch zu beeinträchtigen schienen, so konnte auch das mit der mathematischen Psychologie in Einklang gebracht werden. Denn es waren zwar alle Menschen Vergnügungsmaschinen, aber einige Menschen waren bessere Vergnügungsmaschinen als andere. Männer zum Beispiel waren besser ausgestattet, ihre psychischen Bankkonten zu erhöhen, als Frauen, und das feine Empfindungsvermögen der „Aristokratie der Geschicklichkeit und des Talents“ war empfänglicher für die Freuden eines guten Lebens als die plumpen Vergnügungsmaschinen der Arbeiterklassen. Daher konnte die menschliche Mathematik immer noch vorteilhaft funktionieren; sie rechtfertigte tatsächlich sogar jene Einteilungen von Geschlecht und Stand, die man in der lebenden Welt um sich her sah“ (Heilbroner 1960, S. 190).

„Er setzt ausdrücklich voraus, dass Glück oder Nutzen messbar und interpersonell vergleichbar sind. Als die interpersonell gültige Maßeinheit verwendet er den „gerade noch wahrnehmbaren Unterschied“, den deutsche Psychologen, wie etwa Wilhelm Wundt, bei menschlichen Versuchen beobachtet hatten“ (Arrow 1994, S. 89).

Der Utilitarismus von Edgeworth hatte zweifellos einen elitären Zug, andererseits schreckte er aber vor dessen letzten Konsequenzen doch ethisch zurück.

Man muss hierbei, einer zu raschen Verurteilung vorgreifend, allerdings berücksichtigen, dass Edgeworth, wie viele andere Denker seiner Zeit, von den Entwicklungen in der Biologie seit Darwin beeinflusst war, und Darwins Erkenntnisse „als Bestätigung sozialer Ungleichheiten“ (Arrow 1994, S. 95) interpretierte.

Unbestritten war in der früheren dogmenhistorischen Literatur, dass Edgeworth eine ganze Reihe bahnbrechender, teilweise bis heute verwendeter Instrumente der Wirtschaftstheorie schuf. Aber nicht beachtet wurde sein eigentliches Anliegen. Oder in den Worten von Peter Newman: „Die große Achtung vor Edgeworths Meisterwerk (wurde) über fast achtzig Jahre durch ein allgemeines Unverständnis seines eigentlichen Gegenstandes getrübt ... Im Laufe der Zeit wurden einige der technischen Neuerungen aus dem „Economical Calculus“ von Ökonomen wieder entdeckt und genutzt, aber dies waren lediglich von der Struktur losgelöste Bausteine, nicht die Struktur selbst. Die Erkenntnis, wie bedeutend gerade die Struktur des Buches wirklich ist, musste bis auf die von der modernen Spieltheorie gelieferten Einsichten warten“ (Newman 1994, S. 27/28).

Erst die Aufsätze von Shubik (1959) und Scarf (1962) führten zu einem tieferen Verständnis von Edgeworths Ansätzen und damit einer Gesamteinschätzung seines Werkes.

Solche von der Gesamtstruktur losgelösten, aber trotzdem kreativen Bausteine der Edgeworthschen Überlegungen waren etwa:

INDIFFERENZKURVEN:

Edgeworth, der die These von kardinal messbarem Nutzen vertrat, entwickelte die Indifferenzkurven für Zwecke, die mit dem ordinalen Nutzen nichts zu tun hatten. „Edgeworth verwandte sie sehr elegant in seiner Theorie des Tausches, besonders um den Bereich möglicher Tauschbedingungen oder Tauschrelationen abzugrenzen“ (Schumpeter 1965, S. 1293).

Wenn man das Nutzengebirge bei einem bestimmten Nutzenniveau horizontal schneidet, erhält man eine zweidimensionale Indifferenzkurve.

Edgeworth zeigte auch die strenge Konvexität der Indifferenzkurven;

PARETO-OPTIMALE ALLOKATIONEN, die Edgeworth „settlements nannte: „A contract is a settlement if any possible variation from it would be rejected by at least one party to it” (Edgeworth zitiert in: Newman 1994, S. 41);

KONTRAKTKURVEN: Sie sind der geometrische Ort der Tangentialpunkte beider Indifferenzkurvensysteme (wieder für den zweidimensionalen Fall). Für zwei Wirtschaftssubjekte gilt: Die Punkte auf der Kontraktkurve sind pareto-optimale Allokationen. Der Nutzen eines Tauschpartners lässt sich nur erhöhen, wenn der Nutzen des anderen abnimmt;

KERN: Edgeworth definierte dann noch „final settlement“: „A final settlement is a settlement which cannot be varied by recontract within the field of competition.”

„Folglich muss ein Vertrag, um ein „final settlement” zu sein, ein strengeres Kriterium erfüllen als für ein „settlement“. Letzteres muss nur „inneren“ Veränderungen standhalten und bezieht nur die ursprünglichen Vertragparteien ein. Ersteres hingegen muss auch gegen „äußere“ Veränderungen robust sein, die durch Wirtschaftssubjekte oder Gruppen von Wirtschaftssubjekten aus der Gesamtheit der Wettbewerbsteilnehmer hervorgerufen werden können. Wie zuerst Shubik (1959) bemerkte, ist die Menge von Edgeworths endgültigen „settlements“ in einer beliebigen Vertragssituation genau das, was die Spieltheorie den KERN eines diese Situation abbildenden Spiels nennen würde“ (Newman 1994, S. 42). Dieser Kern erforderte bei Edgeworth Kardinalität;

„Im Gegensatz zum Marktgleichgewicht ist der Kern ein kooperativer Gleichgewichtsbegriff und ist ohne Bezug auf die Preise der Güter definiert. Eine solche Analyse des Tauschhandels nennt man im Englischen „barter“, im Gegensatz zu „exchange“, womit eine Analyse des Tauschhandels bei endogen bestimmten Preisen (Tauschverhältnissen) der Güter verstanden wird“ (Hildenbrand 1994, S. 68).

OPTIMIERUNGEN UNTER NEBENBEDINGUNGEN (Lagrange Ansatz);

TAUSCHKURVEN, d.h. Nachfragekurven als geometrischer Ort der Tangentialpunkte zwischen Budgetgeraden und Indifferenzkurven;

VERALLGEMEINERTE NUTZENFUNKTIONEN: Edgeworth sah den Nutzen eines Gutes als von der Menge dieses Gutes abhängig an, aber auch abhängig von den Mengen aller anderen Güter, über die ein Wirtschaftssubjekt in einer bestimmten Periode verfügt;

Die EDGEWORTH-BOX, wie sie in der heutigen Mikroökonomik in Lehrbüchern verwendet wird, wurde hingegen von Vilfredo Pareto (1848-1923) als pädagogische Konstruktion verwendet.

Die Zielsetzung seines „Economical Calculus", also die oben erwähnte ökonomische Gesamtstruktur seines Werkes, wurde von Edgeworth selbst wie folgt angegeben: „The problem to which attention is specially directed ... is – (a) Contract without competition is indeterminate ... The general answer is – (a) Contract without competition is indeterminate, (b) Contract with perfect competition is perfectly determinate, (c) Contract with more or less perfect competition is less or more determinate" (Edgeworth zitiert in: Newman 1994, S. 39).

Es handelte sich dabei bei seiner Definition von „Vertrag" (contract) um eine sehr allgemein gehaltene Definition von Verträgen, die z.B. als Vertragsgegenstände Waren (und einiges andere wie Eigentumsrechte) einschlossen.

So betrachtete Edgeworth zum Beispiel Koalitionen (Gruppen) von Akteuren seiner Tauschökonomie. „Ein Vertrag zwischen den Individuen dieser Gruppe ist dann eine durchführbare Kollektion von Tauschvorschlägen. Das heißt, ein Vertrag zwischen den Mitgliedern einer Gruppe legt für jeden Teilnehmer fest, welche Mengen von den einzelnen Gütern im Tausch abgegeben werden, um gewisse Mengen anderer Güter dafür zu erhalten" und: „ein Vertrag zwischen allen Teilnehmern ist eine Vereinbarung (settlement), falls im Vergleich zu jedem anderen Vertrag zwischen allen Teilnehmern sich notwendigerweise einige Teilnehmer verschlechtern, wenn sich andere verbessern. In der heute allgemein akzeptierten Terminologie ist also eine Vereinbarung ein Pareto-effizienter Vertrag" (Hildenbrand 1994, S. 70/71 und S. 75).

Man darf sich durch die Bezeichnung „Verträge" nicht irreführen lassen. In der heutigen Betrachtungsweise konzentriert man sich auf Güterallokationen, was inhaltlich analog ist.

Wichtige Konsequenzen der Vertragsüberlegungen bei Edgeworth waren:

- Wenn die Anzahl der handelnden Wirtschaftssubjekte nicht groß genug ist, können gleichzeitig mehrere Preise für das selbe Gut existieren. Jevons „Law of Indifference" ist dann nicht mehr gültig;

- Edgeworth stellte zunächst für den Fall eines zweiseitigen reinen Tausches fest, dass für die beiden Tauschenden hierbei auf der Kontraktkurve unendlich viele mögliche Ergebnisse (Allokationen) existieren, die alle pareto-optimal sind. Es liegt also ein potentieller Konflikt zwischen den Tauschenden vor und damit für den analogen Fall eines bilateralen Monopols keine eindeutige im Voraus bestimmbare Lösung. Kurz: Das Ergebnis der (Preis-) Verhandlungen beim bilateralen Monopol ist indeterminiert, d.h. es gibt keine im voraus bestimmbare eindeutige Lösung;
- Jedes kompetitive Tauschgleichgewicht liegt im Kern;
- Edgeworth folgerte den heute sogenannten „Ersten Hauptsatz der Wohlfahrtstheorie“ (Formulierung nach Richter 1963): „Jedes totale Konkurrenz-Gleichgewicht mit optimalen Verbrauchs- und Produktionsplänen ist pareto-optimal.“

Auch wenn Edgeworth mehrere Bedingungen für unvollständigen bzw. vollständigen Wettbewerb angab, konzentrierte er sich bei seinen Ableitungen vor allem auf die Größe: Anzahl der beteiligten Wirtschaftssubjekte, und analysierte von der Anzahl der Akteure aus, wie sie die Bestimmtheit von Verträgen beeinflusst. Der Wettbewerbsgrad wurde also durch die Anzahl der Akteure determiniert.

Später wichtig wurde dabei Edgeworths Überlegung, dass wenn die Anzahl von Agenten (agents) GLEICHER ART in einer Ökonomie steigt, der Grad der Unbestimmtheit der Lösung sinkt, der Kern kleiner wird bzw. geometrisch als Kontraktkurve innerhalb der Tauschkurve kürzer wird. „Gleicher Art“ heißt dabei, wenn zwei Akteure vorliegen, fügte er einfach Kopien (Replikate) dieser Ausgangsakteure einschließlich ihrer Präferenzen und Erstausstattungen hinzu und kam so auf vier Wirtschaftssubjekte. „Edgeworth bemerkt dann, dass zwar jedes „final settlement“ im neuen Kern mit vier Wirtschaftssubjekten bei geeigneter Interpretation zum ursprünglichen Kern mit zwei Wirtschaftssubjekten gehört, die Umkehrung dieser Aussage aber nicht gilt. Es war eine bemerkenswerte Leistung, folgendes eindeutige Resultat zeigen zu können: Der Kern in der neuen Situation muss eine strenge Untermenge des Kerns in der alten Situation sein“ (Newman 1994, S. 48/49). Peter Newman fährt dann fort: „Somit schrumpft der Kern tatsächlich beim Übergang von zwei auf vier Wirtschaftssubjekte mittels Replikation. Dieses Schrumpfungs-Argument kann offensichtlich durch weiteres Replizieren auf 3, 4, 5, … Wirtschaftssubjekte jedes Typs fortgeführt werden, und mit jeder Replikation erweist sich der neue Kern als strenge Teilmenge des vorher erhaltenen“ (Newman 1994, S. 49).

Das Ergebnis des Tausches ist in Ökonomien mit endlich vielen replizierten Akteuren unbestimmt, da es noch unendlich viele endgültige Vereinbarungen gibt. Erst wenn die Zahl der Akteure n beliebig groß wird, schrumpft das Segment des Kernes auf die Menge der Marktgleichgewichte.

Vertragstheoretisch kann man hinzufügen: Je kürzer der Kern, desto bestimmter der Vertrag (Preis). Im Grenzfall einer unendlichen Anzahl von Agenten (vollständige Konkurrenz) ist der zustande kommende Vertrag (Preis) vollständig determiniert und identisch gleich dem „Gleichgewicht", der Kern fällt mit dem (inhaltlich unterschiedlichen) Gleichgewicht bei vollkommener Konkurrenz zusammen. Der mathematisch arbeitende Ökonom Werner Hildenbrand bezeichnet dies als „Grenzwertsatz über den Kern einer Folge von Replika-Ökonomien".

In einer Tauschwirtschaft (barter economy), die nur aus endlich vielen Akteuren besteht, ist der Wettbewerb stets unvollständig. Vollständiger Wettbewerb war bei Edgeworth als Grenzwert einer Folge von Tauschökonomien gegeben, wobei die Anzahl der Akteure gegen Unendlich geht. Ein so definierter vollständiger Wettbewerb liegt also nur im Limes vor. Der obige Grenzwertsatz beinhaltet, dass bei vollständigem Wettbewerb Kern und Marktgleichgewicht zusammenfallen.

Newman gibt für die Beurteilung dieser Einsicht Edgeworths zu bedenken: „Es ist nicht offensichtlich, warum eine so starke logische Verbindung zwischen zwei derartig verschiedenen Gleichgewichtskonzeptionen existieren sollte: Das eine beruht auf Märkten und Preisen und nicht auf Verhandlungen, das andere auf möglicherweise komplizierten Verhandlungen über Verträge, aber nicht auf Märkten und Preisen" (Newman 1994, S. 47).

Etwas anschaulicher: Zeichnet man die Indifferenzkurvenscharen zweier Wirtschaftssubjekte in eine heute so genannte Edgeworth-Box ein (2 Teilnehmer, 2 Güter) und betrachtet die beiden Indifferenzkurven, die von den Anfangsausstattungen der beiden Teilnehmer ausgehen, so wird durch die beiden Kurven eine Linse gebildet. Innerhalb der Linse lohnt sich ein Tausch für beide Teilnehmer, weil sich im Inneren der Linse für beide Teilnehmer günstigere Indifferenzkurven (höherer Nutzen) befinden. Der Abschnitt der Kontraktkurve (Tangentialpunkte der beiden Indifferenzkurvensysteme) innerhalb der Linse wird als „KERN" (Core) bezeichnet. Der Kern ist also geometrisch der Teil der Kontraktkurve, der durch die beiden Indifferenzkurven, die durch die Erstausstattungen laufen, also Situationen ohne Handel, abgeschnitten wird. Deshalb wird dieser Kern unter allgemeinen Bedingungen unendlich viele „final settlements" enthalten, also geometrisch gesehen unendlich viele Punkte enthalten, und der Vertrag wäre damit unbestimmt.

Grundsätzlich ist jeder Punkt des Kerns ein mögliches Tauschgleichgewicht. Dabei wurde von Edgeworth statt des Tâtonnement-Prozesses (wie bei Walras) die Annahme eines „Recontracting" eingeführt: Alle Verträge bezüglich Kauf und Verkauf gelten zunächst nur vorläufig und können jederzeit neu abgeschlossen bzw. geändert werden, d.h. es kann rekontrahiert werden, bis die Gleichgewichtspreise auf allen Märkten gefunden sind. Und hierzu stellte Edgeworth seine berühmte Vermutung an: Der Kern einer Ökonomie schrumpft zur Menge von Konkurrenzgleichgewichten, wenn die Anzahl von „agents" (Teilnehmern) in der Ökonomie groß wird.

In den sechziger und siebziger Jahren des 20. Jahrhunderts wurden diese Gedanken wieder aufgenommen und ausgebaut. Es gelang Edgeworth selbst nämlich nicht, „seine neuartigen Spekulationen aus den „Mathematical Psychics" zu einem eigenen Theoriegebäude auszugestalten" (Schefold 1994e, S. 8)

Nicht vernachlässigt werden dürfen Edgeworths HERAUSRAGENDE Leistungen auf dem Gebiet der Statistik. So analysierte Edgeworth z.B. Indexziffern, stellte ein „verallgemeinertes Fehlergesetz" auf und entwickelte Methoden, um Korrelationskoeffizienten zu schätzen. Er stellte den Korrelationskoeffizienten der multidimensionalen Normalverteilung vor.

Edgeworths wahrscheinlichkeitstheoretische und statistische Arbeiten wurden 1996 in drei Bänden von Charles R. McCann Jr. beim Verlag Edward Elgar herausgegeben. Dabei wurden 89 (!!) von Edgeworths „key articles" auf diesen Gebieten wiederpubliziert:

Band I: The Theory of Probability and the Law of Error;

Band II: The Theory of Statistics;

Band III: Applications of Probability and Statistical Theory.

Edgeworth war überzeugt, dass mathematische Methoden im Rahmen der Ökonomik unverzichtbar seien. „Jedes Problem sollte mittels unwiderlegbarer Definitionen und mathematischer Axiome formuliert und in der Art eines euklidischen Beweises gelöst werden. So konnte man das Problem Schritt für Schritt behandeln und einer präzisen Lösung zuführen. Auf diese Weise wurden die ökonomischen Gesetze mathematisch beweisbar und zwar mit zwingender unwiderlegbarer Logik" (Strathern 2006, S. 217).

10.9.3.2 Rezeption von Edgeworth

„Mathematical Psychics“ (1881), ein Werk, das sich später als zukunftsweisend und weiterführend herausstellte, wurde zunächst von William Stanley Jevons und Alfred Marshall zwar positiv, aber mit Einschränkungen besprochen. So schrieb Marshall: „This book shows clear signs of genius, and is a promise of great things to come … His readers may sometimes wish that he had kept his work by him a little longer till he had worked it out a little more fully, and obtained that simplicity which comes along only through long labour" (Marshall). Und Jevons schrieb: „Whatever else readers of this book may think about it, they would probably all agree that it is a very remarkable one … There can be no doubt that in the style of his composition Mr. Edgeworth does not do justice to his matter. His style, if not obscure, is implicit, so that the reader is left to puzzle out every important sentence like an enigma" (Jevons).

Edgeworth traf zu seinen Lebzeiten eher auf ein allgemeines Unverständnis, was angesichts der Inhalte, der Zitate, der verwendeten Sprachen (Latein, Altgriechisch, Französisch) und der verwendeten nicht einfachen Mathematik seiner Schriften nicht weiter verwundert. Es ist ein schwieriges Buch! Eine kleine Kostprobe aus den „New and Old Methods of Ethics“ (1877): „Dort, wohin von allen Seiten ansteigend, unter eines Meisters Führung, die große Masse der moralischen Wissenschaft schon vorher gegangen ist, auf eine reine, gebietende Höhe, dorthin strebt auch dieser Gedankengang, ein aufsteigender Nachzügler, non passibus aequis, und auf einem abwegigen Pfad. Ein abwegiger Pfad, an die unbetretenen Gedankengänge grenzend, die im vorigen Abschnitt traumtrunken umschrieben wurden, insoweit wenigstens, als die Vermutung gewagt wird, dass die mathematische Behandlung von Freuden auf eine reine physikalische Ethik anwendbar ist“ (Edgeworth 1877 zitiert in: Keynes 1956b, S. 161).

Schumpeter warf die Frage auf, warum Edgeworth, dessen analytischer Apparat seiner Meinung nach dem von Marshall ebenbürtig „oder sogar überlegen“ war, von Marshall so völlig in den Schatten gestellt wurde? Seine Erklärung lautete: „Edgeworth besaß nicht die Kraft, die imposante Abhandlungen hervorbringt und Anhänger anzieht; liebenswürdig und großzügig, erhob er für sich selbst keinerlei Ansprüche; er war einerseits überempfindlich, andererseits überbescheiden; er war bereit, hinter Marshall zurückzustehen, den er zu einem Achilles erhob“ (Schumpeter 1965, S. 1015).

Die große Zeit der Wiederentdeckung von Edgeworth als Wirtschaftstheoretiker begann in den 30iger Jahren. Einige seiner Ideen wurden von Harold

Hotelling (1895-1973), John Hicks (1904-1989) und Abba P. Lerner (1902-1982) aufgegriffen. Aber erst in den 1960ern und 1970ern begann der große „Edgeworth-Boom“: Martin Shubik (geb. 1926), Herbert Scarf (geb. 1930), Gérard Debreu (1921-2004), Robert Aumann (geb. 1930), Werner Hildenbrand (geb. 1936) und andere setzten an den Erkenntnissen von Edgeworth an und bewiesen seine Überlegungen nun in einem anderen mathematischen Rahmen exakt.

Werner Hildenbrand urteilt diesbezüglich: „Ich glaube, es ist nicht übertrieben zu behaupten, dass dieser äußerst originelle Beitrag von keinem Ökonomen vor den Publikationen von Shubik (1959) und Debreu und Scarf (1963) in seiner vollen Tiefe verstanden wurde“ (Hildenbrand 1994, S. 68).

Edgeworths Buch „Mathematical Psychics“ wurde aufgrund seiner schwierigen Überlegungen und seines ungewöhnlichen Stils „mit Skepsis betrachtet, bis erst die neueste Theorieentwicklung seit etwa zwanzig Jahren die Tiefe des Denkens von Edgeworth verstehen lehrte und man bei ihm die Keime der Gedanken fand, die in der modernen Gleichgewichtstheorie mit der Einführung des Begriffs des „Kerns“ eine neue konzeptionelle Fundierung der Vorstellungen von vollkommener und unvollkommener Konkurrenz erlaubten. Die Spieltheorie und die Theorie der Verträge, auch die Industrieökonomik, die heute Schwerpunkte der Theoriebildung darstellen, wurden von Edgeworth besonders befruchtet“ (Schefold 1994e, S. 6).

Peter Newman ist zu Recht der Auffassung: „Das Buch „Mathematical Psychics“ genießt heute ein hohes Ansehen, vermutlich ein höheres als zu irgendeiner Zeit seit seiner Veröffentlichung“ (Newman 1994, S. 27).

Und Jürg Niehans fügt hinzu: „A century after „Mathematical Psychics“, Edgeworth's theory of exchange still has not fully realized its potential as seen by its admirers“ (Niehans, Jürg, A History of Economic Theory; Classical Contributions, 1720-1980, Baltimore 1990, S. 286).

10.10.1 Die Lausanner Schule: Léon Walras (1834-1910)

Zur Lausanner Schule im engeren Sinne zählen die Ökonomen Léon Walras (1834-1910) und Vilfredo Pareto (1848-1923). Oft werden noch Enrico Barone (1859-1924), und teilweise Maffeo Pantaleoni (1857-1924) sowie Luigi Amoroso (1886-1965) dazugerechnet, und in einer sehr (meines Erachtens zu) weiten Definition sogar Knut Wicksell (1851-1926) und Gustav Cassel (1866-1945), beides Vertreter der sogenannten schwedischen Schule. Im Folgenden sollen zunächst nur die beiden Hauptvertreter der Lausanner Schule, Walras und Pareto, behandelt werden.

Vita von Walras

1834:	Geboren am 16. Dezember als Sohn des Verwaltungsangestellten Antoine Auguste Walras (1801-1866, eines Klassenkameraden von Cournot) und seiner Ehefrau Louise Aline de Sainte Beuve in Evreux (Normandie); Sein Vater verstand sich als Nationalökonom und beschäftigte sich privat intensiv mit ökonomischen Problemen. So stellte er eine „Seltenheitstheorie des Wertes“ (rarité) auf. Man bot Auguste Walras aber nie einen Lehrstuhl an einer Universität an;
1844-1853:	Besuch der Volksschule in Caen, dann des Gymnasiums in Douai;
1854:	Walras scheiterte zweimal bei der Aufnahmeprüfung zur École polytechnique in Paris, und zwar wegen ungenügender Kenntnisse in Mathematik. Er besuchte statt dessen dann die École des mines; William Jaffé, einer der besten Kenner der Vita und des Werkes von Walras, schreibt dazu: „Die Bergbautechnik interessierte ihn jedoch überhaupt nicht, und so begann er, Romane zu schreiben“ (Jaffé 1988, S. 28);
1858:	Walras publizierte den Roman „Francis Sauveur“; „Als ihm bewusst wurde, dass seine Talente für eine Karriere als Schriftsteller nicht ausreichten, versprach er im Sommer 1858, das väterliche Werk fortzusetzen und sich in Zukunft nur noch der Ökonomie zu widmen“ (Schulz 1985, S. 398);
1859-1862:	Walras schrieb Artikel für das „Journal des Économistes“ und für „La Presse“, allerdings ohne großen Erfolg;
1860:	Internationaler Steuerkongress in Lausanne; „Er hinterließ dabei einen so ausgezeichneten Eindruck, dass man sich zehn

	Jahre später seiner erinnerte und ihn (gegen den Widerstand der Fachkollegen) auf einen Lehrstuhl für Politische Ökonomie, der an der Universität eingerichtet wurde, für ein Jahr auf Probe berief. Er behielt die Lehrkanzel ..." (Jaffé 1988, S. 32/33).
	Walras publizierte sein erstes Buch „L'Économie politique et la justice", das auf den Auffassungen seines Vaters beruhte;
1864:	Geschäftsführender Direktor einer Genossenschaftsbank (Caisse d'escompte des associations populaires), die 1868 in Konkurs ging. „Wie Schumpeter versagte er in der Praxis. So verursachten beide als Bankiers handfeste Konkurse" (Recktenwald 1988b, S. 9);
1866-1868:	Mitherausgeber des Genossenschaftsorgans „Le Travail";
1869:	Ehe mit Célestine Aline Ferbach, mit der er schon ab 1859 zusammenlebte, und die einen Sohn in die Ehe mitbrachte. Er selbst hatte mit ihr Zwillingstöchter;
1870:	Außerordentlicher Professor (Ernennung mit knapper Mehrheit) an der Juristischen Fakultät der Akademie (später: Universität) Lausanne;
1871:	Ernennung zum ordentlichen Professor des neuen Lehrstuhls für Politische Ökonomie in Lausanne;
	Paul Strathern beschreibt die damalige Situation von Léon Walras wie folgt: „Der idealistische junge Romantiker war einsam und verbittert geworden und litt an eingebildeten Krankheiten ... Während des langjährigen Aufenthalts in Lausanne verschlechterte sich sein Zustand ... er litt unter einem Verfolgungswahn und an nervöser Erschöpfung" (Strathern 2006, S. 219/220).
1874:	Erscheinen seines Hauptwerkes „Eléments d'économie pure; ou théorie de la richesse sociale" (Band 1);
1876:	Die Frau von Walras erkrankte schwer;
1879:	Tod seiner Frau nach dreijähriger schwerer Krankheit, dadurch geriet Walras in große finanzielle Schwierigkeiten und verschuldete sich. Walras hielt deshalb eine Gastvorlesung in Neuchâtel, gab Privatstunden und schrieb unter dem Pseudonym „Paul" Kurzgeschichten und Erzählungen für die „Gazette de Lausanne";
1884:	Zweite Ehe mit der (vermögenden) Französin Léonide Désirée Mailly;

1892: Wegen „nervöser Erschöpfung“ zunächst Beurlaubung für ein Jahr. Dann Emeritierung, nachdem er sich nicht genügend erholt hatte. Sein Nachfolger wurde Vilfredo Pareto; Ehrenmitglied der American Economic Association, worauf Walras sehr stolz war;

1901: Übersiedelung nach Clarens, einem Dorf bei Montreux am Genfer See;

1910: Tod am 5. Januar in Clarens.

Léon verehrte zeitlebens seinen Vater Antoine Auguste. „In einem Brief vom 2. Januar 1906 an Professor Moore schildert Léon Walras die Genesis seines Systems: „Meinem Vater verdanke ich die ökonomischen Definitionen, auf denen mein System beruht, und Cournot die mathematische Sprache, die sich so gut dazu eignet, dieses System auszudrücken …“ (Jaffé 1988, S. 29).

Vor allem das Konzept der „rareté“ übernahm er vom Vater.

William Jaffé stellt dann weiter fest, dass er nicht nur einige brauchbare Begriffe seines Vaters übernommen hätte, sondern unglücklicherweise auch dessen „antiquierte Terminologie“. „Ob nun zum Schaden oder zum Vorteil, das Werk von Auguste Walras war jedenfalls der Ausgangspunkt für die theoretischen Konstruktionen des Sohnes. Noch mehr als alle Definitionen beeinflusste den Sohn der ursprünglich schon im Jahre 1831 geäußerte Gedanke des Vaters, die Nationalökonomie sei eine mathematische Wissenschaft“ (Jaffé 1988, S. 30).

Die Mathematik erlaube es, und davon war Léon Walras überzeugt, exaktere und umfassendere Schlussfolgerungen zu ziehen. Und dabei wollte er im Rahmen der reinen Theorie allgemein mit Symbolen arbeiten, um die funktionalen Zusammenhänge herauszuarbeiten, und nicht mit konkreten Zahlen. In einem Brief an Eduard Pfeiffer vom 2. April 1874 schrieb er: „Die meisten Nationalökonomen haben keinerlei Vorstellung von der Mathematik und kennen nur die vier Grundrechnungsarten der Arithmetik. In ihren Augen besteht die Anwendung der Mathematik auf die Ökonomie in einer Operation, die sich notwendigerweise in Addition, Subtraktion, Multiplikation und Division konkreter Zahlen erschöpft. Sie irren. Die Anwendung der Mathematik in der Volkswirtschaftslehre besteht vielmehr darin, Nutzen, Menge, effektive Nachfrage, effektives Angebot, Preis usw. als Größen zu behandeln und darüber zu argumentieren, wie man diese Größen zueinander in Beziehung setzt und in einer Untersuchung wirtschaftlicher Phänomene aus der Kenntnis der allgemeinen Eigenschaften dieser Funktionen Nutzen zieht“ (Walras 1874 zitiert in: Jaffé 1988, S. 37). Die hier von Walras geäußerte

Überlegung ist mittlerweile Allgemeingut bereits der Erstsemester!
Walras schrieb später bitter, man habe seinen Vater totgeschwiegen, und er wolle dafür sorgen, dass „die Ignoranten so unmöglich und lächerlich dastehen wie jene, die Kopernikus verfolgten und Galilei quälten" (Walras zitiert in: Oltmanns 1993b, S. 25).
Walras war ein außerordentlich fleißiger Briefschreiber. „Ja, er wurde so etwas wie eine Drehscheibe in Europa, der das französisch, deutsch und englisch geprägte Denken der führenden Ökonomen im Austausch, via intensiver Korrespondenz, miteinander verbunden hat" (Recktenwald 1988b, S. 10). Seine Korrespondenz wurde später von William Jaffé in drei umfangreichen Bänden herausgegeben.
Walras hatte lebenslang soziale Ideale. Trotz seiner Enttäuschung über den Ausgang der (begrüßten) Revolution von 1848 hielt er an diesen seinen Idealen fest. In diesem Zusammenhang ist auch eine seiner späteren Forderungen zu sehen: die Verstaatlichung des Bodens.
Walras gewann durch seine vielen Tätigkeiten eine gute Vorstellung von der wirtschaftlichen und sozialen Realität.
Sein wissenschaftliches Werk war DREIGETEILT und spiegelte sich in seinen drei wichtigsten Veröffentlichungen. Die „Eléments d'économie politique pure" (1874), seine reine Ökonomik, waren mathematisch und theoretisch, und sollten die Allokation der Güter und die dabei entstehenden Preise bei vollkommener Konkurrenz erklären. Sein Buch „Etudes d'économie politique appliquée" (1898) behandelte praktische Probleme des Wirtschaftslebens, wie Freihandel, Monopole, Bank- und Kreditwesen, Währungssysteme. Die „Etudes d'économie sociale" (1896), seine Sozialökonomik, schließlich beschäftigte sich mit sozialethischen Problemen, vor allem den Institutionen einer gerechten Gesellschaft und verschiedenen Wirtschaftsordnungen.
Seine reine Ökonomik sollte dabei die Grundlage für seine angewandte und seine soziale Ökonomik bilden. „Father and son sought to transform classical political economy into a science that could serve as an intellectual basis for the needed reform of society" (Jaffé 1980, S. 532).

AUSGEWÄHLTE WERKE VON WALRAS

„L'économie politique et la justice" (1860);

„De l'impôt dans le canton de Vaud" (1861);

„Les associations populaires de consommation, de production et de crédit" (1865);

„Les obligations populaires" (1866);
„La bourse et le crédit à Paris" (1867);
„Recherche de l'idéal social" (1868);
„Eléments d'économie politique pure; ou théorie de la richesse sociale" (Band 1: 1874, Band 2: 1877);
„La bourse, la spéculation et l'agiotage" (1880);
„Théorie mathématique du bimétallisme" (1881);
„Théorie mathématique de la richesse sociale" (1883);
„Théorie de la monnaie" (1886);
„Etudes d'économie sociale" (1896);
„Etudes d'économie politique appliquée" (1898);
„Equations de la circulation" (1899);
„Cournot et l'économie mathématique" (1905);
„Autobiographia" (1908).

10.10.1.1 THESEN VON WALRAS

Léon Walras werden im Rahmen der Dogmengeschichte in der Regel zwei Verdienste zugesprochen: einmal einer der drei „Gründungsväter" der Grenznutzenschule zu sein und zweitens als Begründer der MATHEMATISCHEN Theorie des allgemeinen Gleichgewichts (totalen Konkurrenzgleichgewichts).

Berühmt wurde Walras POSTHUM vor allem durch sein System eines allgemeinen Gleichgewichts. Er selbst schrieb über seine ersten Schritte zur Entwicklung dieser Theorie in seiner Autobiographie: „Ich beschränkte meine Aufmerksamkeit auf den Fall zweier Güter, leitete aus der Nachfragekurve des einen die Angebotskurve des anderen Gutes logisch ab und demonstrierte damit, dass das jeweilige Gleichgewicht im Schnittpunkt von Angebots- und Nachfragekurve liegt. Dann leitete ich die Nachfragekurve selbst aus den Mengen ab, über die jeder Marktteilnehmer verfügt, und aus den individuellen Nutzenkurven für die beiden Waren. Auf diese Weise erhielt ich die Intensität des letzten noch befriedigten Bedürfnisses oder die rareté (Grenzrate des Nutzens) als eine Funktion der verbrauchten Menge. Dies sind die wichtigsten Daten, aus denen der Preis exakt abgeleitet werden kann, und sie bilden den eigentlichen Schlüssel zur mathematischen Nationalökonomie" (Walras zitiert in: Jaffé 1988, S. 33).

William Jaffé (Jaffé 1988, S. 34) weist darauf hin, dass neben freiem Wettbewerb und der Gleichheit der Preise auf allen Teilen des Marktes zur

Erklärung des allgemeinen Gleichgewichts auf einem solchen Markt FÜNF Bedingungen gleichzeitig erfüllt sein müssen:

(1) Jeder Einzelne, durch bestimmte Nutzenkurven für jedes Gut und jeden Dienst auf dem Markt charakterisiert, muss die größtmögliche Bedürfnisbefriedigung im Tausch erlangt haben. Diese Bedingung ist erfüllt, wenn für jeden die Preise den Grenzraten des Nutzens proportional sind bzw. wenn das Geld von den Einzelnen so ausgegeben wird, dass die Grenznutzen der Güter im gleichen Verhältnis stehen wie ihre Preise;

(2) Angebot und Nachfrage jeder Ware oder jedes Dienstes müssen einander gleich sein;

(3) Der Preis jedes Produktes muss seinen Produktionskosten entsprechen;

(4) Die Höhe des Nettoertrages aus Kapitalinvestitionen muss für alle Kapitalgüter gleich sein, wenn man die Verschiedenheit der Wertminderungserträge und des Risikos angemessen berücksichtigt;

(5) Die umlaufende Geldmenge muss so bemessen sein, dass der Preis der Ware Geld im monetären Gebrauch derselbe ist wie im nichtmonetären.

Erich Schneider beschrieb die Gleichungen von Walras mit Hilfe folgender vier Typen:

(1) Gleichungen der Verhaltensweise;

(2) Definitionsgleichungen;

(3) Technische Gleichungen;

(4) Gleichgewichtsbedingungen;

(Schneider 1962, S. 266).

Es wurde eine formale Theorie des Gleichgewichts aller Teilmärkte, also eines totalen einzelwirtschaftlichen Gleichgewichts, vorgelegt, und zwar unter Konkurrenzbedingungen. Es war ein System simultaner Gleichungen, und wie in den vorher zitierten Bedingungen beschrieben: Nutzenmaximierung für jeden Konsumenten, also für jeden ein Haushaltsoptimum, bei dem die Preise und die Grenzraten des Nutzens proportional sind, bei dem also keine weiteren Tauschvorteile mehr möglich sind, Gewinnmaximum für jeden Produzenten, Gleichheit des gesamten Angebotes und der gesamten Nachfrage, für jedes Gut gibt es nur einen einheitlichen Preis. Das System ist gewinnlos. Und es war statisch, galt also nur für einen bestimmten Zeitpunkt.

„Walras hatte für ein komplexes ökonomisches System eine komplexe mathematische Formel gefunden … Seine vertrackte Mathematik konnte bei der Betrachtung von zwei Märkten im Wesentlichen auf vier Gleichungen mit vier Unbekannten reduziert werden – die Preise der Waren sowie die hergestellten und verkauften Mengen im Zustand des Gleichgewichts. Doch Walras' Annahme, dass das gesamte Einkommen ausgegeben wird, bedeutete, dass eine fünfte Gleichung ins Spiel gebracht werden musste. Algebraisch betrachtet muss allerdings die Zahl der Gleichungen genauso groß sein wie die Anzahl der Unbekannten ... Trotz seiner untadeligen mathematischen Berechnungen gelang es Walras also nicht, aus seinen brillanten Gleichungen präzise Ergebnisse abzuleiten. Die unbekannten Quantitäten blieben unbekannt, es sei denn, man setzte sie in Relation zueinander. Walras gelang es, diese Schwierigkeit zu überwinden, indem er als Bezugsgröße ein bestimmtes Gut nahm, relativ zu dem die Preise aller übrigen Güter festgesetzt werden konnten. Das bedeutete, dass es auch in Walras' rein theoretischer Ökonomie keine absoluten Preise gab" (Strathern 2006, S. 221).

Einleuchtend ist in jedem Fall, dass das System von Walras ohnedies nicht aufgestellt worden war, um konkrete numerische Werte (aus Millionen zu erhebenden Gleichungen) zu ermitteln. Das System sollte vor allem eine Vorstellung davon vermitteln, wie die Zusammenhänge und die Struktur zwischen den Akteuren in einer Volkswirtschaft unter Konkurrenzbedingungen aussieht (aussehen könnte).

Der zentrale Gedanke seines allgemeinen Gleichgewichtsmodells war, dass eine Volkswirtschaft aus miteinander verbundenen Märkten (Märkte für Konsumgüter, Märkte für Produktionsfaktoren und Märkte für Geld und Kapital) besteht: alle hängen von allen und allem ab, also eine allgemeine Interdependenz. Dabei hatte eine ganze Reihe von Denkern vor Walras bereits die Vorstellung einer allgemeinen Interdependenz geäußert. Aber sie waren nicht in der Lage, diese Beziehungen exakt zu beschreiben. Und hierin liegt die große Leistung von Walras.

Die Gleichgewichtspreise gleichen Angebot und Nachfrage auf ALLEN Märkten aus. Ein Gut wurde zum Numéraire und dann waren es die relativen Preise, die das Verhalten der Haushalte und Unternehmen determinierten. Die Ermittlung der Gleichgewichtspreise erfolgte mittels „Tatônnement" (Herantasten). Ein fiktiver kostenloser „Auktionator", der vollständig über das Angebot und die Nachfrage ALLER Marktteilnehmer informiert ist, ruft einen beliebigen, willkürlich gesetzten Preisvektor aus. Auf der Basis dieser Preise werden die von den Wirtschaftssubjekten angestrebten Kauf- und Verkaufswünsche vom Auktionator gesammelt. Und bei einem Ungleichgewicht, das aufgrund des beliebig gewählten Preisvektors sehr wahrscheinlich ist, werden in den einzelnen Märkten bei Nachfrageüberschuss der Preis erhöht und bei Angebotsüberschuss der Preis gesenkt. Der solcherart neu zustande gekommene Preisvektor wird vom Auktionator wiederum aufgerufen, und dies setzt sich so lange fort, bis sich alle Märkte im Gleichgewicht befinden. Also eine Art systematisches Herantasten. Und dabei ist mitzudenken, dass die Märkte untereinander verbunden sind. Eine zu hohe Haushaltsnachfrage auf einem Markt kann zu einer zu niedrigen Nachfrage auf anderen Märkten führen, also eine Art „Kettenreaktion“ auslösen. Deshalb muss der Auktionator bereits festgelegte Preise für einzelne Märkte immer wieder ändern und die „Versteigerung“ nochmals eröffnen. Es muss also immer der gesamte Preisvektor erneuert und erneut ausgerufen werden. Walras war überzeugt davon, dass sich irgendwann ein allgemeines Gleichgewicht ergeben würde. „Walras behauptete, die Anpassungen im Ungleichgewicht brächten die Wirtschaft kontinuierlich einer Position des allgemeinen Gleichgewichts näher“ (Walker 1988, S. 68).

Erst nach Erreichung dieses Gesamtgleichgewichts, also nach der Ermittlung markträumender Preise, WIRD DER TAUSCH FREIGEGEBEN, d.h. während des Prozesses finden keine Transaktionen statt. Dieser Prozess des „Herantastens“ enthält keine zeitliche Dimension und abstrahiert auch vollständig von Transaktions- und Informationskosten.

Von Walras wurde die „Konsumentensouveränität“ als eine grundlegende Eigenschaft des Kapitalismus herausgestellt. Der Unternehmer sei nur ein Mittler zwischen dem Arbeiter und dem Konsumenten. Und zudem erzeuge eine wettbewerblich organisierte kapitalistische Marktwirtschaft „ein Maximum an Wohlfahrt für seine Mitglieder“ (Walras zitiert in: Walker 1988, S. 72).

Walras ging davon aus, dass ein allgemeines Gleichgewicht (auf allen Märkten) zumindest prinzipiell möglich sei, weil die Zahl der unabhängigen Gleichungen gleich der Zahl der Unbekannten sei. Die Erreichung dieses Gleichgewichts erfolge über den Tâtonnement-Prozess. „Walras Nachweis, dass ein allgemeines Gleichgewicht existiert, ist zumindest in zweifacher Hinsicht ungenügend. Zum einen ist die gleiche Anzahl von unabhängigen Gleichungen und zu bestimmenden Unbekannten zwar eine notwendige Bedingung, damit man eine Reihe simultaner Gleichungen lösen kann. Sie ist jedoch keine hinreichende Bedingung dafür, dass es nur eine einzige Lösung gibt. Das gilt namentlich für die reellen Zahlen, dem einzigen Feld von ökonomischer Bedeutung. Zudem kann man Lösungen bei Nulltarif oder negativen Preisen nicht ausschließen, wenn man unterstellt, ein Gut sei entweder frei oder unerwünscht“ (Blaug 1988, S. 51). Man sollte hinzufügen: Es gibt zudem in der Realität und im Modell auch andere dynamische Anpassungsprozesse wie den von Walras unterstellten.

Walras lieferte eine statische Totalanalyse auf einzelwirtschaftlicher Grundlage. Sein Modell zeigte eine völlig determinierte Wirtschaft, die Lösung konnte eindeutig aus den Anfangsbedingungen berechnet werden.

Das System von Walras hatte trotz seiner (späteren) Bedeutung als Bezugsgröße für ökonomisches Denken aber einige Mängel:

(1) Das System machte keine Aussagen über die Verteilung der Einkommen. Andererseits bestimmte die jeweilige Verteilungssituation aber das resultierende allgemeine Marktgleichgewicht. Das System lieferte also nicht automatisch auch eine gerechte (oder als gerecht empfundene) Verteilung;

(2) „Eine weitere Schwäche wurde erst rund 60 Jahre später entdeckt – und zwar durch John von Neumann. Unter bestimmten Umständen ergaben die Lösungen von Walras' Gleichungen Preise vom Wert Null, in manchen Fällen sogar negative Preise" (Strathern 2006, S. 222/223).

(3) Zudem: „Um seine Gleichungen lösen zu können, hatte er bereits mit Gleichgewichtspreisen gerechnet. Nun musste er zeigen, wie es zu diesem Gleichgewicht kam" (Oltmanns 1993b, S. 26).

(4) Das System von Walras war STATISCH. Ressourcen, Bevölkerung und Technik waren gegeben. Es sagte nichts über ökonomische Entwicklungen und Dynamiken (wie Wachstumsprozesse) aus;

(5) Die Produktion ist in der Realität nicht zeitlos;

(6) Walras vernachlässigte unumgängliche zeitraubende Anpassungsprozesse. Sein Tâtonnement war zeitlos;

(7) Die Marktteilnehmer verfügten bei ihm über sämtliche notwendigen Informationen. Ungewissheiten waren ausgeschlossen;

(8) Im Gleichgewichtszustand war die Figur des Unternehmers, ja letztlich sogar die Firmen, überflüssig. Die Produktion von bestimmten Gütern scheint sich direkt mit der Produktion anderer Güter auszutauschen. Die eigentliche Funktion des Unternehmers und der Firmen wurde dabei nicht angesprochen.

„Das allgemeine Gleichgewicht ist von Walras in mehreren Modellvarianten behandelt worden, entweder als ein Tauschgleichgewicht bei gegebenen Besitzmengen oder als allgemeines Marktgleichgewicht unter Berücksichtigung der Produktion bei unverändertem Ressourcenbestand" (Brandt 1993, Band 2, S. 349). Und man muss ergänzen: „then that of the theory of capital formation and credit, and finally, that of monetary theory including circulation" (Jaffé 1980, S. 538).

Robert Heilbroner schreibt bezüglich Walras methodologischer Auffassung: „Léon Walras ... verfiel nicht in den verlockenden Irrtum, seine Arithmetik fälschlicherweise für die Welt zu halten. Während er seine Gleichungen entwickelte – sie waren viel zu verwickelt, um wirklich gelöst zu werden – betonte er vorsichtigerweise, dass sie ein Werkzeug seien, eine Forschungsmethode, und nicht eine Darstellung, wie die Dinge wirklich seien oder sein sollten. In der Wirklichkeit war Walras Agrarsozialist und Verfechter von Ideen, die viel radikaler waren als die seiner würdigen Gegenspieler auf den Britischen Inseln" (Heilbroner 1960, S. 193).

„Für Walras war die ideale Gesellschaft eine Gemeinschaft kleiner landwirtschaftlicher Grundbesitzer ... Infolgedessen befürwortete Walras als sozialpolitische Strategie die Verstaatlichung von Grundbesitz als Vorbedingung für eine gerechte Umverteilung" (Strathern 2006, S. 222). Torsten Oltmanns präzisiert: „In Walras Idealgesellschaft sind alle Steuern abgeschafft, die Menschen können völlig frei über die „Früchte ihrer Kenntnisse und Talente" verfügen. Grund und Boden jedoch werden sozialisiert, der Staat finanziert sich durch die Miet- und Pachtzinsen. Seine vornehmste Aufgabe ist es, Schulen und Universitäten zu unterhalten; jeder Bürger muss seine Fähigkeiten und Interessen bestmöglich entwickeln können. Viele Verehrer Walras' haben diesen dritten Teil seines Werkes gar nicht zur Kenntnis genommen oder ihn, wie Schumpeter, als Verirrung abgetan" (Oltmanns 1993b, S. 26).

„And Joseph Schumpeter, in his deeply moving obituary on the death of Walras in 1910, maintained a discreet and complete silence on everything Walras had ever written apart from pure theory" (Jaffé 1980, S. 529).

Peter de Gijsel schreibt in diesem Zusammenhang sogar: „Man wird Walras jedoch nicht gerecht, wenn man die neoklassische Theorie als die konsequente Fortsetzung seiner Vorstellung begreift" (de Gijsel 1985, S. 66). Die heutige neoklassische Theorie ist zum Fundament konservativer ökonomischer Vorstellungen geworden, die in dem populären Ruf „Mehr Markt, weniger Staat" gipfeln. Dies wäre nicht vollständig vereinbar mit seiner Sozialökonomik, dem wirtschaftspolitischen Programm von Walras, der zwar Konkurrenzmärkte grundsätzlich befürwortete (daher auch der Vorschlag einer Anti-Monopol-Politik), dem aber klar war, dass damit nicht automatisch auch eine gewünschte gerechte Einkommens- und Vermögensverteilung erreicht wird. „Die Neoklassik hat nun aus dem Gesamtsystem der Politischen Ökonomie von Walras im wesentlichen die soziale Ökonomie wegen ihrer metaphysischen Begründungen eliminiert“ (de Gijsel 1985, S. 68).

Walras’ Vorstellung, der Staat könne aus den Renten des von ihm vermieteten verstaatlichten Bodens alle seine Ausgaben finanzieren und auf eine Steuererhebung verzichten, weist nicht nur dem Staat eine außerordentlich hohe ökonomische Kompetenz zu, sondern ist auch etwas blauäugig und wirklichkeitsfremd (Werturteil von mir!).

Es ist (mir) wichtig, immer wieder auf die Bedeutung der sozialen Ideen (und das Problem ihrer praktischen Umsetzbarkeit) hinzuweisen, die diese für die Vertreter der Lausanner Schule hatten. Bedingt durch den fast totalen Siegeszug der mathematischen Ökonomik nach dem zweiten Weltkrieg wird Walras zumeist nur noch als der mathematisch ausgerichtete Ökonom dargestellt, der die allgemeine Gleichgewichtstheorie (General Equilibrium Theory = GE-Theory) begründete. Bestenfalls noch, dass er einer der drei „Väter“ der Grenznutzenschule war. Es stimmt zwar, er war von der großen und unverzichtbaren Rolle der Mathematik in der Ökonomik überzeugt, aber eben nicht nur. Auch die politischen und sozialen Ideen von ihm und vor allem von seinen Nachfolgern, man denke nur an Enrico Barone, sinnvoll oder unsinnig, für den Leser akzeptabel oder nicht, müssen mitgedacht werden, wenn der Begriff „Lausanner Schule“ fällt.

Weiters war Léon Walras auch einer der UNABHÄNGIGEN Mitentdecker der Grenznutzentheorie. Er vertrat konsequent eine subjektive Wertlehre, der Wert eines Gutes entspreche dem subjektiven Nutzen, den es stifte, und er hatte auch das Prinzip des abnehmenden Grenznutzens als 1. Ableitung der Nutzenfunktion und des Ausgleichs der Grenznutzen eingebaut. Er nahm kardinale Messbarkeit des Nutzens an, zudem seien die Nutzen der Individuen unabhängig voneinander. Die individuelle Nachfrage nach einem Gut sei aber grundsätzlich eine Funktion auch der Preise aller übrigen Güter. Allerdings hatten Jevons und Carl Menger seine Erkenntnisse bereits vorweggenommen. Dies galt vor allem für seine Ableitung der Nachfragekurve aus Nutzen- und Mengenüberlegungen, die Jevons vor ihm geleistet hatte und dessen Priorität er in einem Brief an ihn anerkannte, auch wenn er davon innerlich sehr betroffen war. Dieser innere Groll gegen Jevons legte sich erst, als Professor Adamson 1878 das Buch des Deutschen Hermann Heinrich Gossen (1810-1858) entdeckte und damit dessen Priorität (1854) auf dem Gebiet der subjektiven Wertlehre feststand.

Walras war in seiner Nutzentheorie exakter als die Ökonomen der österreichischen Schule und im Ausdruck auch klarer als Gossen. „Walras war der einzige der drei Forscher, der den Fall von drei und mehr Gütern behandelte – einschließlich des indirekten Tausches – und der durch die Einführung der Übernachfrage zu einer annähernd befriedigenden Formulierung der Gleichgewichtsbedingungen gelangte“ (Schumpeter 1965, S. 1111, Fußnote 65). Für den Grenznutzen verwendete er den Begriff der „rareté“ seines Vaters. Die Hypothese der Nutzenmaximierung aller Beteiligten verwendete Walras in allen seinen Modellen.

10.10.1.2 Rezeption von Walras

Zu seinen Lebzeiten hatte es Léon Walras als Ökonom nicht leicht. Er wurde zwar geachtet als unabhängiger Entdecker der subjektiven Wertlehre. Seine allgemeine Gleichgewichtstheorie war damals aber noch nicht in ihrer Bedeutung anerkannt. Er stimmte mit der bestehenden gesellschaftlichen und sozialen Ordnung in Frankreich nicht überein, was seinen Aufstieg in die Kreise der herrschenden konventionellen französischen Ökonomen sehr erschwerte, ja unmöglich machte. Zudem lehnten die offiziellen Vertreter der Ökonomik Frankreichs zu seiner Zeit eine wissenschaftlich-mathematische Ökonomik ab, die Ökonomik galt als Geisteswissenschaft.

Bis 1870, als er eine Professur in Lausanne bekam, hatte er stets mit materiellen Existenzsorgen zu kämpfen. Er arbeitete in verschiedenen Berufen: Journalist, leitender Direktor einer Genossenschaftsbank, Sekretär einer Privatbank in Paris. „Als er endlich den Ruf an die Universität Lausanne erhielt, musste er den Rektor um einen Vorschuss zur Bestreitung der Reisekosten bitten“ (Jaffé 1988, S. 31).

In der Schweiz, in Italien und in den USA wurden seine Theorien eher anerkannt und er empfing auch entsprechende Ehrungen. Dazurechnen muss man noch Wicksell in Schweden. „Doch lehnte man in den Zentren der Wirtschaftswissenschaft Deutschlands, Österreichs und Englands sein Werk als übertrieben abstrakt und wirklichkeitsfremd ab“ (Blaug 1988, S. 46). In Frankreich hingegen war er, wie gesagt, nicht anerkannt, hier wurde nicht einmal sein 100. Geburtstag (1934) gefeiert. In England war es das Werk „Value and Capital“ von John Richard Hicks (1904-1989), das Walras zum Durchbruch verhalf. Bezeichnend ist aber trotzdem, dass seine „Eléments“ als einziges seiner Werke erst 1954 ins Englische übersetzt wurde (Blaug 1988, S. 46).

Heute hat sich die Einschätzung des Werkes von Walras, man kann ohne Übertreibung sagen: weltweit, grundlegend geändert: „Die Ergebnisse seiner Überlegungen wurden von zentraler Bedeutung für das gesamte ökonomische Denken“ (Strathern 2006, S. 220). „Die Walras-Konstruktion ... stellt einen Höhepunkt theoretischen Denkens dar, wie er nur selten und nur von den genialen Forschern in unserer Disziplin erreicht wird“ (Schneider 1962, S. 269). Torsten Oltmanns lobt: „Aber erst Walras konnte eine Vorstellung davon vermitteln, wie die „unsichtbare Hand“ Adam Smiths diesen Zustand schuf, bei dem sich kein Marktteilnehmer mehr besser stellen konnte, ohne jemand anderem etwas wegzunehmen. Walras’ Theorie ist nicht nur ein wichtiger Teil der Ideengeschichte. Die Quintessenz seiner Überlegungen – auf Konkurrenzmärkten pendeln sich Angebot und Nachfrage von selbst im Optimum ein – bildet den Kern der neoklassischen Ökonomie und Wirtschaftspolitik“ (Oltmanns 1993b, S. 26).

Dies sind nur drei Lobeshymnen, und es lassen sich ohne Schwierigkeiten noch unzählige weitere finden.

Für Vertreter der Marktwirtschaft war dabei der (behauptete) Gedanke besonders wichtig: Die Marktwirtschaft tendiere automatisch zum Gleichgewicht zwischen Angebot und Nachfrage und garantiere dabei eine optimale Güterversorgung. Dies wurde aber durch Walras selbst nicht strikt bewiesen. Die Existenz eines solchen Gleichgewichts wurde nicht sauber gezeigt und auch dessen Erreichung war mangels überzeugender dynamischer Formulierungen nicht von vorneherein gegeben. Blaug zieht deshalb das Fazit: „Kurz, es gibt keinen Grund anzunehmen, dass unter realen Wettbewerbsbedingungen zwangsläufig ein endgültiges Gleichgewicht zustande kommt“ (Blaug 1988, S. 52).

Interessant ist die eigene Einschätzung von Walras: „Heute ist er wegen seiner Theorie des allgemeinen Gleichgewichts berühmt. Er selbst glaubte jedoch, sein Anspruch auf Ruhm in der Nationalökonomie gründe sich vor allem darauf, dass er Nachfragekurven konsequent aus Nutzenfunktionen abgeleitet und dabei gezeigt hat, dass freier Wettbewerb in gewissem Sinne den Nutzen maximiert“ (Blaug 1988, S. 45).

Besonders gepriesen wurde Walras von seinem Verehrer, ja Fan, Joseph Schumpeter: Er sei der größte Ökonom überhaupt gewesen, sein Werk die „Magna Charta“ der Ökonomik. Dieses Lob halte ich persönlich für übertrieben. Auch wenn Walras eine beeindruckende Formalisierung eines allgemeinen Gleichgewichtssystems leistete, er lieferte andererseits z.B. nichts Dauerhaftes zum eminent wichtigen Problem der von Schwankungen unterbrochenen Entwicklung, zum Wachstum von Ökonomien, nichts zu krisenhaften Zuspitzungen oder Konflikten, zu den Gefahren der heiklen Finanzsphäre. Walras war ein großer Ökonom: JA, der größte Ökonom meiner Meinung nach: NEIN. (Zudem ist die Kür zum größten Ökonomen noch subjektiver als die künstlerische Note beim Eistanzen.)

Eindrucksvoll ist in jedem Fall, wie sich die allgemeine Gleichgewichtstheorie (besser angelsächsisch: General Equilibrium Theory) weiter entwickelte. „Es bedurfte einiger der hellsten Köpfe der modernen Ökonomie und des größten Teils der 25 Jahre von den 30er bis in die 50er Jahre hinein, um einigermaßen zufrieden stellende „Beweise“ für Existenz, Einzigartigkeit, Stabilität und Bestimmungsfaktoren des allgemeinen Gleichgewichts Walras' zu finden“ (Blaug 1988, S. 56).

Tatsächlich entstand daraus ein ganzes Theoriegebiet mit hunderten von Veröffentlichungen, die ausgehend von Walras, zum System nicht nur Beweise lieferten, sondern es um viele der kritisierten Punkte ergänzten bzw. erweiterten. Kennzeichnend für die Bedeutung dieses Theoriegebietes waren unter anderem die Nobelpreise an Kenneth Joseph Arrow (geb. 1921, Nobelpreis 1972) und Gérard Debreu (1921-2004, Nobelpreis 1983).

(Die Entwicklung der allgemeinen Gleichgewichtstheorie wird in einem späteren Band genauer dargestellt werden.)

Sehr nachdenkenswert ist die Schlusseinschätzung des Walras'schen Gleichgewichtsansatzes von Blaug: „Dennoch lautet die wirkliche Frage nicht, ob man Walras' System anerkennen oder ablehnen soll, sondern man muss entscheiden, ob es in der Hackordnung beruflichen Ansehens in der Volkswirtschaftslehre einen so hohen Platz verdient, den es gegenwärtig einnimmt. Insbesondere stellt sich die Frage, ob es nicht vielleicht eine Sackgasse, ein intellektuelles Spiel verkörpert, wenn man es aus dem Blickwinkel heraus betrachtet, dass man eine überzeugende Hypothese über das tatsächliche Verhalten der Wirtschaft entwickeln will“ (Blaug 1988, S. 56). Wie gesagt: Sehr nachdenkenswert!

10.10.2 DIE LAUSANNER SCHULE: VILFREDO PARETO (1848-1923)

VITA VON PARETO

1848:	Geboren am 15. Juli 1848 in Paris mit dem Namen: Fritz Wilfried als drittes Kind und erster Sohn einer verarmten Emigrantenfamilie. Vermutlich bekam er diese deutschen Namen wegen der Begeisterung seines Vaters für die revolutionäre 1848er Bewegung in Deutschland. Sein Vater Raffaele Pareto Marchese di Parigi (1812-1882) war Zivilingenieur, dann Lehrer, dann Ministerialbeamter. Er entstammte einer alten Genueser Adelsfamilie. Vilfredo verwendete seinen Adelstitel aber nie. Seine Mutter Maria Méténier (1816-1889) war Französin. Vilfredo hatte noch zwei Schwestern: Aurelia und Cristina. Der Vater stand aus politischen Gründen in Opposition zum Hause Savoyen. Er war Liberaler und Republikaner. Er ging Anfang der 1830iger Jahre nach Paris ins Exil;
1854:	Aufgrund einer Amnestie konnte die Familie Pareto nach Italien zurückkehren.
1859-1862:	Pareto lebte in Casale Monferrato (Piemont). Sein Vater bekam in Turin an der „Scuola di Marina“ als Französischlehrer eine Stelle, die er aber bereits 1862 wieder aufgab. Vilfredo besuchte dort das „Istituto Tecnico Leardi, Sezione fisico-matematica“;
1862-1864:	Er lebte in Turin, wo sein Vater einen Posten im Ministerium für Landwirtschaft, Industrie und Handel bekam;
1864:	Pareto legte 1864 in Turin seine Reifeprüfung ab;
1864:	Studium der Mathematik und Physik an der Universität Turin;
1866:	Mit 18 Jahren (!!) erster Artikel in der Zeitschrift Giornale degli Ingegneri, Architetti e Agronomi: „Applicazione di disegno axonometrico“;
1867:	Abschluss seines Studiums an der Universität Turin;
1867-1870:	Fortsetzung seiner Studien an der „Scuola di Applicazione per Ingegneri“ (heute: Politecnico) in Turin; „Turin war damals geradezu das Zentrum der sozialdarwinistischen Bewegungen in Italien, so verwundert es nicht, dass die Schriften des liberalen Ökonomen Frédéric Bastiat“ (Eisermann 1992b, S. 56) einen großen Einfluss auf den jungen Pareto gewannen.
1868:	Dazwischen Wehrdienst;

1870:	Dissertation an der „Scuola di Applicazione per Ingegneri" (später umbenannt in: „Politecnico") mit dem Titel: „Principi fondamentali della teoria della elasticità dei corpi solidi e ricerche fondamentali sulla integrazione delle equazioni differenziali che ne differiscono l'equilibro";
1870-1873:	Pareto lebte in Florenz und arbeitete als Ingenieur bei der „Ufficio Centrale" der „Società Anonima delle Strade Ferrate Romane";
1873:	Aufenthalt von acht Monaten in Deutschland und Österreich;
1873-1889:	Pareto lebte in San Giovanni Valdarno (Toskana);
	Angestellter der Eisenwarenfirma „Società dell'Industria del Ferro" in San Giovanni. Zahlreiche Auslandsaufenthalte;
1874:	Wahl zum ordentlichen Mitglied der „R. Accademia Economico-Agraria dei Georgofili di Firenze", der ältesten Akademie Italiens;
1877-1889:	Pareto hielt vier wirtschaftswissenschaftliche Vorträge in der Akademie; Den letzten dieser vier Vorträge hielt er am 3. Februar 1889 (Eisermann 1992b, S. 66) über das Thema: „Warum die Volkswirtschaftslehre sich nicht der Gunst des Publikums erfreut?" und er kam zu dem Ergebnis, dass volkswirtschaftliche Kenntnisse in der Öffentlichkeit weiter verbreitet werden müssten;
1877-1881:	Mitglied des Gemeinderates seines Wohnortes San Giovanni;
1880-1890:	Nach einer Firmenübernahme Namensänderung seiner Firma in „Società delle Ferriere Italiane". Pareto wurde Generaldirektor der Firma;
1880:	Erfolglose Kandidatur zur Deputiertenkammer im Wahlkreis Montevarchi;
1882:	Fritz Wilfried nannte sich jetzt: Vilfredo Frederico Damaso Pareto;
	Erfolglose Kandidatur zur Deputiertenkammer im Wahlkreis Pistoia-Prato;
1883:	Ernennung zum Cavaliere dell'Ordine della Corona d'Italia;
1889-1893:	Pareto lebte in Fiesole, Toskana;
1889:	Kurz nach dem Tod seiner Mutter heiratete Pareto die mittellose Russin Allessandra „Dina" Bakounine (1860-1940), nicht verwandt mit dem berühmten Anarchisten; Pareto schrieb in dieser Zeit eine Reihe polemischer Artikel gegen die Regierung. Er wurde deshalb von den italienischen Autoritäten als

	Unruhestifter betrachtet und von der Polizei beobachtet, ja es wurde sogar versucht, ihn durch angeheuerte Rowdies einzuschüchtern. Pareto, der im Umgang mit Waffen geübt war (!!), ließ sich dadurch allerdings nicht einschüchtern; Pareto lernte Maffeo Pantaleoni (1857-1924) kennen und es entwickelte sich zwischen ihnen rasch eine Freundschaft. Pareto publizierte einige Artikel im „Giornale degli economisti“;
1891:	Erstes persönliches Zusammentreffen (27.9.1891) mit Léon Walras, von dem Pareto enttäuscht war. „Dennoch muss der Eindruck, den Pareto auf Walras machte, alles in allem hinlänglich positiv gewesen sein“ (Eisermann 1992b, S. 72).
1893:	Pareto war zunächst außerordentlicher Professor an der Universität Lausanne; Die italienischen Autoritäten waren zweifellos froh, dass Pareto nun im Ausland war. Allerdings war Pareto auch hier weiter politisch tätig. Er griff die italienische Regierung in monatlich publizierten Kolumnen an, bekam Besuche von Radikalen, die aus Italien ausgewiesen worden waren. In der Dreyfus-Affäre ergriff er Partei gegen die führenden antisemitischen Autoritäten; Am 12. Mai 1893 hielt Pareto, der noch über keine pädagogische Erfahrung verfügte, seine Antrittsvorlesung;
1893-1900:	Pareto lebte in Lausanne;
1894:	Im Oktober Ernennung zum ordentlichen Professor;
1896/1897:	Veröffentlichung des zweibändigen Werkes: „Cours d'économie politique“ als Frucht seiner Vorlesungen;
1896-1898:	Dekan seiner Fakultät;
1898:	Beträchtliche Erbschaft (2 Millionen Lire in Gold) von seinem vermögenden Onkel Domenico Pareto, dem älteren Bruder seines Vaters. Er kaufte sich in Céligny (40 km entfernt von Lausanne) eine Villa, die er wegen seiner Vorliebe für Katzen dieser Rasse, Villa „Angora“ nannte. Hier lebte er, inmitten seiner großen Bibliothek, von 1900 bis 1923 und konnte sich ungestört seinen weiteren wissenschaftlichen Studien widmen; „Hier lebte er ein einsames Luxusleben, trank erstklassige Weine und speiste inmitten einer immer größer werdenden Zahl reinrassiger Angora-Katzen, an denen sich die Menschheit, wie er meinte, ein Vorbild nehmen sollte“ (Strathern 2006, S. 224);
1901/1902:	Erscheinen der beiden Bände „Les systemes socialistes“;

1901:	Seine Frau Allessandra lief ihm mit einem Angestellten (dem russischen Koch) davon. Er konnte sich als italienischer Staatsbürger, dem kanonischen Eherecht unterworfen, zunächst nicht legal von ihr scheiden lassen, sondern erwirkte nur ein Urteil auf „Trennung von Tisch und Bett";
1903:	Zusammenleben mit der Pariserin Jeanne Régis (1879-1948). Mit ihr hatte er die Tochter Marguerita Antoinette, verheiratete Prada (1905-1963);
1906:	Erscheinen seines ÖKONOMISCHEN Hauptwerkes „Manuale di economia politica";
1907:	Im Wintersemester 1906/07 letzte Vorlesung an der Universität Lausanne;
1909:	Erscheinen der überarbeiteten und mit einem mathematischen Anhang versehenen französischen Übersetzung: „Manuel d'économie politique";
1916:	Erscheinen seines soziologischen Werkes „Trattato di sociologia generale";
1917:	Pareto zog sich ganz auf sein Landgut „Villa Angora" zurück;
1923:	Heirat seiner langjährigen Lebensgefährtin Jeanne, nachdem er endlich die gesetzlichen Hindernisse einer Scheidung überwunden hatte;
	Benito Mussolini ernannte Pareto zum Senatore del Regno. Er bezeichnete sich als Schüler Paretos;
	Tod am 19. August nach einem langwierigen Herzleiden; Seine Frau Jeanne vernichtete aus Angst vor dessen erster Frau Allessandra Paretos gesamten schriftlichen Nachlass.

Sein Freund Maffeo Pantaleoni (1857-1924), damals Italiens führender (neoklassischer) Ökonom machte ihn 1891, wie angeführt, mit Léon Walras bekannt. Pareto bejahte die mathematische Vorgehensweise von Walras zwar uneingeschränkt und die beiden Männer gingen in der Öffentlichkeit höflich und respektvoll miteinander um. So sagte Pareto in seiner Rede anlässlich des 25. Jahrestags seiner Lehrtätigkeit: „so dass ich für die quantitative Theorie der ökonomischen Phänomene es mir zur Aufgabe gemacht habe, den von Walras eingeschlagenen Weg zu gehen, um so an unserer Universität eine Tradition fortzusetzen, die, wie ich hoffe, viele Jahre von anderen bewahrt wird" (Pareto 1975, S. 249). Pareto entfremdete sich von Walras aber im Laufe der Zeit sowohl sachlich als auch persönlich. „Er reagierte zeitlebens äußerst gereizt auf Versuche, ihn unter dem Begriff der „Lausanner Schule" mit Walras in einen Topf zu werfen" (Hüther 2006, S.

132). Unter diesem persönlichen Aspekt ist die Kapitalüberschrift „Lausanner Schule“ also nicht gerechtfertigt und Pareto hätte sich dagegen verwahrt (er kann aber 2009 nicht mehr dagegen protestieren!). Im Nachhinein und im Überblick ist diese Charakterisierung aber meines Erachtens zu halten.
Graß ist bezüglich der persönlichen Beziehung Paretos zu Walras der Meinung: „Vermutlich vertrug sich die angeblich leicht spießige Art von Walras nicht mit der aristokratisch angehauchten Paretos“ (Graß 1993, S. 28). Und Gottfried Eisermann spricht von „grundverschiedenen Charakteren und Gelehrtentypen“, wozu noch „sachlich divergierende Standpunkte“ dazukamen, die sich als „unüberbrückbar“ erwiesen (Eisermann 1992b, S. 83).
In Bezug auf Paretos Gemütslage schreibt Strathern: „Unklar bleibt, ob Paretos Pessimismus angesichts des menschlichen Verhaltens auf Selbstbeobachtung beruhte, auf die Erfahrung mit seiner Ehefrau oder der Beobachtung der Angorakatzen. Zum Glück beeinträchtigten diese irrationalen, in sich widersprüchlichen Aspekte seines Denkens nicht seine außergewöhnlichen analytischen Fähigkeiten“ (Strathern 2006, S. 224). Pareto war vielseitig begabt und gebildet: Mathematik, Naturwissenschaften, antike Literatur, Geschichte, Ökonomik, Politik.
Pareto war ein „leidenschaftlich veranlagter Mensch … Mit leidenschaftlichem Zorn verfolgte er das Tun und Lassen der Politiker in den italienischen und französischen Liberaldemokratien“ (Schumpeter 1965, S. 1049/1050).
Seine politische Einstellung wandelte aber sich während seines Lebens deutlich. Während er in jüngeren Jahren mit radikal-demokratischen und liberalen Bewegungen sympathisierte, er war sogar Mitglied der marktwirtschaftlich orientierten „Società Adamo Smith“, gab er sich seit ca. 1900 antidemokratisch. Gemäß seinen Überlegungen zum Kreislauf der Eliten glaubte er, dass die radikalen Bewegungen nur versuchten, sich selbst an die Stelle der regierenden Eliten zu setzen. Und die Privilegien und Machtstrukturen blieben dabei im Prinzip unverändert. Also ginge es ihnen nicht um eine bessere Gesellschaft, sondern nur um Macht. Die dabei vorgegebenen Ideale seien nur Propaganda, wie alle „ismen“. Es ginge den vorgeblichen Vertretern dieser Ideale (Ideologien) immer nur darum, die jetzige Elite abzulösen, um selbst an die Macht zu kommen.
Auch in späteren Jahren bezog Pareto Stellung zu politischen Fragen: So lehnte er z.B. den Versailler Friedensvertrag ab und hatte auch andere als die offiziellen Vorstellungen zur Neuordnung Europas nach dem ersten Weltkrieg.
Gegenüber der „historischen Schule“ war er eher skeptisch: „Die sogenannte historische Schule unterdrückt, um die Wahrheit zu sagen, die in den Sozi-

alwissenschaften auftauchenden Probleme mehr als sie sie löst, in dem sie sich weigert, die Gesetze oder Gleichförmigkeit der Phänomene zu erforschen; aber trotz dieses gravierenden Fehlers war sie bei der Arbeit, die Erfahrung an die Stelle der apriorischen Prinzipien treten zu lassen, nicht ohne Nutzen“ (Pareto 1975, S. 252).

Ausgewählte Werke von Pareto

„Principi fondamentali della teoria della elasticità dei corpi solidi” (Dissertation 1869);

„Della logica delle nuove scuole economiche“ (Rede 1877);

„L'Italie économique“ (1891);

„Les nouvelles théories économiques“ (1892);

„The Parliamentary Regime in Italy” (1893);

„Cours d'économie politique” (2 Bände, 1896/1897);

Hierbei handelte es sich um seine ausgearbeiteten Vorlesungsnotizen. Er ging neben der Darstellung der ökonomischen Theorie auch auf methodologische Fragen ein und steuerte viele soziologische Überlegungen bei und auch auf die Thesen von Karl Marx ging er ein. Hier wurde das „Pareto-Gesetz“ der Einkommensverteilung vorgestellt. Er kritisierte die Grenzproduktivitätstheorie der Verteilung, weil sie bei unvollkommener Konkurrenz und bei beschränkter Substitutionalität der Faktoren versage.

Da das Gleichgewicht im übrigen nur die simultane Lösung eines Gleichungssystems sei, wäre es zumindest theoretisch möglich, ein solches Gleichgewicht auch in einer sozialistisch organisierten Wirtschaft zu errechnen. Diese Gedanken griff dann sein Schüler Enrico Barone (1859-1924) auf und eröffnete damit die berühmte „Sozialismusdebatte“.

„The New Theories of Economics” (1897);

„Un'Applicazione di teorie sociologiche” (1900);

„Les systèmes socialistes” (2 Bände, 1902/1903);

Dies war kein Werk der reinen Theorie. Es beinhaltete viele soziale, ökonomische und politische Elemente. Hierin rechnete er mit allen Sozialismen ab und stempelte sie als bloße nützliche Ideologien ab. Das propagierte neue sozialistische Menschenbild entlarvte er auf hellsichtige Weise als wirklichkeitsfremd. Und vor allem wandte er sich gegen die marxistische Ökonomik. Zwar akzeptierte er die Idee des Klassenkampfes und lehnte auch den historischen Materialismus nicht gänzlich ab: „Der ökonomische Materialismus und der historische Materialismus sind kühne Versuche gewesen, die sozialen Phänomene aus der Erfahrung zu erklären. Diese Lehren ließen uns die

Wahrheit nur ahnen, weil sie das Verhältnis der wechselseitigen Abhängigkeit, das wirklich bestand, durch das Verhältnis von Ursache und Wirkung ersetzten und, schlimmer noch, diese angeblichen Ursachen auf eine einzige reduziert haben" (Pareto 1975, S. 252). Aber er akzeptierte keine klassenlose Gesellschaft am Ende der Entwicklung. Auch dies sei nur eine propagandistische Vorstellung. Der Kampf der Eliten hörte bei Pareto nie auf. Nur nebenbei: Natürlich lehnte Pareto auch die Arbeitswertlehre ab.

„Anwendungen der Mathematik auf die Nationalökonomie" (1903);

„Manuale di economia politica" (1906);

Vom „Manuale" gibt es bis heute (2009) keine vollständige deutsche Übersetzung und auch eine englische Übersetzung wurde erst 1971 publiziert.

Pareto verwendete in diesem Werk Indifferenzkurven und zwar nicht nur für Konsumenten sondern auch für Produzenten. Und er stellte das Instrument vor, das irreführend „Edgeworth Box" betitelt wurde.

„Manuel d'économie politique" (überarbeitete französische Ausgabe 1909);

Diese französische Ausgabe hatte einen wesentlich ausführlicheren mathematischen Anhang, der Anmerkungen des Mathematikers Volterra zur italienischen Ausgabe berücksichtigte.

„Le mythe vertuiste et la littérature immorale" (1911);

„Trattato di sociologia generale" (mehrere Bände 1916);

„Fatti e teorie" (1920);

Bekannt wurde Pareto vor allem durch seine Werke „Manuale di economia politica" (1906) und „Trattato di sociologia generale" (1916). Pareto verknüpfte in seinen Arbeiten immer wieder die Ökonomik und die Soziologie. Er versuchte, ökonomische Theorien in einen gesellschaftlichen Kontext einzubauen und zu einer umfassenden Sozialwissenschaft zu gelangen. Ausführlich setzte er sich mit den Werken von Karl Marx, dem er als Soziologe eine größere Bedeutung zumaß als als Ökonom, und Herbert Spencer auseinander. Er sah wie Marx die gesellschaftlichen Vorgänge als einen Kampf zweier Gruppen, allerdings nicht zwischen Klassen sondern zwischen „Eliten", die um die Macht kämpften.

Pareto trat mit dem Anspruch an, die gesellschaftlichen Vorgänge unbeeinflusst darzustellen. Es gäbe nicht nur eine absolute Wahrheit in der Welt. Trotz seiner Affinität zur Mathematik blieb er sich bewusst, dass diese nur eine mögliche Methode im Rahmen der politischen Ökonomie ist. Bewertungen wollte er nur zulassen, wenn vorher klargestellt wurde, welchen Dingen diese Begriffe entsprechen sollen. Leider hielt er sich selbst nicht an diese seine Maxime.

„Der Autor zeigt sich als begeisterter Anhänger der mathematisch-naturwissenschaftlichen Methode – doch ergänzt er diese um eine gänzlich unwissenschaftliche, beißende Gesellschaftskritik, in der er sämtliche Ideale und Ideologien seiner Epoche in Grund und Boden stampft. Paretos sozialdarwinistische und antidemokratische Ansichten ließen ihn zu einem gefeierten Theoretiker der Faschisten werden" (Hüther 2006, S. 124).

In seinem Buch „Manuale di Economia Politica" aus dem Jahre 1906 sind nur vier der neun Kapital der Weiterentwicklung der allgemeinen Gleichgewichtstheorie gewidmet. In den anderen fünf Kapiteln findet man äußerst wertende (zumeist abwertende) Aussagen über die zu seiner Zeit existierende Gesellschaft. Die Fußnoten verwendete er oft für unqualifizierte Ausfälle gegen seine Fachkollegen. „Auch im Haupttext argumentiert Pareto oft polemisch, schweift vom Thema ab und wiederholt gebetsmühlenartig die Tiraden gegen sein persönliches Feindbild, den „Menschenfreund". Hiervon hebt sich seine didaktische Begabung jedoch wohltuend ab" (Hüther 2006, S. 130).

10.10.2.1 Thesen von Pareto

Zu den psychologischen Thesen von Pareto und seinen induktiv ermittelbaren psychischen Motivationskomplexen und Derivationen (scheinlogischen Handlungserklärungen, später in der Psychologie „Rationalisierungen" genannt) soll und kann mangels Fachwissen hier nicht genauer Stellung genommen werden. Nur so viel: Pareto setzte sich „mit dem Verhältnis der logischen zu den nicht-logischen Handlungen der Menschen auseinander. Zu den ersteren zählte er im wesentlichen wirtschaftliche und sonstige Handlungen, die bewusst auf ein Ziel hinstreben; bei den nicht-logischen Handlungen unterschied er zwei Hauptelemente, sogenannte „Residuen" oder Gefühlsmanifestationen, die nicht rational begründet oder sachlich-logisch gerechtfertigt sind, und die „Derivationen", logische oder pseudologische Überlegungen über Handlungen, die im Gegensatz zu den relativ konstanten „Residuen" eher als variabel galten" (Schmölders 1966, S. 83).

Der verhaltensorientierte Ökonom Günter Schmölders kommt dann zu folgender Würdigung: „Sein Hinweis auf die irrationale Tiefendimension allen sozialen Verhaltens, auf die emotionalen Wurzeln des politischen Handelns und auf die Einseitigkeit auch der von ihm selbst entwickelten Theorie der „logischen“ Wirtschaft hebt ihn weit über das Maß der Nur-Ökonomen seiner Zeit hinaus“ (Schmölders 1966, S. 84).

DIE ZIRKULATION DER ELITEN

Ausgangspunkt ist die Überlegung, dass menschliche Gesellschaften immer hierarchisch organisiert waren und sind. Denn die Menschen seien verschieden, sowohl was ihre Intelligenz, ihr physische Stärke, ihr Durchsetzungsvermögen, ihre psychische Ausstattung angeht.

„Elite“ war in diesem Zusammenhang zunächst wertneutral gedacht. Es ging um die Besten einer Handlungskategorie. Dies konnten z.B. prinzipiell auch Gelehrte sein, und nicht nur Politiker.

Die Einkommensverteilung als solche sei über die Jahrhunderte hinweg ziemlich stabil geblieben. Allerdings: Geändert habe sich die Zusammensetzung der beteiligten (drei) Gesellschaftsschichten:

(a) Eine erste unterste Schicht lebe nahe dem Existenzminimum, natürliches Auslesekriterium sei nur die hohe Kindersterblichkeit;

(b) Eine zweite mittlere Schicht sei rein zahlenmäßig die größte Schicht. Hier komme die natürliche Auslese voll zum Tragen: Starke und Talentierte strebten „nach oben“ zur dritten Schicht;

(c) Eine dritte obere Schicht sei eine Art „Aristokratie“. Da hier wegen des materiellen Überflusses das natürliche Auslesekriterium versage und auch schwächliche Elemente überlebten, degeneriere und verweichliche diese Schicht im Laufe der Zeit.

Zwischen der zweiten und der dritten Schicht finde ein ständiger Austausch statt, durch langsames Einsickern oder plötzlich durch eine Revolution. Eine Elite könne also durch eine „Reserve-Elite“ der zweiten Schicht ersetzt werden, aber nie durch die Masse, das Volk. Zwar beriefen sich Eliten oft auf das Volk und gäben vor, für es zu herrschen oder dazuzugehören, aber dies sei nur Propaganda.

Die unterste Schicht sei hingegen ein Auffangbecken für minderwertige Subjekte der mittleren Schicht, die sonst diese Schicht schwächen könnten.

Aus diesem 3-Schichten-Modell und dem Kreislauf (der Zirkulation) zwischen den Schichten und ihren Auslesemechanismen zog Pareto nun eine ganze Reihe von „Schlussfolgerungen“, z.B.:

(1) Lohnsteigerungen seien gefährlich, weil sie die Kräfte der natürlichen Auslese bremsten;

(2) „Zunehmender Reichtum lässt die Geburtenrate zunächst ansteigen, ab einer bestimmten Schwelle aber wieder fallen. Demokratische Regierungsformen entstehen mit wachsendem Wohlstand, verschwinden aber auch wieder mit ihm. Mit steigendem Wohlstand bilden sich in

der Gesellschaft verstärkt schädliche Vorstellungen, wie z.B. die des Feminismus oder der Gleichheit aller Menschen ... Objektiv betrachtet kann man sagen, dass wirtschaftliche Phänomene stets nach den Interessen der herrschenden Klasse reguliert werden. Subjektiv interpretiert bedeutet dies, dass heute im Namen von „Moral“ und „Fortschritt“ die alte Gesellschaft angegriffen wird. Doch Zeiten rapider gesellschaftlicher Veränderungen werden immer wieder von Phasen der Erstarrung abgelöst, in der die neuen Eliten ihre Macht zu festigen versuchen. Dies ändert nichts an der bestehenden Wirtschaftsform, wohl aber an der Gewichtung der Kräfte: Immer neue Monopole, Privilegien und Beschränkungen entstehen auf Kosten des freien Wettbewerbs. Je mehr Gruppen im Namen des öffentlichen Interesses auf die Wirtschaft Einfluss zu nehmen versuchen, desto mehr verliert diese an Dynamik“ (Hüther 2996, S. 129/130).

Kurz: In jedem Volk übe also zu jeder Zeit eine Elite die Macht aus. Diese Elite sei eine ausgewählte Klasse. Aber: Die Gesellschaft befinde sich in einem beständigen Wechsel, einer Transformation der Eliten. Und es gäbe Revolutionen, wenn die Eliten sich nicht schnell genug abwechselten.

„Hat eine herrschende Klasse sich lange Zeit mit Gewalt an der Macht behauptet, kann sie noch eine Zeit lang fortbestehen, indem sie ihren Gegnern den Frieden abkauft. So erkaufte sich laut Pareto das Römische Imperium den Frieden durch Geld und Ehrungen oder die englische Aristokratie, indem sie ihre Macht durch eine parlamentarische Monarchie verlängerte“ (Laukat 1999, S. 25).

Hier noch die Würdigung von Günter Schmölders: „Paretos wichtigster eigener Beitrag zum Verständnis konkreter sozialer Phänomene liegt in seiner Zyklustheorie des sozialen Wandels, der Lehre von der „Zirkulation der Eliten“. Dieser Zyklus hat drei Hauptaspekte, einen politischen, einen wirtschaftlichen und einen ideologischen. Der politische Zyklus stellt sich so dar, dass zunächst eine Gruppe zur Herrschaft gelangt, die von der Macht zu idealen Zwecken Gebrauch macht; das sind die „Löwen“, deren Stärke eben in ihren Idealen liegt. Aber der Gebrauch der Macht und die Notwendigkeit, sie zu halten, zwingen die „Löwen“ bald mehr und mehr zu einem Verhalten, das mit ihren Idealen nicht mehr zu vereinbaren ist; die in die Opposition gezwungene zweite Elite, die „Füchse“, gewinnt dadurch mehr und mehr an Einfluss, bis sie ihrerseits die Macht übernimmt. Im ökonomischen Zyklus entsprechen den „Füchsen“ die Spekulanten, die – stark und wagemutig, wie sie sind, aber auch extravagant und unsicher – die „Rentiers“ ablösen, die Sparer, die eher furchtsam und wenig unternehmend sind. Der gleiche

Wechsel vollzieht sich in der geistigen Sphäre, wo die fromme Gläubigkeit von der höchst diesseitigen Mentalität von „Füchsen“ und „Spekulanten“ abgelöst wird. Die Geschichte war im Rahmen dieser Theorie für Pareto nichts anderes als ein Friedhof der Aristokratie“ (Schmölders 1966, S. 83).

Zum Ökonomischen: Die kapitalistische Klasse teilte er in Rentiers, die Bezieher fester Einkommen sind, und Spekulanten ein. Die Spekulanten seien der Motor des wirtschaftlichen Wandels, die eher feigen Rentiers ein Garant für Stabilität, die die Dynamik der spekulativen Kapitalisten oft ausglichen.

PARETO-VERTEILUNG:

Bei einer statistischen Untersuchung vieler europäischer Länder und der USA glaubte Pareto entdeckt zu haben, dass es ein bestimmtes, stets wiederkehrendes vorherrschendes Muster der Einkommensverteilung gebe. Sie folge keiner Normalverteilung, sondern sei zumeist rechtsschief.

„Bis dahin war man davon ausgegangen, dass die Einkommensverteilung von den wirtschaftlichen Gegebenheiten der jeweiligen Gesellschaft abhängig sei … Pareto wies nach, dass entgegen gängiger Erwartungen und Ansichten die Einkommen einer Gesellschaft nicht gradlinig proportional ansteigen, sondern gemäß einer geometrischen Reihe“ (Strathern 2006, S. 225).

Ohne auf die mathematischen Eigenschaften der Pareto-Verteilung einzugehen, sei hier nur „ganz unmathematisch“ erläutert:

Die Pareto-Verteilung ist eine STETIGE Wahrscheinlichkeitsverteilung. Sie beschreibt das Phänomen, dass eine kleine Anzahl von hohen Werten einer Wertemenge mehr zu deren Gesamtwert beiträgt, wie eine große Anzahl der kleinen Werte der Wertemenge.

Daraus abgeleitet, quasi als „Daumen · p“ Regel ist die „80 zu 20 Regel“. In dem von mir im akademischen Unterricht verwendeten Statistiklehrbuch „Statistical Techniques in Business & Economics“ (Autoren: Douglas A. Lind, William G. Marchal, Robert D. Mason, 11. Auflage 2001) liest sich dieses Pareto-Prinzip wie folgt: „His concept, often called the 80-20 rule, is that 80 percent of the activity is caused by 20 percent of the factors. By concentrating on 20 percent of the factors, managers can attack 80 percent of the problem” (S. 626) und dann kommen illustrative alltägliche Beispiele, so die Typen von Beschwerden in einem Restaurant. 20% der eingesetzten Zeit bringt 80% der Ergebnisse. Oder boshaft (nicht ganz Ernst gemeint): 20% der Studierenden verursachen 80% der Arbeit.

Genaueres zur Pareto Verteilung findet sich in: „Statistical Distributions“ von Merran Evans, Nicholas Hastings und Brian Peacock, 3. Auflage, New York etc. 2000, Chapter 31, Pareto Distribution, S. 151-154.

Aber zurück zum Thema, so reizvoll es auch wäre, hier weiter zu spekulieren: Bei der Untersuchung des Volksvermögens in Italien fand Pareto, dass ca. 20% der Familien ca. 80% des Vermögens besitzen. „Pareto zufolge spiegelte dieses Muster unmittelbar die Verteilung von Intellekt, Talent und Unternehmergeist einer Gesellschaft. Nur sehr wenige verdienen es, reich zu sein, die Mehrheit hat es verdient, arm zu sein. Paretos Zahlen sind größtenteils unwiderlegbar, seine Erklärung dieser Verhältnisse ist es nicht“ (Strathern 2006, S. 225).

Generell gilt: Bevor man hier leichtfertige Schlüsse zieht, muss man sich statistisch vergewissern, ob bei der untersuchten Grundgesamtheit überhaupt eine Pareto-Verteilung vorliegt. Auf die Vorstellung der Dichtefunktion und der daraus folgenden Verteilungsfunktion der Pareto-Verteilung wird hier verzichtet, ich verweise auf die einschlägige statistisch-mathematische Literatur.

ALLGEMEINE GLEICHGEWICHTSTHEORIE

Pareto verfeinerte und verallgemeinerte die mathematische Gleichgewichtstheorie von Walras, insbesondere durch den Verzicht auf deren kardinale Grenznutzenfundierung. Trotzdem fußte er in seiner reinen Theorie grundsätzlich auf Walras. Er zeigte allerdings, wie Abweichungen, bedingt durch technische und soziale Beschränkungen, zu behandeln sind.

„Jedoch war sich Pareto, der stets der schärfste Kritiker seiner selbst blieb, in großer Bescheidenheit bewusst, auf dem Weg zur Vereinheitlichung von genereller Gleichgewichtstheorie und der Theorie des „monopolistischen Wettbewerbs“ nur die ersten Schritte getan zu haben“ (Eisermann 1992b, S. 124).

Pareto bezog in seine Analyse auch sozialistische Systeme ein, die mit Hilfe der aufgestellten Gleichungen ihre Allokationsaufgaben genauso lösen könnten wie kapitalistische Gesellschaften. Die Vorbehalte Paretos gegen den Sozialismus lagen also nicht im rein rechnerisch-ökonomischen Bereich, sondern im gesellschaftlichen soziologischen Bereich.

Man muss hier festhalten: PARETO GRIFF MIT EINER FÜLLE WICHTIGER UND WERTVOLLER EINZELHEITEN WEIT ÜBER WALRAS' ALLGEMEINES GLEICHGEWICHT HINAUS.

Paretos Gleichgewichtsmodell war STATISCH, die Zeitabläufe der Anpassungen wurden nicht berücksichtigt. Pareto war sich dieses Mangels zwar bewusst, und deutete immer wieder auf eine dynamische Theorie hin, eine echte formalisierte Dynamik konnte er nicht anbieten. „Wir wissen nicht, inwiefern sein beabsichtigter „Trattato di economia dinamica“, von dem er in seinem Briefwechsel häufig spricht, in dieser Hinsicht seinen und unseren Ansprüchen genügt hätte“ (Eisermann 1992b, S. 117).

Wichtig: Pareto glaubte anders als Walras nicht, dass die Märkte automatisch auf ein allgemeines Gleichgewicht zustrebten. Bei einem instabilen Gleichgewicht bewege man sich nach Auslenkungen vom Gleichgewicht sogar von einer erneuten Gleichgewichtslösung fort.

Unterschiedliche Auffassungen zwischen Walras und Pareto existierten bezüglich der Kapitaltheorie (siehe Schefold 1992f, S. 12f). „Auch überarbeitete er die Walrassche Theorie der Produktion und der Kapitalisierung und modifizierte dessen Lehre vom Gelde“ (Schumpeter 1965, S. 1051).

„Weiterhin führte Pareto die Betrachtungsweise des allgemeinen Gleichgewichts auch in die Außenhandelstheorie ein, wobei er das Ricardianische Theorem der komparativen Kosten eingehender Kritik unterzog“ (Schmölders 1966, S. 82).

NUTZENKONZEPT: THEORIE DER WAHLAKTE

„Pareto hatte ursprünglich die Grenznutzentheorie in der Walrasschen Form akzeptiert, wandte sich aber um 1900 dagegen, und erhob ebenfalls in erster Linie den folgenden Einwand, der damals schon nicht mehr neu war: „Zeigt mir einen Nutzen oder eine Bedürfnisbefriedigung, die z.B. dreimal so groß ist wie eine andere!“ Niemand aber bestritt die Fähigkeit des Menschen, die aus dem Besitz verschiedener Güterbündel erwartete Bedürfnisbefriedigung zu vergleichen, ohne sie zu messen, d.h. die Fähigkeit des Menschen, solche Güterbündel auf einer eindeutigen „Präferenzskala“ anzuordnen“ (Schumpeter 1965, S. 1290).

Pareto wandte sich damit von der Vorstellung ab, einzelne Nutzen exakt messen zu können oder einen interpersonellen Nutzenvergleich durchführen zu können, d.h. er lehnte eine KARDINALE Nutzenmessung nun als unmöglich ab. Für ihn war nur mehr wichtig, ob eine bestimmte Güterkombination einer anderen vorgezogen wird oder ob man sich gegenüber den zu vergleichenden Güterkombinationen indifferent verhält, also eine ORDINALE Nutzenvorstellung. Edgeworth hatte seine Indifferenzkurven noch erstellt, indem er von einem messbaren Grenznutzen ausging. Pareto nahm diese Kurven als gegeben an, und als ordinales Nutzenkonzept, und schloss von ihnen aus unter der Voraussetzung vollständiger Konkurrenz auf das allgemeine Gleichgewicht. Er verwendete „Indexfunktionen“ (Ophelimitätsindizes) des Grenznutzens, die nur angeben, gegenüber welchen Mengenkombinationen sich ein Individuum indifferent verhält bzw. welche Mengenkombinationen er anderen derartigen Kombinationen vorzieht. Es wird dadurch ein Rückgriff auf Nutzenvorstellungen vermieden. „Mit dem Verzicht auf Nutzenvergleiche ließ sich ein Modell der Wirtschaft konstruieren, das allein auf den jeweils unabhängigen, dennoch aber miteinander verbundenen Tauschhandlungen von Individuen beruht. Deshalb wird sein Modell zu Recht als Theorie der Wahlakte bezeichnet" (Graß 1993, S. 29).

Nochmals: Pareto verwendete (die bei Edgeworth bereits vorhandenen) Indifferenzkurven als Präferenzskalen (in seinen Worten: Ophelimitätsskalen). Entlang einer einzelnen Indifferenzkurve bleibt man (im Beispiel des 2-Güter-Falles) durch Substitution einer Menge des einen Gutes durch eine Menge des anderen Gutes auf dem gleichen Nutzenniveau. Die Indifferenzkurven stellen also unterschiedliche Mengenkombinationen von Gütern dar, die für den Konsumenten den gleichen Nutzen haben, denen gegenüber er also indifferent ist.

„Ophelimität" (griechisch: Nutzen), sein Ausdruck statt des abgenutzten Wortes „Nutzen", beinhaltete dabei die SUBJEKTIVE Vorstellung eines Nutzens, also was die Individuen glauben, dass ihnen das Gut nützt, ganz egal, ob dieser Nutzen für sie tatsächlich OBJEKTIV gegeben ist.

Pareto interessierte die Ermittlung des optimalen Nutzens von Güterkombinationen. Durch seine „Theorie der Wahlakte" fand er die Antwort auf diese Frage. „Die Originalität Paretos beruhte gerade darin, die Konzeption von Edgeworth sozusagen umzustülpen und ihre Technik als taugliches Instrument für den eleganten und strikten Ausdruck der lange in ihm herangereiften neuen Theorie der Wahlakte zu erkennen ... Aber die Theorie der Wahlakte war für Pareto ja nur der Ausgangspunkt für seine Theorie des allgemeinen volkswirtschaftlichen Gleichgewichts, deren Erneuerung und schlüssige Präsentation samt ihrem Ausbau den Kern des „Manuale" und fraglos seine bedeutendste Leistung bildet" (Eisermann 1992b, S. 100 und S. 102).

Zur Erinnerung: Pareto war allerdings explizit der Meinung, dass viele menschliche Aktivitäten nicht rational aus logischen Erwägungen heraus stattfänden, sondern irrational seien. Dazu könne die ökonomische Theorie aber nichts sagen.

PARETO-OPTIMUM

Wirtschaftende treiben nur dann miteinander Handel, wenn dieser Tausch beiden etwas bringt. Wenn einer dabei gewinnt, der andere verliert, wird kein Handel zwischen den beiden Wirtschaftenden stattfinden. Im Gleichgewicht ist dann ein Zustand OHNE weiteren Handel erreicht, d.h. keiner kann sich mehr verbessern, ohne die Situation eines anderen zu verschlechtern, weiterer Handel unterbleibt, man hat ein Gleichgewicht erreicht, einen unter diesem Aspekt optimalen Zustand, also maximale „Ophelimität". Allerdings sagt dieser Zustand nichts über die Verteilung der Güter aus, ist also inhaltlich nicht per se „gut“ oder „schlecht“.

Dieses Optimum beschreibt einen Zustand, bei dem kein Individuum (in einer Gruppe oder der Gesellschaft) mehr besser gestellt werden kann, ohne dass zumindest ein anderes Individuum schlechter gestellt wird. Dies ist eine Situation vollkommener wirtschaftlicher Effizienz (nicht Gerechtigkeit im Sinne von „gut“ oder „schlecht“).

Das Pareto-Kriterium spielte Ende der dreißiger Jahre eine wichtige Rolle bei der Entwicklung der „New Welfare Economics“.

10.10.2.2 Rezeption von Pareto

Der frühe Pareto war als Ökonom zunächst nicht besonders anerkannt. Schumpeter schrieb dazu: „Wenn wir wie seine Anhänger von einer Paretianischen Epoche sprechen wollen, müssen wir ihren Beginn auf das Jahr 1900 legen, als Pareto mit dem Ausbau seiner Position und der Gründung einer eigenen Schule begann. Wie alle echten Schulen hatte auch die seine einen Kern, Verbündete und Anhänger und übte Einfluss auf das Ausland aus. Viele Autoren müssen jeder dieser drei Gruppen zugerechnet werden“ (Schumpeter 1965, S. 1047f). Schumpeter nannte dann als der Schule zugehörig bzw. als Verbündete in Italien unter anderen: Luigi Amoroso (1886-1965), Constatino Bresciani-Turroni (1882-1963), Luigi Einaudi (1874-1961), Marco Fanno (1878-1965) und Corrado Gini (1884-1965).

„Bei der Beurteilung der Bedeutung Paretos im Ausland muss der Leser vier Dinge unterscheiden. Erstens hatte Paretos Soziologie internationalen Erfolg, der in der gemäßigten Pareto-Begeisterung der 30er Jahre unseres Jahrhunderts gipfelte ... Zweitens rief das berühmte Paretosche Gesetz der (statistischen) Einkommensverteilung in der ganzen Welt Interesse und Kritik hervor – wenn auch meist feindselige. Drittens wurde Pareto als „reiner“ Ökonom in England und den Vereinigten Staaten bekannt, als Allen und Hicks seine Werttheorie (Indifferenzkurven-Analyse) weiterentwickelten und ihm großzügige Anerkennung zollten. Und viertens muss noch darauf verwiesen werden, dass der übrige Teil der Paretoschen Volkswirtschaftslehre in den germanischen Ländern praktisch unbekannt blieb“ (Schumpeter 1965, S. 1048/1049).

Bezüglich der Rezeption der Lehren von Walras und Pareto in Deutschland schrieb Erich Schneider: „Erst 1919 wurde die Theorie des generellen ökonomischen Gleichgewichts durch Gustav Cassels Lehrbuch „Theoretische Sozialökonomie" einem breiteren Kreis in Deutschland bekannt" (Schneider 1962, S. 283).

Heute (2009) gilt Pareto als einer der wichtigsten Ökonomen seiner Zeit und als einer der Hauptbegründer der neoklassischen Ökonomik.

In den 30iger und 40iger Jahren des 20. Jahrhunderts griffen Ökonomen wie Abba Ptachya Lerner (1903-1982), Harold Hotelling (1895-1973), John Richard Hicks (1904-1989), Jewgeni Slutsky (1880-1948), der die Theorie der Wahlakte weiterentwickelte, und Paul Anthony Samuelson (geboren 1915) mit seiner „Revealed Preference Analysis" seine Arbeiten wieder auf und verfeinerten sie. Der Nobelpreisträger Gérard Debreu (1921-2004) und Edmond Malinvaud (geboren 1923) waren erkennbar von Pareto beeinflusst.

Wie schon erwähnt, spielte das Pareto-Kriterium eine wichtige Rolle bei der Entwicklung der „New Welfare Economics". Dieses Kriterium wurde als Ausgangspunkt dann schrittweise erweitert bzw. verfeinert: Das Kompensationskriterium von Nicholas Kaldor (1908-1986) und John Richard Hicks (1904-1989), d.h. eine Maßnahme gilt dann als wohlfahrtssteigernd, wenn die Begünstigten durch die Maßnahme in der Lage wären, die Benachteiligten zu entschädigen. Als Saldo verbliebe dann ein Nettowohlfahrtsgewinn. Dabei müsse die Entschädigung aber nicht tatsächlich erfolgen, es ging beim Kaldor-Hicks-Kriterium nur um die MÖGLICHKEIT der vollen Entschädigung bei positivem Wohlfahrtssaldo. Tibor Scitovsky (1910-2002) zeigte dann Unzulänglichkeiten dieses Kriteriums auf, und entwickelte das „Scitovsky-Doppeltest-Kriterium", das kurz besagt, eine neugeschaffene Situation sei einer anderen nur dann wohlfahrtstheoretisch vorzuziehen, wenn die Rücknahme der zugrunde liegenden Maßnahme nicht dazu führe, dass man wiederum die ursprüngliche Situation höher einschätze. Und es schlossen sich weitere Diskussionen und Kriterien an, die in einem späteren Band ausführlicher dargestellt werden.

Die Universität Lausanne ehrte Pareto durch ein „Institut Vilfredo Pareto" und an der Universität Genua existiert ein „Laboratorio di economia Vilfredo Pareto". In Mailand wurde eine Straße nach ihm benannt.

Pareto war wegen seiner (behaupteten) Nähe zum Faschismus als Person immer wieder umstritten. Seine Aussage: „In jeder Rasse wird ein Ausschuss geboren, der durch Auslese zerstört werden muss. Die Schmerzen dieser Zerstörung sind der Preis für die Erhaltung und Vervollkommnung der Rasse" (Pareto zitiert in: Hüther 2006, S. 131) scheint die obige Behauptung auf traurige Art und Weise zu stützen. Und auch die Tatsache, dass in seiner Heimat Italien zu dieser Zeit (Anfang 20. Jahrhundert) politische und wirtschaftliche Krisen herrschten, Attentate verübt wurden, mächtige kriminelle

Organisationen existierten und Machtkämpfe zwischen links und rechts stattfanden, rechtfertigt meines Erachtens (Vorsicht: persönliches Werturteil!) solche Aussagen wie die oben zitierte nicht.

„Zu seiner Verteidigung sei allerdings erwähnt, dass Pareto vom Faschismus selbst nicht allzu viel hielt. Zwar begrüßte er nach Mussolinis Machtübernahme 1922 dessen Maßnahmen zur Wiederherstellung der Ordnung … Doch als die Faschisten die Meinungsfreiheit an Universitäten verbieten wollten, schrieb er kurz vor seinem Tod noch einen Protestaufruf. DIE PARADOXIE SEINES WERKES LIEGT VIELLEICHT GERADE DARIN, DASS ER ALS ERKLÄRTER FEIND VON IDEOLOGISCHEN VERBLENDUNGEN MAẞGEBLICH ZUR ENTSTEHUNG EINER GRAUSAMEN UND ZERSTÖRERISCHEN IDEOLOGIE BEIGETRAGEN HAT“ (Hüther 2006, S. 133, Hervorhebung von mir). Zudem starb Pareto, noch bevor der Faschismus seine hässlichen Seiten deutlich zeigte.

Faktum ist: „Kaum einer der großen Männer der Wirtschaftswissenschaften dürfte mehr Gegensätzliches in sich vereint haben als Vilfredo Pareto“ (Graß 1993, S. 28).

10.11 JOHN BATES CLARK (1847-1938)

VITA VON CLARK

1847:	Am 26. Januar 1847 wurde John Bates als Sohn eines Ingenieurs in Providence, Rhode Island, geboren. Studium am Amherst College in Massachusetts; „John Bates Clark wuchs in einer sehr traditionell geprägten neu-englischen Umgebung in Providence, Rhode Island, auf. Seine Eltern – Angehörige einer freien Kirchengemeinde – förderten nicht nur eine religiöse Erziehung von Clark und seinen zwei jüngeren Geschwistern (mit täglichen Gebeten und strikter Einhaltung des Feiertagsgebotes), sondern legten ebenso großen Wert auf deren geistige Entwicklung“ (Henry 1999, S. 33); Clark verließ zwischenzeitlich seine Studien am Amherst College, um seinem Vater, der Tuberkulose hatte, beizustehen;
1871:	Tod seines Vaters. John Bates setzte sein Studium am Amherst College fort;
1872:	Erfolgreicher Abschluss seines Studiums am Amherst College. Unter dem Einfluss des Collegedirektors Julius Seelye, der ihn zu einer Beschäftigung mit Ökonomik ermunterte, gab er seine Pläne bezüglich eines geistlichen Berufes auf und beschloss, als Ökonom die akademische Laufbahn einzuschlagen;
1872/1875:	Graduiertenstudium in Europa an der Universität Zürich und der Universität Heidelberg, wo er Veranstaltungen von Karl Knies (1821-1898), einem der drei führenden Vertreter der älteren historischen Schule besuchte; Denn: Zu dieser Zeit gab es in den USA noch keine Graduiertenprogramme und: „Bei Entscheidungen über die Besetzung akademischer Posten wurden in Deutschland ausgebildete Studenten bevorzugt“ (Henry 1999, S. 34);
1875:	Clark kehrte in die USA zurück. Berufung auf den neu eingerichteten Lehrstuhl für Nationalökonomie und Geschichte (ohne Promotion) an das Carleton College (Minnesota); Heirat von Myra Smith, einer Absolventin des Vassar College. Der Ehe entstammten drei Kinder. Sein Sohn, John Maurice Clark, wurde ebenfalls Ökonom und ein bekannter Institutionalist, eine Richtung, die sein Vater John Bates Clark

	ablehnte;
1877:	Wegen einer schweren Erkrankung unterbrach Clark seine Lehrtätigkeit in Carleton und kehrte erst 1877 dahin zurück. Nebenbei: In Carleton begegnete Clark seinem berühmten und berüchtigten Studenten Thorstein Bunde Veblen (1857-1929);
1881:	Professor für Politikwissenschaft und Geschichte am Smith College in Northampton (Massachusetts);
1885:	Mitbegründer der „American Economic Association";
1886:	„Philosophy of Wealth" erschien;
1888:	„Capital and its Earnings" erschien;
1892:	Bis 1895 lehrte Clark am Amherst College (Professur für politische Ökonomie), seinem früheren Studienort. Er hielt zudem in Vertretung von Richard Ely (1892/1893) Vorträge an der John Hopkins Universität in Baltimore;
1893/1895:	Von 1893 bis 1895 war Clark (dritter) Präsident der „American Economic Association";
1895:	Ablehnung eines Angebotes der John Hopkins Universität und statt dessen Annahme einer Professur an der Columbia Universität, die sich zu dieser Zeit zu einer der angesehensten Universitäten der USA entwickelte und an der er bis 1923 lehrte; Von 1895 bis 1911 gab Clark die Zeitschrift „Political Science Quarterly" heraus;
1899:	Erscheinen seines Hauptwerkes: „The Distribution of Wealth: A Theory of Wages, Interest and Profits";
1911:	Das „Carnegie Endowment for International Peace" beauftragte ihn mit der Leitung der Abteilung für Wirtschaft und Geschichte (bis 1923);
1914:	Vorträge, die er an der Universität von Kalifornien hielt, erschienen in Buchform: „Social Justice Without Socialism";
1915:	Vorschlag zur Gründung eines Völkerbundes, der eine Autoritätsgewalt zur Schlichtung internationaler Konflikte haben sollte;
1923:	Emeritierung;
1935:	Sein letztes Werk „A Tender of Peace" erschien;
1938:	Tod am 21. März 1938 im Alter von 91 Jahren in New York City.

John Bates Clark wird der anglo-amerikanischen Cambridge-Schule zugerechnet. Er gehörte neben Francis Amasa Walker (1840-1897) zu den ersten

bedeutenden amerikanischen Ökonomen.
Clark hielt zahlreiche öffentliche Vorträge. „Er gehörte einer Reihe öffentlicher Ausschüsse an, darunter einem Komitee zur Kontrolle der New Yorker Börse sowie dem Ausschuss, der die Gesetzesgrundlage für die Gründung der US-Freihandelskommission im Jahre 1914 vorbereitete“ (Henry 1999, S. 45). Und John Henry schrieb 1995: „Clark ... was extensively involved in the larger political and social life of the United States during one of its most historically turbulent periods” (Henry 1995 zitiert in: Kommentarband zu: Vademecum zu einem amerikanischen Neoklassiker, Düsseldorf 1999, S. 21).
Zu seiner Person schrieb Nicholas Murray Butler 1927 etwas euphorisch: „He has led those of us who can follow his illuminating pen to understand the significance of economic life, of economic organization and of the economic process. This is what gives him his distinction and makes him in a sense the leader and founder of a school ... He is a captain of the mind who has recruited and trained and organized an army of believers in the mind and what the mind is and can do” (Butler 1927 zitiert in: Kommentarband zu: Vademecum zu einem amerikanischen Neoklassiker, Düsseldorf 1999, S. 20).
Sein Sohn John Maurice Clark schrieb über ihn: „Clark was descended from New England Puritans. In him the original rigorous and doctrinaire features of his heritage had been relaxed and humanized, but a powerful religious and moral conviction remained. He was a lifelong active church member” (John Maurice Clark 1968 zitiert in: Kommentarband zu: Vademecum zu einem amerikanischen Neoklassiker, Düsseldorf 1999, S. 19).

Ausgewählte Werke von John Bates Clark (auch Aufsätze)

„Unrecognized Forces in Political Economy” (1877);
„How to Deal with Communism“ (1878);
„Business Ethics, Past and Present” (1879);
„The Nature and Progress of True Socialism” (1879);
„Spiritual Economics” (1880);
„The Philosophy of Value” (1881);
„Non-Competitive Economics” (1882);
„Recent Theories of Wages” (1883);
„The Philosophy of Wealth“ (1886);
„Christianity and Modern Economics” (1887);

„Capital and Its Earnings" (1888);
„The Possibility of a Scientific Law of Wages" (1889);
„The Law of Wages and Interest" (1890);
„The Ethics of Land Tenure" (1890);
„Distribution as Determined by a Law of Rent" (1891);
„The Origin of Interest" (1895);
„The Theory of Economic Progress" (1896);
„The Future of Economic Theory" (1898);
„The Distribution of Wealth: A Theory of Wages, Interest and Profits" (1899);
„Trusts" (1900);
„The Control of Trusts: An Argument in Favor of Curbing the Power of Monopoly by a Natural Method" (1901, vorwiegend eine Sammlung bereits veröffentlichter Schriften);
„Monopoly and the Struggle of Classes" (1903);
„The Problem of Monopoly" (1904, basierend auf Vorträgen bei der Cooper Union in New York);
„The Field of Economic Dynamics" (1905);
„The Essentials of Economic Theory: As Applied to Modern Problems of Industry and Public Policy" (1907);
„Concerning the Nature of Capital: A Reply" (1907);
„An Economic View of War and Arbitration" (1910);
„Social Justice Without Socialism" (1914);
„The Economic Costs of War" (1916);
„Shall There be War after War?" (1917);
„A Tender of Peace: The Terms on which Civilized Nations Can, If They Will, Avoid Warfare" (1935);

Der Nobelpreisträger Paul Anthony Samuelson schrieb über den Stil von Clark: „Clark schreibt eine wunderschöne und majestätische Prosa. Eugen von Böhm-Bawerk beklagt sich in seiner Auseinandersetzung mit Clark darüber: eleganter literarischer Stil würde zu einem unfairen Vorteil dem Leser gegenüber führen" (Samuelson 1999, S. 58).

10.11.1 Thesen von Clark

Auffällig war bei John Bates Clark (meines Erachtens) ein ziemlich tiefgreifender Wandel in der Einstellung zu politischen und ökonomischen Problemen.

„In the literature on John Bates Clark, one theme stands out: that of a fundamental or radical transformation undergone by Clark … This transformation was thorough in that it affected not only his methodological approach but his economic and political perspective as well. In the earlier period Clark is said to have been a socialist (of a Christian socialist variety), while his mature period finds him an ardent supporter of capitalism" (Henry 1982 zitiert in: Kommentarband zu: Vademecum zu einem amerikanischen Neoklassiker, Düsseldorf 1999, S. 20/21). Auch wenn Clark seinen religiösen und sittlichen Überzeugungen die ganze Zeit über treu blieb, und somit in seinen Auffassungen zu diesen Gebieten bei ihm kein Bruch vorliegt, lässt sich meines Erachtens doch, wie oben erwähnt, ein fundamentaler Wandel der Auffassung im ökonomischen und politischen Bereich einfach nicht leugnen.

Die Aufsätze des „frühen" Clark waren noch von der deutschen historischen Schule geprägt und gegenüber dem Kapitalismus kritisch. So lehnte er unter anderem die Reduktion des menschlichen Verhaltens auf einen „homo oeconomicus" ab. Und auch sein Buch „The Philosophy of Wealth" war durchaus kapitalismuskritisch. Der reine ungebremste Wettbewerb sei kein gerechtes Verfahren der Güterverteilung. Clark befürwortete Gewerkschaften, im Sinne einer Gegenmacht gegenüber den wettbewerbsbeschränkenden Unternehmenszusammenschlüssen. Die Arbeiter müssten allerdings vom „politischen Sozialismus" zum „wahren Sozialismus" umerzogen werden: „der „wahre Sozialismus" sei als eine verbesserte und gerechtere kapitalistische Wirtschaft zu verstehen, die am Ende eines langen gottgewollten Entwicklungsprozesses steht und in der die „Macht der Moral" die rigide Herrschaft ökonomischer Gesetzmäßigkeiten ersetzen kann und wird („How to Deal With Communism", 1879; „The Nature and Progress of True Socialism", 1879)" (Henry 1999, S. 36).

In „The Philosophy of Wealth" (1886) schrieb Clark: „Money-making by exchange is virtual robbery, and is only prevented from being legal robbery by the imperfection of the law … It is the shrewd trading men who create wealth, but deal in stocks, produce, real estate, horses, etc., in a manner that benefits no one but themselves … lying is a frequent part of the process … What is ordinarily termed a good bargain is, morally, a bad bargain. It is unequal, and good for one party only. Whenever such a transaction takes place, someone is plundered:"

Nicht angetastet werden dürften die Eigentumsrechte, und die Kirche sollte ihr Bündnis mit den Unternehmen lösen, die Arbeiter vom Kommunismus abbringen und sich wieder als geistige Autorität etablieren. Und

Clark wollte auch nie den Kapitalismus durch ein anderes (sozialistisches) System ablösen, also nie den Kapitalismus selbst abschaffen.

Bezüglich Trusts und Großunternehmen hatte der „späte" Clark dann aber die folgende Auffassung:

„Clark behauptet, dass Großunternehmen grundsätzlich durch technischen Fortschritt und Größenvorteile entstehen. Die Produktivität, zu der diese Faktoren beitragen, beruht allein auf „naturgesetzlichen" Wirkungskräften, die Konservative wie auch Sozialisten verkennen und denen sie sich nicht verweigern können. Um die „wirtschaftliche Revolution" verstehen zu können, muss man unterscheiden zwischen der Gewinnsteigerung, die auf höherer Produktivität beruht („rechtschaffenes Kapital") und derjenigen, die auf Spekulation, Manipulation und Preisabsprache basiert („unlauteres Kapital") – Mittel, derer sich Großunternehmen manchmal kurzfristig bedienen können. Politisches Ziel muss es dann sein, die Gewinne, die auf Produktivitätssteigerungen beruhen, zu erhalten … Clark missbilligt den Lösungsvorschlag der „Konzernvernichter". Er spricht sich dagegen aus, diese Unternehmen einfach zu zerschlagen, und lehnt auch eine Preisregulierung ab. Ebenso widersetzt er sich der Verstaatlichung von Monopolindustrien (wie es im Sozialismus praktiziert wurde), da dies den Fortschritt aufhalten würde, indem Anreize vernichtet werden, die den technischen Wandel fördern und effizienzsteigernd sind" (Henry 1999, S. 46). Da der Wettbewerb bei hohen Gewinnen zusätzliche Anbieter auf den Markt locke, könnten Großunternehmen und Trusts keine Monopolpreise erzielen. Laissez-Faire sei daher die richtige Wirtschaftspolitik.

Beim „späten" Clark änderten sich auch seine (früheren) Auffassungen zur Wirtschaftsordnung. Robert L. Heilbroner charakterisiert die Haltung des „späten" Clark und seiner akademischen Kollegen wie folgt: „Mit einem Wort, die offizielle Nationalökonomie verteidigte das Bestehende und war nicht fähig, die Wirklichkeit wahrzunehmen; sie wandte den Blick ab von den Auswüchsen und der Üppigkeit … und malte statt dessen ein landläufiges Bild mit formalen Linien und blasser Farbe. Es fehlten ihr nicht etwa Ehrlichkeit oder Mut oder geistige Fähigkeiten … Sie litten an dem, was Malthus einmal „das unmerkliche, durch Lage und Interesse bestimmte Vorurteil" genannt hatte" (Heilbroner 1960, S. 233).

Damit einhergehend lassen sich auch noch andere Änderungen der gesellschaftlichen und politischen Auffassungen von Clark feststellen. John F. Henry selbst schreibt dazu: „Zweitens hat Clark seine Behauptung fallengelassen, dass ein Wettbewerbssystem ethischen Grundsätzen entspreche und ein Oligopol verwerflich sei. Statt dessen behauptet er nun das genaue

Gegenteil. Jetzt stellt das Oligopol einen sittlichen Zustand dar und bedeutet „den Eintritt von Gottes Königreich in die Welt der Industrie“ („Christianity“, S. 53). Die Vorwürfe, die Gewerkschaften und populistische Organisationen hinsichtlich des angeblich verwerflichen Verhaltens großer Konzerne und der durch sie verursachten Ungerechtigkeiten erhoben haben, seien verfehlt. Ferner bringt dieses neue moralische Wirtschaftssystem ein besonderes Verteilungsergebnis mit sich, das ethischen Anforderungen gerecht wird („The Labor Problem – Past and Present“, 1887, zusammen mit Franklin Giddings)“ (Henry 1999, S. 39). Deutlicher kann man wohl kaum mehr FÜR das kapitalistische System seiner Zeit argumentieren.

„John Maurice Clark, ein großer Verehrer seines Vaters J.B. Clark, wird dahingehend zitiert, dass sich sein Vater der international wachsenden Aufmerksamkeit für Marx bewusst gewesen sei, und dass es für J.B. Clark wichtig war, darzulegen, dass die Sicht, die Arbeiter würden im wettbewerblichen Marktkapitalismus „ausgebeutet“, falsch sei“ (Samuelson 1999, S. 56).

Auch in „Capital and Its Earnings“ und „The Law of Wages and Interest” wurde nunmehr das kapitalistische System verteidigt.

So schrieb Clark 1901 in der Einleitung zu „The Control of Trusts“: „„... the menacing corporations will become servants of the public; and their great power will serve to secure for America cheap production, increased exportation, and commercial and financial dominance among nations”.

Der „späte” Clark rechtfertigte (oft zumindest suspekt erworbene) Milliardengewinne, sie seien gemäß der Grenzproduktivitätstheorie ehrlich erworbenes Einkommen. Die Grenzproduktivitätstheorie zeige eine moralisch korrekte Verteilung. Und auch die Gewerkschaften wurden vom „späten“ Clark anders beurteilt als vom „frühen“ Clark: Die Gewerkschaften zögen Vorteile aus der Existenz von Monopolunternehmen. Denn diese könnten wegen ihrer Möglichkeit, Preise über den Wettbewerbspreisen zu setzen, auch Löhne über den im Wettbewerb entstandenen Löhnen zahlen und würden dies auch tun. Es existiere deshalb de facto eine Klassenharmonie, statt eines Klassenkampfes. Gäbe es Konflikte zwischen Arbeit und Kapital, so könnten diese statt durch Streiks durch Zwangsschlichtungen auf der Basis der Grenzproduktivitätstheorie geregelt werden.

Wenn man dieses fast paradiesische, friedliche Bild einer oligopolistischen, mit Großunternehmen und Trusts durchsetzten Wirtschaft und deren angenommenes Verhalten liest, fühlt man sich doch stark (jedenfalls ich!) an das zitierte „unmerkliche, durch Lage und Interesse bestimmte Vorurteil“ (Malthus) erinnert. Und dies um so mehr, als sich zu Clarks Zeiten nicht nur riesige wettbewerbshemmende Trusts bildeten, sondern auch aggressive

Gewerkschaften, die oft sozialistisch orientiert waren. Zudem existierten Genossenschaften, also Zusammenschlüsse von Kleinbetrieben insbesondere von Landwirten, die durch diese Organisationsform versuchten, gegen die (oft sehr) rücksichtslosen Großbetriebe vorzugehen. Also alles andere als ein Bild der Klassenharmonie und wenn man sich die Einkommensverteilung ansieht, fällt es schwer, den dahinter stehenden Gerechtigkeitsbegriff vollinhaltlich zu übernehmen.

Bezüglich seiner Religiosität kann man grob festhalten: Ab 1886 argumentierte Clark ethisch zurückhaltender und war auch nicht mehr so stark religiös ausgerichtet. „Als aufstrebender Ökonom begann Clark, ... sich nicht mehr so stark auf die göttliche Autorität zu berufen" (Henry 1999, S. 38/39). „Henry führt Clarks Wandel ... zum einen auf den geschichtlichen Wendepunkt in der amerikanischen Arbeiterbewegung 1886, zum anderen auf das sinkende wissenschaftliche Ansehen religiös fundierter Argumentation zurück, die bis dahin das Schrifttum Clarks durchzog" (Grüske 1999, S. 10).

Es ist also meines Erachtens durchaus begründbar, zwischen dem jüngeren John Bates Clark (bis ca. 1886) und dem späteren John Bates Clark (ab ca. 1886) zu unterscheiden. Aber über eine derartige Aufteilung wird in der dogmenhistorischen Literatur kontrovers diskutiert mit Zustimmungen und Ablehnungen. Der Leser sollte sich am besten selber eine Meinung dazu bilden.

GRENZNUTZENTHEORIE UND GRENZPRODUKTIVITÄTSTHEORIE:

Clark war ein eigenständiger Vertreter, ja nachträglicher „Entdecker", des Grenznutzengedankens. Seine Version der Grenznutzentheorie, anderthalb Jahrzehnte NACH Jevons, Menger und Walras, war unabhängig von ihnen. Er leitete auf der Grundlage von Grenznutzenüberlegungen die Güternachfrage ab. Und es waren seiner Auffassung nach die GRENZ-Zuwächse des Gütervermögens, die die Maßstäbe für den Nutzen lieferten („Clarksches Gesetz").

„Schumpeter und andere Kommentatoren halten Clark zugute, dass er die Grenzproduktivitätstheorie im Wesentlichen unabhängig von anderen entwickelt habe. Er dürfe sich daher subjektiv als Neuerer begreifen, obgleich die grundlegende Idee der Verallgemeinerungsfähigkeit des Grenznutzenprinzips bereits lange vor ihm geäußert worden ist und ihm selbst offenbar nicht klar war, dass das Prinzip an einschränkende produktionstheoretische Prämissen gebunden ist. Im Vorwort zu „The Distribution of Wealth" macht Clark geltend, dass die darin vorgestellten Überlegungen allesamt eigenständig seien, mit einer Ausnahme: Lediglich von Johann Heinrich von Thünen habe er eine bedeutende Idee übernommen (S. vii). Hierbei handele es sich um die zentrale Behauptung seiner Theorie, die lautet: Alle Faktoren, Boden, Arbeit und Kapital, und deren Vergütungssätze lassen sich in analoger Weise behandeln" (Kurz 1999, S. 78).

Seine Grenzproduktivitätstheorie wurde zusammengefasst dargestellt in seinem Werk „The Distribution of Wealth" (1899). Clark versuchte damit, eine Erklärung für die vorfindbare ungleiche Einkommensverteilung zu geben. Um Missverständnisse zu vermeiden: Es ging Clark um die FUNKTIONELLE Verteilung, d.h. die Verteilung zwischen den Produktionsfaktoren und NICHT um die personelle Verteilung.

Clark rechnete dabei den Boden unter seinen Kapitalbegriff, durchaus verständlich: Es gab damals in den USA, anders als in England, keine eigenständige „Klasse" von Grundbesitzern, keine feudalen Beschränkungen, der Boden war frei handelbar und stand auch, jedenfalls im „Westen", in großer Menge zur Verfügung. „In der von Clark entwickelten Theorie der funktionellen Einkommensverteilung ist folglich im Wesentlichen nur noch von zwei Arten von Produktionsfaktoren die Rede: Arbeit und Kapital. Bei beiden handelt es sich jeweils um Gruppen heterogener Faktoren. Clark war jedoch der Auffassung, dass innerhalb der beiden Gruppen Homogenität hergestellt werden könne" (Kurz 1999, S. 100).

Clark führte auch schon das „Faktorausschöpfungstheorem" (Adding-Up-Theorem) für die Produktionsfaktoren auf, d.h. zum Beispiel, dass sich die drei getrennt berechneten Grenzprodukte von drei Faktoren exakt zu 100% des gesamten zu verteilenden Produktes aufaddieren. „Natürlich lieferte J.B. Clark weder 1888 noch 1889 ... einen modernen strengen Beweis für dieses „Besitzadditions-" oder „Produktausschöpfungs-" Theorem" (Samuelson 1999, S. 61), noch wurde in seinem Werk erwähnt, dass die zugrunde liegende Produktionsfunktion homogen vom ersten Grade sein muss: denn erst dann führt das letztlich zugrunde liegende Euler-Theorem zur exakten Summation. Dass J.B. Clark nicht die Notwendigkeit linear-homogener Produktionsfunktionen erkannte, ist wohl auf seine sehr beschränkten mathematischen Kenntnisse zurückzuführen.

Insgesamt: Die Grenzproduktivitätstheorie stellt einen theoretischen Zusammenhang zwischen der Produktion von Gütern und der damit einhergehenden Einkommensverteilung her: Die Einkommensverteilung werde durch die Grenzproduktivität der Faktoren determiniert. Somit sei die Verteilung des Produktionsergebnisses von einem „natürlichen Gesetz" bestimmt.

Die Leistung der zuletzt eingesetzten Faktoreinheit bestimme das Einkommen aller bisher eingesetzten Faktoreinheiten. Daraus resultiere die

Formel: „Wertgrenzprodukt des jeweiligen Faktors = Faktorpreis". Und dabei stellte er die ertragsgesetzlichen Zusammenhänge in den Vordergrund, d.h. die Grenzerträge der Faktoren waren grundsätzlich dem Ertragsgesetz unterworfen.

Clark wandte die Grenzproduktivitätstheorie verallgemeinernd auf die Erklärung aller Faktoreinkommen an, und in dieser Verallgemeinerung lag eine seiner Hauptleistungen – übrigens eine Verallgemeinerung, die zum Guten oder Schlechten bis heute in der neoklassischen Mikroökonomik dominiert.

Unter der Voraussetzung homogener Arbeit, vollkommener Konkurrenz und abnehmenden Grenzprodukten aller variablen Inputs (die mit einem fixen Input zusammenarbeiten) würden die Unternehmen Arbeiter bis zu dem Punkt einstellen, in dem der Reallohn gleich dem Grenzprodukt der Arbeit sei. Clark wandte die Idee sinkender Grenzerträge auf alle Situationen an, wo ein konstant gehaltener Faktor mit einem variablen Faktor kombiniert wird.

Clark interpretierte die Ergebnisse der Grenzproduktivitätstheorie vor allem auch unter ethischem Aspekt. Diese Theorie zeige eine Verknüpfung von Effizienz mit Gerechtigkeit. Es sei gerecht, wenn jeder an der Produktion beteiligte Faktor sein Grenzprodukt als Entlohnung erhielte. Kein Faktor (auch nicht die Arbeiter) werde dabei ausgebeutet (gegen Karl Marx gerichtet!). Jeder Faktor erhielte quasi per „Naturgesetz" seinen ihm zustehenden Beitrag zum Gesamtprodukt, also was er beigetragen habe und damit moralisch auch verdiene. Dies war unter anderem auch ein Angriff gegen Henry George. Die Grundrente sei eben kein verdammenswertes reines Besitzeinkommen. Der Boden sei ein Produktionsfaktor, und dem in den Boden investierten Kapital stünden gemäß Grenzproduktivitätstheorie die gleichen Rechte zu, wie anderen Produktionsfaktoren auch. Somit sei auch der Vorschlag einer einzigen Steuer auf den Boden abzulehnen.

Und auch das Eigentum konnte damit gerechtfertigt werden. Seine Aufsätze aus dem Jahre 1890 richteten sich erkennbar gegen den Sozialreformer Henry George (1839-1897) und dessen „Progress and Poverty" (1879). Grundsätzlich sei privates Eigentum wegen des erhöhten Anreizes für die Eigentümer zur Vergrößerung ihres Ertrages gesellschaftlich wünschenswert, denn dieser höhere Ertrag komme letztlich allen zugute (eine Argumentation, die stark an das „trickle down" der Reagonomics erinnert).

„Während Menger und Jevons das Marginalprinzip auf den Tausch anwandten und Walras auf dieser Grundlage sein allgemeines Gleichgewichtsmodell aufbaute, hat Clark es als erster umfassend auf die Einkommensverteilung bezogen" (Grüske 1999, S. 15).

Theoriegeschichtlich interessant: Clarks Grenzproduktivitätstheorie widersprach John Stuart Mills (1806-1873) Behauptung, die Produktion und die Verteilung seien zwei getrennte Bereiche. Während die Produktion naturgesetzlich determiniert sei, unterläge die Verteilung menschlichen Entscheidungen. Bei Clark unterlag nun auch die Verteilung im Kapitalismus „Naturgesetzen".

SONSTIGE ÜBERLEGUNGEN VON JOHN BATES CLARK:

Nicht unterschlagen werden dürfen Clarks Beiträge zur Kapitaltheorie. „Die Hauptaussagen der Clarkschen Kapital- und Zinstheorie lassen sich, einen Vorschlag Fetters aufgreifend (vgl. Fetter 1927, S. 137), wie folgt zusammenfassen: (1) Der damals gängige Kapitalbegriff ist zweideutig, da er sowohl abstraktes oder „reines Kapital" als auch konkrete „Kapitalgüter" meint. (2) Reines Kapital ist ein Wertfonds. (3) Grund und Boden in all seinen Gestalten zählt zu den konkreten Kapitalgütern. (4) Alle konkreten Kapitalgüter, mit Ausnahme des Bodens, sind vergänglich und erzielen Renten. (5) Das reine Kapital erzielt Zins" (Kurz 1999, S. 78).

Dies führte unter anderem zu einer ausgedehnten, jahrelangen Kontroverse (1893 bis 1907) mit Böhm-Bawerk (Zeitschriftenaufsätze und private Korrespondenz). Wenn man so will, eine erste Auflage der Kapitaldebatte (Capital Controversy). Clark „trennte scharf in konkrete Kapitalgüter und einen abstrakten Wertefonds, der dem gesellschaftlichen Kapital entspricht, das wiederum aus dem permanenten Fluss an eingesetzten Ressourcen oder zukünftigem Einkommen entsteht" (Grüske 1999, S. 8).

„In einer berühmt gewordenen Polemik gegen Clark musste Böhm-Bawerk darauf bestehen, dass der Kapitalstock keine EXOGENE Konstante ist. Er muss permanent ERNEUERT und gewartet werden und das endogene gleichgewichtige Zinsniveau hängt entscheidend von der Angebots-Nachfrage-gleichgewichtigen Sparneigung der Bürger ab" (Samuelson 1999, S. 64).

Auf die Schwierigkeiten der Clarkschen Kapitaltheorie kann hier nicht eingegangen werden. Und: Die thematisch zum Teil ähnlich gelagerte „Capital Controversy" zwischen Cambridge (UK) und Cambridge (USA) wird mit den entsprechenden theoretischen Positionen in einem späteren Band behandelt.

Clark verwendete in seinem Werk „The Distribution of Wealth" auch die Begriffe „Statik" und „Dynamik", allerdings nicht im modernen, von Ragnar Frisch geprägten, Sinn. Um das natürliche Gesetz im Sinne der Grenzproduktivitätstheorie in aller Reinheit beobachten zu können, „müsse der Theoretiker von allen störenden, das Gesetz überlagernden Faktoren absehen. Dies verlange, so Clark, dass man sich auf den „statischen Zustand“ eines ökonomischen Systems konzentriert. Letzterer sei gekennzeichnet durch die Abwesenheit jedweder Änderung, d.h. jeglicher „dynamischer Faktoren“. Was Clark offenbar meint, sind streng STATIONÄRE Verhältnisse der betrachteten Ökonomie“ (Kurz 1999, S. 81). Ausgegangen wurde also von einem langfristigen stationären Gleichgewicht mit gegebener Technik, gegebenen Präferenzen und gegebener Ausstattung der Wirtschaft mit produktiven Faktoren.

Zudem war Clark ein Gegner des Institutionalismus, der unter anderem von seinem „Schüler“ Thorstein Bunde Veblen (1857-1929) mitbegründet worden war. Zu dem Verhältnis Clarks zu Veblen schreibt Heilbroner: „John Bates Clark … hatte ihn gern, hielt ihn aber für einen „Missratenen“ (Heilbroner 1960, S. 239).

Clark beschäftigte sich gegen Ende seines Lebens zu mehr und mehr mit dem Problem, wie man Kriege vermeiden könne. Hoffnung dafür sah er in einer zunehmenden Internationalisierung der Wirtschaft (ganz im Gegensatz zu neomarxistischen Strömungen). „Angesichts des von Clark vertretenen pazifistischen Standpunktes … ist es etwas überraschend, dass sich Clark deutlich auf die Seite von Kriegsbefürwortern in der amerikanischen Bevölkerung stellte, als die Vereinigten Staaten 1917 Deutschland und seinen Verbündeten den Krieg erklärten“ (Henry 1999, S. 50).

10.11.2 Rezeption von Clark

Clark wird in der dogmenhistorischen Literatur als der „Meister des amerikanischen Marginalismus“ geehrt und gilt als einer der Großen unseres Faches. Bezüglich seines Einflusses schrieb Schumpeter: „Es ist jedoch schwierig, das genaue Ausmaß seines Einflusses zu bestimmen, da er sich unlöslich mit den Einflüssen all der anderen Architekten ähnlicher Systeme vermischte; dies gilt besonders hinsichtlich seiner Distributionstheorie … Noch wichtiger ist, dass die Clarksche Schule keinen klar abgrenzbaren „Kern“ hatte … Wirklich clarkianische Abhandlungen sind ebenso selten wie die Werke zahlreich sind, die seinen Einfluss verraten“ (Schumpeter 1965, S. 1061).

Ein Licht auf seine heutige Wertschätzung wirft vielleicht am besten die Tatsache, dass alle zwei Jahre von der American Economic Association die „John-Bates-Clark Medal“ an den „amerikanischen Ökonomen unter 40

Jahren“ vergeben wird, „der einen signifikanten Beitrag zum ökonomischen Denken und Wissen“ geleistet hat. Nach dem Nobelpreis ist dies sicherlich die bedeutendste zeitgenössische Ehrung für Ökonomen. Die Liste der bisherigen Preisträger liest sich denn auch wie ein „Who is who“ der einflussreichsten amerikanischen Ökonomen. Sie alle sind vertreten. Und ca. 40% der solcherart Geehrten haben dann später auch noch den Nobelpreis gewonnen.

10.12 Einige ausgewählte Autoren aus anderen Ländern im 19. Jahrhundert

10.12.1 Johan Gustav Knut Wicksell (1851-1926)

Vita von Wicksell

1851:	Geboren am 20. Dezember 1851 in Stockholm als jüngstes Kind (von 5 Kindern, ein älterer Bruder, drei Schwestern) des Lebensmittelhändlers und Geschäftsmannes Johan Wicksell, der es zu Wohlstand brachte, und dessen zweiter Ehefrau Christina Catherina Glassel; „Knut schien in seiner frühen Kindheit offenbar glückliche Jahre in einem recht wohlhabenden Haus genossen zu haben, doch es währte nur kurze Zeit, bis Tage der Trauer Einzug hielten“ (Sandelin 1988, S. 54);
1858:	Tod seiner Mutter;
1860:	Eintritt in die Mittelschule;
1861:	Der Vater von Knut Wicksell heiratete ein drittes Mal;
1865:	Wechsel auf das Gymnasium in Stockholm (bis 1869). Wicksell trat einem literarischen Zirkel (Freidenker) bei, der gegen das gesellschaftliche Establishment agierte. „Bereits als Schüler veröffentlichte er einige mathematische Theoreme und Lösungsansätze in der „Tidskrift för matematik och fysik“ (Sandelin 1988, S. 54), einer Zeitschrift, die sich an Schüler und Studenten wandte;
1866:	Tod des Vaters. Er hinterließ seinen Kindern ein beträchtliches Erbe. Knut wuchs bei Verwandten auf, da das Verhältnis zur Stiefmutter nicht gut war;
1869:	Nach erfolgreichem Abschluss des Gymnasiums (hervorragendes Ergebnis in Mathematik) studierte Knut an der Universität Uppsala Mathematik, theoretische Philosophie, Latein, Geschichte, skandinavische Sprachen, Astronomie;
1872:	Nach nur zwei Jahren (statt vier Jahren) Abschluss seines breit gefächerten Studiums (Hauptfächer Mathematik und Astronomie) mit dem Bachalor-Grad, (Prädikat „cum laude“); Beginn eines Graduiertenstudiums;
1874:	Schwere Glaubenskrise des bis zu diesem Zeitpunkt religiösen Wicksell. Er verlor seinen (christlichen) Glauben (Lutheraner), weil er die christliche Lehre nicht mit den Naturwissen-

	schaften in Einklang bringen konnte;
1875:	„Mitte der 70er Jahre geriet Wicksell in finanzielle Schwierigkeiten ... Den Rest des Jahrzehnts verbrachte er mit Lesen und als Hauslehrer; er schrieb Gedichte und Dramen. Auch war er in einer Studentenverbindung aktiv" (Sandelin 1988, S. 55);
1878:	Wahl zum Vorsitzenden der Studentenverbindung;
1880:	Wicksell hielt im Februar 1880 in Uppsala zwei Vorträge über die Trunksucht und wie man sie vermeiden könne. Seiner Auffassung nach war die Trunksucht ein Symptom allgemeiner gesellschaftlicher Missstände. Beeinflusst von neomalthusianischen Ideen schlug er als Abhilfe eine bewusste Geburtenkontrolle durch Empfängnisverhütung vor, ein damals als unmoralisch geltender Vorschlag. Es war ein Skandal. „Der kleine Senat der Universität rügte ihn mit Zensur und Verwarnung" (Sandelin 1988, S. 55); „Gerade die Kritik veranlasste ihn jedoch dazu, sich noch intensiver mit sozialwissenschaftlichen und speziell ökonomischen Problemen auseinanderzusetzen. Er hält fortan weitere Vorträge und verfasst Presseartikel, die nicht nur seinen Ruf als eines radikalen und provokanten Sozialreformers erhärten, sondern auch helfen, seine finanzielle Not zu lindern" (Kommentarband zu Knut Wicksell „Geldzins und Güterpreise" Düsseldorf 1997, S. 110);
1885:	Staatlicher Abschluss in Mathematik (Grad eines Licentiaten). Der Titel seiner These lautete: „On Proving the Existence of a Root in an Algebraic Equation". Nun widmete sich Wicksell der Nationalökonomie und las im British Museum zu London die ökonomischen Klassiker. „Die Abende widmete er politischen Diskussionen und Reden, darunter in der „Fabian Society" (Sandelen 1988, S. 56);
1887:	Stipendium der Lorén-Stiftung; Ausgedehnte Reisen ins Ausland: London, Paris, Lausanne, Straßburg. „In Straßburg besuchte er die Kollegs von Knapp und Brentano. Deren Vorlesungen hatten hauptsächlich historischen Charakter. Sie scheinen Wicksell nicht stark beeindruckt zu haben" (Sandelen 1988, S. 56);
1888:	Wicksell reiste für einige Monate nach Wien und hörte dort unter anderem Vorlesungen von Carl Menger. Er las Böhm-

Bawerks „Geschichte und Kritik der Kapitalzins-Theorien";

1888/89: Den Herbst 1888 und das Frühjahr 1889 verbrachte Wicksell in Berlin. Dort hörte er Veranstaltungen bei Adolph Wagner, den er trotz dessen „mangelndem Theorieverständnis" durchaus schätzte. Er fühlte sich aber in Berlin nicht sehr wohl. „Das Wichtigste an seinem Berliner Aufenthalt ist wahrscheinlich, dass er mit Böhm-Bawerks neuem Buch über die Kapitaltheorie vertraut wurde. Sie wurde einer der Ecksteine, auf die er seine eigene Kapitaltheorie aufbaute" (Sandelin 1988, S. 56/57); „Nach seiner Rückkehr aus Berlin wollte Wicksell Vorlesungen zur Werttheorie an der Universität von Stockholm halten, sein Angebot wurde jedoch abgelehnt, da der Rektor befürchtete, Wicksells Ruf könne dem Ansehen der Universität schaden" (Hansson 1997, S. 41/42);

1888: Während einer Feministen-Tagung in Kopenhagen lernte Wicksell im Sommer 1888 die norwegische Lehrerin, Feministin und Anhängerin der Friedensbewegung Anna Bugge (1862-1928) kennen.

1889: Im Juni besuchte Knut Wicksell Anna Bugge und ihre Familie;

Wicksell zog mit Anna (in Paris) zusammen, heiratete sie aber gemäß seinen Überzeugungen nicht konventionell, sondern schloss mit ihr im Rahmen einer kleinen Feier einen „Unterhaltsvertrag für die Aufzucht der Kinder" und Regelungen bezüglich der Erbschaft. „Unsere Heirat wird nicht durch eine kirchliche oder standesamtliche Trauung besiegelt, sondern gründet vollständig auf einer privaten Übereinkunft zwischen uns" (Zitiert in: Sandelin 1988, S. 57). Aus dieser Beziehung stammten die beiden Kinder Sven (1890) und Finn (1893).

Wicksell schrieb zu dieser Zeit aus finanziellen Gründen Artikel für einige schwedische Zeitungen; „Den größten Teil ihres Lebens verbrachten die Wicksells, zumindest bevor er einen Posten an der Universität Lund erhielt, in großer Armut. Während der ersten 1890er Jahre lebten sie von Wicksells Einkommen aus journalistischen Arbeiten und aus Vorlesungen. Darüber hinaus standen Wicksells ältere Schwestern ihm sowohl in persönlichen als auch finanziellen Angelegenheiten zur Seite" (Hansson 1997, S. 42);

1892: Wicksell löste eine heftige öffentliche Reaktion aus, als er

	sich anlässlich einer Debatte über die Verteidigung Schwedens für eine militärische Allianz mit Russland (statt England oder Deutschland) aussprach. Konservative Kreise bevorzugten eine Allianz mit England oder Deutschland. Wicksell war der Auffassung, Schweden könne einen zivilisierenden Einfluss auf das „barbarische" Russland ausüben;
1893:	Ermöglicht durch ein Stipendium der Lorén-Stiftung Erscheinen seines ersten umfassenderen ökonomischen Buches: „Über Wert, Kapital und Rente", das zunächst wenig beachtet wurde;
1894:	Erneut Gewährung eines Stipendiums der Lorén-Stiftung;
1895:	Der erste Teil seiner späteren „Finanztheoretischen Untersuchungen" („Zur Lehre von der Steuerinzidenz", 75 Seiten) wurde von der Universität Uppsala als Dissertation anerkannt. Am 29. Mai 1895 verteidigte er in Uppsala öffentlich seine Doktorarbeit. Offizieller Referent war Professor David Davidsson;
1896:	Das gesamte Werk „Finanztheoretische Untersuchungen, nebst Darstellung und Kritik des Steuerwesens Schwedens" erschien;
1897:	Übersiedelung der Familie nach Uppsala und dort Studium der Jurisprudenz an der Universität Uppsala, um eine Dozentur zu bekommen. Die Ökonomik war damals Teil der rechtswissenschaftlichen Fakultät. Ein abgeschlossenes Jurastudium war Voraussetzung auch für eine ökonomische Dozentur;
1898:	Sein Werk „Geldzins und Güterpreise" erschien;
1899:	Erfolgreicher Abschluss seines rechtswissenschaftlichen Studiums;
	Im April Ernennung zum Privatdozenten für Volkswirtschaftslehre und Finanzrecht an der Universität Uppsala;
	Außerordentliche Professur für Volkswirtschaftslehre und Finanzwissenschaft an der juristischen Fakultät der Universität Lund;
1900:	Bewerbung auf eine ordentliche Professur an der Universität Lund; „Wicksell hatte sich jedoch eine Menge Feinde in den zwei Jahrzehnten gemacht, durch sein provozierendes Verhalten gegen die Kirche, gegen das Militär, für Geburtenkontrolle und noch mehr. Sie alle versuchten jetzt, seine Ernennung zu

	verhindern … Dennoch ernannte ihn die Regierung am 1. November 1901 zum Professor der Ökonomie und des Finanzrechts“ (Sandelin 1988, S. 59);
1901:	Ernennung zum ordentlichen Professor der Ökonomie und des Finanzrechts an der Universität Lund;
1908:	Im November (2.11.1908) hielt Wicksell in der Halle des Volkes in Stockholm die Rede „Der Thron, der Altar, das Schwert und der Geldsack“, in der er das Dogma der „unbefleckten Empfängnis“ lächerlich machte. Er musste daraufhin wegen Blasphemie für zwei Monate ins Gefängnis (Ystad bei Lund);
1910:	Wicksell beteiligte sich aktiv an der Diskussion um die Steuerreform;
1916:	Emeritierung. Wicksell zog mit seiner Frau von Lund in einen Vorort von Stockholm. Er war weiterhin wissenschaftlich tätig, auch als Berater staatlicher Organe (Schwedische Reichsbank), und hatte dabei einen erheblichen wirtschaftspolitischen Einfluss auf Regierungsentscheidungen;
1917-1922:	Vorsitzender des nationalökonomischen Clubs;
1918:	Mitglied des Komitees für die Regulierung (Kontrolle) des Geldwertes;
1920:	Sachverständiger für die Entwicklung der schwedischen Finanzpolitik; Wicksell wollte dabei das Preisniveau auf den Vorkriegsstand zurückführen, um inzwischen erfolgte Ungerechtigkeiten rückgängig zu machen. Allerdings berücksichtigte er nicht die dabei entstehenden Probleme bezüglich der Arbeitslosigkeit und der Produktion, die eine so heftige Rückführung des Preisniveaus zwangsläufig verursachen musste;
1926:	Wicksell starb an den Folgen einer Lungenentzündung nach kurzer Krankheit in der Nacht vom 2. auf den 3. Mai 1926 im Alter von 74 Jahren in Stocksund.

Knut Wicksell war, wie viele der in diesen einführenden Bänden skizzierten Ökonomen, eine schwierige, keinem Kompromiss zugängliche Person. Bo Sandelin bringt es auf den allgemein akzeptierten Nenner: „Er war nicht nur ein kluger Ökonom, sondern auch ein provokant auftretender Journalist und gesellschaftlicher Reformer“ (Sandelin 1988, S. 53).

„Der Öffentlichkeit Schwedens … erschien Wicksell nicht als kühler Denker und vermittelnder Gelehrter, sondern als ein von seinem Gewissen getriebener und von radikalen Ideen besessener Agitator“ (Schefold 1997c, S. 9).

Und Björn A. Hansson schreibt ähnlich: „Man sollte sich dabei vor Augen halten, dass Wicksell unter seinen Zeitgenossen vermutlich die größte Aufmerksamkeit durch seine Teilnahme an öffentlichen Debatten erregte, die nur recht wenig mit ökonomischen Fragen zu tun hatten" (Hansson 1997, S. 38).

Horst Claus Recktenwald befindet sogar: „Wicksells Persönlichkeit trägt ein wenig schizoide Züge ... Widersprüchlich sind auch bis heute die Urteile über ihn, weniger über sein analytisches Werk" und weiter: „Opponieren, ja rebellieren, ist ein Grundzug im Wesen dieses familiär so friedfertigen Menschen, der zudem äußerst unpraktisch in Alltagsdingen war. Seine Frau nennt ihn einen liebenswerten Ehemann, gutmütig, bescheiden und stets hilfsbereit. Seine Geburtsstadt Stockholm liebt er fast romantisch – „it is music for me to walk along the streets of Stockholm" (Recktenwald 1988c, S. 5/6).

Seine Frau Anna Brugge schrieb konkret: „I think my husband is the best person in the world. He is the most pure-hearted – and clean-living – man I ever met, there is not a worldly thought in his head; he is as unselfish and undemanding as it is possible to be; he is kind, affectionate and loveable, so that no-one can know him without being fond of him" (Anna Bugge zitiert in: Kommentarband zu Wicksell „Geldzins und Güterpreise", Düsseldorf 1997, S. 19).

Über seinen Umgang mit praktischen Dingen befindet Torsten Gardlund: „Wicksell had always been extremely inefficient in practical affairs. Although an expert on taxation law, he could not complete his own income tax declaration" (Garlund zitiert in: Kommentarband zu Wicksell „Geldzins und Güterpreise", Düsseldorf 1997, S. 19).

Wicksell war sehr musikbegeistert. „Wann immer er in die großen Städte Europas reiste, besuchte er auch Konzerte" (Hansson 1997, S. 38/39). Knut Wicksell schloss übrigens auch Freundschaft mit August Strindberg (1849-1912), dem er „recht lange eng verbunden blieb" (Hansson 1997, S. 41).

Während seiner Studienzeit wurde er vom Gläubigen zum Atheisten. „Während seines ganzen späteren Lebens behielt Wicksell ein feindseliges Verhältnis zur orthodoxen Theologie bei" (Hansson 1997, S. 39). Er provozierte die Öffentlichkeit (siehe seinen Vortrag über Trunksucht) mit handfesten Skandalen. Er war ein Verfechter eines radikalen Feminismus.

Auch einen zweimonatigen Gefängnisaufenthalt wegen Blasphemie konnte er in seiner Vita „vorweisen".

„So weigerte sich dieser liberale Geist, sein Bewerbungsschreiben um eine Professur an den schwedischen König mit dem damals üblichen – heute ana-

chronistisch klingenden – Abschluss „Ihr gehorsamer Diener“ zu unterschreiben. Dafür zahlte er den hohen Preis der Ablehnung – noch dazu unter für ihn persönlich schwierigen Umständen“ (Recktenwald 1988c, S. 5).
Bertil Ohlin (1899-1979) portraitierte Knut Wicksell 1926 sicherlich etwas schmeichelhaft: „As a speaker Wicksell had many merits, above all a delightful humour of a kind essentially his own. He had a picturesque style of speaking singularly different from his way of writing ... What made Wicksell so popular with his colleagues was, amongst other things, his extreme modesty ... People were often surprised to find this modest man with the tender and childlike expression in his beautiful eyes as a violent fighter against what he thought wrong ... If his uncompromising attitude caused him much suffering, his battles must also have given him great satisfaction. He liked fighting, especially when it gave him an opportunity to "épater les bourgeois" ... Certainly even people who were opposed to his views and often disliked his methods had to recognise his sincerity, courage and complete disregard of his own interests. In the last five years he took no active part in the burning conflicts of the day, and few felt anything but veneration and admiration for his character and genius" (Bertil Ohlin 1926 zitiert in: Kommentarband zu Wicksell „Finanztheoretische Untersuchungen", Düsseldorf 1988, S. 20/21).
Wicksell sympathisierte mit Gewerkschaften und der Sozialdemokratie, er wollte eine gleichmäßigere Verteilung des Vermögens, um die Klassenunterschiede in der Gesellschaft zu verringern. Er war aber kein Marxist. Im Gegenteil, er lehnte die marxistische Gedankenwelt sogar ab.

Einige Werke von Wicksell (auch Aufsätze)

„Überproduktion oder Überbevölkerung?“ (1890);

„Kapitalzins und Arbeitslohn“ (1892);

Hierin formulierte Wicksell Grundlagen für die neoklassische Grenzproduktivitätstheorie, die dann in „Wert, Kapital und Rente“ weiter ausgebaut wurde.

„Über Wert, Kapital und Rente nach den neueren nationalökonomischen Theorien“ (1893);

Hier analysierte er die Kapital- und Zinstheorie von Böhm-Bawerk und baute darauf auf. Der Zins war ein Agio zwischen gegenwärtigen und zukünftigen Gütern. Wicksell formulierte die Grenzproduktivitätstheorie der Verteilung und ging auf das Ausschöpfungstheorem ein.

„Finanztheoretische Untersuchungen nebst Darstellung und Kritik des Steuerwesens Schwedens“ (1896);

Das Werk bestand aus drei Teilen: Der erste Teil, der als Dissertation angenommen wurde, befasste sich mit der Steuerüberwälzungslehre, der zweite Teil skizzierte das Konzept einer gerechten und wohlstandssichernden Fiskalverwaltung, der dritte Teil war eine Geschichte (seit dem 16. Jahrhundert) und ökonomisch-politische Analyse des schwedischen Steuersystems.

„Der Bankzins als Regulator der Warenpreise“ (1897);

„Geldzins und Güterpreise. Eine Studie über die den Tauschwert des Geldes bestimmenden Ursachen“ (1898, in deutscher Sprache, erschienen bei einem deutschen Verlag in Jena);

Dabei verzichtete Wicksell trotz seiner mathematischen Kenntnisse weitgehend auf mathematische Formeln bzw. steckte diese in gesonderte Abschnitte. Das Werk ist theoretisch, exakte empirisch-statistische Überprüfungen seiner Thesen fehlen, allerdings bezog sich Wicksell immer wieder auf historische Entwicklungen.

„Zur Verteidigung der Grenznutzenlehre” (1900);

„Vorlesungen über Nationalökonomie auf Grundlage des Marginalprinzips“ (1. Band: Theoretischer Teil, 2. Band: Geld und Kredit, schwedisch: „Föreläsningar i nationalekonomi“, 1901 und 1905, deutsch 1913 und 1922);

Wicksell versuchte hierin, die Theorie des allgemeinen Gleichgewichts der Lausanner Schule mit der österreichischen Kapitaltheorie zu verbinden. Dies gelang ihm allerdings nicht ganz zufriedenstellend.

„The Influence of the Rate of Interest on Prices“ (1907);

„Kapital – und kein Ende“ (1912);

„The Scandinavian Gold Policy“ (1916);

„The World War: An Economist's View“ (posthum 1979);

„Wicksells Liste an Publikationen umfasst mehr als 800 Titel über Ökonomie, Bevölkerung, Verteidigung, Frauenrecht, Religion, Recht, Außenpolitik, Soziales und anderes. Außerdem hinterließ er rund 100 unveröffentlichte Manuskripte, die später veröffentlicht wurden“ (Sandelin 1988, S. 59).

Wegen ihrer Klarheit und Übersichtlichkeit bevorzugte er in der Theorie mathematische Überlegungen.

Paul A. Samuelson charakterisierte die Werke von Knut Wicksell wie folgt: „Wenn ich heutzutage Alfred Marshall und J.B. Clark lese, rieche ich victorianisch Altertümliches. Doch sagt es viel über den Genius von Wicksell … aus, wenn ich bei der Lektüre … die Anregung verspüre, die Grenze der ökonomischen Wissenschaft und Erkenntnis hier und jetzt, Ende des 20. Jahrhunderts, zu erweitern“ (Samuelson 1988, S. 35).

10.12.1.1 Thesen von Wicksell

Generell muss man vorausschicken, dass Knut Wicksell trotz seiner Praxiskenntnisse ein Ökonom war, der die wichtigste Aufgabe der Nationalökonomie in der abstrakten theoretischen Forschung sah.

Geldtheoretische Überlegungen

Eine wichtige Frage bezüglich der Rolle des Geldes in der Wirtschaft gleich vorneweg: Ist das Geld nur ein „Schleier" über der relativen Preisstruktur, der zwar die absolute Preishöhe determiniert, nicht aber die Struktur der relativen Preise, also ist das Geld in diesem Sinne „neutral" oder nicht? Wicksell hatte darauf die Antwort: Das Geld ist bei gewissen dynamischen Anpassungsprozessen nicht neutral und das Geld spielt eine wichtige Rolle! Und dies, obwohl er mit den Quantitätstheoretikern der Meinung war, dass die Geldmenge einen Einfluss auf das absolute Preisniveau hat und zwar bei ihm über die Höhe des Zinssatzes. Im Zentrum der Wicksellschen Thesen stand dabei das immer wichtiger werdende Bankensystem und der damit verknüpfte bargeldlose Zahlungsverkehr.

Wicksell ging davon aus, dass die allgemeine Gleichgewichtstheorie nur die Struktur der relativen Preise erklären kann (und nicht die Höhe des allgemeinen Preisniveaus).

Um die allgemeinen Preise erklären zu können, griff er, wie erwähnt, zwar auf die Quantitätstheorie zurück, allerdings mit wichtigen Uminterpretationen: In die Geldmenge sei neben dem Bargeld auch das Giralgeld einzubeziehen, die Quantitätstheorie sei nur für eine reine „Bargeldwirtschaft" geeignet. Und nicht die Geldmenge sei die entscheidende Variable, sondern die Höhe der Einkommen. Dies bedeutete, dass Wicksell nunmehr das Geldeinkommen eines bestimmten Zeitraumes dem Sozialprodukt des gleichen Zeitraumes gegenüberstellte: „Da das Geldeinkommen, mit dem das Sozialprodukt gekauft wird, den verschiedensten Verwendungen zugeführt werden kann, hat seine Verausgabung demgemäß ganz verschiedene und keineswegs nur quantitative Auswirkungen auf das Preisniveau. Die Ausgaben, die aus dem Einkommen gemacht werden, teilte Wicksell in solche ein, die dem unmittelbaren Verbrauch dienen, und in die Ersparnisse; analog gliederte er das Sozialprodukt in Konsumgüter und Produktivgüter. Wenn sich das Verhältnis dieser vier Faktoren zueinander verschiebt, verändert sich im Zeitablauf auch die Relation zwischen Nominal- und Realeinkommen und damit auch die „Kaufkraft des Geldes", d.h. das allgemeine Preisniveau" (Schmölders 1966, S. 95).

Kritisch sah er an der Quantitätstheorie auch, dass diese nur Gleichgewichtszustände untersuche und die dynamischen Prozesse außerhalb des Gleichgewichtes, also im Ungleichgewicht, nicht berücksichtige. Die „klassische Dichotomie“ wurde von Wicksell zwar für die Betrachtung von Gleichgewichtszuständen akzeptiert. Differenzen zwischen Geldzins und natürlichem Zins definierten allerdings ein Ungleichgewicht, und hier greife die Quantitätstheorie nicht. Untersucht werden müssten die jeweiligen Anpassungsprozesse. Zudem dürfe man quantitätstheoretisch nicht nur bezüglich der Bargeldmenge argumentieren, sondern müsse in der modernen Geldwirtschaft berücksichtigen, dass das Bankensystem nur einen Teil der Kundeneinlagen als Zentralbankgeld halte.

Wicksell lehnte die Quantitätstheorie also nicht pauschal ab, sondern verbesserte sie in wesentlichen Punkten. Krupp spricht von einer „ambivalenten Position Wicksells gegenüber der Quantitätstheorie“ (Krupp 1997, S. 73).

Die Geldmenge sah Knut Wicksell als endogen durch das Bankensystem determiniert an (endogenes Geldangebot). Sie könne aber von der Zentralbank exogen über den Zinssatz auf den Finanzmärkten beeinflusst werden. D.h. der Geldzins war hierbei ein Instrument gegen unerwünschte Preisänderungen.

Denn: Wird der Zinssatz von der Zentralbank niedriger gesetzt als der „natürliche Zinssatz“, d.h. der Zins, der sich als Ertragsrate aus der Grenzproduktivität des Kapitals bei gegebenen Erwartungen ergibt, dann werden Kredite nachgefragt. Dies ist leicht verständlich: Eine kreditfinanzierte Investition lohnt sich nur dann, wenn die Kosten für den Kredit (der Marktzinssatz) unter der erwarteten Rendite der Investition (der natürliche Zinssatz) liegen. Die Geldmenge steigt dann über eine weitere notwendige Geldschöpfung und damit auch die Gesamtnachfrage. Da das Angebot in der Regel nicht ganz so schnell mitsteigen kann, steigen auch die Preise. Bei steigendem Preisniveau steigen nun die Erwartungen und dadurch werden noch mehr Kredite nachgefragt und die Nachfrage steigt wiederum. Dies ist ein KUMULATIVER PROZESS!, bei dem allerdings die Preise und Löhne nach unten und oben flexibel angenommen werden müssen. Sind die Preise dann aber zu hoch, dreht sich der ganze Prozess um. Die Kreditzinsen werden inflationsbedingt steigen. Wenn sie über dem natürlichen Zins liegen, werden die Investitionen mangels Rentabilität eingestellt. Die Nachfrage sinkt, die Preise fallen wieder und der Prozess kann von neuem beginnen, wenn der Bankzins wieder niedriger ist als der natürliche Zins. Stimmten Geldzins und natürlicher Zins überein, so seien auch Sparen und Investieren und damit die Wirtschaft im Gleichgewicht. Bei dieser Gleichheit der Zinssätze ende der Preisänderungsprozess. Das Preisniveau verharre auf dem erreichten Niveau. Die Kreditnachfrage sei gleich dem Kreditangebot, und auch das Angebot und die Nachfrage nach Kapitalgütern seien gleich. Auslösender Faktor sind Änderungen des Realzinses. „Der reale Zinssatz wird aus diesem Grund „primum movens" genannt" (Hansson 1997, S. 57/58).

Von Bedeutung ist, „dass der kumulative Prozess in erster Linie der Untersuchung von Veränderungen im allgemeinen Preisniveau dient und sich im wesentlichen nicht mit Veränderungen des Produktionsausstoßes und der Beschäftigung befasst. Dies wird bei der formalen Analyse in „Geldzins und Güterpreise" deutlich, wo sogar die Annahme getroffen wird, der realwirtschaftliche Bereich befinde sich während des kumulativen Prozesses in einem stationären Gleichgewicht" (Hansson 1997, S. 57).

„Wicksell zog den logischen Schluss: Wenn der Anpassungsprozess zwischen natürlichem Zins und Geldzins die Preise in Bewegung bringt, kann man die Preise dadurch stabilisieren, dass man die beiden Zinssätze in Einklang bringt. So kann der Geldzins als Instrument genutzt werden, um unmittelbar Preisänderungen entgegenzuwirken" (Ballhaus 1999, S. 22).

Im Rahmen geldwirtschaftlicher Überlegungen kann man nicht allein auf eine Selbstregulierung via Marktkräfte hoffen. Es handelt sich hierbei zum Teil um steuerbare Prozesse. Und Wicksell plädierte eindeutig für eine aktive Geldpolitik.

Wicksell selbst zweifelte, ob der „natürliche Zins" eine operationale Größe sei. Und auch in der Literatur ist die Definition, der Inhalt und die Bedeutung des „natürlichen Zinses" umstritten.

Kurz zusammengefasst: Wicksell widersprach der häufig geäußerten These, dass der Geldwert ALLEIN von der Geldmenge bestimmt würde. Die Relation zwischen dem von den Banken determinierten Geldzins und dem natürlichen Kapitalzins sei von grundlegender Bedeutung für die Störungen des ökonomischen Gleichgewichts, für die Störungen durch längerfristige Schwankungen des Preisniveaus und damit auch des Geldwertes. Damit wurde ein Mechanismus dargestellt, der auch für eine Erklärung der periodisch auftretenden konjunkturellen Schwankungen geeignet war.

Beachtlich war, dass Wicksell bereits – ganz modern – den Erwartungen der Wirtschaftssubjekte einen breiten Raum einräumte: „Der natürliche Zinssatz wird bei Wicksell zu einem Großteil von den Spekulationen der Unternehmer über zukünftige Profite beeinflusst" (Hüther 2006, S. 96).

Wicksell stand den Banken eher kritisch gegenüber. Er argumentierte, gesamtgesellschaftliche ökonomische Interessen seien vorrangig gegenüber privatwirtschaftlichem Gewinnstreben.

Und noch eine eigene Bemerkung: DEN Zins (Einzahl) gibt es in der Realität nicht. Er ist eine bequeme Fiktion, die unter gewissen Voraussetzungen aufrecht erhalten werden kann. In der Realität gibt es eine ganze Reihe von Zinsen: Laufzeiten, Bonitäten, Soll- und Habenzinsen etc. spielen für diese unterschiedlichen Zinssätze eine Rolle. Deshalb spricht man zu Recht auch von einer Zinsstruktur, deren innere Verschiebungen selbst Thema von Theorien sind.

Wicksell war ein Advokat stabilen Preisniveaus, sowohl Inflation als auch Deflation seien problematisch. „Menschen, welche ein steigendes Preisniveau dem festbleibenden vorziehen, erinnern an Leute, die ihre Uhren absichtlich vorgehen lassen. Sie gewöhnen sich daran und kommen trotz ihrer Pfiffigkeit doch zu spät" (Wicksell).

EINIGE FINANZTHEORETISCHE ÜBERLEGUNGEN VON WICKSELL

Richard Abel Musgrave, selbst einer der wichtigsten Schöpfer der modernen Finanzwissenschaft, beurteilte Wicksells finanztheoretische Überlegungen wie folgt: „Wicksell lieferte … einen, wenn nicht sogar DEN entscheidenden Beitrag zur Geburt der modernen finanztheoretischen Analyse". Er präzisierte: Bei der Inzidenzanalyse sei er seiner Zeit weit voraus gewesen, „doch sind es seine Grundsätze der gerechten Besteuerung, die den originellsten und dauerhaftesten Beitrag liefern … Die Theorie der öffentlichen Güter sollte nun auf den subjektiven Nutzen für Konsumenten gründen, analog zu jenem für private Güter … Der Rückgriff auf das Nutzenprinzip sollte einen gemeinsamen Boden für den öffentlichen und privaten Sektor liefern" (Musgrave 1988, S. 39/40).

Knut Wicksell war mit dem herrschenden schwedischen Steuersystem, vor allem mit seinen regressiven Wirkungen, unzufrieden. Wegen des Zensuswahlrechts waren nur ca. 25% der Bevölkerung im Reichstag vertreten und dieser Reichstag konnte mit Mehrheitsbeschlüssen über Steuerfragen befinden. Dies erklärte vielleicht, warum ein Trend der Steuerbelastung in Richtung auf die indirekten Steuern mit ihrer regressiven Wirkung, die vor allem die ärmeren Schichten belasteten, zu beobachten war.

Wicksell forderte deshalb eine stärkere Belastung durch direkte Steuern. Er war sich klar darüber, dass eine gerechtere Besteuerung letztlich nur über den Hebel einer Verfassungsreform zu erreichen war (andere Stimmengewichtung, allgemeines Wahlrecht, Einstimmigkeitsregel, da aber eine absolute Einstimmigkeit utopisch wäre, statt dessen eine Art von relativer Einstimmigkeit).

Dabei vertrat Knut Wicksell das Äquivalenzprinzip als geeignetste Richtschnur der Besteuerung: Die Leistung des Steuerzahlers sollte der Leistung des Staates für ihn entsprechen. Die Steuern wären dann eine Art „Preis für öffentliche Leistungen". Und dies kann man marginalanalytisch so fassen: Das Grenzopfer, das durch die Bezahlung der Steuer erbracht wird, solle gleich dem Grenznutzen der konsumierten öffentlichen Leistungen sein.

Da aber jeder Bürger wegen der Nichtausschließbarkeit von Kollektivgütern grundsätzlich versuchen wird, seine Steuerleistung zu minimieren (Free-rider-Verhalten), müssen Entscheidungen bezüglich der Steuern oft gegen den Willen der Betroffenen gemacht werden. Und hier greift die Idee der Abwägung der Vor- und Nachteile der Regelung durch ALLE betroffenen Gruppen, bis eine einvernehmliche Regelung mit Kompromissen durch eine relative Einstimmigkeitsregel erzielt werden kann.

Kritisiert wurde von ihm auch die Reihenfolge, in der der Staatshaushalt behandelt wurde: Zuerst die Staatsausgabenprogramme, dann die Steuern zu ihrer Finanzierung. Stattdessen sollten Staatsausgaben und ihre Finanzierung SIMULTAN beschlossen werden.

Musgrave nannte als finanzpolitische Forderungen Wicksells:

„(1) Die Wahl der Ausgaben und die der Steuer muss gleichzeitig getroffen und entschieden werden. Nur dann kann man für den notwendigen Verbund von Kosten und Nutzen sorgen.

(2) Wird eine neue Ausgabe vorgesehen, sollte die Regierung ihren Vorschlag mit einem genauen Plan der Deckung durch Steuern verknüpfen. Andere Parteien können dann Ergänzungen anbieten, einschließlich unterschiedlicher Ausgabenhöhen und Plänen zur Finanzierung. Über diese Vorschläge wird dann in der Folge abgestimmt. Am Ende wird durch einstimmige Wahl angenommen oder, falls ein solches Ergebnis nicht zu erzielen ist, wird der Vorschlag fallengelassen, da er die Zustimmung verfehlt.

(3) Entsprechend dieser recht heroischen Formulierung fährt Wicksell etwas widersprüchlich fort, das Ergebnis der Einstimmigkeit zu modifizieren und sie durch eine nur noch annähernde Einstimmigkeit zu ersetzen. Da völlige Übereinstimmung nicht erreichbar ist, muss eine annähernde ausreichen"

(Musgrave 1988, S. 47).

Wicksell beeinflusste die moderne Finanzwissenschaft, wie gesagt, vor allem mit dem genannten zweiten Teil seiner „Finanztheoretischen Untersuchungen": Trennung von Allokations- und Distributionswirkungen, Anwendung des Marginalprinzips, Versuch einer totalanalytischen Steuerwirkungslehre, Überlegungen zur Theorie öffentlicher Güter.

Der Nobelpreisträger Paul A. Samuelson sah in seinen „Finanztheoretischen Untersuchungen" folgende „Glanzpunkte":

„(1) Wicksell unterstreicht, auf Werturteilen der Ethik fußend, die Vorteile einer progressiv gestaffelten Einkommensteuer gegenüber einer indirekten Steuer auf Waren, die damals in Skandinavien bedeutend war.

(2) Wie Gustav Cassel nach ihm, so betont Wicksell die normativen Vorzüge der Preise für Eisenbahnen und öffentliche Einrichtungen auf der Basis der Grenzkosten.

(3) Höchst wichtig ist Wicksells Modell der Besteuerung auf der Grundlage des freiwilligen Tausches“

(Samuelson 1988, S. 29).

Eine interessante Zusammenschau der hinter den Wicksellschen Vorschlägen stehenden Auffassung lieferte wiederum Musgrave:

„Es sei nicht die eigentliche Aufgabe des Finanzsystems … den Egoismus gesellschaftlicher Gruppen zu überwinden; eher sollte man dem Egoismus erlauben, seine eigentliche Rolle als Beschützer ihres Selbstinteresses zu spielen“ (Musgrave 1988, S. 49).

Und nachdem Musgrave auf die Vernachlässigung der Rolle der Transfers durch Wicksell hingewiesen hatte, schloss er: „Auch scheint eine gewisse Lücke zwischen Wicksells Suche nach der Inzidenz und seiner Diskussion über gerechte Besteuerung zu bestehen. Wenn die Besteuerung auf einer freiwilligen und einstimmigen Grundlage durchgeführt werden soll, wie ist dies mit dem Auftreten der Steuerüberwälzung zu vereinbaren, die die Last vom ursprünglichen Zahler verschiebt?“ (Musgrave 1988, S. 52).

SONSTIGE ÜBERLEGUNGEN VON WICKSELL

„Während Wicksell die Leistungen der Historischen Schule auf statistischem und wirtschaftshistorischem Gebiet anerkannte und für einzelne Mitglieder Sympathien zum Ausdruck brachte – er bekannte gerne, ein Hörer Knapps gewesen zu sein – beklagte er sich bitter über ihre antitheoretische Haltung, die er wohl selbst während seiner Deutschlandaufenthalte empfunden haben muss“ (Schefold 1997c, S. 10).

Wicksell vertrat die Auffassung, mathematische Denkformen seien für die Wirtschaftstheorie unerlässlich: „Ich bin davon überzeugt, dass ein von noch so einfachen schematischen Voraussetzungen durchgeführtes logisches Räsonnement mehr wirkliche Erkenntnis schenkt als eine farbenschillernde aber oberflächliche Plauderei über beinahe alles unter der Sonne … leider gibt auch die mathematische Methode keine vollständige Garantie gegen wirkliche Konklusionsfehler. Aber in jedem Fall hat sie gegenüber den bloßen Plaudereien den großen Vorteil, dass gemachte Fehler nicht lange unentdeckt bleiben, und dass eine falsche Ansicht nach dem Beweis ihrer Unrichtigkeit nicht mehr lange siegreich verteidigt werden kann" (Wicksell, Föreläsningar zitiert in: Schneider 1962, S. 15/16).

Wicksell stand zeitlebens hinter der neo-malthusianischen Bevölkerungstheorie und vertrat auch die Doktrin der „optimalen Bevölkerung".

Er verknüpfte die Kapitaltheorie von Walras mit den Arbeiten der Österreichischen Schule und zwar insbesondere mit jenen von Böhm-Bawerk, die er erheblich weiterentwickelte und verbesserte, und der Grenzproduktivitätstheorie von Thünens. Er fasste Nutzen und Grenznutzen als messbare Größen auf. Er war der Auffassung, dass die Bedeutung des Zeitmoments für die Produktion von Walras und seiner Schule noch nicht richtig gesehen werde. „Unter Zuhilfenahme des von Jevons und von Böhm-Bawerk eingeführten Kapitalbegriffs stellte er einerseits den Tauschwert der Waren, andererseits die Vergütung der Produktionsfaktoren, in einem einzigen logischen Zusammenhang in der Form eines Systems von mathematischen Gleichungen dar" (Schmölders 1966, S. 94). Die temporale Kapitaltheorie wurde in das System des allgemeinen Gleichgewichts eingebaut.

Wicksell beschäftigte sich auch mit der Frage, wie man die Kaufkraft des Geldes messen könne. Dazu schlug er – ganz modern – einen Warenkorb als Gewichtung vor, der auch Dienstleistungen enthalten solle (ein zu seiner Zeit neuartiger Gedanke) und der mit den Verbrauchsmengen gewichtet werden solle. Heute eine Selbstverständlichkeit, zu Wicksells Zeit eine beachtliche Pionierleistung.

Trotz seiner Skepsis gegenüber dem Zwangskollektiv forderte er eine Umverteilung von Einkommen und Vermögen durch den Staat, wenn man so will eine (allerdings moderate) Vorschau auf den Wohlfahrtsstaat Schweden.

„Der Staat sollte jeden Markt übernehmen, auf dem konkurrierende Firmen ein Kartell aufgebaut hatten, die Preise künstlich hochhielten und sich damit einem übermäßigen Gewinn sicherten. Auch jene Firmen sollten verstaatlicht werden, die ein Monopol aufzubauen drohten – Eisenbahnen, Post und Stromerzeuger. Wicksell plädierte für einen Kurs, der zwischen den Klippen des uneingeschränkten Freihandels und der staatlichen Kontrolle lag … Wicksell legte den Entwurf einer gemischten Wirtschaft vor, in der es sowohl einen Privatsektor als auch verstaatlichte Industriebereiche gibt" (Strathern 2006, S. 240).

Wicksell vertrat eine realwirtschaftliche Konjunkturtheorie. Dies war angesichts seiner Analyse des kumulativen Prozesses eher erstaunlich. Seine eigenen konjunkturellen Überlegungen bauten nicht auf seinen kumulativen Prozessen auf.

Eine Bemerkung am Rande: „Selbst die sogenannte Cobb-Douglas Produktionsfunktion, … die in ökonometrischen Forschungen so berühmt geworden ist, … war bereits von Wicksell um die Jahrhundertwende entdeckt und mehrmals benutzt worden" (Samuelson 1988, S. 25).

10.12.1.2 Rezeption von Wicksell

Abträglich war für Wicksells Bekanntheitsgrad, dass er in Schwedisch und auf Deutsch publizierte (und zwar gerade, um seine Thesen einem breiteren Publikum präsentieren zu können). Im englischen Sprachraum war sein Werk dadurch zunächst nicht hinreichend bekannt, Wicksell beherrschte diese Sprache selbst übrigens nur mangelhaft. Und auch in Deutschland nahm es die zu dieser Zeit vorherrschende historische Schule nicht zur Kenntnis. Die Veröffentlichungen in deutscher Sprache waren also unter dem Aspekt des Verbreitens seiner Thesen eine Fehlspekulation. Die deutschsprachige Literatur ging erst nach dem ersten Weltkrieg auf Wicksells geldtheoretische Überlegungen ein. „Erst zehn Jahre nach seinem Tod wurde „Geldzins und Güterpreise" auch ins Englische übersetzt" (Hüther 2006, S. 97). Übrigens auf Veranlassung von John Maynard Keynes im Jahre 1936 durch Richard Kahn unter dem Titel „Interest and Prices" mit einer Einführung von Ohlin. E.R. Walker schätzte das Werk anlässlich seiner Rezension im „Economic Record" 1936 wie folgt ein: „As it is, Wicksell's work will now be studied from the viewpoint of the history of economic thought, for his ideas had already reached us indirectly or have been painfully re-discovered" (Walker 1936 zitiert in: Schefold 1997c, S. 7).

Und erst nach dieser Übersetzung seines Werkes fand er die ihm zustehende weltweite Anerkennung (wie so oft etwas spät, nämlich nach seinem Tod).

Der kumulative Prozess Wicksells wurde später von Hayek (1899-1992) und von Mises (1881-1973) im Rahmen einer monetären Konjunkturtheorie aufgegriffen und abgewandelt. Von der keynesianischen Makroökonomik trennte Wicksell vor allem, dass in seinen theoretischen Überlegungen die Arbeitslosigkeit weitgehend fehlte bzw. die Analyse anders durchgeführt wurde. „Wicksells Modell ist ganz wesentlich eine Theorie der Voll-Beschäftigung" (Samuelson 1988, S. 26), und damit alles andere als keynesianisch.

Joseph A. Schumpeter urteilte: „Sein internationaler Ruf aber blieb weit hinter seiner Leistung zurück, bis gegen Ende der 20er und zu Beginn der 30er Jahre unseres Jahrhunderts die Fachwelt zu ahnen begann, dass er die wertvollsten Elemente der modernen Geld- und Zinstheorie weitgehend vorweggenommen hatte“ (Schumpeter 1965, S. 1053).

„Heute zählt „Geldzins und Güterpreise“ zu den großen, vielbewunderten und vielgelesenen Klassikern der Nationalökonomie. Die weltweite Anerkennung erfolgte verspätet im Zuge der Diskussionen um den Keynesianismus. Das Buch hat die Befürworter der keynesianischen Makroökonomie ebenso angeregt wie ihre Gegner“ (Schefold 1997c, S. 5). „In der modernen Makroökonomie ist schließlich eine Klasse von Modellen entstanden, die zusammenfassend als „Keynes-Wicksell-Modelle“ bezeichnet werden. Am Rande sei erwähnt, dass man die wirtschaftspolitischen Vorstellungen Wicksells heute wohl als keynesianisch einstufen würde“ (Krupp 1997, S. 76).

Knut Wicksell war mit einer ganzen Reihe seiner Thesen seiner Zeit voraus, konnte aber diese seine Ideen nicht richtig „an den Mann (sprich die Ökonomen) bringen“. Er „zeichnete sich durch ein tiefes Verständnis auch seiner theoretischen Gegner aus, Marx eingeschlossen“ (Schefold 1997c, S. 8).

Heute (2009) zählt Knut Wicksell zu den anerkanntesten Autoren der Ökonomenzunft, „Sein Ansehen als einer der Großen in der ökonomischen Wissenschaft hat ihn zudem (mehr als 60 Jahre nach seinem Tode und nach der Übersetzung seiner zahlreichen Schriften in die Weltsprachen) in den inneren Kreis der Unsterblichen erhoben – in die Walhalla von Adam Smith, Léon Walras und John Maynard Keynes“ (Samuelson 1988, S. 25). Er wird als wichtiger Mit-Schöpfer der neoklassischen Theorie und Mitbegründer der allgemeinen Grenzproduktivitätstheorie gehandelt. Die Grenzproduktivitätstheorie wurde zwar von anderen Autoren wie John Bates Clark vorgestellt. Aber Wicksell entwickelte eine einfachere und zugleich robustere Variante, die die gegenwärtige Präsentation stark geprägt hat.

Unbestritten beeinflusste er die moderne Makroökonomik.

Erich Schneider stellte fest, er habe vor allem durch die Koordination von Geld-, Preis- und Konjunkturtheorie die Entwicklung der Nationalökonomie zu einer „allgemeinen Verlaufstheorie gesamtwirtschaftlicher Prozesse“ beschleunigt.

James M. Buchanan führte in seiner Rede „Die Verfassung der Wirtschaftspolitik“ anlässlich der Verleihung des Nobel-Preises am 8. Dezember 1986 aus: „Es war einer der erregendsten Augenblicke in meiner Laufbahn, als ich 1948 Knut Wicksells unbekannte und unübersetzte Schrift „Finanztheoretische Untersuchungen“ entdeckte … Wicksells neuartiges Prinzip der Steuergerechtigkeit brachte mein Selbstvertrauen fürchterlich in Aufregung … Bewaffnet mit Wicksell konnte ich es wagen, die immer noch dominierende Orthodoxie in Finanzwissenschaft und Wohlfahrtsökonomie herauszufordern … Wicksell verdient es, als der bedeutendste Vorläufer der modernen Theorie der öffentlichen Entscheidung (public choice) bezeichnet zu werden, weil sich in seiner Schrift von 1896 die drei wesentlichen Elemente finden, die das Fundament dieser Theorie bilden" und in diesem Stil des Lobes von Wicksell ging es weiter (siehe James M. Buchanan, Die Verfassung der Wirtschaftspolitik, Nobelpreisrede 1986, abgedruckt in: Horst Claus Recktenwald. Die Nobelpreisträger der ökonomischen Wissenschaft 1969-1988, Band II, Düsseldorf 1989, S. 932-947).

Aus dem Werk von Knut Wicksell ging die so genannte „Schwedische Schule" oder auch „Stockholmer Schule" hervor. Gemeinsames Anliegen war den Vertretern eine Verbindung der allgemeinen Gleichgewichtstheorie der Lausanner Schule mit geldtheoretischen Überlegungen, und das Interesse an DYNAMISCHEN Methoden und deren Weiterentwicklung. „Die Entwicklung der dynamischen Methode ist auf vielfältige Wechselbeziehungen zwischen diesen Ökonomen zurückzuführen, die uns die Möglichkeit geben, von einer eigenständigen Schule und nicht nur von einer losen Gruppe von Ökonomen zu sprechen". Und dabei wurde „die Bezeichnung dieser Gruppe von Ökonomen als „Stockholmer Schule" … von Ohlin in seiner ausführlichen Besprechung der „General Theory" für das „Economic Journal" (1937) geprägt" (Hansson 1997, S. 59/60).

Dies führte zu einer makroökonomischen Theorie.

Kern der Stockholmer Schule in den 30iger Jahren des 20. Jahrhunderts waren die Ökonomen: Erik Robert Lindahl (1891-1960), Eli Filip Heckscher (1879-1952), Bertil Gotthard Ohlin (1899-1979), Karl Gunnar Myrdal (1898-1987) und Erik Filip Lundberg (1907-1987). Dag Hammarskjöld (1905-1961), der spätere UN-Generalsekretär, war übrigens einer der Schüler Wicksells.

„Das Verhalten vieler moderner Notenbanken, die wie die Bank of England unter der Bezeichnung „Inflation Targeting" über Zinsveränderungen die Inflation zu stabilisieren versuchen, geht auf Wicksells Vorschläge zurück" (Hüther 2006, S. 98).

Noch eine Anmerkung zur heutigen Einschätzung Knut Wicksells: Das DIW in Berlin verleiht jährlich einen „Knut-Wicksell-Preis" für Nachwuchswissenschaftler.

Eine weitere, anlässlich der „Finanzkrise" (2008/2009) passende, ja aufrüttelnde, Anmerkung Wicksells, die mittlerweile stark in Vergessenheit geraten zu sein scheint: „Dann aber möchte ich in aller Bescheidenheit daran erinnern, dass die Banken doch nicht in erster Linie dazu da sind, um recht viel Geld zu verdienen, sondern die Aufgabe haben, dem Publikum mit Umsatzmitteln zu dienen – und zwar in genügender Menge, d.h. zu möglichster Erhaltung der Güterpreise. Jedenfalls ist diese ihre volkswirtschaftliche Mission ungleich wichtiger als jene privatwirtschaftliche, und wenn dieselbe schließlich auf dem Privatwege überhaupt nicht gelöst werden könnte – was ich doch sehr bezweifle – dann wäre sie in der Tat eine würdige Aufgabe für den Staat" (Wicksell 1898 zitiert in: Krupp 1997, S. 78).

Wohlgemerkt: Dieses Zitat stammt aus dem Jahre 1898, und nicht, wie man vermuten könnte, aus dem Jahre 2009, ist aber unvermindert (sogar mehr denn je) aktuell!

10.12.2 Ein russischer Ökonom: Heinrich Friedrich von Storch (1766-1835)

Vita von Storch

(Heinrich von Storch war in Russland bekannt als Andrej Karlowitsch Schtorch)	
1766:	Geburt am 18. Februar 1766 in Riga (damals russisch). Sein Vater war der Regierungssekretär Karl Friedrich von Storch, seine Mutter Sophia Margaretha Westphal; „Da Storchs Vater in Königsberg, seine Mutter in Eutin geboren wurde, kann er als russischer Staatsbürger deutscher Herkunft eingestuft werden" (Schumann 1992, S. 35);
1784:	Bis 1784 Besuch der Domschule zu Riga. Dann: Studium in Jena und Heidelberg;
1786:	Von Storch schrieb anlässlich einer Reise durch Süddeutschland und Frankreich eine Aufsatzsammlung;
1787:	Publikation dieser Aufsatzsammlung „Skizzen, Szenen und Bemerkungen, auf einer Reise durch Frankreich gesammelt" auf eigene Kosten in Heidelberg;
1789:	Mit 23 Jahren Berufung an die Militärakademie (Kadettenanstalt) in St. Petersburg als Professor der schönen Künste;
1790:	Anstellung beim Reichskanzler Besborodko;
1791:	Erste Ehe mit Wilhelmine von Löwenstern (28.6.1791);
1793:	Seine erste statistische Untersuchung erschien: „Gemälde von St. Petersburg";
1796:	Korrespondierendes Mitglied der Akademie der Wissenschaften;
1797:	Zweite Ehe mit Wilhelmine Fuhrlohn (1778-1863), geschlossen am 28.8.1797 in St. Petersburg;
1799:	Ab 1799 unterrichtete von Storch die Töchter von Zar Paul I.: Alexandra Pawlowna Romanow (1783-1801) und Elena Pawlowna Romanow (1784-1803);
1801:	Ernennung zum Vorleser bei der Zarin Maria Fjodorowna (1759-1828);
1804:	Aufnahme als ordentliches Mitglied in die St. Petersburger Akademie der Wissenschaften und Ernennung zum Staatsrat;
1808:	Aufnahme in die Bayerische Akademie der Wissenschaften;
1815:	Erscheinen seines Hauptwerkes „Cours d'Économie

politique";

1830: Ernennung zum Vizepräsidenten der Akademie der Wissenschaften, St. Petersburg;

1835: Gestorben in St. Petersburg am 1. November 1835 im Alter von 69 Jahren nach längerer Krankheit.

Schumpeter nannte Heinrich von Storch einen Mann, „der seiner Herkunft und Ausbildung nach zwar Deutscher ist, üblicherweise aber zufolge seiner Laufbahn in russischen Diensten als Russe behandelt wird" (Schumpeter 1965, S. 616).

Ich habe in der Literatur 7 Kinder von Heinrich von Storch gefunden. Da aber keines davon als Ökonom Bedeutung erlangte, verzichte ich hier auf ihre Auflistung.

Heinrich Friedrich von Storch hatte, wie aus seiner Vita ersichtlich, enge Beziehungen zum Zarenhof. Er unterrichtete nicht nur die Töchter von Zar Paul I., sondern unter anderen auch die Prinzessinnen Maria Romanow-Holstein-Gottorf (1786-1859) und Katharina Pawlowna von Holstein-Gottorf (1788-1819).

Zudem weist Jochen Schumann darauf hin, dass von Storch auch den späteren Zaren Nikolaus I. und dessen Bruder Michael in Staatswissenschaften unterrichtete (siehe Schumann 1992, S. 35).

So nimmt es nicht Wunder, dass von Storch während seines Lebens zahlreiche Ehrungen erhielt: den preußischen roten Adler Orden (3. Klasse), Ritter des St. Wladimir Ordens (2. Klasse), Ritter des St. Annen Ordens (1. Klasse). Zudem war er Ehrenmitglied der Akademien zu München, Amsterdam, Harlem, sowie der Universitäten Moskau und Charkov (siehe Schumann 1992, S. 36).

Eingeordnet werden muss die Vita Heinrich von Storchs in eine Migration deutschsprachiger Gelehrter nach Osten. Während der napoleonischen Besetzung zu Beginn des 19. Jahrhunderts wurden viele deutsche Universitäten zwangsweise geschlossen (Backhaus weist nach, dass ungefähr die Hälfte aller deutschen Universitäten geschlossen wurden, eine spürbare Zäsur). „Diese Massenschließung führte zu einer ostwärts gerichteten Migration der Gelehrten, ihrer Studenten und oft auch ihrer Bibliotheken, wo sich dies arrangieren ließ, und zum Teil wohl auch zu einer Ausfuhr wissenschaftlicher Institutionen von Forschung und Lehre insbesondere nach Russland, wo die Regierung unter Kaiser Alexander I. Pawlowitsch (1801-1825) eine gegen Westen hin offene Haltung einnahm" (Backhaus 1992b, S. 11).

In der Literatur wird allerdings darauf hingewiesen, dass Heinrich von Storch freiwillig nach Russland ging und nicht gezwungen durch die Schlie-

ßung einer Universität.
Die bedeutendsten deutschsprachigen Ökonomen dieser Zeit in Russland waren der bereits besprochene Joseph Lang (1775/76?-1819/20 ?) und Heinrich von Storch (1766-1835). Dazu kamen noch Ludwig Heinrich von Jakob (1759-1827), ab 1807 in Charkov, und Christian von Schlözer (1774-1831), seit 1800 Professor an russischen Universitäten.

Ausgewählte Werke von Storch

„Skizzen, Szenen und Bemerkungen auf einer Reise durch Frankreich gesammelt" (1787);

„Principes généraux des belles lettres, à l'usage du Corps des Cadets" (1789);

„Gemälde von St. Petersburg" (1793);

Dieses Werk wurde auch ins Englische, Französische und Schwedische übersetzt (siehe Schumann 1992, S. 35).

„Statistische Übersicht der Statthalterschaften des russischen Reichs nach ihren merkwürdigsten Kulturverhältnissen in Tabellen" (1795);

„Historisch-statistisches Gemälde des Russischen Reichs am Ende des 18. Jahrhunderts" (1797-1803, neun Bände);

„Systematische Übersicht der russischen Literatur während des fünfjährigen Zeitraums von 1801 – 1805" (1810);

„Cours d'économie politique ou exposition des principes qui déterminent la prospérité des nations" (1815, 6 Bände, erschienen in St. Petersburg, 1819 in drei Bänden ins Deutsche übersetzt, ergänzt und mit Kommentaren versehen von Karl H. Rau, unter dem Titel: „Handbuch der Nationalwirtschaftslehre" erschienen. Das „Handbuch der Nationalwirtschaftslehre" ist in drei Bänden an der Universitätsbibliothek Innsbruck vorhanden, Band 1 (1819), Band 2 (1819), Band 3 (1820));

„Ohne Kenntnis Storchs gab Jean Baptiste Say das Werk 1823 in Paris neu heraus, und zwar versehen mit kritischen und polemischen Anmerkungen" (Schumann 1992, S. 36). Roscher sprach sogar von „hochmütig verletzenden Anmerkungen" (Roscher 1874, S. 802);

„Le revenu national considéré sous un nouveau point de vue" (1819);

„Considérations sur la nature du revenue national" (1824, deutsch 1825);

„Zur Kritik des Begriffes vom Nationalreichtum" (1827).

10.12.2.1 THESEN VON STORCH

Heinrich von Storchs Wirtschaftsstufenlehre, und dass er an der Formulierung allgemeingültiger ökonomischer Gesetze zweifelte, rückte ihn zwar in die Nähe der historischen Schule, aber sein wirtschaftspolitisches Credo: „Liberalismus" und seine Verehrung für Adam Smith legt jedoch eher eine Zuordnung zur klassischen Schule nahe. So trat von Storch für eine langsame, aber stetige Industrialisierung und für Freihandel ein, und dies trotz heftiger Kritik der Protektionisten. Storch war übrigens gegen eine Mathematisierung der ökonomischen Theorie.

Von Storch war ein entschiedener Gegner der Leibeigenschaft. Er machte sie zum großen Teil für die Rückständigkeit Russlands verantwortlich.

In seinen Werken war von Storch vor allem von Adam Smith beeinflusst, Schumpeter nannte seine Thesen denn auch „kritischer Smithianismus" (Schumpeter 1965, S. 617), und auch von Jean-Baptiste Say. Er ging aber über die genannten Autoren trotz aller erkennbaren Einflüsse deutlich hinaus. Charakteristisch für ihn: Er übernahm Thesen anderer Autoren teilweise wörtlich, ohne sie als fremdes geistiges Eigentum kenntlich zu machen. Und er „rechtfertigte" sich wie folgt: „der Verfasser … gesteht, dass sein Buch viele Auszüge enthält … er habe zugleich die eitle Sitte verschmäht, bei jedem Anlasse die Sätze anderer von den seinigen genau abzusondern" (Von Storch, Vorrede der deutschen Übersetzung des „Handbuches" zitiert in: Schumann 1992, S. 34).

Storchs theoretische Beiträge lassen sich kurz wie folgt auflisten:

DIE WERTLEHRE

Von Storch betonte (bereits) subjektive Elemente in der Werttheorie. Genauer: Er vertrat einen gebrauchswertorientierten Wertbegriff. Man kann ihn unter diesem Aspekt zu der „Deutschen Gebrauchswertschule" rechnen. „Das Urteil unseres Verstandes über die Nützlichkeit der Dinge bildet den Wert derselben und macht sie zu Gütern". Und: „Der Wert richtet sich … nicht nach der Meinung des Anbietenden sondern des Begehrenden" (Storch zitiert in: Schumann 1992, S. 37). Und auch die später behandelten immateriellen „inneren Güter" hätten einen Gebrauchswert.

Karl Brandt schreibt in Band 1 seiner „Geschichte der deutschen Volkswirtschaftslehre" über Heinrich von Storch: „Als Wirtschaftstheoretiker ist er Smithianer, er beruft sich aber ebenso auf Turgot, Garnier und Say … Sein Bekenntnis zur Gebrauchswertschule ist unverkennbar. Er geht aber weit über die Lehrmeinung dieser Schule hinaus, sowohl was die Neuordnung der Staatswissenschaften anbelangt, als auch die Einbindung der Ökonomie in die „Lehre von der Zivilisation" (Brandt 1992, Band 1, S. 176).

Der Wert haftet bei von Storch nicht den Gütern selbst an, sondern entsteht aus der persönlichen (Ein-) Schätzung der Individuen. Dies war eine Kritik am Wertdenken der Klassiker.

Auch mit der Zuweisung eines Wertes für seine IMMATERIELLEN inneren Güter nahm von Storch eine Gegenposition zu den Klassikern ein, die ihr Hauptaugenmerk ja auf die MATERIELLE Produktion (und die dabei erzeugten Güter) richteten.

Die Arbeitswertlehre lehnte er strikt ab.

„Ebensowenig, als die Quelle, ist die Arbeit das Maß des Wertes. Eine Ware ist nicht teurer als eine andere, weil sie mehr Arbeit gekostet hat ... (Storch zitiert in: Schumann 1992, S. 37).

Storch reichte mit seiner Gebrauchswertlehre zwar über die objektive Wertlehre der Klassiker hinaus. Aber es fand sich „keine Stelle, die auf einen Zusammenhang des Tauschwertes mit dem Grenznutzen hinweist. Obgleich Storch mit seiner Betonung der Nützlichkeit zukunftsweisend ist, kann er dennoch nicht als Vorläufer der subjektivistischen Wertlehre im Sinne der Grenznutzenschule eingestuft werden" (Schumann 1992, S. 38).

Die Preistheorie von Storchs entsprach im wesentlichen der der Klassik, mit der zentralen Idee, der Marktpreis habe die dauernde Tendenz, sich dem „natürlichen Preis" anzunähern und dieser „natürliche Preis" sei wiederum determiniert durch die Hervorbringekosten.

DIE GRUNDRENTENTHEORIE

Von Storch sah zwar die Bodenrente als Monopolpreis an. Aber die Grundrente war bei ihm nicht Ursache, sondern Folge der Höhe des Güterpreises, die Differenz: Güterpreis minus Arbeits- und Kapitalkosten.

DIE AUßENWIRTSCHAFTSTHEORIE

In seiner Außenhandelstheorie begründete er das Zustandekommen des Außenhandels mit der Existenz KOMPARATIVER Kostenvorteile.

Darüberhinaus erklärte er den Außenhandel – ziemlich modern – aus Monopolpositionen inländischer Unternehmer wegen Innovationsvorsprüngen (Produktions- und/oder Produktseite) gegenüber dem Ausland. Dass er den Handel auch als „Verbreitungsmittel der Bildung" ansah, war wohl auch auf die spezielle Situation Russlands zu dieser Zeit zurückzuführen.

DIE WÄHRUNGS- UND WECHSELKURSTHEORIE

Hier war sein Hauptthema der Wechselkurs des Papiergeldes gegenüber dem Metallgeld.

Von Storch war Vertreter des klassischen Metallismus. Er vertrat einen Goldautomatismus, allerdings: „Es fehlt der explizite Rückschluss von den Edelmetallversendungen auf die Geldmenge und das Preisniveau des Inlandes und des Auslandes, deren Veränderungen erst die zur Wiederherstellung eines Gleichgewichts nötige Veränderung der Güternachfrage erklären" (Schumann 1992, S. 48).

Bezüglich einer Papiergeldausgabe schrieb er, wohl beeinflusst durch die russische Situation, eine Papiergeldausgabe berge „so viele und so schwer vermeidliche Gefahren, dass diese unheilbringende Erfindung als die größte Geißel der Völker angesehen werden darf und nur die dringlichste Not ihren Gebrauch vor der Vernunft rechtfertigen kann" (Von Storch zitiert in: Schumann 1992, S. 48).

Von Storch warnte aber nicht nur vor den Folgen der Ausgabe ungedeckten Papiergeldes. Die Papiergeldausgabe vieler anderer Länder lieferte hierzu ja unerfreuliche Beispiele. Er versuchte auch, die Kaufkraftentwicklung des Papiergeldes im Vergleich zur Kaufkraftentwicklung der Metallwährung am russischen Beispiel zu ermitteln, also eine Art Wechselkursstudie zwischen Papier- und Münzgeld.

„Seine scharfsinnigen Bemühungen, eine Unterbewertung der russischen Papierwährung empirisch nachzuweisen und zu begründen, waren nicht fehlerfrei, wiesen jedoch … auf ein … aktuelles Problem hin" (Schumann 1992, S. 61).

ENTWICKLUNGSSTUFENTHEORIE

Heinrich von Storch stellte ein dreistufiges Entwicklungsschema auf, das Volkswirtschaften durchliefen. Im Unterschied zu den Entwicklungsschemata der Historischen Schule baute von Storch aber allgemeine Grundüberlegungen der Klassiker in seine Entwicklungsstufen mit ein. Analog der Historischen Schule war seine Überlegung, dass bei ökonomischen Aussagen stets die Entwicklungsstufe zu berücksichtigen sei, in der sich die jeweilige Wirtschaft befinde. Auch hier schlugen wohl seine russischen Erfahrungen durch.

Storch unterteilte die Entwicklung der Volkswirtschaften in die folgenden drei Stufen:

(a) Die Stufe der Jäger- und Hirtenvölker;
(b) Die Stufe der ackerbauenden Völker;
(c) Die Stufe der Gewerks- und Handelsvölker.

Bei den JÄGER- UND HIRTENVÖLKERN sei das Volk noch nicht sesshaft, es gebe daher auch kein Eigentum an Grund und Boden. Trotzdem gebe es bereits eine ungleiche Vermögensverteilung, die (innere) Handelstätigkeit sei aber gering. Außenhandel trete noch nicht auf.

Bei den ACKERBAUENDEN VÖLKERN gebe es nun Privateigentum am Boden, was die Ungleichheit der Vermögensverteilung verstärke. Und nun gebe es vor allem Beschäftigungsverhältnisse, wobei sich von Storch besonders mit der Sklaverei beschäftigte. Er hielt diese Form der Arbeitsbeziehungen für nachteilig für die wirtschaftliche Entwicklung. Auch die Arbeitsteilung präge sich nun aus, was zur Spezialisierung Einzelner auf handwerkliche Tätigkeiten führe. Neben Binnenhandel fände nun auch Außenhandel statt.

Bei den GEWERKS- UND HANDELSVÖLKERN schließlich entwickele sich nun die gewerbliche Produktion. Und auch Güter des gehobenen Bedarfes würden nun produziert.

Eine Pächterwirtschaft trete an die Stelle der früheren reinen Bauernwirtschaft, bei der der Bodeneigentümer seinen eigenen Boden bebaute. Die Konkurrenz nähme zu. Der Außenhandel würde intensiviert.

Erwähnenswert ist, dass von Storch die wirtschaftliche Entwicklung nicht pessimistisch in einen stationären Zustand münden lässt.

DIE THEORIE DER INNEREN GÜTER

Diese Überlegungen halte ich (Werturteil!) für das kreativste Element der Thesen von Storch.

Die immateriellen „inneren" Güter bei von Storch waren: Gesundheit, Geschicklichkeit, Wissen, Schöngefühl, Sittlichkeit, Glaube, Sicherheit und Muße.

Alle diese „inneren Güter" zusammen machen die „gesellige Bildung" eines Volkes aus. Modern gesprochen wies von Storch hiermit schon auf die Existenz und Bedeutung des Humankapitals hin, tatsächlich geht ein Teil seiner inneren Güter aber sogar über das (eher an der Produktion orientierte) Humankapital hinaus in Richtung auf die wohlfahrtssteigernden Teile eines weit definierten Sozialkapitals. Auch wenn dieses nur schwer messbar ist, für die Wohlfahrt eines Volkes ist es unbestritten sehr wichtig.

Da von Storch von einem engen Zusammenhang zwischen kultureller und ökonomischer Entwicklung eines Landes überzeugt war, beschäftigte ihn, wie Russland seine von ihm erkannte Rückständigkeit auf beiden Ebenen aufholen könne. Er versuchte, eine ökonomische Theorie der Zivilisation zu erstellen.

10.12.2.2 REZEPTION VON STORCH

Der Name Heinrich von Storch findet sich in älteren theoriegeschichtlichen Werken durchaus an prominenter Stelle.

So wurde er etwa in Wilhelm Roschers „Geschichte der National-Ökonomik in Deutschland" (1874) als bedeutendster Vertreter der „Deutsch-russischen Schule" (Seite 799 bis Seite 813) besprochen, es wurden ihm die Abschnitte 169 und 170 gewidmet. Dabei lobte Roscher an von Storch: „man kann durchaus nicht sagen, dass Storch von seiner persönlichen Stellung zu einer Schönfärberei der russischen Dinge oder gar zu einer Verleugnung der Wahrheit im Interesse der russischen Machthaber verlockt worden wäre. Wie ganz ungeschmeichelt ist das Bild, welches er von der Verschwendung, Unordnung und Schuldenlast der russischen Großen entwirft" (Roscher 1874, S. 800).

Und auch von Karl Marx wurde er im „Kapital" beachtet und sogar zitiert: In Band 1 auf 6 Seiten, in Band 2 dreimal, im 20. Kapitel: „Einfache Reproduktion", Abschnitt IX, gibt es sogar die Überschrift: „Rückblick auf A. Smith, Storch und Ramsay", Karl Marx nahm von Storch also durchaus ernst, in Band 3 fand ich von Storch auf fünf Seiten. In Band 1, S. 182, Fußnote 49, wurde von Storch „Schlauheit" bescheinigt.

Und natürlich setzte sich auch Joseph A. Schumpeter in seiner monumentalen „Geschichte der ökonomischen Analyse" mit Heinrich von Storch auseinander. Sein Gesamturteil: „Er ist zwar kein hervorragender Theoretiker, aber eine Persönlichkeit von Bedeutung" (Schumpeter 1965, S. 617).

In neueren theoriegeschichtlichen Werken scheint Heinrich von Storch kaum mehr auf. Dies gilt vor allem für die vom angelsächsischen Mainstream inspirierten Werke. Von Storch zählt heute eher zu den vernachlässigbaren „Leichtgewichten" der dogmenhistorisch relevanten Ökonomen.

10.13 Ein Nachtrag zu den nichtsozialistischen Autoren des 19. Jahrhunderts

Die Situation der Ökonomik im 19. Jahrhundert im westeuropäischen Raum kann man unter anderem folgendermaßen kennzeichnen:

(1) Die Ökonomik war nun als Disziplin allgemein anerkannt. Es existierten Lehrstühle und Studiengänge an allen wichtigen Universitäten.
Folge: Die Ökonomen brauchten sich bezüglich der Bedeutung ihres Faches nicht mehr zu rechtfertigen;

(2) Die Ökonomik hatte begonnen, sich in Teildisziplinen aufzufächern: Geldtheorie, Werttheorie etc.
Dieser Vorgang wurde dann charakteristisch für das 20. Jahrhundert, wo sogar die Dienstposten an Universitäten zumeist für solche Spezialgebiete geschaffen wurden;

(3) In den verschiedenen Ländern entstanden im 19. Jahrhundert (es gab noch nicht den Mainstream der zweiten Hälfte des 20. Jahrhunderts) unterschiedliche Schulen ökonomischen Denkens:
in Deutschland: die historische Schule,
in der Schweiz: die Lausanner Schule,
in Schweden: die Schwedische (Stockholmer) Schule,
in Österreich: die österreichische Schule,
im angelsächsischen Bereich: die Cambridge Schule.

(4) In eigener Sache darf ich darauf hinweisen:
Es gab (im grob abgegrenzten 19. Jahrhundert) noch eine große Anzahl weiterer Ökonomen, die in dieser Einführung nicht besprochen wurden. Einige wenige Beispiele müssen hier genügen, die Ökonomen außerhalb Westeuropas wurden ohnedies bis auf wenige Ausnahmen vernachlässigt.

Im französischen Bereich:

- Achylle-Nicolas Isnard (1749-1803);
  Auch wenn sein Hauptwerk „Traité des Richesses“ im Jahre 1781 publiziert wurde, möchte ich ihn hier nennen. „Er kann in der Tat als ein Vorläufer des walrasianischen allgemeinen Gleichgewichtsansatzes angesehen werden, da er ein Modell einer Tauschwirtschaft einführte, in dem er ein System mit mehreren Gleichungen aufstellen musste. Sein Modell hat eindeutig L. Walras’ Analyse beeinflusst“ (Theocharis 1994, S. 57).
- Nicolas-François Canard (1750-1833);

„Canard formulierte ausdrücklich den Begriff des wirtschaftlichen Gleichgewichtes, das er mathematisch analysierte“ (Knobloch 1994, S. 93).

- ARSENE JULES ETIENNE JUVENAL DUPUIT (1804-1866);
Dupuit war ursprünglich Ingenieur. Er entwickelte bereits die Methode des marginalen Denkens, analysierte die hinter der Konsumentennachfrage stehenden subjektiven Wertschätzungen, arbeitete mit der Vorstellung des Grenznutzens und verknüpfte sie mit der Konstruktion von Nachfragekurven. Er konstruierte fallende Nachfragkurven und verwendete Graphiken und Methoden der Analysis. „Er benutzte seine Abbildungen auch, um die Folgen von verringerten Stückkosten in der Produktion oder der Auferlegung einer Steuer auf das Gut zu untersuchen“ (Theocharis 1994, S. 61). Zudem entwickelte er die Vorstellung der „Konsumentenrente“, ohne allerdings diese Bezeichnung zu verwenden.
Darüberhinaus beschäftigte er sich mit der Frage der Preisdiskriminierung unter Monopolbedingungen.
Erich Schneider, selbst ein bedeutender Theoretiker, würdigte die Leistungen Dupuits wie folgt: „Sie lassen keinen Zweifel daran, dass dieser geniale Forscher zusammen mit Gossen der wahre Begründer der Grenznutzenlehre ist und zentrale Begriffe und Argumente der Österreicher antizipiert hat. Seine Werke verdienen heute noch eine aufmerksame Lektüre“ (Schneider 1962, S. 168).

IM DEUTSCHSPRACHIGEN BEREICH:

- ALBERT EBERHARD SCHÄFFLE (1831-1903);
Albert Eberhard Schäffle war ein deutscher Ökonom und Soziologe. In seinem 4-bändigen Hauptwerk „Bau und Leben des sozialen Körpers“ (1875-1878) versuchte er biologische Gesetze auf die Analyse von Gesellschaft und Staat anzuwenden. Er wollte Natur- und Sozialwissenschaft vereinen. Das Ganze – untersucht durch die Soziologie – erschien ihm wichtiger als die Teile – untersucht durch die Ökonomik. Damit sah er die Ökonomik als Teil der Soziologie. Zudem gilt Schäffle als einer der klassischen Denker der Finanzwissenschaft.
- EUGEN VON PHILIPPOVICH (1858-1917);
Der geborene Österreicher Eugen von Philippovich hatte Professuren in Freiburg und Wien inne. Er war zwar grundsätzlich ein Vertreter der österreichischen Grenznutzenschule, war aber auch von der deutschen historischen Schule beeinflusst. 1893 erschien sein 3-bändiges Hauptwerk „Grundriss der politischen Ökonomie“, das rasch zu einem

führenden Lehrbuch im deutschen Sprachraum wurde. Im „zweiten" Methodenstreit war Philippovich Gegner von Max Weber. Er vertrat die Zulässigkeit und Notwendigkeit von Werturteilen.

- RUDOLF AUSPITZ (1837-1906) und RICHARD LIEBEN (1842-1919);
  Berühmt wurden Auspitz und Lieben durch ihr Werk: „Untersuchungen über die Theorie des Preises" (1889). Es wird von Jürg Niehans als „glänzende theoretische Leistung" gelobt und Friedrich August von Hayek befand: eines der „wichtigsten Werke der mathematischen Volkswirtschaftslehre". Rudolf Auspitz und Richard Lieben können der österreichischen Schule der Nationalökonomie zugerechnet werden. Zwar reagierten die wichtigsten Autoren der Wiener Schule negativ auf ihr Werk, anders aber im Ausland: Edgeworth, Pareto, Wicksell und vor allem Irving Fisher lobten die originelle Leistung auf dem Gebiet der Partialanalyse.

IM ANGELSÄCHSISCHEN BEREICH:

- NASSAU WILLIAM SENIOR (1790-1864);
  Senior wurde vor allem bekannt durch seine 1837 publizierte Schrift gegen die englischen Fabrikgesetze und gegen die Verkürzung der Arbeitszeiten von täglich 12 Stunden. Karl Marx polemisierte gegen die Auffassung Seniors (und gegen ihn!) im Kapital, Band I, unter dem Abschnitt „3. Seniors „Letzte Stunde" (Marx 1947, S. 232-237).
- THOMAS TOOKE (1774-1858);
  Thomas Tooke war ein leidenschaftlicher Vertreter des Freihandels. Er veröffentlichte zusammen mit William Newmarch ein 6-bändiges Werk „History of Prices and the State of the Circulation" (1838-1857). In diesem Werk befasste er sich sehr präzise unter Verwendung vieler Statistiken mit den Ursachen von Preisschwankungen. Viele bezeichneten ihn deshalb als einen Pionier der empirischen Methode.
  Bekannter war Tooke als Wortführer der „Banking Schule" in der „Banking-Currency-Debatte" der 1840er Jahre. Die Vertreter der Banking-Schule beharrten unter anderem nicht auf einer vollen Golddeckung ausgegebener Banknoten, auch Geldsurrogate wie Wechsel und Kredite sollten zur Deckung zugelassen werden. Tooke versuchte zudem, die strenge Variante der Quantitätstheorie zu widerlegen oder sie zumindest zu relativieren.
  Sein diesbezügliches Werk war „An Inquiry into the Currency Principle" (1844). Die zentrale Frage obiger Debatte war, wie es am besten möglich sei, eine von Währungskrisen freie Geldversorgung sicherzustellen.

Die Banking Schule interpretierte dabei die Menge an umlaufenden Banknoten als eine Art Barometer der Geschäftstätigkeit.

IN SCHWEDEN:

- GUSTAV CASSEL (1866-1945);

  Gustav Cassel gilt als einer der ersten Ökonomen, der sich mit der Kaufkraftparitätentheorie beschäftigte. Sein Werk „Theoretische Sozialökonomie" wurde in Deutschland zwischen den Weltkriegen zum oft genutzten Lehrbuch. Wie sein Rivale Knut Wicksell gehörte Cassel zu den Begründern der „Schwedischen Schule".

  Im Übrigen wandte er sich gegen die Auffassung von John Maynard Keynes, dass Sparen die Nachfrage vermindere. In der Zinstheorie wandte er sich gegen Böhm-Bawerks Auffassung. Für ihn war der Zins der Preis, der für das Warten auf das Kapital bzw. für seine Nutzung bezahlt wird.

  Er lehnte sowohl die Arbeitswertlehre von Karl Marx als auch die Maximierungsannahmen der Grenznutzenschule ab.

  In seinem Hauptwerk „Theoretische Sozialökonomie" bot Cassel eine vereinfachte Version der allgemeinen Gleichgewichtstheorie.

NOCHMALS: Es fehlen für das 19. Jahrhundert sicher noch eine ganze Reihe wichtiger Ökonomen. Wenn gerade Ihr Liebling vergessen wurde, bitte ich hiermit um Entschuldigung.